普通高等教育"十三五"汽车类规划教材

汽车发动机原理与汽车理论

第 3 版

主　编　侯树梅　冯健璋

副主编　盖玉先

参　编　李　才　凌永成　杨雪梅

主　审　房绍平

机械工业出版社

本书讲述了发动机的工作过程和汽车的基本理论，内容包括工程热力学基础，发动机的性能指标、换气过程、废气涡轮增压，燃料与燃烧热化学，柴油机混合气的形成与燃烧，汽油机混合气的形成与燃烧，发动机的特性，发动机的排放与噪声，汽车发动机新型燃烧方式，发动机试验，汽车的动力性、燃油经济性，汽车动力装置参数的确定，汽车的制动性，汽车的操纵稳定性，汽车的平顺性及通过性等。

本书为汽车、内燃机制造与维修专业高等教育教材，也可供从事汽车、发动机设计、制造和运用的工程技术人员、技术工人参考。

本书配有课件（PPT），免费提供给采用本书作为教材的教师，可登录 www.cmpedu.com 下载，或联系编辑（tian.lee9913@163.com）索取。

图书在版编目（CIP）数据

汽车发动机原理与汽车理论/侯树梅，冯健璋主编. —3 版. —北京：机械工业出版社，2016.6（2024.8重印）

普通高等教育"十三五"汽车类规划教材
ISBN 978-7-111-53914-8

Ⅰ.①汽… Ⅱ.①侯…②冯… Ⅲ.①汽车-发动机-理论②汽车工程 Ⅳ.①U46

中国版本图书馆 CIP 数据核字（2016）第 117187 号

机械工业出版社（北京市百万庄大街 22 号　邮政编码 100037）
策划编辑：宋学敏　责任编辑：宋学敏　李　然
责任校对：刘秀芝　封面设计：张　静
责任印制：邸　敏
北京富资园科技发展有限公司印刷
2024 年 8 月第 3 版第 9 次印刷
184mm×260mm · 25.5 印张 · 608 千字
标准书号：ISBN 978-7-111-53914-8
定价：55.00 元

第3版前言

随着国民经济支柱产业之一的汽车产业的迅速发展，现阶段，我国急需汽车、内燃机制造与维修方面的专业高级技术人才。作为培养这方面人才的高等院校，其相关专业发展迅速。为满足教学的需要，1997年由承德石油高等专科学校、哈尔滨工业大学（威海）、沈阳大学、南京工程学院的有关教师共同编写了《汽车发动机原理与汽车理论》（第1版）这本教材。在广大读者的支持下，本书第1版5年时间连续印刷了7次，2005年完成修订工作，第2版10年来连续印刷了16次。

在过去的十年里，汽车工业得到飞速发展，特别是发动机技术，为了满足日趋严格的排放法规和降低油耗，汽车发动机新技术层出不穷，并得到了快速推广与应用，不仅如此，各种新型燃烧理论也不断被提出并得到了实践。同时，为了全方位适应社会对人才的需求，近年来有多所普通本科院校明确将办学定位为"应用型"，提出"基础理论必需够用，突出应用和实践"。这也正是本书在编写和修订过程中一直贯穿的原则，同时融入汽车、发动机新技术等相关内容。

本书第1版在教学内容方面就做了尝试，增加了诸如电控汽油喷射、柴油机电控和可变技术等方面的内容。为培养学生运用发动机的基本原理解决工程实际问题的能力，书中安排了多篇文摘供读者借鉴。而第2版则是在保持基本编写原则及原书结构和内容基本不变的前提下，增加了一些学习发动机原理必须掌握的基础知识以及汽车发动机的新技术、试验方法、汽车驾驶性能、汽车安全性能、操纵稳定性的主动控制等内容。

本次修订更新和增加了发动机性能指标参数；将第2版第十章中的进气系统可变技术、汽油机稀薄燃烧系统和电子控制、柴油机电子控制等成熟技术的内容分别编入本版相应的章节中；增加了新内容"汽车发动机新型燃烧方式"；完善了发动机排放后处理技术的内容，并更新排放法规、测试方法等内容；工程应用实例选用了最新的文章供读者借鉴，并对第2版中的错误加以修正。

第3版按授课时数约80学时编写，其中发动机原理部分45学时，汽车理论部分35学时。教学时可根据专业的需要适当增、减学时。

第3版的主要内容有工程热力学基础、发动机的性能指标、发动机的换气过程、发动机废气涡轮增压、燃料与燃烧热化学、柴油机混合气的形成与燃烧、汽油机混合气的形成与燃烧、发动机的特性、发动机的排放与噪声、汽车发动机新型燃烧方式、发动机试验、汽车的动力性、汽车的燃油经济性、汽车动力装置参数的确定、汽车的制动性、汽车的操纵稳定性、汽车的平顺性及通过性等。

本书由承德石油高等专科学校的冯健璋和侯树梅主编。冯健璋编写第三、四、八章，侯树梅编写第五、七、十、十一章，承德石油高等专科学校的李才编写第一章，哈尔滨工业大学（威海）的盖玉先编写第十五、十六、十七章，沈阳大学的凌永成编写第二、六、九章，南

京工程学院的杨雪梅编写第十二、十三、十四章。本书由原山西省机械厅的教授级高级工程师房邵平担任主审。

本书在修订过程中得到了同济大学兼职教授、原中国内燃机学会理事王景祜高级工程师的大力支持并提出了宝贵意见。本书引用了国内有关内燃机刊物中的一些论文，在此也向论文作者一并表示感谢。

由于编者水平所限，疏漏、错误之处在所难免，敬请读者和专家批评指正。

编者

第2版前言

随着国民经济支柱产业的汽车和内燃机工业的迅速发展，急需汽车、内燃机制造与维修方面的专业高级技术人才。作为培养这方面人才的高等院校的汽车、内燃机制造与维修专业发展迅速，而该专业的教材又十分缺乏。为满足教学的需要，1997 年由承德石油高等专科学校、哈尔滨工业大学汽车学院等院校的有关教师共同编写了《汽车发动机原理与汽车理论》(第 1 版)这本教材。

教材内容本着必需、够用为度，加强针对性和应用性的原则，紧跟汽车技术不断发展的形势，在教学内容现代化方面做了尝试，增添了诸如电控汽油喷射、柴油机电控和可变技术等方面的内容。为培养学生运用发动机的基本原理解决工程实际问题的能力，书中安排了多篇文摘供读者借鉴。

在广大读者的支持下，本书第 1 版 5 年来连续印刷 7 次。

由于汽车工业日新月异的发展和教育事业的需要，我们在保持第 1 版"基础理论够用，突出应用，跟踪汽车、发动机新技术"的基本编写原则及原书结构和内容基本不变的前提下，在第 2 版增添了一些学习发动机原理前必须掌握的基础知识以及汽车发动机的新技术、试验方法、汽车的驾驶性能、汽车安全性能、操纵稳定性的主动控制等内容，并对第 1 版中的错误加以修正。

第 2 版的主要内容有工程热力学基础、发动机的性能指标、发动机的换气过程、发动机废气涡轮增压、燃料与燃烧热化学、柴油机燃烧过程、汽油机燃烧过程、发动机特性、发动机排放与噪声、汽车发动机新技术、发动机试验、汽车的动力性、汽车的燃油经济性、汽车发动机装置参数的确定、汽车的制动性、汽车的操纵稳定性、汽车的平顺性和通过性等。

第 2 版按授课时数约 80 学时编写，其中发动机原理部分 45 学时，汽车理论部分 35 学时。教学时可根据专业的需要适当增、减学时。

本书由承德石油高等专科学校的冯健璋主编，并编写第三、四、八章，哈尔滨工业大学汽车学院的盖玉先编写第十五、十六、十七章，承德石油高等专科学校的李才编写第一章，承德石油高等专科学校的侯树梅编写第五、七、十、十一章，沈阳大学的凌永成编写第二、六、九章，南京工程学院的杨雪梅编写第十二、十三、十四章。本书由山西省机械厅的教授级高级工程师房绍平担任主审。

第 2 版在修订过程中还得到了同济大学兼职教授、中国内燃机学会理事王景祜高级工程师的大力支持并提出了宝贵意见。本书引用了国内有关内燃机刊物中的一些论文，在此也向论文作者一并表示感谢。

由于编者水平所限，疏漏、错误之处在所难免，敬请读者和专家批评指正。

编 者
2005.1

第1版前言

随着国民经济支柱产业的汽车和内燃机工业的迅速发展，急需汽车、内燃机制造与维修方面的生产第一线的应用型高级技术人才。作为培养这方面人才的高等工程专科学校的汽车、内燃机制造与维修专业发展迅速，而该专业的教材又十分缺乏。为满足教学的需要，根据 1997 年 8 月在威海和 10 月在郑州召开的全国高工专机械工程类专业协会汽车技术分会教材工作会议制定的《汽车发动机原理与汽车理论》教材编写大纲，由承德石油高等专科学校、沈阳大学、南京机械高等专科学校、哈尔滨工业大学汽车学院等院校的有关教师共同编写了本书。

作为工业企业第一线的应用型高级技术人才，需要宽但不很深的专业知识和很强的专业技术应用能力。因此，教材内容本着必需、够用为度、加强针对性和应用性的原则，为紧跟汽车技术不断发展的形势，在教学内容现代化方面做了尝试，增添了诸如电控汽油喷射、柴油机电控和可变技术等方面的内容。为培养学生运用发动机的基本原理解决工程实际问题的能力，本书中安排了 7 篇文摘供读者借鉴。

本书的主要内容包括发动机性能指标、工作过程、废气涡轮增压、内燃机特性、内燃机的电子控制、排放和噪声，汽车的动力性、经济性、制动性、操作稳定性、平顺性和通过性以及汽车动力装置参数的确定等。本书按 70 学时（发动机原理 40 学时、汽车理论 30 学时）编写。

本书由承德石油高等专科学校冯健璋主编，并编写了第二、三、七章，侯树梅编写了第四、六、九章，沈阳大学机械工程学院的孟晓红编写了第一、五、八章，南京机械专科学校的丁家镛编写了第十、十一、十二章，哈尔滨工业大学汽车学院盖玉先编写了第十三、十四、十五章。本教材由房绍平教授级高级工程师主审。

本书为汽车、内燃机制造与维修专业大专教材，可作为相近专业的参考书，也可供这方面的工程技术人员、技术工人参考。

本书引用了有关教科书、内燃机专业期刊的许多资料；在本书编写过程中，承德石油高等专科学校杨占军、郑长松二位同志做了大量的工作，在此一并表示感谢。

由于编者水平有限，错误在所难免，欢迎使用本书的同志指正批评。

编　者
1998.11

目 录

本书常用符号表

拉丁字母

A/F——空燃比

a——加速度

B——小时耗油量

b_e——有效燃油消耗率

b_i——指示燃油消耗率

Δb——喷油泵循环供油量

c——声速、比热容、土壤黏度系数、阻力系数

C_D——空气阻力系数

C_m——活塞平均速度

c_p——比定压热容

c_V——比定容热容

CA——曲轴转角

D——气缸直径、动力因数

E——调速器起作用时作用在推力盘上的推力

A——活塞面积

F_t——汽车驱动力

F_i——坡度阻力

F_j——加速阻力

F_w——空气阻力

F_{Xb}——地面制动力

F_z——地面法向反作用力

F_μ——制动器制动力

F_φ——附着力

f——频率、滚动阻力系数

H——焓

h——比焓

h_μ——燃料低热值

I_z——整车绕过质心铅垂轴的转动惯量

i——气缸数

i_g——变速器传动比

i_0——主减速器传动比

i_s——转向系统传动比

K——适应性系数、稳定性因数、液力变矩器变矩比、悬架刚度、功率系数

k——侧偏刚度

k_f——前轮侧偏刚度

k_r——外倾刚度后轮侧偏刚度

L——轴距

L_0——理论空气量

Ma——马赫数

m——质量

$\dot{m}$——质量流量

M_1——新鲜充气量

M_2——燃烧产物量

M_r——残余废气量

M_z——回正力矩

m_1——非悬架质量

m_2——悬架质量

n——发动机转速

N_c、N_r——土壤承载能力系数

n_1——压缩多变系数

n_2——膨胀多变系数

n_b——发动机标定转速

n_k——增压器压气机转速

n_T——增压器涡轮转速

p——压力

p_a——进气终了压力

p_b——膨胀终了压力

p_e——表压力

p_k——增压压力

p_{me}——平均有效压力

p_{mi}——平均指示压力

p_0——环境压力

p_r——残余废气压力

p_T——涡轮前废气压力

p_w——饱和蒸汽压力

p_z——最高燃烧压力

p_v——真空度

P_L——升功率

Q——热量

q——单位质量热量

q_m——空气质量流量

Q_{mix}——混合气热值

Q_s——汽车百公里燃油消耗量

R——气体常数、调速器推力盘运动时所受的摩擦力、汽车转向半径

R_m——通用气体常数

r——车轮半径

S——活塞行程、熵

s——比熵、滑动率、拉普拉斯微分算子

T——热力学温度

T_a——进气终了温度

T_b——膨胀终了温度

T_c——压缩终点温度

T_k——增压空气温度

t_n——调速器稳定时间

T_0——环境温度

T_r——残余废气温度

T_T——涡轮前废气温度

T_t——废气涡轮增压器的涡轮转矩

T_{tq}——有效转矩

T_p——废气涡轮增压器的泵轮转矩

T_z——最高燃烧温度

T_μ——制动器摩擦力矩

U——热力学能

u——汽车速度

u_{ch}——特征车速

V——容积，体积

v——流速、质量体积、质心侧向速度、比体积

V_c——压缩容积

V_s——气缸工作容积

V_k——燃烧室容积

W——单位质量功

希腊字母

α——过量空气系数、转角

γ——残余废气系数、刚度比

κ——等熵指数

δ——后期膨胀比、旋转质量换算系数

δ_2——稳定调速率

ε——压缩比、调速器灵敏度、悬架质量分配系数

η_{ad-k}——压气机绝热效率

η_{ad-T}——废气涡轮绝热效率

η_e——有效热效率

η_i——指示热效率

η_m——机械效率

η_T——废气涡轮有效效率

η_{TK}——增压器效率

η_v——充气效率

θ——点火或供油提前角

λ——压力升高比、频率比

μ——转矩储备系数、质量比

μ_n——转速储备系数

μ_0——分子变更系数

ρ——密度、预膨胀比

τ——行程数、土壤切应力

τ_i——着火延迟角

φ——曲轴转角、附着系数

φ_b——制动力系数

φ_i——着火延迟角、侧向力系数

φ_0——同步附着系数

φ_s——滑动附着系数

β——制动器制动力分配系数、汽车质心侧偏角

ω_0——无阻尼圆频率

ξ——阻尼比

第一篇

汽车发动机原理

发动机（本书中的发动机均指汽车发动机）是汽车的动力来源，其质量的优劣，直接影响着汽车的性能、可靠程度和寿命。汽油机是汽车发动机的传统机型，由于其工作柔和、噪声低、运转平稳、升功率高、比质量小，所以在轿车和轻型车上占优势。由于新技术的采用，汽油机在燃油经济性方面也有较大的改善。车用柴油机是货车的主要动力，其最大优点是经济性好，它的运行耗油率比汽油机低30%～40%。

内燃机的循环热效率高。现代高性能车用柴油机的循环热效率高达40%以上，车用汽油机的循环热效率也可达到33%左右。功率覆盖面大，转速范围宽，应用广泛是车用发动机的主要优点，而发动机排气对大气的污染、能源消耗日趋增高，又是内燃机工作者首先要解决的问题。

20世纪80年代以来，发动机电子控制技术已有很大发展，其目标是使发动机运行参数始终保持最佳值，以求得发动机动力、经济、排放等性能指标的最佳化，并监视运行工况。

为了使汽车发动机最佳化运行，制造厂要设计、制造出高质量的产品，汽车的使用者还必须正确使用、经常维护。因此，从事发动机设计、制造、运用、维护和修理的技术人员要掌握发动机的基本理论，并能创造性地运用它。

汽车发动机原理是以提高发动机性能作为主要研究目标，深入到工作过程的各个阶段，分析影响性能指标的因素，研究提高性能指标的具体措施及努力方向。

汽车发动机原理的主要内容包括发动机的性能指标、特性、工作过程、增压技术、燃料与燃烧、排放、噪声及其防治和发动机电子控制等。

第一章

工程热力学基础

热力学是一门研究物质的能量、能量传递和转换以及能量与物质性质之间普遍关系的科学。工程热力学是热力学的工程分支，是在阐述热力学普遍原理的基础上，研究这些原理的技术应用的学科，它着重研究的是热能与其他形式能量（主要是机械能）之间的转换规律及其工程应用。工程热力学的研究内容主要包含三部分：

- 介绍构成工程热力学理论基础的两个基本定律——热力学第一定律和热力学第二定律。
- 介绍常用工质的热力性质。
- 根据热力学基本定律，结合工质的热力性质，分析计算实现热能和机械能相互转换的各种热力工程和热力循环，阐明提高转换效率的正确途径。

本章仅就工程热力学基础知识做一简要阐述，为学习汽车发动机原理提供必要的理论基础和分析计算方法。

第一节　热功转换的基础知识

一、能量与能源

世界由物质构成，一切物质都处于运动状态，能量是物质运动的度量。一切物质都具有能量，如果没有能量，世界就会永远处于静止状态，也就不会有生命。能量也是人类社会进步的动力。人类在日常生活和生产过程中需要各种形式的能量。随着人类社会的发展，人们对能量的认识和利用水平不断提高。到目前为止，人类所认识的能量主要有机械能、热能、电能、化学能、核能和辐射能等形式。能源是指能够直接或间接提供能量的物质资源。地球上存在各种形式的能源，通常人们按照开发的步骤将能源分为：

1) 一次能源，即在自然界以自然形态存在可以直接开发利用的能源，如煤、石油、天然气、风能、水能、太阳能、地热能和海洋能等。

2) 二次能源，即由一次能源直接或间接转化而来的能源，如电力、煤气、汽油、沼气、氢气、甲醇和酒精等。

热能利用有两种基本方式：一种是热利用，即将热能直接用于加热物体，以满足烧饭、采暖、烘干、熔炼等需要，这种利用方式已有几千年的历史；另一种是动力利用，通常是指通过各种热力发动机（热机）将热能转换成机械能或者再通过发电机转换成电能，为人类的日常生活、工农业生产及交通运输提供动力。自从18世纪中叶发明蒸汽机以来，至今虽然只有200多年的历史，但却开创了热能动力利用的新纪元，使人类社会的生产力和科学技术的发展突飞猛进。然而，热能通过各种热机转换为机械能的有效利用程度

（热效率）较低，早期蒸汽机的热效率只有 1% ~ 2%，现代燃气轮机装置的热效率为 37% ~ 42%，蒸汽电站的热效率也只有 40% 左右。如何更有效地实现热能和机械能之间的转换，提高热机的热效率，是十分重要的课题。

二、工质的热力状态及其基本状态参数

工程热力学中，把实现热能与机械能相互转换的工作物质称为"**工质**"。热机的运转是依靠气态工质在特定的条件下不断地改变它的热力状态（简称状态），执行某一具体的热工转换过程来实现的。汽车发动机的工质是气体（包括空气、燃气和烟气）。因为气体具有最好的流动性和膨胀性，便于快速引进热机，做功后又能迅速排出热机，在相同压差或温差下，其膨胀比最大，因而能够更有效地做功。同时，由于气体的热力性质最简单，可以简化为理想气体，所以我们仅讨论气体的性质。

1. 热力系统

在热力学中，把某一宏观尺寸范围内的工质作为研究的具体对象，称为**热力系统**，简称**系统**。与该系统有相互作用的其他系统称为外界。包围系统的封闭表面就是系统与外界的分界面，称为边界（或界面）。边界可以是真实的，也可以是假想的。根据边界上物质和能量的交换情况，热力系统分为以下几类：①开口系统，指与外界有物质交换的系统；②封闭系统，指与外界无物质交换的系统；③绝热系统，指与外界无热交换的系统；④孤立系统，指与外界既无物质交换，也无能量交换的系统。

2. 基本状态参数

标志气体热力状态的各个物理量称为气体的状态参数。常用的状态参数主要有六个，即**压力 p、温度 T、比体积 v、热力学能 U、焓 H、熵 S**。其中 p、T、v 可以直接用仪表测量，且其物理意义易被理解，所以成为描述工质状态最常用的基本状态参数。

3. 压力 p

气体对单位面积容器壁所施加的垂直作用力称为压力 p。按分子运动论，气体的压力是大量分子向容器壁面撞击的统计量。压力单位为 Pa（N/m^2），工程上也常用 kPa 和 MPa。容器内压力的大小有两种不同的表示方法。一种是指明气体施于器壁上压力的实际数值，称为**绝对压力**，记作 p；另一种是测量时压力计的读数压力，称为**表压力**，记作 p_e。表压力是绝对压力高出于当时当地的大气压力 p_0 的数值，其关系式为

$$p = p_0 + p_e \tag{1-1}$$

如果容器内气体的绝对压力低于外界大气压力时，表压力为负数，仅取其数值，称之为**真空度**，记作 p_v，即

$$p = p_0 - p_v \tag{1-2}$$

真空度的数值越大，说明越接近绝对真空。

表压力、真空度都只是相对于当时当地的大气压力而言的。显然，只有绝对压力才是真正说明气体状态的状态参数。

4. 温度 T

温度表示气体的冷热程度。按照分子运动论，气体的温度是气体内部分子不规则运动激烈程度的量度，是与气体分子平均速度有关的一个统计量。气体的温度越高，表明气体分子的平均动能越大。

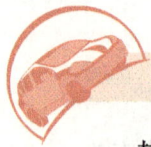

热力学温度 T 是国际单位制 SI 制中的基本温度，单位为 K。选取水的三相点温度为基本定点温度，规定其温度为 273.16K。1K 等于水的三相点热力学温度的 1/273.16。SI 允许使用摄氏温度 t，并定义

$$t = T - T_0 \tag{1-3}$$

式中，$T_0 = 273.15K$，在一般工程计算中，T_0 取 273K 即足够精确。摄氏温度每一度间隔与热力学温度每一度间隔相等，但摄氏温度的零点比热力学温度的零点高 273.15K。热力学温度不可能有负值。

必须指出，只有热力学温度才是状态参数。

5. 比体积 v

比体积是单位质量的物质所占的体积，单位为 m^3/kg，即

$$v = \frac{V}{m} \tag{1-4}$$

式中，v 为比体积；V 为体积；m 为质量。

比体积的倒数为密度 ρ，密度是指单位体积的物质具有的质量，单位为 kg/m^3，即

$$\rho = \frac{m}{V} = \frac{1}{v} \tag{1-5}$$

6. 工质的平衡态

为了对系统中能量转换情况进行分析计算，系统中气体各部分的温度和压力必须均匀一致（即处于热平衡和机械平衡），且不随时间而变化，这样的状态称为**热力学平衡状态**（简称平衡态）。处于平衡态时，气体的所有状态参数都有确定的数值。只要知道两个独立的状态参数（如压力 p 和温度 T），就可以确定气体所处的状态及参数。

三、理想气体状态方程式

所谓理想气体就是假设的气体内部分子不占有体积，分子间没有吸引力的气体。在热力计算和分析中，常常把空气、燃气、烟气等气体近似地看作理想气体，因为气体分子间的平均距离要比固体和液体大得多，所以，气体分子本身的体积比气体所占的容积小得多，气体分子间的相互吸引力也很小。通常把实际气体近似地看作理想气体来进行各种热力计算，其结果极其相似。所以，对理想气体性质的研究在理论上和实际应用中都很重要。

根据分子运动论和理想气体的假定，结合试验所得的一些气体定律，并综合表示成理想气体状态方程式（或称为克拉贝隆方程式）。对于 1kg 理想气体，其状态方程为

$$p v = RT \tag{1-6}$$

对于 m kg 理想气体，其体积 $V = mv$，其状态方程为

$$pV = mRT \tag{1-7}$$

式中，R 为气体常数 $[J/(kg \cdot K)]$，它的数值决定于气体的种类。

对于 1 千摩尔(kmol)理想气体，其质量为 μ kg(μ 为其相对分子质量)，其体积为 $\mu v = V_m (m^3/kmol)$，按式(1-7)可以得出 1kmol 理想气体的状态方程为

$$p\mu v = \mu RT \tag{1-8}$$

设 $\mu R = R_m$，即

$$pV_m = R_m T \qquad (1\text{-}9)$$

根据上式可得

$$R_m = \mu R = \frac{pV_m}{T} \qquad (1\text{-}10)$$

根据阿伏伽德罗定律可得同温同压下，相同体积的任何气体都具有相同数目的分子。因此，在同温同压下任何气体的千摩尔体积相等。在物理标准状况（$p_0 = 101325\text{Pa}$，$T_0 = 273.15\text{K}$）条件下，千摩尔体积气体的 V_m 的数值等于 $22.4\text{m}^3/\text{kmol}$，故对于任何理想气体 R_m 的数值都相同，因此将 R_m 称为通用气体常数，将 p_0、T_0 及 V_m 值代入式（1-9）可得 $R_m = 8314.3\text{J}/(\text{kmol} \cdot \text{K})$

或

$$R = \frac{8314.3}{\mu} \quad (\text{J}/(\text{kg} \cdot \text{K})) \qquad (1\text{-}11)$$

理想气体状态方程式反映了理想气体三个基本状态参数间的内在联系：$f(p, v, T) = 0$，只有知道其中两个参数就可以通过该方程求出第三个参数。

四、工质的比热容

在热力工程中，热量计算常用到比热容。工质的 比热容 就是单位量的物质当单位温度变化时所吸收或放出的热量。用符号 c 表示比热容，根据定义有

$$c = \frac{\delta q}{\mathrm{d}T} \qquad (1\text{-}12)$$

式中 δq——某工质在某一状态下温度变化 $\mathrm{d}T$ 所吸收或放出的热量，单位为 kJ 或 J。

1. 比热容与物质单位的关系

因为工质的计量单位可以是 kg、kmol、m^3，所以工质的比热容有以下三种：

比质量热容：c kJ/(kg · K)

比摩尔热容：c_m kJ/(kmol · K)

比容积热容：c' kJ/(m^3 · K)

2. 比定压热容和比定容热容

气体在压力不变或体积不变的情况下被加热时的比热容，分别称为比定压热容和比定容热容，通常用脚标 p 和 V 来标注。如比定压热容记作 $c_p(\text{kJ}/(\text{kg} \cdot \text{K}))$，比定容热容为 $c_V(\text{kJ}/(\text{kg} \cdot \text{K}))$，而比定压千摩尔热容记作 $c_{p,m}(\text{kJ}/(\text{kmol} \cdot \text{K}))$，比定容千摩尔热容为 $c_{V,m}(\text{kJ}/(\text{kmol} \cdot \text{K}))$ 等。可以定义比热容比如下

$$\kappa = \frac{c_{p,m}}{c_{V,m}} = \frac{\mu c_p}{\mu c_V} \qquad (1\text{-}13)$$

比热容比 κ 又称等熵指数，它在工程热力学中有很重要的应用，将在以后经常用到。

气体在定压下受热时，由于在温度升高的同时，还要克服外界抵抗力而膨胀做功，所以同样升高1℃，比在定容下受热时需要更多的热量。试验表明，理想气体的比定压热容值和比定容热容值的差是一个常数，即梅耶公式

$$c_{p,m} - c_{V,m} = R_m \qquad (1\text{-}14)$$

$$R_m = 8.3143\text{J}/(\text{kmol} \cdot \text{K}) \qquad (1\text{-}15)$$

如果用 κ 和 R_m 来表示 $c_{p,m}$、$c_{V,m}$，由梅耶公式可得

$$c_{V,m} = \frac{1}{\kappa - 1} R_m \tag{1-16}$$

$$c_{p,m} = \frac{\kappa}{\kappa - 1} R_m \tag{1-17}$$

3. 真实比热容和平均比热容

根据大量精确的试验数据和量子力学理论，理想气体的比热容与压力无关，而应是温度的函数，可以表示成下式

$$c = a + bt + ct^2 + \cdots \quad (kJ/(kg \cdot K)) \tag{1-18}$$

式中，a，b，c 是常数，它们的数值随气体的种类及加热过程的不同而异。

这种相应于某一温度下的气体比热容称为真实比热容。

已知气体的真实比热容随温度变化的关系是 $c = f(t)$ 时，气体由 t_1 升到 t_2 所需的热量可按下式计算

$$q_{1\text{-}2} = \int_{t_1}^{t_2} c\mathrm{d}t = \int_{t_1}^{t_2} (a + bt + ct^2 + \cdots)\mathrm{d}t \tag{1-19}$$

而

$$c_m \bigg|_{t_1}^{t_2} = \frac{\int_{t_1}^{t_2} c\mathrm{d}t}{t_2 - t_1} \tag{1-20}$$

$c_m \big|_{t_1}^{t_2}$ 称为该气体在 t_1 到 t_2 温度范围内的"平均比热容"。根据真实比热容编制由 $0 \sim t℃$ 的平均比热容 $c_m \big|_{t_1}^{t_2}$ 的数据表，将给比热容变化（因温度改变所引起）所导致的热量变化的计算带来方便。

4. 定比热容

在实际应用中，当温度变化不大或不要求很精确的计算时，常忽略温度的影响而把理想气体的比热容当成常量，只按理想气体的原子数确定比热容，称为定比热容，见表1-1。

表1-1　理想气体的定值比摩尔热容和比热容比

	单原子气体	双原子气体	多原子气体
$c_{V,m}$	$3/2R_m$	$5/2R_m$	$7/2R_m$
$c_{p,m}$	$5/2R_m$	$7/2R_m$	$9/2R_m$
κ	1.66	1.40	1.29

五、热力过程

热力过程是指热力系统从一个状态向另一个状态变化时所经历的全部状态总和。

热力系统从一个平衡（均匀）状态连续经历一系列（无数个）平衡的中间状态过渡到另一个平衡状态，这样的过程称为内平衡过程；否则便是内不平衡过程。

在热力学中，常用两个彼此独立的状态参数构成坐标图来进行热力学分析。例如，以 p 为纵坐标，V 为横坐标组成的坐标图，即为**压容图**，如图1-1所示。图中点1、点2分别代表 p 和 V 两个独立的状态参数所确定的两个平衡状态，曲线代表一个内平衡过程；如果

工质由状态 1 变化到状态 2 所经历的不是一个内平衡过程，则该过程无法在 p—V 图上表示，仅可标出 1、2 两个平衡态，其过程用虚线表示。

　　可逆过程：假设系统经历平衡过程 1—2，由状态 1 变化到状态 2，并对外做膨胀功 W，如图 1-2 所示。如果外界给以同样大小的压缩功 W 使系统从状态 2 返回，循着原来的过程曲线经历完全相同的中间状态恢复到原来状态 1，而且外界也恢复到原来的状态，既没有得到功，也没有消耗功，这样的平衡过程称为可逆过程。

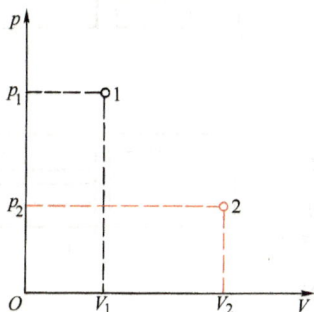

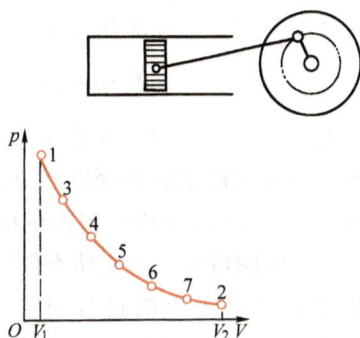

图　1-1　　　　　　　　　　　　　　　　　　　图　1-2

　　只有无摩擦、无温差传热的平衡过程才有可逆性，即可逆过程就是无摩擦、无温差的内平衡过程。

　　可逆过程是没有任何损失的理想过程，实际的热力过程既不可能是绝对的平衡过程，又不可避免地会有摩擦。因此，可逆过程是实际过程的理想极限。后面章节讨论的主要是针对可逆过程的。

第二节　热力学第一定律

　　热力学第一定律的实质就是热力过程中的能量守恒和转换定律，它建立了热力过程中的能量平衡关系，是热力学宏观分析方法的主要依据之一。热力学第一定律可表述为：在热能与其他形式能的互相转换过程中，能的总量始终不变。

　　根据热力学第一定律，要想得到机械能就必须花费热能或其他能量，那种不花费任何能量就可以产生动力的机器只能是一种幻想而已。因此，热力学第一定律也可表述为：不花费任何能量就可以产生功的第一类永动机是不可能被成功制造的。

　　热力学第一定律适用于一切热力系统和热力过程，不论是开口系统还是闭口系统，热力学第一定律均可表达为

进入系统的能量 − 离开系统的能量 = 系统储存能量的变化

一、功、热量和热力学能

1. 工质的膨胀功 W

　　功是与系统的状态变化过程相联系的物理量。在力学中，功（或功量）定义为力和沿力作用方向的位移的乘积。例如，物体在力 F 的作用下沿力 F 的方向 x 产生了微小的

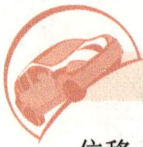

位移 dx，则该力所做的功为 $\delta W = Fdx$。

下面讨论工质在可逆过程中所做的功。图 1-3 表示质量为 m 的气态工质封闭在气缸内，进行一个可逆膨胀过程做功的情况。设活塞截面积为 A，工质作用在活塞上的力为 pA，活塞被推进一微小距离 dx，在这期间，工质的膨胀极小，工质的压力几乎不变，因而工质对活塞做的功为

$$\delta W = pAdx = pdV \qquad (1-21)$$

对可逆过程 1—2，工质由状态 1 膨胀到状态 2 的膨胀功为

$$W = \int_1^2 pdV \qquad (1-22)$$

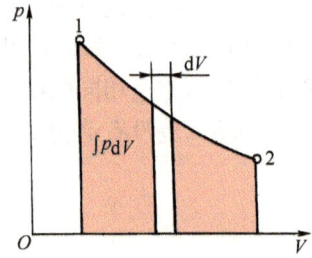

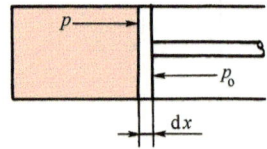

图 1-3　可逆过程的体积变化功

如果已知工质的初、终态参数，以及过程 1—2 的函数关系，则可求得工质的膨胀功 W，其数值等于 p—V 图上过程曲线 $p = f(V)$ 下面所包围的面积，因此压容图也称为示功图。由图可见，膨胀功不仅与状态的改变有关，而且与状态变化所经历的过程有关。若气缸中的工质为 $1kg$，其体积为 V，则膨胀功 w 为

$$\delta w = pdV \qquad (1-23)$$

$$w = \int_1^2 pdV \qquad (1-24)$$

当工质受到外界压缩时，则是外界对工质做功。这时 dV 为负值，由式（1-24）算出的功也是负值，负的膨胀功实际上表明工质接受了外界的压缩功。

2. 热量 Q

热力学中把热量定义为系统和外界之间仅仅由于温度不同而通过边界传递的能量。热量和功一样也不是热力状态的参数，而是工质状态改变时对外的效应，即传递中的能量，没有能量的传递过程就没有功和热量，因此说工质在某一状态下具有多少热量是毫无意义的。

热量和功又有不同之处：功是两物体间通过宏观的运动发生相互作用而传递的能量；热量则是两物体间通过微观的分子运动发生相互作用而传递的能量；传热过程中不出现能量形态的转化；功转变成热量是无条件的，而热量转变成功是有条件的。

按习惯，规定外界加给系统的热量为正，而系统放给外界的热量为负。国际单位制规定功 W 和热量 Q 的单位都用焦耳（J）。

3. 工质的热力学能

工质内部所具有的各种能量，总称为工质的能量。由于工程热力学主要讨论热力学能和机械能之间的相互转换，不考虑化学变化和原子核反应的热力过程，故可以认为这两部分能量保持不变，而认为工质的热力学能是分子热运动的动能和克服分子间作用力的分子位能的总和。分子动能是由分子直线运动动能、旋转运动动能、分子内原子振动能和原子内电子振动能组成的，由于工质内动能和内位能都与热能无关，故也称为工质内部的热能。分子运动动能是温度 T 的函数，分子间的位能是比体积的函数。因此工质热力学能决定于工质的比体积和温度，即与工质的热力状况有关。一旦工质的状态发生变化，热力学能也跟着改变。单位质量工质的热力学能 u 也是一个状态参数，其单位是 J/kg 或 kJ/kg。mkg 工质的总热力学能 $U = mu$，单位是 J 或 kJ。

工质热力学能的变化值 $\Delta U = U_2 - U_1$ 只与工质的初、终态有关，而与其所经历的过程无关。在热工计算中，通常只需计算热力学能的变化值，对热力学能在某一状态下的值不予考虑。

对于理想气体，因假设其分子间没有引力，故理想气体间的分子位能为零，其热力学能仅是温度的单值函数。

二、封闭系统能量方程式

热力学第一定律应用到不同系统的能量转换过程中，可以得到不同的能量平衡方程式。现在讨论最简单的封闭系统的能量转换情况。

封闭在气缸中的定量工质，可作为封闭系统的典型例子。假定气缸中的工质为 1kg，热力学第一定律可表达为

$$q = \Delta u + w \tag{1-25}$$

式中，q 为外界加给每 1kg 工质的热量（J/kg）；w 为每 1kg 工质对外界所做的功（J/kg）；Δu 为每 1kg 工质热力学能的增加（J/kg）。

对于 $m$kg 工质来说，其总热量 Q 可表达为

$$Q = \Delta U + W \tag{1-26}$$

式（1-25）、（1-26）称为热力学第一定律解析式或封闭系统能量方程式。式中各项可以是正数、零或负数。

在式（1-25）中，若 q 为负，则表明工质对外界传出热量，w 为负表明工质接受了外界的压缩功，Δu 为负表明工质的热力学能减少。以上这些公式是从热力学第一定律直接用于封闭系统而导出的，所以它们对于任何工质，任何过程都适用。

式（1-25）清楚地表明热量和功的转换要通过工质来完成。如果让热机工质定期回到它们的初状态，周而复始，循环不休，就可不断地使热量转换为功。此时每完成一个闭合的热力过程（热力循环）工质的热力学能不变，即 $\oint du = 0$。根据式（1-25），在该周期工质实际所得的热量将全部转为当量的功。这正是热机工作的根本道理。由此可见，不消耗热量，或少消耗热量而连续做出超额机械功的热机是不存在的。热力学第一定律直接否定了创造能量的"第一类永动机"。

在上面讨论的封闭系统的能量平衡方程中，如果系统是经历比体积不变的等容过程，则由式（1-23）得

$$\delta w = p \mathrm{d}V = 0 \tag{1-27}$$

由式（1-25）得

$$\delta q = \mathrm{d}u + \delta w = \mathrm{d}u \tag{1-28}$$

即工质在等容过程中吸收或放出的热量，全部变为工质的热力学能增加或减少。同时根据比定容热容的定义有

$$\delta q = c_V \mathrm{d}T \tag{1-29}$$

故

$$\delta q = c_V \mathrm{d}T = \mathrm{d}u \tag{1-30}$$

即证明了对于理想气体，热力学能仅是温度的单值函数。

三、开口系统稳定流动能量方程式与焓

工程上，加热、冷却、膨胀、压缩等过程一般都是在工质不断流过加热器、冷凝器、锅炉、内燃机、压缩机等热工设备时进行的。工质流经热工设备时，可以与外界进行热量交换与功量交换，本身状态也随之发生变化。工程上常用的热工设备除起动、停止或者加减负荷外，大部分时间是在外界影响不变的条件下稳定运行的。这时，工质的流动状况不随时间而改变，即任一流通截面上工质的状态不随时间而改变，各流通截面工质的质量流量相等，且不随时间而改变。这种流动状况称为稳定流动。

对于连续周期性工作的热工设备，如活塞式压气机或内燃机，工质的出入是不连续的，但按照同样的循环过程重复着，整个工作过程仍可按稳定流动来处理。实际上许多热机工作时，工质通常都不是永远封闭在热机中，而是连续地或周期地将已做功的工质排出，并重新吸入新工质，工质的热力循环要在整个动力装置内完成。对于有工质流入流出的热力设备，作为开口系统分析研究比较方便。

工质在开口系统中的流动可分为稳定流动和不稳定流动。对工程上常见的各种热工设备来说，在正常运行（即稳定工况）时，工质的连续流动情况不随时间变化，表现为流动工质在各个截面上的状态和对外热量和功量的交换都不随时间变动，并且同时期内流过任何截面上的工质流量均保持相同，此工况称为稳定流动。严格来讲，工质出入内燃机的气缸并不是连续的，而是重复着同样的循环变化，每一循环周期出入气缸的工质数量相同，也可以按稳定流动的情况来分析。

工质在流过热工设备时，必须受外力推动，这种推动工质流动而做的功称为流动功，也称为推进功。如图1-4所示，1kg 工质在开口系统中做稳定流动，设系统在过程中从外界吸收热量 q 并对外输出可利用的机械功（技术功）。由图可知 1kg 工质流进界面所携带进入的能量为：动能 $\dfrac{c_1^2}{2}$（J/kg）（c_1 为流速）；位能 gz_1（J/kg）（z_1 为高度）；热力学能 u_1（J/kg）；流动功（推进功）p_1v_1（J/kg）。系统从外界吸入的热量为 q（J/kg）。

图 1-4　开口系统示意图

1kg 工质流出界面所带走的能量为：动能 $\dfrac{c_2^2}{2}$；位能 gz_2（z_2 为高度）；热力学能 u_2；流动功 p_2v_2（推进功），系统对外输出功 W_s。根据能量转换与守恒定律，稳定流动式输入能量等于输出能量，即

$$q + gz_1 + \frac{c_1^2}{2} + u_1 + p_1v_1 = W_s + gz_2 + \frac{c_2^2}{2} + u_2 + p_2v_2 \tag{1-31}$$

经过整理后可得

$$q = (u_2 + p_2 v_2) - (u_1 + p_1 v_1) + \frac{1}{2}(c_2^2 - c_1^2) + g(z_2 - z_1) + W_s \tag{1-32}$$

$$q = \Delta u + \Delta(pv) + \frac{1}{2}\Delta c^2 + g\Delta z + W_s \tag{1-33}$$

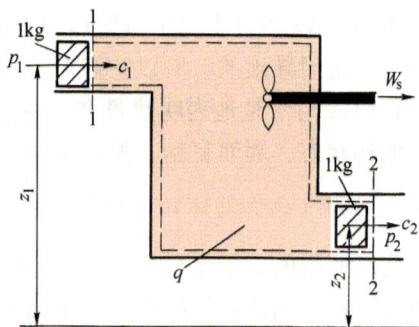

式(1-32)就是开口系统稳定流动能量方程式，它广泛应用于汽轮机、燃气轮机、喷管、锅炉、泵、压缩机以及节流装置等热力设备的热工计算中。对于每 1kg 流动工质，除了自身热力学能 u 外，总随带推进功 pv 一起转移，热力学中定义两者之和为焓 h，即

$$h = u + pv \quad (\text{J/kg}) \tag{1-34}$$

$m$kg 工质的焓用 H 表示，即

$$H = U + pV \quad (\text{J}) \tag{1-35}$$

h 是 1kg 工质的热力学能 u 和工质在流动时由机械移动而携带的功 pv 的总和（其中 pv 又称为流动功或推进功），既然都是工质状态的参数，因此由式（1-34）所决定的焓 h 也是工质的参数。焓被称为复合的状态参数。将式（1-34）代入式(1-32)得

$$q = h_2 - h_1 + \frac{1}{2}(c_2^2 - c_1^2) + g(z_2 - z_1) + W_s$$

$$= \Delta h + \frac{1}{2}\Delta c^2 + g\Delta z + W_s \tag{1-36}$$

四、熵及温熵图

在应用热力学第一定律建立的各种能量平衡方程中，我们知道功和热都是能量，只不过是两种不同形式的能量。功量和热量都是工质在状态变化过程中与外界进行能量交换的度量，工质膨胀对外输出的膨胀功在可逆过程中其大小为

$$\delta w = pdv \tag{1-37}$$

在这里，压力 p 起着动力的作用。然而只有压力没有位移，即没有比体积 v 的变化 dv，则不可能有功的交换。根据 dv 的增大或减少，则可以确定功量的正负。

可见功量的交换是通过工质的两个状态参数 p、v 来进行计算的，并且可以用由 p、V 坐标组成的压容图上的一块面积来表示功量的大小，如图 1-5a 上曲线 1—2 下的面积所示。

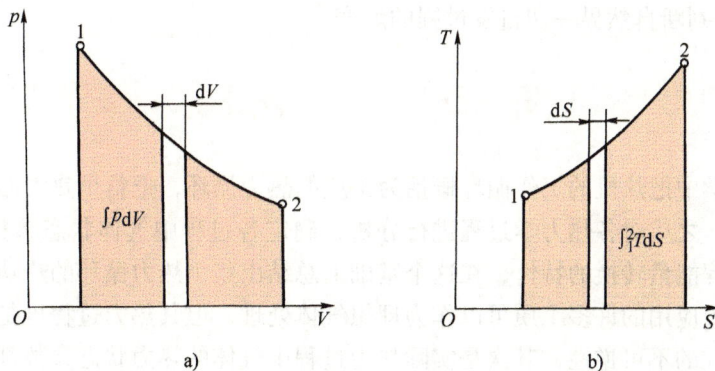

图 1-5 可逆过程的 p—V 图和 T—S 图
a）p—V 图 b）T—S 图

热量与功量同样是过程量，它们有同一性，对比起来分析，系统与外界发生热力交换时起动力作用的是温度，没有温差就不可能发生实际的传热，在极限情况下，系统与外界温差为无穷小时，则属于可逆的传热过程。显而易见，存在这样一个状态参数，它的变化可以判断热量的正负，并且与功量相仿就可以构成类似的表达式和坐标图，并在类似的坐标图上用一块面积来表示热量，这个状态参数就是熵。因此 T—S 图也称为 **温熵图**。

熵是一个导出的状态参数，它的定义式如下：

$$ds = \frac{\delta q}{T} \tag{1-38}$$

式中，δq 为可逆过程中系统与外界交换的微元热量；T 为可逆过程中的温度（可逆过程中工质与外界的温度随时保持相等）；ds 为熵的增量。

即得到熵的定义是：熵的增量等于系统在可逆过程中交换的热量除以传热时的热力学温度所得的商。

1kg 工质的熵 s 的单位是 $J/(kg \cdot K)$，$m$kg 工质的熵 S 的单位是 J/K。

同功量的图示相仿，也可用两个独立的状态参数 T、S 构成的状态图来表示热量。在 $T—S$ 图上的一点表示一个平衡状态，一条曲线表示一个可逆过程，如图 1-5b 中的曲线 1—2。

$$\delta q = Tds \tag{1-39}$$

$$q = \int_1^2 Tds \tag{1-40}$$

因此 $T—S$ 图上曲线 1—2 下的面积表示该过程中的传热量 q 的大小，故图 $T—S$ 又称为"示热图"，它在热工分析中有着重要的作用。

熵有如下性质：

1）熵是一状态参数，如已知两个独立的状态参数，即可求出熵的值。

2）只有在平衡状态下，熵才有确定值。

3）与热力学能和焓一样，通常只需求熵的变化量，而不必求熵的绝对值。

4）熵是可加性的量，$m$kg 工质的熵是 1kg 工质的熵的 m 倍，$S = ms$。

5）在可逆过程中，从熵的变化过程中可以判断热量的传递方向：$ds > 0$，系统吸热；$ds = 0$，系统绝热；$ds < 0$，系统放热。

6）熵可以判断自然界一切自发过程的熵变。

第三节　热力过程分析

工程热力学中把热机的工作循环概括为工质的热力循环，把整个热力循环分成几个典型的热力过程，之后对各热力学过程进行分析，确定各过程中气体状态参数的变化规律，揭示出热力过程能量转换的特性，在这个基础上总结出整个热力循环的热功转换规律。

虽然工程上应用的许多工质可以作为理想气体处理，但其热力过程也是很复杂的。首先在于实际过程的不可逆性，其次是实际热力过程中气体的热力状态参数都在变化，难以找出其变化规律。为了分析方便和突出能量转换的主要矛盾，在理论研究中对不可逆因素暂不考虑，认为过程是可逆的。在实际应用中，根据可逆过程的分析结果，引进各种经验和试验的修正系数，使其与实际尽量接近。另外，对于实际热力过程的观察与分析发现，许多热力过程虽然诸多参数在变化，但相比而言某些参数变化很小，可以忽略不计。例如，换热器中流体的温度和压力都在变化，但温度变化是主要的，压力变化却很小，可以认为是在压力不变的条件下进行的热力过程；燃气轮机中燃气的热力过程，由于燃气流速很快，与外界交换热量很少，可以视为绝热过程，在可逆条件下就是定熵过程。这种保持

一个状态参数不变的过程称为基本热力过程。

热力过程的分析方法一般是：首先研究理想气体的可逆过程，导出过程方程式，利用过程方程和理想气体状态方程求出过程的初、终态参数之间的关系式，并按热力学第一定律研究热力过程中气体吸收或放出的热量，热力学能变化以及对外所做的功；然后引进各种有关的经验修正系数，将这种可逆过程的分析结果，换算成实际气体的不可逆过程。

由于定容、定压、定温和绝热过程中各有一个状态参数保持不变，且这四个过程与实际热力设备中工质的某种状态变化较为接近，故称为基本的热力过程。本节先讨论理想气体的基本热力过程，然后讨论理想气体的一般过程，即多变过程。

一、定容过程

比体积不变的过程称为定容过程。

(1) 过程方程

$$v = 定值 \tag{1-41}$$

(2) 基本状态参数间关系式 由过程方程知，过程中任意两状态点比体积相等，即

$$v_2 = v_1 \tag{1-42}$$

由状态方程得

$$\frac{p_2}{p_1} = \frac{T_2}{T_1} \tag{1-43}$$

(3) 功量与热量分析计算 定容过程 $\mathrm{d}v = 0$，故定容过程膨胀功为

$$w = \int_1^2 p\,\mathrm{d}v = 0 \tag{1-44}$$

定容过程的技术功 w_t 为

$$w_\mathrm{t} = -\int_1^2 v\,\mathrm{d}p = v(p_1 - p_2) \tag{1-45}$$

根据比定容热容定义，定容过程吸收的热量为

$$q = c_V \Delta T \tag{1-46}$$

或由热力学第一定律表达式表示为

$$q = \Delta u + w = \Delta u + 0 = c_V \Delta T \tag{1-47}$$

(4) p—V 图和 T—S 图 根据过程方程可知，在 p—V 图上定容线是一条与横坐标垂直的直线，如图 1-6a 所示。在 T—S 图上，定容线为一条斜率为正的指数曲线，如图 1-6b 所示，这可由理想气体熵 $\mathrm{d}S$ 的表达式分析得出。

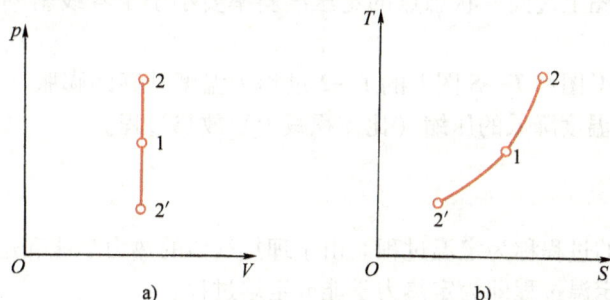

图 1-6 定容过程

根据过程基本状态参数间关系、功量和热量的分析可知，p—V 图和 T—S 图上 1—2 过程为升压升温的吸热过程；1—2′过程则是降压降温的放热过程。

二、定压过程

压力保持不变的过程称为定压过程。

（1）过程方程

$$p = 定值 \tag{1-48}$$

（2）基本状态参数间关系式　由过程方程知

$$p_2 = p_1 \tag{1-49}$$

联立上式及状态方程求解可得

$$\frac{v_2}{v_1} = \frac{T_2}{T_1} \tag{1-50}$$

（3）功量和热量分析计算　定压过程 $\mathrm{d}p = 0$，则膨胀功和技术功为

$$w = \int_1^2 p\mathrm{d}v = p(v_2 - v_1) \tag{1-51}$$

$$w_\mathrm{t} = -\int_1^2 v\mathrm{d}p = 0 \tag{1-52}$$

类似于定容过程分析，定压过程吸热量为

$$q = c_p \Delta T = \Delta h \tag{1-53}$$

（4）p—V 图和 T—S 图　根据过程方程知，在 p—V 图上定压线为一条与纵坐标垂直的直线，如图 1-7a 所示。

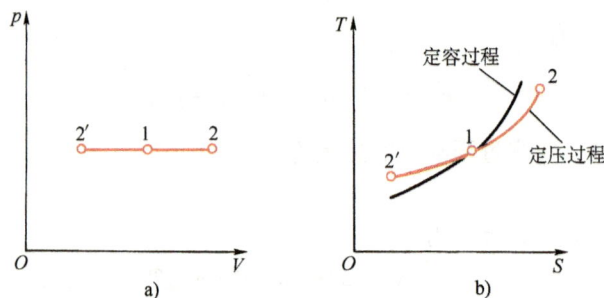

图 1-7　定压过程

在 T—S 图上，定压线是一条斜率为正的指数曲线，如图 1-7b 所示。由于理想气体 $c_p > c_V$，故在 T—S 图上过同一状态点的定压线斜率要小于定容线斜率，即定压线比定容线平坦。

分析可知，p—V 图和 T—S 图上的 1—2 过程为温度升高的膨胀（比体积增加）吸热过程；1—2′过程为温度降低的压缩（比体积减少）放热过程。

三、定温过程

温度保持不变的过程称为定温过程。由于理想气体的热力学能和焓均仅仅是温度的函数，故理想气体的定温过程即为定热力学能或定焓过程。

（1）过程方程　由定义知，定温过程温度保持不变，即 $T = 定值$。结合理想气体状态

方程 $pv = RT$ 得定温过程的过程方程为

$$pv = 定值 \tag{1-54}$$

（2）基本状态参数间关系　根据过程特点有

$$T_2 = T_1 \tag{1-55}$$

由过程方程直接可得到压力与比体积的关系为

$$\frac{p_2}{p_1} = \frac{v_1}{v_2} \tag{1-56}$$

（3）功量和热量的分析计算　根据过程方程，过程的膨胀功为

$$w = \int_1^2 p\mathrm{d}v = \int_1^2 pv\frac{\mathrm{d}v}{v} = \int_1^2 RT\frac{\mathrm{d}v}{v} = RT\ln\frac{v_2}{v_1} = p_1v_1\ln\frac{v_2}{v_1} = -p_1v_1\ln\frac{p_2}{p_1} \tag{1-57}$$

热力过程的技术功为

$$w_t = -\int_1^2 v\mathrm{d}p = -\int_1^2 pv\frac{\mathrm{d}p}{p} = -\int_1^2 RT\frac{\mathrm{d}p}{p} = -RT\ln\frac{p_2}{p_1} = -p_1v_1\ln\frac{p_2}{p_1} \tag{1-58}$$

根据理想气体热力性质，$\Delta T = 0$，即 $\Delta u = 0$，从而有

$$q = \Delta u + w = w \tag{1-59}$$

因此在理想气体的定温过程中，膨胀功、技术功和热量三者相等。

（4）p—V 图和 T—S 图　根据过程方程知，定温线在 p—V 图上是等轴双曲线，如图 1-8a 所示。在 T—S 图上，定温线是一条垂直于纵坐标的直线，如图 1-8b 所示。

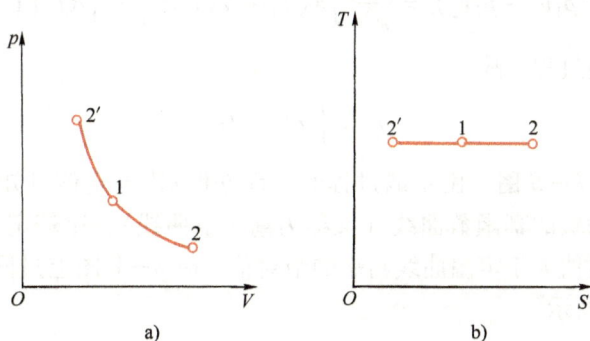

图 1-8　定温过程

分析可知，两图中 1—2 过程是压力下降的膨胀吸热过程，1—2′是压力升高的压缩放热过程。

四、定熵过程

绝热可逆过程的熵保持不变，称为定熵过程。

（1）过程方程　根据理想气体熵变的微分表达式和定熵过程熵不变的特点，有

$$pv^\kappa = 定值 \tag{1-60}$$

上式为定熵过程的过程方程式。

令 $\kappa = c_p/c_V$，称为等熵指数，等于理想气体的定熵指数。

根据理想气体的定值比热容可计算出单原子、双原子和多原子气体的等熵指数分别为：1.67、1.4 和 1.3。

（2）**基本状态参数间的关系** 由过程方程结合状态方程可得 p 与 v 之间的关系如下

$$\frac{\mathrm{d}p}{p} + \kappa \frac{\mathrm{d}v}{v} = 0 \tag{1-61}$$

$$p_2 v_2^\kappa = p_1 v_1^\kappa \tag{1-62}$$

$$\frac{T_2}{T_1} = \left(\frac{v_1}{v_2}\right)^{\kappa-1} \tag{1-63}$$

$$\frac{T_2}{T_1} = \left(\frac{p_2}{p_1}\right)^{\frac{\kappa-1}{\kappa}} \tag{1-64}$$

（3）**功量和热量的分析计算** 过程的膨胀功为

$$w = -\Delta u = u_1 - u_2 \tag{1-65}$$

$$w = c_V(T_1 - T_2) = \frac{1}{\kappa-1}R(T_1 - T_2) = \frac{1}{\kappa-1}(p_1 v_1 - p_2 v_2) \tag{1-66}$$

$$w = \frac{1}{\kappa-1}RT_1\left[1 - \left(\frac{p_2}{p_1}\right)^{\frac{\kappa-1}{\kappa}}\right] = \frac{1}{\kappa-1}RT_1\left[1 - \left(\frac{v_1}{v_2}\right)^{\kappa-1}\right] \tag{1-67}$$

定熵过程的技术功为

$$w_t = -\int_1^2 v\mathrm{d}p = p_1 v_1 - p_2 v_2 + \int_1^2 p\mathrm{d}v = p_1 v_1 - p_2 v_2 + \frac{1}{\kappa-1}(p_1 v_1 - p_2 v_2)$$

$$= \frac{\kappa}{\kappa-1}(p_1 v_1 - p_2 v_2) = \frac{\kappa}{\kappa-1}R(T_1 - T_2) = \frac{\kappa}{\kappa-1}RT_1\left[1 - \left(\frac{p_2}{p_1}\right)^{\frac{\kappa-1}{\kappa}}\right] \tag{1-68}$$

定熵过程是绝热可逆过程，故

$$q = \int_1^2 t\mathrm{d}s = 0 \tag{1-69}$$

（4）**p—V 图和 T—S 图** 由定熵过程的过程方程 $pV^\kappa =$ 定值可知，定熵过程在 p—V 图上是一条幂指数为负的幂函数曲线（又称为高次双曲线）。比较定温过程的斜率可知，定熵曲线斜率的绝对值大于定温曲线斜率的绝对值，故 p—V 图上过同一点的定熵线比定温线陡，如图 1-9a 所示。

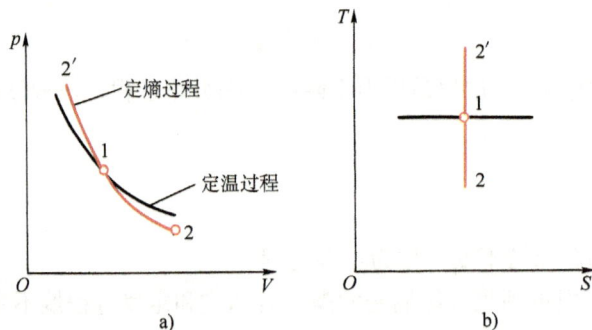

图 1-9 定熵过程

在 T—S 图上，定熵线是一条垂直于横坐标的直线，如图 1-9b 所示。

分析可知，p—V 图和 T—S 图上的 1—2 过程是降压降温的膨胀过程，1—2′过程是升压升温的压缩过程。

五、理想气体的多变过程

上述四种热力过程的共同特点是：在热力过程中某一状态参数的值保持不变。然而在许多实际的热力过程中往往是所有的状态参数都在变化。例如，压气机中气体在压缩的同时被冷却，使气体在压缩过程中的压力、比体积和温度都在变化。但实际过程中气体状态参数的变化往往遵循一定规律。试验研究发现，这一规律可以表示为

$$pv^n = 定值 \tag{1-70}$$

符合这一方程的过程称为**多变过程**，式中的指数 n 称为**多变指数**。在某一多变过程中 n 为定值，但不同的多变过程其 n 值不相同，可在 $0 \sim \pm\infty$ 间变化。对于比较复杂的实际过程，可分为几段不同多变指数的多变过程来描述，每段的 n 值保持一定值。

由于多变指数 n 可在 $0 \sim \pm\infty$ 变化，所以前述的四个基本热力过程可视为多变过程的特例。

当 $n = 0$ 时，$p = $ 定值，为定压过程；

当 $n = 1$ 时，$pv = $ 定值，为定温过程；

当 $n = \kappa$ 时，$pv^\kappa = $ 定值，为定熵过程；

当 $n = \pm\infty$ 时，$pv^n = $ 定值，为定容过程。这是因为过程方程可写为 $p^{1/n}v = $ 定值，"$n \to \pm\infty$，$1/n \to 0$"，从而有 $v = $ 定值。

比较多变过程与定熵过程的过程方程不难发现，两方程的形式相同，所不同的仅仅是指数值。因此，参照定熵过程，可得多变过程的基本状态参数间关系为

$$p_2 v_2^n = p_1 v_1^n \tag{1-71}$$

$$\frac{T_2}{T_1} = \left(\frac{v_1}{v_2}\right)^{n-1} \tag{1-72}$$

$$\frac{T_2}{T_1} = \left(\frac{p_2}{p_1}\right)^{\frac{n-1}{n}} \tag{1-73}$$

$$w = c_V(T_1 - T_2) = \frac{1}{n-1}R(T_1 - T_2) = \frac{1}{n-1}(p_1 v_1 - p_2 v_2) \tag{1-74}$$

$$w = \frac{1}{n-1}RT_1\left[1 - \left(\frac{p_2}{p_1}\right)^{\frac{n-1}{n}}\right] = \frac{1}{n-1}RT_1\left[1 - \left(\frac{v_1}{v_2}\right)^{n-1}\right] \tag{1-75}$$

$$w_t = -\int_1^2 v\,\mathrm{d}p = p_1 v_1 - p_2 v_2 + \int_1^2 p\,\mathrm{d}v = p_1 v_1 - p_2 v_2 + \frac{1}{n-1}(p_1 v_1 - p_2 v_2)$$
$$= \frac{n}{n-1}(p_1 v_1 - p_2 v_2) = \frac{n}{n-1}R(T_1 - T_2) = \frac{n}{n-1}RT_1\left[1 - \left(\frac{p_2}{p_1}\right)^{\frac{n-1}{n}}\right] \tag{1-76}$$

$$q = \Delta u + w = c_V(T_2 - T_1) + \frac{1}{n-1}R(T_2 - T_1) \tag{1-77}$$

为了在 p—V 图和 T—S 图上对多变过程的状态参数变化和能量转换规律进行定性分析，需掌握多变过程线在 p—V 图和 T—S 图上随多变指数 n 变化的分布规律。为此，首先在 p—V 图和 T—S 图上过同一初态点 1 画出四条基本过程的曲线，如图 1-10a 和 1-10b 所示。从图 1-10a 可以看到，定容线和定压线把 p—V 图分成了 Ⅰ、Ⅱ、Ⅲ 和 Ⅳ 四个区域，在 Ⅱ、Ⅳ 区域，多变过程线的 n 值由定压线 $n = 0$ 开始按顺时针方向逐渐增大，直到定容线的 $n = \infty$。在 Ⅰ、Ⅲ 区域，$n < 0$，n 值则从 $n = -\infty$ 按顺时针方向增大到 $n = 0$。实际工

程中，$n < 0$ 的热力过程极少存在，故可以不予讨论。在 T—S 图上，n 的值也是按顺时针方向增大的，上述 n 的变化规律同样成立。

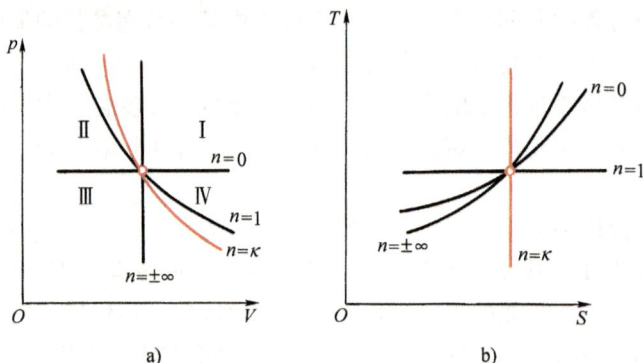

图 1-10 多变过程

这样，当已知过程的多变指数的值时，就可以定性地在 p—V 图上和 T—S 图上画出该过程的参数变化曲线。

为了分析多变过程的能量转换与交换，还需确定过程中的 q，ΔT，Δu，Δh 和 w 这些参数的正负。这些可根据多变过程与四条基本过程线的相对位置来判断（见图 1-10）。

q 的正负是以过初态的定熵线为分界。图中表示过同一初态的多变过程，若过程线位于定熵线右方，则 $q > 0$；反之，$q < 0$。

膨胀功 w 的正负是以定容线为分界。图中表示过同一初态的多变过程，若过程线位于定容线右侧，则 $w > 0$；反之，$w < 0$。

由于理想气体的热力学能和焓仅是温度的单值函数，故 ΔT 的正负决定了 Δu 和 Δh 的正负。ΔT 的正负是以定温线为分界。图中表示过同一初态的多变过程，若过程线位于定温线上方，则过程的 $\Delta T > 0$；反之，$\Delta T < 0$。

第四节　热力学第二定律

由热力学第一定律可知：如果发生了一个热力过程，其能量的传递和转换必然遵循热力学第一定律。然而一个遵循热力学第一定律的热力过程能否发生，热力学第一定律并未告诉我们。事实上，自然界中遵循热力学第一定律的热力过程未必一定能够发生。这是因为涉及热现象的热力过程具有方向性。揭示热力过程具有方向性这一普遍规律的是独立于热力学第一定律之外的热力学第二定律。它阐明了能量不但有"量"的多少问题，而且有"品质"的高低问题，在能量的传递和转换过程中能量的"量"守恒，但"质"却不守恒。下面就从自然界中的某些具有方向性的热力过程入手进行讨论。

一、自发过程的方向性与热力学第二定律的表述

1. 自发过程的方向性

所谓自发过程就是不需要任何外界作用而自动进行的过程。例如热量由高温物体传向低温物体就是一个自发过程，反之则不能自发进行，这是人所共知的常识。

机械能通过摩擦转变为热能的过程也是一个自发过程。例如，行驶中的汽车制动时，

汽车的动能通过摩擦全部变成热能，造成地面和轮胎升温，最后散失于环境。反之，如果将同等数量的热加给轮胎与地面，却不能使汽车行驶。这说明，机械能可以自发地转变为热能，而热能却不能自发地转变为机械能。

实践证明，不仅热量传递、热能与机械能的相互转换具有方向性，自然界的一切自发过程都具有方向性。例如，水自动地由高处向低处流动，气体自动地由高压区向低压区膨胀，电流自动地由高电势流向低电势，不同气体的混合过程，燃烧过程等都是只能自发地向一个方向进行。如果要想使自发过程逆向进行，就必须付出某种代价，或者说给外界留下某种变化。这就是说，自发过程是不可逆的。

2. 热力学第二定律的表述

热力学第二定律揭示了自然界中一切热过程进行的方向、条件和限度。自然界中热过程的种类很多，因此热力学第二定律的表述方式也很多。由于各种表述所揭示的是一个共同的客观规律，因而它们彼此是等效的。下面介绍两种具有代表性的表述。

克劳修斯表述：不可能将热从低温物体传至高温物体而不引起其他变化。

这是从热量传递的角度表述的热力学第二定律，由克劳修斯于 1850 年提出。它指明了热量只能自发地从高温物体传向低温物体，反之的非自发过程并非不能实现，而是必须花费一定的代价。例如压缩制冷装置就是以花费机械能为代价，即以机械能变为热能这一自发过程作为实现热从低温物体转移至高温物体所必需的补偿代价。

开尔文-普朗克表述：不可能从单一热源取热，并使之完全转变为功而不产生其他影响。

这是从热功转换的角度表述的热力学第二定律，于 1851 年由开尔文提出；1897 年普朗克也发表了内容相同的表述，后来，就将之称为开尔文-普朗克表述。"不产生其他影响"是这一表述不可缺少的部分。例如：理想气体定温膨胀过程进行的结果，就是从单一热源取热并将其全部变成了功。但与此同时，气体的压力降低，体积增大，即气体的状态发生了变化，或者说"产生了其他影响"。因此，并非热不能完全变为功，而是必须有其他影响作为代价才能实现。

通常人们把假想的从单一热源取热并使之完全变为功的热机称为第二类永动机。它虽然不违反热力学第一定律，转变过程能量是守恒的，但却违反了热力学第二定律。如果这种热机可以制造成功，就可以利用大气、海洋等作为单一热源，将大气、海洋中取之不尽的热能转变为功，维持它永远转动，这显然是不可能的。因此，热力学第二定律又可表述为：第二类永动机是不可能被成功制造的。

热力学第二定律的以上两种表述，各自从不同的角度反映了热过程的方向性，实质上是统一的、等效的，如果违反了其中一种表述，也必然违反了另一种表述，这在普通物理学中已有证明。

热力学第一定律与热力学第二定律都是建立在无数事实基础上的经验定律，从这两个定律出发的一切推论都符合客观实际。

二、热力循环与热效率

1. 热力循环

热变功的根本途径是依靠工质的膨胀。为了连续不断地将热转化为功，工程上是通过热机来实现的。工质在热机气缸中仅仅完成一个膨胀过程不可能连续做功的。为了重复进

行膨胀过程，工质在每次膨胀做功之后，必须进行某种压缩过程，使它恢复到某种初态，以便重新膨胀做功。这种使工质从初态出发，经过一系列变化又回到初态的过程，称为热力循环（简称循环）。

根据效果的不同，热力循环分为正向循环和逆向循环。把热能转变为机械功的循环称为**正向循环**（或热机循环）；依靠消耗机械功而将热量从低温热源传向高温热源的循环称为**逆向循环**（或热泵循环）。

如图 1-11 所示，设 1kg 工质进行一个可逆的正向循环。在 p—V 图上可看出，膨胀过程曲线 1—a—2 高于压缩过程曲线 2—b—1，即过程 1—a—2 所做的膨胀功大于过程 2—b—1 所消耗的压缩功，整个循环中工质做出的净功 $\oint \mathrm{d}w$ 为正。用 W_0 表示净功的绝对值，在 T—S 图上封闭曲线 1—a—2—b—1 所包围的面积即代表 W_0 的数值。在 T—S 图上可以看出，工质的吸热过程曲线 1—a—2 高于工质的放热过程曲线 2—b—1，即过程 1—a—2 中工质的吸热量 $\int_{1a2} \delta q$ 大于过程 2—b—1 中工质放出的热量 $\int_{2b1} \delta q$。

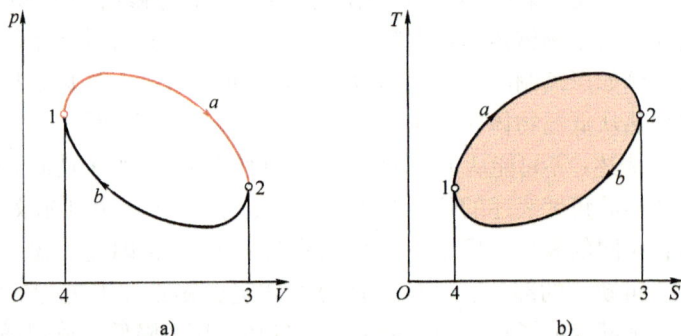

图 1-11　正向循环示意图

整个过程中工质从高温热源中接受的净热量为正。用 q_1 表示循环中工质从高温热源中接受热量的绝对值，用 q_2 表示工质向低温热源放出热量的绝对值，则循环中工质接受的净热量为 $q_1 - q_2$，它可用 T—S 图上曲线 1—a—2—b—1 所包围的面积表示。按热力学第一定律，循环过程中所接受的净功为：$\oint \delta q = \oint \mathrm{d}u + \oint \delta w$，因为 $\oint \mathrm{d}u = 0$，所以，循环净功等于循环净热，即

$$q_1 - q_2 = W \tag{1-78}$$

这就是说热力循环中工质从高温热源所接受的热量 q_1，只有一部分变为循环净功 W，而另一部分以热量的形式 q_2 放出给低温热源。

2. 热效率

为了评价热力循环在能源利用方面的经济性，通常采用热力循环的净功 W_0 与工质从高温热源接受的热量 q_1 的比值作指标，称为**循环热效率**，用 η_t 表示，即

$$\eta_t = \frac{W_0}{q_1} = \frac{q_1 - q_2}{q_1} = 1 - \frac{q_2}{q_1} \tag{1-79}$$

热效率是衡量机械能的重要指标之一，它说明工质从高温热源接受的热量有多少转化为功，从式（1-79）可以看出，q_2 越小，则 η_t 越大，但因 $q_2 \neq 0$ 所以 η_t 总小于 1。

三、卡诺循环与卡诺定理

前已提及，热机循环的热效率不可能达到100%，那么可能达到的最高限度究竟是多少？卡诺在1824年提出了最理想的热机方案，即著名的卡诺循环。

1. 卡诺循环

如图1-12所示，**卡诺循环**是由两个定温过程和两个绝热过程交错组成的可逆循环。

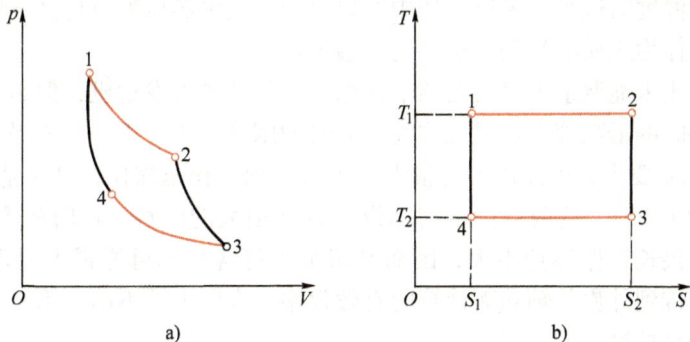

图1-12 卡诺循环示意图

其中过程1—2为在温度较高的恒温热源温度 T_1 下定温膨胀，吸收热量 q_1；过程2—3为绝热膨胀；过程3—4为在温度较低的恒温冷源温度 T_2 下定温压缩，放出热量 q_2；过程4—1为绝热压缩，卡诺循环的热效率 η_{tk} 为

$$\eta_{tk} = 1 - \frac{q_2}{q_1} = 1 - \frac{T_2(S_2 - S_1)}{T_1(S_2 - S_1)} = 1 - \frac{T_2}{T_1} \tag{1-80}$$

由上式可知：

1）卡诺循环的热效率仅取决于高温热源和低温热源的温度。提高 T_1 及降低 T_2，可以提高卡诺循环的热效率。

2）由于 T_1 不可能为无限大，T_2 不可能为零，所以卡诺循环的热效率不可能达到1。当 $T_1 = T_2$ 时，卡诺循环的热效率为零，即不可能由单一循环做功。

3）无论采用什么工质和什么循环，也无论将不可逆损失减小到何种程度，在一定的温度范围 T_1 到 T_2 之间，不可能制造出热效率超过($1 - \frac{T_2}{T_1}$)的热机。最高热效率也只能接近($1 - \frac{T_2}{T_1}$)，实际上是不能达到的。

2. 卡诺定理

卡诺定理的内容是：工作在两个恒温热源(T_1 和 T_2)之间的循环，不管采用什么工质，如果是可逆的，其热效率为($1 - \frac{T_2}{T_1}$)；如果是不可逆的，其热效率恒小于($1 - \frac{T_2}{T_1}$)。

卡诺定理告诉我们，两个给定热源之间的所有循环中，以卡诺循环的热效率最高。一切工质的循环都是不可逆循环，因此实际循环的热效率必小于相同热源条件下卡诺循环的热效率。所以提高热效率的途径是减小过程的不可逆性，使实际循环尽量接近卡诺循环。卡诺定理还指出了两个给定热源之间所有卡诺循环的热效率都相等，与工质的性质无关，

因此影响热效率的基本因素仅仅是热源的温度。提高热效率的另一个基本途径是提高高温热源的温度 T_1 和降低低温热源的温度 T_2。为了提高热效率，现代热机就是沿着这条途径发展的。

卡诺循环及其热效率公式在热力学的发展上具有重大意义。首先，它奠定了热力学第二定律的理论基础。其次，卡诺循环的研究为提高各种热动力机热效率指出了方向：尽可能提高工质的吸热温度和尽可能降低工质的放热温度，使放热在接近可自然得到的最低温度——大气环境温度时进行。卡诺循环中所提出的利用绝热压缩以提高气体吸热温度的方法，至今在以气体为工质的热动力机中仍普遍采用。

虽然迄今为止未能制造出严格按照卡诺循环工作的热力发动机，但是，卡诺循环是实际热机选用循环时的最高理想。以气体为工质时的困难在于：第一，要提高卡诺循环的热效率，T_1、T_2 相差要大，因而需要有很大的压力差和体积压缩比，结果造成 p_1 很高，或者 V_3 极大（见图 1-12），这两点都给实际设备带来很大的困难。这时的卡诺循环在 p—V 图上的图形显得狭长，循环功不大，因而摩擦损失等各种不可逆损失所占的比例相对很大，根据动力机传到外界的轴功而计算的有效效率，实际上并不高。第二，气体的定温过程不易实现，不易控制。

四、孤立系统的熵增原理

对于孤立系统，整个系统的熵变等于热源、冷源和工质三者熵变的代数和，即 $\Delta S_{系统} = \Delta S_{工质} + \Delta S_{热源} + \Delta S_{冷源}$。系统熵变与过程进行的方向之间有如下的关系：孤立系统的热力过程总是朝着系统的熵有所增加的方向进行，不可能出现使系统熵的总量减小的情况，在理想的可逆过程中可使系统熵的总量保持不变，即

$$dS_{系统} \geq 0 \tag{1-81}$$

这就是孤立系统的熵增原理——孤立系统的熵可以增大或者保持不变，但不可能减小。

熵增原理可以用来判断要想实现某个过程的实际可行性。例如，热量自高温物体传到低温物体，机械能变为热能等，可以证明这些过程其孤立系统的熵都是增加的，因此是可以自发进行的。

熵增原理也是热力学第二定律的一种表述。因此热力学第二定律也可称为熵定律，式 (1-81) 可作为热力学第二定律的数学表达式。在这里，熵的物理意义得到更明确的显示。

思 考 题

1. 为实现热能和机械能之间相互转换，所使用的工质是何种集态？为什么？
2. 何谓气体的状态参数？常用的气体状态参数有哪些？其中，基本状态参数有哪些？
3. 如果容器中气体的压力保持不变，那么压力表的读数一定也保持不变，对吗？
4. 什么是理想气体？分别写出理想气体状态方程式的几种表达形式并加以解释。
5. 何谓比热容？比热容按物理单位可分为几种？比定压热容与比定容热容哪个大？为什么？
6. 指出下列各物理量中哪些是状态量，哪些是过程量：压力，温度，动能，位能，热能，热量，功量，密度。
7. 状态参数坐标图的重要性是什么？

8. 经过了一个不可逆过程后，工质还能不能恢复到原来的状态？

9. 功、热量、热力学能有什么相同地方？有什么不同地方？

10. 焓的物理意义是什么？

11. 理想气体的热力学能和焓有什么特点？

12. 理想气体的比定容热容和比定压热容为什么仅仅是温度的函数？

13. 理想气体的比热容到底是变值还是定值？

14. 热力学第一定律的基本内容是什么？封闭系统及开口系统稳流能量方程式各是怎样的？

15. 研究工质热力过程的目的何在？

16. 指出压容图及温熵图的物理意义。

17. 熟悉等容、等压、等温、绝热四种特殊热力过程及多变过程参数间的关系式及功量、热量的计算。

18. 在压容图中，不同定温线的相对位置如何？在温熵图中，不同定容线和不同定压线的相对位置如何？

19. 为什么说理想气体的多变过程的过程方程能概括四个基本的热力过程？

20. 试画出多变过程状态图，并说明多变过程指数对多变过程的影响。

21. 什么叫热力循环？何谓热效率？有何意义？

22. "循环净功越大，循环的热效率越高"的说法对吗？为什么？

23. 正向循环和逆向循环是如何划分的？

24. 何谓卡诺循环？卡诺定理的内容是什么？

25. 热力学第二定律的几种表述是什么？

26. 热力学第二定律是否可以表述为：功可以完全转变为热，但热不能完全转变为功，并说明原因。

第二章

发动机的性能指标

发动机的性能指标所包括的内容很广泛，主要有动力性能指标、经济性能指标及运转性能指标等。

衡量一台发动机的质量主要是对上述性能指标进行评定，但在评定时不仅要考虑性能指标，还要从可靠性、耐久性、结构工艺、生产实际条件以及使用特点等多方面进行综合评定，并把各种性能有机地结合起来。

本章主要阐述发动机的动力性、经济性及运转性能指标，并通过对它们的分析，从中找出影响因素及提高性能的一般规律。

第一节 发动机的理论循环

一、三种基本循环

发动机的理论循环是把它的实际工作过程加以简化，以便进行定量分析。其最简单的理论循环为空气标准循环，其简化条件如下：

1）假设工质为理想气体，其比热容为定值。

2）假设工质的压缩和膨胀是绝热等熵过程。

3）假设工质是在闭口系统中进行封闭循环。

4）假设工质燃烧为定压或定容加热，放热为定容放热。

5）假设循环过程为可逆循环。

发动机有三种基本理论循环，即定容加热循环、定压加热循环和混合加热循环。发动机的理论循环常用示功图来说明，如图 2-1 所示。

理论循环是用循环热效率和循环平均压力来衡量和评定的。

二、循环热效率和循环平均压力

1. 循环热效率 η_t

η_t 是工质所做循环功 $W(\mathrm{J})$ 与循环加热量 $Q_1(\mathrm{J})$ 之比，用以评定循环的经济性。

$$\eta_t = \frac{W}{Q_1} = \frac{Q_1 - Q_2}{Q_1} = 1 - \frac{Q_2}{Q_1}$$

式中，Q_2 为循环放热量(J)。

根据工程热力学公式，混合加热循环热效率为

$$\eta_{tm} = 1 - \frac{1}{\varepsilon^{\kappa-1}} \frac{\lambda\rho^{\kappa} - 1}{(\lambda - 1) + \kappa\lambda(\rho - 1)} \tag{2-1}$$

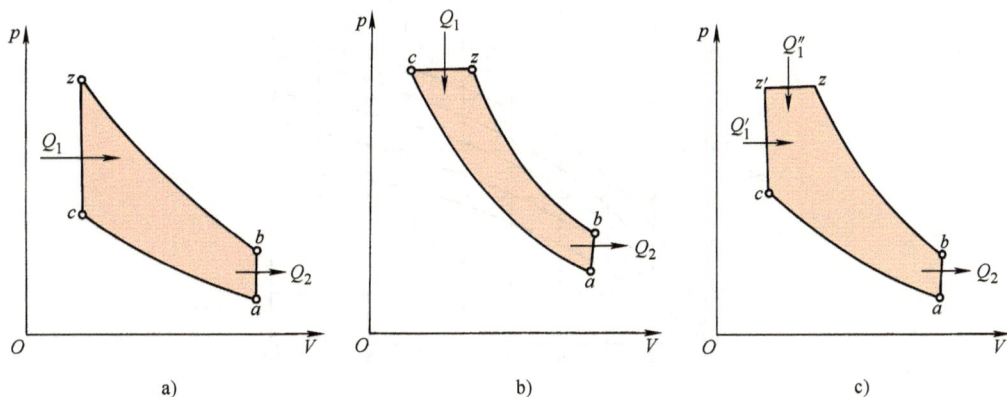

图 2-1 发动机理论循环

a）定容加热循环 b）定压加热循环 c）混合加热循环

式中，ε 为发动机的压缩比，$\varepsilon = V_a/V_c = (V_s + V_c)/V_c = 1 + V_s/V_c$，其中，$V_a$ 为气缸总容积，V_c 为燃烧室容积，V_s 为气缸工作容积；ρ 为预膨胀比，$\rho = V_z/V_{z'} = \varepsilon/\delta$；$\lambda$ 为压力升高比，$\lambda = p_z/p_c$；κ 为等熵指数。

定容加热循环（$\rho = 1$）热效率为

$$\eta_{tV} = 1 - \frac{1}{\varepsilon^{\kappa-1}} \qquad (2-2)$$

定压加热循环（$\lambda = 1$）热效率为

$$\eta_{tp} = 1 - \frac{1}{\varepsilon^{\kappa-1}} \frac{\rho^{\kappa}-1}{\kappa(\rho-1)} \qquad (2-3)$$

由以上公式可见影响循环热效率的因素如下：

（1）压缩比 ε 随着压缩比 ε 的提高，三种循环的 η_t 都提高。当 ε 较低时，随着 ε 的提高，η_t 增长很快；但当 ε 较大时，若再增加 ε 则效果不明显，如图 2-2 所示。

（2）等熵指数 κ 等熵指数 κ 对 η_t 的影响

图 2-2 定容加热循环效率 η_t 与压缩比 ε 的关系

如图 2-3 所示。随着 κ 值的增大，η_t 将提高。κ 值取决于工质的性质，双原子气体 $\kappa = 1.4$，多原子气体 $\kappa = 1.33$。

（3）压力升高比 λ 在定容加热循环中，随着循环加热量 Q_1 的增加，λ 值成正比加大。若 ε 保持不变，则工质的膨胀比也不会变化，这样，循环放热量 Q_2 也相应增加，而 Q_2/Q_1 不变，η_t 也不变。

在混合加热循环中，当循环总加热量 Q_1 和 ε 不变时，λ 增大，则 ρ 减小。图 2-4 中 z—b 变到 z'—b'，相应地，Q_2 减少，η_t 提高。

但是 λ、ε 增加会造成最高温度 T_z 和最高压力 p_z 的急剧上升，因而受到材料耐热性和强度的限制。

（4）预膨胀比 ρ 在等压加热循环中，若 ε 保持不变，随着加热量 Q_1 的增加，ρ 值也加大。由式（2-3）可知，η_t 下降。

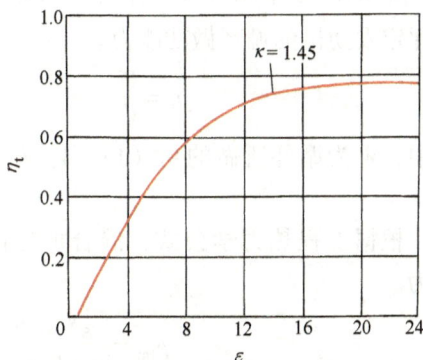

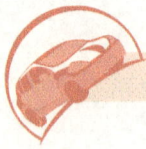

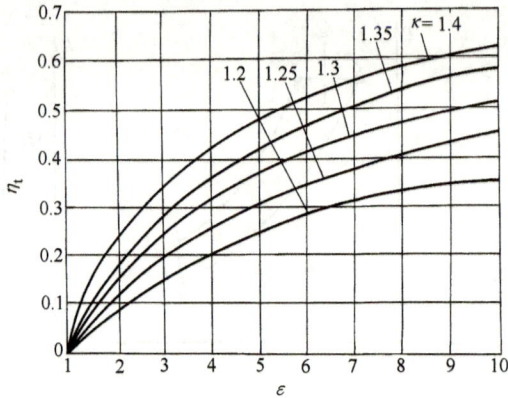

图 2-3 η_t 与 κ、ε 的关系

在混合加热循环中，当循环总加热量 Q_1 和 ε 保持不变时，若 ρ 值增大，意味着等压加热部分增大（见图 2-4），同样 η_t 下降。

2. 循环平均压力 p_t

$p_t(\mathrm{kPa})$ 是单位气缸工作容积所做的循环功，用以评定发动机的循环做功能力。

$$p_t = \frac{W}{V_s} \qquad (2\text{-}4)$$

式中，W 为循环所做的功（J）；V_s 为气缸工作容积（L）。

根据工程热力学公式，混合加热循环的平均压力为

图 2-4   压力升高比、预膨胀比对循环热效率、循环平均压力的影响

$$p_{tm} = \frac{\varepsilon^\kappa}{\varepsilon - 1} \frac{p_a}{\kappa - 1} \big[(\lambda - 1) + \kappa\lambda(\rho - 1) \big] \eta_t \qquad (2\text{-}5)$$

式中，p_a 为进气终了压力（kPa）。

对定容加热循环（$\rho = 1$），其循环平均压力为

$$p_{tV} = \frac{\varepsilon^\kappa}{\varepsilon - 1} \frac{p_a}{\kappa - 1} (\lambda - 1) \eta_t$$

对定压加热循环（$\lambda = 1$），其循环平均压力为

$$p_{tp} = \frac{\varepsilon^\kappa}{\varepsilon - 1} \frac{p_a}{\kappa - 1} \kappa(\rho - 1) \eta_t$$

可见，p_t 是随压缩始点压力、压缩比、压力升高比、预膨胀比、等熵指数和热效率的增加而增加的。

三、三种基本循环的比较

各种活塞式发动机的工作原理是不同的，因此对不同形式的发动机必须采用相应的工作循环，以得到最大的热效率。

对于汽油机，ε 的最大值由于其所用燃料的确定而相应确定。因此可按 ε 一定来比较

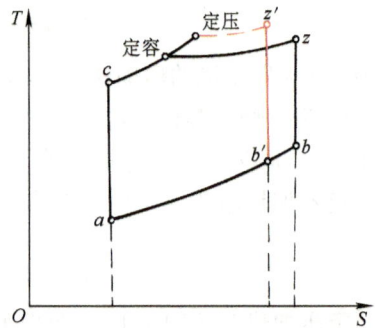

其各种理想循环的热效率，如图 2-5 所示。

由图可知，定容加热循环 2—3 的平均加热温度 T_{m1V} 最高，而定压加热循环的 T_{m1p} 最低，混合加热循环的 T_{m1m} 则介于两者之间，即

$$T_{m1V} > T_{m1m} > T_{m1p}$$

按工程热力学中等效卡诺循环热效率公式有

$$\eta_{tV} > \eta_{tm} > \eta_{tp}$$

即在压缩比 ε 相同时，定容加热循环的热效率最高，因此对汽油机来说应按定容加热循环工作。

对于柴油机，在工作条件一定时，其压缩比也基本上是确定的。但柴油机压缩比一般较高，其压缩终了压力也较高，为避免其工作粗暴、噪声及振动，必须控制其最高压力。因此，应以一定的最高压力为条件来比较三种基本循环，如图 2-6 所示。

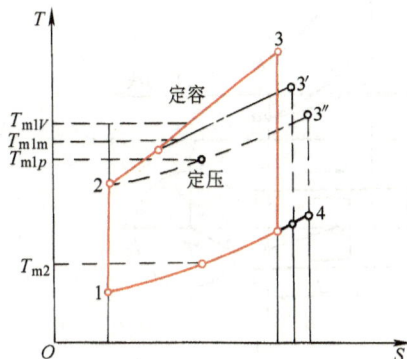

图 2-5　ε 相同时各种理想循环的热效率比较

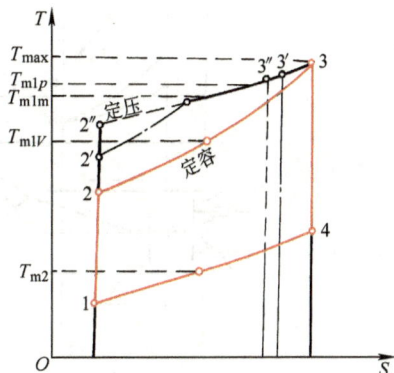

图 2-6　最高压力相同时三种理想循环热效率的比较

由图可知

$$T_{m1p} > T_{m1m} > T_{m1V}$$

按等效卡诺循环热效率公式有

$$\eta_{tp} > \eta_{tm} > \eta_{tV}$$

即在最高压力一定的条件下，定压加热循环的热效率最高，因而高增压柴油机及车用高速柴油机应按定压加热循环工作。

第二节　四冲程发动机的实际循环

四冲程发动机实际循环由进气、压缩、做功和排气四个行程组成，如图 2-7 所示。

一、进气行程

为使发动机连续运转，必须不断吸入新鲜工质。吸入新鲜工质的行程即为进气行程。

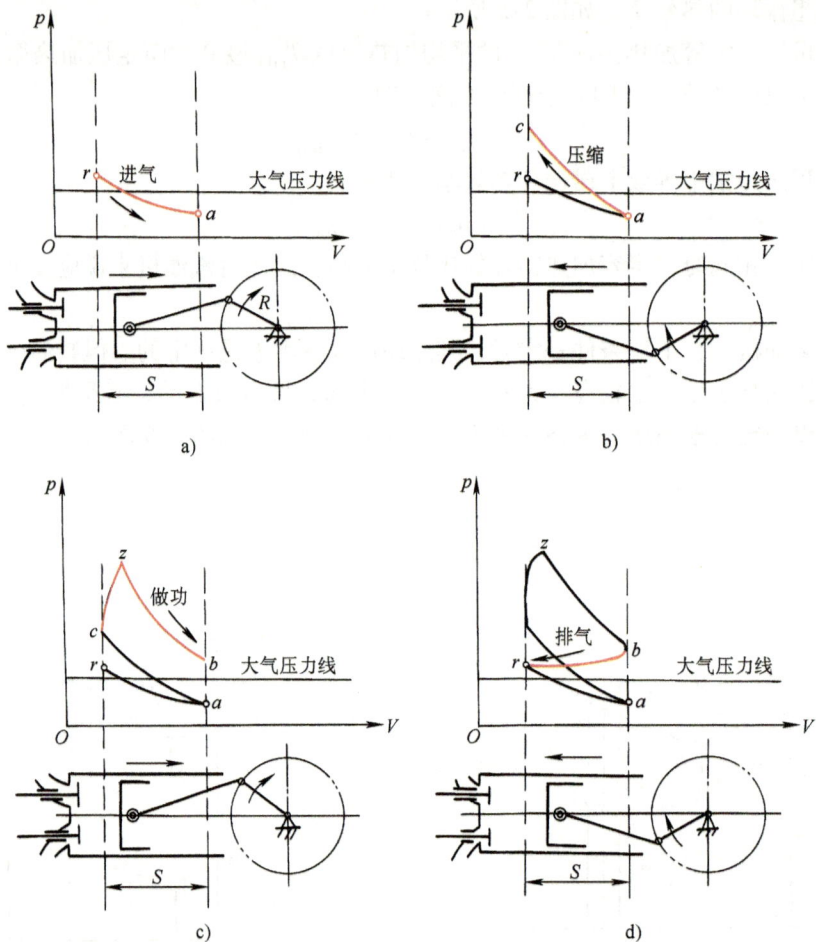

图 2-7 四冲程发动机的示功图

a）进气行程 b）压缩行程 c）膨胀行程（做功行程） d）排气行程

进气过程中，进气门开启，排气门关闭，活塞从上止点向下止点运动，在气缸内形成真空，新鲜工质被吸入气缸。由于进气系统的阻力，进气终了时气缸内压力小于大气压力，为 0.075 ~ 0.09MPa。因为流进气缸内的工质受到气缸壁、活塞顶等高温机件及上一次循环残余废气余热的加热，所以进气终了温度也升高到 370 ~ 400K。在图 2-7 中进气行程用曲线 ra 表示。

二、压缩行程

为使吸入气缸内的工质能迅速燃烧，以产生较大压力，使发动机做功，必须在做功行程之前将工质压缩，此即为压缩行程。在这个行程中，进、排气门均关闭，活塞由下止点向上止点运动。在图 2-7 中压缩行程用曲线 ac 表示。压缩行程是一个复杂的多变过程，其间有热交换和漏气损失。

三、燃烧过程

在燃烧过程中，活塞位于上止点前后，进、排气门均关闭。燃烧过程的作用是将燃料

的化学能转化为热能，使工质的温度和压力升高。燃烧越靠近上止点，放出热量越多，热效率越高。

汽油机的燃烧过程接近定容加热循环，原因是汽油机的可燃混合气是在火花塞点火之前已基本形成，火花塞在上止点前点火，火焰迅速传播到整个燃烧室，工质的温度、压力迅速上升。

柴油机的燃烧过程接近混合加热循环，喷油器在上止点前喷油，燃油微粒迅速与空气混合，并借助于空气的热量而自燃。开始时，燃烧速度很快，工质温度、压力剧增，接近定容加热；后来，一边喷油，一边燃烧，燃烧速度逐渐缓慢，又因活塞下移，气缸容积加大，压力升高不大，而温度继续上升，燃烧接近定压加热。

无论汽油机还是柴油机，燃烧都不是瞬时完成的。

四、做功行程

在这个行程中，进、排气门仍旧关闭。当活塞接近上止点时，工质燃烧放出大量的热能。高温高压的燃气推动活塞从上止点向下止点运动，通过连杆使曲轴旋转并输出机械能，除了用以维持发动机自身继续运转外，其余的用于对外做功。在图 2-7 上用曲线 zb 表示。做功行程比压缩行程更复杂，除有热交换和漏气损失外还有补燃。因此，做功行程也是一个多变过程。

五、排气行程

当做功行程接近终了时，开始排气行程，排气门开启，靠废气的压力进行自由排气，活塞到达下止点后再向上止点运动时，继续将废气强制排到大气中。活塞到达上止点附近时，排气行程结束，见图 2-7 中的曲线 br。表 2-1 列出了发动机实际循环各行程的有关资料。

表 2-1 发动机实际循环各行程终点的压力和温度

机型	进气终点的压力 p_a/Pa	进气终点的温度 T_a/K	压缩终了的压力 p_c/MPa	压缩终了的温度 T_c/K	最高爆发压力 p_z/MPa	最高温度 T_z/K	膨胀终点压力 p_b/MPa	膨胀终点温度 T_b/K	排气终了压力 p_r/Pa	排气终了温度 T_r/K
汽油机	$(0.8 \sim 0.9)p_0$	$340 \sim 380$	$0.8 \sim 2.0$	$600 \sim 750$	$3.0 \sim 6.5$	$2200 \sim 2800$	$0.3 \sim 0.6$	$1200 \sim 1500$	$(1.05 \sim 1.2)p_0$	$900 \sim 1100$
柴油机	$(0.85 \sim 0.95)p_0$	$300 \sim 340$	$3.0 \sim 5.0$	$750 \sim 1000$	$4.5 \sim 9.0$	$1800 \sim 2200$	$0.2 \sim 0.5$	$1000 \sim 1200$	$(1.05 \sim 1.2)p_0$	$700 \sim 900$
增压柴油机	$(0.9 \sim 1.0)p_0$	$320 \sim 380$	$5.0 \sim 8.0$	$900 \sim 1100$	$9.0 \sim 13.0$				$(0.75 \sim 1.0)p_k$	

六、理论循环与实际循环比较

为了解实际循环的热量分配情况，寻找它的损失所在，首先应将实际循环与理论循环进行比较。这里用的理论循环是最简单的空气标准循环，它除了不可避免地向冷源放热外，还有其他损失。研究实际循环与空气标准循环的差异，就可以找出热量损失所在；分析差异的原因，可探求提高热量有效利用的途径。图 2-8 给出四冲程非增压内燃机实际循

环与理论循环（示功图）的比较，其差别是由以下几项损失引起的。

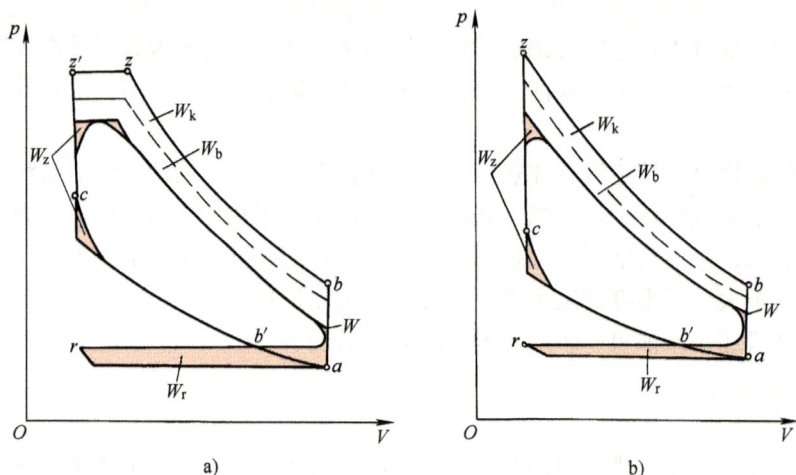

图 2-8　内燃机实际循环与理论循环的比较

a）柴油机　b）汽油机

W_k—实际工质影响引起的损失　W_r—换气损失　W—提前排气损失

W_z—非瞬时燃烧和补燃损失　W_b—传热、流动损失

1. 实际工质影响引起的损失

理论循环中假设工质比热容是定值，而实际气体的比热容则是随温度的升高而上升的，且燃烧后生成 CO_2、H_2O 等多原子气体，这些气体的比热容又大于空气，使循环的最高温度降低。由于实际循环还存在泄漏，使工质数量减少，这意味着同样的加热量，在实际循环中所引起的压力和温度的升高要比理论循环的低得多，其结果是循环热效率低，循环所做的功减少，如图 2-8 中 W_k 所示。

2. 换气损失

燃烧废气的排出和新鲜空气的吸入是使循环重复进行所必不可少的，由此而消耗的功称为换气损失。由于进、排气系统中的流动阻力而产生的损失如图 2-8 中 W_r 所示，换气过程中因排气门在下止点前必要地提前开启而产生的损失如图 2-8 中面积 W 所示。

3. 燃烧损失

1）实际循环中燃烧非瞬时完成，所以喷油或点火在上止点之前，并且燃烧还会延续到膨胀行程，因此形成非瞬时燃烧损失和补燃损失，如图 2-8 中 W_z 所示。

2）实际循环中会有部分燃料由于缺氧产生不完全燃烧损失。

3）在高温下部分燃烧产物分解而吸热，即

$$2CO_2 + 热量 \Longleftrightarrow 2CO + O_2$$

$$2H_2O + 热量 \Longleftrightarrow 2H_2 + O_2$$

使循环的最高温度下降，由此产生燃烧损失。

4. 传热损失

实际循环中，气缸壁（包括气缸套、气缸盖、活塞、活塞环、气门、喷油器等）和

工质间自始至终存在着热交换，由此造成的损失如图 2-8 中 W_b 所示。

由于上述各项损失的存在，使实际循环热效率低于理论循环。

第三节　发动机的指示指标、有效指标和强化指标

一、发动机的指示指标

指示指标是以工质在气缸内对活塞做功为基础，用指示功、平均指示压力和指示功率评定循环的动力性即做功能力。用循环热效率及燃油消耗率评定循环经济性。表 2-2 简要说明了发动机指示指标的定义及计算方法。

表 2-2　发动机指示指标的定义及计算方法

指 示 指 标	定 义	计 算 公 式	备 注
指示功 W_i（kJ）	在气缸内完成一个循环所得到的有用功	$W_i = F_i ab$	F_i——p-V 图曲线闭合所占面积 a——示功图纵坐标比例 b——示功图横坐标比例
平均指示压力 p_{mi}（MPa）	发动机单位气缸工作容积的指示功	$p_{mi} = W_i / V_s$	V_s——气缸工作容积（L）
指示功率 P_i（kW）	发动机单位时间内所做的指示功	$P_i = \dfrac{p_{mi} V_s ni}{30\tau}$	n——发动机转速（r/min） i——发动机气缸数 τ——发动机行程数，四冲程 $\tau = 4$， 二冲程 $\tau = 2$
指示热效率 η_i	发动机实际循环指示功与所消耗的燃料热量之比	$\eta_i = \dfrac{W_i}{Q_1}\left(= \dfrac{3.6}{b_i h_\mu} \times 10^6\right)$	W_i——指示功 W_i Q_1——循环加热量 h_μ——燃料低热值（kJ/kg）
指示燃油消耗率 b_i［g/(kW·h)］	单位指示功的耗油量	$b_i = \dfrac{B}{P_i} \times 10^3$	B——每小时耗油量（kg/h）

一般内燃机在标定工况下的平均指示压力参数值的范围见表 2-3，指示热效率和指示燃油消耗率参数值的范围见表 2-4。

表 2-3　内燃机在标定工况下的平均指示压力

内燃机类别	平均指示压力 p_{mi}/MPa
四冲程自然吸气式柴油机	0.6 ~ 1.0
四冲程增压式柴油机	0.9 ~ 2.6
四冲程摩托车用汽油机	0.8 ~ 1.3
四冲程乘用车用汽油机	0.8 ~ 1.5
二冲程小型汽油机	0.4 ~ 0.7

表 2-4　内燃机在标定工况下的指示热效率和指示燃油消耗率

内燃机类别	指示热效率 η_i	指示燃油消耗率 $b_i/[g/(kW \cdot h)]$
四冲程柴油机	0.40 ~ 0.50	170 ~ 210
二冲程柴油机	0.40 ~ 0.50	170 ~ 215
四冲程汽油机	0.25 ~ 0.40	210 ~ 215
二冲程汽油机	0.20 ~ 0.30	300 ~ 430

二、发动机的有效指标

发动机有效指标是以曲轴对外输出的功为基础，代表发动机的整机性能。表 2-5 列举了有效指标定义及计算方法。

表 2-5　有效指标定义及计算方法

有效指标	定义	计算方法	备注
有效功率 P_e (kW)	发动机通过曲轴对外输出的功率	$P_e = P_i - P_m$ $\left(P_e = \dfrac{T_{tq}n}{9550} = \dfrac{p_{me}V_s in}{30\tau} \right)$	P_i——指示功率(kW) P_m——机械损失功率(kW)
机械效率 η_m	有效功率与指示功率之比	$\eta_m = \dfrac{P_e}{P_i} = 1 - \dfrac{P_m}{P_i}$	
有效转矩 T_{tq} (N·m)	发动机通过曲轴输出的转矩	$T_{tq} = \dfrac{9550P_e}{n}$	n——发动机转速(r/min)
平均有效压力 p_{me} (MPa)	单位气缸工作容积输出的有效功	$p_{me} = \dfrac{30P_e\tau}{V_s in}$	τ——发动机行程数 V_s——发动机工作容积(L) i——发动机气缸数
有效燃油消耗率 b_e [(g/(kW·h)]	单位有效功的燃油消耗量	$b_e = \dfrac{B}{P_e} \times 1000$	B——每小时耗油量(kg/h)
有效热效率 η_e	发动机的有效功 W_e(J)与所消耗燃料热量 Q_1 之比	$\eta_e = \dfrac{W_e}{Q_1}$ $\left(\eta_e = \dfrac{3.6}{b_e h_\mu} \times 10^6 \right)$	h_μ——燃料的低热值
机械损失功率	为维持发动机正常运转，消耗在发动机内部的功率	机械损失功率一般通过示功图法、倒拖法、灭缸法或油耗线法进行实际测定	机械损失功率主要包括内部摩擦损失功率、驱动附属机构（含扫气泵和增压器）损失功率、风阻损失功率和泵气损失功率

目前，内燃机在标定工况下的平均有效压力参数值范围见表 2-6，有效热效率和有效燃油消耗率参数值范围见表 2-7，机械效率见表 2-8。

表 2-6   内燃机在标定工况下的平均有效压力

内燃机类别	平均有效压力 p_{me}/MPa
农用柴油机	0.50~0.70
汽车用柴油机	0.70~2.00
强化高速柴油机	1.00~2.90
四冲程摩托车用汽油机	0.78~1.20
四冲程乘用车用汽油机	0.65~1.25
二冲程小型汽油机	0.40~0.65

表 2-7   内燃机在标定工况下的有效热效率和有效燃油消耗率

内燃机类别	有效热效率 η_e	有效燃油消耗率 b_e/[g/(kW·h)]
高速柴油机	0.30~0.42	210~285
四冲程汽油机	0.25~0.32	270~340
二冲程汽油机	0.15~0.22	380~550

表 2-8   内燃机的机械效率

内燃机类别	机械效率 η_m
自然吸气柴油机	0.78~0.85
增压柴油机	0.80~0.92
自然吸气汽油机	0.81~0.87
增压汽油机	0.83~0.90

三、发动机强化指标

活塞平均速度 c_m 对发动机的性能、工作可靠性和使用寿命均有很大影响。一般说来，c_m 增大会使发动机的功率提高，但会使活塞组的热负荷和曲柄连杆机构的惯性负荷增大，运动件摩擦副的磨损加剧，寿命下降。同时，由于进、排气流速增大，进、排气阻力与气流速度的平方成正比例增加，会使充气效率 η_v 下降。所以，随着 c_m 的提高，就有必要增大气门通路断面，增加气门个数，选用较好的材料、较高的加工精度，采用特殊的表面处理技术，设计高热负荷下工作可靠且结构轻巧的活塞组。目前，一般认为，汽油机的 c_m 不宜大于 15m/s，柴油机不宜大于 13m/s。c_m 的上限在很大程度上受到燃烧系统高速性能和摩擦功率随转速增长的制约。

平均有效压力 p_{me} 和活塞平均速度 c_m 都是表征活塞式发动机强化程度的重要参数，两者乘积通常称为发动机的强化系数。这两个主要参数应当慎重选择。

发动机的强化指标用以评定发动机的强化程度。表 2-9 列举了发动机强化指标的定义及计算方法。

表2-9 发动机的强化指标

强化指标	定义	计算公式	备注
升功率	发动机每升工作容积所发出的有效功率	$P_L = \dfrac{P_e}{iV_s}$	用以衡量发动机排量利用的程度
比质量	发动机的质量与所给出的标定功率之比	$M_e = \dfrac{m}{P_e}$	表征质量利用程度和结构紧凑性
强化系数	平均有效压力与活塞平均速度的乘积	$p_{me}c_m$	表征发动机的强化程度,是发动机技术进步的一个标志

目前,内燃机在标定工况下的升功率参数值范围见表2-10。

表2-10 内燃机在标定工况下的升功率

内燃机类别	升功率 P_L/(kW/L)
农用柴油机	8~15
汽车用柴油机	20~60
强化高速柴油机	20~70
四冲程摩托车用汽油机	50~70
四冲程乘用车用汽油机	40~90
二冲程小型汽油机	20~75

四、发动机的其他指标

发动机其他性能主要指排气品质、噪声、振动等。由于这些性能关系到人类的健康问题,因此必须制定统一标准,并给予严格控制。

1. 排气品质

发动机排放对大气的污染已形成公害,为此,各国均采取对策,并制定相应的控制法规,从而限制发动机的排放污染。

(1) 排出有害气体 目前有害气体排放主要是指氮氧化合物(NO_x)、各种碳氢化合物(HC)及一氧化碳(CO)这三种危害最大的气体排放。

(2) 排气颗粒 排气颗粒指排气中除水以外任何液态和固态微粒,目前除美国外,其他国家均只限制炭烟的排放量。

2. 噪声

噪声使人心情烦躁、反应迟钝,甚至产生高血压和神经系统疾病。汽车是城市主要噪声源之一,发动机是汽车的主要噪声源,故必须予以限制。我国噪声标准中规定轿车噪声不得大于84dB。

3. 结构空间

希望外形尺寸小,体积功率(P_e/V,kW/m^3)大,升体积(V/V_h,m^3/L)小。

4. 总质量

要求总质量 m、比质量(m/P_e,kg/kW)、升质量(m/V_h,kg/L)均小。

5. 生产成本

要求生产能耗小，材料费用降低，结构设计适于组织经济批量生产。

6. 使用成本

要求发动机的可靠性、耐久性好，使用油耗低，保养费少，提高汽车的有效利用程度。

第四节　发动机的热平衡

燃料在发动机气缸中发出的总热量其中只有 20% ~ 45% 能转化为有效功，其他部分都以不同的热传递方式散失于发动机之外。按照热能表现为有效功和各种损失的数量分配来研究燃烧中总热量的利用情况称为发动机的热平衡。通过试验来确定发动机热量的分配情况。热量分配可分为四大项。

一、发动机所耗燃油的热量 Q_T（kJ/h）

在发动机中，热量是由燃料燃烧产生的。假设燃料完全燃烧，则每小时所放出的热量 Q_T 为

$$Q_T = Bh_\mu \tag{2-6}$$

式中，B 为发动机每小时的耗油量（kg/h）；h_μ 为燃料低热值（kJ/kg）。

二、转化为有效功的热量 Q_E（kJ/h）

因为　　　　　　　　　　　$1kW \cdot h = 3.6 \times 1000kJ$

所以　　　　　　　　　　　$Q_E = 3.6 \times 1000 P_e \tag{2-7}$

式中，P_e 为发动机有效功率(kW)。

三、传递给冷却介质的热量 Q_s（kJ/h）

这部分热量包括工质与缸壁的传热损失和通过废气及润滑油传给冷却介质的热量等。

$$Q_s = G_s c_s (t_2 - t_1) \tag{2-8}$$

式中，G_s 为通过发动机冷却介质散失的热量流量（kg/h）；c_s 为冷却介质比热容 [kJ/(kg·℃)]；t_1，t_2 分别为冷却介质入口和出口温度(℃)。

四、废气带走的热量 Q_R（kJ/h）

废气带走的热量为

$$Q_R = (B + G_k)(c_{pr} t_2 - c_{pk} t_1) \tag{2-9}$$

式中，B，G_k 分别为每小时消耗的燃料量和空气量（kg/h）；c_{pr}，c_{pk} 分别为废气和空气的比定压热容 [kJ/(kg·℃)]；t_2 为靠近排气门处的废气温度(℃)；t_1 为进气管入口处工质温度(℃)。

五、其他热量损失量 Q_L（kJ/h）

这部分热量包括所有未计及的损失。由于不能分别给予它们准确的估计，一般根据下

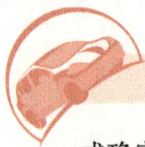

式确定

$$Q_L = Q_T - (Q_E + Q_S + Q_R) \qquad (2\text{-}10)$$

热平衡常以燃料总热的百分数表示，即

$$q_e = \frac{Q_E}{Q_T} \times 100\% \qquad q_s = \frac{Q_S}{Q_T} \times 100\%$$

$$q_r = \frac{Q_R}{Q_T} \times 100\% \qquad q_1 = \frac{Q_L}{Q_T} \times 100\%$$

则

$$q_e + q_s + q_r + q_1 = 100\%$$

热平衡中各项数值范围见表2-11。

表 2-11　热平衡中各项数值范围

形　式	$q_e(\%)$	$q_s(\%)$	$q_r(\%)$	$q_1(\%)$
汽油机	25～30	25～40	30～45	5～10
柴油机	30～40	15～35	25～45	2～10
增压柴油机	35～45	10～25	25～40	2～10

根据发动机不同的运行情况，如负荷特性、外特性等所得到的热平衡试验结果可作为设计冷却系统的原始依据，还可以估计强化发动机高温零件的热负荷。

第五节　汽车发动机新技术及国内技术应用现状

当今世界上车用发动机的生产技术水平是一个国家工业发达程度的标志之一。随着人类对环保要求的日益严格以及石油能源短缺问题的日趋严重，对车用发动机的技术要求也在不断提高。

一、汽车发动机新技术

1. 汽油机缸内直喷技术

汽油缸内直喷是指直接向气缸内喷射汽油。由于汽油直接喷入气缸，汽油的汽化潜热可以使燃前温度显著降低，不仅提高了体积效率，更减少了炽热点火和爆燃倾向，为提高压缩比从而提高热效率和改善经济性提供了空间，所以长期以来人们一直在致力于缸内直喷的研究。

自从日本三菱汽车公司于1996年生产的戈蓝轿车搭载了第一台缸内直喷汽油发动机4G93之后，世界各主流汽车厂商陆续推出了各自的汽油缸内直喷发动机产品（见表2-12）。随着现代控制技术、装备制造技术的不断发展和对缸内直喷燃烧理论研究的不断深入，汽油缸内直喷发动机起初的一些突出问题，如排放问题，催化器、喷油器等零部件问题以及整机控制策略问题等，逐渐得到了协调和平衡，热效率提高和经济性改善等缸内直喷的初衷优势得到了更加充分的体现，在成熟产品中得到了越来越广泛的应用。截止2016年第一季度，国内现售299款国产轿车车型中搭载有132款缸内直喷发动机，所占比例达44%。

目前，国外缸内直喷汽油机产品多以分层燃烧和稀燃为典型特征，而在国内市场，由

于油品和其他制造技术原因，基本上采用缸内喷射均质理论空燃下组织燃烧。随着整体工业水平的不断提高，汽油机缸内直喷技术将会得到更为广泛且深入的应用。

表 2-12　世界主要汽油机缸内直喷技术统计

品牌	技术	代表发动机	应用车型
三菱	GDI	4G93、6G74	戈蓝、凯斯玛（Carisma）
丰田	D4、D-4S	3GR-FSE 3.0L、2GR-FSE 3.5L	雷克萨斯 GS350 豪华全驱版、GS350 F-Sport
本田	i-VTEC I	2.0L i-VTEC I K20B	本田 Stream Absolute
日产	DIG	MR16DDT	骐达
菲亚特	JTS	14 JTS 2.0L、V6 JTS 3.2L	阿尔法·罗密欧 156、159，阿尔法·罗密欧 Spider
马自达	DISI	MRZ 2.0L DISI, 2.0LPE-VPS	马自达 3 海外版、马自达 CX-5
大众/奥迪	FSI	EA888	大众 CC3.0L V6 FSI、奥迪 A6L 3.0FSI
通用	SIDI	2.4L SIDI LAF	君威 2.4SIDI、君越 2.4SIDI
福特	EcoBoost	2.0L EcoBoost, 1.0L EcoBoost	沃尔沃 XC60 2.0T、2011 款蒙迪欧一致胜 2.0T
宝马	HPI	3.0L N55B30	进口 335i、国产 535Li
奔驰	CGI BlueDirect	M270DE16AL	ML350、S350 BlueEFFICIENCY
现代	GDI	1.6L Gamma GDI, ThetaNu 2.0l GDI	秀尔、现代 i40

2. 柴油机电控高压喷射技术

柴油机电控高压喷射技术有效地解决了喷油量与喷油正时的柔性控制，进而实现了喷油规律的优化，彻底突破了传统柴油机燃油供给纯机械控制的局限。喷油压力对柴油机的喷雾与混合气形成以及燃烧过程有着直接影响，所以一直以来如何实现足够高的燃油喷射压力始终是人们对柴油喷射系统的核心要求。随着技术的进步，凸轮驱动喷油泵已由最初的几十 MPa 发展到目前单体泵近 200MPa 的峰值压力，尤其近年来逐渐普及的蓄压式高压共轨燃油供给系统更是能够提供稳定的 200MPa 以上的恒值压力，这为柴油机满足更高排放标准提供了一个至关重要的平台。以此为基础，配以相应的电控系统，耦合增压中冷、废气再循环、排气后处理技术可构成满足不同等级排放标准的达标方案。

3. 进气增压技术

发动机进气增压是利用各种方法提高发动机的进气压力，增大循环充气量，从而实现提高输出功率的目的。进气增压技术在提高发动机动力、降低油耗、改善排放等性能方面都表现出强劲的优势。随着电控技术的发展，涡轮增压技术得到全面升级，可变涡轮增压技术、两级增压技术、复合增压技术、电辅助涡轮增压技术等先进技术的应用，可以解决传统涡轮增压器涡轮迟滞、高低速工况性能难以兼顾的问题，实现全工况范围的涡轮增压器和发动机的匹配，既能在低速时实现大转矩，又能在高速时输出高功率，同时具有良好的瞬态响应性，使其在车用发动机上的应用迅速普及。

增压已被看成是小排量高效汽油机提升动力的有效方法。国内汽油机涡轮增压技术多结合缸内直喷技术，从而实现高效、节能、环保的目的。

4. 内燃机工作循环技术

长期以来，基于奥托循环（以近似等容放热模式工作）原理的内燃机一直居于统治地位，但对于新型内燃机循环原理的探索从未停止。

1882 年，英国工程师詹姆斯·阿特金森（James Atkinson）提出一种超膨胀内燃机循环（以近似等压放热模式工作），称为阿特金森循环。膨胀比大于压缩比是阿特金森循环发动机最大的特点，更长的膨胀行程可以更有效地利用燃烧后废气仍然存在的高压，所以燃油效率也比奥托循环更高一些。由于阿特金森循环发动机的连杆机构过于复杂，使其仅在船用、发电用大型内燃机领域有所应用。

1940 年，美国工程师拉尔夫·米勒（Ralph Miller）提出了一种以推迟进气门关闭时刻为主要特色的超膨胀内燃机循环（以近似等容放热模式＋近似等压放热模式工作），称为米勒循环。米勒循环结构简单，易于实现（得益于目前可变进气正时技术的发展和成熟）。米勒循环发动机在中速区域节油效果显著，但在低速和高速区域则性能欠佳。在油电混合动力汽车上，如果在低速和高速区域采用电动机工作，而在中速区域采用米勒循环发动机工作，则可使米勒循环发动机扬长避短，充分发挥其节油性能。因此，可以确信，米勒循环发动机会在油电混合动力汽车上大有作为。

5. 新型燃烧技术及其燃料设计

近 20 年来，随着各国排放法规日趋严格和石油供求矛盾日趋尖锐，能同时实现高热效率和低排放的燃烧新技术取得了很大的发展和进步，如均质混合气压缩着火（Homogeneous Charge Compression Ignition，HCCI）、低温燃烧（Low Temperature Combustion，LTC）、部分预混燃烧（Partially Premixed Combustion，PPC）、反应活性控制压燃（Reactivity Controlled Compression Ignition，RCCI）等。由于上述燃烧方式主要受化学动力学控制，不论汽油机还是柴油机，单一燃料的燃烧都很难在更大范围内拓宽其高效清洁燃烧运行工况范围。因此，动态控制发动机不同工况下所需的燃料特性，可有效控制着火时刻和燃烧反应速度，拓宽运行工况范围并提高热效率。目前，燃料设计主要有三种方式，即汽油、含氧醇类燃料和柴油掺混燃烧、含氧生物柴油和柴油掺混燃烧以及进气道喷射低活性燃料（如汽油、天然气、乙醇、甲醇、正丁醇等高辛烷值燃料）与缸内直喷高活性燃料（如柴油、生物柴油等高十六烷值燃料）燃烧。

二、国内车用发动机技术应用现状

1. 自主品牌乘用车发动机产销量及技术有所提高

图 2-9 列出了自 1996 年以来自主品牌乘用车的销量及市场份额。可以看到，近 20 年来，我国自主品牌乘用车的销量增加了 50 多倍，市场份额也由最初以低端产品为主的 20% 左右达到了以接近世界先进水平（全部是满足国四以上排放标准的）产品为主的 30%。

2. 商用车发动机以自主品牌为主

目前在国内商用车发动机市场，80% 以上的发动机为自主品牌，这和中国汽车工业起步初期首先上马货车有直接关系。自主品牌商用车发动机经历了从 20 世纪五、六十年代以仿制为主、八、九十年代技术引进，到之后主要靠自主研发的过程，现在，自主研发技术水平有了大幅提升。目前玉柴、潍柴、锡柴、东风和上柴等企业的商用车发动机技术已经接近或达到了世界先进水平。

3. 轿车发动机以外资和合资品牌为主

因历史原因，我国轿车发动机大多是从改革开放后引进或合资开始起步的。自主品牌

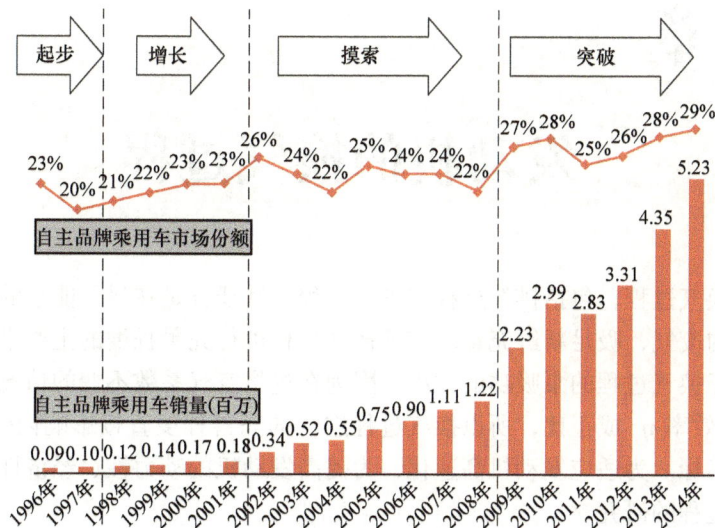

图2-9　1996年以来自主品牌乘用车的销量及市场份额

如奇瑞、吉利、长城和江淮等，基本都是2000年以后发展起来的，因此和世界先进水平轿车存在着不小的差距。目前，轿车发动机，外资及合资品牌约占70%的市场份额。外资、合资企业目前不但在轿车发动机市场所占的份额大，且在技术上仍然在不断升级。

总体来说，我国发动机技术与国外先进水平还存在差距，发动机高压共轨、燃油电喷、涡轮增压、汽油缸内直喷等发动机关键技术仍掌握在外资企业手中，自主品牌市场份额少，而且仅能满足中低端市场需求，而高端产品的技术与国际相差甚远。核心零部件技术上还很欠缺，尤其是在动力系统、电控系统等方面，与国外发动机技术还存在着较大差距，主要体现在产品的自主研发创新能力薄弱，在国外强大的主流技术面前力不从心（如发动机电喷系统）等方面，目前尽管国内很多机构已经有了很大进展，但主流产品仍主要由博世、德尔福、电装、西门子等外资公司控制。

思　考　题

1. 总结发动机工作循环抽象为理想的热力循环的基本方法。
2. 提高发动机实际工作循环热效率的基本途径是什么？可采取哪些基本措施？
3. 总结提高发动机动力性能和经济性能指标的基本途径。
4. 简述发动机的实际工作循环过程。
5. 简述汽油机与柴油机的工作循环区别。
6. 为什么柴油机的热效率要显著高于汽油机？
7. 柴油机工作循环为什么不采用定容加热循环？
8. 当前发动机技术呈现出哪些发展趋势和特点？

第三章

发动机的换气过程

发动机的换气过程，包括排气过程和进气过程，其任务是在尽可能小的换气损失的前提下，排净缸内废气，吸足新鲜充量。表征换气过程进行完善程度的主要指标是充气效率的高低和消耗于换气过程的泵吸功的大小。因为在过量空气系数不变的情况下，平均指示压力 p_{mi} 与充气效率 η_v 成正比，所以换气过程进行的完善程度直接影响内燃机的动力性、经济性和排放指标。为适应发动机高速化，为提高发动机的动力性、经济性，需要深入进行内燃机换气过程的研究。

本章重点介绍：

1）四冲程内燃机的充气效率及影响充气效率的因素。

2）提高充气效率的措施——减少进气系统的阻力，合理地选择配气定时。

第一节　四冲程发动机的换气过程

一、换气过程

四冲程发动机的换气过程包括从排气门开启到进气门关闭的全过程，占 410°~480° 曲轴转角（以下简称 CA）。换气过程可分为自由排气、强制排气、进气和燃烧室扫气四个阶段。图 3-1 所示为四冲程发动机换气过程中气缸压力、排气管压力及进、排气门流通截面积的变化曲线。

1. 自由排气阶段

从排气门开启到气缸压力 p 接近于排气管压力 p_r 的这个时期，称为自由排气阶段。

（1）超临界状态流动　从图 3-1 可见，排气门开启是在活塞运动到下止点前 30°~80°（CA），此时气缸内废气压力较高，为 0.2~0.5MPa，排气管压力 p_r 与气缸压力 p 之比往往小于临界值 $[2/(\kappa+1)]^{\kappa/\kappa-1}$。排气流动处于超临界状态，流速为当地声速 c（m/s），即

$$c = \sqrt{\kappa R T} \tag{3-1}$$

式中，κ 为等熵指数；R 为气体摩尔常数 $[J/(mol \cdot K)]$；T 为气体的热力学温度（K）。当 $T = 700~1100K$（$427~827℃$）时，$c = 500~700m/s$。此阶段，废气流量与排气管内压力无关，只取决于气缸内的气体状态和气门最小开启截面。

（2）亚临界状态流动　随着气体大量流出，缸内压力迅速下降，气体流速小于声速，转入亚临界状态，此时废气流量取决于气缸内和排气管内的压力差。到某一时刻缸内压力与排气管内压力相近时，自由排气阶段结束。自由排气约在下止点后 10°~30°（CA）

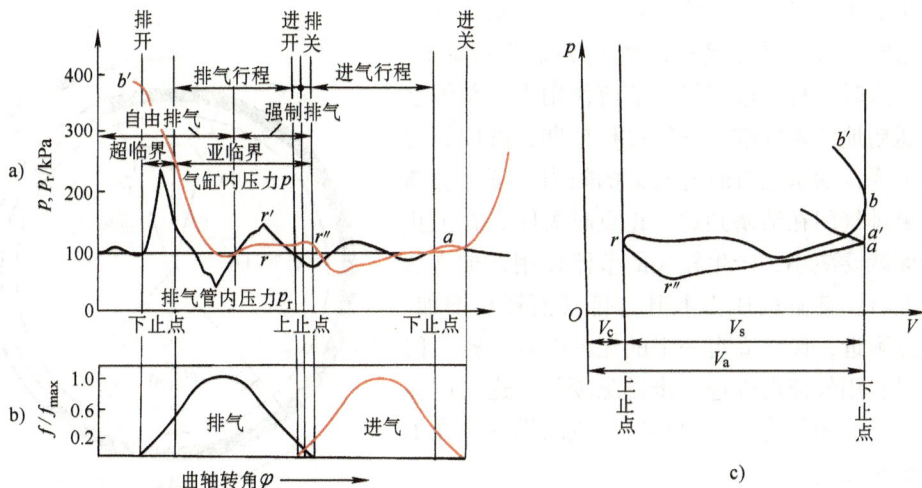

图 3-1 换气过程中气缸压力、排气管压力及进、排气门流通截面积的变化曲线

a）气缸压力 p、排气管压力 p_r 随曲轴转角 φ 的变化曲线

b）进、排气门相对流通截面积随曲轴转角 φ 的变化曲线

c）气缸压力随气缸容积 V 的变化曲线

结束。

自由排气阶段虽然时间不长，但因速度高，此阶段排出的废气量达 60% 以上。

2. 强制排气阶段

此阶段废气被上行活塞推出。因为要克服排气系统阻力，缸内压力比排气管内压力高约 10kPa。流速越高，压力差越大，消耗功也越多。排气过程一直进行到上止点后 10°～35°（CA），排气门才完全关闭。

3. 进气过程

为保证活塞下行时进气门有足够的开启面积，新鲜工质可以顺利进入气缸，一般进气门在上止点前 0°～40°（CA）开始打开，到下止点后 40°～70°（CA）关闭，延续时间为 220°～290°（CA）。

由于活塞下行及进气门座处节流，使气缸内呈负压，因此新鲜充量才能顺利流入气缸。随气门升程增大，气流通道面积加大，进入气缸的充量增加，使得缸内压力上升。到进气终了时，气流动能部分转为压力能，使气缸压力又有所提高，接近或略高于进气管内压力。

一般情况下，进气过程中气缸压力低于进气管内压力，这是由于进气系统存在阻力的缘故。气体速度越高，阻力越大。

4. 进、排气门早开、晚关，气门重叠和燃烧室扫气

（1）配气相位 进、排气门的实际开、闭时刻和持续时间，称为**配气相位**，通常用曲轴转角（CA）表示。为了实现最大限度地吸进新鲜空气和排净废气，尽可能地减小换气损失，必须设法延长进、排气的时间。因此，进、排气门都是提前开启、滞后关闭的。进、排气过程要比一个活塞行程长得多。四冲程内燃机配气相位如图 3-2 所示。

进、排气门早开、迟闭的原因是气门开、闭都需要一定的时间，速度不能太快。若在

活塞到达下止点时，才开始打开排气门，则排气门开始开启时，气门开度极小，废气不能顺利流出。若在上止点时才打开进气门，节流作用大，新鲜空气不能通畅地流入气缸。排气过程初期，缸内压力来不及下降，活塞上行时有较大的阻力，消耗功增加。如果排气门在活塞到达上止点时关闭，在上止点前开度就要减小，产生较大的节流作用，加之活塞还在上行，使缸内压力上升，排气消耗功增加。在上止点附近，废气尚有一定的流动能量，排气门晚关可以利用气流惯性进一步排除废气。进气门在下止点后才关闭是为了利用高速气流的惯性，在下止点后继续充气。

(2) 气门重叠和燃烧室扫气 由于排气门晚关和进气门提前打开，因而存在进、排气门同时开启的现象，称为**气门重叠**。在气门重叠开启期内，可利用气流压差和惯性清除残余废气，增加新鲜充量。特别是增压发动机，由于进气压力高和较长的气门重叠时间，可以更好地利用新鲜充量来帮助清除废气和降低燃烧室热区零件的温度，称为燃烧室扫气。

非增压机气门叠开角一般为 $20° \sim 80°$ (CA)，增压机的一般为 $80° \sim 140°$ (CA)。

图 3-2 四冲程内燃机配气相位
(外圈表示增压机型)

二、换气损失与泵气损失

在换气过程中，不仅进行工质的交换，还存在着功的转换和能量损失。虽然能量损失并不大，但对换气质量有明显的影响，应予以重视。

换气损失包括排气损失和进气损失两部分。

1. 排气损失

从排气门提前打开到进气过程开始，缸内压力达到大气压力前，循环功的损失称为**排气损失**，它包括以下两部分，如图 3-3 所示。

(1) 自由排气损失 w 因排气门早开，排气压力线从 b' 点开始离开理想循环的膨胀线引起膨胀功的损失。

(2) 强制排气损失 y 它是活塞将废气推出所消耗的功。

为了减少排气损失可以选择适当的排气提前角，使 $(w + y)$ 最小。减小排气系统阻力及排气门处流动损失，是降低排气损失的主要方法。

2. 进气损失 x

进气损失是由于进气系统阻力的存在，使进气过程气缸压力低于进气管压力造成的损失，进气损失比排气损失要小。

进气损失不仅体现在进气过程所消耗的功上，还体现在进气过程中所吸入的新鲜充量的多少上。因为前者对发动机的热效率、功率影响不大，后者对发动机的性能有显著的影响。

换气损失等于排气损失与进气损失之和，如图 3-3 中 $(w + x + y)$ 所示面积所代表

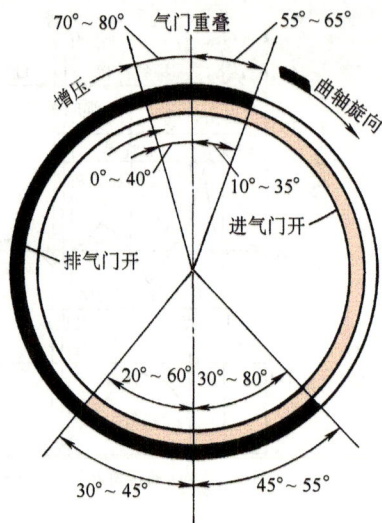

的功。

3. 泵气损失

泵气损失又称为泵气过程功，是四冲程发动机在进、排气两个行程中，活塞因排气和进气所付出或获得的功，此功可为正或负。

在实际换气过程中，由于工质流动时节流、摩擦等因素的存在，产生的能量损失称为泵气损失。泵气损失等于理论泵气功与实际泵气功之差。所谓理论泵气功是假设在排、进气过程中，工质流动无节流、摩擦等因素存在的泵气功。图 3-3b 中 $(p_k - p_r) V_s$ 所示长方形面积为增压机型的理论泵气功。p_k、p_r 分别为压气机出口及涡轮机入口处的压力，V_s 是单缸工作容积。非增压机型的理论泵气功为零。

四冲程非增压发动机的泵气损失是图 3-3a 中 $(x + y)$ 所示面积代表的负功。四冲程增压发动机的泵气损失是图 3-3b 中剖面线 $(x + y)$ 所示面积代表的功。

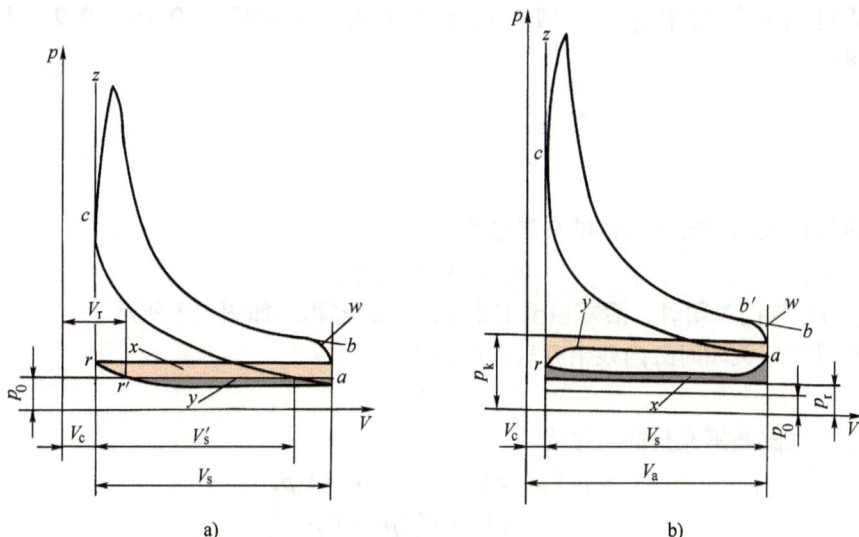

图 3-3　四冲程发动机换气损失

a）非增压发动机　b）增压发动机

注：w—自由排气损失　x—强迫排气损失　y—进气损失

$x + y + w$—换气损失　$x + y$—泵气损失

不能把泵气功与泵气损失混为一谈，所有减小换气损失，提高充气效率的措施都是对减小泵气损失有利的。

二冲程发动机因无单独的进、排气行程，所以泵气功为零。

第二节　四冲程发动机的充气效率

一、充气效率 η_v

充气效率是评价发动机换气过程完善程度的指标。

充气效率 η_v 是实际进入气缸的新鲜充量与进气状态下充满气缸工作容积的新鲜充量之比。

$$\eta_v = \frac{V_1}{V_s} = \frac{m}{m_s} \tag{3-2}$$

式中，V_1，m 分别为实际进入气缸新鲜充量的体积和质量；V_s，m_s 分别为进气状态下充满气缸工作容积的新鲜充量的体积和质量。

所谓进气状态是指当时、当地的大气状态（非增压机型）和增压器压气机出口的气体状态（增压机型）。

η_v 高，代表每循环进入气缸的新鲜充量多，则发动机的功率 P_e、转矩 T_{tq} 可增加。

η_v 可用试验方法测得。由流量计测出发动机每小时新鲜充量的流量 V_1（m³/h），而理论充量 V（m³/h）可由下式计算，即

$$V = 0.03inV_s \tag{3-3}$$

式中，V_s 为气缸工作容积（L）；i 为气缸数；n 为转速（r/min）。

发动机的充气效率 η_v，一般在以下范围内：柴油机为 0.75～0.9、汽油机为 0.70～0.85。

二、影响充气效率的因素及其分析

1. 充气效率 η_v 的表达式

1）进气门关闭时缸内气体的总质量为

$$m_a = (V_c + V'_s)\rho_a \tag{3-4}$$

式中，V'_s 为进气门关闭时，活塞顶至上止点的气缸容积，如图 3-3 所示。

2）在排气门关闭时缸内残余废气的质量为

$$m_r = V_r\rho_r$$

3）充入气缸新鲜充量的质量为

$$\eta_v V_s \rho_s = (V_c + V'_s)\rho_a - V_r\rho_r$$

$$\eta_v = \frac{(V_c + V'_s)\rho_a - V_r\rho_r}{V_s\rho_s}$$

经变换推导得

$$\eta_v = \xi \frac{\varepsilon}{\varepsilon - 1} \frac{T_s}{p_s} \frac{p_a}{T_a} \frac{1}{\gamma + 1} \tag{3-5}$$

式中，$\xi = \dfrac{V_c + V'_s}{V_c + V_s}$；$p_a$，$T_a$ 分别为进气终了时气体的压力、温度；p_s，T_s 分别为进气状态下气体的压力、温度；γ 为残余废气系数，$\gamma = \dfrac{m_r}{\eta_v V_s \rho_s}$，即进气过程结束时，缸内残余废气量与缸内新鲜充量的比值；ε 为压缩比。

2. 影响充气效率的因素

影响充气效率的因素有进气状态和进气终了状态的气缸压力、温度、残余废气系数、压缩比及配气相位。

（1）进气终了状态压力 p_a 的影响　p_a 对 η_v 影响较大，p_a 值越大，η_v 值越大。

$$p_a = p_s - \Delta p_a$$

Δp_a 为大气流动时，克服进气系统阻力而引起的压力损失，一般可写成

$$\Delta p_{\mathrm{a}} = \lambda \frac{\rho v^2}{2} \tag{3-6}$$

式中，λ 为管道阻力系数；ρ 为进气状态下气体密度（kg/m^3）；v 为管道内气体流速（m/s）。

Δp_{a} 主要取决于进气系统各管道阻力系数 λ 和气体流速 v。若 λ、v 高时，Δp_{a} 增大，使得 p_{a} 下降。

汽油机中进入气缸的是可燃混合气，通过改变节气门开度调节进入气缸的混合气量来调节汽油机负荷。

1）当节气门位置一定时，n 增加，p_{a} 降低。

2）节气门开度减小时，p_{a} 降低。节气门开度越小，p_{a} 随 n 提高而下降得越快，如图 3-4 所示。

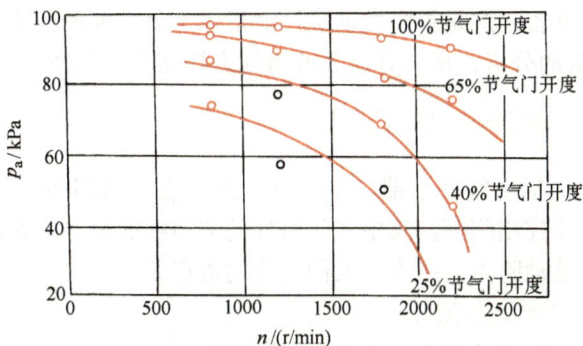

图 3-4　不同节气门开度、不同转速时的进气终了气体压力

负荷变化时，汽油机和柴油机的 p_{a} 变化不同，柴油机 p_{a} 几乎不随负荷变化，而汽油机变化显著，这也就决定了 η_{v} 的变化趋势，如图 3-5 所示。

（2）进气终了温度 T_{a} 的影响　T_{a} 越高，充入气缸的工质密度越小，η_{v} 越低。进气终了的温度 T_{a} 高于进气状态温度 T_{s}。引起 T_{a} 升高的原因有：高温零件加热工质；新鲜工质与残余废气混合；对汽油机来说，为了便于液体燃料蒸发、混合，常利用排气歧管或冷却液的热量加热新鲜充量，故进气终了温度升高。对于柴油机而言，将它的进、排气道和进、排气歧管置于气缸盖两侧，控制进气预热，适当加大气门重叠角，都有利于进气终了温度的降低。

转速 n 和负荷都对 T_{a} 有影响，在负荷不变时，转速 n 越高，工质被加热的时间缩短，T_{a} 降低。在转速 n 不变时，负荷加大，缸壁温度升高，T_{a} 提高。

图 3-5　三种国产发动机充气效率随转速的变化关系

1—495Q 型柴油机　2—CA-30 型越野汽车汽油机　3—CA-72 型小客车汽油机

（3）残余废气系数 γ　气缸中残余废气增加，使 η_{v} 降低，燃烧恶化，燃油消耗率升高，排放变差。排气系统阻力大，废气流动困难，使得排气压力提高，残余废气增加，充

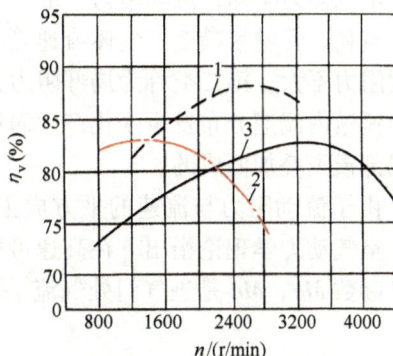

气效率降低。

汽油机在低负荷运转时，节气门开度小，γ 高，燃烧恶化，工作不稳定。

（4）配气相位的影响　配气相位的影响主要是进气门迟闭角的变化，迟闭角增加，会使新鲜充气量的容积减小，但 p_a 却可能因为新鲜充气量的惯性进气而增加。应该选择合适的配气定时，使 ξp_a 具有最大值。

（5）压缩比的影响　提高压缩比，使气缸余隙减小，残余废气量减少，从而提高 η_v。

第三节　提高发动机充气效率的措施

吸气行程作为发动机热力循环的第一个行程，应尽可能提高其充气效率 η_v，为以后的良好燃烧做充分的准备，这是提高发动机性能指标十分重要的先决条件。可以按照上述对影响 η_v 的多种因素的分析，从多方面采取措施来提高充气效率 η_v。

一、减少进气系统的流动损失

发动机进气系统包括空气滤清器、进气管、进气道、气门与气门座、进气压力传感器、空气流量计、怠速控制阀等。其中气门座处的流通截面最小，截面变化大，气流损失也最大。减小此处的流动阻力，一直是人们关注的重点。

1. 减少进气门座处的流动损失

为减少进气门座处的流动损失，可采取如下措施：

（1）增大进气门直径，选择合适的排气门直径　现代高速发动机单进、排气门结构中，进气门直径 d 与缸径 D 之比为 45% ~ 50%，面积比 d^2/D^2 为 0.2 ~ 0.5。排气门的直径也必须足够大，以减少排气损失。

由流体力学知，流动阻力一般可分为两类，一类称为沿程阻力，其大小取决于管子长度、直径、管壁粗糙度、气体流速等因素。由于发动机的进气管较短，内表面光滑，因此沿程阻力不大。第二类称为局部阻力，它是由流道截面的大小、形状以及因流动方向的改变使流道内流速分布发生变化产生涡流而引起的。发动机进气过程的流动损失就是由一系列局部损失叠加而成的。

由于流动阻力与流速的平方成正比，因此流速的大小是决定流动阻力大小的主要因素。空气动力学理论指出，在高速可压缩的流动系统中，决定气流流动性质最重要的参数是马赫数 Ma，Ma 是进气门处气流平均速度 v_m 与该处音速 c 之比，即

$$Ma = v_m/c$$

发动机充气效率的大小，与通过进气门座处的气流的马赫数 Ma 密切相关。

由连续方程得

$$\mu_m v_m = \frac{A_p c_m}{A_v} = \left(\frac{D}{d_v}\right)^2 c_m \tag{3-7}$$

因而得

$$\mu_m v_m A_v = A_p c_m$$

式中，A_p，A_v 分别为活塞顶和进气门阀盘面积；D，d_v 分别为活塞和进气门阀盘直径；

c_m 为活塞平均速度；μ_m 为在进气门整个开启期间的平均流量系数，由试验求得。

因此

$$Ma = \frac{v_m}{c} = \left(\frac{D}{d_v}\right)^2 \frac{c_m}{\mu_m c}$$

$$Ma \propto \left(\frac{D}{d_v}\right)^2 \frac{c_m}{c\mu_m(\theta_e - \theta_c)} \tag{3-8}$$

式中，θ_c，θ_e 分别为进气门开、关角度。

给定的发动机（缸径、气门大小、配气相位一定）其 Ma 与发动机转速成正比。根据一系列的试验可知，在正常的配气相位条件下，当 $Ma > 0.5$ 时，η_v 便急剧下降，如图3-6所示。

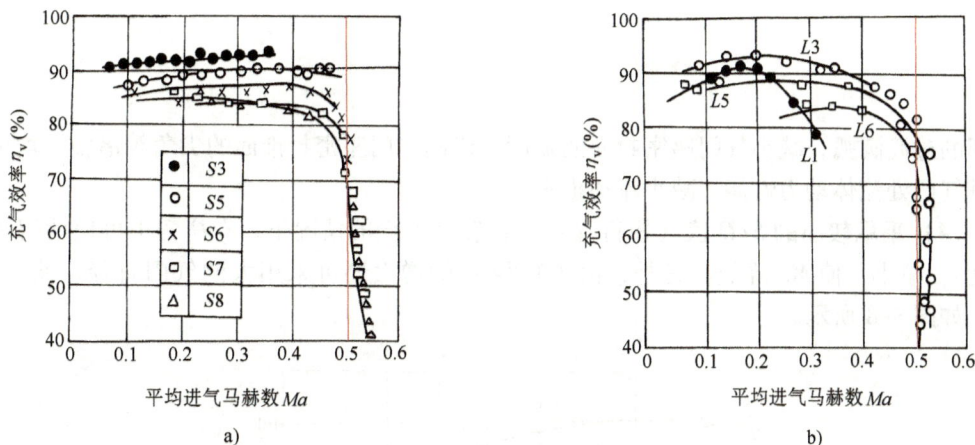

图 3-6　充气效率与平均进气马赫数 Ma 的关系

a）发动机 $D \times S = 83mm \times 86mm$、4 缸、$P_{emax}/n = 70kW/(6400r/min)$

b）发动机 $D \times S = 42mm \times 35mm$、1 缸、$P_{emax}/n = 4.4kW/(10500r/min)$

$L1$，$L2$，$\cdots$ 及 $S1$，$S2$，$\cdots$ 为不同进气门角度、面积值

综上所述，可得出如下主要结论：Ma 是一个反映 η_v 由于流动损失而受到影响的特性参数，即 η_v 的高低取决于 Ma 的大小。因此，在设计发动机时应尽可能使 Ma 在最高转速时不超过 0.5。汽油机的 Ma 值已接近 0.5，柴油机的 Ma 值一般在 0.3 ~ 0.4 之间。

（2）增加气门的数目　采用小气门，增加气门数的结构（两个排气门，两个进气门，甚至更多）是增大进气门流通面积、降低排气损失的有效措施。上海柴油机厂生产的6135Q-1 柴油机采用双气门（即进、排气门各一个）的结构时，15min 功率为 162kW/2200r/min，改用四个小气门（进、排气门各两个）后，15min 功率增至 194kW/2200r/min，功率提高 20%。由于 η_v 提高使得燃烧完全，因而循环指示热效率 η_i 和有效热效率 η_e 均提高，排气温度降低，热负荷减小，延长了使用寿命。赛车用高比功率的发动机采用多个小气门结构后，功率可提高 70%，转矩可提高 30%。图 3-7 说明了气门数对发动机的影响。

但由于多气门的机构复杂，造价较高，使其发展受到一定的限制，而其另一个缺点是低速时转矩不大。

（3）改善进气门处流体动力性能，减少气门处流动损失　适当增大气门的升程，改进配气凸轮型线，在惯性力容许的情况下，使气门尽可能快地开闭。适当加大气门杆身与

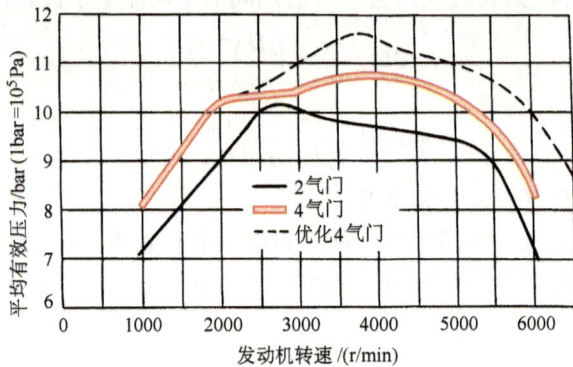

图 3-7　气门数对平均有效压力的影响

头部的过渡圆弧，减小气门座密封面的宽度，修圆气门座密封锥面的尖角等措施，均可改善进气门处流体动力性能，减小流动损失。

（4）采取较小的 S/D 值（短行程）　在转速不变的情况下，S/D 变小可使活塞平均速度 c_m 减小，使 Ma 降低。另外，由于缸径 D 的增大还可采用大的气门直径，使 η_v 提高，如图 3-8 所示。

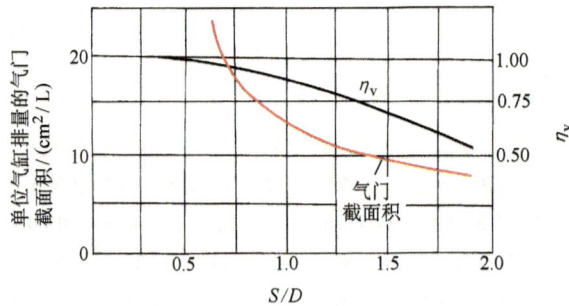

图 3-8　S/D 对 η_v 的影响

2. 减小整个进气管道的流动阻力

为了提高充气效率 η_v，还要注意减小进气道、进气管、中冷器（增压发动机）、空气滤清器等的阻力。

（1）进气道　气缸盖内的进气道形状复杂，因受气门导管凸台的影响，使截面形状急剧变化，进气阻力较大。对进气道除考虑尽量减小阻力外，还要保证进气道的形状能够使新鲜充量在气缸内形成涡流，以利于混合气的形成和燃烧。减小阻力和形成进气涡流是相互矛盾的，同时满足十分困难。在设计进气道时，常常在专门的气道气体流动模拟试验台上进行试验。进气道应有足够的流通截面，表面光滑，拐弯小，多段通道连接对中。

（2）进气管　进气管应有足够的流通截面，表面光洁，避免急转弯和流通截面的突然变化。汽油机为了保证燃料的雾化和蒸发，需保证进气有较高的流速，同时为满足车用汽油机经常在低负荷下工作，常需将进气管做得较小。多缸机中，进气歧管的结构与布局

对充气效率及充量均匀分配有较大的影响，应给予注意。

（3）空气滤清器 空气滤清器的阻力随结构而不同。另外阻力的大小也随着使用时间的延长而加大。微孔纸质滤芯原始阻力最小，但积尘后，阻力增长较快。油浴式空气滤清器阻力较大，使用中要注意清洗。空气滤清器上有报警指示器，当滤芯积尘，阻力过大时，指示灯发亮。

二、减小对新鲜充量的加热

对新鲜充量的加热与很多因素有关，其中大部分属于运转因素。凡能降低活塞、气门等热区零件的温度和减小接触面积的措施都有利于减小对新鲜充量的加热。增压发动机的燃烧室扫气、油冷活塞以及柴油机进、排气管分别置于缸盖两侧，都是有利措施。

三、减小排气系统的阻力

减小排气系统中排气门座、排气道、排气管、消音器的阻力，对降低排气压力 p_r、减少残余废气系数 γ 均有利。减少排气系统的阻力虽然效果不如减小进气系统阻力那么有效，但设计中仍需给予注意。

四、合理地选择配气相位

在进、排气门开、闭的四个阶段中，进气门迟闭角和进、排气门重叠角对充气效率均有较大的影响，如图 3-9 所示。

图 3-9 进气门迟闭角对 η_v 和 P_e 的影响

1. 进气门迟闭角

进气门迟闭角是利用气流的过后充气现象来增加每循环气缸充量的。当发动机转速较低（Ma 较小）时，进气门迟闭角不能过大，否则新鲜充量被向上止点运动的活塞推回到进气管，这是因为活塞到下止点时，缸内压力与进气管压力相近。当发动机转速高（Ma 大）时，活塞到下止点时缸内压力远低于进气管压力，因此允许有较大的进气迟闭角，可以获得较多的过后充量。

一般发动机在使用过程中，配气定时是不能改变的，充气效率 η_v 在某一转速下达到最大值。发动机只有在这个转速下工作，才能充分利用气流惯性充气。

改变进气门的迟闭角可以改变 η_v 随转速变化的趋势，用来调整发动机转矩特性，以满足不同的使用要求。如进气门迟闭角加大，高转速时 η_v 增加，有利于最大功率的发挥，但对中、低速性能不利。减小进气门的迟闭角虽可加大发动机低、中速时的转矩，但对高速时最大功率的发挥不利。

2. 进、排气门重叠角

高速非增压柴油机进、排气门重叠角一般在 $20° \sim 60°$ 范围内。试验表明，重叠角在

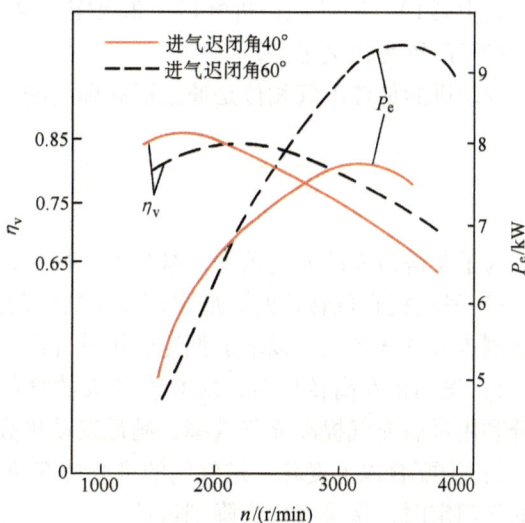

40°以下，基本没有燃烧室扫气作用。有重叠角比无重叠角时充气效率 η_v 高，这是由于进气门早开，排气门迟闭，使进气初期和排气后期的节流损失减小的缘故。

增压发动机的进、排气门重叠角大，可达110°～140°，强烈的燃烧室扫气作用可以将余隙间的残余废气扫除干净，可以冷却燃烧室热区零件，减少对充量的加热，都有利于 η_v 的提高，还能降低 NO_x 的排放量。

3. 排气提前角

合理的排气提前角，应当在保证排气损失最小的前提下，尽量晚开排气门，以加大膨胀比，提高热效率。

4. 配气相位的选择

配气相位是否合理应根据发动机的高速性来决定，主要从以下几个方面综合评定：

1）充气效率高，以保证发动机的动力性能。

2）必要的燃烧室扫气，以保证降低高温零件的热负荷，使发动机运行可靠。

3）合适的排气温度。

4）良好的充气效率特性 $\eta_v = f(n)$，以适应转矩特性的要求。

5）较小的换气损失，以保证发动机的经济性。

其中第1）、2）两项由进气迟闭角决定。第3）项由排气提前角决定。第4）、5）两项由进、排气门重叠角决定。

发动机的最佳配气相位是通过试验确定的。

第四节　可变配气机构与可变进气管

为了获得最大的充气效率，减少泵气损失，较理想的进气系统应满足以下要求：

1）发动机在低转速时，应采用较小的气门重叠角和较小的气门升程，防止缸内新鲜充量倒流入进气系统，以增加低速转矩并提高经济性。

2）发动机在高转速时，应具有较大的气门升程和进气门迟闭角，以减小进气阻力，充分利用过后充气提高充气效率，满足发动机高速时动力性的要求。

3）为配合以上变化，进气门的进气持续角也需进行相应调整，以实现不同工况下最佳的气门定时，将泵气损失降到最低。

总之，理想的气门定时要随发动机的运转工况及时调整。

可变配气机构与可变进气管技术基本满足上述要求。

一、可变配气机构

通常，发动机配气相位的选取是通过多种不同的配气相位试验，从中选出兼顾发动机各种工况下性能的一种折中办法，其结果是发动机性能潜力不能得到充分发挥。随着轿车汽油机的高速化和废气排放法规的日趋严格，配气相位固定不变的缺点变得越来越突出。因此，可变配气机构的研究和生产引起了人们的高度重视。

1. 可变配气相位对发动机性能的影响

可变配气相位的优点有：提高发动机的动力性和经济性；降低发动机废气排放中有害物的含量；改善急速稳定性和低速平稳性。

图 3-10 所示为一台 2L 发动机的平均有效压力 p_{me} 曲线。在气门重叠角不变的条件下，进气门关闭角加大，使 p_{me} 曲线的峰值移向高速；反之，则移向低速。这说明，如果进气门关闭角可变，则不论在高速或低速，发动机动力性都能显著提高。由图 3-11 可见，对于某一发动机转速，部分负荷的燃油消耗在很大程度上受进气门关闭角 φ_c 和气门重叠角 ϕ 的影响，最低的等值相对燃油消耗率 ε_b（变相位下的燃油消耗率 b_{eV} 与固定相位下的燃油消耗率 b_{eF} 之比）曲线是在进气关闭角和气门重叠角较小的状况下取得的。

通过改变配气相位，可改变发动机的低速转矩，即可使用较低的发动机转速，相应地摩擦损失降低，发动机的经济性得到进一步提高。此外，如果进气门关闭角能在足够大的范围内变化，则可调节进气门关闭角，取代常规的节流调节负荷，在一定程度上消除了与进气节流相关的泵损失，从而降低发动机的燃油消耗率，减少 NO_x 和 HC 的排放。

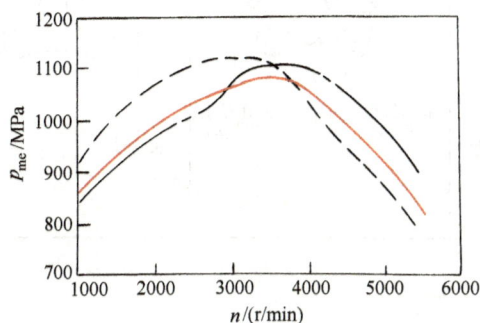

图 3-10　进气门关闭角对平均有效压力的影响
　　－－－ 35°（CA）　　―― 基准相位 50°（CA）
　　－·－ 65°（CA），气门重叠角不变，20°（CA）

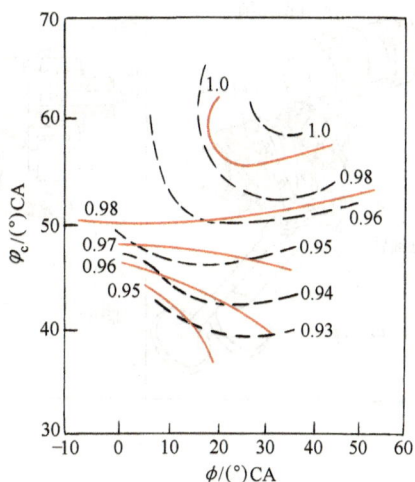

图 3-11　2L 发动机等值相对燃油消耗
　　　　率 ε_b 曲线
　　―― 2000r/min 低负荷　　－－－ 2000r/min 中负荷

由于高速汽油机配气相位的设置通常偏重于高转速，进气门关闭角较大，发动机在息速和低速运行时，气缸内的混合气会反窜至进气管中，致使气缸内燃烧不稳定，功率下降，息速不稳定。采用可变配气相位机构后，发动机的进气门关闭角在低速时自动减小，可消除上述现象，改善低速和息速性能。

2. 可变配气相位机构

可变配气相位机构是发动机设计的新技术，近 10 年来发展迅速。可变配气相位机构主要有电磁式、液压式和机械式三大类。国外研制的可变配气相位机构有数十种，每种形式都有能改变发动机配气相位的功能，但均有各自的优缺点。意大利的菲亚特三维凸轮机构已通过了发动机台架试验和整车道路试验；日本日产公司和本田公司研制的液压可变配气相位机构已广泛应用。下面介绍一个典型例子。

图 3-12 给出三菱公司开发的可变配气相位机构，称为"MIVEC"机构。它安装在双顶置凸轮轴、每缸 4 气门的缸盖上，并具有根据发动机工作条件由发动机电控单元

（ECU）自动进行选择高速、低速和可变排量三种工作方式。它由具有低速型面和高速型面的 2 个不同的凸轮、2 个带滚子式挺杆的摇臂、1 个操纵气门的带轴的 T 形杆和装在该轴内的 2 个液压活塞组成。在弹簧力作用下，活塞 H 被常推入轴内，而活塞 L 被常推出轴的表面上。在高速工作方式时，ECU 通过电磁油控阀将油压加到 2 个活塞上，从而将高速摇臂闩于轴上，使低速摇臂脱开。这样，气门就由高速凸轮驱动。相反，在低速方式时，作用于两活塞的油压解除，因而只有低速摇臂与轴闩在一起。在气门停开工作方式时，油压只加给活塞 L，从而使两摇臂脱开，这样进、排气门都不工作。

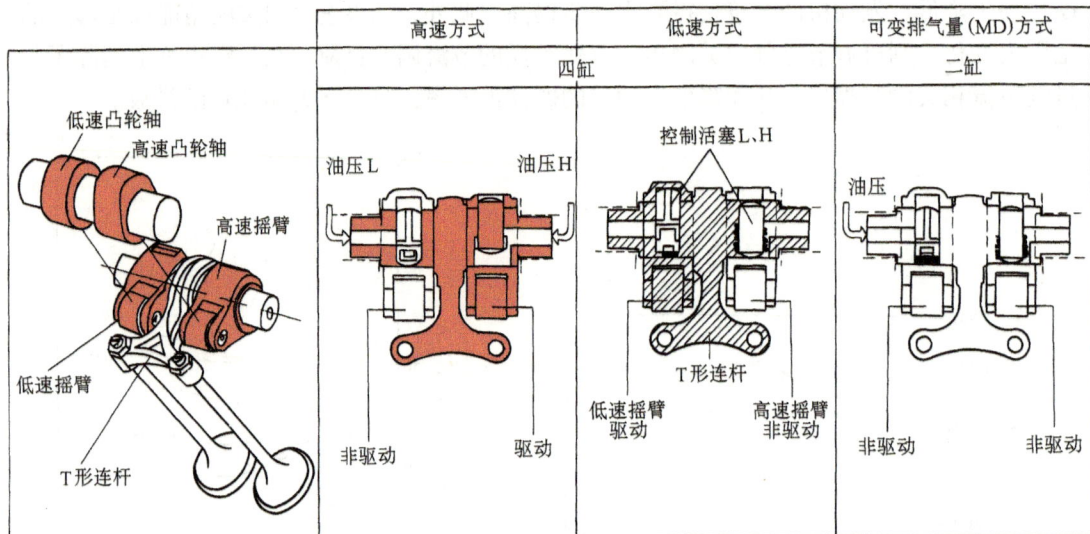

图 3-12　MIVEC 机构

二、可变进气管

为合理利用进气谐振，以增加充气量，要求对进气管在高转速、大功率时，应配装粗短的进气管；而在中、低速，最大转矩时，应配装细长的进气管。目前，常用可变进气管有共振式进气管和带谐振腔的进气管两种类型。下面介绍日本马自达公司的可变进气谐振增压系统。

日本马自达公司成功地开发了可变进气谐振增压系统，其结构原理如图 3-13 所示。它是利用由谐振箱容积、谐振管的长度与直径所决定的共振频率来控制的。当与发动机的气缸工作频率一致时，在谐振箱产生共振或谐振，使压力达到最大值，恰好这时关闭进气门，从而使进气充量最大，以获得最大转矩。图 3-13 就是利用转换阀来改变谐振管的长度，以改善转矩及其相对应的最佳

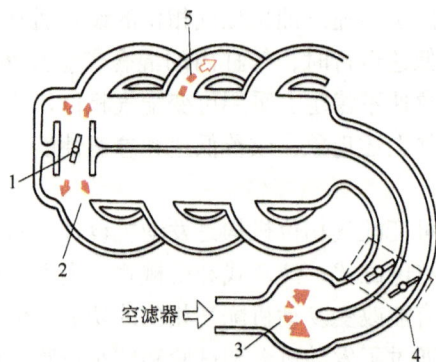

图 3-13　可变进气谐振增压系统的结构原理

1—转换阀　2—短共振管　3—长共振管
4—双节气门　5—惯性增压

转速。

若将图 3-13 简化为图 3-14 的可变谐振系统模型，其工作原理如下：

高速时，转换阀开启，空气首先进入总气室 A，经过谐振管而到达 B、C 室，然后经过各缸支管到各缸。因转换阀开启，B、C 两室被连为一室（见图 3-14a），这时 B、C 室受到 6 个气缸的共同作用，压力基本保持不变而相当于稳压箱，进气脉动仅发生在与气缸相连的进气支管中。由于进气支管较短，共振转速较高，可以改善高速充气（JF 型发动机为 3500～4000r/min）。

低速工作时，转换阀关闭，谐振室 B、C 被隔为两个室（见图 3-14b）。

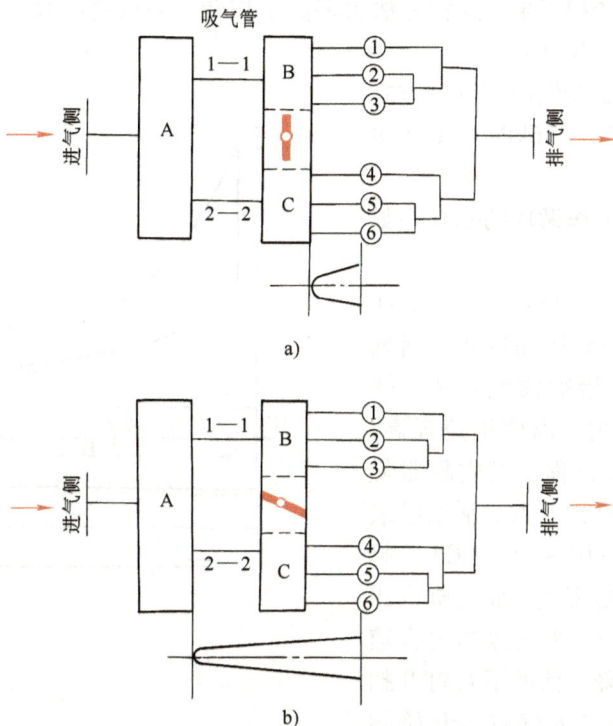

图 3-14 可变谐振系统模型

a）高速 b）低速

这时 B 室（或 C 室）分别仅由 3 个气缸加振，而 A 室则分别由 B 室和 C 室边 6 个气缸共同加振，故 A 室压力保持基本不变，谐振管路增长，共振转速移向低速（JF 型发动机为 2000～2500r/min），从而改善了低、中速转矩。

在 JF 型发动机上，由于利用了高速惯性充气，再加上可变谐振进气增压，使发动机获得了从低速到高速的高转矩特性。

第五节 二冲程发动机的换气过程

一、换气过程和示功图

二冲程发动机是曲轴旋转一周，活塞运行上、下两个行程完成一个工作循环的发动

机。其结构与四冲程发动机的最大区别是在气缸下部开有扫气口，排气口有设在气缸下部的，也有设在气缸上部的，也有用设在气缸盖上的排气门排气的二冲程发动机。

活塞下行，打开扫气口后，新鲜充量由扫气口进入气缸，并强迫气缸内的废气由排气口或排气门排出，进行工质交换，这一过程即为换气过程。新鲜充量是由专门的扫气机构提高其压力后再进入气缸的。

扫气机构有以下三种方式。

(1) 曲轴箱扫气 用曲轴箱扫气在活塞下行时，其反面压缩新鲜充量，起扫气泵的作用，扫气压力可达 108kPa。

(2) 采用单独的扫气泵 这种方法大多数采用转子泵或离心泵，由发动机驱动。扫气压力一般为 109 ~ 150kPa。

(3) 利用废气涡轮增压 这种方式的扫气压力为 137 ~ 196kPa，甚至更高些。

二冲程发动机工作循环的示功图如图 3-15 所示。

活塞由下止点向上止点运动，关闭排气口（a 点），开始压缩冲程。活塞到达上止点前，开始喷油或点火、燃烧，缸内工质的压力、温度迅速提高，图中 c—f 段为燃烧过程。工质膨胀做功，推动活塞下行直到 b 点。活塞继续下行，在下止点前 60° ~ 75°（CA）打开排气口，开始排出废气。此时缸内压力高达 300 ~ 600kPa，废气以当地音速排出，压力迅速下降。活塞下行打开扫气口后，新鲜充量进入气缸，开始扫

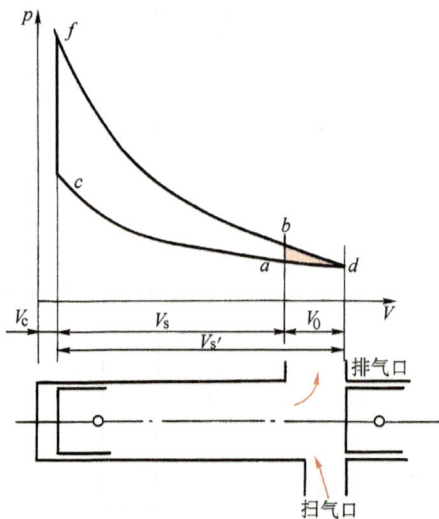

图 3-15 二冲程发动机工作循环的示功图

气。从排气口打开到扫气口打开的阶段称为自由排气阶段。在此阶段，缸内废气可流出 70% ~ 80%，所以它是二冲程发动机换气过程中的重要阶段。

从新鲜充量进入气缸，活塞继续下行到下止点，再向上行，直到关闭扫气口为止，这段称为扫气阶段，利用新鲜充量强制扫除废气并充入新鲜充量。此阶段初期，扫气口开度很小，对新鲜充量流动造成较大的阻力。随着活塞下行及废气迅速流出，缸内压力骤降，有可能形成较高的真空度，此时，扫气口已开大，可以使新鲜充量流入气缸。随后，扫气口与排气口均已开大，可以实现利用新鲜充量扫除气缸内的残余废气。

扫气口关闭后，排气口还打开着，由于上行活塞的排挤和扫气气流的惯性而继续排出废气或新鲜充量与废气的混合气，直到排气口完全关闭为止，从扫气口关闭到排气口关闭的阶段称为过后排气阶段，对于扫气口关闭晚于排气口的发动机而言则称为过后充气阶段。此段时间较短，由于活塞已经开始上行，缸内气体受到压缩而压力提高，这对过后排气是有利的，而不利于过后充气。要达到过后充气的目的，就必须提高扫气泵的扫气压力，但会增加扫气泵消耗的机械功。

示功图上 bda 曲线为扫气过程，占 $130° \sim 150°$（CA）。从排气口开启到关闭整个时期，活塞不做功，这部分气缸容积也不能容纳新鲜充量，称为损失容积 V_0。有效容积

$$V_s = V'_s - V_0 = V'_s(1 - \Psi) \tag{3-9}$$

式中，Ψ 为冲程损失百分比，$\Psi = \dfrac{V_0}{V'_s}$；V'_s 为活塞冲程容积。

实际压缩比

$$\varepsilon = \frac{V_c + V_s}{V_c}$$

几何压缩比

$$\varepsilon' = \frac{V_c + V'_s}{V_c} = \frac{V_c + V_s}{V_c} + \frac{V_0}{V_c} = \varepsilon + \frac{\Psi V'_s}{V_c} = \varepsilon + \Psi(\varepsilon' - 1)$$

所以

$$\varepsilon = \varepsilon'(1 - \Psi) + \Psi$$

二冲程发动机与四冲程发动机换气过程的区别在于：

1）二冲程发动机换气过程经历 $130° \sim 150°$（CA），仅为四冲程发动机换气过程时间的1/3左右。换气时间短，换气质量差，新鲜充量损失多，新鲜充量与废气掺混多，残余废气系数大。

2）扫气消耗功大。虽然二冲程发动机无泵气损失，但消耗的空气多，扫气泵耗功大，使得其指示热效率低，因此燃油消耗率高。

3）二冲程汽油机的 HC 排放高。这是因为二冲程发动机在扫气期间有较多新鲜充量直接流出气缸的缘故。

由于二冲程发动机的性能受换气过程的影响较大，而在变工况运行时，换气过程的状态容易偏离设计工况，换气的组织更加困难，其性能明显变差。四冲程发动机外特性最低燃油消耗率出现在标定功率的 $50\% \sim 60\%$，且燃油消耗率曲线较平坦；而二冲程发动机的最低燃油消耗率却出现在标定功率的 $80\% \sim 90\%$，且曲线陡峭，二冲程发动机变工况运行的经济性较差。因此二冲程发动机只适于工况稳定的大型船用或固定式应用场合，以及比功率、比质量要求较高的摩托车发动机和小型汽油机。

二、二冲程发动机换气系统的基本类型

（1）横流扫气　如图 3-16 所示，这种类型的扫气口和排气口布置在气缸圆周的两对面。为了扫气完善，扫气口在纵横方向均有倾斜，用来控制气流方向。由于扫、排气定时对称，扫气口比排气口提前关闭，使部分新鲜充量外逸，并且气缸内 A 区废气不易清除；B 区又有扫气短路，故换气效果较差。

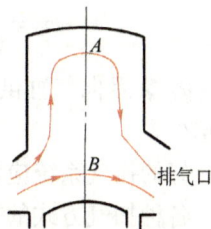

（2）回流扫气　如图 3-17 所示，此类型的扫气口与排气口位于气缸同侧。扫气口也在纵横方向上有所倾斜，使扫气气流的主流在气缸内沿活塞顶与气缸壁流动时转弯而形成回流，将废气由排气口挤出。它部分克服了横流扫气新鲜充量短路从排气口逸出的缺点，扫气效果较好。这种类型结构简单，便于制造，在小型二冲程发动机中应用

图 3-16　横流扫气

广泛。

（3）直流扫气　如图 3-18 所示，这种气口—气门的换气方式，其特点是扫气气流沿气缸轴线运动，换气品质最好。排气门受配气凸轮控制，可以实现不对称换气，使排气门早开，以实现过后充气。为了使新鲜充量不与废气掺混，扫气口沿切线方向排列，使进入气缸的扫气空气旋转，形成气垫。由于扫气口沿整个圆周分布，孔高可以缩短，以减少行程损失。

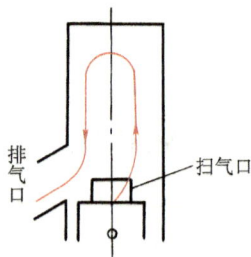

图 3-17　回流扫气　　　　　　　　图 3-18　直流扫气

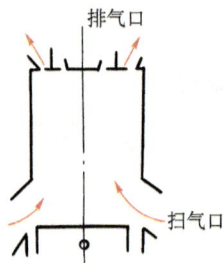

三、换气质量的评价

理想的换气过程是新鲜充量不与废气掺混，扫气气流将废气全部挤出。但是，新鲜充量与废气掺混是不可避免的。一部分废气留在气缸内，一部分新鲜充量被挤出气缸。对于汽油机来说，将有一部分燃料——空气混合气被排出，这既造成燃料的浪费，又使 HC 排放增加，污染环境。为了提高换气质量，必须对各种扫气方案加以评价。常用的评价指标有扫气效率 η_s 和过量扫气系数（又称给气比）φ_0。

1. 扫气效率 η_s

$$\eta_s = \frac{\text{换气后留在气缸内新鲜充量的质量 } m_0}{\text{换气后留在气缸内气体的总质量 } m_g} = \frac{m_0}{m_0 + m_r} \tag{3-10}$$

式中，m_r 为残余废气质量。

η_s 是衡量扫气效果优劣的主要指标。η_s 越大，扫气效果越好，极限情况是 $\eta_s = 1$，此时，$m_r = 0$，意味着完全扫气，没有残余废气。

2. 过量扫气系数 φ_0

$$\varphi_0 = \frac{\text{扫气过程中所用新鲜充量的总质量 } m_s}{\text{扫气状态下充满气缸工作容积 } V_s' \text{ 的新鲜充量的质量 } m_s'}$$

φ_0 表示向气缸供给新鲜充量的多少。φ_0 越少，说明消耗的新鲜充量越少，扫气泵耗功越少。

好的换气系统应该是在较小的过量扫气系数下，有较高的扫气效率。

各种扫气方式的扫气效率如图 3-19 所示。

四、二冲程发动机主要换气系数的选择

1. 扫气压力 p_s

提高扫气压力 p_s，会提高压缩始点压力 p_a，平均指示压力 p_{mi} 也会增加。同时，可以

降低扫气口的高度，减少行程损失。在直流扫气方案中，p_s 存在一个最佳值。不同类型柴油机 p_s 的大致范围如下：大功率低速船用机为 1.5 ~ 2.5，高转速运输式或机车、船用中、高速机为 1.3 ~ 2.7，特殊用途柴油机为 2.5 ~ 4.0，陆用、船用高速柴油机为 1.5 ~ 3.0，汽车、拖拉机柴油机为 1.3 ~ 2.0。

直流扫气 $p_a = (0.95 ~ 1.05)p_s$，回流扫气 $p_a = (0.85 ~ 0.90)p_s$，低速柴油机 $p_a = \dfrac{p_s + p_r}{2}$（式中 p_r 为排气系统中平均压力）。

2. 过量扫气系数 φ_0

为了不使 η_s 下降太多且减轻活塞的热负荷，φ_0 不能过小；但是为了降低扫气泵的功耗，又希望尽量减少 φ_0，因此，φ_0 应在以下统计范围内选取为宜：

高速轻型运输式发动机为 1.25 ~ 1.50；

大功率低速船用非增压发动机为 1.15 ~ 1.25；

大功率低速船用增压发动机为 1.25 ~ 1.80；

机车、船用中、高速非增压柴油机为 1.25 ~ 1.30；

机车、船用中、高速增压柴油机为 1.40 ~ 1.70；

曲轴箱扫气发动机为 0.5 ~ 0.9。

3. 扫气效率 η_s

扫气效率 η_s 的取值范围如下：

直流扫气　　　0.85 ~ 0.95；

回流扫气　　　0.80 ~ 0.90；

曲轴箱扫气　　0.72 ~ 0.80。

改善换气效果，最有效的方法是进行换气试验，从中找出最佳的结构方案。

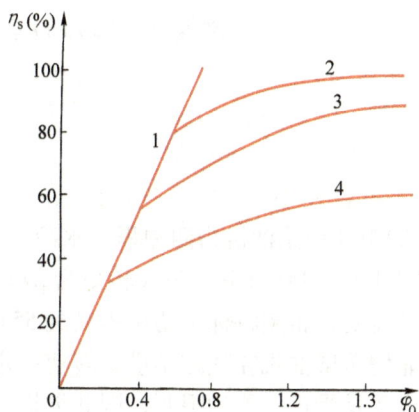

图 3-19　各种扫气形成的扫气效率
1—完全扫气　2—直流扫气
3—回流扫气　4—横流扫气

第六节　工程应用实例（文摘）

研究发动机换气过程是为了减少换气损失，尽可能地提高充气效率，改善发动机的燃烧过程，从而得到更好的经济性、动力性指标。影响充气效率的因素很多，诸如大气状态，进气终了压力及温度，残余废气系数，压缩比和配气相位等。12V160 型柴油机和 195 型柴油机虽非车用，但下述两篇论文介绍的是通过对进气系统及配气相位改进，提高充气效率从而提高柴油机的动力性和经济性的研究，是非常典型的。这种方法也适用于车用发动机。节选它们的目的是希望从中学习改进发动机性能的基本方法。

文摘一　12V160 型柴油机性能改进的试验研究

赵耀如　沈根福　周如生

（上海内燃机研究所）

1. 问题的提出

12V160 型柴油机为四冲程、水冷、非增压发动机，采用直接喷射式燃烧室，标定功率为 478kW/2000r/min、最大转矩为 2724N·m/1100r/min、耗油率为 231g/(kW·h)。根据市场需要，希望将标定功率提高到 551kW/2000r/min。

非增压柴油机在气缸排量、转速一定的情况下，对于无涡流的空间燃烧系统，其功率提高主要是受进气量的限制，因此欲提高功率且将排气温度控制在 923K（650℃）以下，就必须提高高转速时的充气效率 η_v，改变 η_v—n 曲线形状，使外特性中标定功率达到 551kW/2000r/min（p_{me} =745kPa），在常用转速 1750r/min 时有良好的经济性，而且有较大的转矩储备系数（不小于 1.12）。

2. η_v—n 曲线

η_v—n 曲线是在一台 D = 160mm，S = 180mm 的单缸试验机上，采用圆柱喷嘴作为节流元件，单缸机通过弹性联轴器与 160kW 的电力测功器连接，用冷拖法测定的。配气系统的结构和参数为：气缸盖上采用四气门结构，进气道为无涡流的并联直气道，进、排气凸轮型线均由三圆弧组成，升程为 14mm。配气相位：进气门在上止点前 18°（CA）开启，在下止点后 42°（CA）关闭。排气门在下止点前 34°（CA）开启，在上止点后 18°（CA）关闭。由图

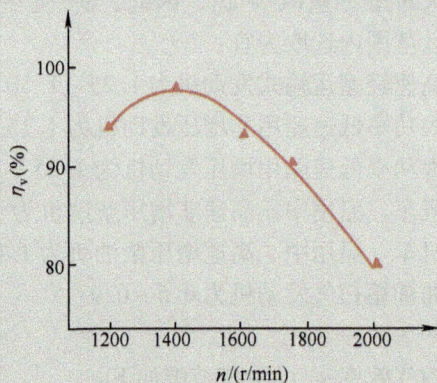

图 3-20　单缸机性能改进前 η_v—n 曲线

3-20 可知，η_v 的最大值出现在 n = 1400r/min 时，恰好与最低燃油消耗率 b_e 和最低排气温度点的转速相一致。1200r/min 和 2000r/min 对应的 η_v 值之比是 1.16，而对应转速的转矩值之比也是 1.16，可见 η_v—n 曲线可反映柴油机的性能状况。当转速 n 超过 1400r/min 时，η_v 值随转速升高而急剧下降，这就是柴油机高速性能差的主要原因。

改进从配气相位、配气凸轮型线等方面着手。

3. 改变配气相位

改变配气相位的试验是在单缸试验机上采用原来的三圆弧凸轮的条件下进行的。试验过程中，进、排气凸轮的开启持续角保持相同。试验分为四部分：

1）不改变排气凸轮相位，用电力测功器冷拖单缸试验机，测得三种不同进气相位时的 η_v—n 曲线，如图 3-21 所示。由图 3-21 可以看出，进气门在上止点前 10°（CA）开启，

在下止点后 50°（CA）关闭，η_v 无论在什么转速下都比较高。在 2000r/min 时 η_v 提高 3.1%。

2）测定热车倒拖时的 η_v—n 曲线。从图 3-22 所示试验结果可以看出发动机在热状态下，由于新鲜充量被加热，η_v 普遍下降，降低 3%～5%，但冷、热态曲线变化趋势相同。

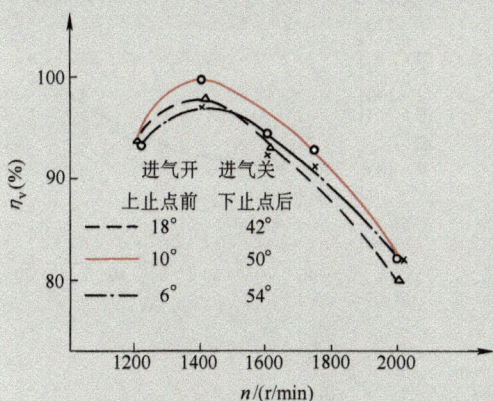

图 3-21　排气相位不变时，冷拖 η_v—n 曲线

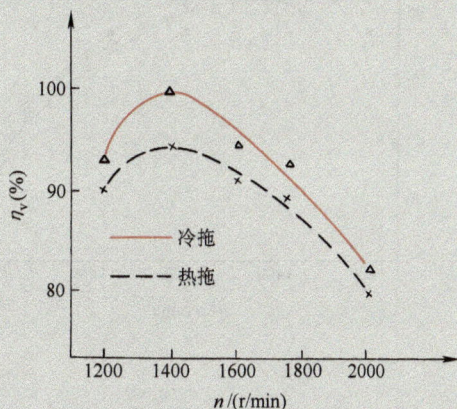

图 3-22　冷拖与热拖 η_v—n 曲线

3）在单缸试验机上，保持柴油机的负荷和进气相位在上述试验数值的条件下，测定排气相位对 η_v 的影响。试验结果表明，排气相位的变化对 η_v 影响甚微，仅为 1.5%～2%。让排气门适当晚关，有利于清除废气，可以提高 η_v，但排气门关闭过晚，会出现气门碰活塞的现象。

4）两种进气相位下的 2000r/min 负荷特性对比试验。试验时排气温度控制在 883K（610℃），测得单缸试验机的指示功率、指示比油耗，列于表 3-1。经计算单缸机的转速为 2000r/min 时，进气道喉口处空气的流动速度高达 70m/s 以上，因此适当的早开、晚关进气门，可以利用气体运动惯性提高 η_v。

表 3-1　进气门开关时间对柴油机性能的影响

进气相位	指示功率 P_i/kW	指示比油耗 b_i/[g/(kW·h)]	充气效率 η_v（%）
开：上止点前 18°（CA） 关：下止点后 42°（CA）	66.7	211	76.7
开：上止点前 10°（CA） 关：下止点后 50°（CA）	70.1	196	79.8

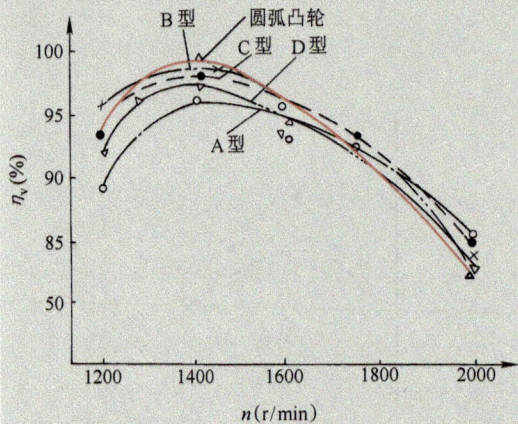

图3-23　多项动力凸轮与圆弧凸轮的充量系数

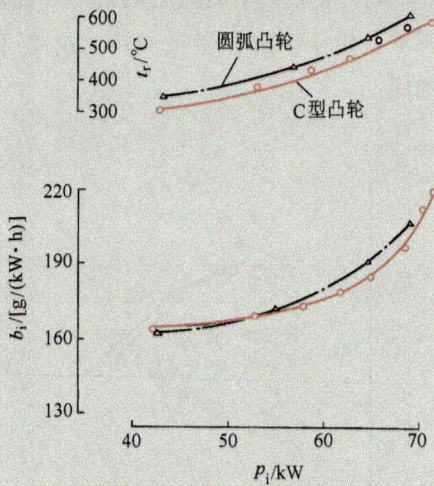

图3-24　C型凸轮与圆弧凸轮
2000r/min 负荷特性曲线

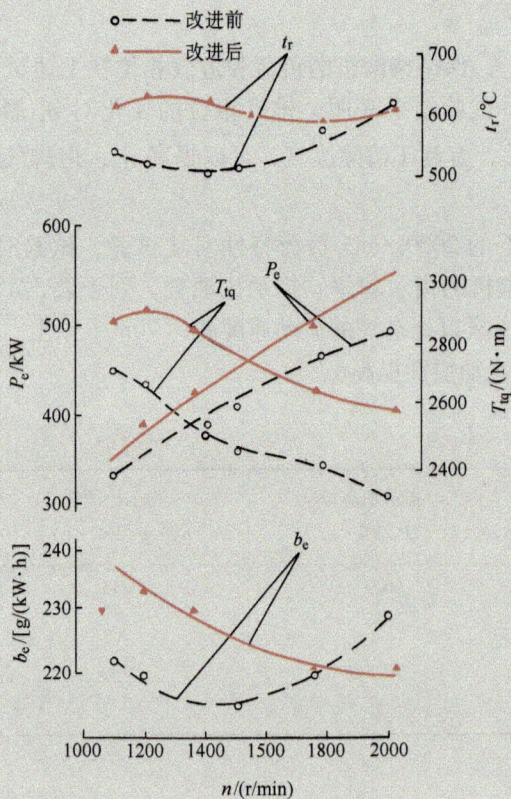

图3-25　性能改进前后的12V160型柴油机外特性曲线

4. 改变配气凸轮型线

前面的试验说明，进气门适当的早开和晚关可以提高 η_v，但是尚未满足改进的要求，为此还必须从改变凸轮设计型线来进一步提高 η_v。根据工作段的包角和升程、缓冲段的包角和升程以及气门落座速度，设计了 A、B、C、D 四种多项动力凸轮。它们的时间—截面值均大于圆弧凸轮。四种凸轮型线方案均在电力测功器上用冷拖法测得 η_v—n 曲线，并与圆弧凸轮的 η_v—n 曲线加以比较，由图 3-23 可看出，其中 C 型凸轮低速的 η_v 比圆弧凸轮略低，但当转速为 2000r/min 时 η_v 提高了 3%。2000r/min 负荷特性试验表明（见图 3-24），由于 C 型凸轮的 η_v 高，排气温度普遍降低了，当排气温度控制在 873K（600℃）时，指示功率可达 72.9kW，比改进前提高了 2.79kW；当指示功率在 66.2kW 时，C 型凸轮指示比油耗比圆弧凸轮降低了 8g/（kW·h）。

5. 多缸机试验

将单缸机的试验结果移植到 12 缸机上，同样取得了满意的结果（见图 3-25），标定功率从 478kW 大幅度提高到 551.5kW，平均有效压力从 647kPa 提高到 746kPa。改进后的 12V160 型柴油机在 551.5kW/2000r/min 的标定工况下 b_e 为 213g/（kW·h），排气温度为 889K，烟度为 2.7 波许单位，外特性曲线的常用转速点 b_e = 222g/（kW·h）。

（本文整理自《内燃机工程》1983 年 02 期）

文摘二　195 柴油机进气系统的改进

黄宜谅　王建昕　施建　张元毅

（山东工业大学）

进气系统对柴油机的经济性和动力性有重要影响，此结论不仅适用于直喷式燃烧室的柴油机，同样对具有分隔式燃烧室的柴油机仍有效。作者将 195 型柴油机的进气系统加以改进，经济性有明显的提高。利用进气动态效应并对涡流燃烧室及其镶块和喷油泵改进后，获得了满意的结果，标定工况（8.83kW/2000r/min）下 b_e 降低了 20g/（kW·h）（见图3-26）。

1. 进气道的改进

1）进气道形状的改进。改进前后的进气道形状如图 3-27 所示，改进后的气道（见图 3-27 中虚线）降低了转弯处气流流速，减少了流动损失，并且有较多气体沿弯道外侧流入气缸，提高了进气门门口流通截面的利用率。

2）将进气门和进气门座的尖角改圆，减少局部流阻，提高充气效率。

3）进行进气道改进后的综合试验，新、旧气道在气道试验台上的试验结果表明，新气道压力损失降低，而充气效率 η_v 有了改善。进气道改进前后的负荷特性表明（见图 3-28），改进后标定工况下 b_e 下降 5g/（kW·h），排气温度降低了 20℃。超负荷工作时效果更明显；110% 负荷工况（9.71kW/2000r/min），b_e 下降 11g/（kW·h）。可以认为进气道改进后，由于 η_v 增大，改善了燃烧，提高了 η_i，同时也减少了换气损失，提高了机械效率。

2. 空气滤清器改进

山东 195 型柴油机多配用 1112 空气滤清器，对其曾进行专项试验，装上这种空气滤清器后，燃油消耗率 b_e 上升 2~3g/(kW·h)。在气道试验台上测定空气滤清器多部位的流动阻力表明，由于通道截面设计不合理，造成空气滤清器阻力过大。经过改进后试制成新的空气滤清器，其进气阻力比未改进前下降 33%，b_e 比原空气滤清器降低 2~3g/(kW·h)。

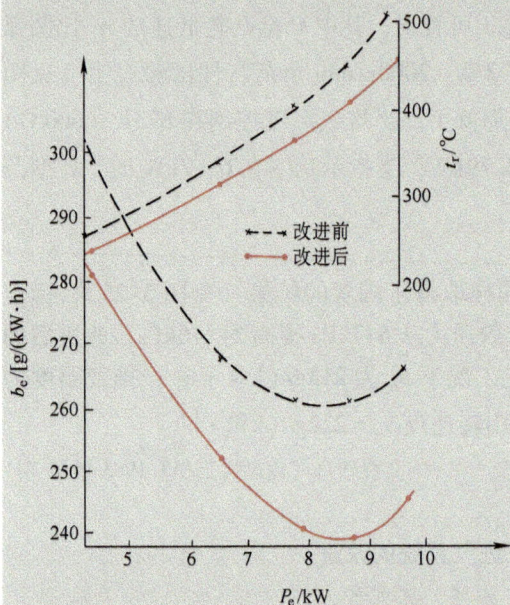

图 3-26　沂峰 195 型柴油机改进前后的负荷特性（$n = 2000$r/min）

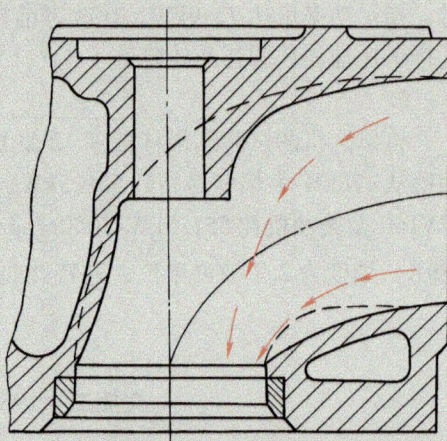

图 3-27　进气道简图

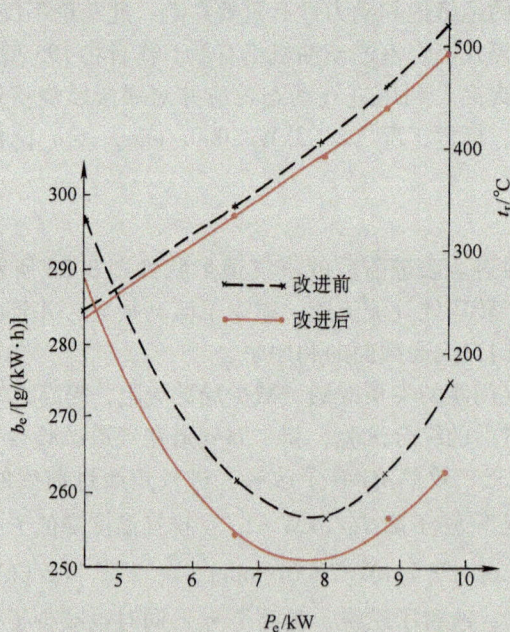

图 3-28　进气道改进前后的负荷特性（2000r/min）

3. 进气管改进试验

试验表明，装进气管，会使标定工况下的燃油消耗率 b_e 上升 $2 \sim 3 \text{g/(kW·h)}$。经过分析发现，原进气管拐弯过急，且存在截面突变的区域，造成较大的流动阻力，导致 η_v 下降。为此设计了新进气管，加大拐弯半径和使各处流通截面基本相等，以降低流阻，另外还注意适当利用进气动态效应。利用进气管动态效应时，当频率比 q（q 为进气管道中气柱自振频率与进气频率之比）介于 $3 \sim 5$ 之间时，η_v 有较大提高，然而此时需要较长的进气管和一个共振箱，给整机布置带来困难，不受生产厂的欢迎。为解决此问题，曾测取195型柴油机配用不同长度 L 的进气管在不同转速下的 η_v，结果如图3-29所示。试验表明，当进气管长度 L 在1m以内和转速高于 1400r/min 时，柴油机的 η_v 随 L 加长而波浪形上升，转速越高，上升幅度越大。考虑到空气滤清器内还存在一段管道，长度取 $L = 400 \sim 500 \text{mm}$，标定工况下 b_e 下降 $2 \sim 3 \text{g/(kW·h)}$，而110%负荷下 b_e 下降 6g/(kW·h) 左右。

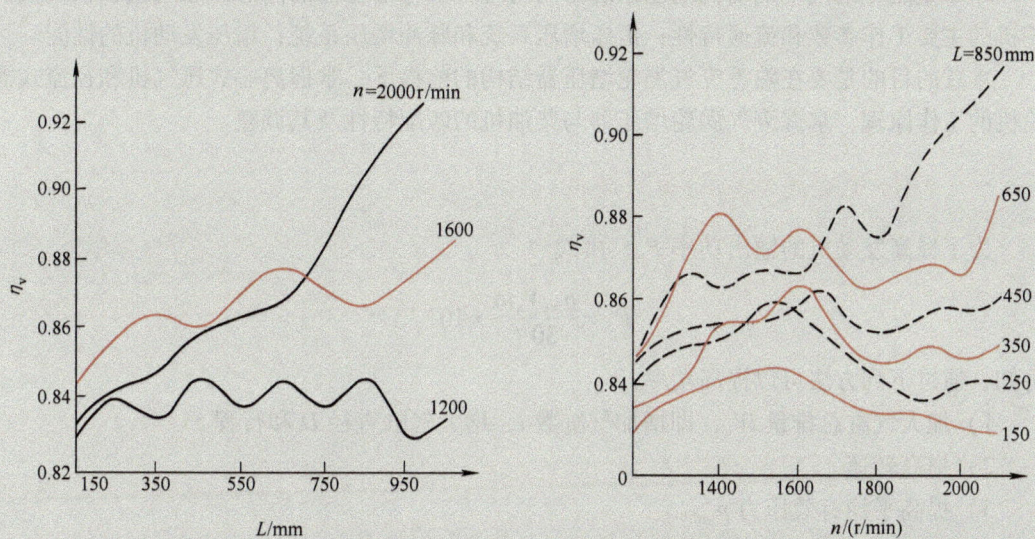

图3-29　进气管长度 L 对充气量系数的影响

（本文整理自《内燃机工程》1986年01期）

思 考 题

1. 说明四冲程发动机的换气过程。
2. 何谓换气损失？何谓泵气功与泵气损失？
3. 影响充气效率的因素是什么？怎样提高充气效率？
4. 分析配气相位对发动机动力性、经济性、可靠性的影响。
5. 试比较四冲程发动机与二冲程发动机的换气过程。
6. 如何评价二冲程发动机换气过程的质量？
7. 用提高转速的方法强化发动机，会遇到哪些困难？如何防止充气效率的降低？

第四章

发动机废气涡轮增压

第一节 概　述

增压是发动机提高功率最有效的方法。各种增压方法中，以废气涡轮增压技术最成熟，效率也高，应用最广。近年来汽车发动机采用废气涡轮增压日渐普遍。

本章重点介绍汽车发动机增压系统常用的废气涡轮增压器的离心式压气机和径流式涡轮机的主要工作参数和流通特性；恒压增压系统和脉冲增压系统；增压发动机的性能。

本章的目的是要在熟悉废气涡轮增压器结构的前提下，掌握离心式压气机和径流式涡轮机的工作原理，掌握废气涡轮增压器与柴油机的匹配特性及其调整。

一、增压是提高功率的有效途径

为了提高发动机的输出功率 P_e，由式

$$P_e = \frac{p_{me} V_s i n}{30 \, \tau} \times 10^{-3}$$

可知，通过下列方法可以提高功率：

1）加大气缸总排量 iV_s，即增加气缸数 i，增大气缸直径 D 和行程 S。

2）提高转速 n。

3）提高平均有效压力 p_{me}。

大量实践证明提高 p_{me} 是提高 P_e 的主要方法。而

$$p_{me} \propto \frac{\eta_i}{\alpha} \eta_v \eta_m \rho_k$$

因此，增大空气密度 ρ_k，即提高进入气缸空气的压力 p_k，以及降低进入气缸空气的温度 T_k 是提高平均有效压力 p_{me} 最有效的方法，而要实现上述方法就需要采用增压和中冷技术。

二、增压度 φ

增压度是指发动机增压后增长的功率与增压前的功率之比，即

$$\varphi = \frac{P_{ek} - P_{eo}}{P_{eo}} = \frac{P_{ek}}{P_{eo}} - 1 \tag{4-1}$$

式中，P_{ek}、P_{eo} 分别为发动机增压后和增压前的有效功率。

现代四冲程增压柴油机增压度可达 3 以上，而多数车用发动机增压度为 10% ~ 60%。

三、增压比

增压比是指增压后的空气压力 p_k 与增压前的空气压力 p_0 之比

$$\pi_k = \frac{p_k}{p_0} \tag{4-2}$$

增压发动机按照增压比的大小可以分为：低增压，$\pi_k < 1.6$，相应的 $p_{me} = 700 \sim 1000kPa$；中增压，$\pi_k = 1.6 \sim 2.5$，相应的 $p_{me} = 1000 \sim 1500kPa$；高增压，$\pi_k > 2.5$，相应的 $p_{me} > 1500kPa$。

四、增压的优、缺点

增压技术可以在保证输出功率 P_e 不变的情况下，使气缸数减少或者气缸直径减小，从而可以减小发动机的比质量和外形尺寸；提高热效率，降低燃油消耗率；减少排气污染和噪声；降低发动机的单位功率造价；对补偿高原功率损失十分有利。

增压技术用于发动机上的困难有：增压发动机的机械负荷和热负荷都较高；增压发动机很难满足车辆对转矩适应性及瞬变工况的要求；车用汽油机应用增压技术较困难；适用的小型涡轮增压器发展晚且效率偏低。

五、增压系统的分类

根据驱动增压器所用能量的来源不同，增压方式基本上可以分为四类。

1. 机械增压系统

增压器由发动机的曲轴通过机械传动系统直接驱动的称为机械增压器。增压器可用离心式压气机或罗茨式压气机等。进气压力为 $160 \sim 170kPa$。因为进气压力越高，机械效率越低，产生的噪声越大，燃油消耗率增加，所以机械增压器仅适用于小功率柴油机。

2. 废气涡轮增压系统

增压器与发动机无任何机械联系，压气机由内燃机废气驱动的涡轮来带动。在增压压力较高时，为了降低增压空气进入发动机气缸的温度，需要增设空气中间冷却器。该系统应用广泛，一般增压压力可达 $180 \sim 200kPa$，最高甚至达到 $300kPa$。

3. 复合增压系统

在某些发动机上废气涡轮增压与机械增压并用，这种增压系统称为复合式增压系统。这两种增压系统并用是为了保证二冲程柴油机在起动和低速、低负荷时仍有必要的扫气压力，大功率柴油机上应用较多。

另一种复合增压系统，多用于增压度较高的发动机，这种增压系统排气能量除用于驱动涡轮增压器外，尚有多余能量用于驱动低压动力涡轮，通过变速器，将多余能量回送给曲轴。

安装有复合式增压系统的发动机输出功率大，燃油消耗率低，噪声小，但结构复杂。

4. 气波增压系统

发动机曲轴驱动一个特殊的转子，在转子中高压废气直接与空气接触，利用高压废气的脉冲气波迫使空气压缩，提高进气压力。它比涡轮增压系统低速性能好，结构简单，加

工方便，对材料与工艺要求不高，加速性好，工况范围大，但尺寸大，比较笨重，噪声大。

上述四种增压方式的比较见表4-1。

表4-1 四种增压方式的比较

增压方式	机械增压	废气涡轮增压	复合增压	气波增压
结构特征	压气机的动力来源于发动机的曲轴，增压器为回转式、罗茨式、螺杆式及蜗旋式	发动机的排气驱动增压器的涡轮、带动压气机压缩空气	形式较多，主要是机械增压与涡轮增压相结合的方式	通过一个由曲轴驱动的轮转子，排气压力波在其中压缩进气
特点	1. 发动机转速变化直接使压气机流量变化，加速响应性好 2. 采用高速调节或脱开等控制技术，低速时可获得较好的转矩 3. 对排气系统无干扰，可用于空排气背压的特殊场合（如水下） 4. 发动机机械效率低，油耗高 5. 增压器泄漏多，噪声大，效率低	1. 不直接消耗发动机的功率，充分利用排气能量 2. 高速性能优越，低速性能差 3. 增压器结构紧凑，若用中冷器可进一步提高增压效果 4. 加速响应慢 5. 因排气充分膨胀故排气噪声低 6. 与排气后处理装置有冲突	1. 综合了机械增压和废气涡轮增压的优点，高速时用涡轮增压，起动时用机械增压，部分负荷机械增压贡献大 2. 有串联式和并联式两类 3. 起动性能好 4. 低速、低负荷时仍能保证一定的增压作用	1. 轮消耗发动机的功率小，一般仅占1%左右 2. 结构简单，制造方便且对动平衡要求不高 3. 适应性好，不会出现容积式压气机的异常现象 4. 低速转矩大 5. 起到EGR作用，利于降低排放 6. 综合效率低，质量及尺寸大，噪声大 7. 对进气和排气压力敏感
应用范围	增压度不高的发动机（汽油机为主）	增压压力可达0.4MPa，适用于单机功率大于35kW的场合	大型二冲程柴油机	概念型，增压压力较小

第二节 废气涡轮增压器的基本结构及原理

废气涡轮增压器按废气在涡轮机中的不同流动方向分为径流式和轴流式两大类。车辆用发动机多用径流式涡轮增压器，其结构如图4-1所示。

径流式增压器是由离心式压气机和径流式涡轮机两个主要部分以及支承装置、密封装置、冷却系统、润滑系统组成的。

一、离心式压气机

1. 离心式压气机的基本结构及气体流动

离心式压气机，一般由进气装置、工作轮、扩压器和出气蜗壳组成，如图4-2a所示。空气沿着进气装置进入，使气流均匀地流进工作轮，进气装置多采用收敛形轴向进气道，

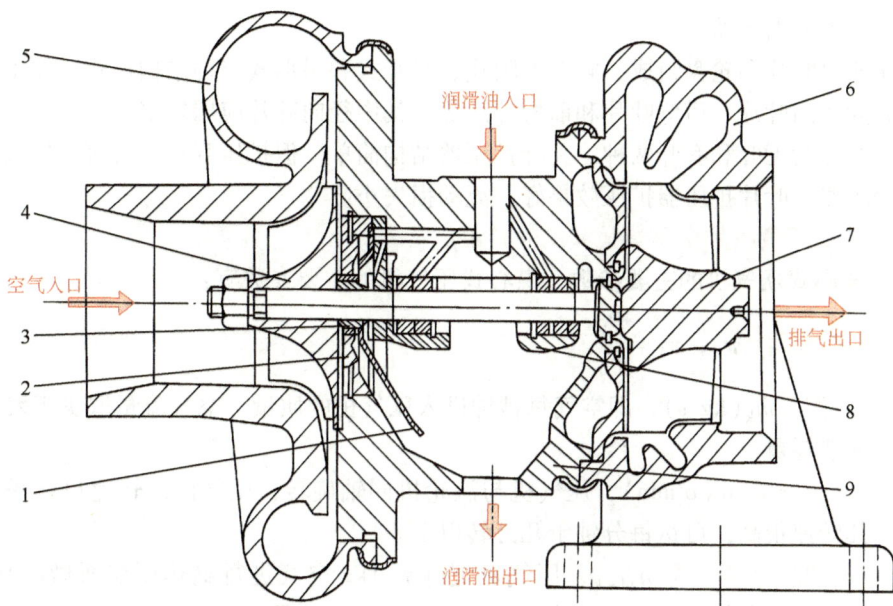

图 4-1 径流式涡轮增压器结构图

1—挡油盘 2—压气机端密封座 3—推力轴承 4—压气机叶轮 5—压气机蜗壳
6—涡轮蜗壳 7—涡轮叶轮 8—浮动轴承 9—中间壳体

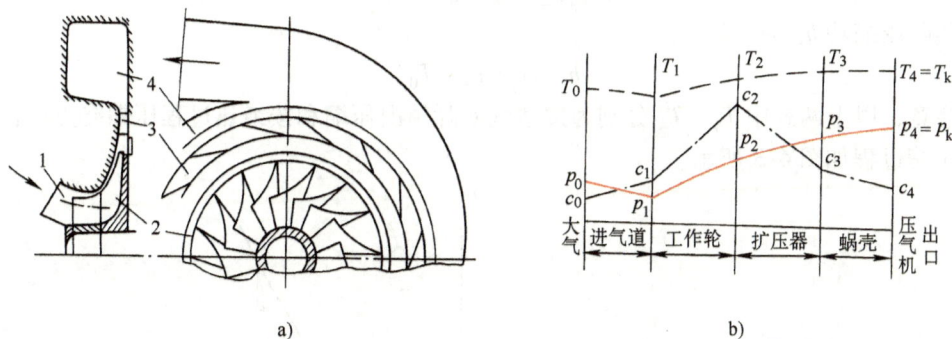

a)   b)

图 4-2 离心式压气机简图

1—进气道 2—工作轮 3—扩压器 4—出气蜗壳

气流速度略有增加，压能和温度略有下降。气流从工作轮中央流入叶片组成的通道，由于工作轮转动，气流在通道中受到离心力压缩并被甩到工作轮外缘，空气从旋转的工作轮得到能量，致使空气的流动速度、压力和温度都有所增加，尤其是流动速度增加较多。气流速度提高以后进入扩压器，扩压器是一个断面渐扩的通道，气流进入后速度降低，压力和温度都升高，气流将在工作轮中得到的动能在扩压器中转变为压力能。

出气蜗壳收集从扩压器流出的空气，并继续将动能转变为压力能。出气蜗壳分为等截面和变截面两种结构形式，变截面的气流损失小，但制造困难。等截面的流动损失较大，但制造容易。压气机中流动的空气的参数沿压气机通道的变化情况如图 4-2b 所示。

进气装置主要有两种形式，一种是轴向进气装置，另一种是径向进气装置。轴向进气

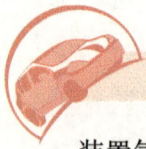

装置气流损失较小，多用于小型增压器。径向进气装置由于气流流向转变，流动损失较大，多用于大型增压器。

工作轮由叶片和轮盘组成，它有封闭式、半开式和星形式三种结构形式。按工作轮叶片形状分为径向叶片、后弯叶片和前弯叶片等，其中径向叶片应用较多。

扩压器分为无叶和有叶两种。无叶扩压器结构简单，但扩压度小，气流损失大，常用于小型增压器。叶片扩压器扩压效果好，流动损失小。

2. 离心式压气机的主要参数和工作特性

（1）离心式压气机的主要参数　离心式压气机的主要参数有：

1）**空气增压比** π_k，$\pi_k = \dfrac{P_k}{P_0}$。

2）**空气流量** $\dot{m}_k(kg/s)$，即空气每秒钟进入压气机的质量。空气流量取决于发动机所需要的空气消耗量。

3）**压气机转速** $n_k(r/min)$，压气机与涡轮机同轴旋转，压气机的转速也就是涡轮机的转速，其转速很高，可达每分钟十几万转以上。

4）**压气机的绝热效率** η_{ad-k}，压气机把外界 1kg 空气进行绝热压缩所做的功 h_{ad-k}（J/kg）与压缩 1kg 空气实际消耗的功 h_k（J/kg）之比为压缩机的绝热效率 η_{ad-k}，即

$$\eta_{ad-k} = \frac{h_{ad-k}}{h_k} \tag{4-3}$$

式中，h_{ad-k} 为绝热压缩功。

$$h_{ad-k} = c_p(T_{4'} - T_0)$$

实际压缩功 h_k 为

$$h_k = c_p(T_4 - T_0)$$

注意，以上两式中 T_4、$T_{4'}$ 分别为按空气实际情况压缩和按绝热过程压缩终点的温度；空气压缩过程如图 4-3 所示。

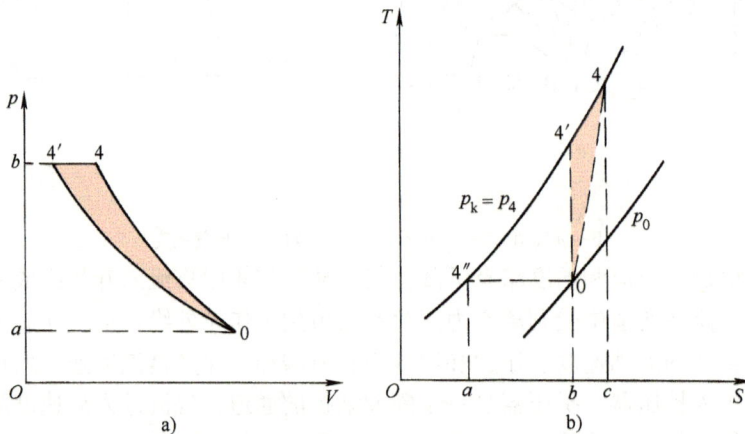

图 4-3　空气压缩过程
a）p—V 图　b）T—S 图

η_{ad-k} 表明了消耗于转动压气机的机械功中，有多少是有用的部分，即压气机流通部分的完善程度，$\eta_{ad-k} = 0.70 \sim 0.85$。

5）压气机功率。如果已知 1kg 空气的绝热压缩功为 h_{ad-k}（J/kg），空气的质量流量为 $\dot{m}_k$（kg/s），压缩机的绝热效率为 η_{ad-k}，则压缩机功率 P_k（W）为

$$P_k = \frac{\dot{m}_k h_{ad-k}}{\eta_{ad-k}} \tag{4-4}$$

（2）压气机的特性　压气机的特性是指压气机在不同转速下的压比、效率与空气流量之间的关系。

压比流量特性是由试验测得的，如图 4-4 所示。从特性曲线上可以看出，当空气流量 $\dot{m}_k$ 沿等转速线由大向小变化时，开始 π_k、η_{ad-k} 均有所增加，达最高点后下降。当 $\dot{m}_k$ 减小到某一值后，气流发生强烈脉动，压气机工作不稳，这种现象称为**喘振**。喘振现象是由于压气机工作轮叶片及扩压叶片局部区域气流发生周期性的严重分离现象所引起的。

图 4-4　离心式压气机的特性曲线

发动机喘振现象对增压器有很大的破坏作用，应设法避免。将各种转速下的喘振点连起来称为喘振线。喘振线左侧是非工作区。从等效率曲线看，中间偏喘振界限处是高效率区，越向外效率越低，大流量、低压比区效率下降很快。

当压缩机转速增加时，流量与压比均有所增加，但转速过高将受到材料机械应力及轴承工作可靠性的限制，最高转速只能在某个允许范围内。

增压器在某一转速下，当流量超过设计工况达到一定数值后，压气机的压比 π_k 和绝热效率 η_{ad-k} 急速降低，而流量却不再增加，这一现象称为压气机的堵塞。原因是通道中某一截面上的气流流速达到了当地音速（临界状态），从而限制了流量的增加。此时的流量称为堵塞流量，是该转速下的最大流量。人为规定当 $\eta_{ad-k} = 55\%$ 时，就认为出现了堵塞。

（3）通用特性　上述压气机特性中的参数都是在试验条件的大气状况下测得的。当外界条件变化时，这些参数、特性也要随着变化。压气机运转只有在吸气的进口条件适合于原来试验的大气条件时，这个特性才有实用价值。为了便于实用，常引进相对折合参数的概念，就是把试验测得的上述参数值换算成标准大气状况下的参数值。换算后质量流量称为折合流量，折合流量为

$$\dot{m}_{k-np} = \dot{m}_k \frac{101.3}{p_0} \sqrt{\frac{T_0}{293}} \tag{4-5}$$

折合转速为

$$n_{k-np} = n_k \sqrt{\frac{293}{T_0}} \tag{4-6}$$

式中，p_0 为试验时测得的大气压力（kPa）；T_0 为试验时测得的大气温度（K）。

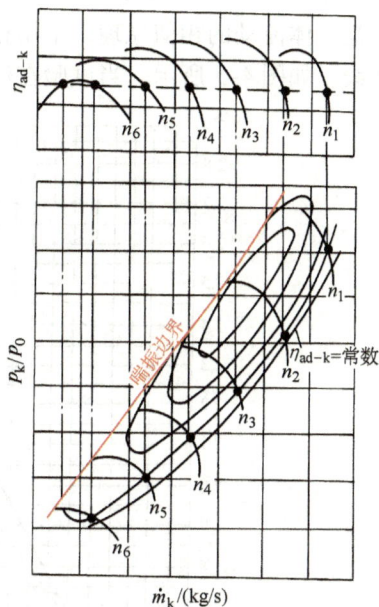

π_k、η_{ad-k}均为无量纲参数，不用折合。

根据气体流动的相似原理，采用相似参数绘制的压气机特性曲线，称为压气机的通用特性曲线，如图4-5所示。当试验在标准大气状态下进行时，折合参数与实际参数相同。

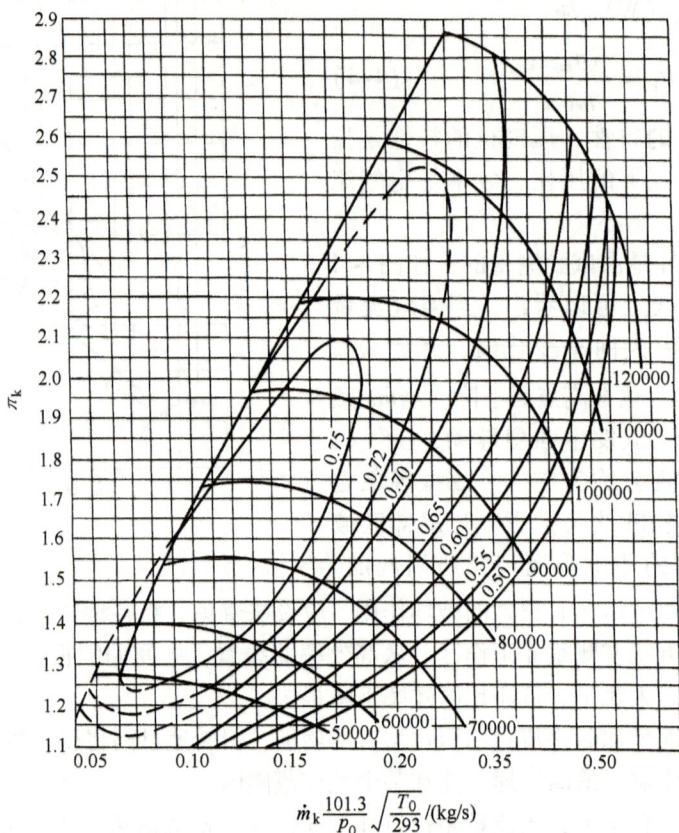

图4-5　压气机的通用特性曲线

二、径流式涡轮机

1. 径流式涡轮机的基本构造

涡轮机按燃气在通道内的流动方向，可分为径流式和轴流式两种。中、小型增压器多用径流式涡轮机。

涡轮机主要由进气蜗壳、喷嘴环、工作轮和出气道等组成，如图4-6所示。

一个喷嘴环和一个工作轮组成涡轮的一个级，废气涡轮增压器中常采用一个级的涡轮称为单级涡轮。

（1）喷嘴环　喷嘴环上装有许多导向叶片，构成渐缩形通道。废气从

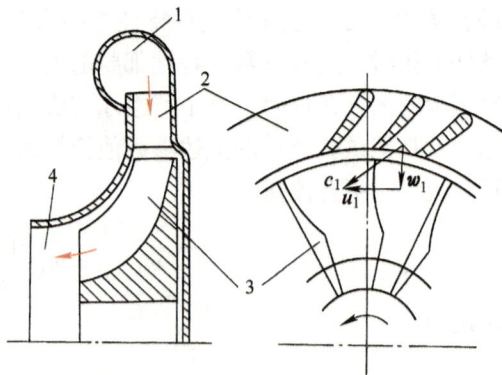

图4-6　径流式涡轮机简图

1—进气蜗壳　2—喷嘴环　3—工作轮　4—出气道

这里被引入工作轮。其材质采用耐高温、抗腐蚀的合金钢，可用铸、锻件机械加工或板材冲压成型。喷嘴环可以有整体式和装配式两种结构形式。

（2）工作轮　工作轮是把从喷嘴环出口喷出的高速废气的动能和压力能转变为机械功的场所。工作轮的叶片与轮盘做成一体，多采用精密铸造成型。叶片的叶型大都采用抛物线。其形式有半开式和星形两种。

（3）涡轮进气壳　涡轮进气壳的作用是把发动机与增压器连接起来，将废气经过整理引导到喷嘴环的方向，并按喷嘴环进口形状均匀地进入喷嘴环，以减少流动损失，充分利用废气能量。涡轮进气壳的流通截面按一定规律变化，表面要光洁。其结构可分为轴向、切向、径向三种进气形式，进口可为一个或多个。

（4）涡轮出气道　涡轮出气道是将已做功的废气引出增压器，它还起支架的作用，流道要求光洁、平滑，有的还带有冷却水套。

（5）涡轮轴　涡轮轴将涡轮工作轮和压气机工作轮连起来，起传递转矩的作用，工作轮与轴的连接方式有整体式和装配式两种。

2. 废气在涡轮中的流动

由发动机排气管排出的废气具有压力 p_T、温度 T_T、速度 c_T。废气以速度 c_T 进入喷嘴环，在喷嘴环中因断面是渐缩的，使部分压力能转变为气体的动能，压力降低到 p_1，温度下降到 T_1，流动速度增加到 c_1。废气从喷嘴环喷出，以相对速度 w_1 和一定角度进入工作轮，工作轮叶片间的通道也是呈渐缩形状的，气体在通道中继续膨胀，在工作轮出口处压力下降到 p_2，温度降低到 T_2，相对速度增加到 w_2，由于废气在喷嘴中膨胀得到的动能大部分传给了工作轮，所以绝对速度迅速下降到 c_2，$c_2 \ll c_1$。燃气离开工作轮时还具有一定的速度 c_2，也就是还有一部分动能未能在涡轮中得到利用，这部分动能损失称为余速损失。气流参数在涡轮中的变化如图4-7所示。

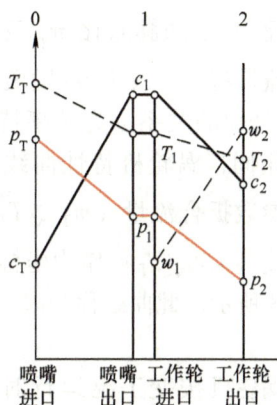

图4-7　涡轮机中气流参数的变化

3. 涡轮机特性

（1）涡轮机的主要参数

1）涡轮机膨胀比。涡轮机滞止参数是指在与外界没有热、功交换的情况下，气流速度被滞止到零时的气体参数，以 p_T^*、T^* 表示。因此，涡轮机的滞止参数包括涡轮机的滞止压力 p_T^* 和滞止温度 T_T^*。

涡轮机的膨胀比为

$$\pi_T = \frac{p_T^*}{p_0} \tag{4-7}$$

2）每秒钟废气流量 m_T（kg/s）。

3）转速 n_T（r/min）。涡轮机转速与压气机转速相同，即 $n_T = n_k$。

4）涡轮机效率 η_T。涡轮机效率是表示涡轮机将废气的能量转换为机械功的有效程度。

$$\eta_T = \frac{W_T}{H_T} \tag{4-8}$$

式中，H_T 为 1kg 废气所具有的能量，可以用焓降表示。这里表示 1kg 废气在涡轮机入口处具有的状态内能的总和；W_T 为涡轮机轴上的有用功（J/kg）。

5）废气涡轮增压器总效率 η_{TK}

$$\eta_{TK} = \eta_{ad-k} \eta_T \eta_m \tag{4-9}$$

式中，η_m 为涡轮机的机械效率，即可供压气机使用的有效功与涡轮周功之比；η_{ad-k} 为压气机绝热效率。

6）涡轮机发出的功率 P_T（W）

$$P_T = \dot{m}_T H_T \eta_T \eta_m \tag{4-10}$$

（2）涡轮机的流通特性 涡轮机的流通特性是指其膨胀比 π_T、流量 $\dot{m}_T$、转速 n_T、效率 η_T 之间的关系。一般把流量 $\dot{m}_T$ 随膨胀比 π_T 变化的关系称为流通特性。效率 η_T 随流量 $\dot{m}_T$、转速 n_T 变化的关系称为效率特性。与压气机相同，涡轮机特性曲线也可以用相似参数折合流量（$m_T \sqrt{T_T}/p_T$），折合转速（$n_T/\sqrt{T_T}$）作为坐标绘制，如图 4-8 所示。此曲线称为**涡轮机通用特性曲线**。

涡轮机按变工况运行时，燃气在涡轮中流动，随膨胀比增大，流量也增大，当膨胀比增加到某一临界值时，流量达到最大值，不再增加，这种现象称为阻塞现象。由于涡轮机工作范围比压气机大得多，一种涡轮机可与多种不同的压气机匹配。

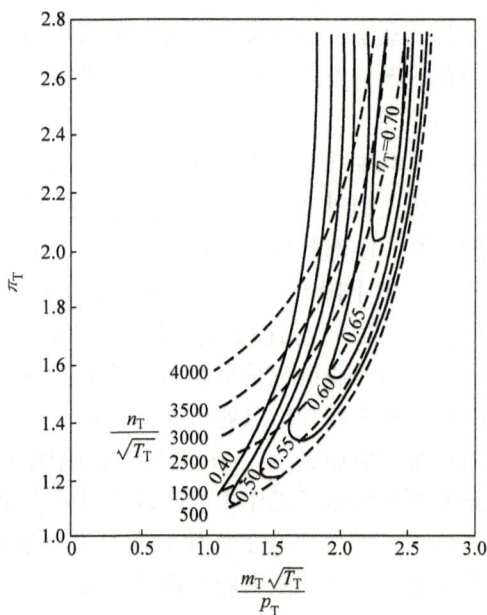

图 4-8 涡轮机的通用特性曲线

第三节 废气能量的利用

从热力学的观点出发，自然吸气活塞式发动机因其间断燃烧而能从高温热源吸热，因而其热效率较高，但它不能做到完全膨胀，而涡轮机却可以做到，由于材料热应力的限制，其燃气进口温度不能太高。这种涡轮机适应的转速高，因而单位功率体积和质量较小。把两者结合起来，可以充分利用废气能量，使发动机的功率大幅度提高，而其质量、体积的增加是极有限的。

四冲程废气涡轮增压柴油机的理论示功图如图 4-9 所示。柴油机的理论示功图面积为 $a-c-z'-z-b-a$。进气过程 $3-a$（进气压力为 p_k），排气过程 $b-5-4$（排气压力 p_T）。

泵气功 $3-a-5-4-3$，为正功，这是因为增压发动机的进气压力高于排气压力，即 $p_k > p_T$，得到正的泵气功，所以它成为增压内燃机的理论功的一部分。面积 $2-0-a-3-2$ 为压缩进入内燃机气缸空气所需要的能量。$i-g'-3-2-i$ 为压缩扫气空气所需的能量，故压缩机所消耗的总能量为面积 $i-g'-a-0-i$。在废气涡轮增压内燃机中，压气机由涡轮机驱动，与内燃机无任何机械联系，因此压气机消耗的功率 P_k 应与涡轮机发出的功率 P_T 相等，要分析能量的利用情况，必须认真研究发动机可供涡轮机利用的废气能力有多少。

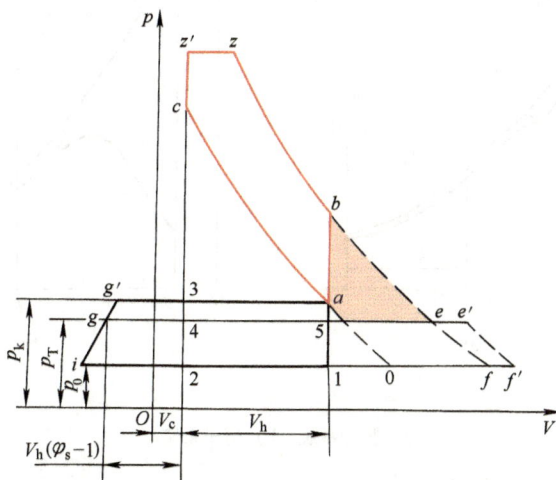

图 4-9 四冲程增压柴油机的理论示功图

废气能量利用的基本形式有两种，一种为恒压增压系统，另一种为脉冲增压系统。

1. 恒压增压系统

恒压增压系统的结构特点是有一根尺寸较大的排气总管，所有气缸的排气均流入总管。由于总管尺寸大，同时各缸排气相互交替补充，使排气管内压力波动很小，进入涡轮机前的压力基本稳定，如图 4-10b 所示。从图 4-9 中可以看到，内燃机排气门开启时，气缸中燃气为 b 点状态，若燃气在理想涡轮机中完全膨胀到大气压力 p_0 时，涡轮机可能从废气中获得的最大能量为面积 $b-f-1-b$。可是在恒压增压系统中因为排气管容积大，排气门开启时，气缸压力 p_1 与排气管压力 p_T 相差较大，燃气经排气门座节流和在排气管中自由膨胀产生较大的涡流与摩擦损失。图 4-9 中面积 $b-e-5-b$ 即为排气压力从 p_b 膨胀到 p_T 所消耗的能量 E_1，它转变为热量加热废气，使实际进入涡轮机的废气由状态 e 变到状态 e'。在涡轮机内沿 $e'-f'$ 线膨胀到 p_0，面积 $2-4-e'-f'-2$ 表示废气在恒压涡轮机内的膨胀功，用 E_2 表示，称为静压能量。涡轮机做功的能量来源，由三部分组成：①活塞推出废气所做功为面积 $2-4-5-1-2$；②废气中可用能量为面积 $1-5-e-f-1$；③扫气空气给予的能量为面积 $i-g'-3-2-i$，因此在恒压增压系统中面积 $5-b-e-5$ 的可用能损失掉了。如果增压压力较高，则涡轮机内可用的废气能量增多。

2. 脉冲增压系统

为了尽可能地利用在恒压增压系统中损失掉的能量 E_1，便出现了脉冲增压系统。这种系统的特点是尽可能地将气缸中的废气直接而迅速地送到涡轮机中去。为此，涡轮机靠近气缸，排气管短而细，并且为了减少各缸排气相互干涉，用几根排气支管将相邻发火的

气缸排气隔开。排气管中的压力 p_T 在气缸排气不久，便可迅速升高并接近缸内压力 p_1，随着气体流入涡轮，又迅速下降，直到下一缸排气使压力重复上述情况，形成周期性脉动压力，如图 4-10a 所示。

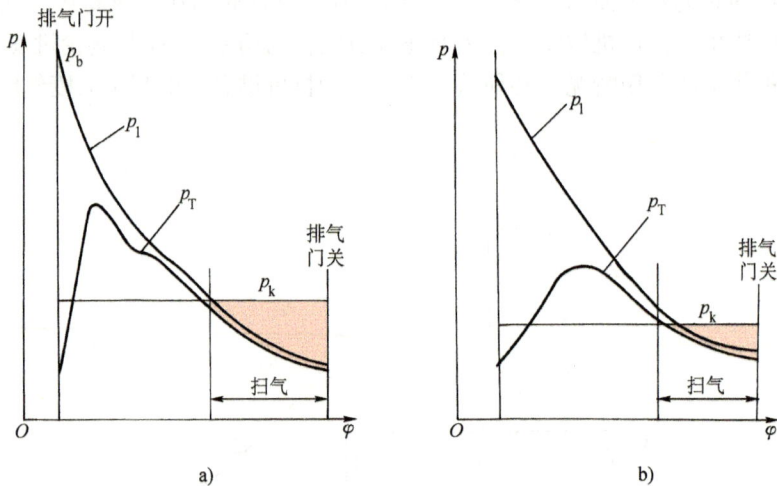

图 4-10　涡轮增压柴油机的排气压力曲线
a）脉冲系统　b）恒压系统

在刚排气时，节流损失也很大，但由于排气管中的压力 p_T 迅速增加到 p_1，这样总的节流损失大大减小，于是脉冲能量 E_1 的 40% ~ 50% 可以得到利用。废气沿 $b-e-f$ 线膨胀。与恒压系统相比，在增压度较低的情况下，当 p_T 相同时，脉冲系统涡轮机功率将比恒压系统大 30%。

3. 恒压与脉冲两种增压系统的比较

1）由于脉冲系统部分利用了废气脉冲能量 E_1，所以系统的可用能量比恒压系统大。特别是在低增压时，采用脉冲系统增压效果比较明显。

2）脉冲增压系统扫气效果好，因为脉冲系统在扫气时废气压力 p_T 正处于低谷，$(p_k - p_T)$ 大于恒压系统的 $(p_k - p_T)$。

3）脉冲系统的加速性能好，因为其排气系统容积小，当发动机负荷改变时，排气压力波动立刻发生变化，并迅速传到涡轮机，引起涡轮机转速的变化。另外，发动机转速降低时，脉冲系统可用能量比恒压系统大，所以有利于发动机转矩特性的改善。

4）脉冲系统的绝热效率较低，这是因为该系统有较大的流动损失、撞击损失和部分进气损失。

5）脉冲系统的涡轮尺寸大，这是因为脉冲系统流量是脉动的，最大瞬时流量比恒压系统大。排气歧管结构复杂，受每根排气管连接气缸数的限制，在一台柴油机上可能用几个废气涡轮增压器。

4. 增压系统的选择

增压系统的选择原则是：低增压时选择脉冲系统，高增压时选用恒压系统。车用发动机均选用脉冲增压系统，这是因为车用发动机大部分时间在部分负荷下工作，对转矩特性和加速性能等要求较高的缘故。

第四节　发动机增压新技术概述

由于增压技术的发展，发动机增压系统也采用不少新的增压技术，如双增压器顺序增压、可变进气道增压器、可变喷嘴环增压器、可变喷嘴大小涡轮增压器、可变涡轮喉口截面增压器、进气回流增压器、斜流涡轮增压器及电动增压器等。

（1）双增压器顺序增压　由两台增压器组成。满负荷时两台增压器均投入工作，再采用一套气流控制装置，以便随着发动机转速的降低，切断一台增压器，以使涡轮总流通面积减小，从而增加了涡轮膨胀比和压气机的压比，使得发动机低速性能和响应性能得到明显改善。

（2）可变进气道增压器　发动机低速时使用一个进气通道；高速时，使用两个进气道，可以改善发动机的过渡过程。

（3）可变喷嘴环增压器　通过调整蜗壳与涡轮叶片之间的喷嘴环角度来调整涡轮流通截面积。低速时，喷嘴角度较小，流通截面小；高速时，喷嘴角度大，流通截面能保证涡轮获取足够能量以满足压气机的需要。

（4）可变喷嘴大小涡轮增压器　通过活阀改变喷嘴的面积，从而改变不同转速的增压压力。

（5）可变涡轮喉口截面增压器　在废气能量不变的情况下改变进入涡轮气体的状态参数，进而改变从废气中获取能量的大小。发动机低速时，小的喉口截面，使涡轮中的废气加速，涡轮加速，压气机中空气压力增加，满足了低速小负荷运行需要。高速时，喉口截面大，排气背压低，涡轮效率提高。

（6）进气回流增压器　这种增压器可避免压气机出现喘振而损坏增压器。当进气管压力低于某一值时，装在压气机进口的回流阀被顶开，压气机出口的空气通过回流阀和回流通道进入压气机进口，以增加通过压气机的空气流量。

（7）斜流涡轮增压器　由于斜流涡轮外径减小，其转动惯量小。对于高膨胀比的涡轮，其流量大，高增压比时效率提高；但小流量，低增压比时效率较差。

（8）电动增压器　转速和增压压力都由电控单元根据发动机工况来控制，压气机不受废气能量的影响。

第五节　涡轮增压器与柴油机的匹配

一、柴油机选配涡轮增压器的要求

为柴油机选配涡轮增压器时，一般应满足下列要求：

1）柴油机应能达到预定的动力性和经济性指标，涡轮增压器应能供给柴油机所需的增压压力和空气流量。

2）涡轮增压器应能在柴油机的各种工况下稳定工作，压气机不应出现喘振现象，涡轮机不出现堵塞现象。

3）涡轮增压器在柴油机的各种工况下都能高效率地运行。柴油机和涡轮增压器的联

合运行线应穿过压气机的高效率区，且尽可能和压气机的等效率曲线相平行。

4）涡轮增压柴油机在各种工况下都能可靠地工作。如涡轮增压器在柴油机满负荷时不出现超速，柴油机不出现排气超温，从而保证涡轮进气不超温等。部分负荷工况性能良好；高负荷时发动机不超出冒烟极限，经济性好。

5）对于车用发动机还要求发动机外特性具有足够的转矩储备、很好的瞬态响应性能。

要满足上述要求，必须选择合适的涡轮增压器，使涡轮增压器与柴油机有良好的配合性能。在涡轮增压器和柴油机匹配时，一般要对柴油机和涡轮增压器的某些参数进行必要的调整，才能获得良好的配合。改变柴油机的某些参数可以使联合运行线的位置发生变动；改变涡轮增压器的某些参数（如喷嘴环截面积、压气机叶片、扩压器叶片安装角等）也可以使联合运行线和喘振线位置发生移动。

二、离心式压气机特性线的调整方法

为了使涡轮增压器和柴油机良好匹配，往往需要对压气机特性线进行调整。

1. 流量范围的选择

每个型号的涡轮增压器的压气机都有其使用的流量范围。压气机的流量范围通常是指从喘振线至某一等效率曲线（例如 $\eta_{ad-k} = 0.70$）或堵塞线所包括的区域，如图4-11所示，图中型号 I 的压气机流量比型号 II 的要小，当某柴油机与型号 II 涡轮增压器配合时，配合运行线 AB 穿过压气机的喘振线，说明型号 II 涡轮增压器的流量对柴油机是偏大的。这时可采用的解决方法是调整压气机的某些结构参数或另选涡轮增压器。

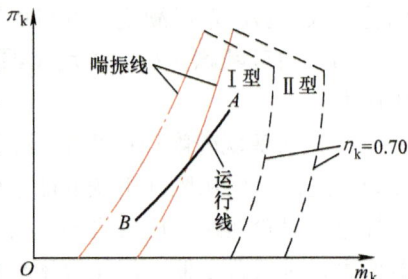

图4-11　涡轮增压器的工作范围

2. 移动喘振线位置

喘振主要是由叶片扩压器引起的，所以改变叶片扩压器的结构参数，就可以达到移动喘振线位置的目的。具体办法是：

1）改进叶片扩压器进口构造角。

2）改变叶片的宽度。

3）控制压气机的堵塞。

此方法是适当增加叶片扩压器喉口面积，增加压气机的堵塞流量，从而扩大了压气机工作的流量范围。

三、增压发动机在结构上的变动

增压度很高的发动机，其结构变动很大，甚至需要重新设计。此时，机体、缸盖等主要零件需要加强，活塞采用油冷，供油、配气、冷却、润滑等系统也需重新考虑。

如果增压度比较低，它的基本结构可以与非增压机型同属一个系列，不过为了适应增压后功率增长的要求，降低其机械负荷、热负荷，仍需对发动机做必要的改动。

1. 增大供油量，调整供油系统

增大循环供油量，但必须保证不增加供油持续角。否则燃烧过程拉长，经济性变差，排气温度升高，热负荷增加。

缩短供油持续角的方法有：增大柱塞直径，凸轮廓线变陡以提高供油速率，加大喷油器喷孔直径。提高喷射压力和加大喷孔直径可增加油雾的贯穿能力，保证在气缸空气密度增大的情况下有足够的射程，适应油束、气流及燃烧室尺寸之间配合的需要。因增压后的内燃机热负荷高，喷油器的材料应改用耐热性较高的材料。为减小最高爆发压力，应适当减小供油提前角。过多减小供油提前角会导致过后燃烧严重，使燃油消耗率增加和涡轮工作条件变坏。

2. 改变配气相位

改变配气相位的方法有：

1）合理地加大气门重叠角，以增加扫气空气，冷却受热零件，降低热负荷，提高充气效率，改善涡轮的工作条件。另外还要考虑低负荷排气倒流的可能性，因为，此时增压器效率降低，p_T 可能高于 p_k，引起废气倒流。脉冲增压系统重叠角一般较大，在 110°～130°（CA）之间，随着 p_k 的提高，特别是高速机，重叠角取得小一些，以防止低速低负荷时倒气。试验表明重叠角每增加 10°（CA），活塞温度可降低 4℃。

2）为使充气效率提高，可增大进、排气门的升程，为避免气门碰撞活塞，活塞顶部可挖凹坑。

3）改进气门和气门座的结构和材质，以提高其耐磨性。

3. 减小压缩比，增大过量空气系数

1）为了降低最高爆发压力，压缩比可适当降低。低增压时，压缩比可减少 1～2 个单位。增压度提高，压缩比可多降低一些。压缩比过低是不合适的，它不仅使燃烧恶化，还会使起动性能变差。

2）增加过量空气系数，其目的在于降低热负荷和改善经济性。低、中速柴油机由于非增压时过量空气系数一般在 1.8～2.2 之间，已经较大，增压时过量空气系数不再增加。高速柴油机通常过量空气系数较小，在 1.1～1.4 之间，增压后要放大 10%～30%。

4. 进、排气系统

脉冲系统中，为了使扫气期间各缸排气不致互相干扰，排气管必须分支。分支的原则是一根排气管所连各缸排气必须不相重叠。四冲程发动机一根排气管所连接气缸数目一般不超过三个，三个气缸的排气期必须合理岔开。如六缸发动机发火次序为 1—5—3—6—2—4，可使 1、2、3 缸及 4、5、6 缸各连一根排气支管。由于排气管热负荷高，常发生裂纹，因此采用耐热铸铁制造，大功率柴油机排气管上常采用膨胀节或波纹管。

另外，进气管容积应大一些，以减少进气压力波动，从而提高压气机效率和柴油机的性能。空气滤清器也应选得大些。

5. 冷却增压空气

增压空气冷却，一方面可提高进入气缸的空气密度，提高功率，同时也降低了热负荷和排气温度。试验表明，增压空气温度每降低 10℃，柴油机的循环平均温度可降低 25～30℃，在增压比为 1.5～2 时，供气量能比不用中冷器时提高 10%～18%，发动机的动力性和经济性都会得到改善。冷却增压空气的方法有水冷和空气冷却两种。

6. 增压技术应用实例

将 6135G 型柴油机改造为增压型 6135ZG，其性能及结构参数见表 4-2，其性能对比如图 4-12 所示。

表 4-2　6135G 型与 6135ZG 型柴油机性能及结构比较

项　　目	6135G 型 12h 功率	6135ZG 型 12h 功率	12h 功率时变化值
功率 P_e/kW	88.3	140	59%
转速 n/(r/min)	1500	1500	
平均有效压力 p_{me}/MPa	0.588	0.931	58.3%
燃油消耗率 b_e/[g/(kW·h)]	234	224	-4.3%
空气消耗量/(kg/s)	0.154	0.26	69%
最高爆发压力/bar	74.5	86.6	16%
机械效率	0.78	0.87	11.6%
过量空气系数 α	1.76	1.80	2.3%
油泵柱塞直径/mm	$\phi 9$	$\phi 10$	
喷油压力/bar	176	186	
喷油提前角/(°)CA	28 ~ 31	26 ~ 29	
喷嘴材质	Cr15	18NiCrWA	
气门重叠角/(°)CA	40	124	
气门升程/mm	14.5	16	
压缩比	16	14	
排气门座材质	铜铬钼镍合金铸铁	铜铬钼镍合金铸铁	
硬度	240 ~ 320HBS	300 ~ 320HBS	
锥角/(°)	45	45	
进气阀材料	40Cr	4Cr10Si2Mo	
硬度	29 ~ 32HRC	29 ~ 35HRC	
锥角/(°)	45	30	
排气管	不分支	分支	
进气管		加粗	

注：$1 bar = 10^5 Pa$。

四、增压发动机性能

增压发动机具有升功率高，油耗率低，排污较少等优点。从车辆应用角度来讲，对增压发动机在不同运行工况的整机性能还需做进一步分析。

1. 低速转矩特性变化

涡轮增压柴油机的低速转矩性能差，原因是低速时，增压压力 p_k 不高，致使循环供气量不足；增压后柴油机最大转矩下的转速比非增压时要高；增压柴油机转矩储备小，这是因为高速、高负荷区的废气能量过高，或压气机提供空气过多所致；采用高速、高负荷

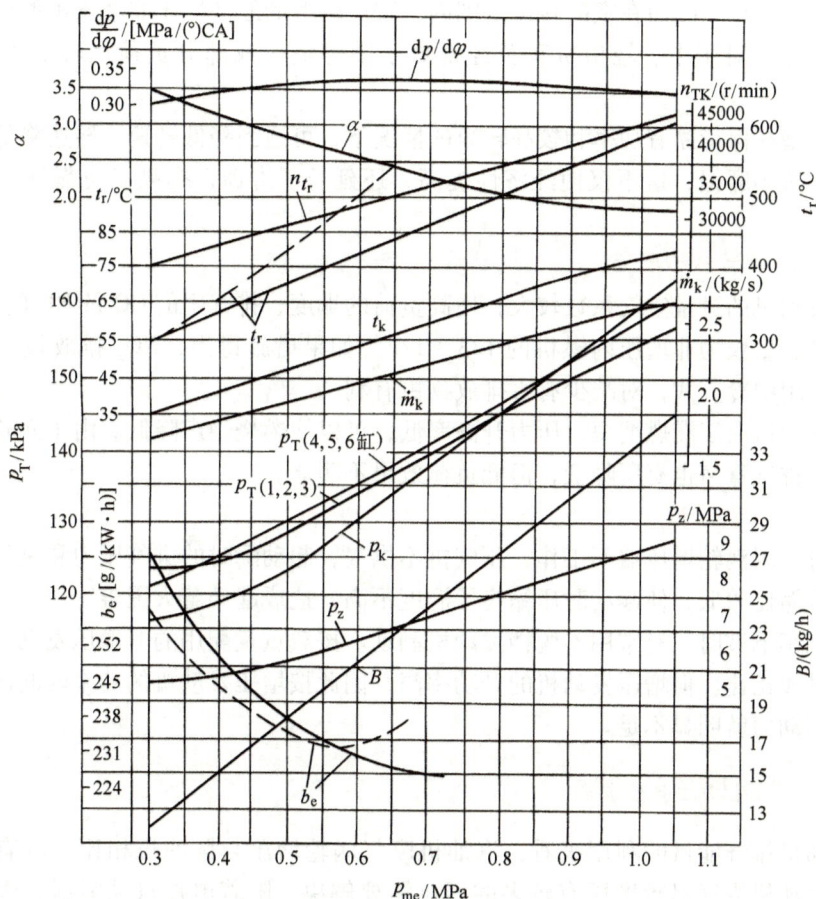

图 4-12　6135ZG 型与 6135G 型性能对比

时放掉废气或压缩后的空气，可以改善低速性能。

柴油机采用脉冲增压，可以充分利用低速时的脉冲能量，使增压器与柴油机在较低转速下实现最佳配合。

2. 加速性能变差

增压器自身的惯性，使其对发动机突变负荷的响应能力变差，因而其加速性能变差。为解决这一问题，可采取下列措施：采用脉冲增压；减小进、排气管道容积；采用放气调节或可变喷嘴；减小增压器的转动惯量；减小柴油机的进、排气门重叠角。

3. 改善经济性

增压使发动机指示功率和有效功率均有所提高，也就是提高了机械效率，自然可以明显改善高负荷区运行的经济性。

增压不仅使功率范围增大，而且高负荷的经济运行范围也扩大了。在低负荷区，增压对经济性没有明显改善。增压发动机这一特点，对于经常满负荷高速运转的重型汽车十分有利。

对同一功率的增压与非增压发动机相比较，采用增压可以减少发动机排量，使同一功

率的机械损失减小，因而在宽的转速范围内，增压机型的经济性比非增压机型好。增压机型的这一特点，对于中、轻型货车及经常处于中等负荷或部分负荷运转的汽车也是有利的。

增压机型在保持原有功率和较高转矩的情况下，可适当降低转速，转速降低可使机械效率提高并减小磨损，这不仅使经济性提高，还延长了寿命，提高了可靠性，降低维护费用。

4. 降低排气污染和噪声

增压发动机的过量空气系数较大，使高负荷的烟度、排气中的 CO 及 HC 的成分减少。有害成分排放量仅为非增压内燃机的 $1/3 \sim 1/2$。如果措施得当，NO_x 排放量也会明显降低。尤其采用中冷方式，对减少有害排放物更有利。

增压发动机由于滞燃期短，压力升高率低，可以使燃烧噪声降低。由于涡轮增压器的设置，进、排气噪声也有所降低，但低负荷效果不明显。

5. 起动、制动困难

起动时，因涡轮增压器不工作，压气机不供气，起动瞬时的进气压力和进气温度均不高，加上压缩比较低，使起动时压缩终了温度不高，造成起动着火困难。

重型汽车下坡时，经常用不脱档发动机制动。按载重量配用的非增压发动机其制动力与气缸排量成正比。但增压发动机的升功率高，因此按增压发动机的功率匹配的载重汽车发动机的制动力就明显不足。

五、汽油机增压的困难

从发动机排气能量的利用来看，汽油机废气涡轮增压与柴油机相比，没有本质的区别，但是汽油机废气涡轮增压有较多的困难需要解决。随着电控汽油喷射、陶瓷涡轮转子、可变截面涡轮增压器等新技术的不断出现，汽油机增压技术也得到迅速发展。限制汽油机增压的主要技术障碍是爆燃、混合气的控制和增压器的特殊要求。

1. 爆燃

汽油机增压后，可燃混合气进气终点的温度 T_a、压力 p_a 增高，燃烧室热区零件热负荷提高，致使爆燃加剧。为此必须采取相应的措施，如降低压缩比、进气中冷以及推迟点火时刻，但这又会造成热效率下降、排温升高、增加成本等问题。正因如此，汽油机的增压比一般不超过 2，功率增加最大幅度为 40% ~ 50%，经济性没有明显改善。

2. 增压器的特殊要求

汽油机增压比小、流量范围广、热负荷高、最高转速高且变化范围大，这就要求设置增压调节装置，使得汽油机的增压器比柴油机的成本高不少。

3. 热负荷

汽油机燃烧温度高，膨胀比小，过量空气系数小，排气温度高，增压更加重了整机的热负荷。为减少扫气用的可燃混合气的损失，又不得不减少进、排气门的重叠角，致使汽油机的排气门、活塞、涡轮的热负荷均高于柴油机。

第六节　工程应用实例（文摘）

发动机制造厂要及时满足市场对已有产品功率提高的要求，捷径是对老产品进行挖潜改造，其主要方法有增加气缸排量（扩缸、加长行程）、增速和提高平均有效压力。提高平均有效压力的最有效措施是采用废气涡轮增压技术。车用柴油机增压技术已较为成熟，其优点在于可大幅度提高功率、改善经济性、降低排放和噪声。

北内集团总公司在原有产品 493Q 型柴油机的基础上采用增压技术，研制并投产了 493ZQ 型柴油机，使柴油机的功率由 51.5kW/3600r/min 增加到 70kW/3600r/min，满足市场对 2.5~3t 级载重货车用 70~77kW 柴油机的需求。

此处对文章进行摘选，其目的在于让读者初步掌握增压变型设计的基本方法，提高工程实践的能力。

文摘一　493ZQ 型增压柴油机增压系统的设计及试验

林周先

（北内集团总公司研究所）

一、设计根据

1. 市场需求与设计参数

市场需要 3t 级轻型载重车用 70kW 左右的柴油机，工厂对 493Q 型柴油机进行增压变型设计，研制与 493Q 型柴油机共线生产的 493ZQ 型增压柴油机。其设计参数见表 4-3。

表 4-3　493ZQ 型与 493Q 型柴油机主要结构参数与性能指标

机型 参数、指标	493ZQ	493Q	提高幅度
$(D \times S)/(mm \times mm)$	93×102	93×102	
$(P_e/n)/[kW/(r/min)]$	70/3600	51.5/3600	36%
$(T_{tq}/n)/[N \cdot m/(r/min)]$	205.8/2300	165/2000	24.7%
$b_e/[g/(kW \cdot h)]$	224.4	231.2	-3%
$m_e/(kg/kW)$	3.57	3.65	-2%

2. 493ZQ 型柴油机的基本特点

1）高速性好。$c_m = 12.24 m/s$。

2）高转矩。$T_{tqmax} > 205.8 N \cdot m/(2300r/min)$。

二、增压系统的确定及排气管内脉冲能量的计算

1. 增压系统的确定

众所周知，车用发动机采用脉冲废气涡轮增压系统，具有废气能量利用得好，加速性能好的特点。车用发动机在低速大转矩工况时，为克服瞬时超载的要求，匹配点应选在最

大转矩点并兼顾标定点。选择增压器首先要求压气机效率高，且高效率区宽广，采用前倾后弯式短叶片，用不带喷嘴环的蜗壳结构，以适应变工况的需要；为满足汽车的加速性，增压器转子应尽量小，以取得较小的转动惯量；为保证压比和流量，增压器转子转速要高。考虑上述诸项要求选用 J50 - 3 增压器。

2. 排气管内废气能量的计算

需计算的参数包括排气门开启相对瞬时压力系数 ϕ_P、排气门开启规律影响系数 ϕ_A、气缸排空率 ϕ_0、排气管截面积影响系数 ϕ_B、排气管长度影响系数 ϕ_L、涡轮流通特性系数 ϕ_T。经计算 $\phi_P = 6$（推荐值 $\phi_P = 4 \sim 6$）；在标定转速 3600r/min 时，$\phi_0 = 8.73$；在最大转矩下，转速 $n = 2300$r/min 时，$\phi_0 = 13.67$（推荐值 $\phi_0 > 12$），$\phi_B = 2$（推荐值 $\phi_B = 1.1 \sim 1.3$），$\phi_L = 12.48$（推荐值 $\phi_L = 30 \sim 50$，越短越有利于废气能量的利用），$\phi_T = 7.2$（推荐值 $\phi_T = 11 \sim 13S$，式中 S 为支管数）。计算证明，493ZQ 型柴油机较好地利用了排气管内的废气能量。

三、涡轮增压器的选择

涡轮增压器选型的根据是发动机所需空气流量和压比。493ZQ 型柴油机是小型高速车用发动机，应选用小型高速双内支承径流式增压器。径流式增压器在小流量即发动机最大转矩时，具有较高效率且转子直径小（仅 50mm），具有较好的加速性，无叶扩压器和无喷嘴环蜗壳适于变工况运行，匹配点位于压气机的高效率区，为提高涡轮增压器和柴油机的安全运行，设计时采用了放气装置，放气压力为 183kPa。

图 4-13 说明 J50 - 3 涡轮增压器能与 493ZQ 型柴油机良好匹配。

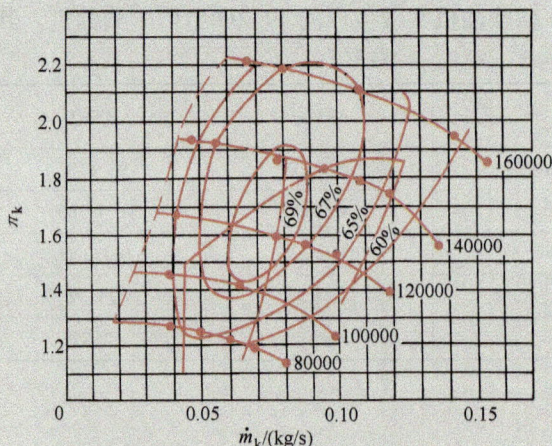

图 4-13　J50 - 3 涡轮增压器特性线与 493ZQ 型柴油机联合运行线

四、进、排气管的设计

1. 排气管的设计

若把排气管的作用看成是一个具有一定容积的流入与排空过程，排气管中压力波的形

状和反射时间就取决于排气管的容积、长度、截面积和涡轮流通截面。因此排气管的设计主要是对上述结构参数的确定。

2. 进气管的设计

设计原则是为改善扫气效果，进气管压力应力求稳定，减小波动，在结构允许的情况下，容积应尽量大，管道内壁应光滑，转弯圆滑。

五、试验及结论

根据上述设计、制造的样机进行了600h可靠性试验和全套性能试验。外特性曲线如图4-14所示。通过多台样机试验证明，设计是成功的，并已小批投产。

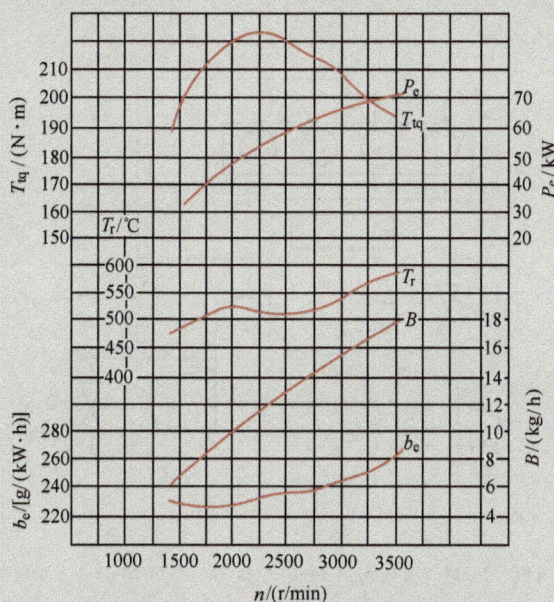

图4-14 493ZQ型柴油机外特性曲线

（本文整理自《北京汽车》1995年04期）

文摘二　两级涡轮增压对轻型柴油机性能影响的试验研究

郑尊清　尧命发（天津大学内燃机燃烧学国家重点实验室）

赵令猛　刘潜（广西玉柴机器股份有限公司）

废气涡轮增压是现代内燃机的一项关键技术，在提高发动机的动力性、经济性和改善排放方面发挥着重要作用。但是常规涡轮增压器与发动机匹配时存在诸多缺陷，如不能兼顾发动机高速和低速工况，低速转矩不足、低速和部分负荷时经济性差，起动、加速性能差，瞬态响应性迟缓和冒烟严重等，对于转速和负荷范围要求都比较宽广的车用发动机而言，这些缺陷尤为突出。

为了克服常规涡轮增压器存在的缺陷，进一步提高发动机的性能和降低有害排放，提出了多种解决方案，包括高速工况放气系统、低速工况进排气旁通系统、电动放气涡轮增压系统、气体喷射辅助涡轮增压系统、可变几何涡轮增压系统和两级涡轮增压系统等，其

中两级涡轮增压系统是未来的一个重要发展方向。

两级涡轮增压系统通过两个涡轮增压器的选型匹配、连接管路设计和相应控制，实现与发动机在更大工况范围内的良好匹配。本研究针对一款轻型柴油机进行了两级增压系统设计，初步研究了两级涡轮增压系统对发动机性能和排放的影响。

一、试验装置与研究方法

本研究是在一台排量为 2.7L 的电控共轨轻型柴油机上进行的，发动机形式为直列 4 缸，压缩比为 17.5∶1，燃烧室为直喷式，增压中冷进气，标定功率为 85kW（3200r/min），最大转矩为300N·m（≤2200r/min）。图4-15 所示为发动机两级涡轮增压系统示意图。

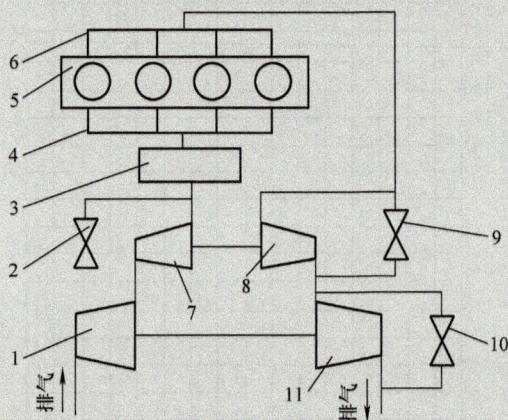

图 4-15　两级涡轮增压系统示意图
1—低压级压气机　2—进气旁通阀　3—中冷器　4—进气管　5—发动机　6—排气管
7—高压级压气机　8—高压级涡轮　9—废气旁通阀　10—放气阀　11—低压级涡轮

在本研究所设计的两级增压系统中，废气旁通阀和进气旁通阀是两个重要的控制原件。在废气旁通阀全关的情况下，排气将依次通过高压级涡轮和低压级涡轮，随废气旁通阀开度的增大，流经高压级涡轮的废气量减少，更多的废气将直接流向低压级涡轮，因此调节废气旁通阀将直接影响到两个增压器的工作。进气旁通阀关闭的情况下，新鲜空气依次经过低压级压气机和高压级压气机，通过打开该阀门，可以使空气绕过高压级压气机，在一些工况下能够减小进气阻力。

本研究首先对两级涡轮增压系统进行了高压级增压器的选配，在此基础上研究不同转速、负荷工况下进气旁通阀和废气旁通阀的开度对发动机性能的影响，基于经济性最优原则得到进气旁通阀和废气旁通阀在全工况下的控制 MAP（进气歧管绝对压力），研究经济性优化情况下的发动机性能。

本研究中废气旁通阀的开度用角度值表示，0°代表废气旁通阀全关，90°代表阀门全开。进气旁通阀的开度采用三种状态定义：全关、半开和全开。

二、试验结果及分析

1. 两级增压系统高压级增压器的选配

本研究中的两级增压系统低压级增压器型号为SJ60F，高压级增压器有SJ44Q、SJ44Y和SJ36Y三种型号，因此有三种组合方案。考虑到高压级增压器主要侧重低速工况，首先对三种组合在1000~180r/min转速下进行试验，对其性能进行对比，以确定最终的两级增压的增压器组合。

试验过程中在各工况下对进气旁通阀和废气旁通阀进行了开度调节，选出经济性最好的开度进行比较。这里只给出各组合方案在1800r/min和1000r/min转速时，不同负荷下比油耗、增压压力和涡前压力的比较情况，分别如图4-16a、b所示。

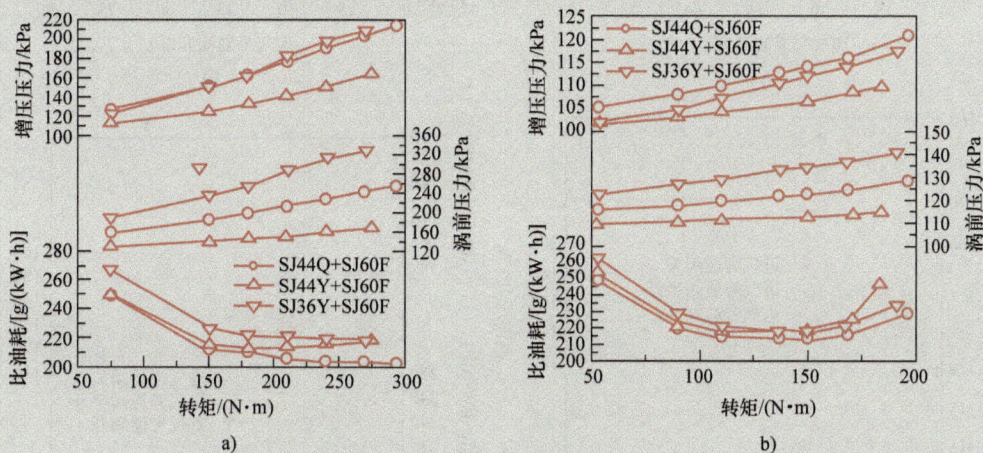

图4-16　两级增压各组合方案对性能的影响
a）转速为1800r/min　b）转速为1000r/min

从图4-16的对比情况可以看出，SJ36Y + SJ60F组合由于SJ36Y型号最小，虽然具有较高的增压压力，但其涡前的排气压力上升幅度更大，致使换气增加较多，比油耗最高；SJ44Y + SJ60F组合涡前压力最低，但同时增压压力也最小，对换气过程和燃烧的综合影响也使比油耗较高；SJ44Q + SJ60F组合方案在具有较高的增压压力的同时，涡前排气压力处于另外两个方案中间，即相对于SJ36Y + SJ60F组合，其换气损失明显减小，而相对SJ44Y + SJ60F组合，增压压力的升高则可以改善燃烧，具有更低的油耗。因此从经济性角度考虑，采用SJ44Q + SJ60F作为优选的两级增压组合方案。

2. 进气旁通阀和废气旁通阀对发动机性能的影响

在确定了两级增压的增压器组合方案后，在不同转速和负荷下进行进气旁通阀和废气旁通阀开度的调节试验，分析其开度对发动机性能的影响，确定基于经济性优化原则的阀门控制策略。以1800r/min来说明较低转速的影响情况，以2200r/min来说明较高转速的影响情况。

图4-17给出了1800r/min时各负荷下废气旁通阀和进气旁通阀开度对性能的影响，全负荷工况给出的是比油耗和转矩的对比（见图4-17a），而部分负荷工况给出的是比油耗、增压压力和涡前压力的比较（见图4-17b、c、d）。

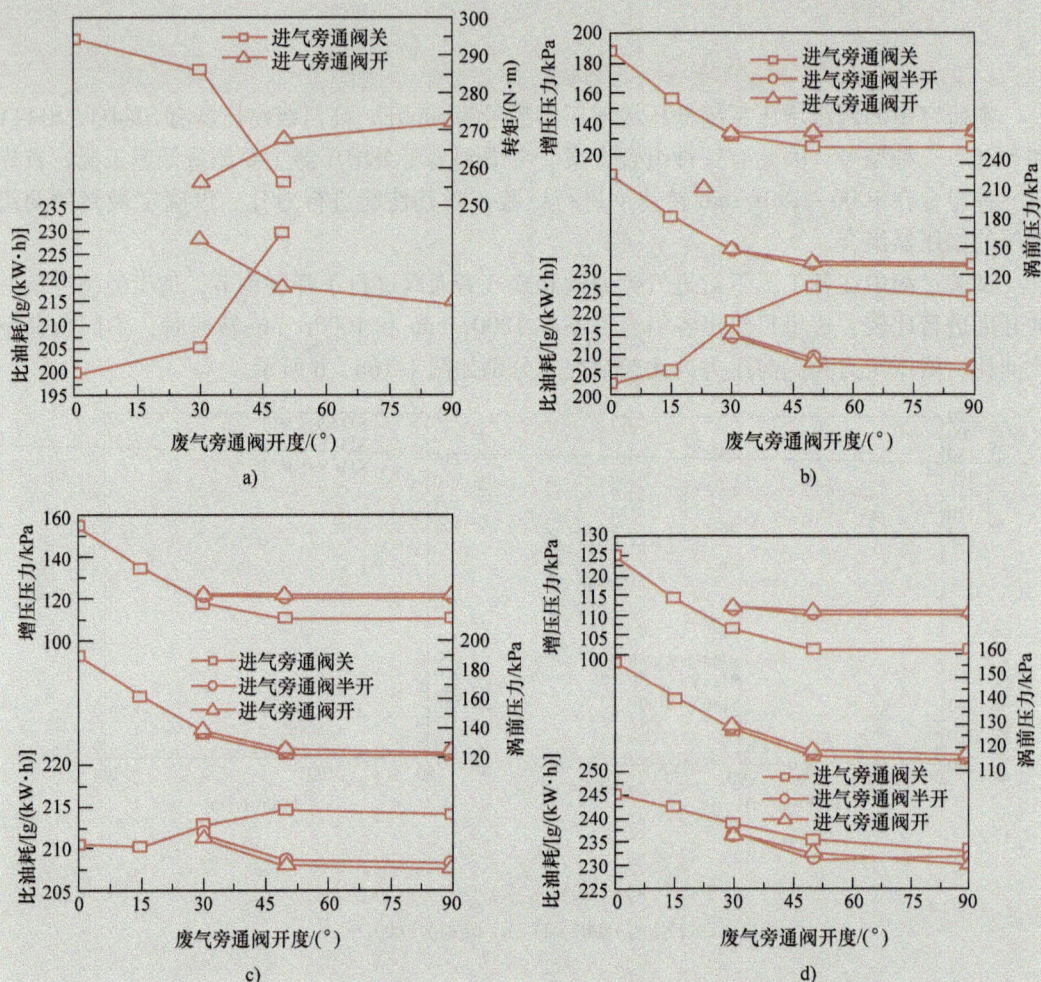

图 4-17　废气旁通阀和进气旁通阀对性能的影响（1800r/min 时）

a）全负荷工况　b）部分负荷（210N·m）

c）部分负荷（150N·m）　d）部分负荷（75N·m）

从图 4-17a 可以看出，在全负荷工况进气旁通阀关闭的情况下，随废气旁通阀的开度增大转矩迅速减小，比油耗急剧上升。进气旁通阀关闭，进气依次经过低压级压气机和高压级压气机，而随废气旁通阀开度的增大，流经高压级涡轮的废气量减少，高压级增压器的效率下降，使转矩下降、油耗上升。而在进气旁通阀全开的情况下，进气可以绕过高压级压气机，此时随废气旁通阀开度的增大使低压级增压器的效率得以提高，并且可以降低涡前的排气压力，转矩有一定的升高，比油耗降低。比较情况表明，在 180r/min 时，全负荷工况下，进气旁通阀和废气旁通阀都处于关闭状态，即相当于串联的两级增压模式下，具有更低的比油耗和更大的转矩。

图 4-17b 和 c 中高负荷工况的对比情况也表明，在进气旁通阀关闭的情况下，废气旁通阀全关时具有更好的增压压力，可以改善燃烧，降低比油耗。废气旁通阀开度增大，增

压压力下降，经济性变差。进气旁通阀全开和半开的变化趋势非常接近，在废气旁通阀开度从30°增大到50°时，涡前压力有一定的降低，比油耗相应有所改善，继续增大开度，各参数变化都很小。中高负荷的对比结果也是进气旁通阀和废气旁通阀全关时经济性更好。

图4-17d中小负荷工况则与上面分析的中高负荷不同，进气旁通阀在各状态下，随废气旁通阀开度的增大，比油耗也降低，进气旁通阀半开和全开的情况比较接近。废气旁通阀开度增大，涡前压力下降，减小了换气损失，这对小负荷工况的经济性影响比较明显，使比油耗随废气旁通阀开度的增加而减小。在废气旁通阀有一定开度情况下，高压级小增压器的效率较低，在进气旁通阀关闭时实际上形成了一定的进气阻力，此时进气旁通阀打开，进气阻力减小，比油耗降低。相比而言，在小负荷工况废气旁通阀和进气旁通阀全开时可以获得更好的经济性指标。

2000r/min以下其他转速的研究也表现出相同的规律，即较高负荷两个控制阀门全关时比油耗最低，低负荷两个阀门全开时经济性更好，只不过对应的具体负荷有所差别，这里不再详细介绍。上述结果说明，在较低转速、较高负荷工况下，要保证充分进气，要求达到较高的增压压力，就要求小增压器参与工作，并且废气流入高压级涡轮机的量越大发动机的性能越好。随着发动机负荷的降低，进气量因素显得不再重要，排气背压的大小和高压级压气机叶轮的节流损失成为影响发动机性能的主要因素。

在较高转速（2200r/min及以上）时，废气旁通阀和进气旁通阀开度对性能的影响与较低转速有一定的不同，图4-18给出了2200r/min时各负荷下废气旁通阀和进气旁通阀开度对性能的影响。在全负荷工况进气旁通阀关闭的情况下，随废气旁通阀开度的增大仍然表现出转矩下降、比油耗升高的趋势，在进气旁通阀打开的情况下比油耗也是随着废气旁通阀开度的增大而减小，但最佳油耗出现在两个阀门都处于全开的位置，而不是较低转速的全关位置。在较高转速两个阀门全关时虽然可以产生高的增压压力，但高转速排气流量增大，全部废气流经高压级小增压器会造成排气背压更大幅度地升高，对经济性不利；进气旁通阀和废气旁通阀全开时，提高了低压级增压器的效率，降低了排气背压，改善了经济性。如图4-18b和c所示，部分负荷也是在废气旁通阀全开、进气旁通阀打开（全开或半开）时可以获得最佳的比油耗，这是因为在这种情况下通过提高低压级增压器效率、减小进气节流损失，可以保持较高的进气压力和较低的排气背压，对燃烧或换气过程有利。从图中还可以发现，进气旁通阀半开和全开时发动机的性能差别很小，出于控制简便考虑，选择进气旁通阀和废气旁通阀全开为经济性优化开度。

2200r/min以上转速的规律与2200r/min相同，即在高速工况为获得好的经济性指标需要将进气旁通阀和废气旁通阀调节到全开位置。

通过对不同转速和负荷下废气旁通阀和进气旁通阀影响的分析，确定了发动机全工况基于经济性优化的进气旁通阀和废气旁通阀开度控制MAP，如图4-19所示。该MAP中进气旁通阀和废气旁通阀的位置只有开、关两种状态，并且同时处于开或关的位置，大大简化了控制。

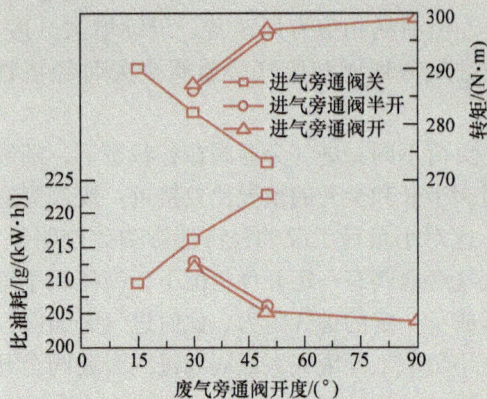

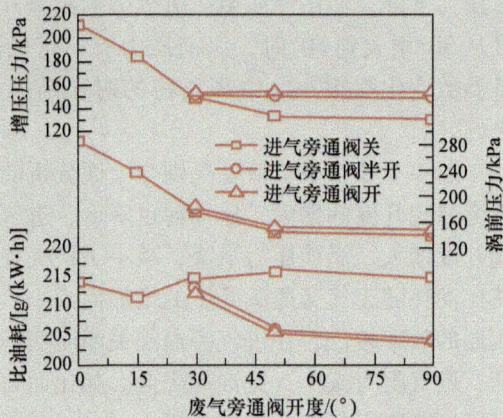

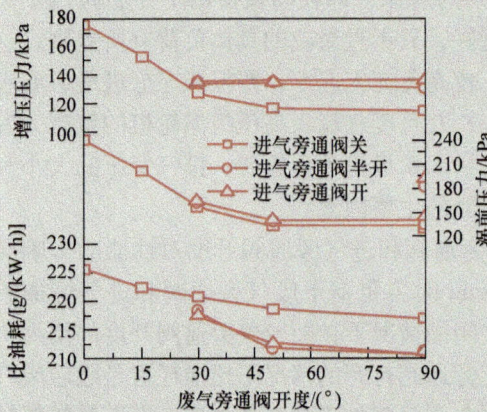

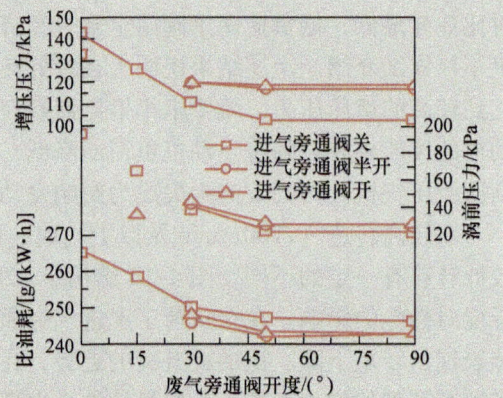

图4-18　废气旁通阀和进气旁通阀对性能的影响（2200r/min 时）

a）全负荷工况　b）部分负荷（210N·m）　c）部分负荷（150N·m）　d）部分负荷（75N·m）

3. 采用两级增压的发动机性能

采用图4-19所给出的两级增压控制策略，进行外特性和万有特性试验研究，并与原机的性能和排放进行了对比。图4-20所示为采用两级增压系统后的外特性性能，图4-21所示为采用两级增压系统和原机的万有特性比油耗对比。

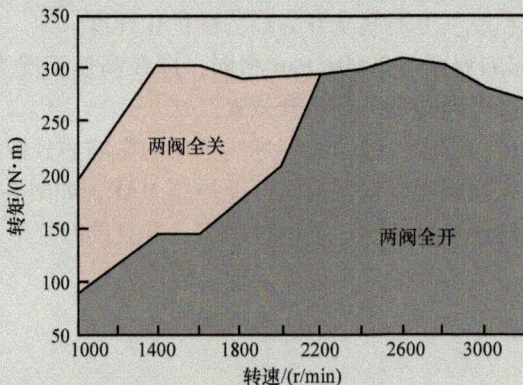

图4-19　两级增压经济性优化的进、排气旁通阀控制 MAP

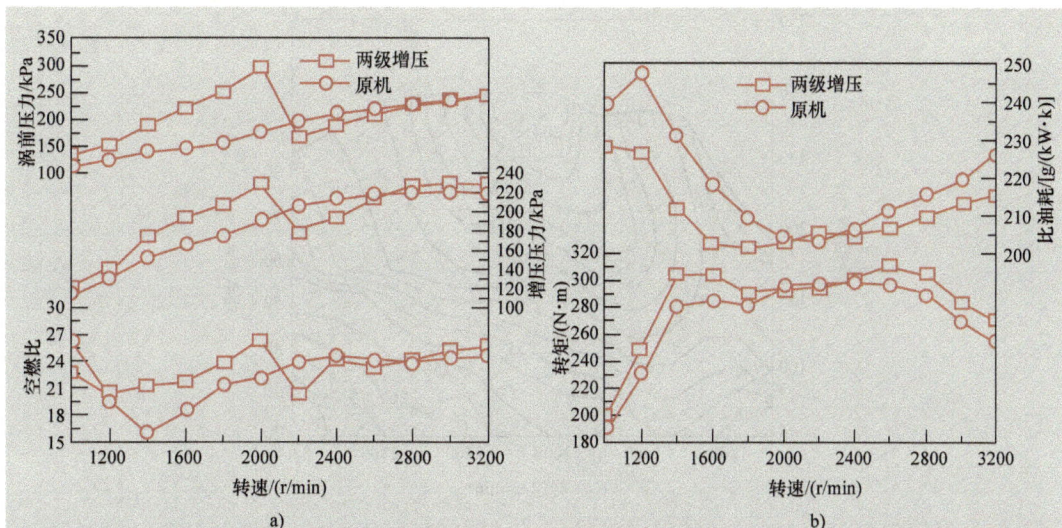

图 4-20 外特性性能

a）空燃比、涡前压力和增压压力 b）转矩和比油耗

从图 4-20 可以看出采用两级增压系统后较明显地提高了低速段外特性增压压力和空燃比，2800r/min 以上转速对应的增压压力和空燃比也有一定的提高，反映到转矩和比油耗上，低速和高速的转矩明显提高，经济性较显著改善。1200r/min、1400r/min、1600r/min 的转矩分别提高了 18N·m、22N·m、19N·m，比油耗分别降低了 21g/（kW·h）、20g/（kW·h）、15 g/（kW·h），标定点的转矩提高了 16N·m，标定点功率从 84.5kW 提高到 91kW，比油耗降低 10.5g/（kW·h）。这说明两级增压能够更好地利用小增压器的低速特性和大增压器的高速特性，显著改善高速和低速性能。而对于 2000～2400r/min 转速，性能没有明显的变化，需要对两个增压器的协同工作进行进一步优化。

图 4-21 给出了两级增压经济性优化的万有特性比油耗与原机的对比情况。从图中可以看出，采用两级增压系统后发动机的最低比油耗降低，经济油耗明显变宽，与原机相比在绝大多数工况下获得了经济性的明显改善。

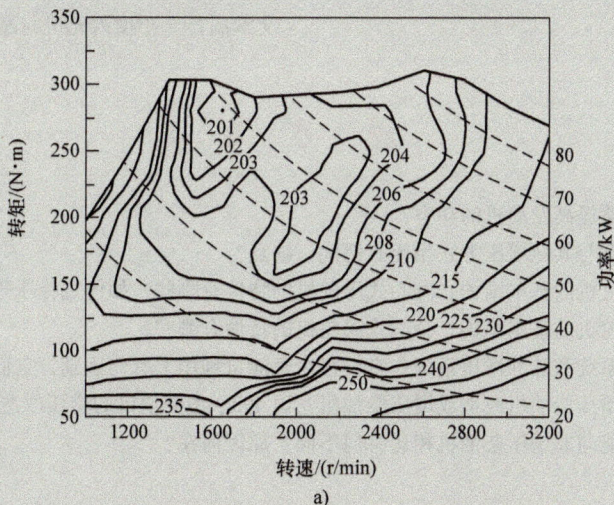

图 4-21 两级增压和原机的万有特性比油耗对比

a）两级增压

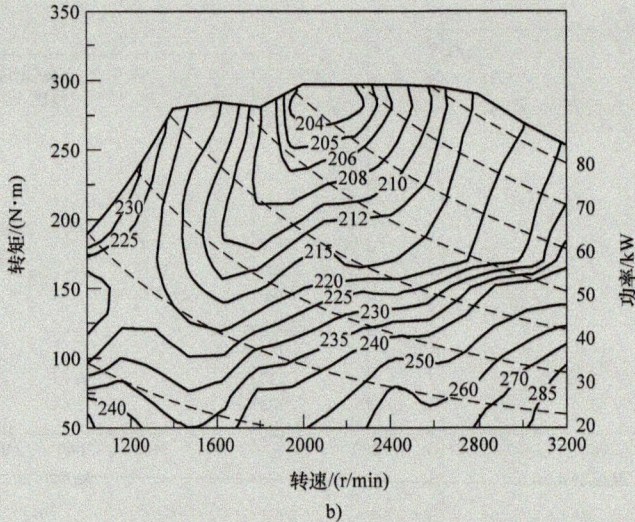

图4-21 两级增压和原机的万有特性比油耗对比（续）
b）原机

三、结论

1）不同转速和负荷下进气旁通阀和废气旁通阀对性能影响的研究表明，在较低转速、高负荷工况下，废气全部流经高压级增压器可以获得经济性的改善，在较低转速、低负荷工况下，通过将进气旁通阀和废气旁通阀全开减小排气背压和进气节流损失，可以降低比油耗；在较高转速时，进气旁通阀和废气旁通阀全开可使经济性更好。

2）确定了全工况经济性优化的进气旁通阀和废气旁通阀的控制 MAP，该 MAP 中两个控制阀只有两种控制状态（全开或全关），从而可以大大简化控制。经济性优化的外特性和万有特性结果表明，两级增压相对原机单级增压可以明显改善低速段和高速段的经济性，外特性低速段的比油耗最大降幅达到21g/(kW·h)，标定转速时也降低了10.5g/(kW·h)，发动机的万有特性经济运行区域明显变宽。

（文本摘自《小型内燃机与摩托车》2011 年 03 期）

思 考 题

1. 增压为什么能够提高发动机的功率？
2. 废气涡轮增压器与其他增压方式相比有何优、缺点？
3. 说明离心式压气机的基本结构。离心式压气机的特性有哪些？如何选择压气机的工作范围？
4. 说明径流式涡轮机的基本结构。径流式涡轮机的特性有哪些？
5. 何谓恒压增压系统和脉冲增压系统？它们在废气能量利用上有何区别？它们有何优、缺点？
6. 怎样将一台非增压柴油机改造成增压柴油机？以 493Q 型柴油机的增压改造为例加以说明。
7. 增压柴油机性能与非增压柴油机相比有何不同？原因何在？

第五章

燃料与燃烧热化学

燃料是发动机产生动力的来源，燃料的种类和其物理化学特性直接影响发动机的着火、燃烧和发动机的性能。本章主要介绍了内燃机所用燃料的种类和特点及常用燃料的使用特性。同时，通过燃烧热化学的计算为发动机燃烧过程的分析提供一些基本参数。最后，对燃烧的基础知识进行了简单介绍，为发动机燃烧过程的分析提供一些基本概念。

第一节　发动机的燃料及使用特性

一、发动机的燃料

目前，发动机所用燃料仍然以汽油和柴油两种石油产品为主。随着石油紧缺和能源的大量消耗，各国对代用燃料的研究和新能源的开发也日益深入。目前，使用和研究的代用燃料有醇类燃料、生物柴油、合成柴油等液体燃料，氢气、天然气、液化石油气、二甲醚等气体燃料和煤浆等固体燃料。现在，比较成熟而且已经实用的代用燃料主要有醇类燃料和天然气。由于全球天然气储量丰富，成本低于汽油和柴油，天然气发动机排放性能较好，因此近年来全球天然气汽车发展迅猛。

1. 石油产品

柴油、汽油是石油炼制品。石油是由多种碳氢化合物组成的混合物，通称为烃。石油的主要成分是碳、氢两种元素，含量占 97% ~ 98%，还含有少量的硫、氧、氮等。根据碳原子数的不同，可以构成不同分子量、不同沸点的物质。炼制汽油和柴油的最简便的方法是利用其沸点不同直接分馏得到。组成石油产品的烃，按其化学结构不同，可分为烷烃、烯烃、环烷烃、芳香烃四种，其特点分别如下：

(1) 烷烃　它属于脂肪烃，呈饱和的开链式结构，有直链和支链两种结构。直链烷烃热稳定性低，高温时易分解，自行发火的滞燃期短，是柴油燃料的主要成分。支链烷烃分子结构紧凑，高温下较稳定，抗爆性好，适合作汽油机的燃料。

(2) 烯烃　烯烃也属于脂肪烃，呈不饱和的开链式结构。它比烷烃难自行发火，是汽油中抗爆性好的成分。但因为烯烃含有不饱和的双键，故常温下化学稳定性差，在长期贮存中易氧化成胶质。

(3) 环烷烃　它是呈饱和的环状分子结构，不易分解，热稳定性与自燃温度都比直链烷烃高，环烷烃多的燃料适宜作汽油机的燃料。

(4) 芳香烃　芳香烃是一种碳原子为环状结构的不饱和烃。其分子结构坚固，热稳定性好。在高温下不易破裂，化学安定性强，是汽油中的良好抗爆剂。

2. 醇类燃料

醇类燃料主要是指甲醇和乙醇。甲醇可从天然气、煤、工业尾气、木质纤维及垃圾等原料中制取，乙醇主要是含糖和淀粉成分的农作物经过发酵后制得。表5-1列出了常用液体燃料和气体燃料的物理化学性质的有关数据。

表5-1 常用液体燃料和气体燃料的物理化学性质

燃料 理化性质		汽油	轻柴油	甲醇	乙醇	天然气	液化石油气	生物柴油	二甲醚	FT合成柴油
分子式		含$C_3 \sim C_{11}$的HC	含$C_{15} \sim C_{23}$的HC	CH_3OH	C_2H_5OH	主要成分CH_4	主要成分C_3H_8		CH_3OCH_3	
相对分子量		95 ~ 120	180 ~ 200	32	46	16	44	280	46	
液态密度 /（kg/L）		0.70 ~ 0.75	0.80 ~ 0.86	0.795	0.79	0.42	0.54	0.86 ~ 0.9	0.668	0.783
沸点/℃		25 ~ 215	180 ~ 360	64.8	78.5	-161.5	-42.5	182 ~ 388	-24.9	176 ~ 354
理论空气量	kg/kg	14.8	14.3	6.52	9.05	17.4	15.8	12.6	9.0	15.2
	kmol/kg	0.515	0.50	0.223	0.310	0.595	0.541	0.435		
自燃温度 /℃		300 ~ 400	250	470	420	650	365 ~ 470		235	250
闪点/℃		-45	50 ~ 65	11	13	-162 以下	-73.3	168 ~ 178		
燃料低热值 /（MJ/kg）		43.5	42.5	19.66	26.77	50.5	46.39	40	28.8	43.3
汽化潜热 /（kJ/kg）		310	270	1109	904	510	426		467	
混合气热值 /（kJ/m³）		3750	3750	3557	3660	3230	3490	3730		
辛烷值	RON	90 ~ 106	—	110	106	130	96 ~ 111	—	—	—
	MON	81 ~ 89	—	92	89	120 ~ 130	89 ~ 96	—	—	—
十六烷值		—	45 ~ 55					50 ~ 60	55 ~ 60	>74
运动黏度(20℃) /（mm²/s）		0.65 ~ 0.85	1.0 ~ 8.0					6.4 ~ 7.4	0.12 ~ 0.15 (40℃)	

从表5-1所列性质可以看到：

1）醇类燃料的低热值比石油燃料低，但其理论空燃比也小，故可通过加大燃料供给量，使二者混合气热值基本一样，从而保证发动机燃用醇类燃料时动力性不致降低。

2）醇类的汽化潜热比石油燃料的要大得多，这会导致混合气形成及起动困难，使压缩终点缸内温度较低，着火延迟期延长，着火性能下降。另一方面则可以降低压缩功，并可能提高充气效率。

3）醇类的辛烷值比汽油高，在汽油机上使用时，可以提高发动机压缩比，有利于提

高发动机的动力性和经济性。

4）醇类的十六烷值太低，着火性能差，这使得在柴油机中燃用醇类燃料相当困难。

5）醇的沸点低，产生气阻的倾向大。

6）甲醇有一定的毒性，对视神经有损伤，对金属有腐蚀，因此使用中应采取相应措施。

3. 天然气及液化石油气

天然气（NG）是以自由状态或与石油共生于自然界的可燃气体，它的主要成分是甲烷，另外还有少量的 CO_2、N_2、H_2S 等非烃气体。液化石油气（LPG）是从含重烃成分较多的天然气中提取的，或在石油炼制过程中产生的石油气，其主要成分是丙烷、丁烷、丙烯和丁烯等重分子烃，在常温下容易被液化贮存。近年来世界上天然气燃料发展很快，已成为第三大支柱性能源。它用于汽车一般有两种形式：一种是压缩天然气（CNG），通常以 20MPa 压缩储存于高压气瓶中；另一种是液化天然气（LNG），即将天然气以 – 162℃低温液化储存于隔热的液化气罐中。

从表5-1可以看出，天然气燃料具有以下优点：

1）辛烷值高达130，可采用高压缩比，获得较高的热效率。

2）天然气的主要成分是甲烷，CO 排放量少，未燃 HC 成分引起的光化学反应低。

3）由于是气体燃料，低温起动性和低温运转性能良好，进而在暖机过程中，不需要额外供气，不完全燃烧成分减少。

4）天然气是一种高燃点的轻量气体，在常温常压下，比汽油更安全。

5）燃烧下限宽，稀燃特性优越，在广泛的运转范围内，可降低 NO_x 生成，进而也可提高热效率。

6）天然气燃料适用性好，可采用油气双燃料供气方式，也可采用单一天然气燃料供气方式工作。

4. 生物柴油

生物柴油又称为脂肪酸甲酯，是以植物和动物脂肪油为原料，与低碳醇（甲醇或乙醇）经酯交换反应后生成的 $C_{12} \sim C_{24}$ 的脂肪酸单烷基酯。生物柴油来源广泛，最常用的有大豆油、菜籽油、棉籽油、棕榈油等农作物植物油，其次是动物油脂，废餐饮油也是一个重要来源。另外，我国近年来为了不影响食用油的有效供给，开发麻风树果油、黄连树果油以及橡胶籽油等野生植物油作为生物柴油的原料。

从表5-1可以看出，生物柴油的分子量和主要性能与柴油接近，可以任意比例混兑在柴油中使用，或单独使用来代替柴油。同时具有无硫、无芳烃、十六烷值高、润滑性好、闪点高的特点，而且生物降解性好。由于生物柴油含氧10%（质量分数）左右，因而可以显著降低炭烟和微粒的排放。

5. 二甲醚（DME）

二甲醚可以由煤、天然气等多种原料生产，在常温常压下是一种无色有轻微醚香味的气体，在高压下为液体，饱和蒸气压力与液化石油气相似。从表5-1可以看出，二甲醚作为发动机替代燃料具有以下特点：

1）二甲醚的十六烷值比轻柴油高，自燃温度比轻柴油低，因此它特别适合作为轻柴油的替代燃料使用。它的滞燃期短，有利于降低燃烧噪声和 NO_x 排放。

2）二甲醚分子结构中没有 C—C 键，只有 C—H 键和 C—O 键，且燃料中含有较大比例的氧，因此燃烧后生成的不完全燃烧产物和炭烟极少，发动机能采用较高的废气再循环率。

3）二甲醚的汽化潜热约为柴油的 1.6 倍，有利于降低缸内最高燃烧温度，使 NO_x 排放量降低。

4）由于二甲醚的滞燃期短，预混合比例减少，扩散燃烧的比例增加，使得整个燃烧持续时间比柴油长。

5）二甲醚存在热值低、密度小、黏度低、润滑性差、对橡胶有溶胀性等问题，所以柴油机要进行适当改造或改型设计才能使用二甲醚作为燃料。

6. 合成柴油

用含碳原料通过费托合成法制成的液体烃燃料，具有与石油基柴油相近的性质，称为合成柴油。根据原料不同可以分为以天然气为原料的气制油（GTL）、以煤为原料的煤制油（CTL）及以生物质为原料的生物制油（BTL）。目前有关合成柴油的研究和应用资料较少，主要物理化学特性见表 5-1。

7. 氢气

氢气的来源主要是从水或矿物燃料中制取。尽管氢气不像石油、天然气等有较大自然储量，但作为氢气来源的水资源却是极其丰富的，而且氢气燃烧后生产水，又可形成资源的快速循环。

氢气的分子组成为 H_2，表 5-2 列出了氢气（H_2）的主要物理化学特性。

表 5-2　H_2 的主要物理化学特性

特　性　参　数		数　　值	特　性　参　数	数　　值
质　量　热　量	/（MJ/kg）	（高）141.8	最大火焰速度时的当量比	1.7
	/（MJ/kg）	（低）120.1	理论空气量/（kg/kg¹）	0.02915
摩　尔　热　量	/（MJ/kmol）	（高）285.8	理论空燃比/（kg/kg¹）	34.38
	/（MJ/kmol）	（低）242.1	空气中燃烧界限（%）	4.1～75
标态体积热值	/（MJ/m³）	（高）12.74	极限过量空气系数	0.15～7.0
	/（MJ/m³）	（低）10.80	着火温度/℃	571
与空气的理论混合气热值/（MJ/m³）		3.186	与空气燃烧理论体积百分比[$F/(A+F)$]（%）	29.5
理论混合气点火能量/J		3.18×10^{-5}		
最小点火能量/J		1.34×10^{-5}	气态密度/（kg/m³）	0.08987
空气中最大火焰速度/（cm/s）		291	气态黏度/（MPa·s）	0.0202
最大火焰速度时的温度/K		2380	汽化热/（kJ/kmol）	90.4

氢气可以单独作为内燃机的燃料，也可以与汽油一起作为混合燃料。氢气在后一种情况下不仅自身参与燃烧成为火花点火式发动机的一部分（一般掺烧量不大），而且还可改善汽油的燃烧。氢气作为内燃机燃料有下列特点：

1）质量低热值高，是汽油低热值的 2.73 倍。但由于氢的相对分子质量小，重量轻，以致其标态体积热值只有 $10.80MJ/m^3$，与驰放气的体积热值相近（$10.95MJ/m^3$）。氢气

与空气的理论混合气标态热值也只有 3.186MJ/m³，与沼气相近（3.230MJ/m³），比汽油低约 15%。

2）着火界限很宽。在空气中燃烧的着火界限为 4.1%～75%，比汽油和柴油的着火界限大很多，这就是说可以稀薄燃烧。这对于降低发动机部分负荷的燃油消耗率有重要意义。

3）有很高的火焰传播速度。氢气的火焰传播速度高达 2.91m/s，是汽油的 7.72 倍，比乙炔还高 87%。这就说明氢气在汽油机中燃烧时抗爆性比汽油好。表 5-3 列出了一些燃料最大火焰传播速度的比较。

4）点火能量较低。最小可以低到 0.013～0.020MJ，比汽油低得很多。所以，汽油掺氢燃烧后，其所需点火能量可以降低。

表 5-3　一些燃料最大火焰传播速度的比较　　　（单位：cm/s）

氢	汽　油	航空煤油	乙　炔	苯	甲　苯	一氧化碳	甲　醇	二乙醚
291.2	37.7	36.9	155.3	44.6	38.6	42.9	52.3	43.7
甲　烷	乙　烷	丙　烷	正丁烷	正戊烷	正己烷	正庚烷	环戊烷	环乙烷
37.3	44.2	42.9	41.6	42.5	42.5	42.5	41.2	42.5

二、燃料的使用特性

1. 柴油的使用特性

轻柴油用于高速柴油机，重柴油用于中、低速柴油机。对柴油机性能有重要影响的柴油性能指标如下。

（1）十六烷值　十六烷值是评定柴油自燃性好坏的指标，它直接影响柴油机工作的粗暴性和起动性。自燃性好的燃料，着火落后期短，在着火落后期内形成混合气少，着火后压力升高速度低，工作柔和。而且，对于自燃性好的燃料，冷起动性能也得到改善。

柴油的十六烷值测定是在专门的单缸试验机上按规定条件进行的。试验时选用由十六烷和 α-甲基萘混合制成的混合液，十六烷容易自燃，将它的十六烷值定为 100，α-甲基萘不容易自燃，将其十六烷值定为 0。当被测柴油的自燃性与所配制的混合液的自燃性相同时，则混合液中十六烷的体积百分数就定为该种燃料的十六烷值。

十六烷值过高或过低，均对燃烧不利。十六烷值过高，燃料分子量加大，使燃油蒸发性变差、黏度增加，导致燃烧不完全，经济性变差，排气冒黑烟。十六烷值太低，使柴油机工作粗暴，起动困难。一般高速柴油机采用十六烷值为 40～50 的柴油，低速柴油机则采用十六烷值为 30～40 的柴油。

（2）馏程　馏程是表示柴油蒸发性的指标，它是用燃油馏出某一百分比的温度范围来表示的。燃料馏出 50% 的温度低，说明轻馏分多，蒸发性好，易于形成可燃混合气。90% 和 95% 馏出温度标志柴油中所含重质成分的数量。90% 和 95% 馏出温度高，标志着柴油中难蒸发的重馏分多，混合气形成困难，燃烧不及时、不完全。所以高速柴油机使用轻馏分多的柴油。但轻馏分过多，柴油机工作粗暴。

（3）黏度　黏度是燃料流动性的尺度，它影响柴油的喷雾质量。当其他条件相同时，

黏度越大，雾化质量越差，燃油越不易与空气均匀混合，使燃烧不完全，燃油消耗率增加，排气冒烟。可是，由于喷油泵柱塞偶件用柴油润滑，所以柴油应具有一定的黏度。柴油黏度过低时，柱塞偶件磨损加大，通过柱塞副的燃油泄漏也会增大。

（4）凝点 凝点是指柴油失去流动性开始凝结的温度，用于评价柴油低温流动性。燃油凝点的高低，影响燃油在内燃机中的正常使用和储运过程，因而是商品燃油的一个重要参数。我国柴油的牌号是以其凝点大小命名的。GB 19147—2013 规定，车用柴油按凝固点不同划分为 5、0、−10、−20、−35 和 −50 六种牌号，分别应用于温度不低于 8℃、4℃、−5℃、−14℃、−29℃和 −44℃的环境。

2. 汽油的使用特性

汽油对汽油机性能有影响的主要性能指标是辛烷值、馏程。

（1）辛烷值 辛烷值是表示汽油抗爆性的指标。燃料的抗爆性是指燃料对汽油机发生自燃现象（称为爆燃）的抵抗能力。汽油的辛烷值高，则抗爆性好，有利于提高发动机压缩比。

燃料的辛烷值是在专门的单缸试验机上按规定条件进行测定的。测定时，用容易爆燃的正庚烷（辛烷值定为 0）和抗爆性好的异辛烷（辛烷值定为 100）的混合液与被测的汽油作比较。当混合液与被测汽油在专用的发动机上的抗爆程度相同时，则混合液中异辛烷含量的体积百分数就是被测定汽油的辛烷值。由于试验方法的不同，燃料辛烷值有马达法辛烷值和研究法辛烷值两种。我国车用汽油是以研究法辛烷值来标号的。现行国标（GB17930—2013）规定的汽油有 89、92、95 三个牌号，其含义是 RON 分别为 89、92、95。

另一种燃料抗爆性评价指标是抗爆指数 A，其定义为 A =（MON + RON）/2。89 号、92 号、95 号汽油的抗爆指数分别是 84、87、90。

（2）馏程 馏程是评价汽油蒸发性的指标。在汽油规格中，常用汽油的 10%、50%、90% 等馏分的馏出温度来评定。

10% 的馏出温度标志着起动性能。汽油机使用 10% 馏出温度低的汽油，容易起动。但此温度过低，会使汽油在输送管路中形成气阻，使发动机断火。

50% 的馏出温度标志着汽油的平均蒸发性。它影响着发动机的暖车时间、加速性和工作稳定性。若此温度低，可以使暖车时间缩短，并且当发动机由低负荷向高负荷过渡时，能够及时供给所需浓混合气，使发动机加速性能良好。

90% 的馏出温度标志着燃料中含有难于挥发的重成分的数量。此温度低，表明燃料中重质成分少，挥发性好，有利于完全燃烧。此温度过高，则因汽油中重质成分较多而汽化不良，使燃烧不完全，造成排气冒烟和积炭。

三、汽油、柴油的质量标准

燃料品质直接影响发动机的着火、燃烧，从而影响发动机的性能。过去相当长一段时间对燃料品质的要求主要从发动机混合气形成、着火特性方面考虑，随着排放法规的日趋严格，燃料品质对排放的影响变得越来越重要。

目前，世界各国按照其自身的实际情况对汽油、柴油质量标准有不同的规定。1998年 6 月，欧洲汽车制造商协会（ACEA）、美国汽车制造商联盟（Alliance of Automobile

Manufacturers）、日本汽车制造商协会（JAMA）和美国发动机制造商协会（AAMA）联合发表了《世界燃油规范》（World Wide Fuel Charter，WWFC），提出了全球范围的汽油和柴油推荐标准。2006 年 9 月推出了最新的第四版《世界燃料规范》。制定《世界燃油规范》的目的是在全球范围内协调汽车燃油的质量要求和标准制定，反映汽车技术进步对燃油品质不断提高的要求。近十年来，《世界燃油规范》在全球汽车行业以及石油化工行业产生的影响越来越大，在普及应用先进汽车排放控制技术的过程中起到了重要的保证作用。

《世界燃油规范》按不同的排放控制要求将车用燃油分为四类，适用于排放控制要求越来越严格的市场，如从第一类到第四类依次适用于欧Ⅰ、Ⅱ、Ⅲ、Ⅳ排放法规的市场。

1. 对汽油的质量要求

对影响燃烧排放特性及后处理技术应用的汽油品质参数含量进行了限制，包括硫、烯烃、芳香烃、苯、馏程和终馏点等。从第一类到第四类汽油，燃料中的硫含量、烯烃含量、芳香烃含量、苯含量整体呈下降趋势。二、三、四类汽油的馏程低于一类汽油。

我国汽油质量的升级经历了 5 个阶段。第 5 阶段是 21 世纪初至今，曾依次颁布实施了"车用汽油"标准 GB 17930—1999、GB 17930—2006、GB 17930—2011，到现行的"车用汽油"标准 GB 17930—2013，分别满足国二、三、四（2014 年 1 月 1 日）、五（2018 年 1 月 1 日）排放法规对汽油品质的要求。

2. 对柴油的质量要求

影响燃烧排放特性的柴油品质参数主要有硫含量、十六烷值、密度、馏程、芳烃等，随着柴油等级的提高，柴油的十六烷值增加，密度呈下降趋势，硫含量则大幅度下降，馏程呈下降趋势，芳烃含量减少。

我国于 1964 年制定了国家标准"轻柴油"（GB 252—1964），将柴油按凝点划分为 10、0、-10、-20 和 -35 五种牌号，随后对轻柴油标准进行多次修订。为了进一步提高我国轻柴油质量，2003 年将车用柴油标准单列，颁布实施了我国第一个"车用柴油"标准（GB/T 19147—2003），并在 2009 年发布了满足国三排放法规的标准"车用柴油"标准（GB/T 19147—2009）、2013 年 2 月和 6 月分别颁布实施了"车用柴油（Ⅳ）"标准（GB 19147—2013）、"车用柴油（Ⅴ）"标准（GB 19147—2013）。2015 年 1 月 1 日起执行国四车用柴油标准，2018 年起执行国五车用柴油标准。不同阶段汽车尾气排放标准对应配套油品中的硫含量（质量分数）见表 5-4。

表 5-4　不同阶段汽车尾气排放标准对应配套油品中的硫含量（质量分数）

类别	国一	国二	国三	国四	国五
汽油/10^6	800	500	150	50	10
柴油/10^6		500	350	50	10

与此同时，2011 年我国制定颁布了 GB 252—2011《普通柴油》，取代原有的 GB 252—2000《轻柴油》，规定到 2013 年 6 月 30 日前柴油中硫含量降低到 0.2%，2013 年 7 月 1 日后不大于 350×10^{-6}（0.035%）。此标准适用于三轮汽车、低速货车、拖拉机、内燃机车、工程机械、船舶和发电机组等压燃式发动机。

第二节　燃烧热化学

一、理论空气量 L_0

理论空气量 L_0 是指 1kg 燃料完全燃烧所必需的最低空气量。理论空气量的计算是根据燃料中可燃成分完全燃烧的化学反应方程式及燃料与空气的组成成分而进行的。

发动机燃料的主要成分是碳、氢、氧，其他成分很少，可以略去不计。设 1kg 燃料中有 $g_C$kg 的 C，$g_H$kg 的 H 和 $g_O$kg 的 O，即

$$g_C + g_H + g_O = 1$$

空气的主要成分是氧和氮。按质量计算空气中含氧量约为 23.2%，含氮量约为 76.8%；按体积计算含氧量为 21%，含氮量为 79%。

燃料中的 C、H 完全燃烧的化学反应方程式分别是

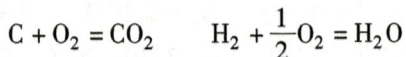

$$C + O_2 = CO_2 \qquad H_2 + \frac{1}{2}O_2 = H_2O$$

按照化学反应的当量关系，计算出 1kg 燃料完全燃烧所需的理论空气量 L_0 为

$$L_0 = \frac{1}{0.23}\left(\frac{8}{3}g_C + 8g_H - g_O\right) \quad (\text{kg/kg 燃料}) \tag{5-1}$$

或

$$L_0 = \frac{1}{0.21}\left(\frac{g_C}{12} + \frac{g_H}{4} - \frac{g_O}{32}\right) \quad (\text{kmol/kg 燃料}) \tag{5-2}$$

几种主要液体燃料的理论空气量见表5-1。

二、混合气浓度的表示方法

1. 过量空气系数

在发动机工作过程中，实际所供给的空气量往往并不等于理论空气量。将燃烧 1kg 燃料实际供给的空气量 L 与燃烧 1kg 燃料理论上需要的空气量 L_0 之比称为过量空气系数，以 α 来表示，即

$$\alpha = \frac{L}{L_0} \tag{5-3}$$

当 $\alpha = 1$ 时称为化学计量比混合气，$\alpha < 1$ 时称为浓混合气，$\alpha > 1$ 时称为稀混合气。α 值的大小与发动机的类型、混合气形成方法、燃料种类、发动机工况和功率调节的方法有关。

柴油机的 α 值总是大于1，以保证喷入气缸的柴油能完全燃烧。在吸入空气量一定的情况下，α 小意味着可以向气缸内多喷油，缸内空气利用率高，发动机可以发出较大的功率，所以 α 是反映混合气形成和燃烧完全程度及整机性能的一个重要参数，应该在保证发动机经济性较高的前提下力求减少 α 值。减少 α，对高速小型柴油机来说主要受燃烧完全程度的限制，在大型及增压柴油机中主要受热负荷的限制。柴油机在全负荷时 α 的一般数值如下：

$$低速柴油机 \quad \alpha = 1.8 \sim 2.0$$
$$高速柴油机 \quad \alpha = 1.2 \sim 1.5$$
$$增压柴油机 \quad \alpha = 1.7 \sim 2.2$$

对于汽油机，由于燃烧时用的是预先混合好的均匀混合气，α 值变化范围较小，一般 $\alpha = 0.85 \sim 1.1$。

2. 空燃比

除了用 α 表示混合气浓度外，还可用**空气燃料比** A/F 来表示。

3. 燃空当量比

单位质量的燃料完全燃烧需要的理论空气质量与实际供给的空气质量之比，定义为**燃空当量比**，用 ϕ 表示。国外更多地用燃空当量比 ϕ 表示混合气浓度。

三种混合气浓度参数之间的关系为

$$\frac{A}{F} = \alpha L_0 = \frac{1}{\phi} L_0 \tag{5-4}$$

三、燃烧前后工质物质的量变化及分子变化系数

1. 燃烧前后工质物质的量变化

燃料在燃烧前后其成分和数量都发生了变化，下面分析 $\alpha > 1$ 完全燃烧时的情况。

（1）燃烧前混合气的数量　对于汽油机，新鲜混合气由空气和燃料蒸气组成，若燃料分子量为 m_T，则 1kg 燃料形成的混合气量 M_1（kmol/kg 燃料）为

$$M_1 = \alpha L_0 + \frac{1}{m_T} \tag{5-5}$$

对于柴油机，因其是在压缩终点向气缸内喷入液体状态的柴油，体积不及空气体积的万分之一，可略去不计。故可认为燃烧前的工质是纯空气，即

$$M_1 = \alpha L_0 \tag{5-6}$$

（2）燃烧产物的数量　在 $\alpha > 1$ 的情况下，完全燃烧产物是由 CO_2、H_2O 及剩余的 O_2 和未参与反应的 N_2 组成。根据前面的化学反应方程式可知，燃烧后工质的数量 M_2（kmol/kg 燃料）为

$$M_2 = \alpha L_0 + \frac{g_H}{4} + \frac{g_O}{32} \tag{5-7}$$

（3）燃烧前后工质数量的变化　燃烧前后工质数量的变化为 $\Delta M = M_2 - M_1$。

对于汽油机，$\Delta M = \dfrac{g_H}{4} + \dfrac{g_O}{32} - \dfrac{1}{m_T}$

对于柴油机，$\Delta M = \dfrac{g_H}{4} + \dfrac{g_O}{32}$

由于 $1/m_T$ 很小，所以 ΔM 是正值，即燃烧后分子数目增多。由 ΔM 的计算式可知，ΔM 与 α 无关，仅与 g_H、g_O 有关。

在 $\alpha < 1$ 的情况下，除上述多种完全燃烧产物外，还有 CO 生成，燃烧前后工质数量的变化 ΔM 比完全燃烧时还大。

2. 分子变化系数

为了方便地比较燃烧前后工质物质的量的变化，引入**分子变化系数**的概念，用其表示

工质物质的量的相对改变量。

(1) 理论分子变化系数 燃烧后工质的物质的量 M_2 与燃烧前工质的物质的量 M_1 之比，称为理论分子变化系数，以 μ_0 表示，即

$$\mu_0 = \frac{M_2}{M_1} = \frac{\alpha L_0 + \Delta M}{\alpha L_0} = 1 + \frac{\frac{g_H}{4} + \frac{g_O}{32}}{\alpha L_0} \qquad (5\text{-}8)$$

柴油机的 μ_0 在 $1.03 \sim 1.05$ 之间变化，汽油机的则在 $1.07 \sim 1.12$ 之间变化。

(2) 实际分子变化系数 由于气缸内燃烧后总要残留部分废气，考虑残余废气的影响时，燃烧后工质的物质的量与燃烧前工质的物质的量之比，称为实际分子变化系数，以 μ 来表示。设 1kg 燃料燃烧后在气缸中留下的残余废气量为 M_r（kmol），则 1kg 燃料燃烧后气缸中工质总量为 $M'_2 = M_2 + M_r$（kmol/kg 燃料）；1kg 燃料燃烧前气缸中工质总量为 $M'_1 = M_1 + M_r$（kmol/kg 燃料）。则

$$\mu = \frac{M'_2}{M'_1} = \frac{M_2 + M_r}{M_1 + M_r} = \frac{\mu_0 + \gamma}{1 + \gamma} \qquad (5\text{-}9)$$

式中，γ 为残余废气系数。

四、燃料热值与混合气热值

1. 燃料热值

1kg 燃料完全燃烧所释放出的热量称为 燃料的热值，单位为 kJ/kg。在高温的燃烧产物中，水以蒸汽形式存在，水的汽化潜热不能被利用，只有待冷却之后才能释放出来。故将水的汽化潜热计算在内的燃料热值称为燃料的高热值，不包括水的汽化潜热的燃料热值称为燃料的低热值。发动机排气温度较高，水的汽化潜热不能利用，因此，发动机应用燃料的低热值。

2. 混合气热值

可燃混合气的热值是指燃料的低热值 h_μ 与单位燃料形成可燃混合气数量之比，以 h_m（kJ/kmol）表示，即

$$h_m = \frac{h_\mu}{\alpha L_0 + \frac{1}{m_T}} \qquad (5\text{-}10)$$

由此可见，当发动机排量和进气条件一定时，每循环加给工质的热量取决于单位可燃混合气的热值，即取决于燃料的热值和过量空气系数 α 值，而不仅仅是燃料的热值。几种常见液体燃料的热值和其所形成的可燃混合气的热值见表 5-1。

第三节 燃烧的基础知识

从燃料与氧化剂相互混合形成可燃混合气，到燃烧终了全部形成燃烧产物为止的整个燃烧过程，要经历一系列的物理化学准备阶段。通常以形成火焰为界面，将燃烧过程划分为着火阶段和燃烧阶段两部分。

一、着火方式及着火机理

所谓着火，是指可燃混合气在一定的压力、温度和浓度条件下，其氧化反应速度突然加速，以至出现火焰的现象。

1. 着火方式

燃料和氧化剂混合形成可燃混合气后，其着火方式有两种，即自然着火（通常简称自燃）和强迫着火（简称点燃或点火）。

自燃是一定体积的可燃混合气被预热，在一定温度下混合气的反应速率会自动加速，急剧增大而产生火焰的现象。着火后，可燃混合气所释放的能量足以使燃烧过程自行继续下去，不需要外部供给任何能量。

点燃是在可燃混合气内的某一局部用火源引燃相邻一层的混合气后形成的燃烧波自动地传播到混合气其余部分。显然，点燃包括用火源在局部引燃和随之而来的火焰传播两个阶段。所使用的点火热源可以是电火花、电热丝、炽热物体和点火火焰等。

2. 着火机理

着火尽管是一个瞬间现象，却是一个极为复杂的过程，至今仍有许多问题不清楚。对于发动机着火过程的解释迄今有两种理论，即热着火理论和链式反应着火理论。

热着火机理指出，可燃混合气在充满燃烧容器后受热，使混合气达到一定温度，由于进行化学反应所释放的热量多于从容器壁面向外散失的热量，产生热量累积而使混合气的温度上升，这又促使混合气的反应速率增加，放出更多热量，不断相互促进，导致反应速率急剧加快而达到着火。

链式着火机理指出，可燃混合气在外部能量的作用下，反应物中产生活性中心使反应继续下去，最重要的是出现分支反应使活性中心数目迅速增多，造成反应速率剧烈升高达到着火。即使在等温条件下，也会由于活性浓度急剧增大而造成自发着火。

着火过程具有以下两个特征：

1）具有一定的着火温度 T_0，当反应系统达到该温度时，反应速率急剧增大而产生着火，反应系统的压力急剧上升，出现放热和发光等着火现象。

2）从反应开始到系统达到着火温度 T_0 之前，有一段感应期，通常称为着火延迟期。在着火延迟期内，反应速率很缓慢，可燃混合气组分的浓度、温度及压力都变化不大。

3. 烃类燃料的燃烧氧化反应

作为液体燃料的烃燃料其成分十分复杂，燃烧氧化反应的详细内容还不是很清楚。但大量试验研究表明，烃类燃料的着火特性具有以下特点：

1）烃燃料的燃烧氧化反应过程比氢等其他物质要缓慢得多。温度低所需时间更长。要使反应物放出能量并使压力上升或使反应速率达到着火需要程度要经历一段时间。此段时间称为感应期或诱导期，在发动机中称为着火延迟期。

2）在通常燃烧反应条件下，支链反应是烃燃料氧化反应的主要特点之一。在反应过程中生成一些中间产物，它们能在反应中生成惰性产物或自由基，使反应的活性中心增加而使反应速度加快。这些中间产物主要是一些过氧化物、过氧化氢和醛类物质等。

3）在通常的压力、温度范围内，反应中产生的甲醛温度在 $573 \sim 693K$ 以上时会发出

微弱的亮光，因这时反应尚未完全达到火焰温度，这一现象称为冷焰。冷焰过后反应被加速，有蓝色火焰闪过后就着火。

4）上述的氧化特点称为低温多阶段着火。在较高温度下，着火过程会不经过冷焰而直接进入蓝焰阶段，蓝焰阶段持续较短，反应释放出的大量热量形成高温热焰，即燃烧开始。由于这两个阶段很短，很难区分，因此称为高温单阶段着火。

对于内燃机的具体着火现象而言，柴油机的压缩着火和汽油机的爆燃具有低温多阶段着火的特点；而汽油机的火花点火和柴油机着火后喷入气缸内的燃料着火具有高温单阶段着火的特点。

二、燃烧方式

所谓燃烧，是指燃料与氧化剂进行剧烈放热的氧化反应过程。燃烧过程中往往伴有复杂的传热、传质、化学反应和流动现象。

燃烧可分为气相燃烧和固相燃烧。气相燃烧是指燃料以气体状态与空气混合所进行的燃烧。固相燃烧是指固体燃料没有挥发而在表面与空气燃烧。内燃机中，汽油和柴油尽管都是液体燃料，但燃烧是以气相方式进行的。

气相燃烧可分为预混合燃烧和扩散燃烧两类。预混合燃烧是指着火前燃料气体或燃料蒸气与氧化剂（空气）已按一定比例形成混合气。扩散燃烧是指着火前燃料与氧化剂（空气）是相互分开的，着火后燃料边蒸发边与空气混合边燃烧。

内燃机中所有燃烧都属于这两类燃烧中的某一类或两类燃烧的组合。例如，汽油机和气体燃料发动机的燃烧属于预混合燃烧方式；而柴油机的燃烧基本属于扩散燃烧方式，但其燃烧初期有不同程度的预混合燃烧。两种燃烧方式的主要特点对比如下：

1）扩散燃烧时，由于燃料与空气边混合边燃烧，因而燃烧速度取决于混合速度；而预混合燃烧时，因燃烧前已均匀混合，因而燃烧速度主要取决于化学反应速度，即取决于混合气温度和过量空气系数。

2）扩散燃烧时，为保证燃烧完全，一般要求过量空气系数 $\alpha \geq 1.2$，并且在总体的 $\alpha \geq 6.8$（相当于空燃比大于100）的条件下也能稳定燃烧；而预混合燃烧时，一般 $\alpha = 0.8 \sim 1.2$，可燃混合气浓度范围小，难以稀燃。

3）扩散燃烧时，混合气浓度和燃烧温度分布极不均匀，易产生局部高温缺氧现象，生成炭烟；而预混合燃烧时，由于混合均匀，一般不产生炭烟。

4）扩散燃烧时，由于有炭烟产生，碳粒的燃烧会发出黄或白色的强烈辐射光，因此也称为有焰燃烧；而预混合燃烧时，无碳粒燃烧问题，火焰呈均匀透明的蓝色，因此也称为无焰燃烧。

5）预混合燃烧由于燃前已形成可燃混合气，有回火的危险；而扩散燃烧一般无此危险。

思 考 题

1. 在汽油机上燃用纯甲醇时，可能会遇到哪些困难？如何解决？

2. 对柴油机性能有重要影响的柴油性能指标有哪些？

3. 对汽油机性能有重要影响的汽油性能指标有哪些？

4. 为什么正常燃烧时，燃料燃烧后的工质摩尔数始终是增加的？且增加的值仅与燃料有关，而与碳无关？

5. 混合气热值和燃料热值有什么区别？每循环加给工质的热量取决于哪种热值？

6. 对比汽油机和柴油机的燃烧方式有哪些不同？

7. 可燃混合气的浓度可以用哪几个指标表示？各指标的含义是什么？彼此间有何关系？

第六章

柴油机混合气的形成与燃烧

柴油机使用的燃料是较难挥发而较易自燃的柴油，它的燃烧组织与汽油机相比有着本质的不同。在柴油机的工作过程中，混合气的形成和燃烧是主要过程，对柴油机的特性影响最大。在燃烧过程中，燃料的化学能经过燃烧产生热能，使气体膨胀做功，转变为机械能。燃烧过程的好坏，关系到能量转换效率的大小，从而直接影响柴油机的性能指标。本章着重介绍混合气形成和燃烧的一般原理。

第一节　燃料喷射与雾化

目前，在实际装车使用的柴油机燃油喷射系统中，主要有泵－管－嘴系统（又可细分为直列泵系统、分配泵系统、单体泵系统）、泵－喷嘴系统和高压共轨系统三大类。无论采用何种燃油喷射系统，均要求柴油机的燃料供给系统能在供油品质（喷油压力与喷油规律）、供油数量（喷油量的精确控制）、供油时间（喷油起始点与持续喷油时间）、工作可靠性等方面与整机匹配，以确保柴油机的动力性、经济性、可靠性和环保性能。

一、喷油泵速度特性及其校正

在直列泵供油系统中，应用最多，也最经典的是柱塞式喷油泵。如图 6-1 所示，当喷油泵油量控制机构（齿条或拉杆）位置固定时，每循环的供油量随转速变化的关系称为油泵的速度特性。每循环供油量随转速升高而增加，这是由于进、回油孔的节流作用引起的。理论上，当柱塞上端面关闭进油孔时才开始压油。而实际上当柱塞上端面还未完全关闭进油孔时，由于流通截面很小而时间极短，被柱塞挤压的燃油来不及通过油孔流出，压油已经开始使出油阀提早开启。同理，供油终了时，在回油孔开启若干开度内，由于这种节流作用，泵油室中燃油不能立即流出，仍维持较高压力，油泵继续供油，出油口自发延迟关闭。转速增高，供油速度加大，使供油开始得更早而结束得更迟。因此，供油时间随转速上升而增加，供油量也随转速上升而增加。这种油泵的速度特性并不符合发动机转矩曲线的要求。

柴油机的负荷变化是靠改变供油量来实现的，为了充分利用进入气缸的空气，以获得尽可能大的转矩，希望油泵的速度特性与充气效率 η_v 随转速 n 而变化的曲线相适应，使各转速下 α 值基本相同。图 6-2 所示为按这种要求确定的最佳油泵速度特性。在一定转速范围（一般由标定功率时转速起，图中 BA 段），供油量应随转速的降低而较快增加，以提高柴油机适应阻力变化的能力。为使现用柱塞式喷油泵的速度特性满足上述要求，必须对其进行适当改造，附设校正装置。

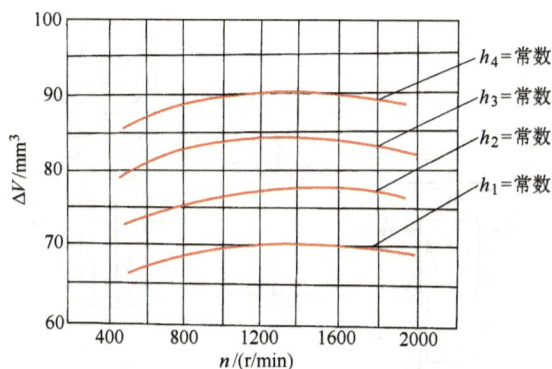

图 6-1　柱塞式喷油泵速度特性

h_1、h_2、h_3、h_4——不同油量调节拉杆位置

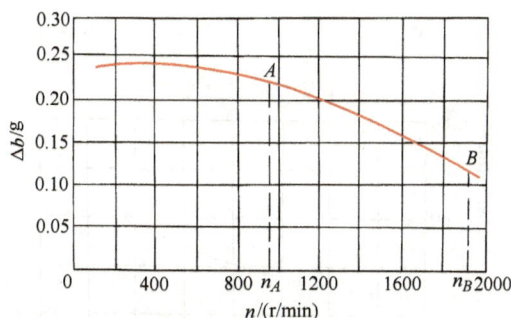

图 6-2　按冒烟特性确定的最佳油泵速度特性

油量校正装置的作用是当发动机在标定工况下工作时，如果转速因外界阻力矩不断增加而下降，喷油泵能自动增加循环供油量，以增大低速时的转矩，提高转矩储备系数。

目前常用的校正方法有两种：出油阀校正和弹簧校正。

1. 出油阀校正

目前常用的出油阀校正有以下三种形式。

（1）可变减压容积　柱塞式喷油泵，其供油量的多少大体上是与柱塞有效排量和减压容积之差成正比例的，如果减压容积能随转速的提高而增加，则供油速度特性将变得平坦。图 6-3a 中，在出油阀的尾部上开四条锥形槽，油槽尺寸向阀顶逐渐减小。当柴油机转速升高时，作用在出油阀下部的燃油压力及燃油流过通道时速度增大，使出油阀升程加大，在油管中所占的体积也增大。当供油终了时，由于节流作用，流通截面尚未关闭就已开始减压作用，转速越高节流作用越显著，出油阀的减压作用越早，高压管路中的减压容积也越大。在下一次供油时，必须以供油量中的一部分填满这一减压容积后，才能提高油管中的压力，使喷油器喷油。这样，实际上就减少了喷油量，使供油量随转速升高而减少。

由图 6-4 可知，这种校正阀的缺点是随转速的增高，喷油延迟比普通出油阀大，而且变化不规则，对选用供油提前角自动提前器不利。

（2）可变的减压作用　利用出油阀减压带凸缘与出油阀座内孔的不同间隙可以得到各种不同的减压作用，间隙在小油泵上为 $0.025 \sim 0.076$mm，在大油泵上可达 0.18mm。

a)   b)

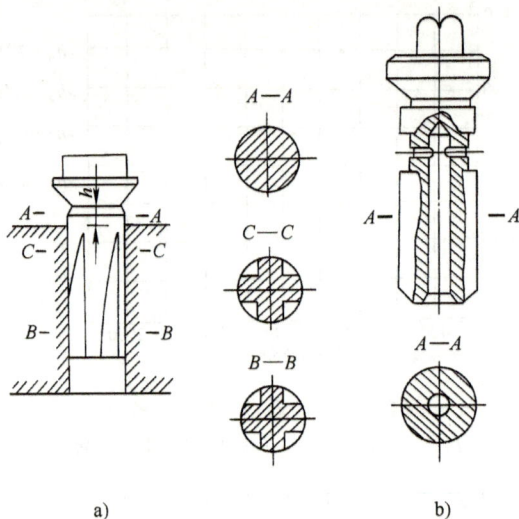

图 6-3　校正出油阀

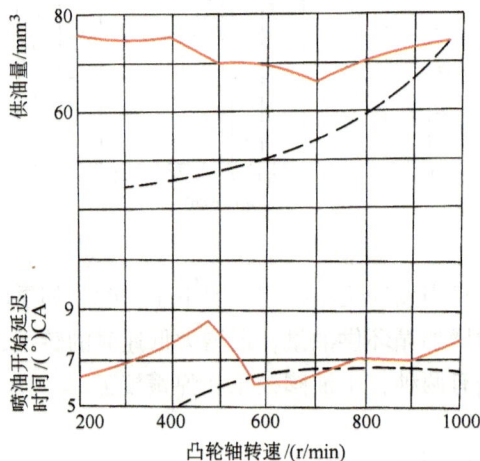

图 6-4　可变减压容积出油阀的供油
速度特性（应用轴针式喷油器）

──可变减压容积出油阀　----标准出油阀

这种减压方法在所有转速范围内出油阀的升程是一样的，当回油孔打开后，泵端油压迅速下降到油泵进油压力（即柴油机输送泵的出口压力值）。在减压带进入出油阀阀座后，即开始发生减压作用，把泵端压力抽成真空，这时喷油端的燃油迅速回流添补。与此同时，由于减压带和阀座之间有间隙存在，低压油腔内将可能有一些燃油回流到高压油管内，从而使减压作用有所削弱。在高速时，由于间隙的节流作用较大（即流体的动力阻力大，出油阀的上、下压差大），出油阀落座迅速，燃油回流高压油管的现象不明显，因此基本上完全减压。在低速时，正好相反，由于节流作用相对较小，出油阀落座时间相对增长，燃油回流高压油管的现象比较明显，减压效果削弱，残余压力升高，因此使每循环的供油量增加。图 6-5 所示为这种校正出油阀的供油速度特性的一个试验结果。

（3）出油阀节流　图 6-3b 表示在出油阀中开节流小孔，若不计出油阀的惯性，出油

阀处于某一升程时，应满足以下静力平衡的条件：出油阀弹簧力等于流体动力阻力，即

$$F_n + kh = \xi r_b v_H / 2$$

式中，F_n 为出油阀弹簧预紧力；k 为弹簧刚度；h 为升程；v_H 为燃油自小孔中流出的速度；ξ 为燃油在小孔中流动的局部阻力系数。

当转速增加后，流量增大，也就是 v_H 增大，方程式右边大于左边，因此出油阀升程 h 增大，从而达到新的平衡。这表明随着转速增高，出油阀升程也增高，从而增大了出油阀的回吸作用，因而使供油速度特性变得平坦。

根据大量试验，总结出节流小孔面积 S_0（mm^2）的经验公式为

$$S_0 = 0.2 + 39.2 \frac{\Delta b d^2 c_m}{F_n}$$

式中，Δb 为每循环供油量（g/循环）；d 为柱塞直径（cm）；c_m 为喷射期间柱塞的平均速度（m/s）；F_n 为弹簧预紧力（N）。

2. 弹簧校正

弹簧校正器的工作原理如图6-6所示。螺钉右端加装校正弹簧8，在原来固定螺母处改用一个小的挡头6，它不妨碍托板3的运动，但能挡住校正弹簧座7左移。

当调速器手柄放在靠近最大工作转速位置，油量调节机构也在最大供油量位置时，若外界阻力矩减小，柴油机转速增加，离心力轴向分力大于弹簧力，使托板3的位置在挡头6左面，这时校正弹簧顶在挡头6上，不起作用。若外界阻力矩增加，柴油机转速降低，离心力减小，托板3向右移，如果没有校正弹簧，托板3顶住固定螺母5，供油量便不可能再增加。若有校正弹簧8，托板3可越过挡头6，压缩校正弹簧，使油量调节拉杆1继续右移一小段距离，供油量相应增加，直到校正弹簧座7顶住固定螺母5后，校正器就不再起作用了。装有校正弹簧和不装校正弹簧两者的循环供量曲线对比如图6-7所示。

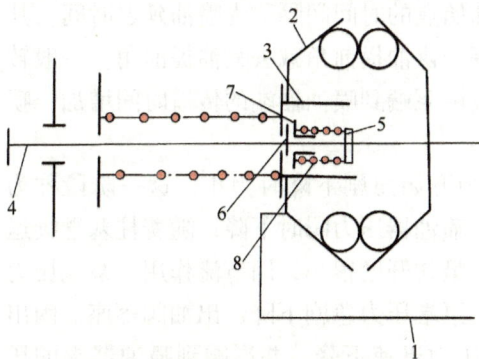

图6-5　可变减压作用出油阀在不同间隙时的供油速度特性

1—正常间隙　2—间隙 $\Delta = 0.025mm$
3—间隙 $= 2\Delta$　4—间隙 $= 4\Delta$

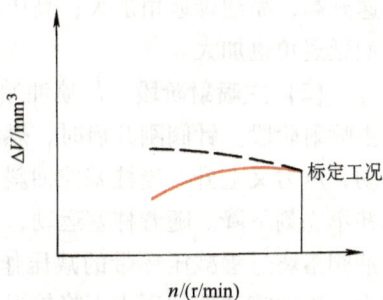

图6-6　弹簧校正器工作原理

1—油量调节拉杆　2—推力盘　3—托板
4—油量调整螺钉　5—固定螺母　6—挡头
7—校正弹簧座　8—校正弹簧

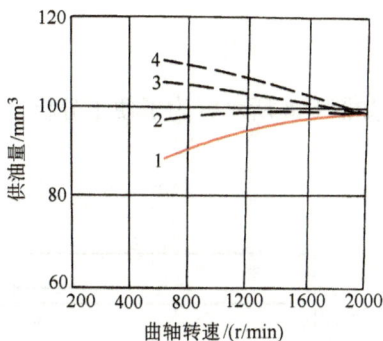

图6-7　弹簧校正器作用

----装有校正弹簧　——未装校正弹簧

二、燃料喷射过程

如图6-8所示，为了便于分析，将整个喷油过程分为三个阶段。

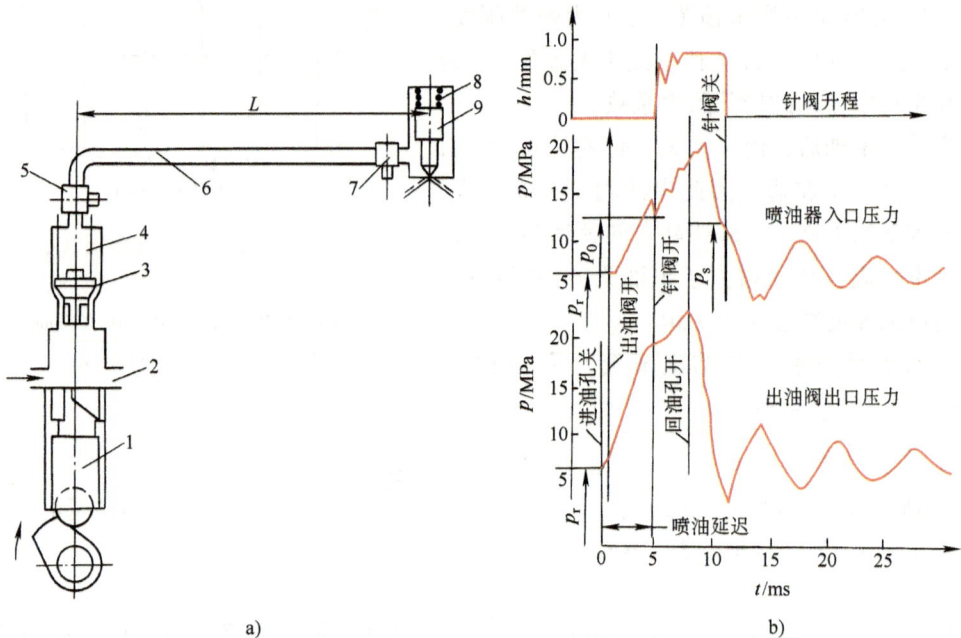

图6-8　喷油过程

1—喷油泵柱塞　2—进、回油孔　3—出油阀　4—出油阀弹簧
5、7—压力传感器　6—高压油管　8—针阀弹簧　9—喷油器针阀

(1) 喷油延迟阶段　从喷油泵压出燃油（供油始点）到喷油器针阀开始抬起（喷油始点）为止，这一阶段称为喷油延迟阶段。当柱塞关闭进油孔后，泵油室内燃油被压缩，油压开始升高，直到油压超过高压油管中的残余压力和出油阀的弹簧压力时，出油阀抬起，至减压环带完全脱离导向孔后，燃油才能进入高压油管，使泵端油管压力升高，并以压力波形式向喷油器端传播。当传播到喷油器针阀处的压力超过针阀的开启压力 p_0 时，针阀才打开，将燃油喷入气缸。从供油始点到喷油始点的时间间隔称为喷油延迟时间，其相应的曲轴转角称为喷油延迟角，即喷油延迟角等于供油提前角减去喷油提前角。一般转速升高，喷油延迟角加大；高压油管加长，压力波由泵端到喷油器端的传播时间增加，喷油延迟角也加大。

(2) 主喷射阶段　从喷油始点到喷油器端压力开始急剧下降时为止，这一阶段称为主喷射阶段。针阀刚开启时，燃油开始喷入气缸，喷油器压力瞬时下降，随着柱塞继续运动，压力又上升。当柱塞控油斜边打开回油孔时，最初开度很小，因节流作用，泵端压力并不立刻下降。随着柱塞运动，回流孔逐渐开大，泵端压力急剧下降，出油阀落座。因出油阀落座过程减压环带的减压作用，使高压油管压力迅速下降，并影响到喷油器端的压力，因此喷油器端压力下降较迟。绝大部分燃油是在这一阶段喷入气缸的，其时间长短主要与柱塞有效行程（即柴油机负荷）有关，其次，也受高压系统容积、出油阀减压作用等因素的影响。

（3）滴漏阶段　从喷油器端压力开始急剧下降到针阀完全落座（喷油终点）为止，这一阶段称为滴漏阶段。当喷油器端压力下降到针阀关闭压力后，针阀落座，停止喷油。这期间还有少量燃油从喷孔喷出，由于喷油压力降低，燃油雾化不良，故应缩短这一阶段。

三、供油规律和喷油规律

如图6-9所示，供油规律是单位时间内（或1°喷油泵凸轮轴转角内）喷油泵的供油量随时间（或喷油泵凸轮转角）的变化关系。它纯粹是由喷油泵柱塞的几何尺寸和运动规律确定的。

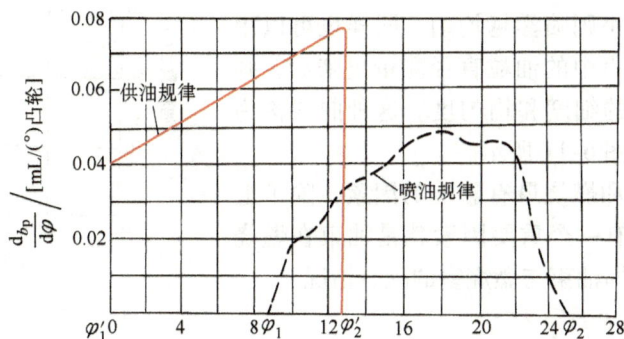

图6-9　供油规律和喷油规律的比较
（喷油嘴 ZSOSJ　$n_p = 750\text{r/min}$）

喷油规律是喷油速率，即单位时间内（或1°喷油泵凸轮轴转角内）喷油器喷入燃烧室内的燃油量随时间（或喷油泵凸轮转角）的变化关系。

供油规律与喷油规律之间存在着明显的差别，除了供油始点与喷油始点不同外，喷油持续时间较供油持续时间长，最大喷油速率较最大供油速率低，曲线形状也有一定的变化。

四、喷油的雾化及油束特性

将燃油分散成细粒的过程称为燃油的喷雾或雾化，它可以大大增加燃料蒸发的表面积，增加燃料与氧接触的机会，以达到迅速混合的目的。

1. 油束的形成及特性

燃料以很高的压力（40～120MPa）和很高的速度（100～400m/s）从喷油器的喷孔喷出，在高速流动时所产生的内部扰动及气缸中空气阻力的作用下，被粉碎成细小的油粒，其形如圆锥（见图6-10），这种大小不同的油粒所组成的圆锥体称为油束（或喷注）。油束本身的特征可用喷雾锥角、射程及雾化质量来说明。

（1）喷雾锥角 β　喷雾锥角与喷油器结构有很大的关系。对相同的喷油器结构，一般用 β 来标志油束的紧

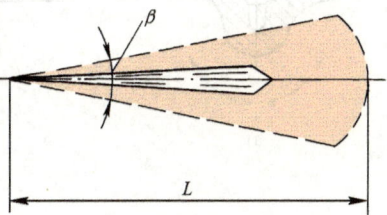

图6-10　油束形状

密程度。β 大说明油束松散，β 小说明油束紧密。

（2）油束射程 L　即油束的贯穿距离，也称为贯穿力。L 的大小对燃料在燃烧室中的分布有很大影响。如果燃烧室尺寸小而射程大，就会有较多的燃油喷到燃烧室壁上；反之，如果 L 过小，则燃料不能很好地分布到燃烧室空间，燃烧室中的空气得不到充分利用。因此，油束射程必须根据混合气形成方式的不同要求与燃烧室相互配合。

（3）雾化质量（雾化特性）　表示燃料喷散雾化的程度，一般是指喷散的细度和喷散的均匀度。燃料喷散得越细、越均匀，表明雾化质量越好。喷散细度可以用油束中油粒的平均直径来表示，平均直径越小，则喷雾越细。喷散的均匀度可用油粒的最大直径与平均直径之差来表示，直径差越小则喷雾越均匀。同样也可以用试验的方法，把油束中的油粒直径测量出来后，画成曲线来表示油粒的细度和均匀度。这种曲线称为雾化特性曲线，如图 6-11 所示。

对混合气形成和燃烧最有影响的因素，除了上述油束特性外，还有一个重要因素就是油束在燃烧室中的分布特性，即油束与燃烧室的配合情况。

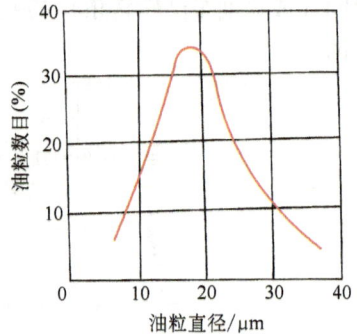

图 6-11　雾化特性曲线

2. 影响油束特性的因素

（1）喷油器结构　喷油器的结构不同，引起油束形成的内部扰动也不同，从而就产生不同形式的油束。油束要与燃烧系统密切配合，不同的燃烧方式要求不同形式的油束，因而就需要使用不同结构的喷油器。喷油器的主要结构形式如图 6-12 所示。图 6-12a 所示为多孔喷油器，用于对雾化质量要求较高的直接喷射式柴油机。在喷油压力和介质反压力不变及喷孔总截面积不变的条件下，增加喷孔数目，则每个喷孔的直径减小，燃料流出喷孔时将受到更大的节流作用，在喷孔内扰动也就相应增加，因此雾化质量提高（见图 6-13），如果喷孔直径加大，则油束核心稠密，射程增大。图 6-12b、c、d 所示为轴针式喷油器，其针阀头部升入喷孔中，而且针阀头部截面是变化的，可以由针阀头部的锥角大小来控制喷雾锥角。

（2）喷油压力　燃油的喷射压力越大，则燃油喷出的初速度就越大，在喷孔中燃油扰动程度及喷出喷孔后所受到的介质阻力也越大，从而使雾化的细度和均匀度提高，即雾

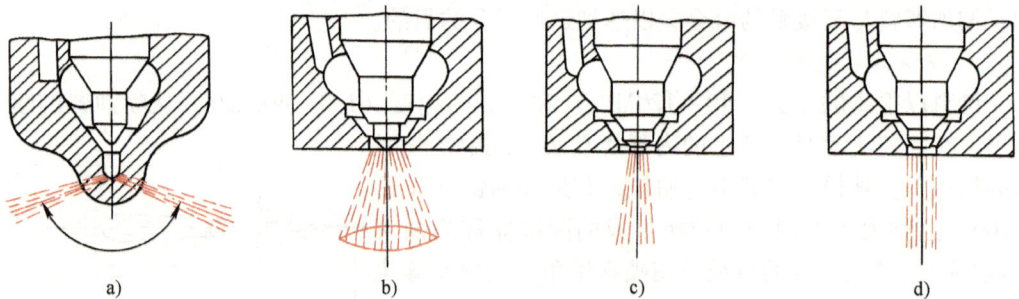

图 6-12　各种喷油器的结构

a）多孔喷油器　b）顺型的轴针式喷油器

c）圆柱形轴针式喷油器　d）倒锥形轴针式喷油器

化质量好（见图6-14）。喷油压力增加时，也使射程增加（见图6-15），喷油压力过高，则高压油管容易胀裂，喷油器容易磨损，对喷油管制造要求也越高。在喷油过程中，燃油的实际喷射压力是变化的，一般产品说明书上的喷油压力是指喷油器针阀开启压力。对机械式供油系统而言，高速柴油机喷油器的针阀开启压力一般在12~30MPa之间，而在喷油过程中，高压油管中的最高压力对一般柴油机可达50MPa，对高增压的中速柴油机甚至可达100MPa以上。

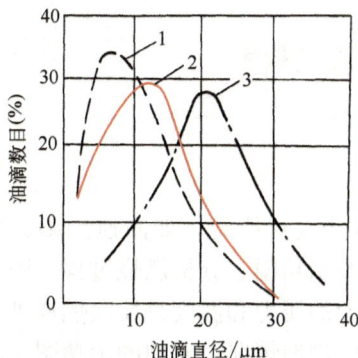

图6-13　喷孔直径对雾化特性的影响
1—喷孔直径4×0.4mm　2—喷孔直径2×0.57mm
3—喷孔直径1×0.57mm　（测试条件：喷射压力27.4MPa，
背压0.98MPa，喷油泵凸轮轴转速90r/min）

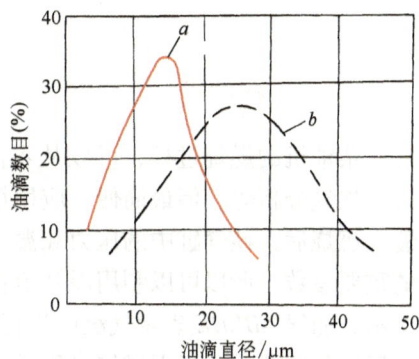

图6-14　喷油压力对雾化特性的影响
a—34.3MPa　b—14.7MPa

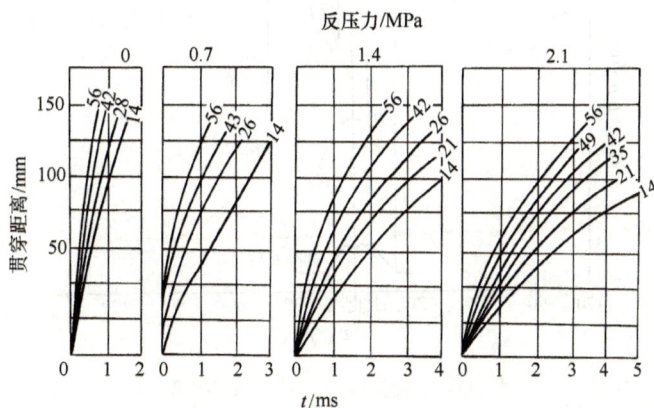

图6-15　不同喷油压力和反压力下，
油束射程随时间的变化关系

（3）介质反压力　反压力增加，使介质密度增大，引起作用在油束上的空气阻力增加，因此燃料雾化有所改善，喷雾锥角增加，并使射程减小（见图6-15）。在非增压的柴油机中，介质反压力在3.5~4MPa之间，变化不大，所以对油束特性影响并不显著。

（4）喷油泵凸轮外形及转速　当凸轮形状较陡或凸轮转速较高时，喷油泵的柱塞供油速度加快。由于喷油器喷孔的节流作用，燃油不能迅速流出，结果使油管中燃油压力增加，燃油从喷孔流出的速度也随之增大，因此雾化变好，油束射程和喷雾锥角均有所增加。

上述试验结果是在冷空气中进行喷射试验得到的。在实际柴油机中，油束的形成和发展是在温度较高的热空气中进行的，而且一切都在迅速变化：喷油泵以变速供油，喷油压力在变化；燃油喷入高压热空气中，空气的状态也因活塞压缩而不断变化。此外，燃烧室中空气有运动，燃油在蒸发，特别是喷油过程中，伴随有燃烧发生，这些因素互相影响，因此油束的形成和发展过程比较复杂。不过从上述稳定模拟试验中得出的试验结果，在一定程度上可以看出各因素对油束特性的影响情况。

第二节　柴油机的燃烧过程

一、燃烧过程

柴油机的燃烧过程，可以从不同的角度用各种方法进行研究，如高速摄影、光谱分析、抽气分析等，但最简便、应用最多的方法是从展开示功图上分析燃烧过程。因为燃料着火燃烧后，使气缸中的压力和温度不断升高，气缸中的压力和温度是反映燃烧进行情况的重要参数，所以可以利用展开示功图分析燃烧过程的进展情况。典型的示功图如图6-16所示，曲线 ABCDE 表示气缸中进行正常燃烧的压力曲线，ABF 表示气缸内不进行燃烧时的压缩膨胀曲线。根据燃烧过程进程的实际特征，一般把燃烧过程划分为四个阶段。

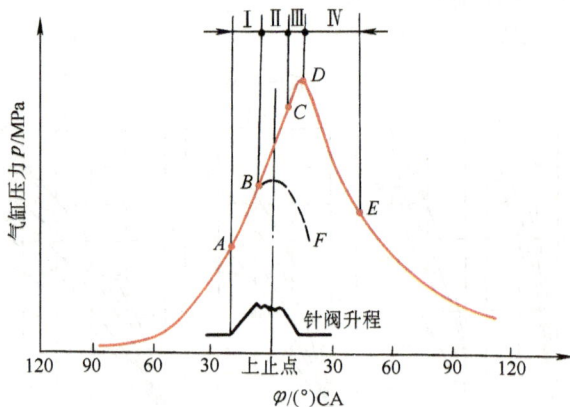

图 6-16　柴油机的燃烧过程示功图

1) 第 I 阶段，着火延迟阶段（AB 段）。在压缩过程中，气缸中空气压力和温度不断升高，燃料的着火温度因压力升高而不断下降。在上止点前 A 点喷油器针阀开启，向气缸喷入燃料。这时气缸中的空气温度达 600℃，远远高于燃料在当时压力下的自燃温度，但燃料并不立即着火，而是稍有落后，即到 B 点才开始着火燃烧，压力开始急剧升高，B 点相当于气体压力曲线与纯压缩曲线分离的地方。从喷油开始（A 点）到压力开始急剧升高时（B 点）为止，这一段时间称为着火延迟时期或滞燃期。在着火延迟期，喷入气缸的燃料经历一系列的物理、化学变化过程，包括燃料雾化、加热、蒸发、扩散与空气混合等物理准备阶段及着火前的化学反应准备阶段。着火延迟期以"曲轴转角"表示，可以从示功图上直接测定。滞燃期时间虽短，但对整个燃烧过程影响很大，它直接影响第 II 阶段的燃烧。

2）第Ⅱ阶段，即压力急剧上升的 BC 阶段，称为 速燃期。在这一阶段中，由于在着火延迟期内喷入气缸的燃料几乎一起燃烧，而且是在活塞靠近上止点附近、气缸容积较小的情况下燃烧，因此气缸中压力升高特别快。一般用平均压力升高率 $\Delta p/\Delta \varphi$ 来表示压力升高的急剧程度，即

$$\frac{\Delta p}{\Delta \varphi} = \frac{p_C - p_B}{\varphi_C - \varphi_B}$$

平均压力升高率决定了柴油机运转的平稳性。如果平均压力升高率太大，则柴油机工作粗暴，运动零件受到很大的冲击负荷，发动机寿命就会显著缩短。为了保证柴油机运转的平稳性，平均压力升高率不宜超过 $0.4 \sim 0.6 MPa/（°）CA$。

3）第Ⅲ阶段，从压力急剧升高的终点（C 点）起到压力开始急剧下降的 D 点为止，称为 缓燃期。这一阶段的燃烧是在气缸容积不断增加的情况下进行的，所以燃烧速度必须很快才能使气缸压力稍有上升或几乎保持不变。有些发动机在缓燃期燃料仍在继续喷射，如果所喷入的燃料是处在高温废气区域，则燃料得不到氧气且容易裂解而形成炭烟；如果燃料喷到有氧气的地方，则此时由于气缸中温度很高，化学反应很快，着火延迟很短，喷入燃料很快着火燃烧。但这时如果氧气渗透不充分，过浓的混合气也容易裂解形成炭烟。因此，在缓燃期，如何加强空气运动，加速混合气形成，对保证在上止点附近迅速而完全地燃烧有重要作用。

4）第Ⅳ阶段，从缓燃期的终点（D 点），到燃料基本完全燃烧时（E 点）为止，称为 后燃期。在柴油机中，由于燃烧时间短促，燃料和空气的混合又不均匀，总有一些燃料不能及时烧完，拖到膨胀线上继续燃烧。特别是在高速、高负荷时，由于过量空气少，混合气形成和燃烧时间更短，后燃现象比较严重，有时甚至一直继续到排气过程之中。在后燃期，因为活塞在下行，燃料在较低的膨胀比下放热，所放出的热量不能有效利用，并增加了散往冷却液的热损失，使柴油机经济性下降。此外，燃料后燃增加活塞组的热负荷并使排气温度升高，所以应尽量减少燃料过后燃烧。

二、燃烧放热规律

单位曲轴转角的放热量（或称为放热速度）随曲轴转角的变化关系称为放热规律。放热规律决定了气缸中压力变化的过程，由此影响柴油机的热效率、噪声和零部件所承受压力的峰值。不同类型柴油机的放热规律曲线形状不同，图 6-17 所示为一典型直喷式燃烧室柴油机放热规律的三个阶段。

由曲线可以看到，在燃烧期内，放热过程明显分为三个阶段：第Ⅰ阶段 ab 为预混合燃烧阶段，放热率一般都很高，历时约 3°~7°（CA），与燃烧过程的速燃期相对应。第Ⅱ阶段 bc 为扩散燃烧阶段，热效率逐渐下降，本阶段约为 40° 曲轴转角，为主要放热阶段。第Ⅰ、Ⅱ阶段放热量通常为总放热量的 80% 左右。第Ⅲ阶段 cd 为放热的"尾巴"，它可能延及整个膨胀行程，其放热量可达总放热量的 20%。

实际柴油机的放热规律是很复杂的。为了便于分析，假定按照四个简单放热规律进行分析计算，计算结果如图 6-18 所示。四种放热规律都是在上止点开始放热，而在上止点后 40°（CA）终止，即燃烧持续时间为 40°（CA）。图中曲线 a 初期放热多，压力迅速上升，最高燃烧压力为 8MPa，此时热效率为 52.9%；曲线 d 初期放热少，由于是在容积不

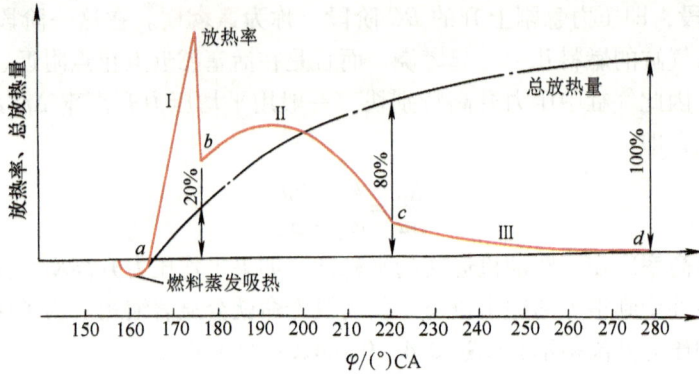

图 6-17　典型直喷式燃烧室柴油机放热规律的三个阶段

断增大的情况下放热，放热导致的气体压力升高小于膨胀导致的气体压力下降，所以压力反而下降，此时热效率最低，为 45.4%；曲线 b、c 则介于两者之间。如果放热规律相同，而放热开始的时刻或放热持续时间不同，也可进行分析计算。计算表明，它们对工作过程的参数也有较大影响。如果燃烧持续时间为 40°（CA），而不论放热规律如何皆在其最有利的时刻开始放热，则热效率差别很小，只是 $\Delta p/\Delta \varphi$ 变化较大。

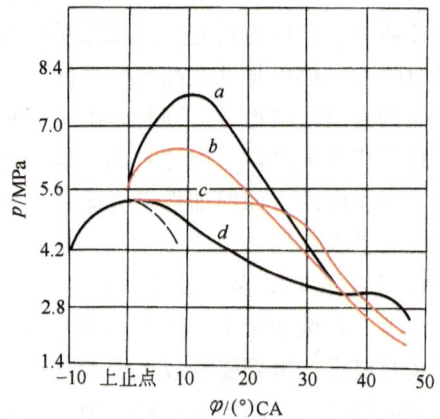

理论分析和试验研究使人们认识到开始放热的时刻、放热规律和放热持续时间是燃烧过程的三个主要因素，它们对柴油机性能

图 6-18　不同放热规律对性能的影响

的影响主要表现在循环热效率和最高燃烧压力两个方面。为了减少燃烧噪声及降低机械负荷，希望降低压力升高率及最高燃烧压力；而欲使柴油机有较高的效率（即有较好的经济性），则希望燃料尽量在上止点附近燃烧。降低 $\Delta p/\Delta \varphi$，就意味着较多的燃料不在上止点附近燃烧，其结果使燃烧过程拉长，柴油机热效率下降，比油耗增高。因此，降低燃烧噪声（使柴油机平稳运转）与提高经济性（使柴油机经济运转）之间往往是矛盾的。如何解决这个矛盾，保证柴油机运转既平稳又经济，是组织柴油机燃烧过程所要解决的主要问题之一。比较合适的放热规律是希望燃烧先缓后急，即开始放热要适中，满足运转柔和的要求；随后燃烧要加快，使燃料尽量在上止点附近燃烧。一般燃烧持续时间不应超过上止点后 40°（CA），以满足经济运转的要求。

第三节　可燃混合气的形成与燃烧室

柴油机所用的燃料是柴油。因为柴油不容易蒸发，所以柴油机是采用内部混合的方式形成可燃混合气，也就是借助喷油设备（喷油泵、喷油器），将燃油在接近压缩终了的时刻喷入气缸。柴油通过喷油器的高压喷射，分散成数以百万计的细小油滴，其直径在

$1 \times 10^{-3} \sim 50 \times 10^{-3}$ mm之间。这些细小油滴在气缸中与高温高压的热空气混合，经过一系列物理化学准备，然后着火燃烧。混合与燃烧是重叠进行的，一边喷油一边燃烧。为了保证柴油机良好的性能，燃烧必须在上止点附近迅速完成，不得拉长。为此，要求喷油持续时间只有 $15° \sim 35°$（CA），对 1500r/min 的柴油机来说，也就是只有 $0.0017 \sim 0.004$s。在这样极短时间里，如果不采取适当的措施来保证及时形成可以迅速燃烧的混合气，要获得良好的燃烧过程是不可能的。所以，柴油机的混合气形成与燃烧是紧密联系的，混合气形成对燃烧过程有决定性的影响。在柴油机发展过程中，人们提出了各种不同的混合气形成方式，但基本上是两种形式：

（1）空间雾化混合　将燃料喷向燃烧室空间，形成雾状混合物。为了使混合均匀，要求喷出的燃油要与燃烧室形状相配合，并利用燃烧室中空气的运动。

（2）油膜蒸发混合　将大部分燃油喷射到燃烧室壁面上，形成一层油膜。油膜受热汽化蒸发，在燃烧室中强烈的旋转气流作用下，燃料蒸气与空气形成均匀的可燃混合气。

在小型高速柴油机中，燃油或多或少会喷到燃烧室壁上，所以两种混合方式都兼而有之，只是多少、主次有所不同。目前，多数柴油机仍以空间雾化混合为主，球形燃烧室柴油机则以油膜蒸发混合为主。

一、直喷式燃烧室

直喷式燃烧室是指整个燃烧室在由气缸盖底平面、活塞顶面及气缸壁所形成的统一空间内。活塞顶上均开有深浅不同、形状各异的凹坑，如图 6-19 所示。按凹坑深浅，它可分成开式（燃烧室喉口直径 d_k 及活塞直径 D 的比值 $d_k/D = 0.8$ 以上）和半开式（$d_k/D = 0.35 \sim 0.65$）两类。

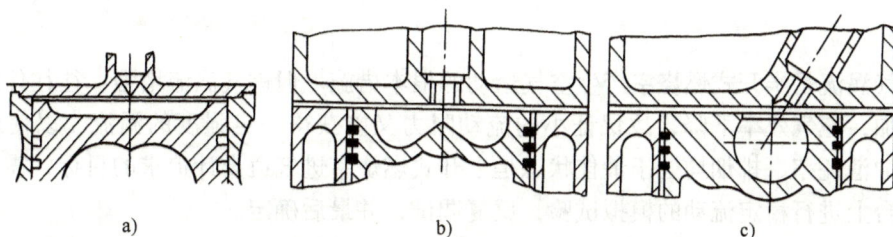

图 6-19　直喷式燃烧室
a) 开式　b)、c) 半开式

开式燃烧室的混合气形成主要靠油束与燃烧室形状相配合，不组织空气运动或辅以微弱的空气运动。这种燃烧室空气利用率低，但经济性好，主要用在大中型柴油机上。目前汽车、拖拉机柴油机上多采用半开式燃烧室。

1. 半开式燃烧室的空气涡流运动

在半开式燃烧室中必须组织一定强度的空气涡流运动。随着柴油机转速的不断提高以及过量空气系数 α 的降低，混合气形成条件更加苛刻，空气涡流运动是加速混合气形成的有效手段，也是保证直喷式燃烧室燃烧完善的重要条件。直喷式燃烧室产生空气运动的方法有以下两种。

（1）进气涡流　在气缸盖上采用特殊形状的进气道使空气进入气缸时形成绕气缸中心线的旋转运动，即可产生进气涡流。产生进气涡流的主要方法是：

1）切向气道。如图6-20所示，其特点是气道母线与气缸相切，气道形状较平直，在气门前强烈收缩，气流通过切向气道时速度越来越快，并且沿切线方向进入，在气缸壁上转向，产生绕气缸中心线的气流旋转运动。其优点是结构简单，流动阻力较小，缺点是对气口位置比较敏感。

2）螺旋气道。如图6-21所示，把气门座上方的气道内腔做成螺旋形，气流经气门座时，一部分在气道内部形成绕气门中心的旋转运动，其强度与气道本身结构有关；另一部分近于切向气流，顺着气缸壁绕气缸中心线旋转。其强度与气道相对于气缸的布置有关，加上轴向分速度，实际上是一种沿螺旋线推进的涡流运动。不同形式的螺旋气道，两股气流的配合情况各不相同，但在压缩行程接近终了时，涡流均接近一个螺体旋转。由于螺旋气道能产生较强的进气涡流，因此被广泛应用在高速柴油机上。其缺点是制造工艺要求高，调试工作量较大。

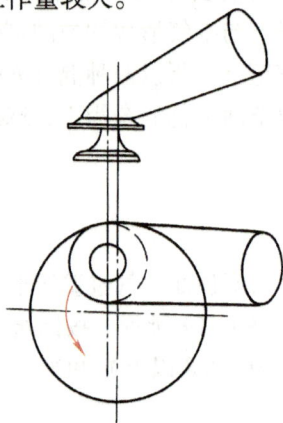

图6-20　切向气道　　　　图6-21　螺旋气道

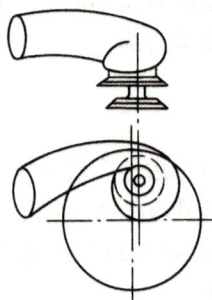

进气涡流是半开式燃烧室产生空气运动的根本措施。但进气涡流增强，往往伴随进气阻力增加，充气效率下降，故保证小的流动阻力又能获得一定强度的涡流，以使最大功率、燃油消耗率、排烟均处于最佳状态是半开式燃烧室进气道设计追求的目标，需要在气道试验台上进行稳定流动的模拟试验，反复调试，并最后确定。

(2) 挤流　如图6-22所示，在压缩行程后期，活塞接近上止点时，活塞顶平面上的环形空间的空气被挤入活塞顶凹坑的燃烧室内，造成空气的涡流运动（见图6-22a、b）称为**挤流**。当活塞下行时，燃烧室内的空气又要返出形成较强的**逆挤流**（见图6-22c）。逆挤流可将燃烧室口浓的混合气或炭烟冲上去烧掉。燃烧室喉口直径 d_k 及挤气间隙 S_0 越小，则挤流越强。

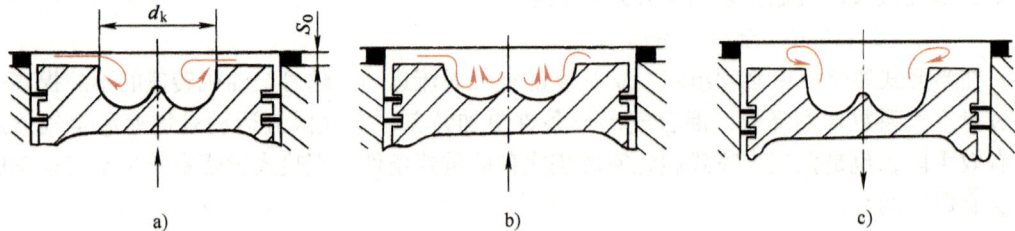

a)　　　　　　　　　　b)　　　　　　　　　　c)

图6-22　挤流
a）无进气涡流或涡流不强时的挤流　b）进气涡流强时的挤流　c）逆挤流

挤流与进气涡流相比，它不影响充气效率。但其强度较小，且不能维持较长时间，约在上止点前后4°~7°（CA）时速度最大，随着活塞向下运动，很快减弱消失，故它常配合进气涡流起作用。

2. 以 ω 形为代表的半开式燃烧室

这种燃烧室 $d_k/D = 0.4 ~ 0.65$，形状很多。图6-23所示为 ω 形半开式燃烧室。半开式燃烧室混合气形成特点是一方面依靠燃油在空气中的雾化和推进来实现，另一方面组织一定强度的进气涡流，加速混合气形成。一般采用3~5孔的多孔喷油器，将大部分燃料均匀分布到燃烧室空间，喷注具有一定的贯穿力，锥角较大，雾化较好，使燃料能很快蒸发并与空气混合。大多数喷注着火时穿透率在1.05左右，过度穿透使部分燃油冲击室壁后形成燃油再分布。

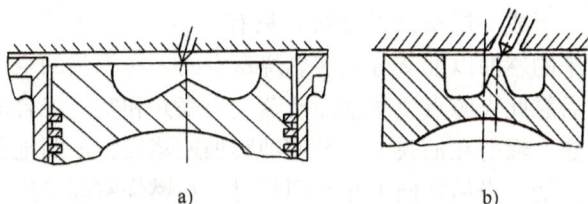

a)   b)

图6-23 ω 形半开式燃烧室
a) 浅坑 ω 形半开式燃烧室 b) 深坑 ω 形半开式燃烧室

主要结构参数——凹坑内燃烧室容积与压缩容积之比 $V_k/V_c = 0.75 ~ 0.85$，应尽可能加大此比值，以提高空气利用率。因为这种燃烧室混合气形成和燃烧主要在 V_k 内进行，余隙容积（包括活塞顶间隙容积、气门凹坑、第一道活塞环上的侧隙等）中的气体一般不起作用。减少挤气间隙 S_0、加大行程与缸径的比值，均可适当提高 V_k/V_c 值，并可减少相对散热面积，加强挤流，有利于混合气形成和燃烧。

d_k/D 的大小要与喷注射程、涡流强度互相配合。如果 d_k/D 较小，喷注射程较大，而进气涡流较弱时，就有相当多的燃油直接喷到燃烧室壁上；如果进气涡流较强，或者 d_k/D 较大，喷注射程较小，则喷到壁面上的燃油减少，甚至喷注达不到壁面，这时空间分布的燃料增多。

这种燃烧室的特点是燃烧室基本统一在一个空间内，结构简单，相对散热面积小（即燃烧室表面积和其容积之比小），可以获得较高的经济性，一般全负荷的燃油消耗率低于240g/（kW·h），最低可达204g/（kW·h）。由于散热面积小，压缩终点温度上升快，压缩比也较低，约为15~17。它的低温起动性好，深受用户欢迎。

为使喷注均布于燃烧室，这种燃烧室多采用长型多孔喷嘴，喷孔数为3~5个，喷孔直径为0.25~0.4mm，喷孔夹角为140°~160°，针阀开启压力为20MPa左右。这对燃油喷射系统及燃料要求较高，喷孔易堵塞，油泵、喷油器易磨损。

采用这种燃烧室时，大部分燃料分布在燃烧室空间内且具有一定的喷雾质量，所以滞燃期中形成的可燃混合气量较多，使 $\Delta p/\Delta \varphi$ 和 p_z 值较高，柴油机工作粗暴。

过量空气系数 α 在1.3以上，对转速变化较敏感，多用于3600r/min以下的柴油机。

因气体温度较高，空气在高温停留的时间又长，故 NO_x 排放量高，比分隔式燃烧室大1/3~1/2。

直喷式燃烧室因经济性好，在汽车拖拉机上应用日益扩展，在 $D > 100mm$ 的柴油机上基本采用直喷式燃烧室。

3. 其他形式半开式燃烧室

（1）球形油膜燃烧室　这种燃烧室 $d_k/D = 0.35 \sim 0.45$。在活塞顶上有一较深的球形或椭球形凹坑，如图 6-24 所示。采用双孔喷油器（孔径 $0.3 \sim 0.5mm$）或单孔喷油器（孔径 $0.5 \sim 0.7mm$）。一般均配有螺旋气道产生强进气涡流，应用油膜蒸发方式形成混合气。

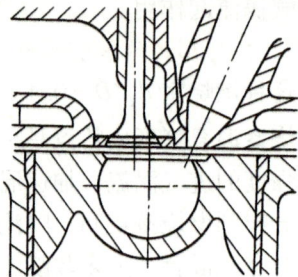

图 6-24　球形燃烧室

油膜蒸发形成混合气（或称 M 过程）是将大部分燃油顺气流方向喷向燃烧室壁面，在空气涡流的作用下燃油涂在燃烧室壁上，形成一层很薄的油膜。只有一小部分从油束中分散出来的燃油以油雾分散在燃烧室空间，在炽热的空气中，首先完成着火准备，形成火源。然后靠此火源点燃从壁面已蒸发出来并和空气混合的可燃混合气，随着燃烧进行，产生大量热，辐射在油膜上，又使油膜加速蒸发，不断地和室壁附近高速旋转气流混合，达到迅速燃烧。当活塞向下止点回行时，在燃烧室球口边缘又形成很强的反涡流，壁面上如果残存有细油，可被气流卷起很快烧掉。

控制燃烧室壁面温度和喷在壁面上的油量，可以抑制燃烧前期的反应，控制燃烧过程的进度。

这种燃烧过程打破了液态燃料碰到燃烧室壁会使燃烧不完全这种观念的束缚，从而建立了一种新的概念——利用壁面来改善和控制燃烧过程。

在这种燃烧过程中，由于只有少数燃油喷在空间作为引燃，而大部分燃油涂在温度较低的燃烧室壁面上，一方面使着火延迟期中形成的可燃混合气数量减小，$\Delta p/\Delta \varphi$ 值较低，柴油机工作柔和噪声小；另一方面抑制了燃油在燃烧前的热裂解，减少黑烟形成。只要能控制好进气涡流和室壁温度，合理配置燃油喷注，就可以保证壁面燃油不断迅速蒸发，形成良好混合气，减少液体燃油在高温缺氧的条件下裂解成炭烟。图 6-25 分别给出了球形燃烧室燃烧放热规律和直喷式燃烧室的放热规律。比较可见，球形燃烧室燃烧过程燃烧初期的放热率较低，而燃烧后期放热率大，保证工作柔和及经济性好。目前个别球形油膜燃烧室柴油机在不增压时 p_{me} 可达 $0.9 \sim 1MPa$，$b_e = 217g/kW \cdot h$，$\alpha = 1.1$。此外还能使用多种燃料，使发动机的燃料适应性大为改善。

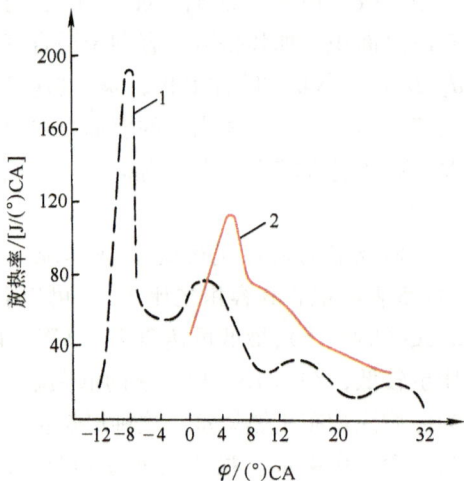

图 6-25　球形燃烧室和直喷式燃烧室的放热规律
1—直喷式　2—球形

球形油膜燃烧室的缺点是对突变负荷及增压的适应能力较差；低速性能也不太好，冷烟多，因为转速低、负荷小时，壁温较低，涡流较弱，壁面上燃油蒸发困难。它还对进气

道、燃油喷射系统和燃烧室结构参数之间的配合要求很高，制造工艺必须严格控制，使用稳定性较差。

（2）复合式燃烧室 这类燃烧室 $d_k/D \approx 0.4$，采用中等或强的进气涡流及 1～2 孔的喷油器，将大部分燃油喷在壁面附近形成混合气层，为空间油膜混合。我国 105 系列柴油机即是这种类型，如图 6-26 所示。燃烧室位于活塞顶上正中心，形状如"U"形，采用 ZS4S1 型轴针式喷油器，喷油方向基本上与空气涡流运动方向垂直，只有一个很小的角度（7°）的顺气流趋向，配有螺旋进气道。

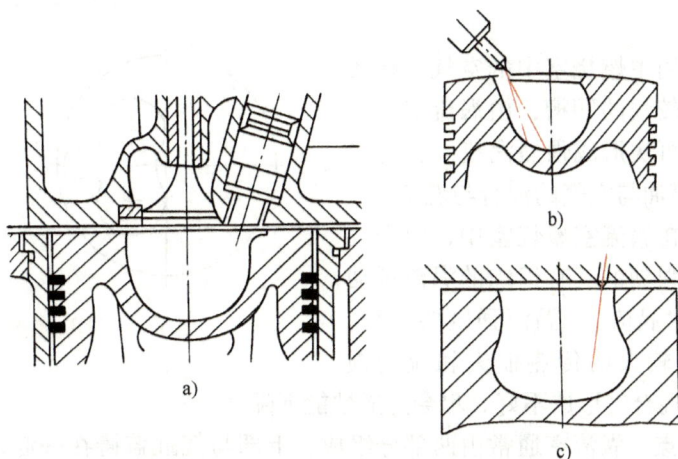

图 6-26　105 系列柴油机的燃烧室
a）105 系列复合燃烧室　b）FL413 斜柱形　c）6VD12.5/12H 过程

当柴油机转速较高时，气流涡流运动较强，在气流带动下，沿壁面分布的燃料增多，具有油膜燃烧的特点。而在低速运转或起动时，进气涡流减弱，空间分布的燃料增多，就较多地具有空间燃烧过程的特点，改善了冷起动性能和低速烟度特性。

二、分隔式燃烧室

分隔式燃烧室是指整个燃烧室分隔在两个空间，主燃烧室设于活塞顶上，副燃烧室则在气缸盖内，其间用通道相连。

1. 涡流室燃烧室

涡流室燃烧室的结构如图 6-27 所示，在气缸盖与活塞顶之间的空间是主燃烧室，在气缸盖中的容积 V_k 称为涡流室。一般涡流室占整个燃烧室容积 50% 左右，涡流室与主燃烧室之间有一个或数个通道相连。通道截面积约为活塞面积的 0.9%～3.5%（V_s 较小，活塞顶上有凹坑的柴油机上取 0.9%～1.5%），通道方向与活塞顶成一定的角度并与涡流室相切，燃油喷射到涡流室内，顺空气涡流方向喷射。

（1）混合气形成 在压缩过程中，活塞迫使空气经过通道流入涡流室，形成强烈的、有组织的压缩涡流运动。这种涡流运动伴随着柴油机转速的提高，其强度也增加。当燃油顺涡流方向喷入燃烧室时，在气流作用下，燃油被带向燃烧室外围。其中部分燃油分布在

壁面上，在通道口附近靠近壁面处着火。在强烈的涡流作用下，由于燃烧产物的密度比空气小，所以被卷向涡流室中央，而把在中央较重的新鲜空气不断压向四周形成良好的"热混合"。当涡流室中燃油着火后，涡流室中的气体压力、温度迅速升高，室内燃气带着未燃的燃油、空气一起经通道高速流到主燃烧室中，而且壁面附近的过浓混合气首先从涡流中喷出。

为了充分利用主燃烧室中的空气，在活塞顶上多开有比较浅的凹槽，由涡流室喷出的气体进入凹槽再次形成强烈涡流（称为二次涡流），加速燃油与空气的混合与燃烧。

由此可见，在涡流室燃烧室中，混合气形成主要靠空气强烈的、有组织的涡流运动（压缩涡流与二次涡流）。涡流强度要适度，涡流太强，引起较大的传热损失和流动损失；涡流太弱，混合气形成不好，也会造成性能下降。

图 6-27　涡流室燃烧室

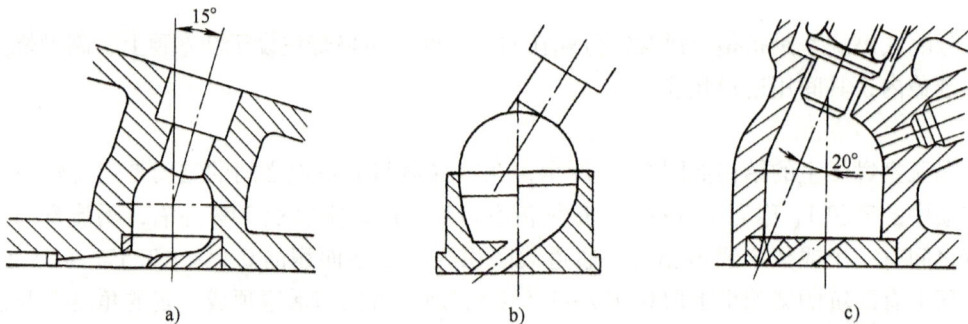

（2）结构特点　涡流室通常由两部分组成，上部与气缸盖铸在一起，下部（包括连接通道）由耐热钢制成，称为"保温镶块"。镶块与缸盖之间保持一定的间隙（一般为0.1mm），以使镶块表面具有一定的高温，便于对空气加热，同时也减少了散热损失。另外镶块可以单独加工，便于提高光洁度、减少流动损失，也易于准确控制其容积。图6-28所示为三种有代表性的涡流室形状，其中锥形平底（称为彗星V号）及其变型应用最多。将涡流室做成平底对涡流强度有减弱作用，使气流造成死区，不仅有利于起动，而且可以提高性能。

连接通道的截面形状有豆形、椭圆形或弯月形等。调整通道的位置和方向以及通道截面的大小，可以控制涡流强度。

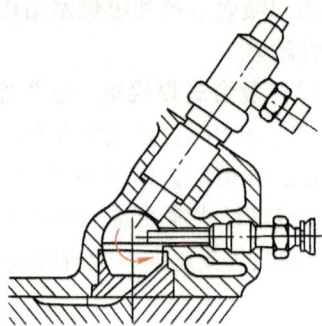

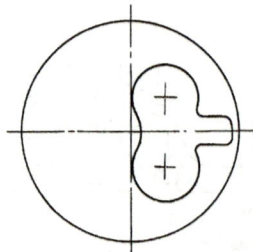

图 6-28　涡流室形状

a) Perkins S499　b) 锥形平底（彗星 V）　c) 柱形平底

为充分利用主燃烧室中的空气，常在活塞顶上开有导流槽和凹坑，引导气流形成涡流运动。图6-29所示为两种常见的涡流室主燃烧室形状的示意图。

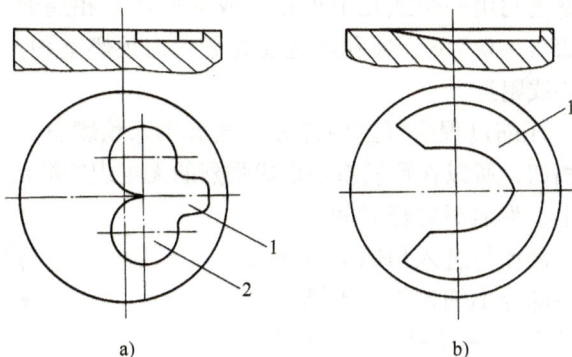

图6-29　涡流室主燃烧室形状示意图
a）双涡流主燃烧室　b）铲形主燃烧室
1—导流槽　2—双涡流凹坑

（3）主要优缺点　由于强烈的空气涡流运动，保证了较好的混合气质量，空气得到较充分的利用。因此，过量空气系数 α 较小，平均有效压力较高。一般 $\alpha = 1.2 \sim 1.3$，最低可到1.1。

这种燃烧室对喷雾质量要求不高，可用单孔轴针式喷油器，孔径为1mm左右；针阀开启压力较低，约为 $12 \sim 14$MPa，降低了对燃油供给系统的要求，减少喷油器堵塞现象。

这种燃烧室对转速变化不敏感。转速升高，气流的涡流运动也加强，因此高速性好，最高转速可达5000r/min，广泛应用于小型高速柴油机上。由于利用的是压缩涡流和二次涡流，故对进气道没有特殊要求与限制，对减小进气阻力、提高充气效率有利。

这种燃烧室的 $\Delta p / \Delta \varphi$ 和 p_z 较低，运转平稳；排气污染小；易于调试；使用性能稳定。

相对散热表面积较大，而且直接与冷却液接触，致使散热损失较大。气体二次经过通道节流，流动损失也较大。因此，这种燃烧室的燃油消耗率较高，经济性不如直喷式燃烧室。

采用这种燃烧室的发动机冷起动困难，除要求较高的压缩比外，还需要起动辅助装置。一般压缩比为 $18 \sim 23$，缸径越小，转速越高，选取的压缩比越大。

涡流室通道经常有高温燃气流动，通道口热负荷很高，容易引起热裂等毛病，影响柴油机工作可靠性。

2. 预燃室燃烧室

预燃室燃烧室构造如图6-30所示，整个燃烧室由位于气缸盖的预燃室与活塞上方的主燃室两部分组成。预燃室结构形式很多，常用长圆筒形或长阶梯形。一般预燃室都是由耐热钢制成单独零件，装在缸盖上，并保持很高工作温度。在高速小型柴油机上，为保证

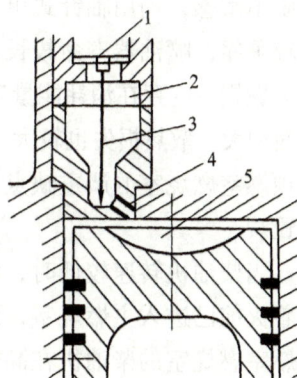

图6-30　预燃室燃烧室
1—喷油器　2—预燃室　3—油束
4—通道　5—主燃烧室

足够气阀通路面积，预燃室总是倾斜布置或偏向一旁。预燃室容积 V_k 仅占整个燃烧室容积 V_c 的 30% ~ 40%。

在预燃室和主燃室之间用一个或几个小孔（或称喷孔）相连通，小孔总截面积与活塞截面积之比只有 0.25% ~ 0.7%，通孔配置要充分考虑预燃室和主燃室中的空气利用。喷油器安在预燃室中心线附近。

（1）混合气形成　压缩过程中气缸内部分空气被压入预燃室，由于连接通道截面积很小，且不与预燃室相切，所以在预燃室中形成强烈的无组织的湍流。

燃油喷入预燃室中，为缩短燃烧时间，要求燃油喷到通孔附近，并避免与进入预燃室的气流正面相撞。气流只将一部分小细粒带向预燃室的上部空间，燃油的着火发生在预燃室上部空间。着火后，预燃室内压力、温度迅速上升。利用这部分燃料的燃烧能量，将集中于下部通道口附近已受预热的燃油，高速喷向主燃烧室。这样，不仅使燃油得到很好的雾化，并且配合主燃烧室形状，再形成很强的涡流（称为燃烧涡流），使大部分燃油在主燃烧室中迅速混合燃烧。由于通道小孔的节流作用，主燃烧室压力的上升比预燃室

图 6-31　由主燃烧室及预燃室测定的示功图
1—主燃烧室的压力　2—预燃室的压力

低且慢，其最大压力差约为 0.6 ~ 1MPa，最高流速达 500 ~ 600m/s。图 6-31 所示为由主燃烧室及预燃室燃烧室测定的示功图。

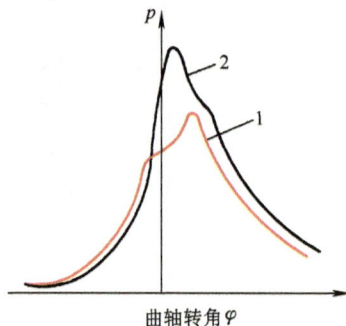

（2）主要优缺点　由于预燃室与主燃烧室连接通孔的截面积小，气体二次通过产生强烈的节流，使主燃室压力上升缓慢，$\Delta p/\Delta \varphi$ 和 p_z 值低。非增压柴油机一般 p_z = 4 ~ 6.5MPa，在相同功率下比直喷式小 25% ~ 30%，所以工作柔和，噪声小。

预燃室燃烧室混合气形成主要依靠燃烧涡流，故对燃油系统的要求低，对转速及燃油品质不敏感，均用轴针式单孔喷嘴，针阀开启压力约为 8 ~ 12.5MPa。所以燃油系统工作比较可靠，喷油器寿命较长，有适应多种燃料的能力。

燃烧室内存在消耗能量较大的湍流运动，流动损失比涡流室燃烧室更大。而且燃烧室散热面积大，散热损失也较大。因此，经济性差、燃油消耗率高 [b_e = 250 ~ 285g/(kW·h)] 是预燃室燃烧室的严重缺点。冷起动困难，压缩比较高，一般为 18 ~ 22，需要起动辅助装置。

当柴油机转速较低时，流入预燃室的气体速度降低，油束贯穿力增加，相当多的燃油在着火前已进入主燃烧室，致使主燃烧室初期燃烧油量增多，压力升高率大。因此，采用预燃室燃烧室的柴油机在高转速时运转平稳。但随转速下降，燃烧噪声会相应加大，惰转时噪声更大。

三、燃烧室的比较与选型

表 6-1 列出了常用柴油机燃烧室的主要结构参数和性能对比，表中数据一般是针对中小功率非增压柴油机而言的。

表6-1　常用柴油机燃烧室的主要结构参数和性能对比

对比项目		直喷式燃烧室			非直喷式燃烧室	
		开式	ω形半开式	球形半开式	涡流室式	预燃室式
燃烧系统特点	混合气形成方式	空间雾化	空间雾化	油膜蒸发	两段混合	两段混合
	压缩比	12 ~ 15	16 ~ 18	17 ~ 19	18 ~ 22	18 ~ 22
	空气运动	无涡流或弱进气涡流	较强进气涡流及挤流	强进气涡流	压缩涡流及燃烧涡流	压缩湍流及燃烧涡（湍）流
	过量空气系数 α（全负荷）	1.6 ~ 2.2	1.4 ~ 1.7	1.3 ~ 1.5	1.2 ~ 1.6	1.2 ~ 1.6
	热损失和流动损失	小	较小	较小	大	最大
	喷油器	孔式喷嘴，6 ~ 12孔	孔式喷嘴，4 ~ 6孔	孔式喷嘴，1 ~ 2孔	轴针式	轴针式
	启喷压力/MPa	20 ~ 40	18 ~ 25	17 ~ 19	10 ~ 12	8 ~ 13
	燃料雾化程度	要求高	要求较高	一般	要求较低	要求低
主要性能	p_{me}/MPa	0.6 ~ 0.8	0.6 ~ 0.8	0.7 ~ 0.9	0.6 ~ 0.8	0.6 ~ 0.8
	b_e/[g/(kW·h)]	190 ~ 218	218 ~ 245	218 ~ 245	231 ~ 272	245 ~ 292
	NO_x	高	较高	较高 ~ 中等	低	低
	PM	较低	高	低	低	低
	HC	较低	高	高	低	低
	燃烧噪声	最高	较高	较低	低	低
	起动	容易	较容易	难	难	最难
	适应转速/(r/min)	≤1500	≤4000	≤2500	≤5000	≤3500
	适应缸径/mm	≥200	≤150	90 ~ 130	≤100	≤100（或160 ~ 200）

由表6-1数据的对比可以总结出以下几点。

（1）燃油经济性　直喷式柴油机油耗明显低于非直喷式柴油机。直喷式柴油机由过去主要用于中、重型货车变为现在基本占据中小型货车领域，并在乘用车领域也占有相当的比例。目前新研制的缸径 $D > 100mm$ 的车用柴油机基本都采用直喷式燃烧室，以直喷和增压为技术特征的乘用车柴油机在欧洲乘用车市场的占有率为50%左右。

（2）排放特性　非直喷式柴油机在原理上是低 NO_x、低颗粒物排放的燃烧方式，比直喷式柴油机有优势，但近年来发展的电控高压喷射和增压等技术，弥补了直喷式柴油机的弱点。

（3）功率密度　非直喷式柴油机的功率密度理论上高于直喷式柴油机，因为前者的空气利用率高（α 小），并适应高转速。

（4）噪声振动性能　非直喷式柴油机比直喷式柴油机的噪声小、振动轻，因为前者的最高燃烧压力和压力升高率低于后者。

（5）制造成本　非直喷式柴油机具有制造成本低的特点，而随着直喷式柴油机采用高压喷油等技术，两者在成本上的差距进一步增大。非直喷式燃烧系统目前在部分乘用车

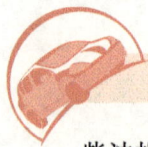

柴油机和非道路车用柴油机（尤其是农用汽车）上仍有应用。

由以上对比可以看出，尽管直喷式燃烧系统目前在车用柴油机上占绝对优势，但非直喷式燃烧系统在原理上仍有一些不可忽视的优点，对于燃烧系统设计有重要的参考借鉴意义。

第四节　影响燃烧过程的运转因素分析

一、燃料性质的影响

柴油是在 533～623K 的温度范围内由石油中提炼出的碳氢化合物，碳、氢、氧的质量分数分别为87%、12.6%、0.4%。影响燃烧过程的主要指标是柴油的发火性及蒸发性等指标。

发火性是指燃油的自燃能力。柴油机工作时，柴油被喷入燃烧室后，并非立即着火，而要经过一段时间进行燃烧前的物理和化学准备，这个准备时间称为着火准备期（简称备燃期，也称着火落后期）。备燃期过长，则在燃烧前燃烧室内积存的柴油过多，以致燃烧开始后气缸内压力升高过快，使曲柄连杆机构承受较大的冲击力，加速磨损。同时气缸内发出很响的敲击声，即发动机工作粗暴。发火性好的柴油备燃期短，可使柴油机工作柔和，且可在较低的温度下发火，有利于起动。柴油的发火性用"十六烷值"表示，十六烷值越高，发火性越好。但十六烷值高的柴油沸点也高，因而蒸发性差。故通常车用柴油的十六烷值应在40～50范围内。

蒸发性是由燃油的蒸馏试验确定的。需要测定的馏程是50%馏出温度、90%馏出温度及95%馏出温度。同一相对蒸发量的馏出温度越低，表明柴油蒸发性越好，越有利于可燃混合气的形成和燃烧。应注意的是，不同燃烧室结构对柴油蒸发性要求不同。在采用预燃室或涡流室燃烧室的柴油机中，可燃用重馏分柴油，而用直喷式燃烧室的柴油机则要求用轻馏分柴油。

二、负荷的影响

当负荷增加时，循环供油量增加（空气量基本不变），过量空气系数 α 减小，单位容积内混合气燃烧放出的热量增加，引起缸内温度上升，缩短着火延迟期，使柴油机工作柔和。图6-32所示为负荷对着火延迟期的影响。但是，由于循环供油量加大，以及喷油延续角增加，使总的燃烧过程加长，并且 α 减小，不完全燃烧现象也会增加，均引起效率降低。负荷过大，α 值太小，因空气不能满足需要，燃烧恶化，排气冒黑烟，柴油机经济性会进一步下降。

图6-32　负荷对着火延迟期的影响

三、转速的影响

转速增加，使空气的涡流运动加强，有利于燃油

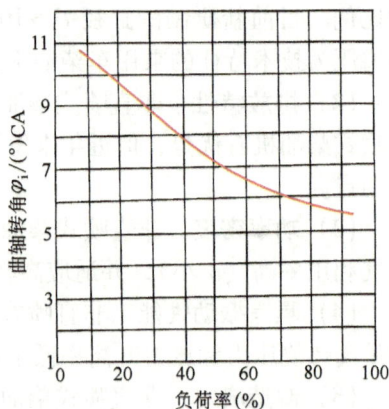

蒸发、雾化和空气混合。但转速过高，由于 η_v 的下降和循环供油量增加，α 减小，且燃烧过程所占曲轴转角可能加大，热效率因而下降。转速过低也会由于空气涡流减弱，使热效率降低。

四、供油提前角的影响

供油提前角对柴油机性能有很大影响。不适宜地增加供油提前角，燃料将被喷入压力和温度都不够高的压缩空气中，使着火延迟期增大，导致 $\Delta p/\Delta \varphi$ 及 p_z 值上升，柴油机工作粗暴，并且使得怠速不良，也难于起动。过大的供油提前角还会增加压缩负功，使油耗增高，功率下降。如果供油提前角太小，则燃油不能在上止点附近迅速燃烧，补燃增加，虽然 $\Delta p/\Delta \varphi$ 及 p_z 值较低，但排气温度增加，冷却系热损失增加，最终热效率显著下降。

对每一种工况，均有一个最佳供油提前角，此时功率最高而燃油消耗率最小，如图 6-33 所示，但往往噪声和污染较大。故选择柴油机供油提前角须根据机型、转速、油耗、排污以及噪声等由大量试验确定，其大致范围是 $15° \sim 35°$（CA）。

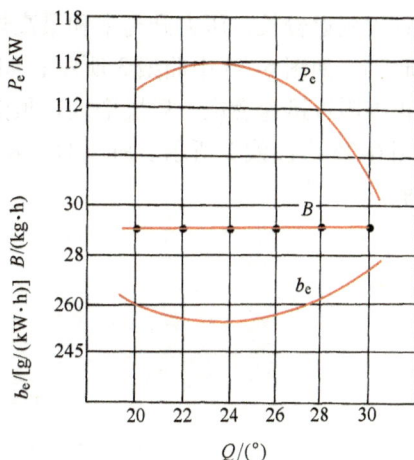

图 6-33　6120 型柴油机的供油提前角调整特性（$n = 2000 r/min$）

第五节　影响燃烧过程的结构因素

一、喷油泵结构对柴油机性能的影响

喷油泵凸轮型线和喷油泵柱塞决定着循环供油量和几何供油规律，它们对柴油机性能的影响，主要反映在供油时刻和供油持续时间对柴油机性能的影响上。供油时刻可由供油提前角调节机构予以调整，而供油持续时间则和喷油泵柱塞直径、凸轮外形等因素有关。

1. 供油提前角

供油系统中直接影响燃烧性能的是喷油提前角，但喷油提前角测量比较麻烦，所以在平时的柴油机调试中，只测量供油提前角。柴油机产品说明书上提供的提前角数据都是指供油提前角。

供油提前角是指喷油泵开始压油时，曲柄所在的位置距上止点的曲轴角度。供油提前角采用静态法测量，即先卸下高压油管，用外力缓慢地沿工作时的旋转方向转动柴油机的曲轴，然后目视观察喷油泵出油口油面开始上溢的瞬间来确定供油始点。用静态法测出的供油提前角与实际喷油提前角之间可能有较大的差别，其差别取决于喷油延迟角 θ_x，即

$$\theta = \theta_s + \theta_x$$

式中，θ 为供油提前角（曲轴转角，(°) CA，下同）；θ_s 为喷油提前角；θ_x 为喷油延迟角。

θ_x 与许多因素有关。图 6-34 给出了不同油泵转速和油管长度对喷油延迟的影响。由

图可知，喷油延迟角随转速升高而增大；油管增长时，由于压力波传播的时间增加，使喷油延迟角也随之加大。

供油提前角对柴油机的性能影响很大，主要是影响柴油机的经济性，压力升高率 $\Delta p / \Delta \varphi$ 和最高爆发压力 p_z，如图 6-35 所示。供油提前角如果过大（如图上的 θ_3），则在压缩过程中燃烧的燃油数量就多，这不仅增加压缩负功使油耗增高，功率下降，而且 θ 大时由于着火延迟较长，压力升高率和最高爆发压力迅速升高，发动机工作粗暴，急速不良，难以起动，如图 6-35 中曲线 3 所示；如果供油提前角过小（如图上的 θ_1），则燃油不能在上止点附近迅速燃烧，后燃增加。虽然 p_z 较低，但燃油消耗率及排温增高，发动机过热，如图 6-35 中曲线 1 所示。所以对于每一工况，均有一最佳供油提前角，此时燃油消耗率最低。

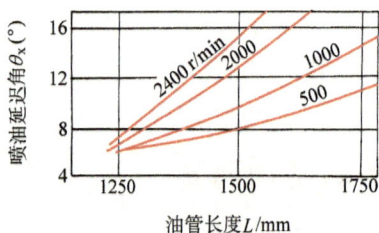

图 6-34　油泵转速和油管长度对
　　　　喷油延迟的影响

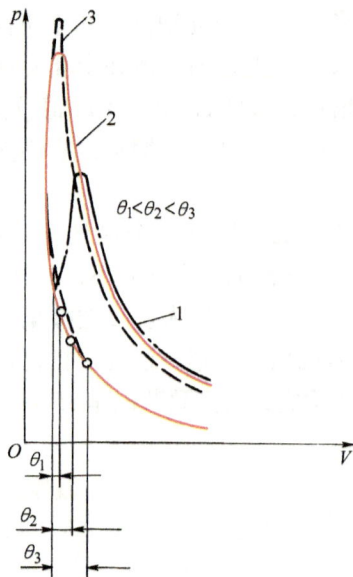

图 6-35　不同 θ 角对燃烧过程的影响

最佳供油提前角在调试过程中由试验最后确定。有些发动机，特别是增压柴油机，在最佳供油提前角时 p_z 较大，为了降低机械负荷，实际选用的供油提前角比最佳值略小一些。

当柴油机转速增加时，一方面喷油延迟角加大，另一方面混合气形成和燃烧的时间缩短，为了保证燃烧在上止点附近进行，就需要使供油相应提前一些。因此，最佳供油提前角应随柴油机转速升高而增大。为了使供油提前角能随转速而变，可以装上供油提前角自动调节器。

2. 油泵凸轮廓线

喷油泵凸轮廓线决定了柱塞的运动规律，而柱塞的速度变化规律决定油泵的供油规律，从而影响喷油规律。图 6-36 所示为凸轮外形对喷油规律的影响，在柱塞有效行程和供油始点相同的情况下，凸轮外形陡（图中的实线）则供油速度大，喷油持续

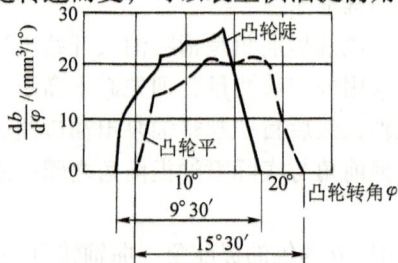

图 6-36　凸轮外形对喷油规律的影响

时间缩短；而凸轮外形平（图中的虚线）则喷油延迟时间和喷油持续时间都较长。

在高速柴油机中，由于燃油高压系统中有压力波动现象，使得很难从供油规律控制喷油规律。因此，油泵凸轮的廓线一般不是根据理想的供油规律设计，而是从加工难易的角度考虑，一般都选用切线凸轮或圆弧凸轮。

升程、基圆和滚轮等都相同的情况下，凸面凸轮和切线凸轮的速度比较如图 6-37 所示。由图可知，切线凸轮的柱塞速度增加较快。对于一定的供油量，柱塞速度提高，则供油持续时间可以缩短。一般来说，柴油机转速较高时，采用切线凸轮，对改善经济性有好处。但是供油速度过高，在着火延迟期里喷入气缸的燃油较多，可能引起燃烧粗暴，p_z 过高。在某些大功率中速柴油机中还应用凹弧凸轮以增大供油速率，减少喷油持续角。但过大的供油速率，往往导致凸轮和滚轮之间接触应力过大，引起点蚀。

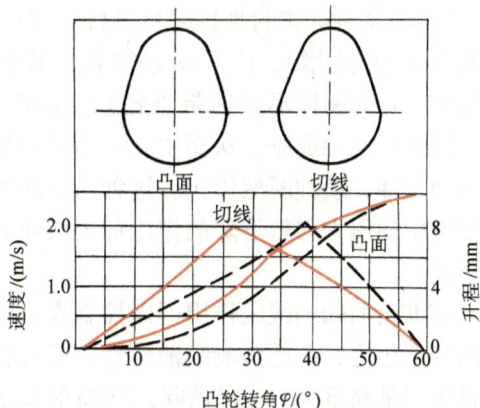

图 6-37　凸面凸轮和切线凸轮的速度比较

3. 柱塞直径

不同柱塞直径对喷油规律的影响如图 6-38 所示。当柱塞直径增大时，喷油延迟角及喷油持续时间都减小。但供油速度变大，使初期喷油速率也变大，喷油规律曲线变高（图中的虚线）。一般说来，柱塞直径加大能使经济性变好，但运转粗暴。当柴油机强化时，因每循环供油量加大，就要特别考虑加大柱塞直径来维持合适的喷油延续时间，以保障柴油机的经济性，如图 6-39 所示。

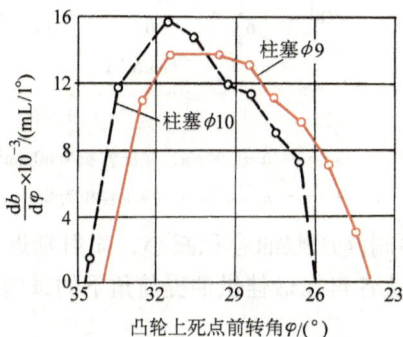

图 6-38　不同柱塞直径对喷油规律的影响
（135 型柴油机，$n = 1500 \text{r/min}$）

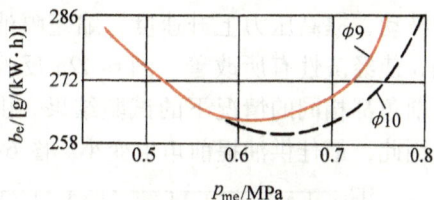

图 6-39　不同柱塞直径对性能的影响
（135 型柴油机，$n = 1500 \text{r/min}$）

4. 出油阀结构

出油阀构件如图 6-40 所示。出油阀的头部带有密封锥面，尾部有四个铣槽 3，在阀头与阀尾之间有一个圆柱形的减压带 1。在油管的残余压力和弹簧 5 的作用下，出油阀紧压在阀座上。这样，在柱塞吸油行程中，出油阀就阻止高压油管中的燃油倒流入泵油室，从而保证柱塞有一定的供油量。当柱塞压油时，泵油室中油压升高，克服弹簧力及油管中残余压力，将出油阀向上压，直至圆柱减压带离开阀座导向孔时，才有燃油经过铣槽流入

高压油管。柱塞在有效行程结束时，泵油室中油压迅速下降，出油阀开始下落。当圆柱形减压带进入导向孔时，高压油管与泵油室即被隔开，此后直到阀面落座，出油阀又下落一距离 h（实际 h 从锥面密封带算起）。这样，在高压油管中就突然增加了一部分容积，其值为 $\pi d^2 h/4$（d 为圆柱形减压带直径），这部分容积使油管中燃油膨胀，从而使高压油管中的油压迅速下降，喷油断然停止。这种出油阀使高压油管中的压力骤然下降的作用称为出油阀的减压作用。

借助出油阀的减压作用可以控制高压油管中的残余压力，由此影响喷油特性。通过合理选择减压带高度 h，可以消除二次喷射及漏油现象等弊病。出油阀的升程、开启压力等也影响燃油喷射过程，所以出油阀对柴油机性能有一定影响。

从图 6-41 可知，随着减压带高度 h 的增加，减压容积加大，由于减压效果增加使性能得到改善（图中所示实线 $h = 1.8\mathrm{mm}$，虚线 $h = 3.1\mathrm{mm}$ 的情况）。

出油阀锁紧帽的高压贮油容积（见图 6-40）在整个高压系统的容积中占有相当的比例，可以通过改变出油阀锁紧帽内径或改变 $\pi d^2 h/4$ 容积的大小，来改变出油阀锁紧帽的高压贮油容积。

高压贮油容积减小，可以减小喷射过程的压力波动，提高压力上升速度，缩短喷油延续时间，使经济性有所改善。图 6-42a 反映在供油提前角都相同的情况下的试验结果。由于出油阀高压贮油容积减小，喷射延迟角也减小，因此，最佳供油提前角也变小。图 6-42b 反映各自在最佳供油提前角下的试验结果。

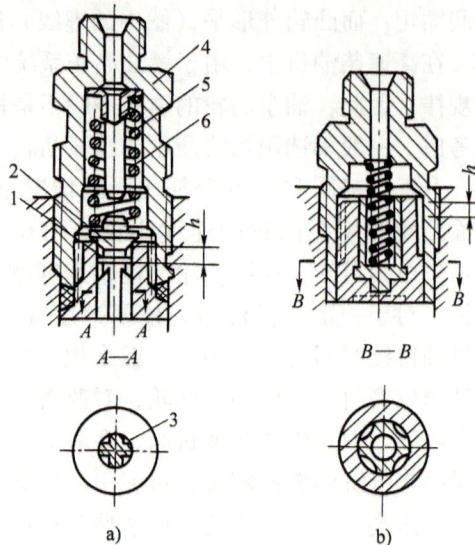

图 6-40　出油阀

a）常用结构　b）杯形出油阀
1—减压带　2—出油阀　3—铣槽
4—出油阀紧帽　5—弹簧　6—顶杆

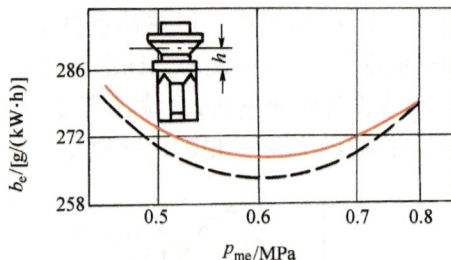

图 6-41　出油阀减压带高度 h 对性能的影响
—— $h = 1.8\mathrm{mm}$，减压容积为 $60\mathrm{mm}^3$
---- $h = 3.1\mathrm{mm}$，减压容积为 $88\mathrm{mm}^3$

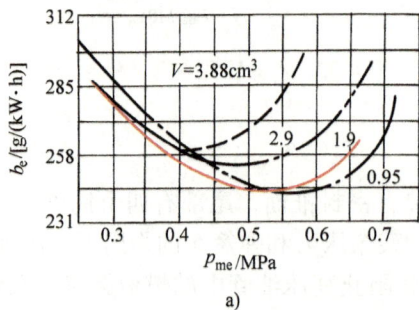

a)

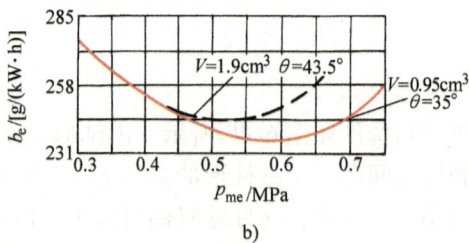

b)

图 6-42　出油阀锁紧帽高压贮油容积对性能的影响

a）供油提前角 $\theta = 43.5°$　b）都是最佳供油提前角时的情况

二、喷油器结构

喷油器的结构不仅决定着喷雾质量、油束与燃烧室的配合，而且影响喷油特性（开始喷油时刻、喷油持续时间、喷油规律），这些因素都直接影响柴油机的性能。在柴油机试制过程中，往往需对喷油器做大量的调试工作，才能使柴油机达到设计指标。在使用过程中，因喷油器的故障使柴油机的性能下降，甚至不能运转的实例也是屡见不鲜。所以，喷油器是影响柴油机设计指标和使用性能的关键部件之一。

喷油器在结构上影响柴油机性能的因素有以下几个方面。

1. 喷油器喷孔截面积

燃油从喷孔喷出的速度主要取决于喷油压力。喷油压力越高，则流速越大，雾化也越好。为了不使高压系统的压力过高，同时又保证混合气形成的质量，喷油时的平均流速一般在200～300m/s范围内。

喷孔截面积影响喷油持续时间和喷油压力。随着喷孔截面积的增大，使流通截面积增大，喷油持续时间有所缩短，如图6-43所示。如果喷孔截面积过大，则喷油时节流小，喷油压力降低，这样就使喷雾质量变坏。

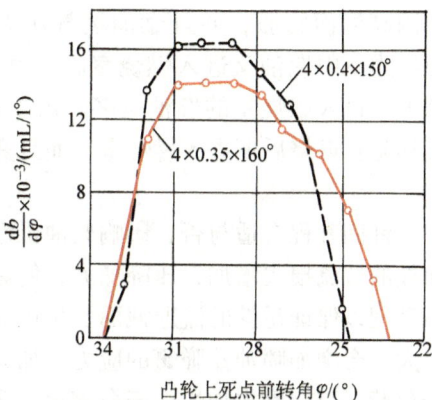

图6-43　喷孔截面积对喷油规律的影响

2. 喷孔直径和喷孔数对性能的影响

喷孔直径

$$d_n = \sqrt{\frac{4f_n}{\pi i}}$$

式中，f_n 为喷孔的总截面积（mm^2）；i 为喷孔数。

如果喷孔总截面积不变，喷孔数增加，则喷孔直径变小。虽然燃油在燃烧室空间的分布面增大，但减小了油束贯穿距离，延长了喷油持续时间，并易引起喷孔堵塞等故障。

喷油器的喷孔面积、孔数和喷孔直径以及喷射锥角与燃烧室和空气流的运动要密切配合，必须一起考虑，所以它们对性能的影响要根据配合情况具体分析，不能一概而论。以上海柴油机厂135型柴油机为例，喷孔总截面积 f_n 约为 0.37mm^2，喷孔数可选择 4、5、6，相应地喷孔直径为 0.30mm、0.35mm、0.40mm，喷射角度选取 120°、140°、150°、160°。进行各种配合试验，结果表明以 4×0.35×150° 为最佳方案。

3. 喷油器流通截面积

多孔喷油器在针阀升起后，流通截面积很快增大；而轴针式喷油器，针阀升程较小时，流通截面仍很小。升程足够大时，流通截面积才迅速增加，如图6-44所示。所以轴针式喷油器的流量特性是先小后大，对柴油机工作的平稳性有利。

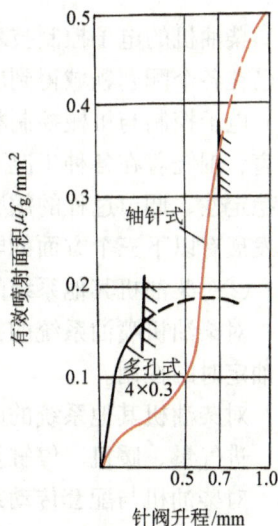

图6-44　喷油器的流通截面积

4. 压力室容积

喷油器针阀密封带以下的集中容积称为压力室容积（见图6-45），其大小对柴油机性能有明显的影响。图6-45是190型柴油机的试验结果。试验时其他参数不变，用磨削针阀密封带以下的部位来加大压力室容积，压力室容积增大，性能就变差。其原因是，在燃烧后期，针阀虽已关闭，但压力室中燃油因高温而膨胀，并且燃油蒸气压力提高，使压力室中燃油又进入燃烧室。压力室容积越大，进入燃烧室的燃油越多。由于这部分燃油是在燃烧后期进入燃烧室，而且雾化不良，燃烧不完全，所以经济性变坏。

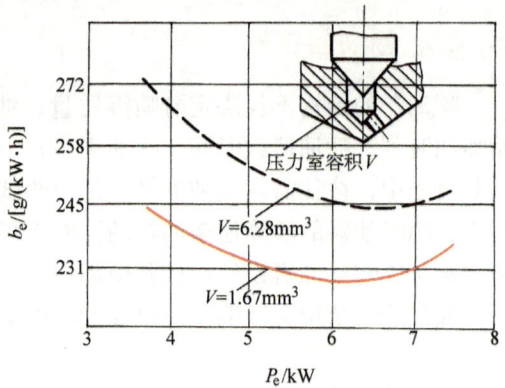

图6-45　压力室容积对柴油机性能的影响

5. 针阀升程

针阀升程合适与否，影响柴油机性能及喷油器的使用寿命。升程太小时，针阀密封锥面处的节流损失增加，压降加大，使雾化不良及喷油泵超载。所以，喷油器针阀要有足够的升程以保证足够的流通截面及尽可能小的流动阻力。但针阀升程也不宜过大，如果升程过大，会增加喷油器弹簧的应力，加大针阀开启时撞击支承面及关闭时撞击锥形座面的冲击负荷，引起磨损加快，寿命缩短。升程过大还会增加针阀落座的时间，从而有可能使窜入喷油器内的燃气增加，污染内部零件，容易引起喷油器漏油、积炭及针阀卡住等故障。因此在保证足够流通截面的前提下，减小针阀升程能提高喷油器的使用寿命。

第六节　柴油机的电子控制

一、概述

柴油机的电子控制技术是在20世纪70年代初期开始发展的，现在柴油机电子控制技术已在各个配套领域得到应用，其中以汽车柴油机发展最快。

电子控制与机械控制相比，突出优点是控制的精确性和响应的无惯性。就车用柴油机而言，围绕着在各种工况下都能保证最佳的性能指标（燃油经济性、排放低毒性、转速的稳定性、调节过程的敏感性、对外部内部工作条件变化的适应性）的目标，目前国外已发展有以下三个方面的电子控制技术：①最基本最主要的方向是对柴油机喷射系统的控制；②对柴油机其他系统的控制；③柴油机与配套机械传动系统匹配状况的电子控制。

对柴油机喷油系统的控制又分为对转速的控制、对各种转速下最大喷油量的控制及对喷油定时的控制。

对柴油机其他系统的电控包括对废气再循环、进气涡流调节、可变几何截面涡轮增压器、进气量、暖机、停缸及可变气门定时等方面的电子控制。

对柴油机与配套传动系统匹配状况的电子控制包括变矩器的离合器与车速的控制、与发动机工况及排气再循环的联合控制、柴油机开关变化及汽车换档动力配合、柴油机电控与电站自动控制系统联合控制等。本节主要介绍前两种控制。

二、对柴油机喷油系统的控制

1. 转速控制

采用电子调速器代替机械调速器。只要更换软件即可轻易变动其调速特征，也能轻易地在全程式或两极式之间转换，还能具有低、怠速恒速的特点与超速保护的功能。由于电子调速器中没有飞锤等零件，因而有很高的敏感性。怠速电子控制还能实现温度补偿。

2. 对各种转速下最大喷油量的控制

（1）转矩校正　通过电子装置可以方便地调整柴油机的转矩曲线，改变最大转矩值及最大转矩时的转速。

（2）进气压力变动补偿　用压力传感器将进气管中的压力变化转换成电信号，输入电控系统后可以及时调节喷油外特性，当因海拔升高、空滤器阻塞或涡轮增压器转速低造成气缸压力低时，自动减少喷油量，避免柴油机冒黑烟，这些情况消除后喷油量又自动恢复，保持原有的输出水平。

（3）进气温度、冷却液温度与机油温度补偿　当这些温度提高时，进气充量减少，为减少柴油机冒黑烟或过热，电控系统收到这些信号后就会减少喷油量。在起动时，因冷却液温度、油温低而增加喷油量。

（4）增压柴油机进气流量补偿　通过转速传感器和涡轮增压器出口压力传感器测得的超速、压力信号估算出进入柴油机的空气量，根据空气量电控系统实时调节喷油最大限制量。这可提高柴油机加速过程开始时不冒黑烟的转矩，改进加速性能。

（5）柴油机低油压保护　当润滑油压力过低时，电控系统将柴油机最高转速限制与最大喷油量限制都适当降低，保证在此工况下运转柴油机不出问题。当润滑油压力为零时，电控系统将喷油量减为零，柴油机停车。

（6）增压器工作状态保护　增压器工作是否正常，可由增压器压力传感器检测出来。当增压压力 p_k 因增压器超速、中冷器压力太高或爆发压力过高而超过极限值时，电控系统便自动使喷油量减少。如因增压压力 p_k 过低，造成空气不足，使排气温度过高时，增压压力传感器也会检测到并使喷油量减少。

3. 喷油定时的电子控制

这种控制除了根据柴油机转速与负荷来确定喷油时刻外，还要根据柴油机的冷却液温度、大气压力与瞬时状态加以校正，使其性能比机械式自动提前器优越。

三、对柴油机其他系统的控制

除了对柴油机喷油系统的控制外，还要对柴油机其他系统进行控制，才能使整个柴油机处于最佳状态。

（1）废气再循环　电子控制的废气再循环装置，通过闭环式电—气伺服机构控制再循环阀，从而能在不同工况和大气压下，精确控制再循环废气量，使柴油机排放达到最优。

（2）进气涡流调节　直喷式柴油机喷油系统与进气涡流比 $\Omega = \dfrac{n_p}{n}$ 的匹配是十分重要的，要使柴油机获得良好性能，高速时涡流比要低，低速时涡流比要高。在冷起动时因怕

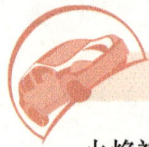

火焰被吹灭，也希望涡流比低。日本 CSDI-TC 型柴油机采用了与中等折中涡流比不同的电控可变进气涡流系统。其特点是进气道侧面设一 $\phi 10mm$ 的副气道，副气道的开关由位于进气道上的小气动缸控制，进入气动缸的压缩空气由电控的电磁阀控制。气道形状按产生高涡流比设计，当需要低涡流比时，将副气道打开，通过来自副气道的气流削弱进气道中的涡流。该系统可以做到 $\Omega_{高}=\Omega_{低}$，使燃油消耗率下降 1%，冷起动时间减少 10%，白烟消失时间缩短 35%。

(3) 可变几何截面涡流增压器　在设计高增压小排量发动机时，为了满足低速转矩的要求，将增压器的匹配点设计在低速区，在高速时采用放气的办法，以防止增压压力 p_k 过高或超速，这样高速时排气能量便不能得到充分利用，使油耗升高。为解决此问题采用了可变几何截面涡轮增压器，使得在全部工作范围内都有高效率。这种系统有多种，其中可变喷嘴系统由于效率高，易于布置而被优先采用。可变喷嘴是靠发动机转速传感器输入的信号，由微机进行控制。同时，可变喷嘴电控系统受大气温度附加控制，大气温度高时，为防止增压压力 p_k 过大，该系统可自动降低可变喷嘴的变换点约 200r/min，使 p_k 不致过高。

(4) 可调机构的进气系统　柴油机低负荷时，所需空气量少，过多的空气量会增加换气损失，使油耗升高。日野公司在 EK100 型柴油机上采用进气量控制系统，使柴油机在高、低负荷时的进气量都最佳。此系统是在进气管中段设置由压缩空气驱动的控制阀，微机根据负荷及转速传感器检测的信号来输出信号控制电磁阀开关，电磁阀控制着进入气动缸的压缩空气，从而实现对进气量的电子控制。

(5) 暖机电子控制装置　在冷起动时，冷却液温度不易升高，暖机时间长，在喷油量很少的低速工况下暖机时，这种缺陷尤为显著。为解决此问题，日本东洋公司的 SL 型柴油机采用了暖机电子控制装置。这种装置是在柴油机进、排气管中部设有节流阀，由真空膜气缸来控制节流阀，当需要暖机时，控制系统上一个电磁三通阀动作，将真空泵与真空膜之间的通道打开，在真空泵作用下，进、排气节流阀开度减小，使进、排气全节流。这样既减少了进入气缸的冷空气，又避免了过多的暖机气体排出，使气缸温度迅速上升，加速暖机过程。当冷却液温度达到一定值时，控制系统使电磁阀三通关闭，进、排气节流阀不再起作用。

(6) 部分停缸电子控制系统　柴油机在部分负荷工作时，油耗高的部分原因是由于进、排气泵气损失相对增加。为了减少泵气损失，可同时打开几个气缸的进、排气门，并切断燃油供应，使这几个缸停止工作，这样既可以减少它们的泵气损失，又可使其余几个气缸在指示功率较高的高负荷下工作，从而降低了油耗。具体可通过松开气门摇臂支承轴，使部分气缸的气门停止工作来实现。

(7) 可变气门定时控制　通过控制气门定时，来调节发动机的实际排量，从而改善部分负荷运行时的经济性。气门定时是通过"气门失效机构"来控制的，微机可以根据工况优化所选择的排量，快速而准确地控制气门定时。现在已经研究出电磁进、排气机构，它能使柴油机在不同转速与负荷下，保持最佳换气时面值与排气定时，因而使发动机在各种工况下都有最佳充气效率，并使强制排气损失最小。

四、电控燃油喷射系统的类型

柴油机的电控燃油喷射系统在短短一二十年间，从控制特点来看，已由第一代位置控

制式系统向第二代时间控制式系统发展，而时间控制式系统从喷射原理看，又可分为柱塞脉动式喷油系统和共轨式喷油系统两种。

1. 位置控制式电控燃油喷射系统

这种系统的特点是不改变传统喷油系统的工作原理和结构，只是用电控装置取代机械式调速器和提前器，对直列泵的油量调节齿杆和 VE 泵的溢流环套以及油泵驱动轴和凸轮轴的相互位置进行低频连续调节，以实现油量和定时的控制，所以称为位置控制系统。

位置控制式电控燃油喷射系统生产继承性强，安装方便。但它显然只是对传统喷油系统的初步电控化改造。由于未变更原有喷油装置，喷油特性也未改变，因此一般不可能对喷油率和喷油压力进行调控。此外，由于位置控制不是直接改变油量和定时，中间环节多，控制响应慢，也做不到各缸的分缸调控。

2. 时间控制式电控燃油喷射系统

这类系统的特点是利用高速强力溢流电磁阀来直接控制喷油始点和喷油量，通过变更电磁阀升程或改变电磁阀所控制的油压来实现喷油率或喷油压力的控制，再加上每缸一阀（直列泵），具有响应快等优点，已成为当前柴油机电控喷油系统的主要开发目标。如前所述，时间控制式系统又有两种类型。

(1) 时间控制式柱塞脉动供油系统 这种系统仍保持传统的柱塞往复运动脉动供油方式，但柱塞只起加压、供油作用，取消了齿杆、齿圈、柱塞斜槽乃至出油阀等调节油量的装置与机构，直接由电磁阀控制油量与定时。由于供油泵结构简化、泵体及柱塞副的刚度加强，承压能力也相应提高。目前市场上广泛使用的这一类系统有三种，即电控泵喷嘴系统（见图 6-46）、电控单体泵系统（见图 6-47）和电控分配泵系统（见图 6-48）。

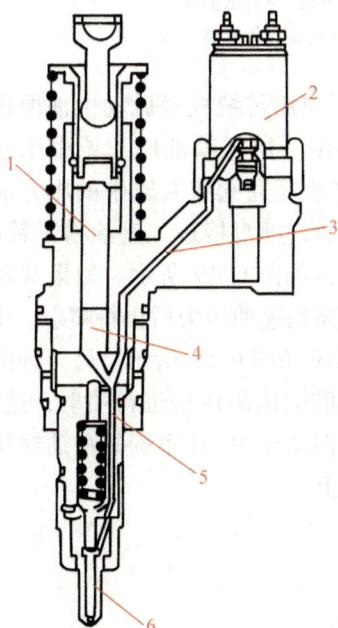

图 6-46 电控泵喷嘴
1—油泵柱塞 2—电磁溢流阀 3—旁通油路
4—柱塞腔 5—高压油路 6—喷油器

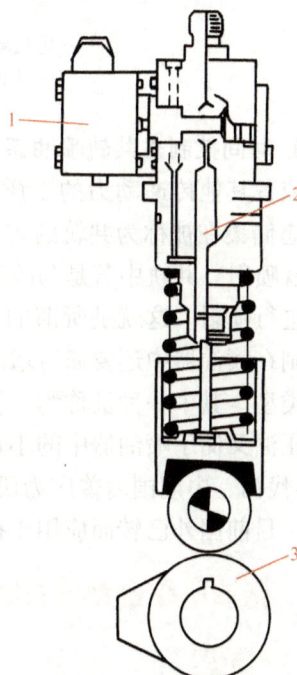

图 6-47 电控单体泵
1—电磁溢流阀 2—柱塞 3—发动机凸轮轴

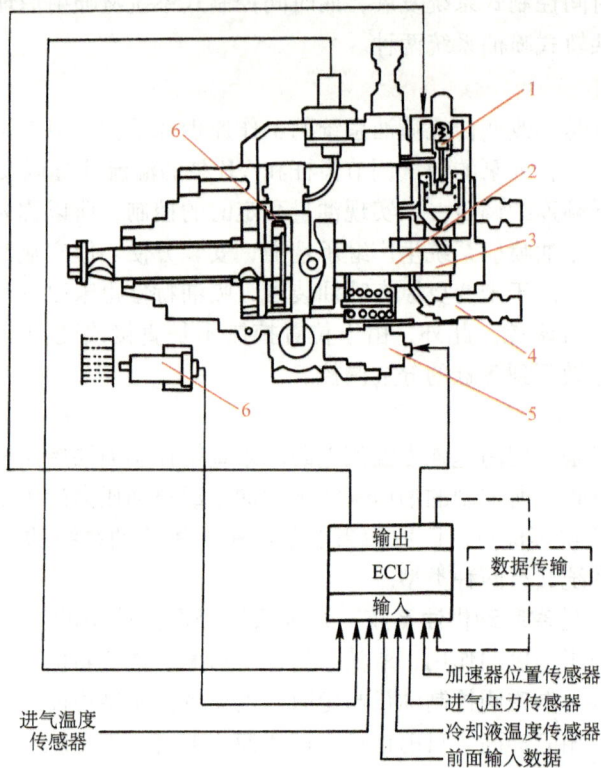

图 6-48　ECD—V3 型电控分配泵系统
1—电磁溢流阀　2—柱塞　3—柱塞腔　4—出油阀
5—供油定时控制阀　6—相位转角位置传感器

（2）时间控制式共轨喷油系统　这种系统不再应用传统柱塞脉动供油原理，而是先将燃油或者其他传递动力的工质（如机油），以高压（所需喷油压）或中压（10MPa 左右）状态储集在被称为共轨的容器中，然后利用电磁三通阀将共轨中的压力油引到喷油器中实现喷射。共轨中若是与喷油压相同的高压燃油，则直接进入盛油槽（针阀腔），推动针阀进行喷射。这就是所谓的"高压共轨系统"，如图 6-49 所示。如果共轨中只是中压油，则在喷油器中还要通过增压活塞，将压力提高到喷油压力后再行喷射。中压共轨也有多种类型。其中一种被称为"液压泵喷嘴"的系统如图 6-50 所示。另一种则是将增压后的高压油又储于喷油器中的小蓄压腔中，再由此腔引出高压油进行喷射，这就是 20 世纪 90 年代初、中期国内曾广为研制的 BKM 系统。但由于 BKM 系统的喷油规律等性能不够理想，目前国外已转而应用于控制天然气的喷射上。

五、柴油机综合管理系统

1. 控制系统

柴油机综合管理系统的核心是对燃油喷射系统的控制。虽然因喷射系统类型不同，具体控制手段、控制对象和控制策略也会不同，但基本控制原理相同，即电控单元中的控制程序，根据来自发动机、变速器和整车的各个传感器信号，从内置于电控单元中的喷油量

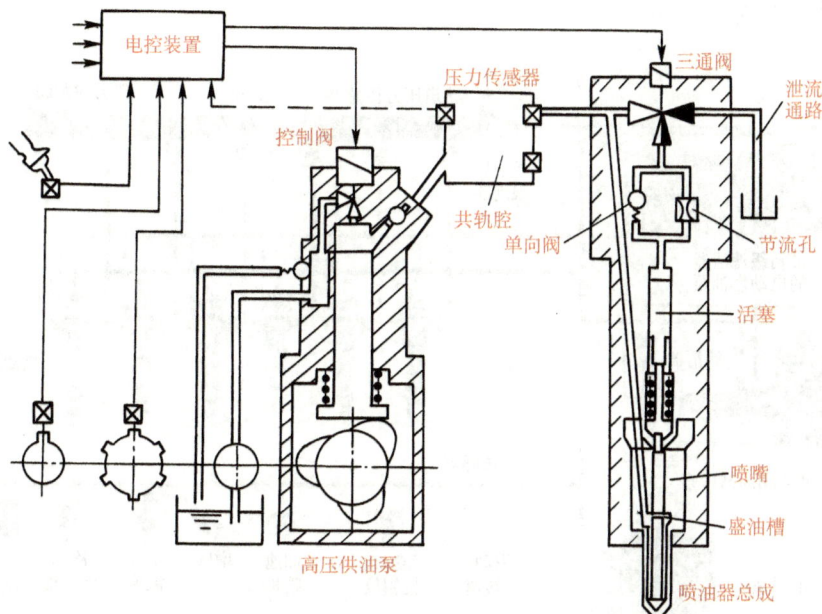

图 6-49　日本电装公司的电控高压共轨 ECD—U2 系统

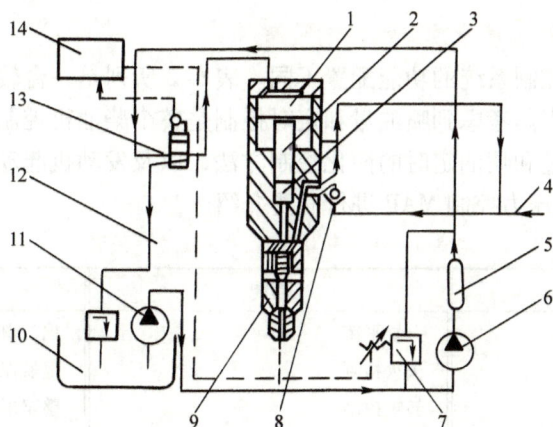

图 6-50　美国卡特匹勒公司的 HEUI 液压泵喷嘴系统示意图

1—增压活塞　2—柱塞　3—柱塞腔　4—柴油输入管　5—机油共轨腔
6—高压机油泵　7—共轨调压阀　8—柴油止回阀　9—喷油嘴　10—机油箱
11—机油输油泵　12—机油回油管　13—三通电磁阀　14—电控单元

和喷射定时 MAP（在发动机电控技术中，一般把内置于电控单元中的控制参数表统称为 MAP）中查出目标喷油量和喷射定时，经过驱动电路将数字信号转换为执行器的电信号，控制各个执行器的动作。电控系统分为硬件、底层软件、上层应用软件（具体应用对象的控制策略）、通信和故障诊断几部分，本书仅以高压共轨柴油机为例，就与发动机性能紧密相关的上层应用软件的基本功能和控制策略进行简要介绍。

图 6-51 所示为某高压共轨柴油机电控系统的基本组成，包括传感器、电控单元和执

行器三个主要部分。

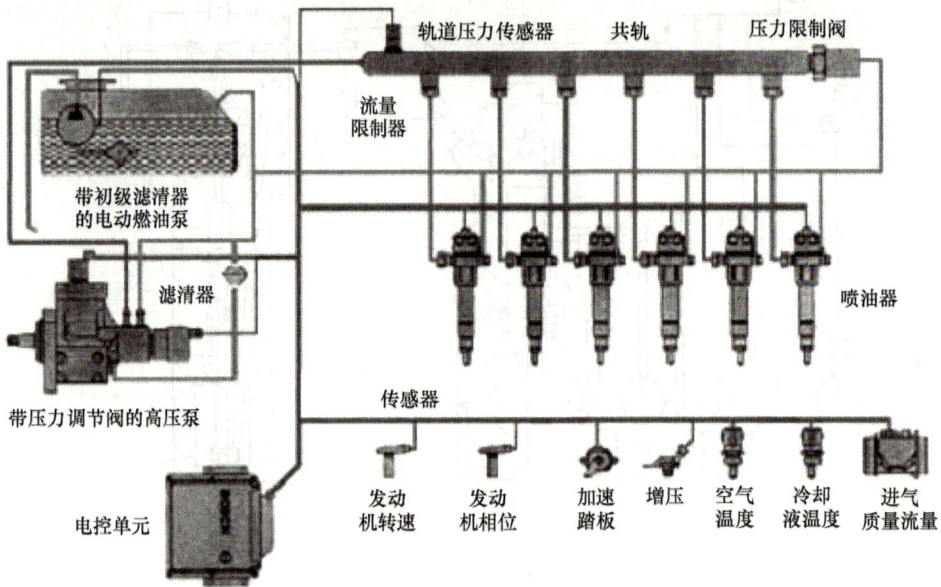

图 6-51 某高压共轨柴油机电控系统结构简图

2. 高压共轨柴油机的基本功能和控制策略

应用对象不同，控制系统的功能配置不同。表 6-2 所列是一台较高配置高压共轨柴油机的主要控制功能列表。考虑到喷油量和定时控制是整个柴油机控制的基础，具有重要意义，下面就循环喷油量和喷油定时的简化控制方法，以及发动机起动、怠速、调速过程的主要控制 MAP 和共轨压力控制 MAP 进行简要介绍。

表 6-2 高压共轨系统的主要功能列表

功能	功能	功能
发动机转速控制	分缸平衡	档位识别
一低怠速	失火检测	巡航控制
一高怠速	转矩控制	整车宵振控制
一调速	轨压控制	最大车速限制
一巡航	多次喷射控制	跛行回家
基于油量的发动机控制	喷射定时控制	分档怠速控制
一调速特性	发动机保护	驾驶员指示灯控制（故障灯，OBD 灯，预热指示灯）
一基于空燃比计算的冒烟限制	一发动机超速保护	排气制动
一各缸均匀性补偿	一增压涡轮超速保护	故障诊断系统
发动机起动控制	一过热保护	
一油量控制	一机械强度保护	
一定时控制	空气系统控制	
一预热控制	一EGR	
	一可变喷嘴涡轮增压器 VNT（Variable Nozzle Turbo）	

（1）喷油量简化控制方法 除了怠速转速进行闭环控制时循环喷油量反馈调节外，其他工况的循环喷油量都通过查 MAP 的方式确定，其简化流程如图 6-52 所示。首先根据加速踏板位置和发动机转速，查 MAP 图，得到基本喷油量；然后根据瞬态空燃比设置进行冒烟油量限制；之后根据燃油温度对油量进行修正，得到送给喷油器的目标喷油量；再经过油量脉宽转换，得到喷油器可执行的喷油脉宽。

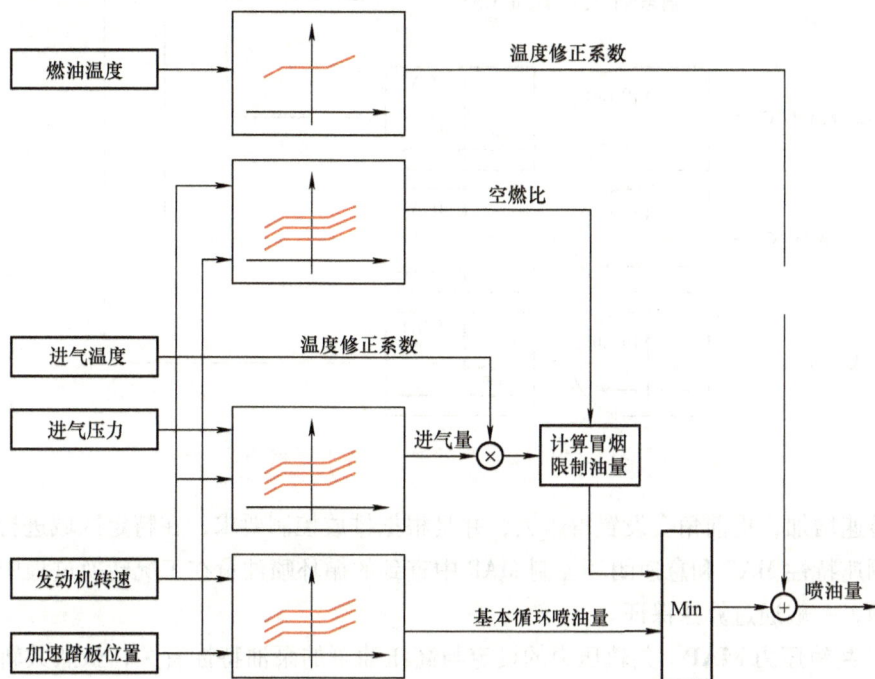

图 6-52　电控柴油机喷油量简化控制流程

（2）喷射定时简化控制方法 在所有工况下，喷油定时都采用相同的控制逻辑（见图 6-53），即根据目标喷油量和发动机当前转速，查喷油定时 MAP，得到目标喷射定时；然后经过瞬态过程修正（如果不是瞬态过程，则修正量为零）、冷却液温度修正、进气温度修正和大气压力修正，最后给出喷油器执行的喷射定时。

（3）起动过程控制 MAP 起动过程中，发动机冷却液温度越低，摩擦阻力越大，需要的循环喷油量就越大。同时，油量越大，一般需要的喷油提前角越大。随着转速增加，循环喷油量和喷油定时应相应增加，但在起动过程中，因为经历时间短，循环喷油量和喷油定时随转速变化不宜剧烈。

（4）怠速控制 MAP 发动机起动成功后，转速会升至300r/min 以上，当进入怠速转速闭环控制的窗口后，即转速大于怠速闭环控制的下限转速，发动机将根据当前冷却液温度查 MAP 得到该冷却液温度下的目标怠速，然后反馈控制循环喷油量，使发动机转速稳定在该目标怠速上。一般来说，为了能够快速热机，冷却液温度越低，目标怠速越高。

（5）调速控制 MAP 柴油机实现电子控制以后，对循环喷油进行控制的传统两极调速或全程调速的界限被打破，发动机喷油量随转速变化的规律可以根据需要设定，从整个工况区域看，可以是两极调速或全程调速，或是两者的混合。在喷油定时 MAP 的设计上，

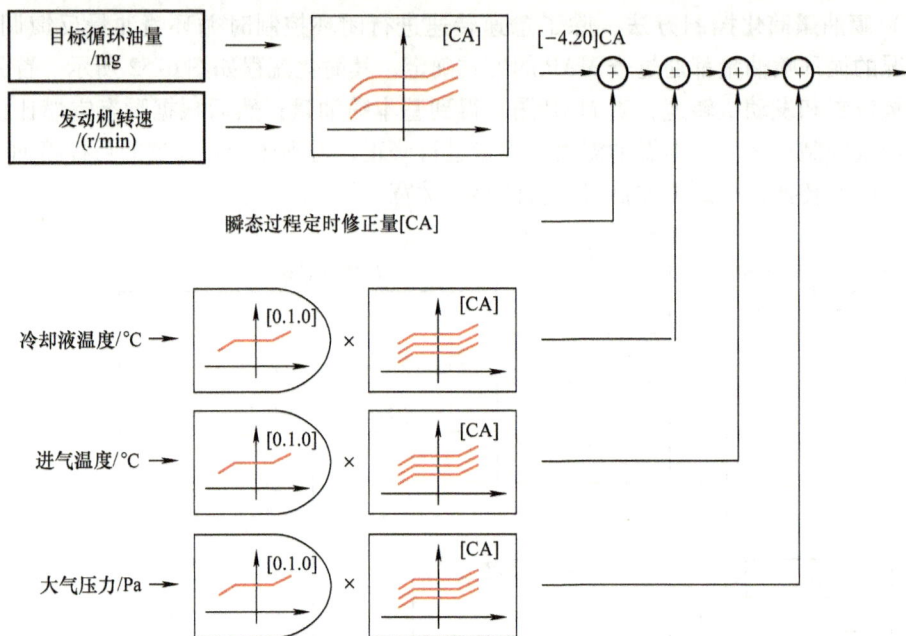

图 6-53 电控柴油机喷油定时简化控制方法

一般随转速增加，提前角会设置得越大，并且根据排放控制要求，在特定区域进行局部优化。从调速特性 MAP 和怠速闭环控制 MAP 中查到的循环喷油量在工况转换过程中，存在衔接问题，一般通过算法保证。

（6）共轨压力 MAP 共轨压力的设定与高压油泵的泵油特性有关，虽然共轨系统名义上可以任意设定目标喷油压力，但必须综合考虑高压油泵泵油能力、功耗和发动机燃烧控制等因素。一般来说，发动机转速越低，油泵的供油能力越差，目标轨压就越低，反之越高；而循环喷油量越大，目标轨压就应越高，反之越低。轨压的具体设置需要参照油泵和喷油器特性，并且不宜出现大幅度剧烈变化。

第七节 工程应用实例（文摘）

柴油机螺旋气道结构参数对其流动特性的影响

雷基林，申立中，毕玉华，贾德文

（昆明理工大学 云南省内燃机重点实验室）

气流运动、喷油、燃烧室三者之间的理想配合是决定柴油机燃烧过程的最关键影响因素。而柴油机进气道的流动特性对进气过程中进入气缸的空气量和气体的速度分布及其涡流和湍流状况等起着重要的作用，直接影响混合气形成和燃烧过程，进而影响发动机动力性、经济性、噪声和排放特性等技术指标。

中小功率直喷式柴油机广泛采用螺旋进气道组织气缸内的气流运动。螺旋气道几何形

状复杂，其几何结构对其流动特性的影响非常显著。按气道的流动特性设计满足柴油机燃烧过程要求的螺旋气道，需深入了解进气道几何结构与气道流动特性之间的相互关系。虽然国内外针对螺旋气道的上倾角、下倾角、螺旋角、涡流室高度、螺旋段包角和螺旋段终止角等结构参数对气道流动特性的影响做了一些研究，但限于螺旋进气道参数化建模技术的发展，至今离完全弄清楚进气道几何形状对其流动特性的影响关系还相距甚远。

采用传统的手工经验设计与稳流试验相结合的气道设计与评估方法，工作量大且周期长，很难获得理想方案，已不适应现代高性能发动机研制工作的需求。基于现代设计技术，利用计算流体动力学（Computational Fluid Dynamics，CFD）三维模拟与稳流试验研究相结合的气道设计与评估方法，可以方便快速地建立具有不同性能的气道模型，深入分析和评估不同气道结构参数对气道流动性能的影响。

本文中在前期螺旋进气道参数化设计方法研究的基础上，建立不同结构的螺旋气道流动仿真模型；采用CFD三维模拟方法，结合气道稳流试验，研究螺旋进气道最小截面处内侧和外侧的几何形状、螺旋段旋转半径和螺旋终止角等结构参数对气道流动特性的影响关系。

一、螺旋气道模型的建立

1. 螺旋气道参数化实体模型的建立

以自主开发的新型2D25卧式柴油机螺旋进气道为研究对象，通过研究螺旋段表面三维空间曲线结构特征和分布规律，建立螺旋段空间三维曲线方程组数学模型，探讨了一种螺旋气道参数化三维建模方法。采用该方法减少建模工作量，可以方便快速地建立不同结构的气道模型。图6-54所示为螺旋气道参数化实体模型。

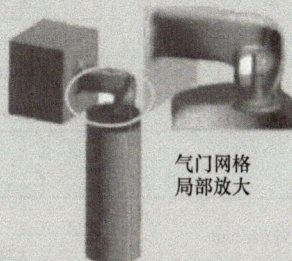

2. 螺旋气道计算网格模型的生成

根据螺旋气道外形结构特点，采用AVL Fire前处理软件FAME自适应非结构化划分气道网格，由于气道外壁面、气门座及气缸顶部附近的流动情况复杂，为了确保计算结果的精确度，对这些部位进行网格细化。由此建立的进气道计算网格模型最小网格尺寸为0.375mm，最大网格尺寸为5mm，计算网格总数达到110万，如图6-55所示。

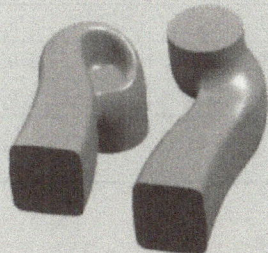

气门网格
局部放大

图6-54　螺旋气道参数化实体模型　　　　图6-55　螺旋气道计算网格模型

3. 边界条件与初始值的设置

气道流动特性的数值模拟计算所需基本参数包括：缸径、行程、最大气门升程及气门座圈内径等。气道进口边界条件为总压100kPa，出口设为静压，进、出口压差采用定压差

法，取值为常量 4.5kPa，进口温度为 293.15K，湍流长度尺度为 0.001m，边界湍动能为 $1m^2/s^2$。初始条件为：压力值近似等于出口压力，壁面无滑移，绝热，壁面温度为固定值。

仿真计算中选用稳态计算模式，动量守恒方程采用 Minmod Relaxed 差分格式，连续性方程采用中心差分格式，湍流方程采用同样具有二阶精度的 Minmod Relaxed 差分格式，收敛速度和稳定性较好。流体为可压缩空气，壁面处理和壁面传热采用标准壁面函数，湍流模型选用 $k-\varepsilon$ 双方程模型。收敛准则选用标准残差，最大迭代次数为 3000 次，当压力、动量和湍动能残差达到 10^{-4} 时稳定收敛。

二、气道稳流模拟试验及计算模型的验证

气道稳流模拟试验采用 AVL 叶片风速仪法和 AVL 涡流比评价方法。叶片风速仪法是通过叶片风速仪的叶轮直接测量缸内涡流旋转的转速，测量得到的叶轮转速近似地看作涡流绕气缸轴线的转速。由于忽略了气流轴向速度和切向分布的影响，其测量误差较大，且易受气门布置、气门导向方位和叶片风速仪安装位置与缸盖下平面距离大小的影响，但仍可以在同一稳流试验台上比较不同气道的性能。图 6-56 所示为自制的 AVL 风速仪结构尺寸示意图。

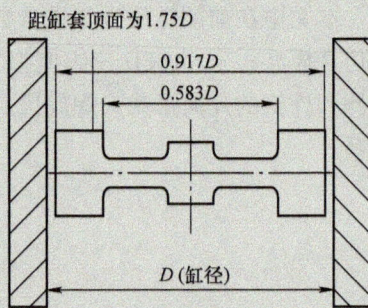

图 6-56　AVL 风速仪结构尺寸示意图

在气道稳流试验台上对原气道进行了稳流模拟试验，然后将数值模拟计算结果与气道稳流试验数据进行比较和分析，分别见表 6-3 和表 6-4。原气道最小截面处面积为 $1700mm^2$，螺旋段螺旋半径为 40.36mm，螺旋终止角为 0°。试验环境条件：大气压力为 81.6kPa，试验室室内温度为 295.15K，空气密度为 $1.058kg/m^3$。

表 6-3　流量系数的计算值与试验值对比

气门升程/mm	流量系数		偏差（%）
	计算值	试验值	
2	0.139	0.127	9.0
4	0.303	0.284	6.4
6	0.428	0.413	3.5
8	0.506	0.491	3.0
10	0.590	0.573	2.9

表 6-4　涡流比的计算值与试验值对比

气门升程/mm	涡流比		偏差（%）
	计算值	试验值	
2	0.952	0.832	13.4
4	0.617	0.531	15.0
6	1.199	1.084	10.2
8	1.581	1.476	7.1
10	1.786	1.731	3.2

从表6-3和表6-4可以看出，流量系数的计算值相对试验值偏差较小，除了进气道在2mm和4mm气门升程时偏差较大外，其他各升程偏差基本控制在5%以内。而涡流比的计算值与试验值偏差相对较大，但流量系数和涡流比随气门升程的变化趋势和试验结果相同，这表明仿真结果与试验数据具有良好的一致性，计算结果可以有效地评价气道性能。

三、气道最小截面处几何形状的影响分析

气道最小流通截面位于直流段至螺旋段过渡的位置，从流体力学理论分析，其截面轮廓外形和面积大小直接影响到切向气流与进入螺旋室旋转气流的分配比例，对整个气道性能将产生较大的影响。通过对螺旋气道最小截面处的外侧和内侧形状的修改，设计了不同的气道最小截面形状。图6-57所示为螺旋气道最小截面处的两种修改方式。

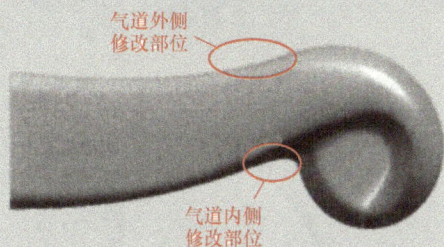

气道外侧修改部位

气道内侧修改部位

图6-57 螺旋气道最小截面处的两种修改方式

1. 气道最小截面处外侧几何形状的影响

在保证气道螺旋半径为40.36mm，螺旋终止角0°不变和气道表面光顺的前提下，通过修改气道最小截面处外侧曲面形状（以下简称外侧曲面形状），设计了6种不同的截面形状方案。模拟计算得到的不同外侧曲面形状方案对螺旋气道流量系数和涡流比的影响关系分别见表6-5和图6-58。

表6-5 不同方案的计算结果

方案	最小截面积/mm²	法向速度/(m/s)	涡流比	流量系数
1	1650	1.100	1.87	0.610
2	1700	1.132	1.77	0.616
3	1750	1.195	1.74	0.621
4	1800	1.261	1.63	0.629
5	1850	1.279	1.56	0.634
6	1950	1.307	1.52	0.641

由图6-58可见，通过修改气道最小截面段外侧曲面型线可改变气道最小截面的面积，对气道流动特性的影响呈现单调变化规律：随气道最小截面面积的增大，气道涡流比减小，流量系数增大。分析认为，随着气道直流段与螺旋段之间的最小截面段外侧曲面的弯曲半径增大，气道最小截面的面积增大，导致气流进入螺旋段的旋转力臂减小，产生的动量矩减小，气道流动阻力减小，涡流比降低，因而流量系数增加。

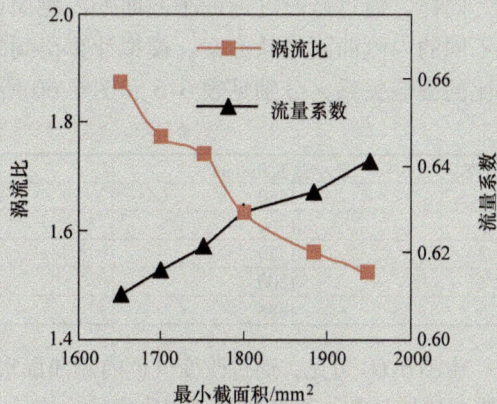

图6-59所示为不同外侧曲面形状方案

图6-58 气道外侧形状对气道流动特性的影响

的气道湍动能分布图。由图 6-59 可见，随气道外侧截面积的增大，气道螺旋段湍动能减小，法向速度增加。

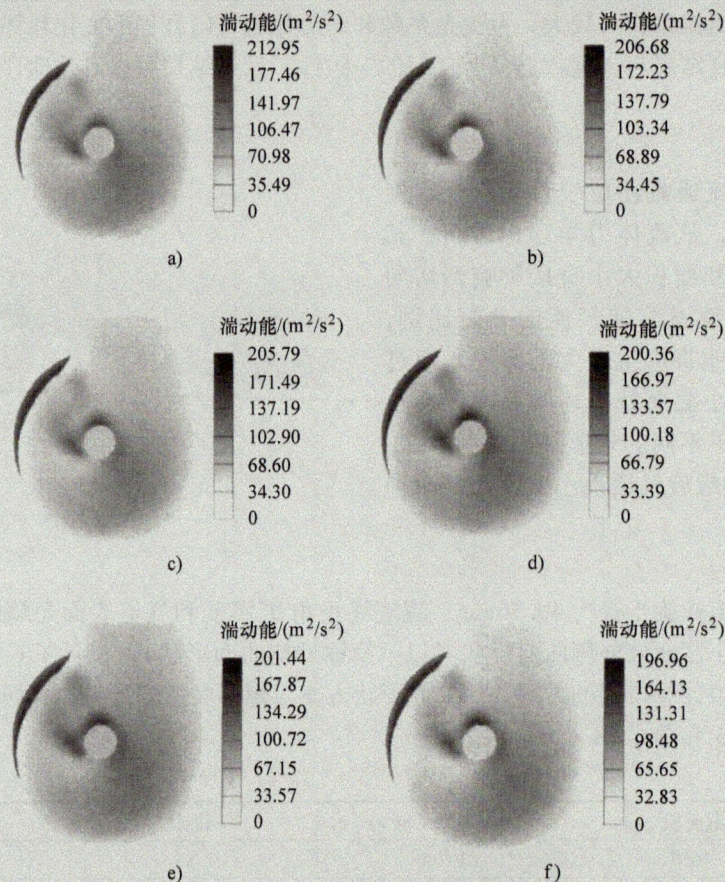

图 6-59 不同外侧曲面形状方案的气道湍动能分布

a) 最小截面积 1650mm² b) 最小截面积 1700mm² c) 最小截面积 1750mm² d) 最小截面积 1800mm²
e) 最小截面积 1850mm² f) 最小截面积 1950mm²

2. 气道最小截面处内侧几何形状的影响

同样，通过修改气道最小截面处内侧曲面型线（以下简称内侧曲面形状），设计了 5 种不同的内侧曲面形状方案。模拟计算得到的不同内侧曲面形状方案对气道流量系数和涡流比的影响关系，分别见表 6-6 和图 6-60 所示。

表 6-6 不同内侧曲面形状方案的计算结果

方案	最小截面积/mm²	涡流比	流量系数
1	1650	1.91	0.607
2	1700	1.79	0.617
3	1750	1.50	0.641
4	1800	1.63	0.632
5	1885	1.71	0.622

由图 6-60 可见，通过改变气道内侧曲面形状可以改变气道最小截面积，对气道流动特性的影响比较复杂，不呈现单调变化规律。在一定范围内，随着最小截面积的增大，涡流比减小，流量系数增大；在某一值后，随最小截面积的继续增加，涡流比增大，流量系数减小。

图6-61 所示为不同内侧曲面形状方案的速度分布图。分析图 6-60 和图6-61，当气道最小截面段内侧弯曲半径减小，即最小截面积过小时，气流通过气道最小截面段内侧的流动紊乱，并与一部分螺旋气流发生强烈碰撞，流动损失较大，导致流量系数降低。但由于切向气流所占的比例较大，进入气缸后产生的扭矩并没有减小，因此涡流比较大。随着直流段内侧弯曲半径变大，最小截面积增加，气体流动更加平顺，阻力减小，两股气流的碰撞损失降低，因此流量系数增加，但是湍流强度减弱，涡流比也随之降低。当内侧弯曲半径增加到一定值后，直流段与螺旋段的过渡处变得突兀，导致气体以更高的旋流速度进入螺旋段，进而涡流速度增加，涡流比增大，流动阻力增加，流量系数降低。

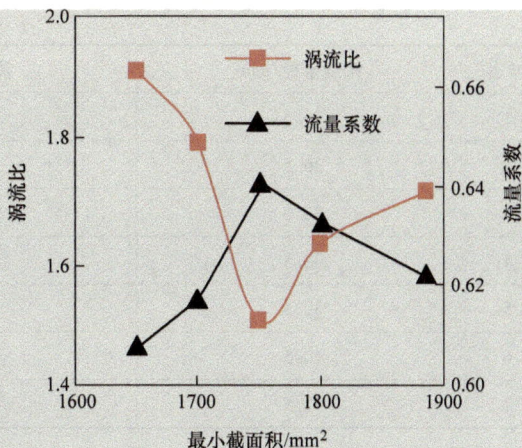

图 6-60　气道内侧形状对涡流比和流量系数的影响

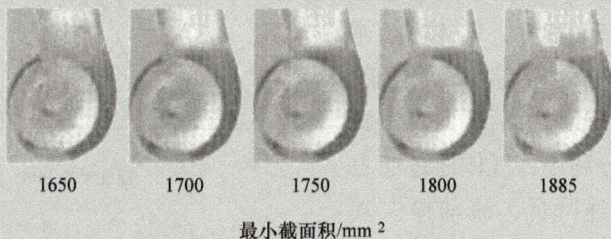

1650　1700　1750　1800　1885

最小截面积/mm²

图 6-61　不同内侧曲面形状方案的气流速度分布

四、螺旋段几何结构的影响分析

螺旋进气道的螺旋段是指由气道最小截面处开始向前转过一圈在气门座上方形成的螺旋形壳腔，气流流经螺旋段时因突然转变流动方向而形成强烈的涡旋。

在柴油机螺旋进气道结构中，气道螺旋段的形状对气道流动性能影响最大。因此，本文中研究了螺旋段螺旋半径 R 和螺旋段旋转终止角 θ 对气道流动性能的影响。

1. 螺旋半径 R 对气道流动性能的影响

研究表明：涡流的产生有螺旋模式和切向模式。螺旋模式是气流流经螺旋段时产生涡旋，通过角动量在气道内产生，以气门杆为中心，气缸内总的螺旋涡流与气门在气缸中的位置无关。而切向模式是由于绕气门座气流的不均匀分配形成的，一部分切向涡流通过缸壁的作用在气缸内产生，其值大小取决于气门在气缸中的位置和气道相对气缸的方位。本文中以最小截面积 1800mm²、螺旋终止角 0°的气道为研究对象，在螺旋气道直流段、螺旋室高度等其他几何形状尽可能变化不大的情况下，分别设计 7 种螺旋半径方案，螺旋半径 R 在 35.5～41.5mm 之间，每隔 1mm 为 1 种方案，对其进行 CFD 模拟计算。图 6-62 所示为螺旋半径示意图。计算结果见表 6-7 和图 6-63。

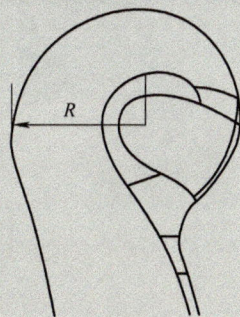

图 6-62　气道螺旋半径示意图

表 6-7　螺旋半径不同方案的计算结果

方案	螺旋半径/mm	流量系数	涡流比
1	35.5	0.613	1.81
2	36.5	0.614	1.84
3	37.5	0.613	1.82
4	38.5	0.621	1.73
5	39.5	0.620	1.74
6	40.5	0.622	1.71
7	41.5	0.622	1.71

由图 6-63 可见，螺旋半径的变化对气道流动性能影响比较复杂，其影响规律大致可以分为以下几个区间：当螺旋半径在 35.5~37.5mm 之间时，由于螺旋半径偏小，螺旋段流通截面积小，气体流动速度高，流动损失大，因此流量系数较低，涡流比高；当螺旋半径增大后，此时螺旋段流通面积得到充分利用，气体通过能力迅速增强，气体流速降低，流动损失减小，因此流量系数增大，涡流比降低；而

图 6-63　螺旋半径对气道流动性能的影响

随螺旋半径的继续增大，由于在螺旋段的顶部有一部分流通面积没有得到充分利用，发生速度突降现象（图 6-64 中螺旋段低速区），反而增加了流动阻力，因此流量系数增加缓慢。

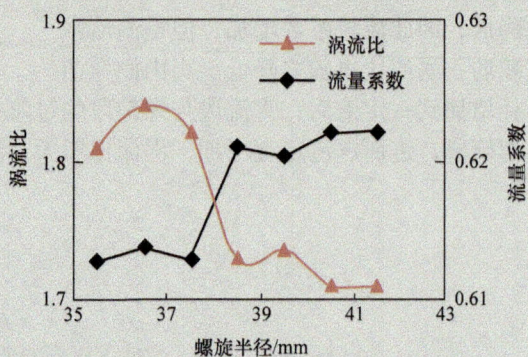

压力差也是影响涡流比的一个重要因素。图 6-65 所示为不同螺旋半径的气道压力分布图。由图 6-65 可见，相对于螺旋半径为 41.5mm 的气道压力，螺旋半径为 36.5mm 的气道内存在较大范围的低压区。随着螺旋段压力降低，气流速度上升，绕气门中心形成的角动量增大，因此涡流比增大。

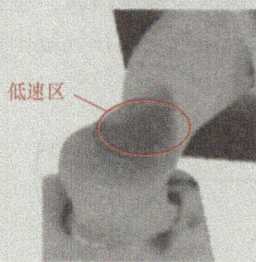

图 6-64　气道表面速度分布图

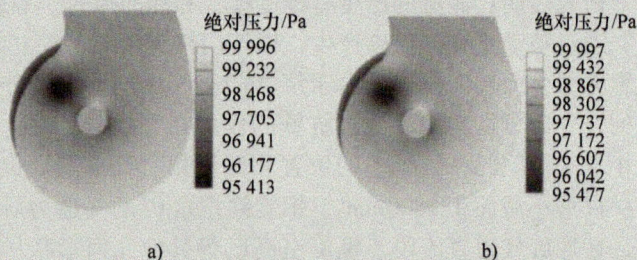

图 6-65　不同螺旋半径的气道压力分布图
a）螺旋半径为 36.5mm　b）螺旋半径为 41.5mm

2. 螺旋终止角 θ 对气道流动性能的影响

螺旋段几何结构中螺旋终止角的改变也会影响气道的流动性能。以最小截面积为 1800mm² ，螺旋半径为 40.5mm 的气道为基础，设计了 5 种不同气道螺旋终止角方案。图 6-66 所示为气道螺旋终止角示意图。

在气道几何结构设计中，螺旋终止角的改变易导致螺旋坡角的改变。因此，在改变螺旋终止角时尽可能保持螺旋坡角不变。不同螺旋终止角方案的计算分析结果见表 6-8，其变化关系如图 6-67 所示。

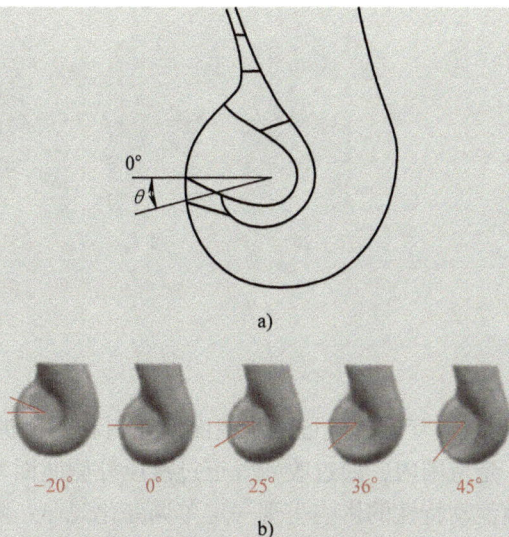

图 6-66　气道螺旋终止角示意图

表 6-8　不同螺旋终止角方案的计算结果

方案	螺旋终止角/(°)	流量系数	涡流比
1	−20	0.607	1.88
2	0	0.621	1.74
3	25	0.637	1.60
4	36	0.626	1.70
5	45	0.620	1.78

由图 6-67 可见，随着螺旋终止角的增大，气道流量系数先增大，在 25°处形成拐点，其后随螺旋终止角的继续增大而减小；而涡流比的变化趋势刚好与流量系数相反，随螺旋终止角的增大，涡流比呈先减后增的趋势，同样在 25°处存在极小值。这是因为改变螺旋段终止角，将改变螺旋气流的螺旋角度及螺旋气流与切向气流的配比。在一定范围内，螺旋段终止角的增大，缩小了涡流区间，使气流在气道内旋转程度降低，从而导致涡流形成能力下降，涡流比减小，气道

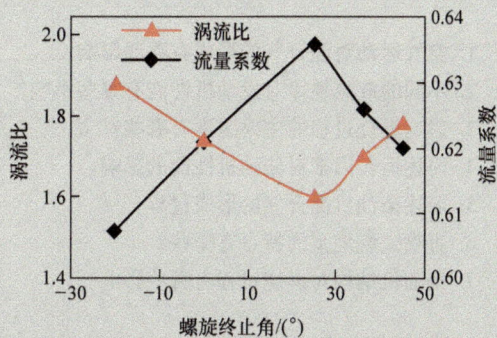

图 6-67　螺旋终止角对气道流动性能的影响

流通阻力减小，流量系数增加。当螺旋段螺旋终止角继续增大时，由于螺旋坡角的突变，气道顶部和底部的两股气流发生明显分离，改变了气流进入气缸的角动量，流通阻力增大，流量系数减小。此外，由于切向气流与螺旋气流相互作用形成的涡流转速增加，导致涡流比反而升高。这从不同螺旋终止角气道的流速分布中可以看出，如图 6-68 所示。

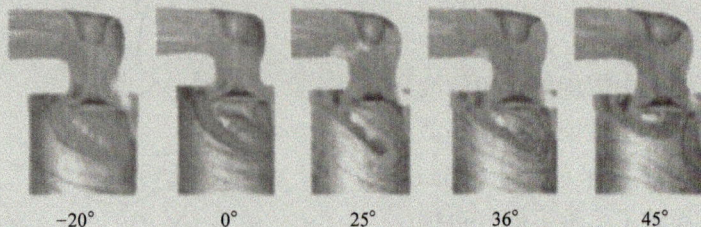

图6-68 不同螺旋终止角气道的流速分布

五、结论

1）改变螺旋气道最小截面处外侧和内侧的曲面形状，对气道流动特性的影响不同。在一定范围内，通过改变气道过渡段外侧曲面弯曲半径来改变气道最小截面处的截面积对气道流动特性的影响呈现一定单调变化规律：随着弯曲半径的增大，最小截面积增大，流量系数增加，涡流比下降。通过改变气道过渡段内侧曲面形状来改变最小截面积对气道流动特性的影响较为复杂，不呈现明显的单调变化规律。

2）螺旋气道螺旋段结构对气道流动特性的影响较大。在一定范围内，增大螺旋段螺旋半径，在涡流比减小不大的情况下，可增大流量系数。螺旋段终止角对气道流动特性的影响不呈现单调变化规律：在一定角度内，随螺旋段螺旋终止角的增大，流量系数增大，涡流比减小；而在某一角度（本文中为25°处形成拐点）后，随螺旋段螺旋终止角的增大，流量系数减小，涡流比增大。

（本文摘自《内燃机工程》2012年05期）

思 考 题

1. 空气运动对混合气的形成有哪些影响？
2. 不同的放热规律对发动机性能有哪些影响？
3. 影响燃烧过程的主要因素有哪些？
4. 简述运转因素对柴油机性能的影响。
5. 简述柴油机混合气的形成过程。
6. 直喷式燃烧室的特点有哪些？
7. 柴油机结构对燃烧过程有哪些影响？

第七章

汽油机混合气的形成与燃烧

燃烧过程是将燃料的化学能转变为热能的过程。燃料燃烧完全与否决定了产生热量的多少和排出废气的成分，燃烧时间关系到热量的利用和缸内压力的变化，所以，燃烧过程的进行直接影响内燃机动力性、经济性、排放和使用寿命等指标。

在影响燃烧过程的因素中，混合气的形成质量和燃烧系统是两个重要的因素。为了改善发动机的性能，近几十年来，人们从以上两个方面出发，研究了汽油喷射混合气形成和各种新型燃烧系统，使汽油机的燃烧过程组织发生了根本的变化。本章的难点为爆燃。

第一节　汽油机混合气的形成

一、对汽油机混合气形成的基本要求

为了保证汽油机燃烧的高效稳定和最佳的汽油机性能，对混合气特性提出以下要求。

1. 形成均质混合气

尽管汽油本身具有良好的挥发性，但是由于发动机转速高，为了能在较短的时间内形成均匀可燃混合气，在汽油机中仍然需要合适的燃油雾化方式、足够的雾化混合时间以及合理的气流运动。

2. 具有良好的响应特性

汽油机工况变化范围很宽，因此，混合气形成速度要能跟上工况变化的需要，即响应特性要好。

3. 适应不同工况的混合气浓度要求

汽油机在大负荷时追求大功率，所以此时要能提供浓混合气，过量空气系数 $\alpha = 0.85 \sim 0.95$；在中低负荷时，考虑燃油经济性，因此要能提供稀混合气，$\alpha = 1.1 \sim 1.2$；在起动和怠速工况时，由于吸气量少，流速小，发动机温度低，汽化条件差，残余废气对可燃混合气的稀释作用明显，因此，也要求提供相当浓的混合气。但是，现在的电控汽油机为了满足排放要求，安装三元催化转化器，为使转化效率最高，要求使用化学计量比混合气，即 $\alpha = 1$。$\alpha = 1$ 是现代汽油机部分负荷时最常用的混合气浓度。

二、汽油机混合气的形成方式

汽油机混合气的形成方式主要有两类：一类是传统化油器式混合气形成方式，即利用化油器在气缸外部形成可燃混合气；另一类是汽油喷射式混合气形成方式，即利用喷油器将燃油喷入进气管、进气道或气缸内形成混合气。很显然，电控汽油喷射混合气形成方式取代了化油器式混合气形成方式。

电控燃油喷射按喷射位置不同可分为缸内直喷（GDI）和进气道喷射，进气道喷射又可分为单点喷射和多点喷射，如图7-1所示。

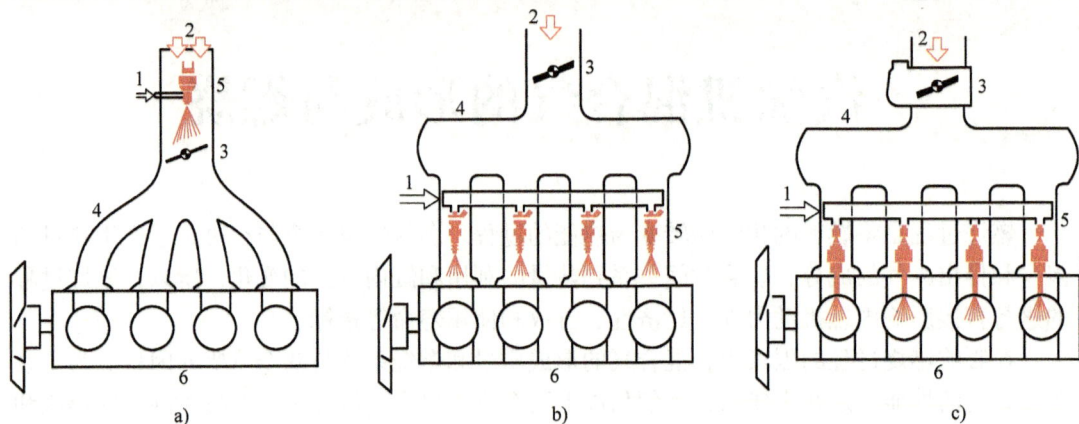

图7-1 汽油喷射方式

a）进气道单点喷射 b）进气道多点喷射 c）缸内直喷

1—燃油 2—空气 3—节气门 4—进气道 5—喷油器 6—汽油机

1）单点喷射是在节气门上方，利用一个喷油器集中喷射，燃料喷入后随空气流入进气歧管内，然后分配到各个气缸。这种混合气形成方式在20世纪90年代末逐渐被多点喷射所取代。

2）在多点喷射中，各缸喷油器通常是将燃料直接喷射到高温的进气门背面，以促进燃油蒸发。多点喷射具有空燃比控制精度高、过渡工况响应速度快等优点，是目前汽油机最广泛应用的混合气形成方式。关于电控多点燃油喷射见本章第五节。

3）缸内直喷（Gasoline Direct Injection，GDI）汽油机采用类似于柴油机的供油技术，通过一个高压油泵提供4～20MPa的喷油压力，将汽油供给位于气缸内的电磁燃油喷嘴，然后通过电脑控制喷嘴将燃料在最恰当的时间直接喷入燃烧室，形成混合气。1996年日本三菱公司推出了世界上第一款商品化的GDI发动机4G93，采用分层混合气稀薄燃烧，可节油20%～25%。随后，丰田和日产等公司也相继推出了自己的GDI发动机。关于GDI的介绍见本章第四节。由于缸内直喷混合气形成方式能够实现稀薄燃烧，提高燃油经济性，满足节能需要，因此，缸内直喷是未来汽油机混合气形成的主流方式。

第二节 汽油机的燃烧过程

汽油机的燃烧过程有正常燃烧和不正常燃烧之分。在燃烧过程中，火焰核心以一定速率连续传遍整个燃烧室，且传播速率、火焰前锋的形状均没有剧烈的变化，称为正常燃烧。若燃烧不是由火花塞点燃或火焰传播速率不正常的称为不正常燃烧。

一、正常燃烧过程

1. 正常燃烧过程的特点

汽油机燃烧过程的实际进程如图7-2所示。为了分析的方便，人为地将汽油机的燃烧过程分成三个阶段。

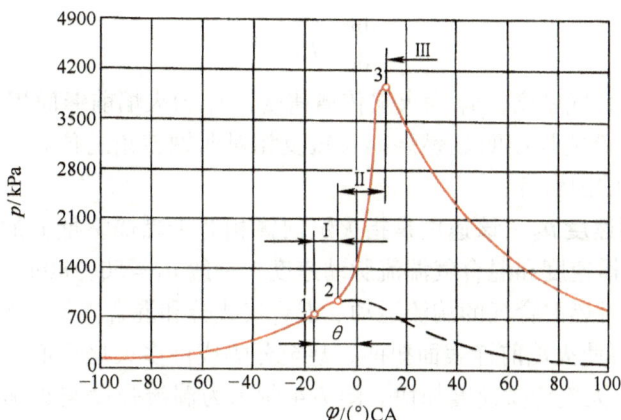

图 7-2　汽油机的燃烧过程
1—开始点火　2—形成火焰中心　3—最高压力点
Ⅰ—着火延迟期　Ⅱ—明显燃烧期　Ⅲ—后燃期

（1）着火延迟期（图中1—2段）　它是指从火花塞跳火到火焰中心形成的阶段。火花塞跳火后，电火花的高能量使电极附近的混合气温度急剧升高，焰前反应加速，致使某处混合气着火，形成火焰中心。在此阶段，气缸压力较压缩压力无明显的变化。

影响着火延迟期长短的因素有混合气成分（$\alpha = 0.8 \sim 0.9$ 时最短）、开始点火时气缸内气体的热力状态、缸内气体流动状态、火花能量及残余废气量等。着火延迟期的长短，每一循环都有变动，希望尽量缩短着火延迟时期，并保持稳定。

（2）明显燃烧期（图中2—3段）　它是指从火焰核心形成到出现最高爆发压力为止的阶段。在此阶段，火焰前锋从火焰中心开始层层向未燃混合气传播，烧遍整个燃烧室。由于绝大部分燃料在此阶段燃烧，压力升高很快。所以常用压力升高率 $\dfrac{\Delta p}{\Delta \varphi}$（kPa/（°）CA）表征缸内压力变化的急剧程度。

$$\frac{\Delta p}{\Delta \varphi} = \frac{p_3 - p_2}{\varphi_3 - \varphi_2} = 200 \sim 400$$

式中，p_2，p_3 分别为明显燃烧期始点和终点的气体压力(kPa)；φ_2，φ_3 分别为明显燃烧期始点和终点相对于上止点的曲轴转角（°）。

明显燃烧期越短，越接近上止点，汽油机经济性、动力性越好，但可能导致压力升高率 $\Delta p / \Delta \varphi$ 过大，使汽油机工作粗暴。一般明显燃烧期约占 $20° \sim 30°$（CA），燃烧最高压力在上止点后 $12° \sim 15°$（CA）出现，$\Delta p / \Delta \varphi = 175 \sim 250 \mathrm{kPa}/$（°）CA 为宜。

（3）后燃期（图中3点以后）　它指从最高压力出现到燃料基本上完全燃烧为止。此阶段的燃烧有火焰前锋过后未来得及燃烧的燃料的再燃烧、贴附在缸壁上未燃混合气层的部分燃烧、高温分解的燃烧产物（CO，H_2）的重新氧化。

由于燃烧已远离上止点，燃烧条件差，燃烧放热量得不到充分利用，排气温度高，故希望过后燃烧越短越好。

2. 燃烧速度

燃烧速度是指在单位时间内所燃烧的混合气量，可以表达为

$$\frac{\mathrm{d}m}{\mathrm{d}t} = \rho_\mathrm{T} u_\mathrm{T} A_\mathrm{T}$$

式中，ρ_T 为未燃混合气密度；u_T 为火焰传播速度；A_T 为火焰前锋面积。

控制燃烧速度就能控制明显燃烧期长短及相对曲轴转角的位置。由以上公式可以看出，影响燃烧速度的因素有：

（1）火焰传播速度 u_T 该速度是指火焰前锋相对于燃烧室壁面的绝对速度。其大小取决于层流火焰传播速度和混合气湍流脉动速度，一般 $u_\mathrm{T} = 50 \sim 80\mathrm{m/s}$。影响火焰传播速度的因素包括缸内可燃混合气的湍流运动、混合气成分和混合气初始温度。

1）湍流运动可使火焰前锋表面扭曲，甚至分隔成许多火焰中心，使火焰前锋燃烧区加厚（见图 7-3），火焰传播速度加快。图 7-4 所示为湍流强度与火焰速度比的关系。湍流强度 u 指的是各点速度的均方根值。

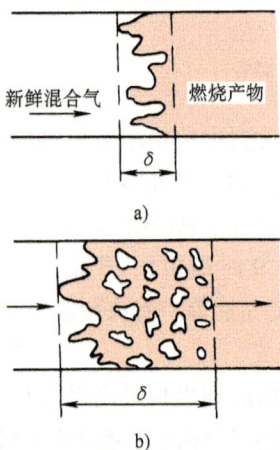

图 7-3 在不同湍流作用下的火焰前锋
a）湍流较弱 b）湍流强烈

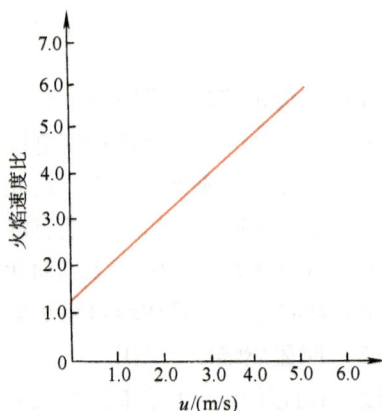

图 7-4 湍流强度与火焰速度比的关系

2）混合气成分不同，火焰传播速度也明显不同，图 7-5 为试验所得火焰传播速度与过量空气系数 α 的关系。可以看出，$\alpha = 0.85 \sim 0.95$ 时，火焰传播速度 u_T 最大，功率也最大，此混合比为功率混合比。$\alpha = 1.03 \sim 1.1$ 时，火焰传播速度较大，氧气又充足，燃烧充分，汽油机经济性最好，故此混合比为经济混合比。$\alpha = 1.3 \sim 1.4$ 时，火焰前锋传播速度迅速降低，甚至不能传播，此混合比为火焰传播下限。$\alpha = 0.4 \sim 0.5$ 时，混合气过浓，氧气太少，火焰不能传播，此混合比为火焰传播上限。

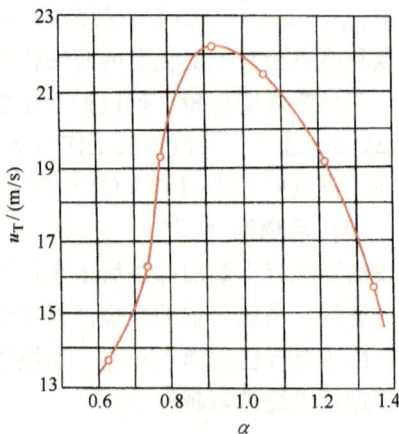

3）混合气初始温度高，火焰传播速度增加。

（2）火焰前锋面积 A_T 利用燃烧室几何形状及其与火花塞位置配合，可以改变不同时期火焰前锋扫过的面积，以调整燃烧速度。图 7-6 所示为不同燃烧室火焰前锋面积变化的情况。

图 7-5 混合气成分对火焰传播的影响

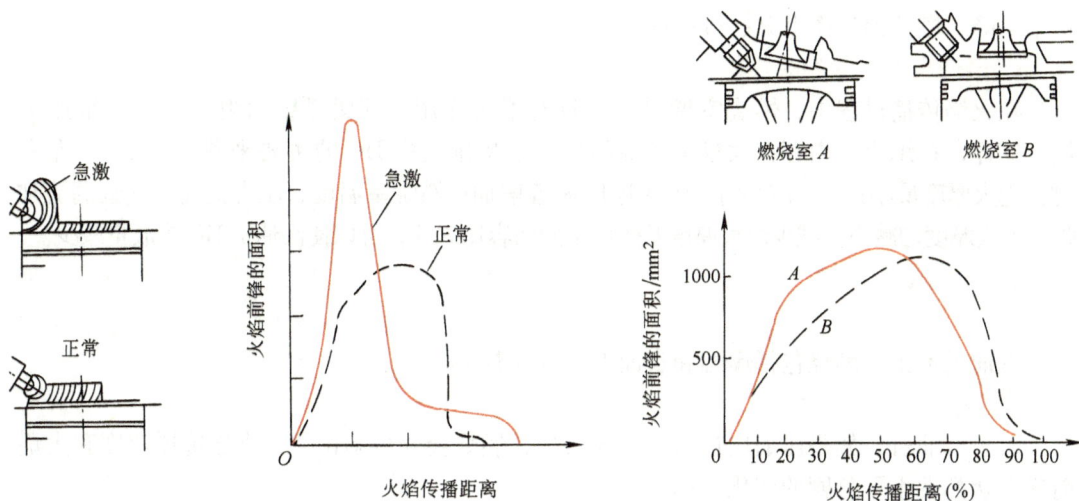

图7-6　燃烧室形状与粗暴性的关系

（3）可燃混合气的密度 ρ_T　增大可燃混合气的密度，可提高燃烧速度，故增大压缩比和增加进气压力可加大燃烧速度。

3. 不规则燃烧

不规则燃烧是描述汽油机在稳定正常运转时，存在的各循环之间的燃烧变动和各缸之间的燃烧差异。

（1）各循环间的燃烧变动　图7-7 示出不同循环气缸压力变化情况。可以看到变化较大，怠速、低负荷时变动更大。

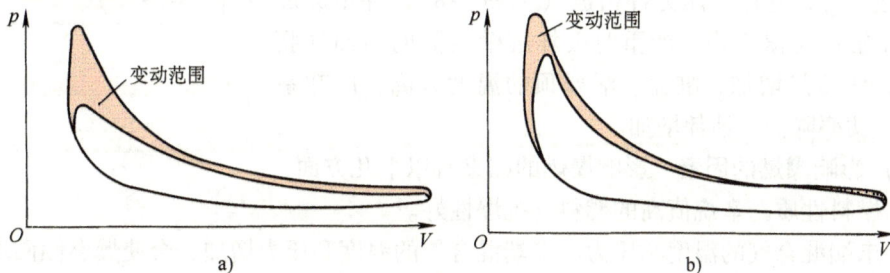

图7-7　汽油机典型的气缸压力循环变化情况

a）稀混合气 $\alpha = 1.22$，$n = 2000 \mathrm{r/min}$，节气门全开，p_i 变动 $\pm 4.5\%$，p_z 变动 $\pm 28\%$

b）浓混合气 $\alpha = 0.8$，$n = 2000 \mathrm{r/min}$，$\varepsilon = 9$，节气门全开，p_i 变动 $\pm 3.6\%$，p_z 变动 $\pm 10\%$

这种循环间的燃烧变动使点火提前角调整对每一循环都不可能处于最佳状态，因而油耗上升，功率下降，不正常燃烧倾向增加，整个汽油机性能下降。产生这种现象的主要原因是火花塞附近混合气的混合比和气体湍流性质、程度各循环均有变动，致使火焰核心形成的时间不同，即由有效着火时间变动而引起。

（2）各缸间的燃烧差异　这主要是燃料分配不均匀造成的。另外与进气量、进气速度、扰动强度、压缩比、燃烧室形状及火花塞位置的差异也有关。

在多缸汽油机的进气管里有空气、不同过量空气系数的混合气、燃料蒸气、雾化油滴和沉积在管壁上不同厚度的油膜，要将它们均匀分配到各个气缸是很困难的。由于各缸混合气成分不同，因此不可能使各缸都用经济混合气或功率混合气工作，导致整个汽油机

功率下降、燃油消耗率上升、排放性能恶化。

4. 燃烧室壁面的熄火作用

在火焰传播过程中，燃烧室壁对火焰具有熄火作用，即紧靠壁面附近不可能形成火焰。这样，在熄火区内存在大量未燃烧的烃，它是排气中 HC 的主要来源。当 $\alpha = 1$ 左右时，熄火厚度最小；负荷减小时，熄火厚度显著增加；燃烧室温度、压力提高，气缸湍流加强，熄火厚度均减小。减少熄火厚度及燃烧室的面容比 F/V，可以使汽油机 HC 排放量减少。

二、不正常燃烧

汽油机不正常燃烧包括爆燃和表面点火（早燃）。

1. 爆燃

对于汽油机，如果压缩比过高或点火太早，燃烧会变得不正常，火焰传播速度和火焰前锋形状都发生了急剧的变化，称为爆燃。

（1）汽油机爆燃时常见外部特征　爆燃发生时的常见外部特征包括：发出金属敲击声；冷却液过热，气缸盖温度上升。轻微爆燃时，发动机功率略有增加，强烈爆燃时，发动机功率下降，油耗增加，冒烟带火星。

（2）爆燃产生的原因　在正常火焰传播过程中，处于最后燃烧位置上的末端混合气受到进一步压缩和辐射的热作用，加速了先期反应。如果在火焰前锋未到之前便形成火焰中心，火焰传播速度可达 1000m/s 以上，使局部温度、压力迅速上升，并伴有压力冲击波（见图7-8）。冲击波反复冲击壁缸产生敲击声，严重时破坏缸壁表面的附面气膜和油膜，使传热增加，缸盖、活塞顶的温度升高，冷却系统过热，功率降低，油耗增加。

图7-8　汽油机爆燃时的示功图

（3）影响爆燃的因素　影响爆燃的因素有以下几方面：

1）燃料性质。辛烷值高的燃料，抗爆性好。

2）末端混合气的温度和压力。末端混合气的温度和压力增加，会使爆燃倾向增加。

3）火焰前锋传到末端混合气的时间。火焰前锋传播速度提高，火焰传播距离减小，可使爆燃倾向减弱。

从上述内容可以得出，发动机工作是否有爆燃现象，一方面取决于所用燃料，另一方面取决于发动机的运转条件和燃烧室的设计。

2. 表面点火

在汽油机中，凡是不依靠电火花点火，而是靠燃烧室内炽热表面（排气门头部、火花塞绝缘体、零件表面炽热的沉积物）点燃混合气的现象统称为表面点火。它的点火时间是不可控制的。

早燃是指在火花塞点火之前，炽热表面就点燃混合气的现象。由于它提前点火而且热点表面比火花大，使燃烧速率加快，气缸压力、温度提高，发动机工作粗暴，并且由于压缩功增大，向缸壁传热增加，导致功率下降，火花塞、活塞等零件过热。图7-9给出汽油机早燃示功图情况。

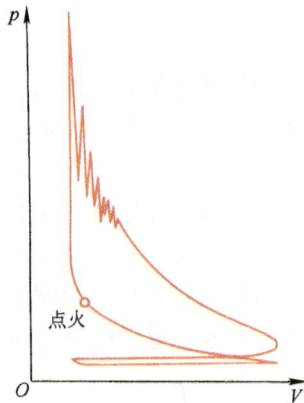

表面点火和爆燃是两种完全不同的不正常燃烧现象，爆燃是在电火花点火以后终燃混合气的自燃现象，而表面点火则是炽热物点燃混合气所致。表面点火时火焰传播速度比较正常，没有压力冲击波，金属敲击声音比较沉闷。但两者之间存在着某种相互促进的关系。强烈的爆燃必然增加向气缸壁的传热量，从而促进炽热点的形成，

图 7-9　早燃时的示功图

导致表面点火。早燃又使气缸压力升高率和最高燃烧压力增加，使未燃混合气受到较大的压缩和传热，从而促使爆燃发生。

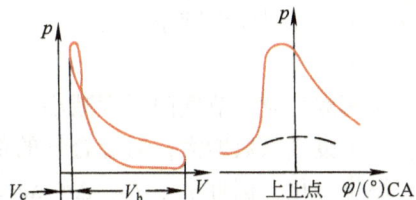

三、运转因素对燃烧过程的影响

1. 混合气浓度

前面已指出，在 $\alpha = 0.8 \sim 0.9$ 时，着火落后期最短，火焰传播速度最大，所以此时 p_z、T_z、$\Delta p / \Delta \varphi$、$P_e$ 均达最大值，但爆燃倾向大。同时由于燃烧不完全，燃油消耗率 b_e 高。在 $\alpha = 1.03 \sim 1.1$ 时，由于燃烧完全，b_e 最低。

2. 点火提前角

在汽油机上，当保持节气门开度、转速和过量空气系数一定时，汽油机的有效功率、燃油消耗率等指标随着点火提前角改变而变化的关系称为点火提前角调整特性（见图7-10）。对应于发动机每一工况都存在一个最佳点火提前角，这时发动机的功率最大，燃油消耗率最低。最佳点火提前角应使最高燃烧压力在上止点后 12° ~ 15°（CA）时达到。若点火提前角过大，会引起压缩负功增大，导致功率下降，爆发压力和末端混合气温度上升，爆燃倾向增加。若点火提前角过小，由于燃烧不及时，致使爆发压力和温度下降，传热损失增多，排气温度升高，功率和热效率降低，但爆燃倾向减小。

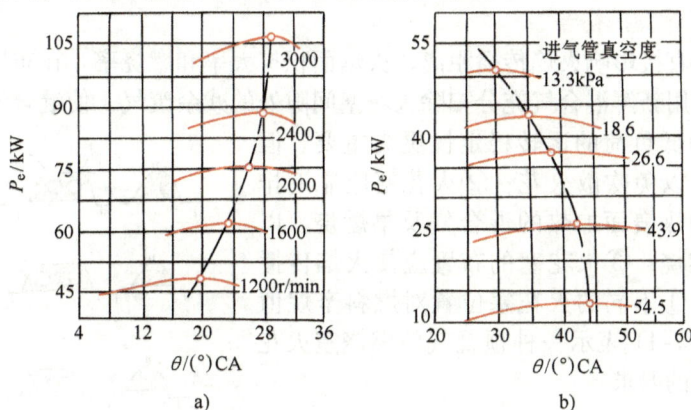

图 7-10　25Y-6100Q 型汽油机的点火提前角调整特性
a）节气门全开时　b）转速 $n = 1600 \text{r/min}$

3. 转速

转速增加时，气缸湍流增强，火焰传播速度大体与转速成正比例增加，因而以秒计的燃烧过程缩短，但由于循环时间也缩短，以曲轴转角计的燃烧时间增加，因此现代汽油机电控系统具有点火提前控制功能，在转速增加时，增大点火提前角。转速增加，火焰传播

速度增加，爆燃倾向减小。

4. 负荷

负荷减小时，节气门开度减小，进入气缸的新鲜混合气量减少，而残余废气量基本不变，残余废气系数增大，对混合气的稀释作用变大，使着火延迟期增加，火焰传播速度减慢，燃烧恶化，因此 p_z、T_z、$\Delta p/\Delta \varphi$ 均下降，相对散热损失增加，因而 b_e 增加。因此，随着负荷的减小，要增大最佳点火提前角。在现代发动机中，电控系统根据负荷可自动调节点火提前角。负荷减小时，由于残余废气的稀释作用增加，气缸内的温度、压力下降，使爆燃倾向减小。

第三节　汽油机的燃烧室

一、对燃烧室的要求

燃烧室结构直接影响到发动机充气效率、火焰传播速率及放热率、传热损失和爆燃的发生，从而影响发动机的性能。因此，为了使汽油机动力性提高、经济性变好、工作平稳轻声、排气污染小，对燃烧室有以下要求。

1. 结构紧凑

面容比 F/V（燃烧室表面积与容积之比）常用于表示燃烧室的紧凑性。面容比值较小，燃烧室紧凑，具有的优点是：①火焰传播距离小，不易爆燃，可提高压缩比；②相对散热损失小，热效率高；③熄火面积小，HC 排量少。

2. 具有良好的充气性能

应允许有较大的进气门直径；进气阻力小，使之要尽可能顺利地流入燃烧室；燃烧室壁面与气门头部要有足够的间隙，避免壁面的遮蔽作用。

3. 火花塞位置安排得当

火花塞位置直接影响火焰传播距离、火焰面积扩大率和燃烧率。在布置火花塞时必须考虑：①要能利用新鲜混合气充分扫除火花塞间隙处的残余废气，使混合气易于着火。这特别是对暖机和低负荷的运转稳定性更为重要。但气流不能过强，以免吹散火花；②火花塞应靠近排气门处，使受灼热表面加热的混合气及早燃烧，以免发展为爆振燃烧；③火花塞的布置应使火焰传播距离尽可能短；④不同的火花塞位置对燃料辛烷值要求也不同。图 7-11 表示一种顶置气门燃烧室火花塞位置对辛烷值的要求。

4. 燃烧室形状合理分布

不同的燃烧室形状实际上反映了混合气气体的分布情况，与火花塞位置相配合，也就决定了不同的燃烧放热率和火焰传播到边缘可燃混合气的距离，从而影响抗爆性、工作粗暴性、经济性和平均有效压力 p_{me}（参见图 7-6）。合理的分布应使燃烧初期压力升高率小，工作柔和；中期放热量最多，获得较

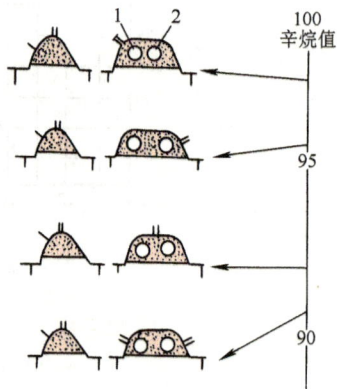

图 7-11　顶置气门燃烧室火花塞位置对辛烷值的要求（$n=1000\text{r/min}$，$\varepsilon=9$）

1—进气门　2—排气门

大的功；后期补燃较少，有较高的热效率。

5. 要产生适当的气体流动

燃烧室内形成适当强度的气体流动可以：①增加火焰传播速度；②扩大混合气体的着火界限，可以燃烧更稀的混合气；③减少循环变动；④降低 HC 排量。但过强的气流会使热损失增加，还可能吹熄火核而失火。

燃烧室内的气体流动主要有进气涡流和压缩挤流两种。

(1) 进气涡流　利用进气口和进气道的形状，在进气过程中形成气流绕气缸中心线的旋转运动。图 7-12 是日本 Nissan 1.3L 发动机组织进气涡流的实例。

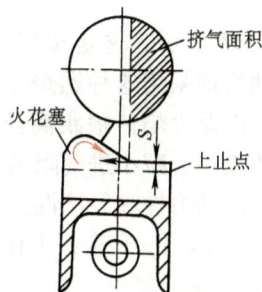

组织进气涡流的缺点是导致 η_v 的下降。另外，在低速低负荷时要维持良好的进气涡流也是有困难的。

(2) 压缩挤流　如图 7-13 所示，在接近压缩终了时，利用活塞顶部和缸盖底面之间的挤气面，将混合气挤入主要燃烧室内，形成涡流。

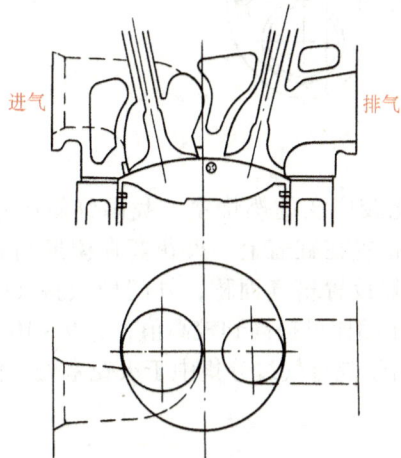

图 7-12　日本 Nissan 1.3L 发动机燃烧室　　　　图 7-13　挤流式燃烧室

采用压缩挤流不仅增加了火焰传播速度，而且使大部分混合气集中于火花塞周围，加上离火花塞最远的边缘气体因处于较小的间隙中，受两个冷表面的影响，散热容易，可缓和爆燃的发展过程，所以对抗爆性有很大好处。挤流只是活塞将某些空气从余隙容积中挤出，完全不影响充气效率，即使在低速低负荷时仍能维持良好的压缩挤流，因此汽油机大部分燃烧室都是组织压缩挤流的。

6. 末端混合气要有适当冷却

末端混合气要有足够的冷却强度，以降低终燃混合气温度，减轻爆燃倾向。但又不可使激冷层过大，以免增加 HC 的排放。

二、常用典型燃烧室

1. 浴盆形燃烧室

如图 7-14 所示，这种燃烧室形状如椭圆形浴盆，高度相同，宽度允许超出气缸范围来加大气门直径，但希望在气门头部外径与燃烧室壁面之间保持 5.6 ~ 6.5mm 的壁距，故气门大小受到限制。浴盆形燃烧室的特点是：具有一定的挤气面积，但挤流效果差；火焰传播距离较长，燃烧速度较低，使整个燃烧时间长，经济性、动力性不高，HC 排量多。

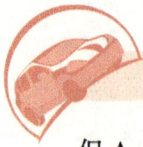

但 $\Delta p/\Delta\varphi$ 低，工作柔和，NO_x 的排量较少，工艺性好。我国 6100Q 汽油机、BJ212 汽油机采用此种燃烧室。

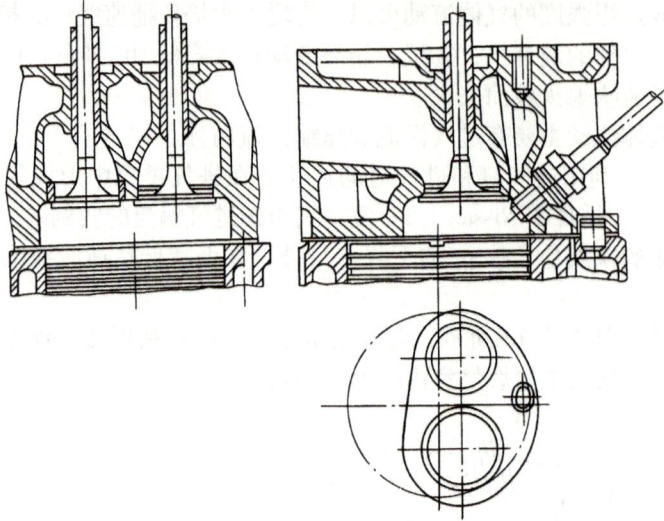

图 7-14　25Y-6100Q 型汽车发动机的浴盆形燃烧室

2. 楔形燃烧室

如图 7-15 所示，这是车用汽油机采用的比较广泛的燃烧室。我国红旗牌小轿车用 CA-72 汽油机即采用这种燃烧室。这种燃烧室布置在缸盖上，火花塞在楔形高处的进排气门之间，因此火焰传播距离还是比较长。一般设置挤气面积，气门稍倾斜（6°～30°）使气道转弯较小，减小进气阻力，以提高 η_v。压缩比可提高到较高值，达 9～10。这种燃烧室有较高的动力性和经济性。但楔形燃烧室由于混合气过分集中于火花塞处，使初期燃烧速率增大，$\Delta p/\Delta\varphi$ 升高，工作显得粗暴一些。

3. 半球形燃烧室

如图 7-16 所示，这种燃烧室结构紧凑，且由于火花塞位于中间，故火焰传播距离也

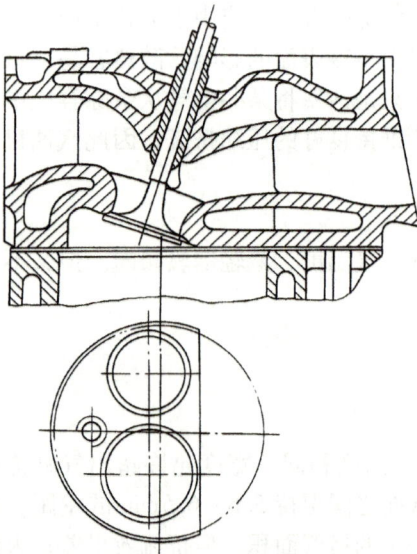

图 7-15　CA-72 车用汽油机的楔形燃烧室

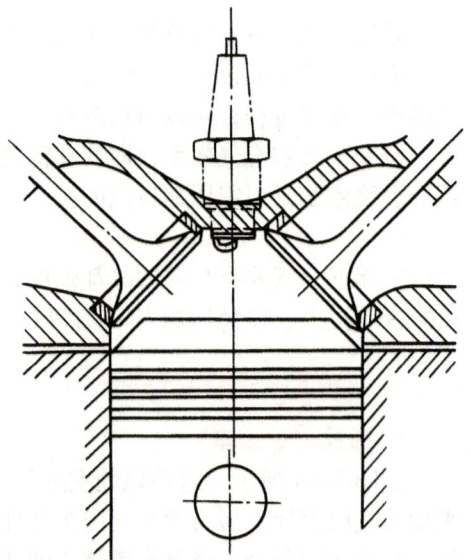

图 7-16　半球形燃烧室

是最短的。进、排气门倾斜布置，使气门直径较大，气道转弯较小，充气效率高，且对转速变化不敏感，最高转速在 6000r/min 以上的车用汽油机几乎都采用此类燃烧室。因此半球形燃烧室有较好的动力性和经济性，由于面容比小，HC 排放量低。这种燃烧室的缺点是由于火花塞附近有较大容积，使燃烧速率大，压力升高率大，工作粗暴。NO_x 排放较多，末端混合气冷却较差，气门驱动机构也较复杂。

第四节　汽油机的稀薄燃烧系统

稀薄燃烧是汽油机降低油耗的重要途径。早期实现稀薄燃烧的措施主要有进气道供油形成均质稀混合气和分层稀混合气两种方式，后来，为了实现高度稀燃产生了分层稀燃缸内直喷汽油机（GDI），可以节油 20% 以上，动力提高 10% 左右。目前，又发展到兼顾排放和燃油经济性的均质当量比缸内直喷汽油机，可以节油 5%，动力提高 5% 左右。

一、稀薄燃烧

混合气浓度 $A/F > 14.8$ 时称为稀混合气，其燃烧称为**稀薄燃烧**。

（1）均质稀薄燃烧　对于均质稀混合气，随着混合气变稀，油耗和排放均显著降低；但是若混合气继续变稀，着火和燃烧变得不稳定，油耗和排放开始上升；一般稳定燃烧界限可扩展至 $A/F = 17$。为此，为提高稀燃界限，人们提出分层给气稀薄燃烧方式。

（2）分层给气稀薄燃烧　合理组织燃烧室内的混合气分布，以保证即使混合气浓度在平均 $A/F > 20$ 的条件下在火花塞周围也能形成易于着火的浓混合气，而周边区域则是较稀的混合气或空气，在两者之间，为了有利于火焰传播，混合气从火花塞开始从浓到稀逐步过渡。这种分层燃烧的汽油机可稳定工作在 $A/F = 20 \sim 25$ 的范围内，燃油消耗率降低 13% 左右，NO_x 排放量也有显著降低。

（3）非缸内直喷分层给气稀薄燃烧　采用进气道供油，实现分层稀燃的方法主要有主副燃烧、轴向分层和径向分层等。

（4）缸内直喷分层给气稀薄燃烧　采用缸内直喷分层给气稀薄燃烧，可以进一步提高稀薄燃烧程度，降低油耗。目前，已商品化的缸内直喷分层稀燃汽油机可在 $A/F \geqslant 25 \sim 50$ 下稳定工作，燃油消耗率较传统汽油机可改善 20% 以上。

二、非缸内直喷稀薄燃烧系统

1. 均质稀混合气燃烧室

（1）火球高压缩比燃烧室　如图 7-17 所示，燃烧室主要部分位于气缸盖凹入的排气门下方，直径很小，结构紧凑，有一定的挤气面，可形成较强的挤气湍流。同时，进气门浅凹坑处与主燃烧室有浅槽相通，在上止点前，部分进入进气门凹坑的充量通过浅槽切向进入主要燃烧室，产生可控的涡流运动。活塞下行时，燃气又以高速形成反挤流运动，这样就大大提高

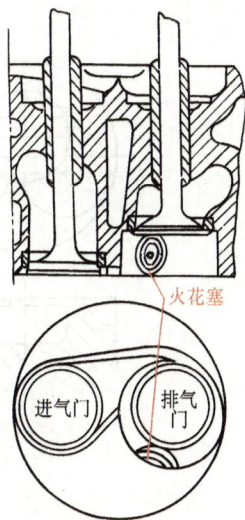

火花塞

进气门　排气门

图 7-17　火球燃烧室布置

了燃烧速度。

火球高压缩比燃烧室的优点是可以燃烧非常稀薄的混合气，空燃比可达26，从而降低了燃油消耗率。表7-1列出了火球型燃烧室与其他燃烧室排放的比较，可以看出这种低污染燃烧室可以与分层燃烧系统（本田CVCC）相比。这种燃烧室在燃用研究法辛烷值为97的汽油时，试验汽油机的压缩比曾由8.5提高到16，而又有与一般汽油机相同的p_{zmax}，故得到较高的热效率。实际中使用的压缩比一般为13～14。

表7-1 火球型燃烧室与其他燃烧室排放比较

排放成分	标准型	本田CVCC	火球型	排放成分	标准型	本田CVCC	火球型
CO/g（一次试验）	80.4	19.5	20.0	HC/g（一次试验）	3.11	2.15	2.9
NO_x/g（一次试验）	6.14	3.14	2.0				

火球高压缩比燃烧室的缺点是必须用高辛烷值汽油，且对积炭敏感，需要严格控制压缩比。这种燃烧室已被用于美洲虎（Jaguar）5.31V-12发动机上。

（2）碗形燃烧室（HRCC） 如图7-18所示，采用很紧凑的活塞顶凹坑，火焰传播距离短，挤气面积大，湍流强，火花塞位于凹坑内。这种燃烧室燃用研究法辛烷值为99的汽油时，压缩比可提高到13，空燃比使用范围为16～22，最经济空燃比为21.5。由于压缩比提高和挤流增加，使滞燃期缩短，火焰传播速度提高，故点火提前角可减小，使爆燃倾向降低，并有利于稀混合气着火。HC、NO_x、CO的排量均较低。

（3）TGP燃烧室 如图7-19所示，燃烧室中设有一个预燃室，其容积V_p与主燃烧室容积V_m之比不大于20%，火花塞位于通道中。在压缩过程中，新鲜混合气进入预燃室，产生适当的涡流，并对火花塞间隙进行扫气，促进着火。火焰核心进入预燃室，引起迅速燃烧，结果形成火焰束喷入主室，使主室气体产生强烈湍流，促进了主燃烧室燃烧。其燃烧特性如图7-20和图7-21所示。

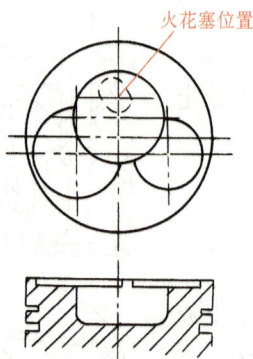

图7-18 碗形燃烧室简图

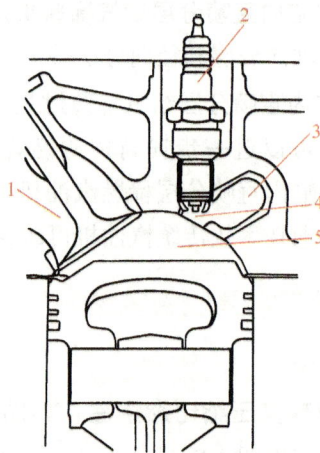

图7-19 TGP燃烧室
1—进气口 2—火花塞 3—预燃室
4—孔道 5—主燃烧室（V_m）

（4）双火花塞燃烧室 图7-22所示的燃烧室中，在离半球形燃烧室中心两边等距

离处各布置一个火花塞，因而火焰传播距离仅为缸径的一半，从而可减小点火提前角，提高了点火时混合气的压力和温度，使着火性能得到改善，燃烧持续时间缩短，提高了发动机的性能。

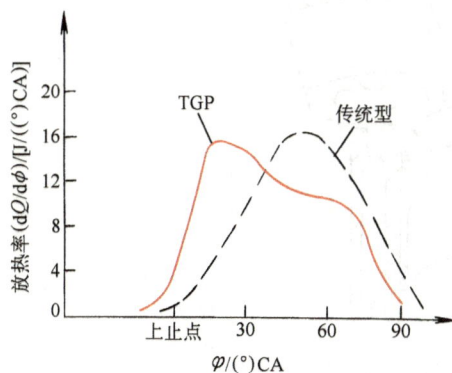

图 7-20　放热率比较

（$n = 2000r/min$，$A/F = 15$，排量：4 缸 2000mL）

图 7-21　TGP 降低 NO_x 的比较

（$n = 2400r/min$，排量：4 缸 1600mL）

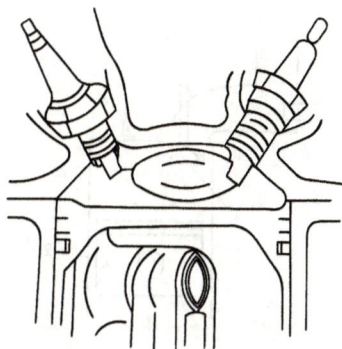

2. 分层给气燃烧室

（1）日本本田公司的 CVCC 燃烧系统　这是一种化油器供油具有副室式燃烧室的分层燃烧系统，如图 7-23 所示。燃烧室分成主、副燃烧室两部分，副室内有辅助进气门和火花塞，主、副室之间用 5 个火焰孔相连。工作时，化油器主腔向主燃烧室供应较稀的混合气，另外有一小腔向副燃烧室供应浓混合气，通过火焰孔做适当的混合，在副燃烧室和火焰孔附近形成较浓的中间混合气层。火花塞点火后，副室内浓混合气首先着火，然后火焰从火焰孔喷出，使中间浓度混合气燃烧，最后使稀混合气燃烧。

图 7-22　双火花塞燃烧室

（日产公司的 NAPS-Z）

燃烧系统主燃烧室不组织涡流，加上火焰孔面积较大，不可能引起强烈的燃烧湍流，因此燃烧速度低，过后燃烧严重，燃烧温度仅为 1220℃，NO_x 排放减少；又因排气温度高，HC 和 CO 又可在排气管中燃烧使 HC 和 CO 排量减少。本系统最大优点是排放性能好，但经济性没有得到改善。

（2）轴向分层稀燃系统　这种系统的工作原理如图 7-24 所示。在进气阀导气屏的作用下产生强烈的进气涡流（见图 7-24a）；进气过程后期进气门开启接近最大升程时，通过安装在进气道上的喷油器将燃料对准进气阀喷入缸内，燃料在涡流的作用下，沿气缸轴向产生上浓下稀的分层。这种分层一直维持到压缩行程后期，以保证在火花塞附近存在较浓的混合气。

本田公司成功地在一台四气门发动机上通过可变进气系统（VTEC-E），实现了轴向分层燃烧，其空燃比达到 22。部分负荷时燃油消耗率降低了 12%。全负荷时恢复到化学计量比状态工作，同时采用废气再循环（EGR）和三元催化转化器。

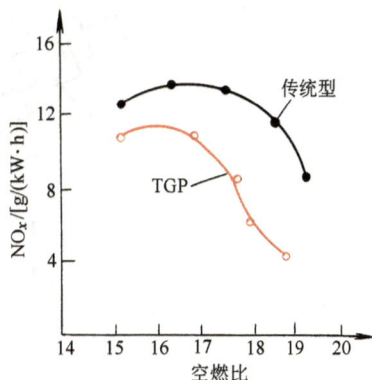

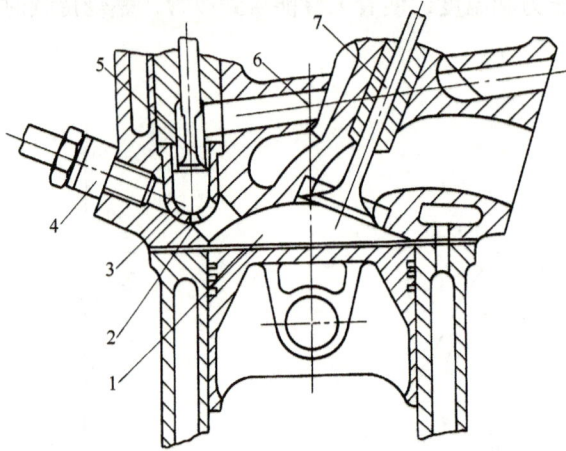

图 7-23　CVCC 燃烧室

1—主燃烧室　2—火焰通道　3—副燃烧室
4—火花塞　5—辅助进气门　6—副进气道　7—主进气门

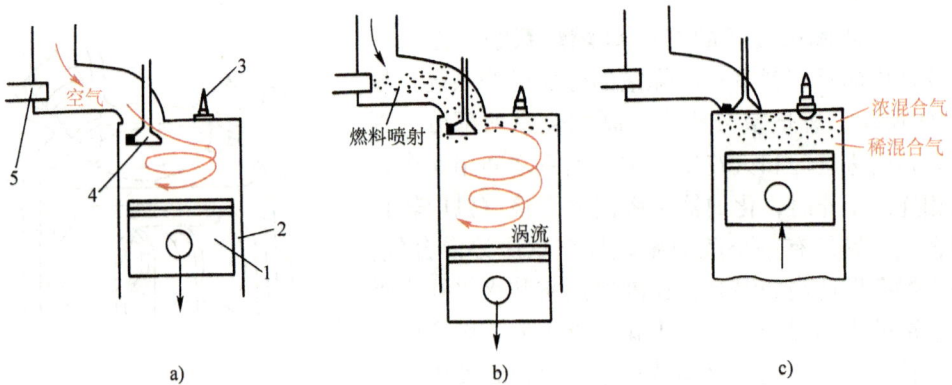

图 7-24　轴向分层稀燃系统工作原理

a）进气过程早期　b）进气过程后期　c）压缩过程
1—活塞　2—气缸　3—火花塞　4—导气屏进气门　5—喷油器

（3）滚流分层稀燃系统　图 7-25 是三菱公司在 1991 年开发成功的 MVV（Mitsubishi Vertical Vortex）稀燃系统的示意图。在进气道中设置两块薄的垂直隔板，使进气在气缸内形成三股独立的滚流，两侧的滚流全部是空气，中间的一股是浓混合气，使燃料和空气在压缩过程中维持分层，即使在 $A/F = 23 \sim 25$ 时，也能保证火花塞周围形成易点燃的较浓混合气。在以 40km/h 的速度等速行驶时，比普通汽油机节油 13%。

三、缸内直喷稀薄燃烧方式

1. 缸内直喷分层稀薄混合气的形成

汽油机采用类似于柴油机的供油技术，通过高压油泵提供 4～20MPa 的喷油压力，将

汽油供给位于气缸内的电磁燃油喷嘴，然后通过计算机控制喷嘴将燃油直接喷入气缸。为了形成分层稀薄混合气，燃油是在压缩后期中喷入燃烧室，从喷油到点火的时间很短，同时缸内气体压力高，喷雾油滴的扩散和蒸发被限制在缸内局部区域，利用特殊设计的燃烧室内部形状、缸内气体运动或喷嘴喷雾将燃料输送到火花塞附近，燃油在此过程中充分汽化并适当与空气混合，点火时燃烧室内可以形成火花塞附近浓而周围稀的分层混合气。

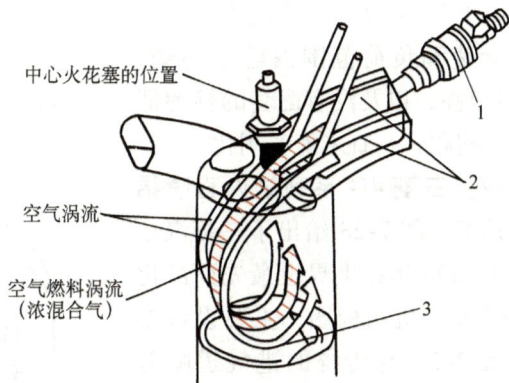

图 7-25　三菱 MVV 稀燃系统示意图

1—喷油器　2—进气口隔板　3—带有滚流控制的活塞

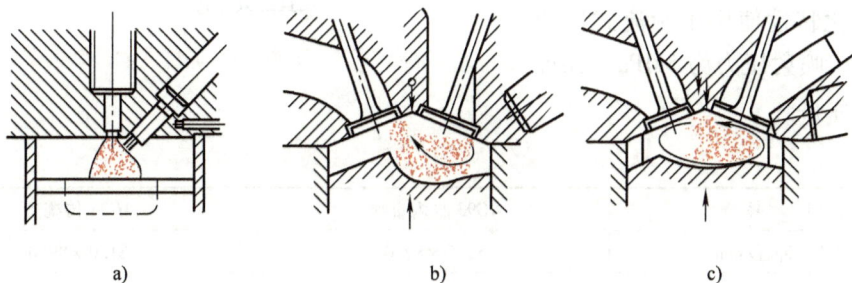

根据混合气引向火花塞的方式，混合气形成方式可分为 **喷雾引导**、**壁面引导**、**气流引导**，如图 7-26 所示。

图 7-26　GDI 汽油机的三种混合气形成方式

a）喷雾引导　b）壁面引导　c）气流引导

2. 典型缸内直喷稀薄燃烧系统介绍

（1）福特 PROCO 稀燃系统　福特公司开发的 PROCO 稀燃系统，属于 GDI 稀燃方式中较早期的例子，至今已有 20 年以上的历史。该系统示意图如图 7-27 所示，汽油由喷油器直接喷入气缸内，喷油器两侧各装有 1 个火花塞，利用涡流和滚流进行油气混合。因燃油在缸内喷雾汽化要吸收热量，从而使混合气温度下降，充量提高，并可使用较高的压缩比（$\varepsilon = 11.5$）。低速时功率增加 5% ~ 10%，部分负荷和怠速时的燃油消

图 7-27　福特 PROCO 稀燃系统示意图

耗率分别下降 5% 和 12%。与进气管单点喷射汽油机相比，NO_x 和冷起动 HC 的排放都有所降低。可在空燃比为 25 的条件下稳定工作。

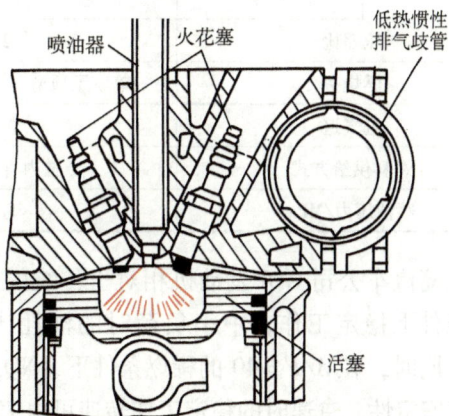

由于 PROCO 稀燃系统不能在宽广的转速和负荷范围内稳定燃烧，HC 排放高，以及没有配套的稀燃催化器等问题，一直未能实用化。

（2）三菱 4G 系列缸内直喷稀燃发动机 图 7-28 给出了三菱汽车公司于 1996 年在世界上最先商品化的 GDI 发动机结构图，主要设计参数见表 7-2。与传统的进气道喷射 4G93 汽油机相比，采用了很有特色的立式进气道，以保证高度的滚流及充气效率；滚流与单坡屋顶型以及弯曲顶面活塞形成的燃烧室配合，在火花塞周围形成浓混合气；为追求喷油雾化特性使用了旋流式广角度喷油器，喷射压力为 5MPa，保证喷油雾化质量。

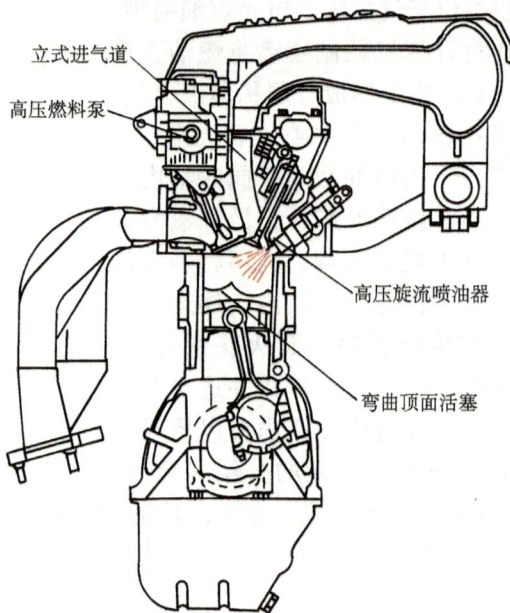

图 7-28　三菱公司 GDI 发动机结构图

表 7-2　三菱公司 GDI 发动机主要设计参数

型　　号		4G93 缸内直喷	4G93 传统型
缸径×冲程/mm		81.0×89.0	81.0×89.0
总排气量/mL		1834	1834
气缸数		直列四气缸	直列四气缸
进排气阀	形式	DOHC	DOHC
	阀数	吸气二阀，排气二阀	吸气二阀，排气二阀
压缩比		12.0	10.5
燃烧室		单坡屋顶型（弯曲顶面活塞）	单坡屋顶型
进气道		立式	普通方式
燃料供给方式		缸内直接喷射	进气道喷射
喷油压力/MPa		5.0	0.33

三菱汽车公司 GDI 发动机相对于传统的进气道喷油发动机，可以在 $A/F=40$ 以上的稀燃条件下稳定工作，中小负荷时的油耗比标准混合气工作的进气道喷油发动机降低 35%。同时，在 $A/F=40$ 的稀燃条件下，NO_x 可降低 60% 以上。由于采用稀燃方式并能保证燃烧安定性，怠速时的稳定工作转速可由 750r/min 降低到 600r/min，怠速节油 40%。

（3）丰田 D—4 缸内直喷稀燃发动机 丰田公司由 1996 年开发成功并商品化的 D—4 缸内直喷稀燃发动机燃烧系统如图 7-29 所示。通过安装在进气道上的电子涡流控制阀 E-SCV，形成不同角度的斜向进气涡流。燃烧室为半球屋顶形，活塞顶部设有唇形深皿凹坑，与进气涡流旋向以及喷油时间和喷油方向相配合，在火花塞周围形成较浓的易点燃混合气区域。为抑制扩散燃烧所形成的黑烟，采用高压（8～13MPa）旋流喷油器，可实现高度微粒化。为了控制分层燃烧时 NO_x 的产生，采用了电控 EGR 系统。装有紧凑耦合三元催化器和吸附还原型稀燃主催化器。

a)

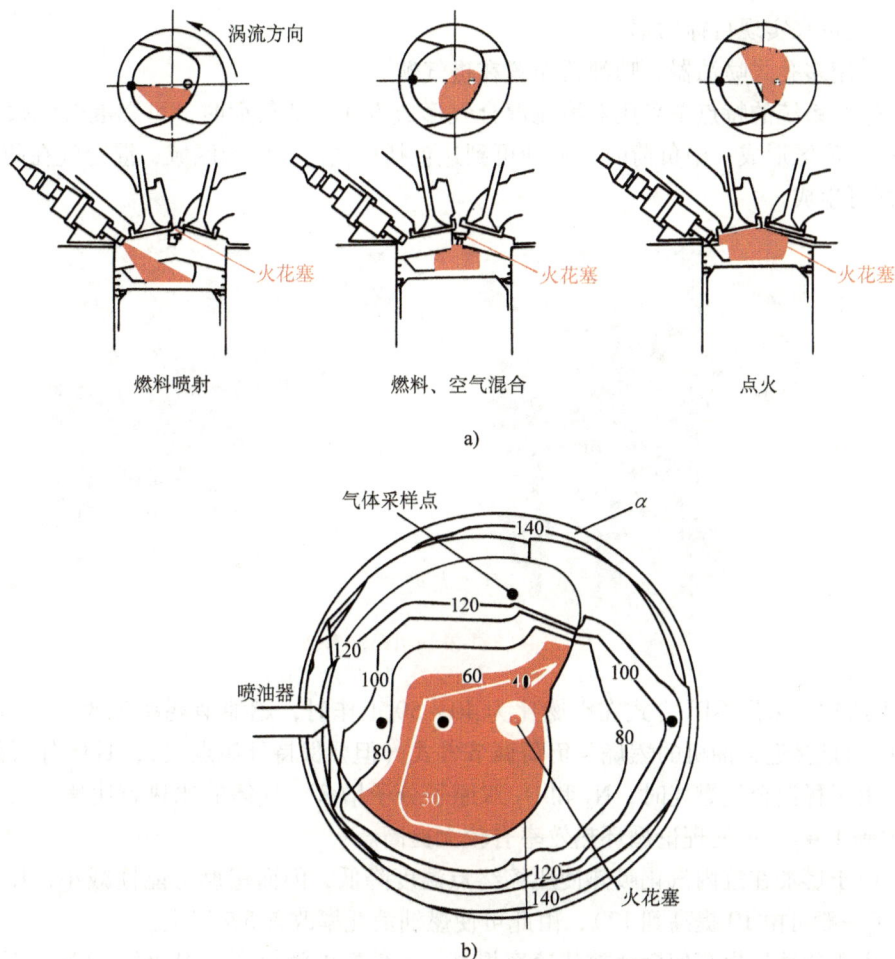

b)

图 7-29　丰田 D—4 燃烧室混合气形成

a）燃烧混合过程　b）缸内混合气道度分布（A/F）

在装有 D—4 发动机、车重 1250kg 的自动变速器轿车上所进行的日本 10.15 工况试验中，实现了 17.4km/L 的低燃油消耗率，比同排量的传统汽油机轿车节油 35%。

（4）大众公司的 FSI 发动机　大众公司于 1999 年推出了 E111 型 1.4 升 GDI 发动机。该燃烧系统的特点是采用双滚流混合气形成方式。低负荷时，可燃混合气仅在进气门一侧的滚流区形成，中负荷时，喷油可到达包括排气门在内的区域，混合气在两个滚流区域内都生成。排气后处理系统中也采用了吸附还原型催化剂，但用 NO_x 传感器来控制催化剂的还原反应时间是它的缺点。

大众公司于 2001 年推出的 FSI（Fuel Stratified Injection）发动机燃烧系统如图 7-30 所示，具有以下结构特点：

1）利用安装在进气歧管的翻板来改变缸内气体流动，优化混合气形成过程，同时减小低负荷时的进气节流损失。发动机低速时关闭翻板，将进气道流通截面下半部分遮挡，空气经进气道上半部分高速进入气缸，产生强滚流，到压缩行程末形成强湍流，从而加快燃烧速度，提高热效率；中高转速时翻板完全打开，进气道获得全部流通截面积，从而获得高的充气量来实现目标功率。

2）采用多孔式喷油器，喷油器布置在进气侧。

3）燃烧系统的特点是采用双滚流混合气形成方式。低负荷时，可燃混合气仅在进气门一侧的滚流区形成；中负荷时，喷油可到达包括排气门在内的区域，混合气在两个滚流区域内都可生成。

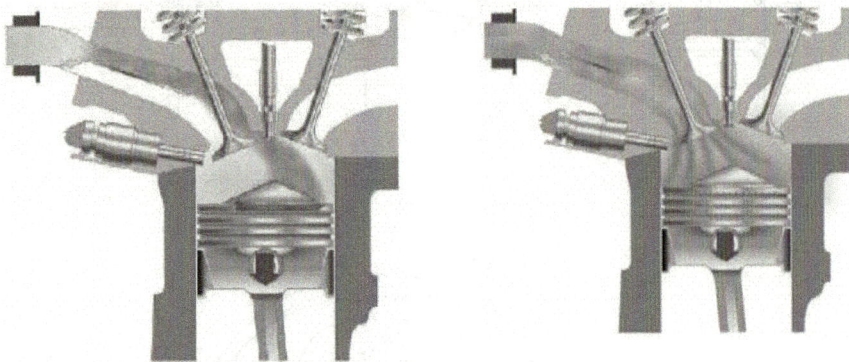

图7-30　FSI发动机燃烧系统

综上所述，采用GDI方式在空燃比为40～50工作时，燃油消耗率可改善30%左右，其主要原因是接近柴油机的燃烧及负荷调节方式（但要保持外源点火），具体分析如下：

1）由于稀混合气燃烧时，N_2和O_2双原子分子增多，气体的比热容比增大（大约由1.3增大到1.4），可使理论循环热效率有较大提高。

2）由于燃油在缸内汽化吸热使压缩终点温度降低，因而爆燃可能性减小，压缩比可以提高（一般可由10提高到12），由此可使燃油消耗率改善5%以上。

3）由于压缩比提高使燃烧放热速率提高，可使燃油消耗率改善2%～3%，而急速改善则在10%以上。

4）由于取消了进气节气门，泵气损失可降低15%。

5）中小负荷时，周边区域参与燃烧的程度较小，气体温度降低，使传热损失减小。

GDI发动机目前存在的问题有：

1）由于无法采用已十分成熟的传统三元催化剂，而稀燃催化剂开发难度大，生产成本高，这对车用催化剂技术提出了新的挑战。

2）组织混合气形成和燃烧过程的难度大，因为越接近压缩上止点喷油，混合气形成时间越短，因而需要像柴油机那样对"油—气—燃烧室"三者的匹配进行大量工作。

3）NO_x虽然明显降低，但HC排放增加，有时燃烧组织不好甚至冒烟。

4）对喷油系统要求很高，由于汽油比柴油的润滑性差，GDI用喷油器的设计制造十分复杂。

四、缸内直喷均质当量比汽油机

鉴于缸内直喷稀薄燃烧存在着难以解决的排放问题，2000 年后，采用缸内直喷均质当量比燃烧方式的汽油机在欧洲悄然兴起。采用这种方式的汽油机，燃油都是在进气过程中喷入气缸，由于喷雾油滴在缸内经历进气和压缩两个行程，点火时燃烧室内形成的是均质混合气，并保持过量空气系数 $\alpha = 1$ 的标准混合气，以适应三元催化转化器的要求。

这种燃烧方式，尽管放弃了稀燃模式，但同样由于燃油在缸内汽化吸热，降低缸内温度，使高负荷爆燃倾向减小，压缩比可适当提高 1 ~ 2 个单位，由此使燃油消耗率可改善 5% 左右。同时，由于使用的是标准混合气，避开了稀燃催化剂和分层混合气控制等难题，因此可以和进气道喷射汽油机一样满足严格的排放法规，提高了产业化的可行性。缸内直喷均质当量比燃烧技术进一步和涡轮增压、VVT 技术结合，可改善油耗 10% ~ 15%。2006 年和 2007 年欧洲各汽车公司新开发的轿车汽油机机型中，GDI 汽油机已超过 70%。与此同时，以分层稀燃为特征的日本各汽车厂家的 GDI 汽油机已逐渐停止生产。

1. 丰田公司的均质当量比 GDI 发动机

丰田公司在 2005 年开发了新型 3.0L V6GDI 发动机（3GR－FSE），该发动机采用均质当量比燃烧方式，被称为第二代 D—4 发动机。与第一代 D—4 发动机燃烧系统相比，压缩比由 10 提高到了 11.5，降低了活塞凹坑的深度，采用了双直气道并优化获得了高滚流比和高流量系数，采用狭缝喷嘴，喷油器位于进气道下方，利用进气行程中的扇形喷雾配合缸内强滚流形成均质混合气。同时采用进、排气双可变气门正时系统，以及减小发动机摩擦的技术，获得了发动机动力性和经济性的综合优化，在转速为 6200r/min 时达到的最大功率为 183kW，而在 3600r/min 时最大转矩可达 312N·m。但在暖机时，采用了分层燃烧技术以实现催化剂快速起燃，有效降低 HC 排放，可以达到美国极低排放（ULEV）标准。

2. 通用公司的均质当量比 GDI 发动机

通用公司在 2008 年推出的 GDI 发动机采用均质当量比燃烧模式。该 GDI 发动机采用了高压多孔喷嘴，喷孔数目和喷射方向都进行了优化设计，同时优化设计了燃烧室形状、进气系统，采用 11.3 的较高压缩比，使发动机性能得到了改善。最终比传统进气道喷射发动机的最大功率提高了 15%，燃油经济性改善了 8% 左右。

3. 大众公司的均质当量比 GDI 发动机

大众公司在 2005 年推出的 TSI（Turbocharged Supercharged Injection）发动机采用了均质当量比燃烧模式。燃烧系统采用高压多孔喷嘴进气侧布置，火花塞布置在燃烧室篷顶中央，活塞顶进气侧设有浅凹坑。燃烧室紧凑，抗爆性好，在高达 0.25MPa 的增压压力下允许压缩比到 10，并可达到很高的动力性指标：有效平均压力 2.16MPa；升转矩 172.6N·m/L；升功率 90kW/L。

第五节　汽油机的电子控制

以 1967 年博世公司开发的 D－Jetronic 电子控制汽油喷射系统正式投入应用作为汽油机电子控制时代的开始，在之后的几十年中，汽油机电子控制经历了从模拟电路到数字电

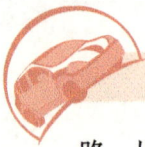

路，从简单控制到微型计算机控制，从单一控制到综合控制的快速发展。

一、汽油机电子控制系统的构成及工作原理

现代车用汽油机电子控制系统种类和型号很多，但基本构成一样，均由传感器、电控单元（ECU）和执行器组成。图7-31给出了现代汽油机电控系统的主要传感器和执行器及其安装位置。

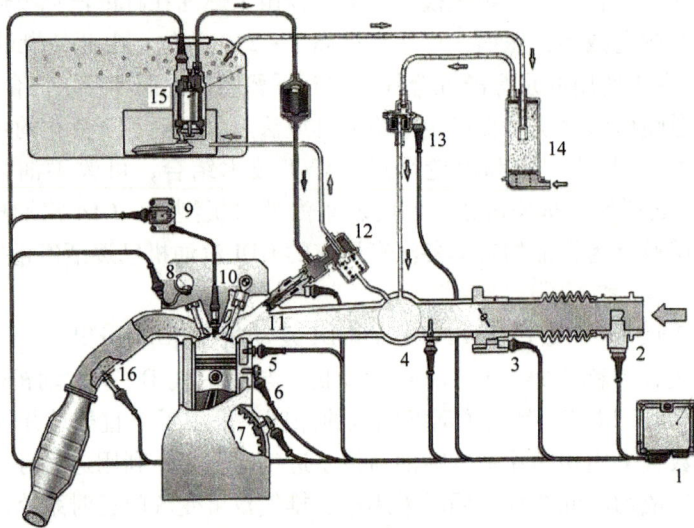

图7-31　汽油机电控系统构成示意图

1—电控单元（ECU）　2—进气温度传感器　3—节气门组　4—进气压力传感器　5—冷却液温度传感器
6—爆燃传感器　7—发动机转速传感器　8—凸轮轴位置　9—点火线圈　10—火花塞　11—喷油嘴
12—油压调节器　13—活性炭罐控制电磁阀　14—活性炭罐　15—内置油泵　16—氧传感器

汽油机电子控制系统的作用是使发动机输出驾驶人所需要的转矩，并保证发动机在最佳的燃油经济性和最低的尾气排放状态下运行。如图7-32所示，在工作过程中，ECU实时采集各传感器信号，及时掌握驾驶人的意图、发动机的工况和车辆的运行情况，ECU接受信号后，根据控制系统中存储的软件和数据完成运算处理，计算出该工况的喷油脉宽、点火闭合角、点火提前角等参数，以相应的电信号向执行器输出喷油、点火等控制指令，命令执行器完成上述指令而使发动机正常运转。

在所有的传感器输入量中，发动机转速和表征发动机负荷的空气流量（或进气歧管绝对压力）是两个基本输入量，ECU根据这两个参数确定基本喷油脉宽和基本点火提前角，进气温度和冷却液温度等都是用来对基本喷油脉宽和点火提前角进行修正的。节气门开度信号用于判断发动机的工况，曲轴位置信号用来确定各缸相对于上止点的位置以便在规定的时刻喷油和点火。氧传感器和爆燃传感器分别提供混合气浓度、点火提前角反馈信号，用于喷油和点火的反馈控制，使催化器转化效率最高，避免爆燃的出现。

汽油机电子控制系统的执行器除了喷油器、点火线圈/火花塞外，还有主继电器、节气门执行器、燃油泵继电器、氧传感器加热线圈、活性炭罐控制电磁阀、废气再循环阀、二次空气喷射阀、进气歧管通道控制阀、凸轮轴控制执行器和增压压力限制阀等。

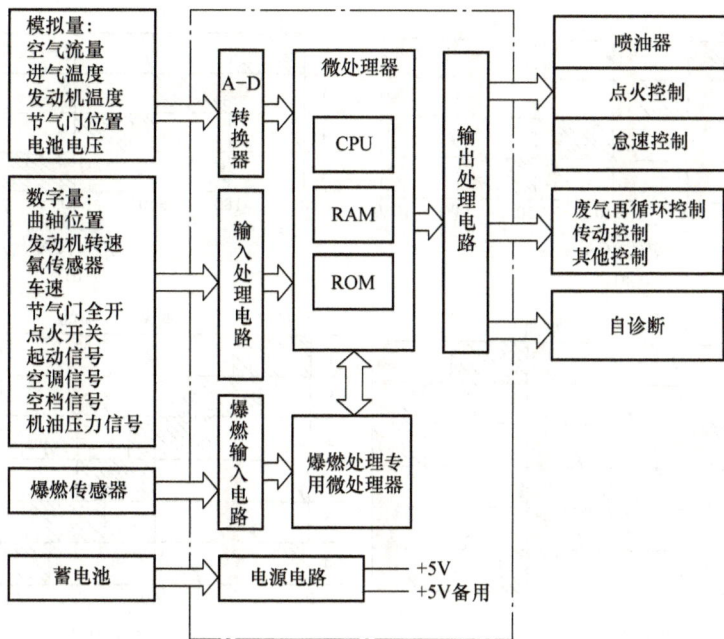

图 7-32 汽油机电子控制系统原理图

二、电子控制系统的主要控制功能

汽油机电子控制系统采用闭环和开环综合控制方式，实现各种控制功能，如喷油控制、点火控制、怠速控制、节气门控制、废气再循环控制和燃油蒸发排放控制等。不同年份的电控系统其控制功能有很大差异，一般来说，年份较早的电控系统其控制功能相对较少。目前，电控系统控制功能已有很大的扩展，如实现涡轮增压控制、可变进气歧管控制、可变正时凸轮轴控制等功能。

1. 燃油喷射控制

燃油喷射是电控系统的主要控制功能，主要包括喷油定时的控制和喷油量的控制。

（1）喷油定时的控制 燃油喷射系统中，喷油定时的控制是所有采用间歇喷射方式所必须解决好的问题之一。喷油定时是指喷油器开始进行喷油的时刻相对曲轴位置的转角。喷油定时随发动机喷油方式的不同而有所不同，但都是在相对曲轴转角的固定转角处。ECU通过曲轴位置传感器提供的曲轴转角信号，根据不同的喷油方式控制喷油器的开启时刻。图7-33以六缸发动机和四缸发动机为例，对不同喷油方式下的喷油定时加以说明。

（2）喷油量的控制 喷油量的控制由ECU根据发动机的不同运行工况控制喷油器的不同喷油持续时间来实现。喷油持续时间的控制分为同步喷射和异步喷射持续时间两种控制方式。同步喷射控制方式中，喷油时刻具有固定的曲轴转角，喷油量由喷油持续时间控制。发动机在稳定工况的大部分运转时间内都以此方式工作。异步喷射方式中，喷油时刻与曲轴转角无关，只与发动机实际运行工况有关，如起动、加速等过渡工况，喷油持续时间的长短也由对应的工况决定。

发动机在不同的工况下运行时，其喷油量的大小与喷油方式各不相同。电控系统除了

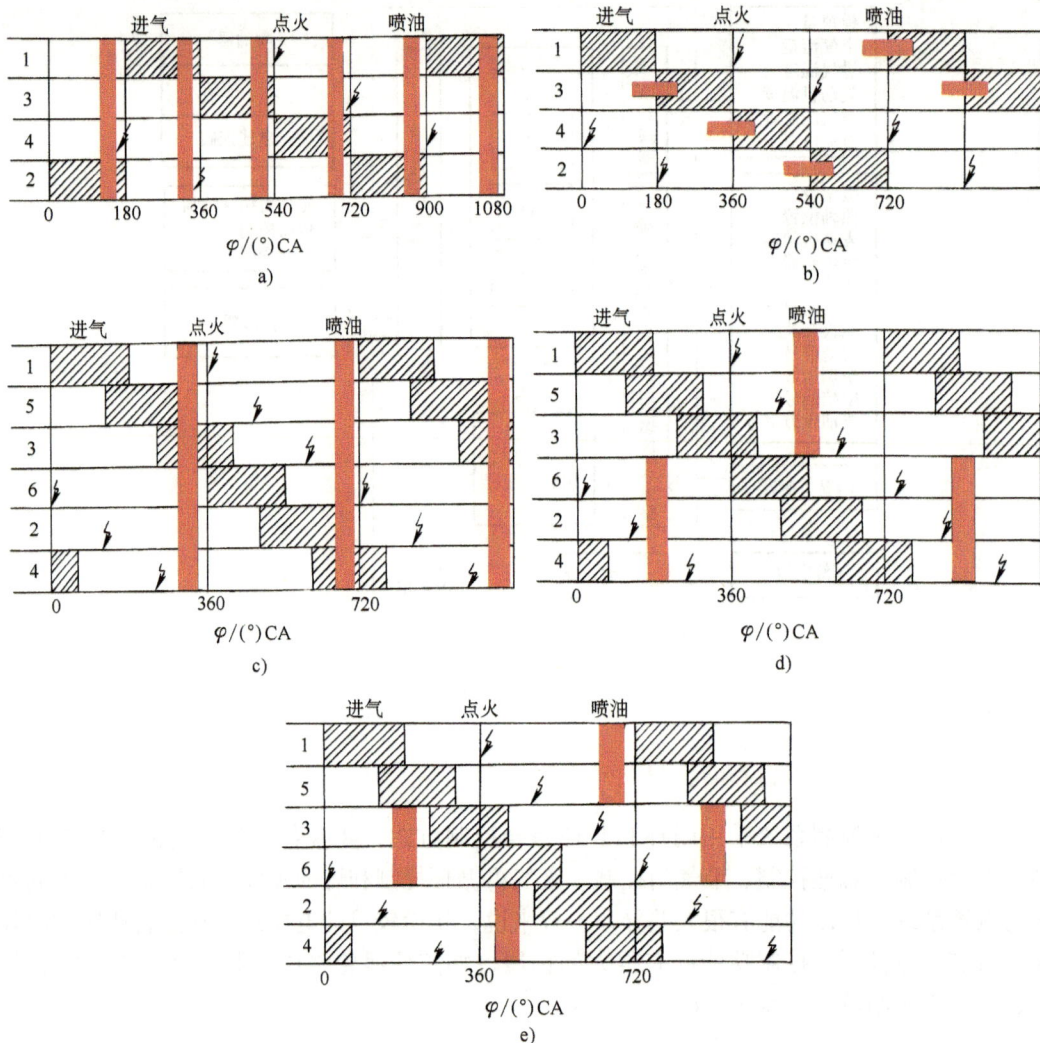

图 7-33　喷油定时图

a) 单点喷射系统喷油定时图　b) 顺序喷射时刻图

c) 同时喷射时刻图　d) 分两组喷射时刻图　e) 分三组喷射时刻图

能对正常的基本喷油量进行控制外，还必须对冷起动、暖机、怠速、加速等工况的喷油量进行校正，使供给的混合气与发动机的工况相适应。

1) 起动工况的喷油控制。在发动机起动时，由于起动转速波动较大，空气流量计不能精确检测进气量，所以起动时不根据吸入空气量计算喷油持续时间，而是根据发动机温度从计算机存储器"温度—喷油时间"表中查找出该温度下的基本喷油持续时间，再根据进气温度与蓄电池电压加以修正，得到这种工况的喷油持续时间。这一部分喷射为同步喷射。除此之外，起动过程中，ECU 还控制喷油器根据发动机温度向各缸同时进行一定量的异步喷射，以改善发动机起动性能。

2) 起动后喷油控制。发动机起动后，转速超过了最低的极限转速，ECU 按下式确定

喷油持续时间：

喷油持续时间＝基本喷油时间×喷油修正系数＋电压修正值

基本喷油时间是根据空气质量和发动机转速计算出的为实现设定空燃比而需要的喷油时间。

① 电压修正值。电磁喷油器的喷射特性使其实际开启时间滞后于 ECU 发出的控制脉冲信号，缩短了喷油持续期，使喷油量减少。喷油器的开启滞后主要和蓄电池的电压有关，蓄电池电压降低，反应滞后，使喷油量减少。由于汽车上的电源电压不是恒定的，为了消除电源电压变化时对喷油量的影响，必须引入蓄电池电压校正量。在电压校正时，常把蓄电池的电压作为控制参数输入电控单元，通过延长喷射脉冲时间来补偿，发动机因此而得到正确的喷油量。

② 起动后喷油修正系数。在冷起动后的数十秒内，为使发动机保持稳定运转，应随时间变化进行不同程度的加浓。喷油修正系数的初始值由冷却液的温度决定，然后随着起动运行，修正系数逐渐衰减。

③ 暖机喷油修正系数。发动机起动后，转速逐渐升高并趋于稳定，ECU 便可进入正常控制运行，但由于发动机温度还不高，为使发动机迅速达到暖机状态，需继续提供较浓的混合气。暖机喷油修正系数是 ECU 根据冷却液的温度来调节的，它随冷却液的温度上升而逐渐衰减，一直持续到冷却液温度达到规定值。

④ 大负荷时喷油修正系数。一般发动机在部分负荷工况下混合气成分的调整都是考虑在保持一定排放性能的前提下，尽量地提供经济混合气成分，以得到最低的燃油消耗。相对于部分负荷，大负荷的混合气应该有所加浓，以保证发动机输出更大转矩。节气门位置传感器是传送发动机负荷状态信号的传感器，ECU 根据其输入信号判断发动机负荷的大小，当判断出为大负荷时，ECU 调节喷油器的持续喷油时间，使喷油量增加。

⑤ 怠速稳定性修正（只用于 D 系统）。在 D 系统中，决定基本喷油时间的是进气管压力。在过渡工况时，进气管压力相对于发动机转速将产生滞后。节气门以下进气管容积越大，怠速时发动机转速越低，这种滞后时间越长，怠速就越不稳定。进气管压力变动，使得发动机转矩也随之变动，由于压力较转速滞后，转矩也较转速滞后，造成发动机转速上升时，转矩也上升，转速下降时，转矩也下降。

为了提高发动机怠速运转的稳定性，ECU 根据绝对压力和发动机转速对喷油量进行修正。随压力增大或转速降低，增加喷油量；随压力减少或转速增高，减少喷油量。关于怠速调整在进气系统中已有介绍。

⑥ 加速工况喷油修正系数。汽车发动机加速时，节气门突然开大，可能在短时间内使混合气变稀，为了获取良好的加速过渡性能，要求供给系统能在短时间内使混合气加浓。在加速工况时，ECU 从负荷信号的差别可以判断是否存在着加速过程，并由此控制加浓量。

⑦ 断油控制。发动机在高速运行下紧急减速时，节气门完全关闭，为避免混合气过浓、燃料经济性和排放性能变坏，ECU 停止喷油。当发动机转速降到某预定转速之下或节气门重新打开时，喷油器投入工作。

冷却液的温度低或空调工作需要增加输出功率时，断油和重新恢复喷油的转速较高。

（3）理论空燃比的反馈控制 以上所述空燃比的控制方法，称为 开环控制，即此控

制系统中，发动机各种运行工况下的空燃比存储在 ECU 的存储控制单元中，在发动机运行时，ECU 根据传感器检测到信号从存储器中查取相应的控制参数并输出控制。其特点是发动机只是按照 ECU 中事先存储的空燃比值对发动机进行控制，因而其控制比较简单，但由于并不检测控制后是否达到了真正的目标，所以不能纠正自身控制产生的相对误差。

所谓**闭环控制**是指借助安装在排气管中的氧传感器送来的反馈信号，对理论空燃比进行反馈控制的方式。根据氧传感器的输出特性，氧传感器输出电压信号在过量空气系数 $\alpha = 1$ 或是理论空燃比处发生跃变。ECU 有效地利用这一空燃比反馈信号，当由氧传感器反馈给 ECU 的空燃比与理想的控制值存在差异时，ECU 将这种差异通过计算，转化为喷油器持续喷油时间的修正值，控制下次喷油量的大小，如若较理论空燃比的混合气浓，则缩短喷油时间，反之过稀，则延长喷油时间，以实现对空燃比的精确控制和提高系统对自身误差和环境变化的适应性。

2. 点火控制

（1）点火提前角的控制 因点火提前角对发动机的工作影响较大，故对点火提前角控制就成了点火系统控制的重点。发动机的最佳点火提前角与发动机转速、负荷有较大关系；并且，发动机运行工况不同时，对其动力性、经济性和排放污染量均有不同的控制标准，这就意味着，发动机最佳点火提前角在不同工况下有不同的标准。在怠速时，最佳点火提前角应保证在发动机运转平稳的前提下，将污染物的排放控制在最低限度；在部分负荷工况下，以经济性为主，最佳点火提前角应保证发动机的最低燃油消耗率；在大负荷和加速工况下，以动力性为主，最佳点火提前角应使发动机获得最大的输出转矩。

最佳点火提前角是通过对发动机进行试验而得到的，这些数据存储在 ECU 存储器中。发动机生产厂商不同，所采用的控制系统具体工作过程及最佳控制数据也不同。但其控制原理基本相同，其控制方法有以下几种。

1）定值控制方法。对于一些参数变化较大的工况或是由于系统故障而启用备用系统时，由于计算很难得到准确的输入数据，也就无法计算和确定控制参数的数值。在这些工况下，微机对点火提前角的控制采用固定的点火提前角。通常采用固定点火提前角控制的工况有：

① 发动机起动时，发动机转速变化大，无法正确计算点火提前角。

② 发动机转速较低时（此转速值因发动机和控制系统的不同而有所区别）。

③ 当 ECU 系统出现故障而启用备用系统工作时。

2）基本点火提前角×冷却液温度修正系数控制方法。在一些电子控制点火系统中，发动机运行时的点火提前角是由基本点火提前角乘以冷却液温度修正系数来确定的。基本点火提前角是由发动机运行工况决定的、存储在系统存储单元中的点火提前角数值。冷却液温度修正系数是根据试验结果确定的存储在系统控制单元中的数值。发动机工作时，系统由表中查取对应工况的基本点火提前角，根据冷却液传感器所测出的冷却液温度值从冷却液温度修正图中查出修正系数，将基本点火提前角乘以修正系数，其计算结果即为此工况下发动机点火提前角的实际控制值。

3）原始点火提前角＋基本点火提前角＋修正点火提前角控制方法。有些发动机电子控制点火系统，采用了原始点火提前角＋基本点火提前角＋修正点火提前角的控制方法。原始点火提前角为一固定值，其提前角度是在发动机生产出来之后便有的点火提前量，任

何工况下此提前角都保持恒定。

基本点火提前角是存储在微机系统的存储器中的数值，它是与发动机的转速和负荷有关的一组数据。

修正点火提前角主要是对发动机冷却液温度进行的修正，其数值是以角度的形式存储在系统存储器中。另外，对于控制精度更高的系统来说，修正点火提前角还包括空燃比反馈修正量、过热修正量等。

（2）通电时间的控制　点火线圈一次电流的大小与电路的接通时间有关，通电时间越长，电流越大，点火能量越大。但是，电流过大将会导致点火线圈发热甚至损坏并造成电的消耗增大。同时，线圈中电流的大小，还会受到电源电压的影响，在相同的通电时间里，电源电压越高，线圈电流越大。因此，通电时间的长短应能保证使一次电流达到饱和，但又不会因通电时间过长使线圈发热，同时还须随电源电压不同对通电时间进行修正。通电时间的控制方法一般是由 ECU 从电源电压与通电时间关系曲线（见图7-34）中查得通电时间，再根据发动机转速换算成曲轴转角，以决定线圈中电流的大小。

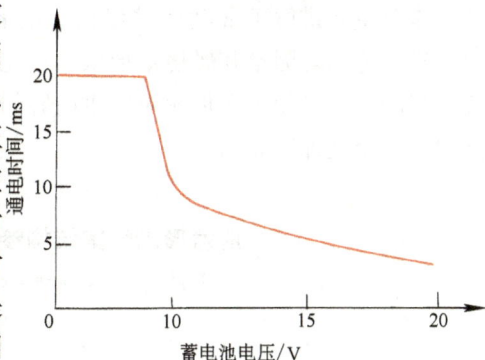

图7-34　电源电压与通电时间关系曲线

在有些点火装置中，为了提高点火能量，采用了一次电阻很小的高能点火线圈，其最大电流可达 30A 以上。为了防止一次电流过大损坏点火线圈，在点火控制电路中增加了恒流控制，使一次电流值保持恒定值。

（3）爆燃控制　爆燃是一种不正常燃烧，危害极大。要消除爆燃，通常可以采用抗爆性能好的燃料、改进燃烧室结构、推迟点火提前角等方面的措施，尤其是推迟点火提前角对消除爆燃有明显的作用。但是，点火提前角的推迟是以牺牲发动机的动力性和经济性为代价的。试验证明，发动机发出最大转矩的点火时刻是在开始产生爆燃点火时刻的附近，而对无爆燃控制的点火系统，为了使其在最恶劣的条件下，也不至于产生爆燃，其点火时刻均设在爆燃边缘的范围以内，使其离开爆燃界限并存在较大的余量。这样势必会降低发动机效率，使发动机输出功率下降，燃料消耗增加。为了把点火时刻控制在接近爆燃界限的位置，使发动机发挥最佳性能，又不发生爆燃，需采用爆燃控制。

爆燃控制是电子控制点火系统的闭环控制。其采用爆燃传感器对发动机的爆燃进行检测，ECU 根据爆燃传感器输出的信号进行处理并判定有无爆燃及爆燃强弱，在产生爆燃前，自动减小点火提前角。若无爆燃，则逐渐增大点火提前角；当发动机要出现爆燃时，ECU 又使点火提前角逐渐减小。爆燃强，则点火提前角减小得多；爆燃弱，则点火提前角减小得少，一直到无爆燃，又重复上述的反馈控制，如图 7-35 所示。

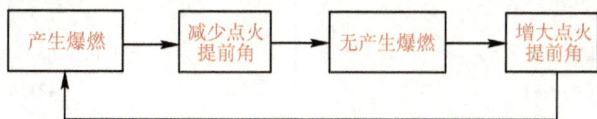

图7-35　爆燃反馈控制原理图

在爆燃控制系统中，根据爆燃传感器的测量参数不同而分为两种类型。一种是将爆燃传感器安装在每个气缸内，检测因爆燃引起缸内压力的变化，称为压力传感器型。另一种是把一个或两个传感器安装在发动机缸体上或进气歧管上，检测因爆燃引起的振动，称为壁振动型。

第六节　工程应用实例一（文摘）

本章主要讲解正常燃烧过程和不正常燃烧过程，以及混合气浓度、点火提前角、负荷、转速等运转因素和燃烧室形状、火花塞位置、燃烧室内气体流动等结构因素对燃烧过程的影响。为了使读者加深对所讲内容的理解，学习提高汽油机性能的基本工作方法，现选出一篇论文加以介绍。

浴盆形燃烧室结构参数对汽油机燃烧性能的影响

王瑞芹　侯明德　徐崇正　荆永刚　周少俊

（长春汽车研究所）

金昭男

（吉林工业大学）

本文介绍了汽车研究所为提高燃烧速率、改善燃烧过程稳定性而改进设计的 6105 型汽油机浴盆形燃烧室结构。通过增加挤气面积、提高燃烧室紧凑性、改变火花塞位置等措施改变燃烧速率和燃烧稳定性。在解决原机热负荷大、排温高、噪声大等问题上取得了较明显的效果。

一、浴盆形燃烧室的概况与分析

汽车研究所为"一汽"设计的第二代产品——6105 型浴盆形燃烧室顶置气门发动机，其主要结构参数和性能指标见表7-3。

表7-3　6105 型汽油机的结构参数和性能指标

参　数	机　型	解放 6105
缸数与排列		6 缸直列顶置气门
发动机形式		4 冲程化油器式
燃料标号		75 号
（缸径 × 冲程）/mm		105 × 114.3
工作容积/L		5.92
压缩比		7.3:1
最大功率/kW		110.3 （3200r/min）
最大转矩/（N·m）		421.4
比油耗/[g/（kW·h）]		326.4

经过对 6105 型浴盆形燃烧室发动机进行台架性能调整试验、强化试验及道路试验，证明该机达到了设计指标，但也暴露出一些问题，诸如缸盖热负荷高，气门烧蚀，缸垫易烧穿，排温过高，点火提前角过大，起动逆转，噪声、振动大等。

为了分析和解决原机存在的问题，在单缸机上制取了原气缸盖燃烧室的示功图（见图 7-36）。从该示功图得到的燃烧过程主要参数见表 7-4。

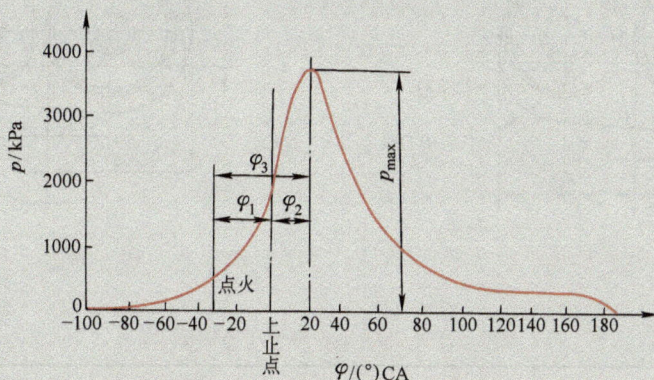

图 7-36　原气缸盖在最大转矩时的示功图

（$n = 1600 \mathrm{r/min}$）

表 7-4　燃烧过程主要参数

转速/(r/min)	点火提前角 φ_1/(°) CA	最大燃烧压力角 φ_2/(°) CA	燃烧时间角 φ_3/(°) CA	最大燃烧压力 /kPa	最大压力升高率 /kPa[(°)CA]$^{-1}$	最大压力循环变动率 δ(%)
1600	−33	19	52	3528	176	11
3000	−38	21	59	2744	98	11.57

分析原气缸盖燃烧室的燃烧过程参数可知：①点火提前角偏大；②压力升高率偏低；③最大燃烧压力角偏大；④燃烧时间角偏大；⑤最大燃烧压力循环变动率 δ 偏大。

上述各点说明原 6105 型汽油机的燃烧速率低，燃烧时间长，过后燃烧严重，这是造成排气温度较高，零件热负荷大的主要原因。另外，从示功图看出，原 6105 型汽油机的燃烧过程组织得不好，燃烧过程稳定性差，各循环间最大燃烧压力值变化较大，这是引起发动机振动、噪声过大的主要原因。

二、浴盆形燃烧室的改进与试验

根据上述分析，进行气缸盖改进设计，通过改变浴盆形燃烧室结构参数，提高燃烧速率，缩短燃烧时间，改善燃烧过程稳定性。

1. 加强燃烧室内的涡流强度

火焰传播速度受燃烧室内涡流强度影响很大。增加挤气面积和减小挤气间隙都可以达到增加挤气涡流的作用。但是，受气缸垫结构材料限制，减小挤气间隙的可能性很小，故通过增加挤气面积来达到增加挤气涡流的目的。修改设计前、后的燃烧室外廓尺寸和主要参数如图 7-37、图 7-38 和表 7-5 所示。

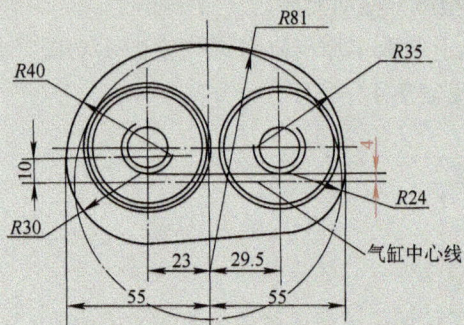

图7-37　改进前燃烧室

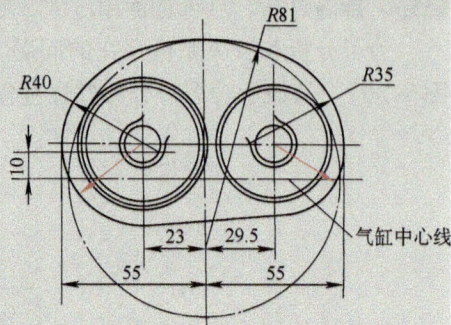

图7-38　改进后燃烧室

表7-5　燃烧室外廓尺寸和主要参数

缸　盖	燃烧室投影面积/mm²	挤气面积率（%）	燃烧室高度/mm	最大火焰行程/mm	进气门壁距/mm	排气门壁距/mm	燃烧室容积/cm³
原气缸盖	7000	25	22.5	80	6.25	5.5	145
改进后	6300	32.6	26.2	70	6.25	5.5	145
差　值	700	7.6	3.7	10	0	0	0

从表中可知，原气缸盖的挤气面积率为25%，挤气面偏小。改进设计中，在保证一定屏蔽阻力的前提下，增加挤气面积率达32.6%。

2. 提高燃烧室的紧凑性

燃烧室越紧凑，火焰传播距离就越短，从而可以缩短燃烧时间，提高热效率。我们通过缩小燃烧室的投影面积以实现燃烧室紧凑和提高挤气面积。为了保持相同的燃烧室容积，燃烧室的高度相应增加了4mm左右。

3. 改变火花塞位置

火花塞位置越接近燃烧室中心，火焰行程越短，火焰面积增长率越高，其结果是提高燃烧速率和缩短燃烧时间。改进设计中，将火花塞向气缸中心移动近5mm，另外，由于燃烧室外廓尺寸减小，使火花塞更靠近燃烧室中心。因此，最大火焰行程总共缩短了10mm。

4. 改进后的效果

改进后的浴盆形燃烧室在单缸机上进行试验。试验结果分析如下：

（1）对燃烧稳定性的影响　将原缸盖和改进后缸盖在相同工况下，即全负荷的最大转矩工况（1600r/min）和最大功率工况（3000r/min）下制取示功图。示功图中燃烧过程的主要参数列于表7-6。

表7-6　示功图中燃烧过程的主要参数

气缸盖	转速/ (r/min)	点火提前角 φ_1/(°) CA	最大燃烧压力 角 φ_2/(°) CA	燃烧时间角 φ_3/(°) CA	最大压力升高率 /kPa [(°) CA]$^{-1}$	最大燃烧 压力/kPa	最大压力循环 变动率 δ(%)
原气缸盖	1600	−33	19	52	176	3528	11
	3000	−38	21	59	98	2744	11.57
改进后	1600	−27.5	12.5	40	235	4665	7.1
	3000	−30	14	44	223	4312	3.78
差值	0	5.5	6.5	12	59	1137	3.9
	0	8	7	15	125	1568	7.79

从表7-6可以看出，修改设计后的气缸盖与原气缸盖的燃烧过程主要参数都有明显变化，燃烧速率明显提高，过后燃烧减少，使得排温也明显降低。由于燃烧速率的提高，减少了各工作循环间最高燃烧压力的波动，提高了燃烧过程的稳定性。虽然压力升高率有所提高，但控制在175～250kPa/(°) CA，最高压力角在上止点后12°～15°(CA)，即可保证发动机动力性能好，且工作柔和。

（2）对混合气成分适应性的影响　混合比不同，燃烧速度也不同，并且存在着最大燃烧速度的混合比。混合比对发动机性能的影响越不敏感，则发动机的工作适应性越好。对修改前后缸盖进行试验，得出主要参数，见表7-7。

可见，两种气缸盖随着混合比 α 变稀或变浓，其循环变动率变坏，并且存在着最低循环变动率的混合气成分 $\alpha=0.8～0.87$，此混合气成分燃烧速度最大。这说明燃烧室结构参数影响着燃烧速度，从而也影响着燃烧过程的稳定性。改进后气缸盖的循环变动率小于10%的混合气成分变化范围比原气缸盖的大得多，并且趋向于偏稀。另外，最佳循环变动率的值较低。这说明改进后的气缸盖对燃烧过程的敏感性减小。

表7-7　气缸盖改进前后参数对比

	最小循环变动率 最佳混合比	最大压力值 /kPa	循环变动率 $\delta \leqslant 10\%$ 时的混合比变化范围
改进气缸盖	4.69%/0.87	4607.8	0.65～1.3
原气缸盖	5.24%/0.80	4352.9	0.54～1.04

（3）对点火特性的影响　改进的燃烧室使最佳点火提前角较小，从而减小了爆燃倾向，减小泵气损失，提高平均指示压力，提高了可靠性。

（4）对发动机性能的影响　原气缸盖和改进后气缸盖在相同工况下的外特性曲线如图7-39所示。在3000r/min时，改进后燃烧室的功率增加0.625kW，转矩在转速为1600r/min时增加了1.96N·m，比油耗在转速为1200r/min时降低了39.4g/(kW·h)。最高排气温度由845℃下降到765℃，从而降低了零件热负荷，提高了零件的工作可靠性。

（5）对发动机噪声的影响　6105型汽油机试验表明，改进后气缸盖比原气缸盖的燃烧噪声在较大的频带范围内有明显的降低，最多可降低8～10dB左右。这是由于修改后气缸盖压力升高率虽有所增加，但循环变动率降低，燃烧过程稳定得到性改善，因此燃烧引起的噪声有所降低。

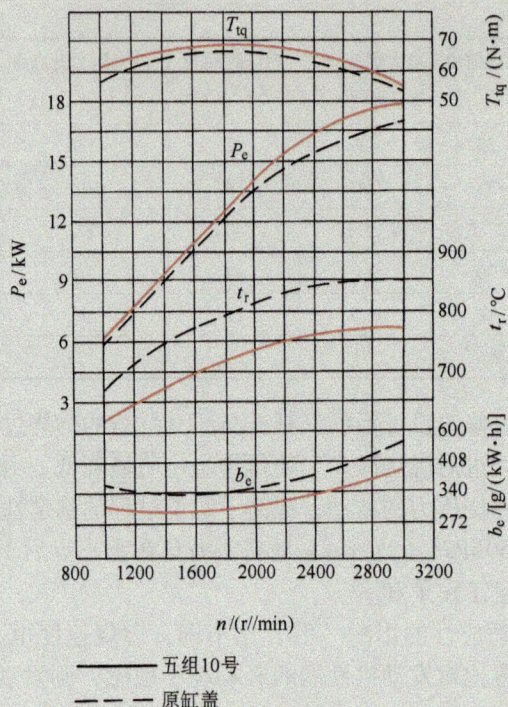

图7-39　原气缸盖和改进后气缸盖的发动机外特性曲线

（本文摘自《内燃机工程》1981年03期）

第七节　工程应用实例二（文摘）

低油耗高性能4气门稀燃汽油机的研制

这篇文摘报道4气门稀燃发动机的开发过程，特别是改善燃烧和研制发动机控制系统，以及实车试验的结果。

一、引言

众所周知，在降低油耗的许多方法中，以稀混合气燃烧最有效。然而，发动机用稀混合气运转要求有涡流或其他方法来改善和稳定燃烧，但发动机输出功率常因进气道流量系数减小而降低。而且稀燃发动机的排气恶化了氧化条件，使三元催化转化器不能有效地工作，因此 NO_x 排放难以达到满意的水平。

为此，通过采用变涡流系统（称为 VTEC 机构）和优化涡流比的方法，在保证稀混合气稳定燃烧的同时，提高输出功率。同时，采用空燃比控制系统把 NO_x 排放降低到足够低的水平。

二、涡流控制系统

1. 要求

涡流运动是作为获得稀混合气稳定燃烧的手段。为使普通发动机生成涡流运动，就难

以采用两个进气门。但进气门数的减少，会使发动机在高速时由于充量系数降低而降低功率输出。

为了满足这显然相互矛盾的要求，即既要降低燃油消耗率，又要获得高的输出功率，只得采用在高速区和低速区能改变进气门数目的配气机构，称为 VTEC-E 机构。

2. VTEC-E 机构

如图 7-40 所示，VTEC-E 机构由具有两个不同形状凸轮的凸轮轴组成，第一凸轮驱动进气门工作，而第二凸轮使某一进气门停止工作。第一摇臂具有一个滚子从动件和内装的液压活塞。

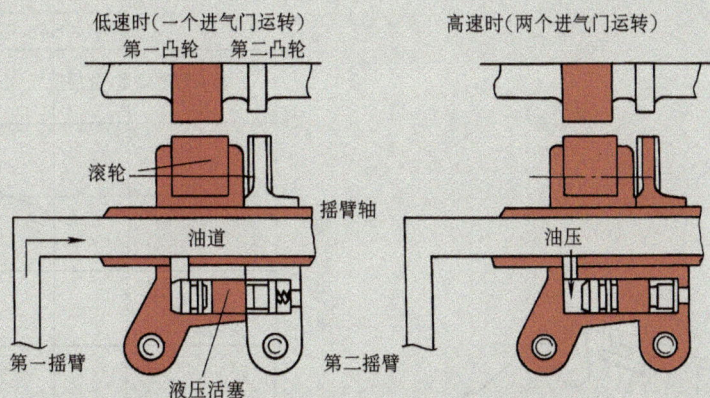

图 7-40 VTEC-E 机构的工作原理

在发动机低速时，两个摇臂各自独立工作，由相应的凸轮将第一气门顶起全升程，同时把第二气门的最大升程减小到 0.65mm，以产生足够强的涡流。把气门升程减小到 0.65mm，其目的是允许燃油流过，而又不影响涡流强度。发动机高速运转时，从电控单元来的信号打开液压回路，推动液压活塞使两个摇臂互锁，因而第一气门和第二气门升程相同，如图 7-41 所示。

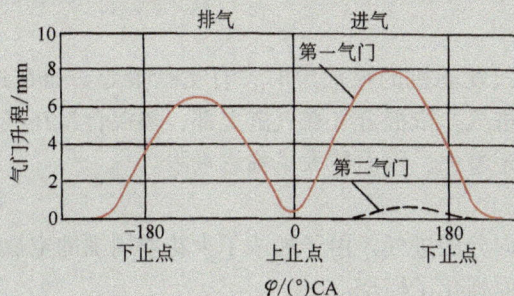

图 7-41 气门升程和气门定时

三、稀气燃烧控制

1. 涡流比的优化

如果用螺旋气道产生较高的涡流比，那么进气道流量系数就会降低。尽管可以获得较

宽的稀燃极限，但输出功率较低。因此要获得理想的稀燃极限，不仅应当提高涡流比，而且还要通过改进燃烧室形状来改善燃烧过程，从而保证在相当低的涡流比条件下有足够宽的稀燃极限。

稀燃发动机的燃烧室形状如图7-42所示，气缸直径为75mm，燃烧室直径为55mm，余隙为0.75mm。这种紧凑的燃烧室具有宽大的挤气面积。由于挤气作用生成强湍流，并缩短了火焰传播距离，因而实现了快速燃烧。该燃烧室配以直气道（对气道尺寸进行优化，采用直气道获得2.5的涡流比，以避免采用螺旋气道所引起的功率下降），显著改进了稀燃极限，在相同涡流比条件下大大优于普通顶篷形燃烧室（见图7-43）。

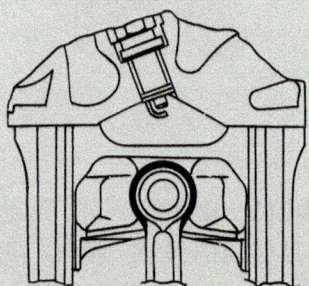

图7-42　稀燃发动机的燃烧室形状

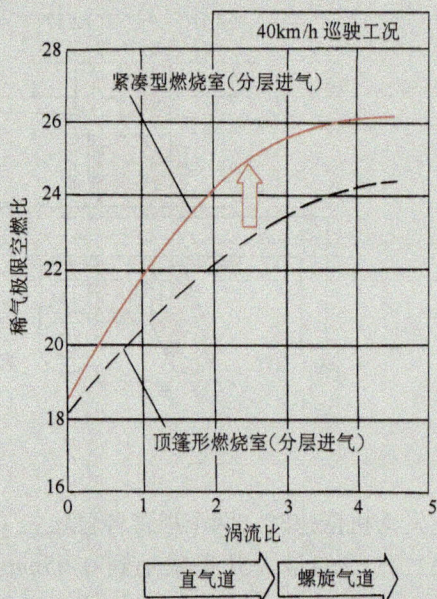

图7-43　紧凑型燃烧室对部分负荷稀气极限的影响

2. 混合气形成

关于气道喷油涡流式发动机的喷油定时，有文献报导，当在进气冲程中一定时刻喷油，便能形成轴向分层进气。浓混合气在气缸上部，稀混合气在气缸下部。浓混合气集中在火花塞附近有助于稳定着火，因而扩大了稀燃极限。

3. 燃烧过程的改进

依靠涡流产生的轴向分层进气，由于加浓了火花塞周围的空燃比而使着火稳定。同时因涡流和挤流产生湍流而强化了燃烧。

图7-44显示了VTEC-E型发动机与传统4气门发动机之间燃烧过程的对比。进气冲程中喷油产生的涡流和轴向分层进气缩短了着火延迟期和燃烧期，紧凑的燃烧室进一步缩短了燃烧期，因而使稀燃极限扩大到空燃比25。

燃烧特性和稀燃极限的改进使燃油消耗率降低12%，并使空燃比为22时的NO_x排放降到足够低的水平（图7-45）。

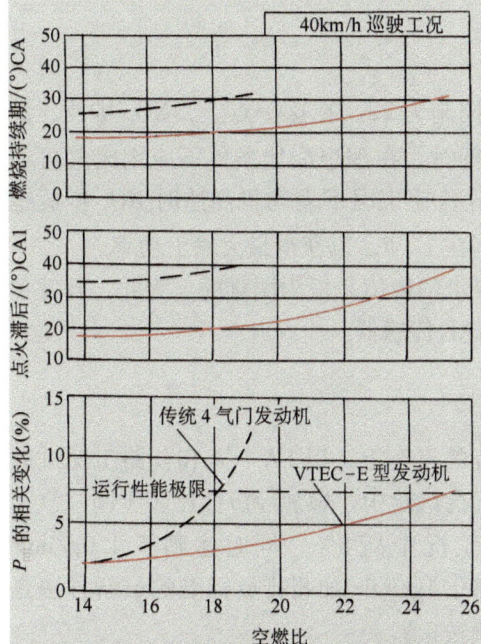

图 7-44 VTEC-E 型发动机与传统 4 气门
发动机燃烧性能的对比

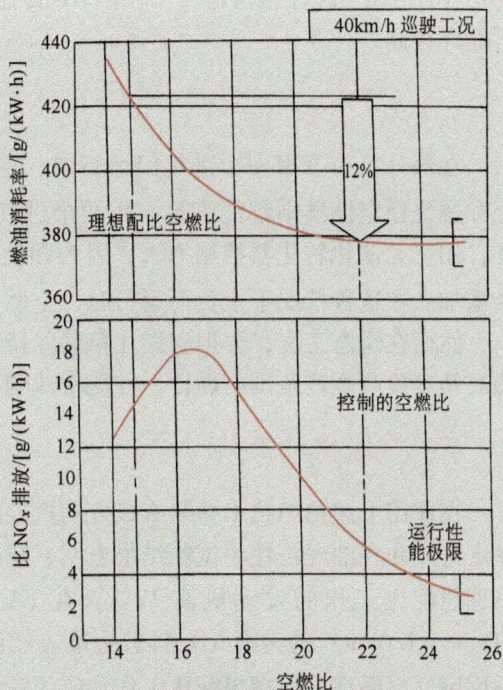

图 7-45 空燃比对燃油消耗率、NO_x 排放的影响

四、发动机控制系统

图 7-46 所示为研制的一种发动机控制系统，用来模拟装车以后良好油耗和稳定燃烧的效果，同时满足 NO_x 排放标准。新开发控制系统的特点是有 3 个子系统来实现以下功能：

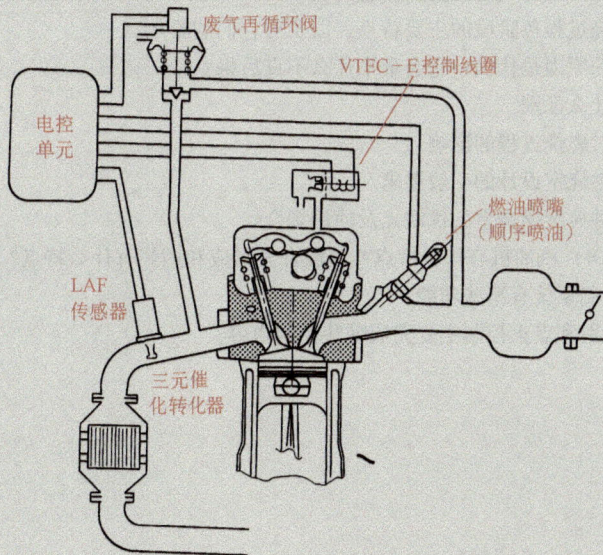

图 7-46 发动机控制系统

①用 VTEC-E 机构控制涡流；②用 LAF 传感器获得反馈信号，精确控制空燃比；③废气再循环控制。

1. 涡流控制

2. 空燃比控制

在部分负荷下用一个进气门运行时，空燃比控制为 22，在这一点上，NO_x 排放、油耗和燃烧稳定性准则都能满足。用两个进气门运行时，在理想配比条件下应用废气再循环，用三元催化转化器控制 NO_x，因为即使在部分负荷工况下发动机高速时 NO_x 排放也会增加。在这种情况下全负荷运行时，空燃比控制在 12.5，以获得最大输出功率。

然而在瞬态工况，要把空燃比精确保持在所要求的数值是极为困难的。为此，开发了能高精度检测宽广范围空燃比，并能快速响应的 LAF 传感器。

五、实车试验结果

在应用上述稀燃技术并装有该发动机控制系统的汽车上，以 LA – #4 和公路工况试验评定排放和燃油经济性。试验结果表明，在公路工况试验中，燃油经济性比装于同一汽车以理想配比工作的发动机高 12%，在 LA – #4 工况中高 8%，同时达到了 1.0g/mile（1mile = 1.6km）的美国 NO_x 排放标准。然而达到 0.4g/mile 加州排放标准的最新方法是采用废气再循环，以理想配比工作和应用三元催化转化器。

（本文摘自《国外内燃机》1995 年 01 期）

思 考 题

1. 汽油机不同运行工况对混合气浓度有什么要求？

2. 汽油机混合气形成方式有哪些？各有什么特点？

3. 说明汽油机燃烧稀混合气有何优点，它所面临的困难是什么？目前解决的途径有哪些？

4. 说明汽油机燃烧过程各阶段的主要特点，以及对它们的要求。

5. 爆燃燃烧产生的原因是什么？它会带来什么不良后果？

6. 爆燃和早燃有什么区别？

7. 分析使用因素对燃烧过程的影响。

8. 试说明汽油机燃烧室设计的一般要求。

9. 比较汽油机几种典型燃烧室的优缺点及使用场合。

10. 缸内直喷（GDI）汽油机有什么特点？其混合气形成和燃烧有什么特点？

11. 汽油机电子控制系统有哪些功能？

12. 汽油机汽油喷射和点火控制主要完成哪些控制内容？

第八章

发动机的特性

本章是本书的重点之一，它有很强的实用价值。发动机经常在较大的负荷和转速范围内工作，仅了解某点或几点的性能指标和参数，往往是不够的，而需要了解在整个工作范围内的变化规律和发展趋势，这样才可能掌握发动机的工作能力、允许工作范围、最佳工作范围以及制造厂对发动机工况标定的规定。管理者对发动机的运用是否正确，是以发动机的特性为基础的。掌握发动机的特性，不仅对发动机研究设计制造者是重要的，对使用管理者来讲也是很重要的。学习本章的内容，不仅要掌握发动机的多种特性及特性曲线的形状，还必须掌握分析曲线的方法，影响曲线的多种因素。本章的难点在于对曲线的分析及其实际应用。

第一节　发动机工况、性能指标与工作过程参数的关系

一、工况

发动机的运行情况，简称工况。工况以功率 P_e（或转矩 T_{tq} 或平均有效压力 p_{me}）和转速 n 来表示。这些工况参数有下列关系：$P_e \propto T_{tq} n \propto p_{me} n$。它们必须与被发动机所拖动的工作机械要求的功率和转速相适应。只有当发动机输出的转矩和工作机械所消耗的转矩相等时，才能以一定转速按一定功率稳定运转。当工作机械的阻力矩、转速变化时，发动机的工况就会发生变化。

根据发动机的用途，其工况可分为以下几类：

(1) 恒速工况　$n =$ 常数，如发电机组中的发动机，其转速基本保持不变，功率 P_e 随负荷而变化，称为线工况，如图 8-1 中曲线 1 所示。

(2) 螺旋桨工况　作为船舶主机的柴油机按推进特性工作，柴油机功率与转速的立方成正比 $P_e = kn^3$，k 为比例常数，如图 8-1 中曲线 2 所示。

(3) 面工况　汽车在运输作业时，发动机的功率 P_e 和转速 n 都在很大的范围内变化。转矩取决于行驶阻力，即装载质量、车速和路面情况。转速取决于车速，它可以从最低稳定转速到最高转速。如图 8-1 中阴影所示，阴影面的上限曲线 3 是发动机在各种转速下所能发出的最大功率。

(4) 点工况　内燃机的转速 n 及功率 P_e 均近似不变，如内燃机作为排灌动力。

拖拉机发动机，为保证耕作质量，要求保持在某

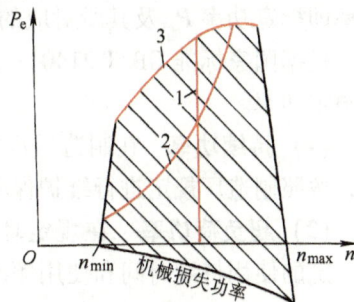

图 8-1　发动机各种工况

一转速下工作，负荷因土壤比阻不同而改变，工况近似于恒速工况，$n =$常数。

二、发动机特性

发动机性能指标随着调整情况及运转工况变化而变化的关系称为发动机特性，特性用曲线表示称为特性曲线。其中随着调整情况而变化的关系又称为调整特性。调整特性包括柴油机供油提前角调整特性、汽油机点火提前角调整特性和汽油机化油器调整特性等。性能指标随着发动机工况而变化的关系称为性能特性。

发动机的性能特性包括负荷特性、速度特性、万有特性和空转特性等，速度特性又包括外特性和部分速度特性。对于车用发动机低速转矩特性尤其重要。柴油机因装置形式不同的调速器，而有不同的调速特性。

三、发动机性能指标与工作过程参数的关系

发动机的有效指标 p_{me}、T_{tq}、P_e、b_e、B 与工作过程参数的关系见下列诸式：

平均有效压力
$$p_{me} = k \frac{\eta_i}{\alpha} \eta_v \eta_m \tag{8-1}$$

有效功率
$$P_e = k_1 \frac{\eta_i}{\alpha} \eta_v \eta_m n \tag{8-2}$$

有效转矩
$$T_{tq} = k_2 \frac{\eta_i}{\alpha} \eta_v \eta_m \tag{8-3}$$

燃油消耗率
$$b_e = k_3 \frac{1}{\eta_i \eta_m} \tag{8-4}$$

小时耗油量
$$B = k_4 \frac{\eta_v}{\alpha} n \tag{8-5}$$

式中，k、k_1、k_2、k_3、k_4 为常数；η_v 为充气效率；η_i 为指示热效率；η_m 为机械效率；α 为过量空气系数；n 为转速。

要了解 p_{me}、T_{tq}、P_e、b_e、B 等指标随工况变化的情况，就必须分析 η_v、η_i、η_m、α 随工况的变化。

四、发动机功率标定

发动机制造厂根据产品的用途特点，规定该产品在标准大气状况下所输出的最大有效功率即标定功率 P_e 及其所对应的转速 n。

根据国家标准 GB/T 21404—2008 确定的发动机功率分为持续功率、超负荷功率和油量限定功率。

（1）持续功率　在制造厂规定的正常维护保养周期内，在规定转速和规定环境状况下，按照制造厂规定进行维护保养，发动机能够持续发出的功率。

（2）超负荷功率　在规定环境状况下，在按持续功率运行后，立即根据使用情况，以一定的使用持续时间和使用频次，按照每12h运行1h的运行条件，可以允许发动机发出的功率。

（3）油量限定功率　在对应于发动机用途的规定时间内，在规定转速和规定环境状

况下，限定发动机油量，使其功率不再超出时所能发出的功率。

国家标准对发动机发出相应功率的持续时间、测定的大气状况、发动机所带附件及进、排气阻力等都有严格规定，并对测量仪器的精度、主要参数测量精度也有规定。

第二节　发动机的负荷特性

在发动机转速不变时，性能指标随负荷变化而变化的关系称为**负荷特性**。汽车以等速在阻力变化的道路上行驶即为这种情况。此时的节气门位置必须经常改变来调整有效转矩，以适应外界阻力矩的变化，保持发动机的转速不变。

特性曲线横坐标为负荷，如功率 P_e、平均有效压力 p_{me}、转矩 T_{tq} 等，纵坐标为耗油量 B、燃油消耗率 b_e 或排气温度 t_r、噪声 dB（A）、烟度 S_B、机械效率 η_m 等。图 8-2 是以功率 P_e 为横坐标，燃油消耗率 b_e、耗油量 B 及排气温度 t_r 为纵坐标的 25Y-6100Q 型车用汽油机的负荷特性图。

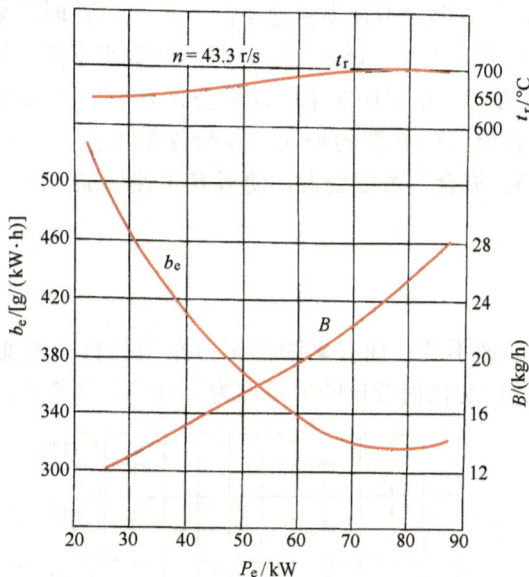

图 8-2　25Y-6100Q 型车用汽油机的负荷特性

一、汽油机的负荷特性

1. 定义

当汽油机的转速保持不变，而逐渐改变节气门开度，同时调节测功器负荷，如改变水力测功器水量，以保持转速不变，小时耗油量 B 和燃油消耗率 b_e 随功率 P_e（或转矩 T_{tq}、平均有效压力 p_{me}）变化而变化的关系称为**汽油机负荷特性**。

2. 测取方法

测取前，应将汽油机的点火提前角、过量空气系数按理想值调整。冷却液温度、润滑油温度保持在最佳值。调节测功器负荷，并改变节气门开度，使汽油机的转速稳定在某一常数。测量各稳定工况下的燃油消耗率 b_e、耗油量 B 以及烟度、噪声、排气温度等参数

值。图 8-2 所示为汽油机负荷特性。

3. 曲线形状分析

（1）燃油消耗率 b_e 曲线形状 由公式 $b_e = k_3/\eta_i\eta_m$ 可知 b_e 的形状取决于 η_i、η_m 随负荷的变化，η_i、η_m 随负荷的变化如图 8-3 所示。

指示热效率 η_i 随着负荷的增加而增加，这是因为节气门开度的加大，气缸内残余废气相对减少，可燃混合气燃烧速度增加，且由于热损失减少，燃料汽化条件改善，使指示热效率增加。机械效率 η_m，当转速为一常数时，机械损失功率 P_m 变化不大，随节气门开度的增加，指示功率 P_i 随着增加，由公式 $\eta_m = 1 - P_m/P_i$ 可知，机械效率随负荷的增加而提高。

图 8-3　汽油机 η_i、η_m 随负荷的变化

发动机空转时，$P_i = P_m$，$\eta_m = 0$，所以 b_e 为无穷大，如图 8-2 所示。随着节气门开度的增加，η_i 和 η_m 均上升，故燃油消耗率急速下降。在大负荷时需要浓混合气，此时 $\alpha = 0.85 \sim 0.95$，加浓器起作用，不完全燃烧加剧，指示热效率下降，燃油消耗率上升。

（2）耗油量 B 曲线形状 根据耗油量的计算公式 $B = k_4\eta_v n/\alpha$ 知，B 值决定于节气门开度和混合气成分。随着节气门开度的加大，混合气量增多，小时耗油量 B 上升，当全负荷时，$\alpha = 0.85 \sim 0.95$，混合气浓度变大，使得 B 迅速增加。

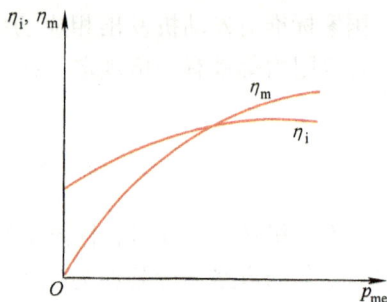

二、柴油机负荷特性

1. 定义

当柴油机保持某一转速不变，而移动喷油泵齿条或拉杆，改变每循环供油量 Δb 时，B、b_e 随 P_e（或 T_{tq}、p_{me}）变化而变化的关系称为**柴油机负荷特性**，如图 8-4 所示。

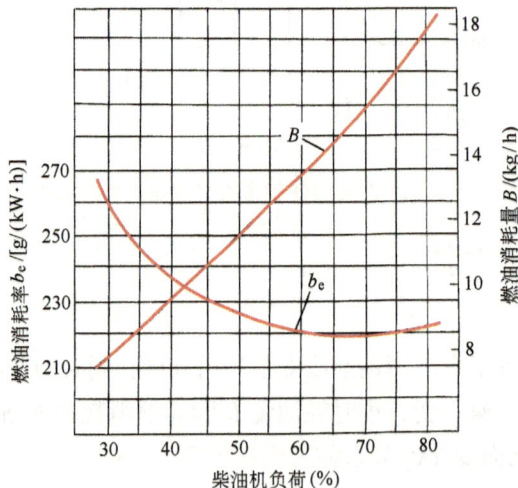

图 8-4　6135Q 型柴油机的负荷特性（$n = 1900\text{r/min}$）

2. 测取方法

与汽油机的测取方法基本相同，只是柴油机用改变循环供油量的方法来调节负荷。

3. 曲线形状分析

（1）燃油消耗率 b_e 曲线形状　由 $b_e = k_3 / \eta_i \eta_m$ 可知 b_e 曲线变化取决于 η_i、η_m 的变化，如图 8-5 所示。η_i 随着负荷 p_{me} 增加，循环供油量增加，α 值减少，当 α 降低到一定程度时，不完全燃烧加剧，使 η_i 降低。高负荷时 η_i 下降速度加快。η_m 随着负荷 p_{me} 的增加而增加。当柴油机空转时，机械效率 η_m 等于零，所以燃油消耗率 b_e 趋近于无穷大。随负荷增加，η_m 上升速度比 η_i 下降速度快，故燃油消耗率 b_e 减少，直到 b_e 降低到最低点后，负荷再增加，使得 α 过浓，燃烧恶化，η_i 下降较快，致使 b_e 升高，负荷增加到某点，排

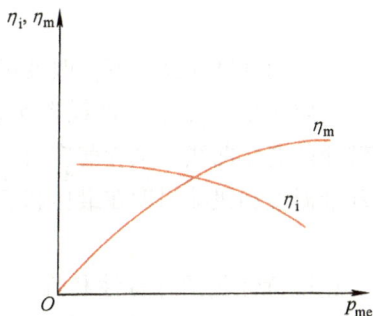

图 8-5　柴油机中 η_i、η_m 随负荷的变化趋势

气出现炭烟，达到国家法规规定的烟度极限值，继续加大供油量已为公害，故不允许。

（2）小时耗油量 B 曲线形状　随着负荷的增加，循环供油量加大，耗油量增加，当接近炭烟极限时，燃烧更加恶化，小时耗油量 B 迅速增加。

汽油机的负荷特性与柴油机的负荷特性相比，汽油机的负荷特性有如下特点：

1）b_e 值普遍较高。

2）排气温度高且受负荷的影响不那么大。

3）B 曲线弯曲度较大。而柴油机在中小负荷时 B 曲线直线性较好。

涡轮增压柴油机负荷特性的特点是在低于 40%～50% 标定负荷时，b_e 的变化规律与无增压者大致相同，当负荷超过 40%～50% 以后与无增压者相比，随负荷增加时，燃油消耗率和烟度在大负荷时变化缓慢。

三、负荷特性的实用性

1）确定发动机的标定工况。负荷特性的燃油消耗率 b_e 曲线最低点称为最低耗油率点，此点经济性好，但动力性较差。负荷 p_{me} 增加到排气烟度急剧增加时，此点称为炭烟极限点，发动机不能在此工况下工作。所以内燃机的标定功率应定在最低耗油率点和炭烟极限点之间的由坐标原点向 b_e 曲线作切线的切点时的功率。

2）由于负荷特性易于测定，因此常用于发动机调试，改变设计时用来检验改进效果。

3）作为内燃机—发电机组工作特性。

4）根据不同转速的负荷特性可制取万有特性。

第三节　发动机的速度特性

发动机性能指标随转速变化的关系称为速度特性。

一、汽油机的速度特性

1. 定义

当汽油机的节气门开度一定，其有效功率 P_e、有效转矩 T_{tq}、耗油率 b_e 等性能指标随

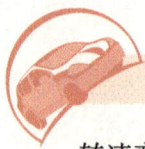

转速变化而变化的关系称为**速度特性**。

2. 测取方法

节气门开度保持不变，改变测功器的负荷，在不同转速下测出各稳定工况的有效功率 P_e、有效转矩 T_{tq}、燃油消耗率 b_e、小时耗油量 B 的数值，并绘出 P_e、T_{tq}、b_e、B 等指标随转速的变化曲线。试验前应将汽油机的点火提前角、过量空气系数按理想值调整，保持冷却液温度和机油温度在最佳状态。

3. 速度特性的分类

速度特性包括外特性和部分速度特性。**外特性**是指节气门全开时所测得的速度特性。**部分速度特性**指节气门部分开启时所测得的速度特性。图8-6所示为内燃机的速度特性。

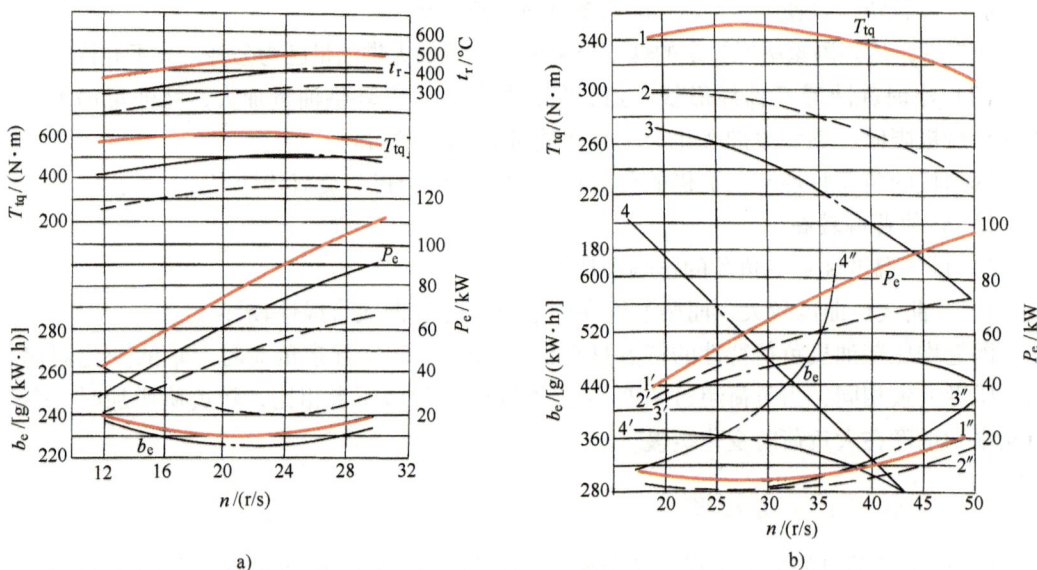

图8-6 内燃机的速度特性

a）柴油机 b）汽油机

4. 外特性曲线

汽油机的外特性曲线如图8-7所示。

（1）有效转矩 T_{tq} 曲线 由公式 $T_{tq} = k_2\eta_v\eta_i\eta_m/\alpha$ 知，有效转矩 T_{tq} 随转速的变化取决于 $\eta_i\eta_v\eta_m/\alpha$ 随转速的变化。η_i、η_v、η_m 随 n 的变化关系如图8-8所示。

充气效率 η_v——节气门开度固定，η_v 是在某一转速时最大，即在设计工况时 η_v 最高，低于或高于设计工况时 η_v 都低。

指示热效率 η_i——汽油机在某一转速时，指示热效率 η_i 有最高值。当转速低时，燃烧室的空气涡流弱，火焰传播速度减慢，可燃混合气燃烧速度小，同时在转速低时，气缸的漏气多、散热快，指示热效率 η_i 低。转速过高时，以曲轴转角计燃烧延续时间长，燃烧效率低，指示热效率 η_i 也降低。不过 η_i 曲线变化平坦，对有效转矩 T_{tq} 的影响较小。

机械效率 η_m——当转速提高时，因机械损失大机械效率 η_m 降低。

在节气门开度一定时，α 值基本不随转速而变化。

综上所述，转速由低逐渐升高，指示热效率 η_i、充气效率 η_v 均上升，虽然机械效率 η_m 略有下降，但总趋势是 T_{tq} 上升，到某一点取得最大值。随着转速继续上升，由于 η_i、η_m、η_v 均下降，致使有效转矩 T_{tq} 迅速下降，曲线较陡。

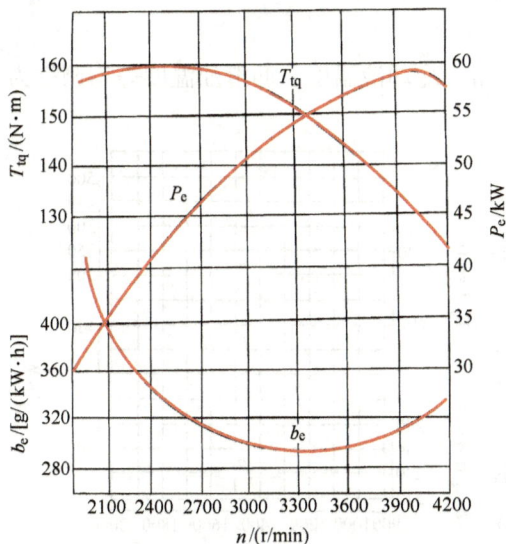

图 8-7　BJ-492Q 汽油机的外特性

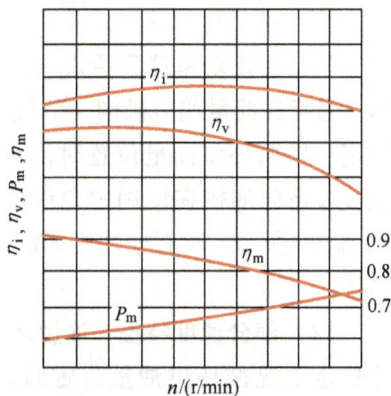

图 8-8　汽油机 η_i、η_v、P_m 和 η_m 随转速 n 的变化关系

（2）有效功率 P_e 曲线　由公式功率 $P_e = T_{tq}n/9550$ 可知，当转速提高时，初始转矩 T_{tq} 也增加，所以 P_e 迅速上升，直到转矩 T_{tq} 到最大值以后，P_e 上升变得较平缓，当 $T_{tq}n$ 达最大值时，P_e 达到最大值，此后转速再增加，已抵不过 T_{tq} 的下降，故 P_e 开始下降。

（3）燃油消耗率 b_e 曲线　综合 η_i、η_m 的变化，b_e 在中间某一转速时最低。当转速高于此转速时，η_i、η_m 随转速上升同时下降，b_e 增加。当转速低于此转速，因 η_i 上升弥补不了 η_m 的下降，b_e 也上升，总之 b_e 曲线变化不大，较平坦。

外特性代表了汽油机的最高动力性能。外特性因试验条件不同，又分为：

1）使用外特性，试验时发动机带全部附件，所输出的校正有效功率称为净功率。

2）发动机仅带维持运转所必需的附件（如不带风扇、气泵、空气滤清器等附件）所输出的校正有效功率称为总功率。我国发动机特性数据多属于这一种。

5. 部分速度特性

汽车大部分时间是在部分负荷下工作，因为节气门开度减小，节流损失增大，进气终了压力 p_a 下降，引起 η_v 降低，且随着转速的提高，η_v 迅速下降，故节气门开度越小，T_{tq} 随着转速降低得越快，而且最大转矩和最大功率及其所对应的转速，向低速方向移动，如图 8-6b 所示。近年来，汽油机采用了电控燃油喷射系统和可变配气系统等。这样，汽油机的外特性可按某种目的人为设计，以适应动力装置的需要。

二、柴油机的速度特性

1. 定义

喷油泵的油量调节机构（节气门拉杆）位置固定，柴油机的性能指标 P_e、T_{tq}、B、b_e 等随转速变化而变化的关系称为**速度特性**，如图 8-6a 所示。

2. 测试方法

类似于汽油机的试验方法，试验前供油提前角、冷却液温度、润滑油温度等均调整为最佳状态。

3. 柴油机速度特性分类

（1）标定功率速度特性（又称外特性）　该特性是指在油量调节机构（节气门拉杆）固定于标定功率循环供油量位置时，测得的速度特性。它代表该柴油机在使用中允许达到的最高性能，如图 8-9 所示。所有柴油机均需作标定功率速度特性。

（2）部分速度特性　油量调节机构固定在小于标定工况循环供油量位置时，测得的速度特性，称为部分速度特性，如图 8-6a 所示。

4. 标定功率速度特性曲线

（1）转矩 T_{tq} 曲线　在柴油机中，每循环的充气量大小，只不过是来提供产生多大转矩的可能性，在各转速下能发出多大转矩主要决定于循环供油量 Δb 的多少，因此 Δb 随转速 n 变化的情况，决定了转矩的变化趋势。

根据公式，每循环加热量为

$$Q = \frac{\eta_v V_s \rho_0 h_\mu}{\alpha L_0}$$

可知，$\dfrac{\eta_v V_s \rho_0}{\alpha L_0}$ 为每循环的供油量，即

$$\Delta b = \frac{\eta_v V_s \rho_0}{\alpha L_0}$$

则（8-3）式可演变成

$$T_{tq} = k'_2 \eta_i \eta_m \Delta b \qquad (8-6)$$

而 η_i、η_m、Δb 随转速的变化趋势如图 8-10 所示。

一般循环喷油量 Δb 随转速 n 的提高而加大。在某一转速下 η_v 较高，而低于或高于此转速，η_v 均低于最大值。η_i 在某一转速下稍高，而后随转速上升而降低。原因是随着 η_v 降低，Δb 增加，使得 α 减小，燃烧恶化，不完全燃

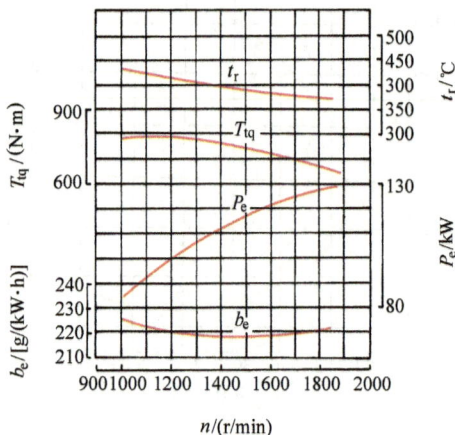

图 8-9　WD615.T1-3A 柴油机全负荷速度特性曲线

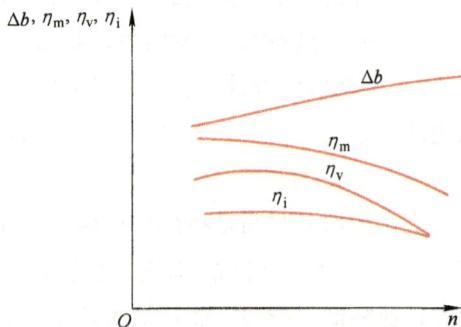

图 8-10　柴油机 η_i、η_m、Δb 随转速 n 的变化趋势

烧严重,致使 η_i 降低。转速过低,因空气涡流减弱,燃烧速度减慢,燃烧不良及热损失增加,使 η_i 降低。总之,η_i 曲线比较平坦。η_m 随着转速的提高而降低。

转矩曲线变化规律:转速由低向高变化时,开始由于 η_i 略有升高,Δb 增加,可以抵消 η_m 的降低,使得 T_{tq} 略有上升的趋势,但较平坦。T_{tq} 超过最高点后,随着转速的提高,Δb 上升抵消不了 η_i、η_m 的下降,使 T_{tq} 下降。汽油机在转速较高时,随着转速 n 上升,η_i、η_m 均下降,所以 T_{tq} 曲线下降较快,而柴油机随转速提高,尽管 η_i、η_m 均下降,但因 Δb 增加和 η_i 曲线变化平坦,所以 T_{tq} 曲线变化不陡峭。

(2)燃油消耗率 b_e 曲线 由公式 $b_e = k_3/\eta_i\eta_m$ 可知,因为随转速升高 η_i 曲线中间高两端低,而 η_m 曲线逐渐降低,综合 η_i、η_m 随着转速的变化,b_e 曲线是在中间某一转速时为最低,但整条曲线变化不很大。

(3)功率 P_e 曲线 由公式 $P_e = T_{tq}n/9550$ 可知,因为 T_{tq} 变化平坦,故 P_e 曲线形状取决于转速的变化,即 P_e 几乎与转速 n 成正比增加。

5. 增压柴油机速度特性

柴油机采用涡轮增压后,T_{tq} 和 P_e 均明显增加,而 b_e 略有下降。T_{tq} 和 P_e 的增加程度主要取决于增压比。T_{tq} 随 n 的变化趋势取决于涡轮增压器的性能及其与发动机的匹配,还与发动机供油系统的调整及其增压补偿系统有关。用普通涡轮增压器,且按中等转速匹配时,因增压压力随 n 提高而增加,T_{tq} 曲线的峰值向高转速方向移动;采用带排气旁通阀的涡轮增压器且按低速匹配时,T_{tq} 峰值向低速方向移动,T_{tq} 曲线形状是与自然吸气发动机差不多的形状;采用可变喷嘴增压器可以使发动机的 T_{tq} 曲线达到理想的丰满程度。涡轮增压发动机 b_e 下降的原因是利用了排气能量,减小了泵气损失。

近年来,发动机采用了电控燃油喷射和可变增压系统,使发动机的外特性可按某种目的人为设计。图 8-11 所示为一实例。设计者追求最低转速对应的转矩、最大转矩和标定

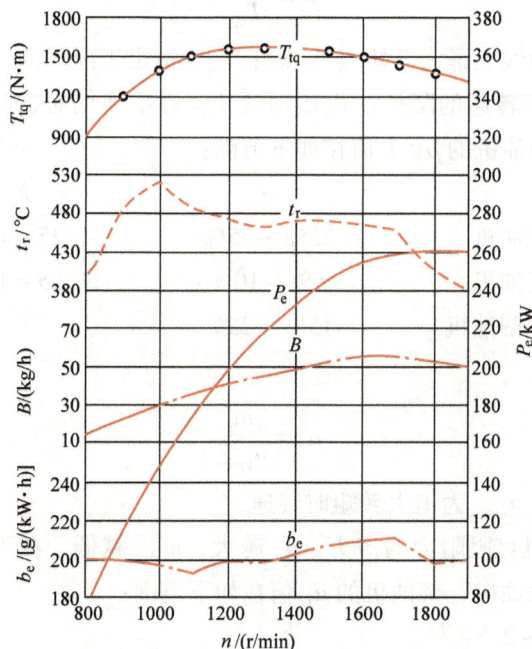

图 8-11 重型电控增压中冷柴油机的外特性曲线

转矩以满足整车动力要求。排气温度曲线也是人为设计的。避免高速区排气温度过高导致增压器破坏。

6. 部分速度特性

随油门位置减小，循环供油量 Δb 减少，但是 Δb 随着转速 n 的变化趋势与标定功率油门位置时是相似的，也是随着转速 n 的提高而上升，故 T_{tq} 在部分速度特性时的曲线与外特性的 T_{tq} 曲线相平行，即 T_{tq} 随 n 变化不大。

汽车发动机经常在部分负荷下工作，所以在进行发动机性能试验时，还应该做标定功率的90%、75%、50%、25%的部分速度特性试验。

三、转矩特性

汽车、拖拉机经常会遇到像爬坡那样阻力突然增大的情况，为减少换档次数，要求发动机的转矩随转速降低而增加。例如，当汽车爬坡时，若加速踏板已达到油量最大位置，但发动机所发出转矩仍不足，车速就要降低，此时要求发出更大的转矩，以克服爬坡阻力。

1. 转矩储备系数和适应性系数

要充分表明发动机的动力性能，除给出 P_e、n 外，还需要同时考虑转矩特性，因而引出转矩储备系数 μ 和适应性系数 k 的概念。

$$\mu = \frac{T_{tqmax} - T_{tq}}{T_{tq}} \times 100\% \tag{8-7}$$

$$k = \frac{T_{tqmax}}{T_{tq}} \tag{8-8}$$

式中，T_{tqmax} 为外特性曲线上最大转矩（N·m）；T_{tq} 为标定工况时的转矩（N·m）。

μ、k 值大表明随着转速的降低，T_{tq} 增加较快，在不换档时，爬坡能力、克服短期超载能力强。汽油机、柴油机的 μ、k 值在如下范围：

	μ	k
汽油机	25% ~ 35%	1.25 ~ 1.35
柴油机	5% ~ 10%	1.05 ~ 1.25
电控柴油机	15% ~ 25%	

2. 转速储备系数 μ_n

$$\mu_n = \frac{n_b}{n_{tqmax}}$$

式中，n_b 为标定转速；n_{tqmax} 为最大转矩时转速。

μ_n 大小影响发动机克服阻力的潜力。μ_n 越大，n_{tqmax} 越低，在不换档情况下发动机克服阻力的潜力越强。汽油机、柴油机的 μ_n 值在如下范围：

汽油机　$\mu_n = 1.5 \sim 2.5$

柴油机　$\mu_n = 1.5 \sim 2.0$

3. 柴油机转矩校正

前面已经讲过，一般喷油泵的供油速度特性是循环供油量随着转速下降而降低，这种特性满足不了使用要求。我们将不同转速下负荷特性曲线上冒烟界限点的连线称为不同转速的炭烟极限（炭烟特性），它的变化趋势与 η_v 随着转速 n 的变化规律相似。如果对喷油泵的循环供油量加以校正，使它的变化规律与炭烟特性相近，并且是在不同转速下循环供油量略低于炭烟极限的供油量，如图8-12所示。这样使经过校正的 $\Delta b - n$ 曲线与 $\eta_v - n$ 曲线相似，我们就能使 $T_{tq} - n$ 曲线近似于 $\eta_v - n$ 曲线，即随转速下降，Δb 增加，也就做到了充分利用不同转速下的进入气缸的空气量，那么它的变化趋势就能适应汽车、拖拉机对转矩储备的需要。

转矩校正方法有两种，一种是出油阀式校正机构，另一种是附加在调速器上的弹簧校正机构，见第六章。

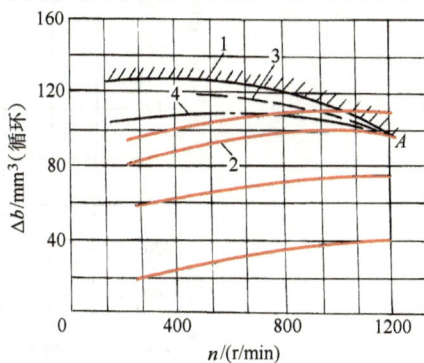

图8-12 油泵校正装置对供油量 Δb 的影响
1—冒烟极限 2—未校正的标定功率供油量曲线
3—用弹簧校正器的供油量曲线
4—带阀式校正器的供油量曲线

四、速度特性的实用性

发动机的速度特性用途较多，如：

1）标定功率速度特性曲线是确定发动机允许工作的最高负荷限制线。不管发动机拖动什么样的动力装置和在什么转速下工作，允许发动机发出的功率均不可超出标定功率速度特性的限制。

2）用于分析发动机动力装置的匹配情况。

第四节 柴油机的调速特性

一、调速特性

拖拉机、工程机械和发电用柴油机，在运转过程中负荷变化范围大，为保持转速稳定，需要装置调速器。另外，为保证柴油机高转速时不飞车，急速时不熄火，也需要安装调速器。调速器按功能可以分为两极式调速器和全程式调速器；按结构可分为机械式、电子式、气动式和液压式调速器。

在调速器起作用、喷油泵调速手柄位置固定时，柴油机的性能指标随转速的变化关系称为调速特性。调速特性表达方式有两种，一种以 P_e 或 p_{me} 为横坐标，相当于负荷特性的形式，如图8-13所示。另一种表达形式是以 n 为横坐标，相当于速度特性的形式，如图8-14所示。

调速特性和外特性通常在一次试验中完成，其试验方法如下：柴油机运转正常后，通过调整调速器手柄位置和测功器负荷，把柴油机调整到标定工况，并固定调速手柄位置，

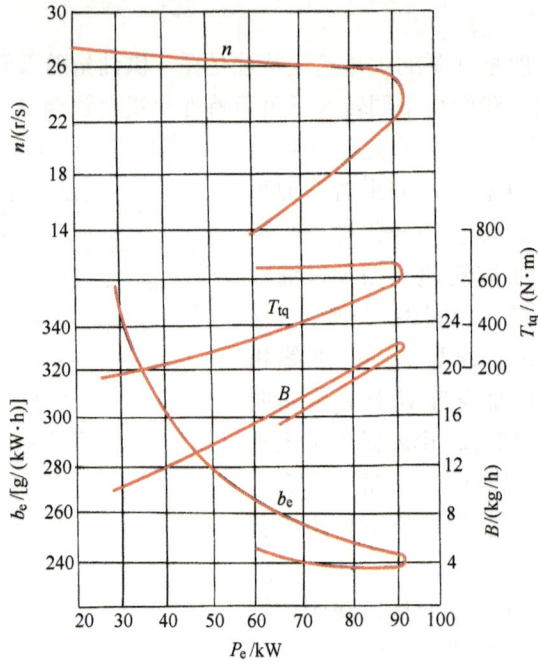

图 8-13 6135K—2 型柴油机的调速特性

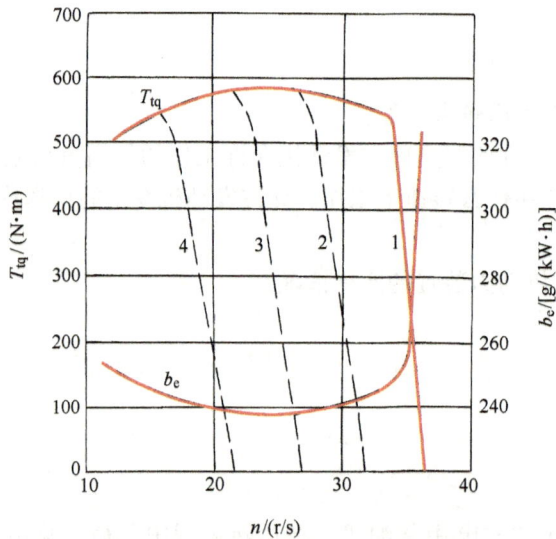

图 8-14 6120 型柴油机的调速特性

1、2、3、4—调速特性

然后卸去全部负荷，待发动机达到最高稳定空车转速之后，按标定功率的 50%、80%、90% 及 100% 左右依次增加负荷，测取每种工况时的各项指标。然后，再增加测功器负荷，将发动机转速依次降到标定转速的 95%、90%、80%、70%、60%、50% 左右，测取每种工况时的各项指标。试验时，应注意测出调速器开始起作用的转速和最大转矩及相应转速。

调速特性曲线由调速器起作用的调速段和调速器不起作用的外特性段组成。柴油机在调速段工作时，即使外界阻力矩变化大，转速波动也很小。

工程机械、拖拉机用柴油机一般均装有全程式调速器，它们经常在调速器起作用的转

速范围内工作，所以调速特性是工程机械、拖拉机用柴油机的主要特性。

为了提高柴油机的转矩储备系数，常在调速器上设置校正装置。

汽车用柴油机装置两极式调速器，这种调速器只有在最低转速和最高转速下才起作用，保证外部负荷改变时转速的变化范围很小，稳定运转。在中间转速，调速器不起作用，外界负荷改变时，靠驾驶人改变喷油泵齿条或拉杆位置，来保证发动机的转速不变。当外界负荷基本保持不变时，车速的改变也靠驾驶人改变喷油泵或油量调节拉杆的位置。

两极式调速器在发动机工况改变时，驾驶人直接操纵喷油泵齿条，达到新平衡点的加速度小，反应快，加速性能好，操纵方便，所以除重型汽车外，一般汽车上常用两极式调速器。装有两极式调速器的柴油机的调速特性如图 8-15 所示，只有在最高转速和最低转速附近，柴油机的转矩曲线在调速器的作用下才能产生急剧变化，而在中间转速，调速器不起作用，转矩曲线按速度特性变化。

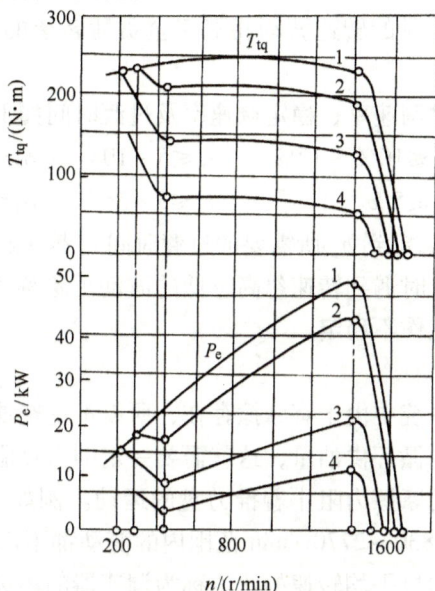

图 8-15　两极调速器的调速特性
1、2、3、4—调速器开始起作用点

二、调速器的工作指标

1. 调速率

调速器工作好坏，通常用调速率来评定，调速率可以通过突变负荷试验测得。图 8-16 是先让柴油机在标定工况下运转，然后突然卸去全部负荷，测得突卸负荷前后的转速。根据不同的测定条件，调速率分为瞬时调速率和稳定调速率。

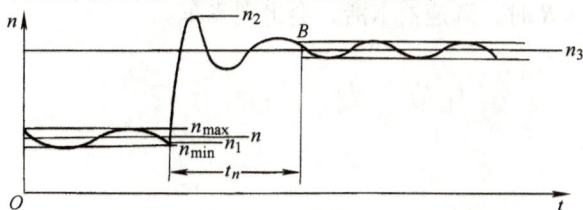

图 8-16　突卸负荷调速过程的转速变化

（1）瞬时调速率 δ_1　瞬时调速率是评定调速器过渡过程的指标。δ_1 表示过渡过程中转速波动的瞬时增长百分比，即

$$\delta_1 = \frac{n_2 - n_1}{n_b} \tag{8-9}$$

式中，n_2 为负荷突变时最大或最小瞬时转速（r/min）；n_1 为负荷突变前柴油机的转速（r/min）；n_b 为柴油机的标定转速（r/min）。

（2）稳定调速率 δ_2

$$\delta_2 = \frac{n_3 - n_1}{n_b} \tag{8-10}$$

式中，n_1 为负荷突变前转速（r/min）；n_3 为负荷突变后稳定转速（r/min）；n_b 为标定转速（r/min）。

δ_2 表明柴油机实际运转时的转速波动相对于全负荷转速的变化范围。δ_2 大表明柴油机工作不稳定，转速波动大。

不同用途柴油机的瞬时调速率、稳定调速率及过渡时间如下：

一般用途柴油机　　　$\delta_1 \leqslant 10\% \sim 12\%$　　　$t_n \leqslant 5 \sim 10s$　　　$\delta_2 \leqslant 8\% \sim 10\%$

发电用柴油机　　　　$\delta_1 \leqslant 5\%$　　　　　　　$t_n \leqslant 3 \sim 5s$　　　　$\delta_2 \leqslant 5\%$

柴油机转速从 n_2 逐渐稳定到 n_3 所需要的过渡时间 t_n 越短越好。

柴油机在调速过程中有时遇到转速忽高忽低的波动现象称为"游车"。游车是指过渡过程中转速有较大波动，工作不稳定。

2. 不灵敏度

调速器工作时，调速系统中由于有摩擦存在，所以不论柴油机负荷增加或减少，调速器均不会立即反应，以改变循环供油量，这就需要一定的力克服摩擦，才能移动调整油量的机构，因为调速系统中的摩擦力阻止着推力盘的运动。例如，柴油机转速为 2800r/min 时，调速器可能对转速在 2830～2770r/min 范围内的变动都不起作用，我们把这样两个起作用的极限转速之差对柴油机平均转速的比值称为调速器的不灵敏度 ε。

$$\varepsilon = \frac{n_2' - n_1'}{n} = \frac{R}{E} \tag{8-11}$$

式中，n_2' 为负荷减小，调速器开始起作用的转速（r/min）；n_1' 为负荷增加，调速器开始起作用的转速（r/min）；R 为调速器推力盘运动时所受的摩擦力；E 为调速器起作用时作用在推力盘上的推力。

低速时，调速器推动力小，摩擦力增大，ε 明显增加。

一般规定，标定工况时 $\varepsilon = 1.2\% \sim 2\%$，最低转速时 $\varepsilon = 10\% \sim 13\%$。$\varepsilon$ 大表明柴油机工作不稳定，当 $E < R$ 时，调速器卡滞，会出现飞车。

第五节　发动机的万有特性

一、万有特性

负荷特性、速度特性只能表示某一转速或某一齿条位置（或节气门开度）时，发动

机参数间的变化规律，而对于工况变化大的发动机要分析各种工况下的性能，就需要在一张图上全面表示出发动机性能的特性曲线。发动机的多参数特性称为**万有特性**。广泛应用的万有特性是以转速 n 为横坐标、平均有效压力 p_{me} 为纵坐标，在图上画出许多等耗油率 b_e 曲线、等比排放量曲线和等功率曲线。等耗油率 b_e 曲线是根据不同转速下的负荷特性曲线作出来的。

等功率曲线因为 $P_e = k p_{me} n$，所以 P_e 曲线为一组双曲线，将外特性中的 p_{me}（或 T_{tq}）曲线画在万有特性图上，构成上边界线。万有特性最内层 b_e 低，越向外 b_e 值越高，我们希望最低耗油率 b_{emin} 区域越宽越好。对于车用发动机希望经济区最好在万有特性的中间位置，使常用转速和负荷落在最经济区域内，并希望等 b_e 曲线沿横坐标方向长些。对于工程机械用发动机，转速变化范围小，负荷变化范围大，希望最经济区落在标定转速 n_b 附近，并沿纵坐标方向较长。

二、汽油机、柴油机的等比油耗万有特性的特点

1. 汽油机的等比油耗万有特性的特点（见图8-17）

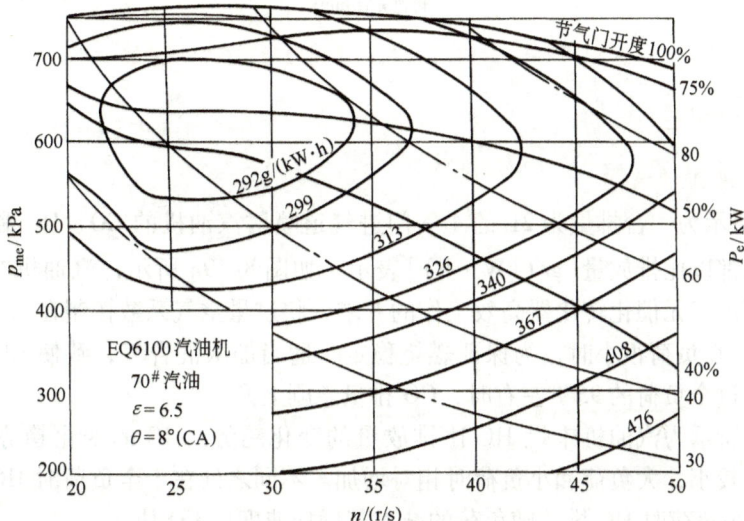

图8-17 汽油机等比油耗万有特性

与柴油机相比，汽油机等比油耗万有特性具有以下特点：①最低耗油率偏高，经济区域偏小；②等耗油率曲线在低速区向大负荷收敛，这说明汽油机在低速低负荷的耗油率随负荷的减小而急剧增大。在实际使用中，应尽量避免使用这种情况。汽油机的等功率线随转速升高而斜穿等耗油率线，转速越高越费油，故在实际使用中，当汽车等功率运行时，驾驶人应尽量使用高速档，以便节油；汽油机变负荷时，平均耗油率偏高。

2. 柴油机的等比油耗万有特性的特点（见图8-18）

与汽油机相比，柴油机等比油耗万有特性具有以下特点：①最低耗油率偏低，并且经济区域较宽；②等耗油率曲线在高、低转速时均不收敛，变化比较平坦。柴油机相对汽车变速工况的适应性好；等功率线向高速延伸时，耗油率的变化不大，所以采用低速档时，柴油机的转矩和功率储备较大。在使用中，以柴油机为动力的汽车可以长时间使用低速档。因此，以柴油机为动力的汽车的实际动力因数比以汽油机为动力的汽车高。

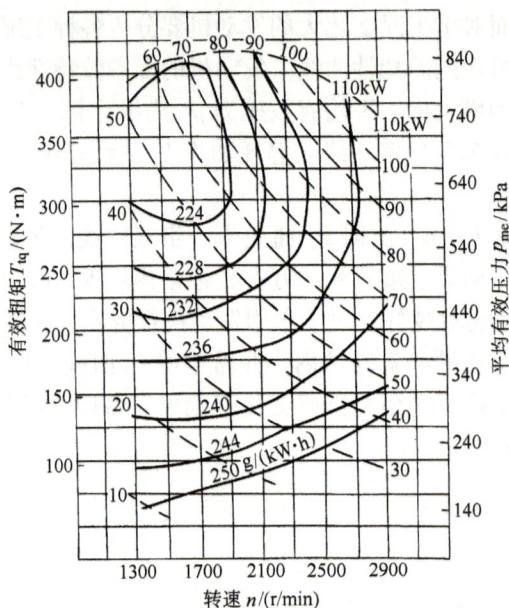

图 8-18　6105QD 柴油机的等比油耗万有特性曲线

三、排放特性

1. 汽油机的排放特性

图 8-19 所示为一台排量为 2L 的 4 气门进气道喷射汽油机的 CO、HC 和 NO_x 排放特性。各种排放都以比排放量 $[g/(kW \cdot h)]$ 表示。如图 8-19a 所示，汽油机在常用的部分负荷区，为满足三元催化转化器高效工作的要求，将过量空气系数控制在 1.0 左右，所以 CO 排放较低。在负荷很小时，为保证燃烧稳定，适当加浓混合气，致使 CO 排量略有上升。当负荷超过全负荷的 95% 左右时，CO 排量急剧上升。

图 8-19b 所示为汽油机未燃 HC 比排放量的变化趋势。HC 的变化趋势与 CO 相似，都是中等负荷较小，大负荷和小负荷时相对增加。不同之处在于全负荷时 HC 排放增加不如 CO 严重；小负荷时 HC 排放随负荷的减小其增加速度比 CO 快。

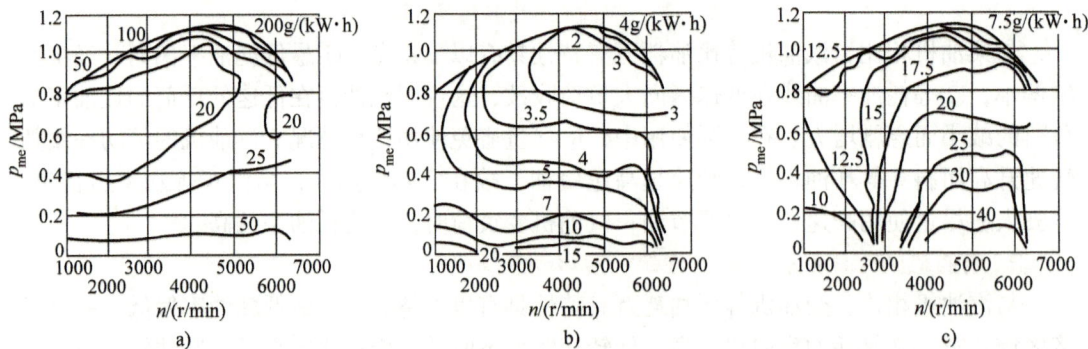

图 8-19　车用汽油机的排放特性

a）CO 排放特性　b）HC 排放特性　c）NO_x 排放特性

汽油机的 NO_x 排放特性与 CO、HC 截然不同。如图 8-19c 所示，在中等转速以上当转速不变时，NO_x 比排放量随负荷增加而下降，当接近全负荷时下降更快。当负荷一定时，NO_x 的比排放量随转速升高而增加。

总之，从汽油机排放特性可知，为使车用汽油机排放较少的有害物，应尽可能在中等负荷下运行。

2. 柴油机的排放特性

图 8-20 所示为一台排量为 1.9L 的增压中冷直喷式车用柴油机的 CO、HC、NO_x 和滤纸烟度 S_F 的排放特性。如图 8-20a 所示，柴油机在整个工况范围内的 CO 均很少，在绝大多数工况下 CO 比排放量小于 5g/(kW·h)。与此对照，汽油机一般 CO 比排放量为 $20 \sim 100g/(kW·h)$，比柴油机大 $10 \sim 20$ 倍。对于柴油机，CO 比排量也是中速中负荷工况时最小。接近全负荷时，CO 排放量急剧增大。在转速很低时，不完全燃烧产物 CO 较多。负荷很小时，单位功率的 CO 排量增大。

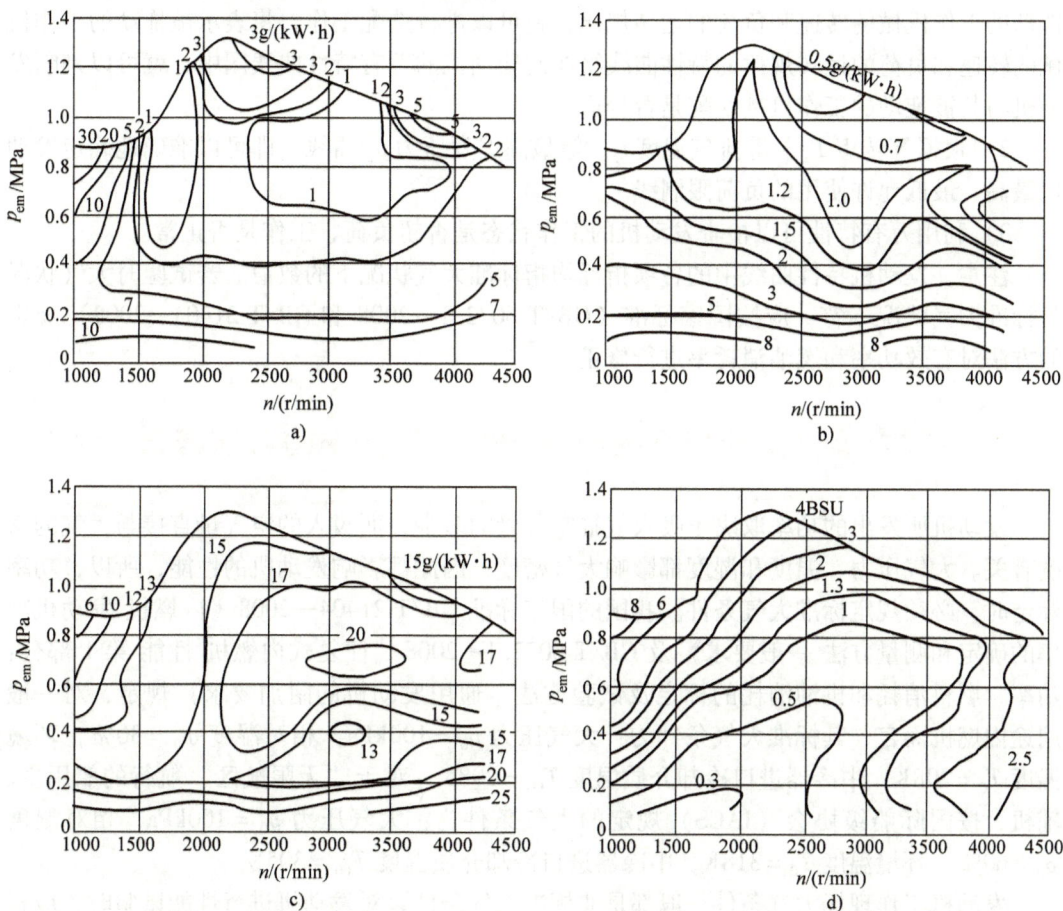

图 8-20 车用柴油机的排放特性
a) CO 排放特性　b) HC 排放特性　c) NO_x 排放特性　d) 滤纸烟度 S_F 排放特性

如图 8-20b 所示，柴油机的 HC 排放也比汽油机低很多。柴油机的 HC 比排放量基本上随负荷的增大而下降，而绝对排放量不变。当负荷不变而转速变化时，HC 比排放量变

化不大。

图 8-20c 所示为柴油机的 NO_x 排放特性。柴油机在中等偏大负荷时 NO_x 排放量最大。负荷再加大，NO_x 排放量不再增加甚至减少。在中等负荷区，当负荷不变而转速提高到中高速时，NO_x 比排放量不断增大，NO_x 绝对排放量增加更快。在小负荷区，NO_x 比排放量不随转速变化，绝对排放量基本上与转速成正比。

图 8-20d 所示为柴油机排气烟度 S_F 的变化规律。当转速不变时，S_F 随负荷提高而增大。当负荷不变时，S_F 在某一转速下达到最小值。在低速大负荷工况下，S_F 急剧上升，即柴油机冒烟严重。

四、万有特性的实用意义

万有特性常用于以下几个方面：

1）选配发动机无论作何种用途，只要提供发动机的万有特性，又已知发动机所准备拖动的工作机械的转速和负荷的运转规律，就可以进行选配工作，将表示被拖动的工作机械的转速和负荷的运转规律的特性曲线绘在此柴油机的万有特性曲线图中，就可以判断发动机与其被拖动的工作机械匹配是否合适。

2）根据等转矩 T_{tq}、等排气温度 t_r、等最高爆发压力 p_z 曲线，即可以准确地确定发动机最高、最低允许使用的负荷限制线。

3）利用万有特性可以检查发动机的工作状态是否超负荷，工作是否正常。

注意，发动机特性曲线中的各项指标均指标准大气状况下的数值。若试验时大气状况与标准大气状况不符，应按国家标准（GB/T 6072.1—2008 和 GB/T 21404—2008）规定的方法对有效功率和燃油消耗率进行修正。

第六节　发动机有效功率和燃油消耗率的大气修正

发动机所发出的功率取决于吸入气缸空气量的多少，而吸入的空气量直接与大气的密度有关。大气压力、温度和湿度都影响大气密度，因此都影响发动机的性能，所以，功率标定时，必须规定标准大气条件。我国的国家标准 GB/T 21404—2008《内燃机 发动机功率的确定和测量方法 一般要求》及 GB/T 6072.1—2008《往复式内燃机 性能 第 1 部分：功率、燃料消耗和机油消耗的标定及试验方法　通用发动机的附加要求》规定，对一般用途内燃机而言，其标准大气条件为：大气压力 $p_0 = 100kPa$，相对湿度 $\phi_0 = 30\%$，环境温度 $T_0 = 298K$，中冷器进口冷却介质温度 $T_{c0} = 298K$。对于"无限航区"航行的船用主、辅机，按国际船级协会（IACS）规定的大气条件为：大气压力 $p_0 = 100kPa$，相对湿度 $\phi_0 = 60\%$，环境温度 $T_0 = 318K$，中冷器进口冷却介质温度 $T_{c0} = 305K$。

发动机工作现场大气条件一般都是非标准大气条件，对发动机进行性能试验时，应根据不同考核项目，将实测的功率、燃油消耗率、转矩等值按对应的修正方法换算成标准基准状况下的标准值；或是根据现场的大气条件将标准功率按对应的修正方法换算成实际功率值，并以此来调定发动机试验的运行工况点。

我国国标规定，发动机有效功率和燃油消耗率的修正采用 GB/T 6072.1—2008 的方法。

一、有效功率的修正

$$P_e = \alpha P_{e0} \tag{8-12}$$

式中，α 为功率修正系数，其计算式为

$$\alpha = k - 0.7(1-k)\left(\frac{1}{\eta_m} - 1\right) \tag{8-13}$$

式中，k 为指示功率比，其计算式为

$$k = \left(\frac{p - a\phi p_{sw}}{p_0 - a\phi_0 p_{sw0}}\right)^m \left(\frac{T_0}{T}\right)^n \left(\frac{T_{C0}}{T_C}\right)^q \tag{8-14}$$

式中 a 为系数；m，n，q 为指数，其选取值见表8-1。

表8-1　计算指示功率比 k 的有关参数的选取

发动机形式		工作条件	系数	指　数		
			a	m	n	q
压燃式发动机和双燃料发动机	非涡轮增压	功率受过量空气限制	1	1	0.75	0
		功率受热负荷限制	0	1	1	0
	涡轮增压		0	0.7	2	0
	涡轮增压、中冷	中、低速四冲程发动机	0	0.7	1.2	1
点燃式发动机	自然吸气		1	1	0.5	0

二、燃油消耗率的修正

燃油消耗率的修正式为

$$b_e = \frac{k}{\alpha} b_{e0} \tag{8-15}$$

三、饱和蒸汽压力的计算

上述修正项计算式（8-14）中所出现的 p_{sw}（饱和蒸汽压力）是温度的单值函数，可通过有关热力学图表查出，也可以通过下列的拟合计算式计算出

$$p_{sw} = 0.6133 + 4.312 \times 10^{-2}t + 1.628 \times 10^{-3}t^2 + 1.492 \times 10^{-5}t^3 + 5.773 \times 10^{-7}t^4 \tag{8-16}$$

式中，t 为温度（℃）；p_{sw} 为饱和蒸汽压(kPa)。

此式的适用范围为 $t = 0 \sim 50$℃。

第七节　发动机与动力装置的匹配

移动式发动机应用最广的是汽车，除此之外还有各种用途的拖拉机、工程机械、机车、船舶主机，固定式发动机多用于发电、排灌等。关于发动机如何与这些动力装置进行匹配的问题，本书的汽车理论部分有关章节已经较为详细地介绍了，至于发动机与拖拉机、工程机械的匹配问题有许多相近之处。本节简要介绍发动机与发电机、船舶、机车、

拖拉机、工程机械的匹配问题。

发动机与动力装置（工作机械）的匹配，一般从两方面进行，即经济性匹配和动力性匹配。

一、发动机与机车的匹配

铁路运输要求绝对安全、正点和高运输效率，因而对铁路运输中最重要的机具——机车提出如下要求：

1）机车在铁路上行驶，坡度仅为2%以下，故而发动机工况平稳，负荷率较高，同时，为了提高发动机的可靠性，标定功率一般为持续功率，装车功率为标定功率的85%～90%，机车一般匹配大功率、高速或中速柴油机，其功率范围为1000～4500kW。

2）机车采用强化程度高的增压中冷柴油机，其平均有效压力为1.2～1.8MPa，活塞平均速度为9～11m/s，一般大修期为10000～20000h，燃油消耗率尽可能低。这是为了降低发动机的比质量，提高体积功率，提高可靠性，降低成本。

3）机车多采用全程调速器，通常将其转速分成16个档位，由驾驶人遥控，广泛采用自动报警和自动保护装置。

为了满足机车的理想牵引特性——双曲线形态的要求（即在车速较低时，要求牵引力大），发动机必须通过传动系统来牵引。目前常用的有液力和电力两种传动系统。前者的传动装置是液力变矩器，它的输出转矩与输出轴转速之间成反比关系，符合机车牵引特性的要求。后者是由发动机驱动发电机，并通过电力传输及调节系统将电功率传输给牵引电动机，由电动机按机车的牵引特性牵引机车运行。对于串激电动机，输出转矩与转速之间成反比关系，转矩输出特性能较好地满足机车牵引特性的要求。

二、发动机与发电机的匹配

发动机用于发电时，其与发电机直接相连。匹配原则如下：

1）发动机的转速n与发电机工作频率f之间的关系是

$$n = \frac{60f}{p} \tag{8-17}$$

式中，p为发电机的磁极对数。

我国电网频率f为50Hz，因而p只能是整数，这样发动机的转速只能为3000r/min、1500r/min、1000r/min、750r/min、500r/min等。

2）发动机类型的选择要按发电设备的功率要求而定，见表8-2。

表8-2　发动机类型与发电设备功率匹配

发电设备及功率范围	发动机类型
便携式小型（10kW以下）	小型汽油机
移动式电站20～1500kW	高速柴油机
固定式或船用电站可达数万kW	中速四冲程或二冲程柴油机、低速二冲程柴油机

3）一般在稳定工况下运转，负荷率较高。应急和备用电源一般标定12h功率，基础常用电源应标定为持续功率。

4）发动机的功率应留有一定储备，以适应短期超载和克服发电机的传动损失和励磁损失。发动机功率要大于电站功率，两者之比分别为：汽油机小型移动式电站为 1.8 ~ 2.2；柴油机小型移动式电站为 1.18 ~ 1.32；固定式和船用辅机电站为 1.03 ~ 1.18。

5）为保持发电机电频的稳定性，一般要有高性能的调速器，其调速指标是：稳定调速率低于 5%，瞬时调速率低于 10%，稳定时间为 3 ~ 5s，转速波动率低于 0.5%（汽油机低于 1%）。对于调速率要求更高的发电机组以及采用多机组并机运行的发电机组，可采用电子调速器。

三、发动机与船舶主机匹配

1）与船舶主机匹配的发动机功率标定：运输用船舶主机经常在负荷率高的稳定工况运行，一般标定为 12h 功率或持续功率；拖轮和渡轮负荷率低，一般标定 1h 功率。

2）船用发动机的功率范围广，少则几十千瓦，多则数万千瓦，转速范围从 56r/min 到 2000r/min。

3）高可靠性、良好的平衡能力以及在纵、横摇摆的条件下能正常工作是对船用发动机的特殊要求。要求在纵倾 15°、横倾 15°下长期工作，而在纵倾 25°、横倾 45°下短期工作。直接与螺旋桨连接的发动机，本身有换向机构，也有的有左、右机型要求。

4）功率匹配：根据船舶类型、吨位、航速、航线和必要的功率储备，确定船舶要求的最大连续输出功率及其相应的转速。从长期使用经济性考虑，在选择主机时应尽量选择功率为标定功率的 85% 左右。

在发动机直接驱动螺旋桨时，发动机应按推进特性选配功率

$$P_{en} = K_n n_0^m \tag{8-18}$$

式中，K_n 为功率系数，与螺旋桨的结构和水的密度有关；n_0 为螺旋桨转速；m 为指数，与船舶的类型有关，其值为 1.6 ~ 3.2，航速越快，该值越大，一般取 $m = 3$。

发动机与螺旋桨的合理匹配，对于充分发挥发动机的性能十分重要，正确选择螺旋桨，使推进特性曲线与发动机的外特性曲线之交点正好处于主机标定功率附近，其标定功率可充分被利用，如图 8-21 所示。

为了充分利用船舶主机在低速运转时的储备功率，往往采用可调螺距型螺旋桨，其可根据航行情况随时调整螺距，可使发动机始终在标定工况运行，达到最佳经济性能。

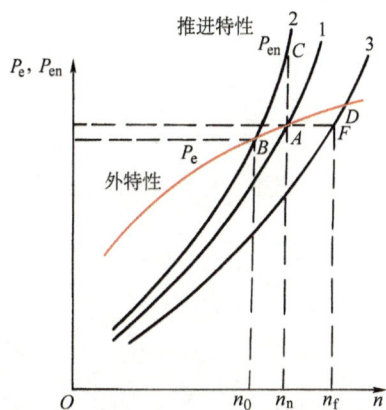

图 8-21　发动机与螺旋桨的配合特性

中、小型渔船发动机前端要求输出 50% 的功率，以便拖网捕捞。

要注意降低发动机噪声，机舱噪声应在 90dB(A) 以下，客舱噪声应在 60dB(A) 以下。

四、拖拉机对与之匹配的发动机的要求

拖拉机用柴油机野外作业，灰尘大，应装高效率的空气滤清器并设有自动排尘装置。由于土壤比阻变化大，引起牵引力很大的波动，因此要求转矩适应性系数为 1.15 ~ 1.25，柴油机装全程调速器。70kW 以上机型采用废气涡轮增压。应有辅助输出轴，以带动液压

泵和其他机械。为提高抗冲击能力，发动机主要机件如气缸体、油底壳均应有足够的刚度。

五、工程机械对与之匹配的发动机的要求

工程机械的动力装置常在变速、变负荷工况下工作，应采用全程式调速器，瞬时调速器小于12%，稳定调速率小于8%，机械纵倾35°、横倾30°时，柴油机应能正常工作。用于履带式推土机、装载机的柴油机要求前端输出功率为50%～70%，有的工程机械要求前端输出50%～100%的功率。工作环境多尘，要求滤清能力强，加油口、通风口防尘，冷却系统和起动系统应保证处于寒带和热带的发动机正常起动。

思　考　题

1. 试分析汽油机和柴油机负荷特性的区别。
2. 试分析汽油机和柴油机速度特性中转矩曲线的区别。
3. 表示内燃机克服短期超载能力的指标有哪些？它们是怎样定义的？
4. 车用柴油机与工程机械、拖拉机用柴油机调速特性有何区别？
5. 为什么对内燃机的性能指标要进行大气修正？怎样修正功率和耗油率？
6. 万有特性、负荷特性和速度特性有何实用意义？
7. 发动机与动力装置从哪些方面进行匹配？请举例说明。
8. 发电机、船舶、机车、拖拉机、工程机械对发动机有何特殊要求？

第九章

发动机的排放与噪声

第一节 排放物及危害

一、排放物分类

汽车发动机排出的各种有害物质目前已成为城市大气污染的主要来源，其排出的有害物质有：排气（尾气），如 CO、NO_x、SO_2、颗粒、臭气；曲轴箱窜气，如 HC；燃油蒸气，如 HC。

发动机中主要有害污染物是一氧化碳（CO）、碳氢化合物（HC）、氮氧化合物（NO_x）和微粒。

1. CO 的形成

CO 是烃燃料在空气不足的情况下，进行不完全燃烧的产物，是汽油机排气中有害成分浓度最大的物质。在汽油机中，$\alpha < 1$（$A/F < 14.8$）时，CO 生成量明显增加。在柴油机中，$\alpha > 1$，CO 主要是在局部缺氧或低温下形成的，所以 CO 的含量在全负荷或低负荷下较高，中等负荷时较低。

对于柴油机而言，CO 的排放率要比 CO_2 的排放率小得多。在燃烧室中，生成 CO 的主要部位是富油区、稀燃熄火区和火焰猝熄区。CO 排放率增加的同时，气缸内燃烧恶化，或燃烧相位后移，这些因素又会引起柴油机的热效率下降。总之，当 CO 的排放率增加时，不仅污染严重，能量损失也会增加。

2. HC 的形成

HC 是未燃的燃料、不完全燃烧或裂解反应的碳氢化合物及少量的氧化反应的中间产物（如醛、酮等）。在汽油机中，排气中的 HC 主要是由缸壁和狭缝的熄火作用造成的，另外混合气过稀或过浓以及废气稀释严重、缸内温度过低时，可能引起火焰传播不完全甚至断火，HC 增多。二冲程汽油机换气时，也会排出大量的 HC。在柴油机中，排气中的 HC 是由于混合气形成不良（如喷油质量不好、雾化不良）、燃烧组织不良（如供油提前角过小）、窜机油或者在过低的温度下（如柴油机怠速运转等）产生的。

3. NO_x 的形成

发动机排放的 NO_x 主要是 NO 和 NO_2。对汽油机来说，在气缸高温下主要生成 NO，是在紧跟火焰前锋后的燃烧产物区内形成的，根据链反应机理

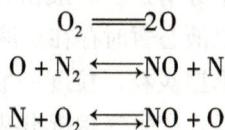

$$O_2 \Longleftrightarrow 2O$$

$$O + N_2 \Longleftrightarrow NO + N$$

$$N + O_2 \Longleftrightarrow NO + O$$

链反应开始是由氧原子触发的，而氧原子是在高温下由氧分子分解而来的。因此，高温是 NO 生成最重要的条件。又因为 NO 生成反应需要高温，所以在高温下滞留的时间也是反应的重要条件，滞留时间长，则 NO 生成量增多。氧的浓度和混合气成分也有很大影响，在 α 略大于 1 时，NO 浓度最高，因为此时气缸温度高并有过剩的氧。温度下降时，由 NO 返回 N_2 和 O_2 的逆反应速度很缓慢，所以 NO 一旦形成后，在膨胀和排气过程中，仍保持基本不变。废气排往大气后，在低温下（280～300K）NO 在空气中缓慢氧化生成 NO_2，即

$$2NO + O_2 \Longrightarrow 2NO_2$$

所以降低燃烧室最高温度、缩短高温时间、控制混合气浓度都能减少 NO_x 的生成。

对柴油机而言，NO_x 在其排气废气中占主导地位。根据前述 NO_x 生成条件，柴油机可以通过降低火焰高峰温度、缩短空气在高温中停留的时间、降低燃油和空气的混合速率等措施减少 NO_x 的形成。

4. 微粒

汽油机排气中有微粒包括有机微粒（含炭烟）和硫酸盐，由于汽油机采用预混合燃烧方式，所以一般认为汽油机不产生有机微粒（对于将润滑油混入汽油中进行润滑的二冲程汽油机除外），但硫酸盐的排放量直接取决于汽油机的硫含量。而柴油机因其采用扩散燃烧方式，所以就不可避免地会产生微粒了。

（1）微粒的成分 如表 9-1 所示，柴油机微粒是由三部分组成的，即干炭烟 DS、可溶性有机物 SOF 和硫酸盐。其中，SOF 又可根据来源不同分为未燃燃料和未燃润滑油两部分，两者所占比重随具体柴油机的型号不同而异，但一般可认为大致相等。

表 9-1 柴油机微粒的组成

成 分	质 量 分 布
干炭烟 DS（Dry Soot）	40%～50%
可溶性有机物 SOF（Soluble Organic Fraction）	35%～45%
硫酸盐	5%～10%

至于炭烟与微粒的关系，可以认为炭烟是微粒的组成部分之一。柴油机在高负荷工作时，炭烟在微粒中所占比例升高，而部分负荷时则降低。

近年来，随油气混合过程的改善和柴油高压喷射技术的采用，微粒和炭烟的总排放量有明显下降，但 PM2.5 以下的粒度较小的微粒所占比重增加。

（2）炭烟和微粒的生成与氧化

1）炭烟和微粒的生成过程。关于炭烟的生成机理，概括地说，是烃类燃料在高温缺氧条件下裂解生成的。但其详细的机理，即从燃油分子到生成炭烟颗粒的整个过程中的化学动力学反应及物理变化过程尚不十分清楚。一般认为，当燃油喷射到高温的空气中时，轻质烃很快蒸发汽化，而重质烃会以液态暂时存在。液态的重质烃在高温缺氧条件下，直接脱氢炭化，成为焦炭状的液相析出型炭粒，粒度一般比较大。而蒸发汽化了的轻质烃，如图 9-1 所示，经过不同的复杂途径，产生气相析出型炭粒，粒度相对较小。首先，气相

的燃油分子在高温缺氧条件下发生部分氧化和热裂解，生成各种不饱和烃类，如乙烯、乙炔及其较高的同系物和多环芳香烃，它们不断脱氢形成原子级的炭粒子，逐渐聚合成直径 2nm 左右的炭烟核心（炭核）；气相的烃和其他物质在炭核表面的凝聚，以及炭核相互碰撞发生的凝聚，使炭核继续增大，成为直径为 20～30nm 的炭烟基元；而炭烟基元经过相互聚集形成直径 1μm 以下的球状或链状的多孔性聚合物。重馏分的未燃烃、硫酸盐以及水分等在炭粒上吸附凝集，形成排气微粒。

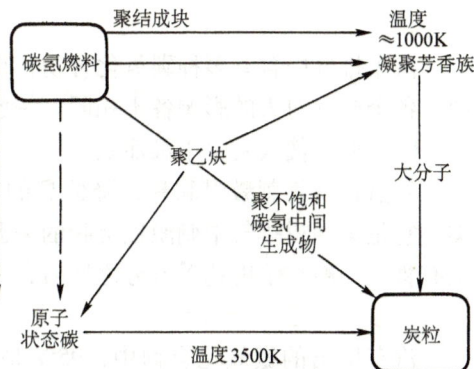

图 9-1　炭烟生成途径

2）炭烟和微粒的氧化。如图 9-2 所示，在整个燃烧过程中，炭烟要经历生成和氧化两个阶段，前期燃烧已经生成的炭烟，如果在后期能遇到足够的氧化氛围和高温，也会通过氧化反应使其体积缩小甚至完全氧化掉。图中曲线变化正好反映了这一过程。由此可以得到降低柴油机炭烟的指导思想之一，即燃烧前期应避免高温缺氧，以减少炭烟的生成，而燃烧后期应保证高温富氧和加强混合气扰流强度，以加速炭烟的氧化。

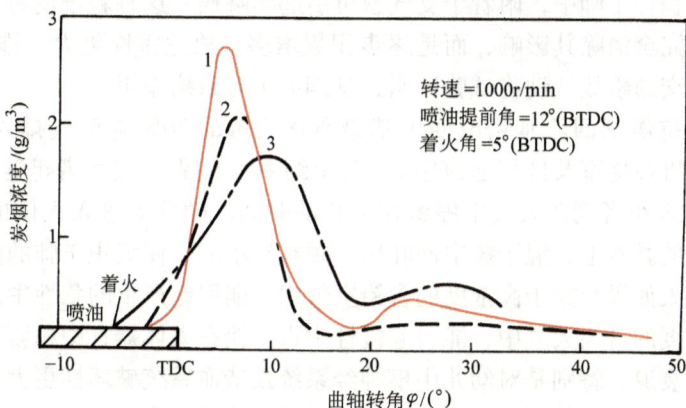

图 9-2　炭烟浓度随曲轴转角的变化
1—距副燃室壁面 2mm　2—距副燃室壁面 10mm　3—距副燃室壁面 15mm

二、排放物危害

1. 一氧化碳（CO）

一氧化碳有很剧烈的毒性，人吸入后即在肺中与血液中的血红蛋白（Hb）结合在一起，形成碳氧血红蛋白（CO-Hb）。由于 CO 与血红蛋白结合能力较 O_2 高 200～300 倍，故吸入的 CO 就会优先与血红蛋白相结合，结果造成血液的输氧能力下降，而 CO 一旦与血红蛋白结合在一起就很难解离，要经过较长的时间（12～14h）才能消除其毒害作用。故 CO 的毒害作用有积累性质，人连续处在混有 CO 空气中的时间越长，血液中积累的 CO-Hb 量就越多，这样就会造成低氧血症，导致人体组织的缺氧。

2. 碳氢化合物（HC）

汽车排气中含有多种碳氢化合物，现已分析出的有200多种。在这些多种碳氢化合物中，各个成分对人的影响各不相同。一般在低浓度下看不出直接的影响。当浓度达到万分之一时，便可使人发生中毒症状。

碳氢化合物刺激眼和鼻，降低鼻的嗅觉机能。碳氢化合物的不完全燃烧产物构成醛类，它是柴油机排气中刺激性臭味的来源。醛类强烈刺激眼、呼吸器官、皮肤等，对植物也有害。一般在浓度达千万分之四时，人眼即可感受到刺激。

3. 氮氧化合物（NO_x）

汽车排出的氮氧化合物中，95%是一氧化氮（NO），二氧化氮（NO_2）只占3% ~ 4%。但NO排到大气中后会逐步转变为NO_2。NO_2有剧烈的毒性，长期暴露在低浓度下，会使人发生萎缩性病变，引起呼吸机能障碍。在150×10^{-6} ~ 200×10^{-6}的浓度下，短时间可使人的肺脏纤维化。NO_2刺激呼吸道可引起喘息、支气管炎、肺气肿，NO_2在一定浓度下，由于对光的吸收作用能使大气着色，从而明显地降低大气能见度，影响地面或空中交通。

4. 颗粒——黑烟和铅

汽车排出的黑烟主要为微小的炭粒，它们是直径为$0.5 \sim 1 \mu m$的微粒，根本无法滤除。人吸入后易积存于肺中，附着于支气管可引起哮喘病。这种粒子的毒害不像CO中毒那样在复原后可完全消除其影响，而是逐步积累增多，故危害性更大。排烟能妨害视野，恶化照明，引起交通事故。动物试验证明，排烟显示有致癌作用。

汽油机中的抗爆剂四乙基铅或四甲基铅所含铅量的70%随废气排入大气中（其余30%沉积于内燃机燃烧室及排气通道中），其中约40%的颗粒较大者迅速沉降于地面上，其余60%的颗粒较小者能在大气中停留相当长的时间。随呼吸进入人体的颗粒较大者可能附着于呼吸道的黏液上，混于痰中而吐出；颗粒较小的，便沉积于肺的深部组织，它们几乎都被吸收。人如果暴露于高浓度的含铅空气中，能引起严重的急性中毒症状。如果长时间暴露于低浓度的含铅大气中，能引起慢性中毒。铅在人体器官中积蓄到一定程度，能使人的生理机能衰退，特别是对幼儿中枢神经系统及造血系统破坏性更大，铅除阻碍红血球的生长造成贫血外，还能引起肝脏机能障碍等对人体的危害。

5. 二氧化碳（CO_2）的温室效应

随着汽车保有量的增加，CO_2的排放量也日益增加。由于CO_2的隔热作用，会形成全球变暖的温室效应。这一效应造成人类以及动植物生存条件的改变，从而在一定程度上破坏了生态环境。如果这一效应引起南北极冰川大量融化，将造成人类生存陆地的减少，直接危及到人类的生存。因此，CO_2的温室效应也是值得注意的问题。

第二节　排放污染物的机内、机外净化技术

发动机排放污染控制技术可分为三类：以改进发动机燃烧过程为核心的机内净化技术；在排气系统中采用化学或物理的方法对已生成的有害排放物进行净化的排放后处理技术；控制曲轴箱和供油系统有害排放物的非排气污染控制技术。后两类又统称为机外净化技术。

一、排放污染物的机内净化技术

1. 汽油机的机内净化技术

（1）推迟点火时间（点火提前角）　　推迟点火提前角一直是最简单易行，也是最普遍应用的排放控制技术。汽油机推迟点火提前角，除因燃烧温度下降使 NO_x 的生成速度和生成量降低外，还会因后燃使 HC 的排放量也同时降低。但推迟点火提前角降低排放的效果是有限的，在不使动力性和燃油消耗率明显恶化的前提下，NO_x 可降低 10% ~ 30%。在实际应用中应综合考虑排放特性、动力性及经济性来确定最佳点火提前角。

（2）废气再循环 EGR（Exhaust Gas Recirculation）　　废气再循环也是一种被广泛应用的排放控制措施，但仅对降低 NO_x 有效。其工作原理如图 9-3 所示，一部分排气经 EGR 阀再次流回进气系统，稀释了新鲜混合气中的氧浓度，导致燃烧速度降低，同时还使新鲜混合气的比热容提高。两者都造成燃烧温度的降低，因而可以抑制 NO_x 的生成。

如图 9-4 所示，随 EGR 率的增加，NO_x 排放量迅速下降。由于这是靠降低燃烧速度和燃烧温度得到的，因而会导致全负荷时最大功率下降；中等负荷时燃油消耗率增大，HC 排放上升；小负荷特别是怠速时燃烧不稳定甚至失火。为此，一般在汽油机大负荷、起动及暖机、怠速和小负荷时不使用 EGR，而其他工况的 EGR 率一般不超过 20%，由此可使 NO_x 排放量降低 50% ~ 70%。

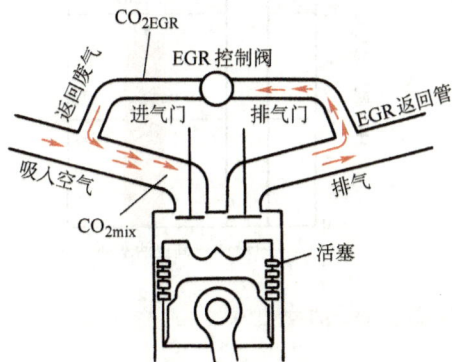

图 9-3　废气再循环系统工作原理

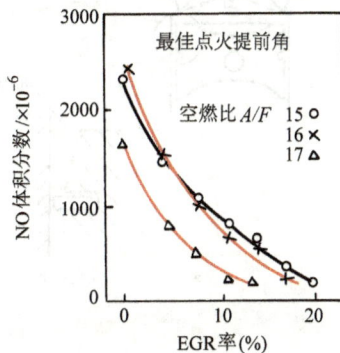

图 9-4　EGR 降低 NO_x 的效果

为了精确控制 EGR 率，最好采用电子控制 EGR 阀系统。为了增强降低 NO_x 的效果，可采用中冷 EGR。为了消除 EGR 对动力性和经济性的负面影响，往往同时采用一些快速燃烧和稳定燃烧的措施。如图 9-5 所示，通过采用进气涡流和双火花塞点火，使用 EGR 时的燃油消耗率不仅没有恶化反而有所改善。

实际上，EGR 的这种效果也可以通过不充分排气以增大滞留于缸内的废气量（即增大残余废气系数）来实现。与上述外部循环 EGR 相对应，称这种方法为内部 EGR。

（3）燃烧系统优化设计　　由于电控燃油喷射加三元催化剂技术使汽油机的排放大大降低，因而从排放控制角度对汽油机燃烧室设计的要求明显低于柴油机，但并不能忽视合理的燃烧室设计对控制汽油机排放的效果。紧凑的燃烧室形状可以使燃烧快速充分地进行，并减少猝熄效应，由此可降低 CO 和 HC 的排放；改善缸内气流运动，有助于加强油气混合，同样使燃烧快速充分地进行；还可以改善燃烧时的循环波动，而循环波动也是

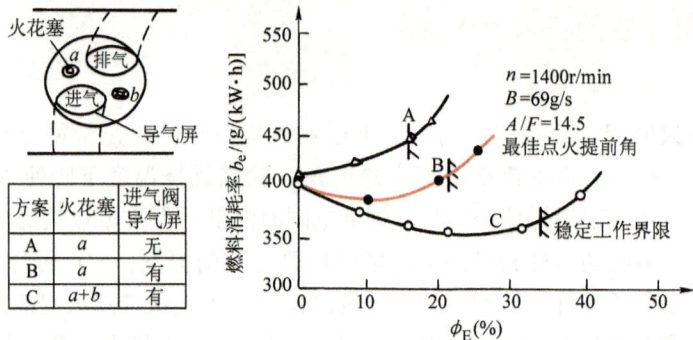

图9-5 EGR与其他措施合用的效果
A—仅采用EGR B—EGR+增强进气涡流
C—EGR+增强进气涡流+双火花塞点火

HC排放以及动力性、经济性恶化的重要原因。

减小活塞头部、火花塞和进排气门等处不参与燃烧的缝隙容积也是降低HC的有效方法。如图9-6所示，将原设计改为高位活塞环设计后，HC排放降低了20%。

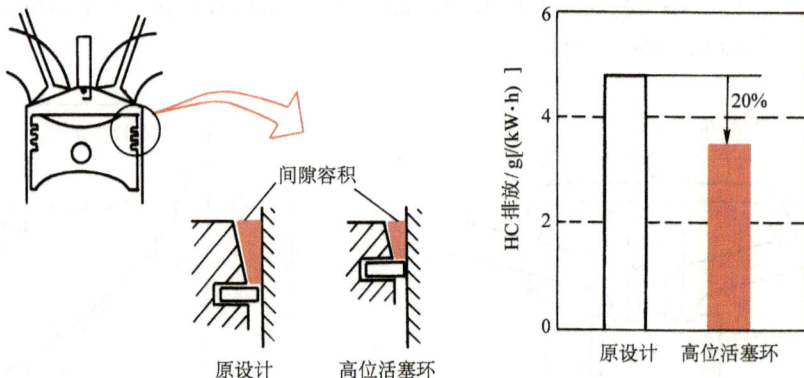

图9-6 采用高位活塞环降低HC的效果

（4）**提高点火能量** 提高点火能量可以提高着火的可靠性，减小循环波动，扩大混合气的着火界限。特别是伴随着汽油机燃烧稀薄化，无触点的高能电子点火系统得到了广泛的应用。提高点火能量的措施有增大火花塞极间电压（极间电压一般为10～20kV，但最高的有35kV）、增大火花塞间隙（如由0.8mm增大至1.1mm）以及延长放电时间等。

（5）**电控汽油喷射技术**（EFI） 电控汽油喷射系统由于能够更精确、更柔性地满足各工况的参数优化要求，从而可以实现排放特性、燃油经济性和动力性的综合优化。此外，三元催化转化器与电控喷射系统的组合，已成为当前和未来较长时期内汽油机排放控制的最有效和最主要技术。

另外，可变进气系统、可变配气相位、可变排量、稀薄燃烧以及缸内直喷式燃烧方法等新技术，在改善汽油机动力性和经济性的同时，也不同程度地改善了排放特性。

总之，汽油机的机内净化技术措施并不是很多、很复杂，这是由于汽油机目前主要采用以闭环电喷加三元催化剂为核心的排放控制技术，因而大大减轻了对机内净化的要求，燃烧过程的组织仍可以动力性和经济性指标作为优化目标，而用燃烧以外的排气后处理技术来降低已生成的有害成分排放。

2. 柴油机的机内净化技术

与汽油机的排放控制相比，柴油机的排放控制难度更大，需要采取的有效对策和技术也更多。

就燃烧过程来看，柴油机远比汽油机复杂得多，因而可用于控制有害物生成的燃烧特性参数也远比汽油机丰富得多，这就使得寻求综合考虑排放、热效率等各种性能的理想燃烧放热规律成为柴油机排放控制的核心问题。为此，理想的喷油（喷雾）规律和混合气运动规律以及与之匹配的燃烧室形状是必需的。为使 NO_x 和微粒同时降低并保证有较高的热效率，柴油机应采用如图 9-7 所示的燃烧过程控制思路，即由实线所示的传统燃烧过程变为虚线所示的燃烧过程。这一过程可以概括为两点，即抑制预混合燃烧以降低 NO_x，促进扩散燃烧以降低微粒和改善热效率。这一指导思想贯穿于各项降低柴油机排放的控制技术措施之中。

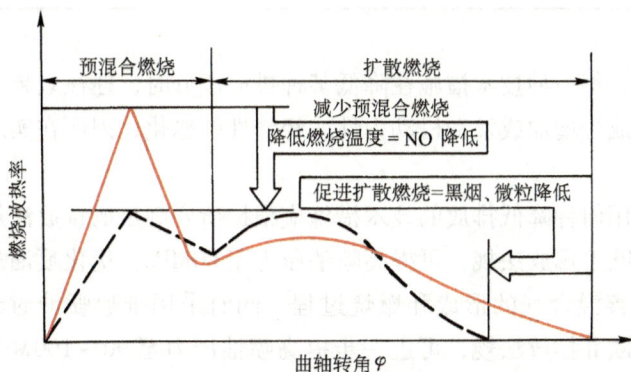

图 9-7　低排放柴油机燃烧过程控制思路

表 9-2 给出了降低柴油机 NO_x 和微粒排放的对策技术，总体上可分为燃烧改善、燃料改善和排气后处理三类，前两类即为机内净化技术。其中燃烧改善的各项对策技术中，已实用化的有：作为降低 NO_x 有效措施的推迟喷油时间（即减小喷油提前角）、EGR 以及改善喷油规律；作为降低炭烟和微粒排放有效措施的增压技术和高压喷射技术。像柴油机的均质混合燃烧等一些新型燃烧方法正在研究探索中。另外，随着改善燃烧所造成的微粒排放明显下降，严格控制润滑油消耗量以降低微粒中由未燃润滑油带来的成分已变得非常重要。

表 9-2　降低车用柴油机排放的技术措施

分　类	对策技术	实施方法	控制对象
燃烧	推迟喷油时间		NO_x
	EGR	EGR、中冷 EGR、内部 EGR	NO_x
	加水燃烧	进气喷水（水蒸气）、缸内喷水、乳化油	NO_x
	燃烧室设计	各种燃烧室及设计参数优化、新型燃烧方式	NO_x、PM
	喷油规律改进	喷油规律曲线形状、预喷射、多段喷射	NO_x、PM
	高压喷射	电控高压油泵、共轨系统、泵喷嘴	PM
	进排气系统	进排气动态效应、可变进气涡流、多气门	PM
	增压	增压、增压中冷、可变涡轮喷嘴截面系统（VGS）	PM
燃料	降低含硫量 含氧燃料 合成燃料	含硫量（mg/kg）　国三柴油 < 350；国四柴油 < 50；国五柴油 < 10 醇类燃料、二甲醚（DME）、酯类燃料	PM
后处理	后处理装置	氧化催化器（OC）、微粒捕集器（DPF）、NO_x 还原催化器（SCR）	PM、NO_x
其他	降低机油消耗率		PM

　　需要指出的是，每一种技术措施在降低某种排放成分时，往往效果有限，过度使用则会带来另一种排放成分增加或发动机动力性或经济性的恶化，因而在实际应用中常常是几种措施同时采用。

　　另外，具体采用何种降低排放的技术措施应根据所要满足的排放法规来确定。一般为了满足重型柴油机欧Ⅰ排放法规，可提高喷油压力至 80MPa，优化喷油规律、燃烧室形状和气流运动，以改善混合气的形成和燃烧过程，同时采用推迟喷油时刻（即喷油正时）等措施。为了满足欧Ⅱ排放法规，可进一步提高喷油压力至 90～100MPa，采用进气增压（增压中冷）和 EGR 技术以及降低机油消耗率等措施。

　　为满足欧Ⅲ排放法规，需将喷油压力提高至 120MPa，兼用进气增压中冷，并采用高压共轨供油技术。为满足欧Ⅳ排放法规，需采用高压共轨供油技术，并将喷油压力提高至 160MPa。在采用进气增压中冷技术的同时，还对柴油本身的品质提出了更高的要求（柴油的含硫量由 2000μg/g 降低至 50μg/g）。

二、排放污染物的机外净化技术

　　20 世纪 70 年代中期以前，内燃机的排放控制主要采用以改善发动机燃烧过程为主的各种机内净化技术，随着排放法规的日益严格，人们开始考虑包括催化转化器在内的各种排气后处理技术。三元催化剂（Three Way Catalyst，TWC）的研制成功使汽车排放控制技术发生了突破性的进展，它使汽油车排放的 CO、HC 和 NO_x 同时降低 90% 以上。同时，各种柴油机排气后处理技术也在加紧研究开发中。

　　机外净化技术的分类及应用现状见表 9-3，其中，排气后处理技术的应用现状因国

别、法规和车型等差别较大，非排气污染处理技术已被国内外法规要求作为汽油车的必备装置。

表9-3　机外净化技术的分类及应用

分　类		处 理 对 象	国外应用现状
排气后处理	汽油机	热反应器　CO、HC	汽车已经不用，主要用于摩托车
		氧化催化器　CO、HC	轿车较少使用，重型汽车上有应用
		还原催化器　NO_x	已经很少使用
		三元催化器　CO、HC、NO_x	轿车和轻型车必备装置，应用最为广泛
		稀燃催化器　稀燃条件下的CO、HC、NO_x	少量开始应用，处于继续研究开发中
	柴油机	氧化催化器　SOF、CO、HC	成熟应用
		还原催化器　NO_x	成熟应用
		微粒捕集器　PM	成熟应用
		碳纤维吸附净化　NO_x	基础研究阶段
非排气污染处理	汽、柴油机	曲轴箱强制通风装置　HC	法规要求必备装置
	汽油机	燃油蒸发控制系统　HC	法规要求必备装置

1. 汽油机排气后处理技术

如表9-3所示，汽油机排气后处理技术主要包括热反应器、催化转化器，而催化转化器又可分为氧化型、还原型、氧化还原（三元）型以及稀燃型。

（1）催化转化器结构与工作原理　催化剂可以提高化学反应速度和降低反应的起始温度，而本身在反应中并不消耗。催化转化器是目前各类排气后处理技术中应用最广泛的技术。

1）催化转化器结构。催化转化器简称为催化器。如图9-8所示，它由壳体、减振垫、载体和催化剂四部分组成。而所谓催化剂是指涂层部分或载体和涂层的合称。催化剂是整个催化转化器的核心部分，它决定了催化转化器的主要性能指标。因此在许多文献上并不严格区分催化剂和催化转化器的定义。

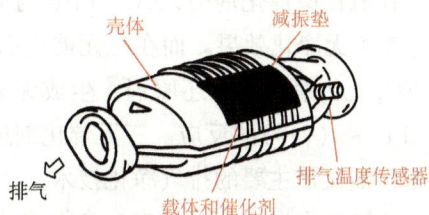

图9-8　催化转化器结构及组成

起催化作用的活性材料一般为铂（Pt）、铑（Rh）和钯（Pd）三种贵金属（每升催化剂中贵金属含量为0.5~3.0g），同时还有作为助催化剂的铈（Ce）、镧（La）、镨（Pr）和钕（Nd）等稀土材料。贵金属材料以极细的颗粒状态散布在以γ-Al_2O_3为主的疏松的催化剂和氧化剂涂层表面。而涂层则涂在作为催化剂骨架的蜂窝状陶瓷载体或金属载体上，如图9-9所示。目前，90%的车用催化剂使用陶瓷载体。

2）催化剂的分类及工作原理。按工作原理不同，催化剂可分为氧化型催化剂、还原型催化剂、三元催化剂和稀燃催化剂。目前单纯还原型的催化剂已很少用，稀燃催化剂将在后面介绍，而最常用的氧化型催化剂和三元催化剂的主要反应如下。

氧化型催化剂（Oxidation Catalyst，OC）

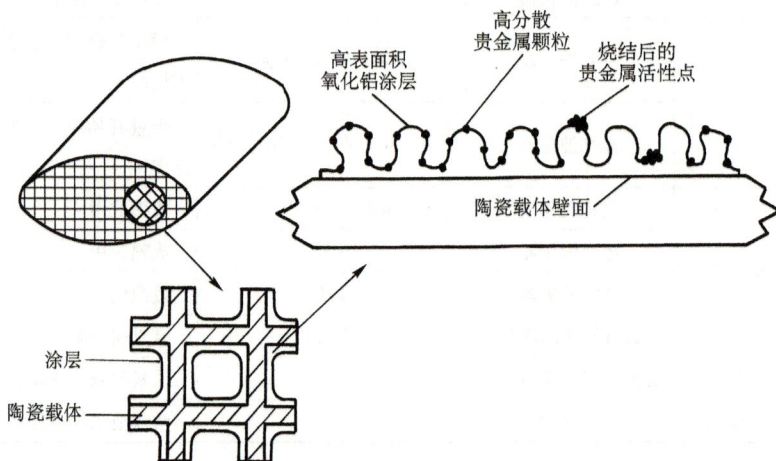

$$2CO + O_2 = 2CO_2 \tag{9-1}$$

$$4HC + 5O_2 = 4CO_2 + 2H_2O \tag{9-2}$$

$$2H_2 + O_2 = 2H_2O \tag{9-3}$$

图9-9　载体及涂层的细微构造

三元催化剂（Three Way Catalyst，TWC）

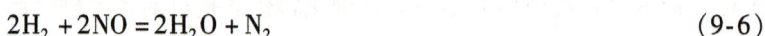

$$2CO + 2NO = 2CO_2 + N_2 \tag{9-4}$$

$$4HC + 10NO = 4CO_2 + 2H_2O + 5N_2 \tag{9-5}$$

$$2H_2 + 2NO = 2H_2O + N_2 \tag{9-6}$$

在氧化型催化剂中，CO 和 HC 与氧气进行氧化反应，生成无害的 CO_2 和 H_2O，但对 NO_x 基本无净化效果。而在三元催化剂中，当混合气浓度正好为化学计量比时，CO 和 HC 与 NO_x 互为氧化剂和还原剂，生成无害的 CO_2、H_2O 及 N_2，剩余的 CO 和 HC 则进行式（9-1）～（9-3）的反应。三元催化剂这种巧妙的构思和显著的效果，使它成为当前以及未来汽油机最主要的排气净化技术。

不同贵金属成分对排气污染物的催化净化效果是不同的。在实际催化剂中，Pt 和 Pd 主要催化 CO 和 HC 的氧化反应，Rh 用于催化 NO_x 的还原反应。但为了满足对催化剂综合性能指标的要求，三种贵金属成分往往是搭配使用的。

（2）催化转化器的主要性能

1）转化效率。催化器的转化效率定义为

$$\eta_i = \frac{C(i)_1 - C(i)_2}{C(i)_1} \times 100\% \tag{9-7}$$

式中，η_i 为排气污染物 i 在催化器中的转化效率；$C(i)_1$ 为排气污染物 i 在催化器入口处

的浓度；$C(i)_2$ 为排气污染物 i 在催化器出口处的浓度。

2）空燃比特性。催化器转化效率随空燃比的变化称为催化器的空燃比特性，如图 9-10 所示。由图可知，三元催化转化器在化学计量比（$\alpha = 1$）附近的狭窄区间内对 CO、HC 和 NO_x 的转化效率同时达到最高，这个区间被称为"窗口"。在实际应用中常取三项转化效率都达到 80% 的区间来确定窗口宽度。为保证实际供给的混合气浓度都在 $\alpha = 1$ 的附近，需要采用具有反馈控制功能的闭环电控燃油供给系统。研究表明，对同样的三元催化转化器，开环电控系统的净化效率平均为 60% 左右，而闭环电控系统的平均净化率可达 95%。窗口越宽，则表示催化剂的实用性能越好，同时对电控系统控制精度的要求也越低。

3）起燃特性。催化器的转化效率与温度有密切关系，催化器只有在达到一定温度以上才能开始工作，即起燃。

催化转化器的起燃特性有两种评价方法，一种称为起燃温度特性（light-off temperature），如图 9-11 所示，它表示了转化率随催化器入口温度 t_i 的变化，而转化率达到 50% 时所对应的温度称为起燃温度 t_{50}。显然 t_{50} 越低，催化器在汽车冷起动时越能迅速起燃，因此 t_{50} 一直是催化器活性的重要特征值。起燃温度特性是在化学实验室或发动机台架上测取的。

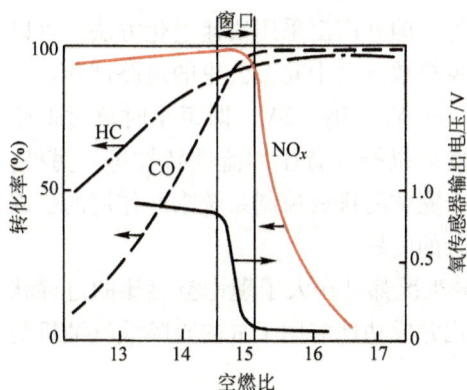

图 9-10　三元催化转化器空燃比特性

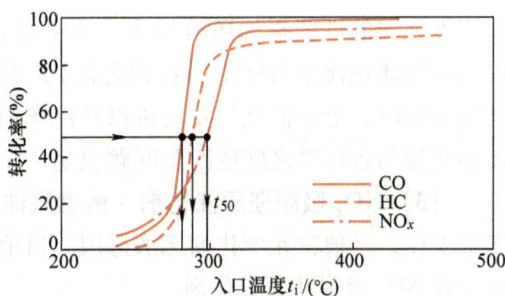

图 9-11　三元催化转化器的起燃温度特性

另一种评价催化器起燃特性的方法称为起燃时间特性（light-off time），它可以在实车上或发动机台架上进行测定。即控制车辆或发动机以一定的工况循环运转，将达到 50% 转化率所需要的时间称为起燃时间 t_{50}。

起燃温度特性主要取决于催化剂配方，它评价的是催化剂的低温活性。而起燃时间特性除与催化剂配方有关外，在很大程度上取决于催化转化器总体的热惯性、绝热程度以及流动传热过程，其评价试验结果与实车冷起动特性的关系更为直接。

4）催化剂的耐久性。催化剂经长期使用后，其性能将发生劣化，也称为失活或中毒。国外一般要求新车用催化剂在使用 8 万 km 后整车排放仍能满足法规限值，而近年来对催化剂的耐久性要求已提高到 10 万 km 甚至 16 万 km。国内外几十年来的研究开发经验

表明，开发一种高活性的催化剂并不很难，难的是同时具有较长的使用寿命。

影响催化剂寿命的因素见表9-4，即高温失活、化学中毒、结焦与机械损伤。化学中毒的来源主要是燃料和润滑油中的 Pb、S 和 P，通过严格限制燃料和润滑油中的有害成分含量可以将化学中毒控制到最小。而高温失活是目前汽车催化剂最主要的失活方式。

高温失活是一种复杂的物理化学过程。在高温条件下，散布均匀的细小贵金属颗粒和助催化剂成分都各自聚合成大颗粒，导致活性下降。在 800℃ 以上，涂层中的 $\gamma\text{-Al}_2\text{O}_3$ 转化为 $\alpha\text{-Al}_2\text{O}_3$，结果使催化剂的活性表面大大减少。在实际应用中引起催化器高温失活的原因有：①发动机失火使未燃混合气在催化剂中发生剧烈氧化放热反应；②汽车连续高速大负荷运行时的长时间排气高温；③为减少冷起动排放而紧靠发动机排气口安装催化器等。

表 9-4 影响车用催化剂寿命的主要因素

高 温 失 活	化 学 中 毒	结焦与堵塞	机 械 损 伤
1. 活性组分高温烧结 2. 涂层中的 $\gamma\text{-Al}_2\text{O}_3$ 转化为 $\alpha\text{-Al}_2\text{O}_3$ 3. 载体发生高温烧结	1. 中毒：不可逆吸附或发生表面反应（如 P、S、Pb、Hg、Zn、Cu 等） 2. 抑制：毒物的竞争，可逆吸附毒物导致催化剂表面结构发生载体孔阻塞	含碳的沉积物（结焦）等	1. 热冲击 2. 物理性破碎

对催化剂的寿命评价，除实际装车道路考核之外，国外广泛采用快速老化方法。可以在发动机台架上用数十至一百小时的快速老化试验模拟数万至十几万公里的道路试验。

催化器的性能指标还有很多，如空速特性（Space Velocity，SV，即每小时流过催化剂的排气体积流量与催化剂容积之比），以及影响发动机排气背压的流动特性等。另外，实际使用时，催化器是与发动机以及汽车组合成一个完整的排放控制系统来起作用的，因而催化器与各部件之间的匹配问题也是一个极为复杂的问题。

(3) NO_x 吸附还原催化剂 稀燃汽油机大部分工况都是在大于理论空燃比的过稀状态下工作，一般三元催化剂无法适用。目前已实用化并成功地应用于缸内直喷式汽油机的主要是 NO_x 吸附还原催化剂。

如图 9-12 所示，吸附还原催化剂的活性成分是贵金属和碱土金属（或碱土金属和稀土金属）。当发动机在稀燃状态下工作时，排气中处于氧化状态，在贵金属（Pt）的催化作用下，NO 与 O_2 反应生成 NO_2，并以硝酸盐 MNO_3（M 代表金属）的形式被吸附在碱土金属表面，同时，CO 和 HC 经氧化反应成 CO_2 和 H_2O 后排出催化器。而当发动机在化学计量比或浓混合气状态下运转时，硝酸盐 MNO_3 分解析出的 NO_2、NO 与 CO、HC 及 H_2 反应，生成 CO_2、H_2O 和 N_2，同时使碱土金属得到再生。

为保证催化剂能在稀—浓交替的气氛中工作，而又不影响发动机的动力性和经济性，实际稀燃发动机可以每隔一定时间（如 50～60s）使空燃比短时间地由稀变浓一次，使催化剂再生。

2. 柴油机排气后处理技术

与汽油机一样，柴油机单靠改进燃烧等机内净化技术很难满足越来越严格的排放法规

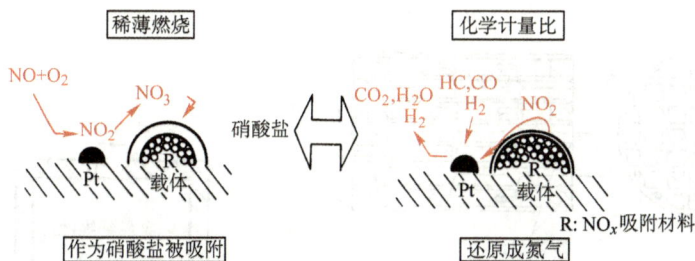

图 9-12 吸附还原催化剂的工作原理

要求，排气后处理技术已日益显现其重要性。柴油机排气后处理技术主要有以下几种：氧化催化转化器，用于降低 SOF、HC 和 CO；微粒捕集器，用于过滤和除去排气微粒；NO_x 还原催化转化器，用于降低 NO_x 排放。

（1）氧化催化转化器 采用氧化催化剂的目的主要是降低微粒中的可溶性有机组分 SOF 中的大部分碳氢化合物，以及使本来已不成问题的 HC 和 CO 排放进一步降低。同时对目前法规尚未限制的一些有害成分（如 PAH、乙醛等）以及柴油机排气臭味均有净化效果。

柴油中所含的硫燃烧后生成 SO_2，经催化器氧化后变为 SO_3，然后与排气中的水分化合生成硫酸盐。催化氧化效果越好，硫酸盐生成越多，甚至达到平时的 8～9 倍，如图 9-13 所示。这不但抵消了 SOF 的减少，甚至使微粒排放上升。同时，硫也是催化剂中毒劣化的重要原因。因此，减少柴油中的硫含量就成了氧化催化器实用化的前提条件。

（2）微粒捕集器 微粒捕集器也称为柴油机排气微粒滤清器（Diesel Particulate Filter，DPF）。这是目前国际上最接近商品化的柴油机微粒后处理技术。一个好的微粒捕集器除了要有高的过滤效率外，还应具有低的流通阻力；所用材料应耐高温并有较长的使用寿命；同时还应尽可能减小 DPF 的体积。

图 9-13 柴油机用氧化催化剂的使用效果

作为 DPF 的过滤材料可以是陶瓷蜂窝载体（如堇青石，$Mg_2Al_4Si_5O_{18}$）、陶瓷纤维编织物（如 Al_2O_3-B_2O_3-SiO_2）和金属纤维编织物（如 Cr-Ni 不锈钢），其结构如图 9-14 所示。

另外，用金属蜂窝载体的也有很多实例。甚至还有用空气滤清器那样的纸滤芯做微粒过滤材料的。其中，图 9-14a 所示的壁流式陶瓷载体微粒捕集器对微粒的过滤效率可达 60%～90%，是实用化可能性最大的一种。

一般 DPF 只是一种降低排气微粒的物理方法。随过滤下来的微粒的积存，过滤孔逐渐堵塞，使排气背压增加，导致发动机动力性和经济性恶化。因此，必须及时除去 DPF 中的微粒。除去 DPF 中积存微粒的过程称为再生。DPF 再生方法可分为两大类，即主动

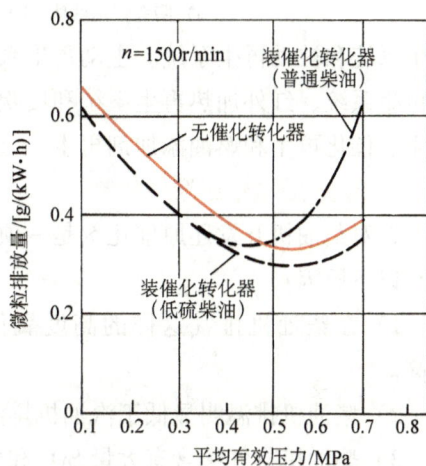

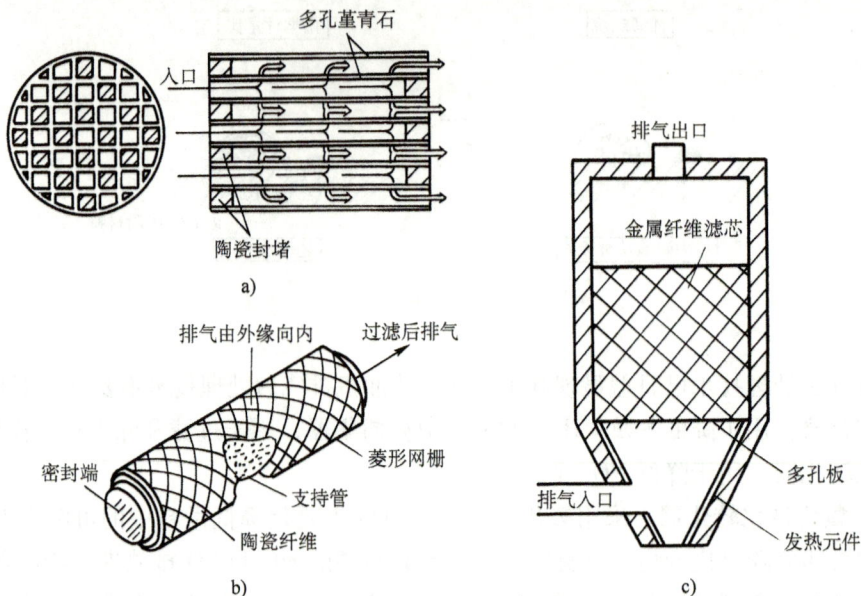

图 9-14　微粒捕集器的过滤材料

a）陶瓷蜂窝载体　b）陶瓷纤维编织物　c）金属纤维编织物

再生系统和被动再生系统。主动再生系统有喷油助燃再生系统、电加热再生系统、微波加热再生系统、红外加热再生系统和反吹再生系统；被动再生系统有大负荷再生、排气节流再生、催化再生和燃油添加剂再生。

3. 柴油机 NO_x 还原催化剂

针对柴油机开发还原催化剂是一项难度很大的研究工作，尚未达到实用阶段，这主要存在以下原因：

1）在柴油机排气这样的高度氧化氛围中进行 NO_x 还原反应，对催化剂性能要求极高。

2）柴油机排温明显低于汽油机排温。

3）柴油机排气中含有大量 SO_x 和微粒，容易导致催化剂中毒。

目前，柴油机 NO_x 后处理方法主要有：选择性非催化还原（SNCR）、选择性催化还原（SCR）、吸附催化还原（LNT）和等离子辅助催化还原等。现在世界上广泛应用的是选择性催化还原。

另外，如果能使微粒和 NO_x 互为氧化剂和还原剂，则有可能在同一催化床上同时除去 NO_x、PM（微粒）、CO 和 HC，这种"四元催化剂"将是最理想的柴油机排气净化方法。目前，围绕这一目标的大量基础性研究正在进行中。

三、重型柴油机后处理技术路线

后处理技术正式用于柴油机是从欧Ⅳ（国四）排放阶段开始的，主要技术路线有 SCR 和 DPF 两种（见图 9-15），各国因法规、油品和关注的性能指标（如油耗、PM、NO_x）等具体情况不同，采取的技术路线也不同。

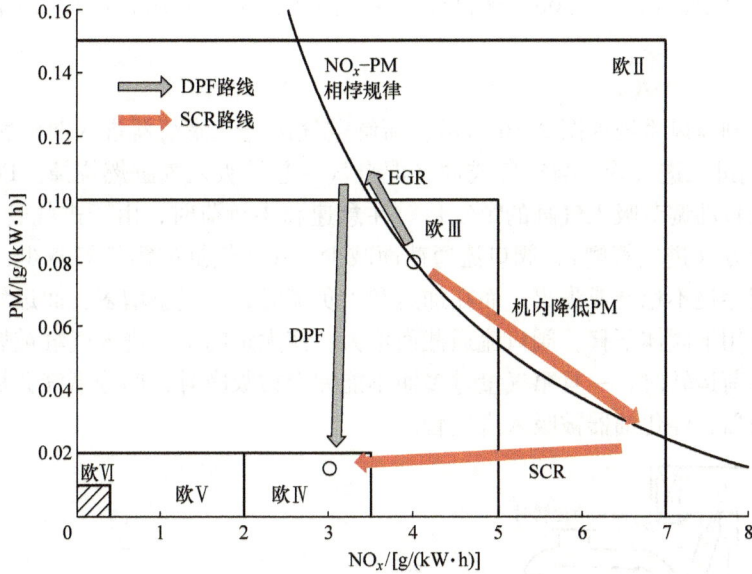

图 9-15 重型柴油机满足欧Ⅳ排放的技术路线图

采用 SCR 技术路线时，用电控高压喷射和增压中冷等机内净化技术降低 PM 至法规要求，但由于 NO_x 与 PM 之间的相悖（trade-off）关系，NO_x 排放会显著增高（甚至高达 80%），依靠高效的 SCR 后处理系统将 NO_x 降至欧Ⅳ标准水平。由于这时可将机内控制 NO_x 的技术（如欧Ⅲ时用的推迟喷油和 EGR）大部分取消，因而其油耗比欧Ⅲ柴油机改善 3%~5%。尿素水溶液的消耗量一般为欧Ⅳ柴油机油耗的 2%~5%，而欧洲的尿素水溶液价格只有柴油的三分之一，考虑尿素成本后的节省燃油费用是显著的。

采用 DPF 技术路线时，首先在机内用冷却 EGR 降低 NO_x，这时 PM 会有明显升高，然后用 DPF 降低 PM 排放。如果发动机燃烧系统设计得好，利用高压喷射和增压中冷等技术降低 PM 至接近限值的程度，也可以用 DOC 替代 DPF 达到欧Ⅳ排放法规，但这种产业化的实例很少。用 DPF 技术路线时，后处理系统的复杂程度和成本低于 SCR 技术路线。但由于大量使用 EGR 以及排气阻力升高，因而油耗比欧Ⅲ柴油机高 3%~5%。

另外，SCR 系统对柴油含硫量的要求较低，由于欧Ⅳ阶段的 SCR 系统可以不用前置 DOC，因而可使用含硫量为 350μg/g 的柴油，而 DPF 一般要求使用含硫量低于 30μg/g 的柴油。由欧Ⅳ法规提高到欧Ⅴ法规时，PM 限值未变，NO_x 由 3.5g/（kW·h）降至 2.0g/（kW·h），仅通过提高 SCR 转化效率（例如加前置 DOC）而发动机不进行大的改动就可达标，这也是 SCR 的一个优势。

考虑到以上 SCR 与 DPF 后处理系统的特点，在油价高昂的欧洲，除两家公司外的大部分厂家都选择了 SCR 技术路线来应对欧Ⅳ排放法规，而美国满足 2007 年法规的柴油车则以 DPF 技术路线为主，日本为达到相似水平的法规（日本 2005 年法规），两种技术路线都有。

四、非排气污染物控制技术

如前所述，在汽车所排放到大气中的 HC 总量中，20% 来自曲轴箱窜气，20% 来自燃

油系统蒸发，（汽油机）其余60%来自排气管。因此，控制和消除非排气污染物也是十分必要的。

1. 曲轴箱强制通风装置

曲轴箱强制通风系统如图9-16所示。新鲜空气由空气滤清器进入曲轴箱与窜气混合后，经PCV阀进入进气管，与空气或油气混合气一起被吸入气缸燃烧掉。PCV阀可随发动机运转状况自动调节吸入气缸的窜气量。在怠速和小负荷时，由于进气管真空度较高，阀体被吸向上方（进气管侧），阀口流通截面减少，吸入气缸的窜气量减少，以避免混合气过稀，造成燃烧不稳定或失火；而在加速和大负荷时，窜气量增多，而进气管真空度变低，在弹簧作用下阀体下移，阀口流通截面增大，使大量的窜气进入气缸被燃烧掉；当发动机高速大负荷运转时，一旦窜气量过多而不能完全被吸净时，部分窜气会从闭式通气口进入空气滤清器，经化油器被吸入进气管。

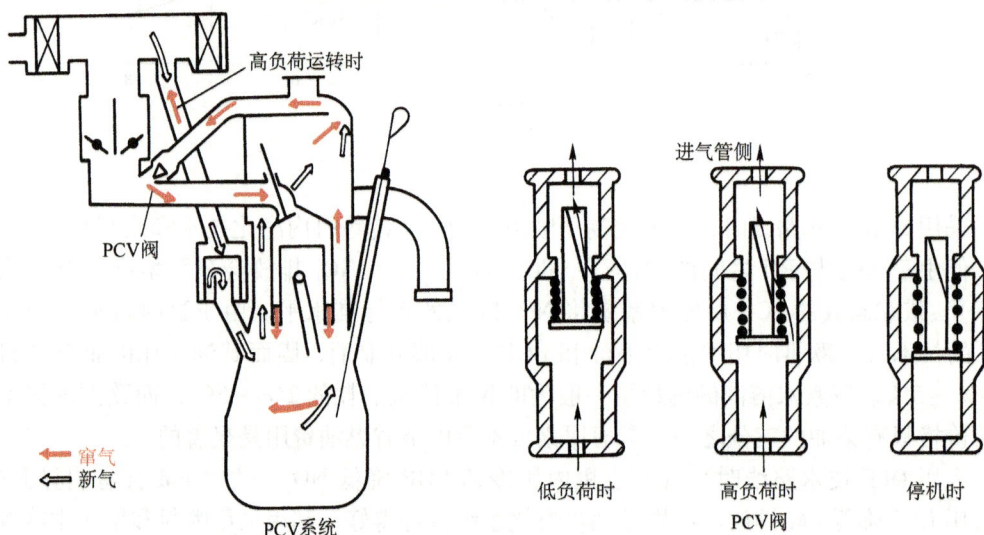

图9-16 闭式曲轴箱强制通风系统

同时，PCV阀能使曲轴箱内始终保持负压，因而可以减缓机油窜入燃烧室（即窜机油）和通过密封面的渗漏。而窜入燃烧室中的机油是排气中HC和微粒的重要成因。

2. 燃油蒸发控制系统

汽油蒸发控制措施最常用的是活性炭罐式油蒸气吸附装置，其工作原理如图9-17所示。

当发动机工作时，在进气管真空度作用下控制阀开启，被活性炭吸附的燃油蒸气与从炭罐下部进入的空气一起被吸入进气管，最后进入气缸被燃烧掉，同时活性炭得到再生，这一过程称为脱附过程。

活性炭是一种由石墨晶粒和无定形碳构成的微孔物质，由于内部有着大量 $10^{-10} \sim 10^{-8}$ m 的微孔，因而具有很大的比表面积（$500 \sim 2000 \mathrm{m}^2/\mathrm{g}$），这就是活性炭吸附能力很高的原因。活性炭对物质吸附具有选择性，燃油蒸气通过活性炭时，其中的HC成分几乎完全被吸附，而空气则基本不被吸附。

现代车用汽油机中已开始应用电控燃油蒸发控制系统，其系统框图如图9-18所示。

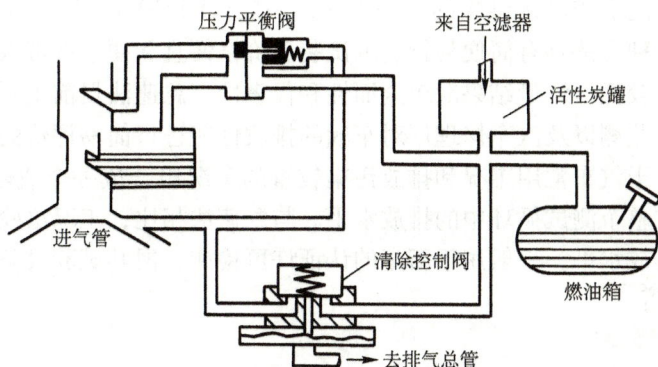

图 9-17　燃油蒸发控制系统

系统中电磁式清除阀 4 的开启时间和开度由电控单元 1 通过脉宽调制电流控制。泄漏检测泵 5 用来进行系统密封性的车载诊断，它是一个由电控单元 1 驱动的膜片泵。如果蒸发控制系统无泄漏，检测泵 5 工作将引起系统压力提高，使膜片脉动周期延长，直至超过规定值；如果系统有泄漏，脉动周期将始终不会超过规定值，以此进行泄漏诊断。

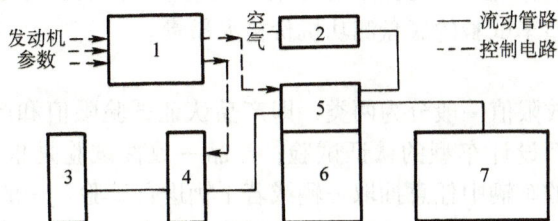

图 9-18　电控燃油蒸发控制系统框图
1—电控单元　2—空气滤清器　3—发动机进气歧管
4—电磁式清除阀　5—泄漏检测泵
6—活性炭罐　7—油箱

　　如何控制汽车在加油过程中的燃油蒸发问题现在已受到越来越多的重视。美国联邦环保署（EPA）颁布的法规中已要求 1998 年及以后生产的新车分阶段安装回收率为 95% 以上的加油蒸发控制装置，美国加州已在许多加油站安装了用于加油机械的燃油蒸发控制装置。

第三节　排放法规及测试方法

　　排放法规既是对内燃机及汽车工业发展的限制，又从客观上促进了内燃机及汽车技术的发展与进步。排放法规的核心内容实际上是两个，即排放限值和检测方法。

一、概述

1. 工况法与怠速法
汽车排放污染物检测，从检测方法上划分，主要有怠速法和工况法两种。怠速法是指

测量汽车在怠速工况下排放污染物的一种方法，一般仅测 CO 和 HC，测量仪器采用便携式排放分析仪。这种方法具有简便易行、测试装置价格便宜和便于携带以及试验时间短等优点，但测量精度较低，测量结果缺乏全面性和代表性。怠速法目前主要作为环保部门对在用车的排放进行监测以及汽车修理厂对车辆的排放性能进行简易评价的方法。

工况法是将若干汽车常用工况和排放污染较重的工况组合成一个或若干个测试循环，试验时测取汽车在整个测试循环中的排放水平。与怠速法相比，工况法检测结果可以比较全面地反映汽车排放水平，一般用于新车的认证许可检测，但其试验设备的价格往往是怠速法的 100～200 倍。

2. 轻型车与重型车

工况法根据轻型车和重型车而采用不同的试验方法。对于轻型车和重型车的定义各国不完全统一，一般将总质量在 400～3500（4000）kg 范围内，乘员在 9～12 人以下的车辆定义为轻型车，为了与农用车区别，还规定其最高车速应在 50km/h 以上。而总质量在 3500（4000）kg 以上的车辆定义为重型车。

轻型车的排放检测要求在底盘测功机上进行，被检车辆按规定的测试循环运转，试验结果用单位行驶里程的排放质量（g/km）表示。

重型车的排放检测要求在发动机台架上进行，其结果用发动机的比排放量(g/(kW·h))表示，因为能进行重型车试验的底盘测功机价格太昂贵。

3. 排放限值

工况法检测的排放限值一般分为两类，即产品认证试验限值和产品一致性试验限值。产品认证试验是指对新设计车型的认证试验；产品一致性试验是指对批量生产车辆的试验，要求从成批生产的车辆中任意抽取一辆或若干辆进行试验。一般来说，产品认证试验限值严于产品一致性试验限值，但这两种排放限值今后有合二为一的趋势。

二、排放法规

目前世界上的排放法规主要有三个体系，即美国、日本和欧洲体系，我国及其他各国基本是在参照欧洲法规的基础上制定本国的排放法规。

1. 轻型车排放法规

（1）美国排放法规　世界上最早的工况法排放法规于 1966 年诞生在美国加利福尼亚州，用七个工况组成一个测试循环（称为加州标准测试循环），并于 1968 年被美国联邦政府采纳作为联邦排放法规。1972 年开始，联邦政府采用美国城市标准测试循环 FTP-72（Federal Test Procedure），这是根据对洛杉矶市早晨上班时间大量汽车实测行驶工况的统计获得的，也称为 LA-4C 冷起动工况测试循环。1975 年，FTP-72 测试循环被扩充为 FTP-75 测试循环，并一直沿用至今。FTP-75 测试循环如图 9-19 所示，试验时要求被测车辆在 20～30℃ 的恒温条件下放置 12h 以上。整个测试循环分 4 段进行，即过渡（冷起动）阶段，稳定阶段，发动机熄火 10min，然后再重复一次过渡（热起动）阶段。在第 1、2、4 阶段里收集排气，分别采入不同气袋里，将排放测量值分别乘以图中的加权系数，相加后除以总行驶距离，得到比排放量 g/mile（1g/mile =（1/1.60）g/km）。

图 9-20 给出了一辆总质量为 1200kg 的汽车，按 FTP-75 标准循环运行时各工况点在一台 1.5L 汽油机万有特性图上的位置。由图可以看出，FTP-75 循环的工况点主要分布在中低转速和部分负荷区域。如果对其他测试循环进行分析，也可以得到类似的分布，因而

阶段	加权系数
1.过渡段(0~505s)冷起动	0.43
2.稳定段(506s~1372s)	1.0
3.10min停车	
4.重复过渡段(0~505s)热起动	0.57

测试距离：≈17.9km
平均车速：≈31.7km/h
最高车速：91.2km/h

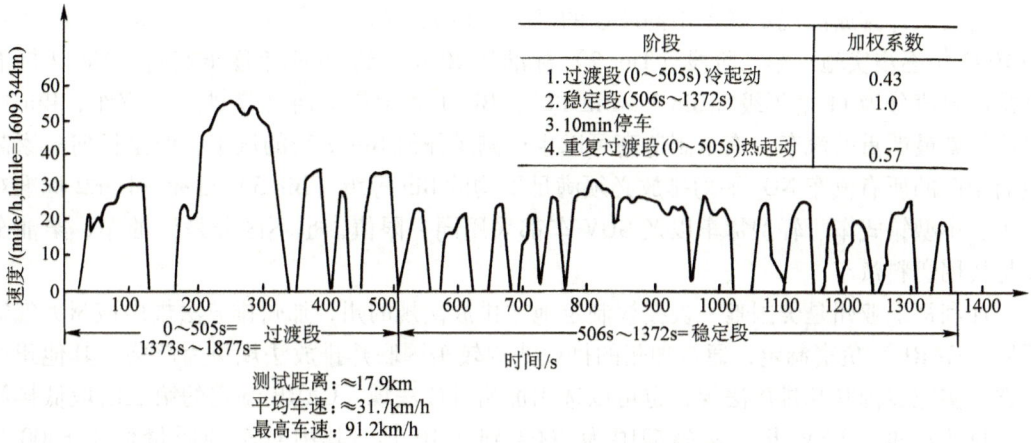

图 9-19　美国 FTP-75 测试循环

可根据各具体车辆的工况点分布特性确定配套发动机的排放控制原则。从 2000 年起，测试车辆必须增加两个补充循环（SFTP），如图 9-21 所示，一个循环用于模拟高速急加减速工况（US06），另一个用于模拟使用空调情况（SC03）。

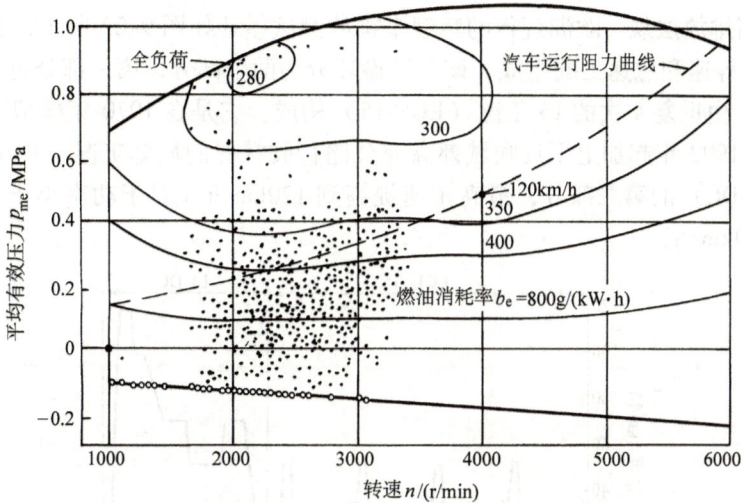

图 9-20　FTP-75 测试循环的工况点在汽油机万有特性上的位置

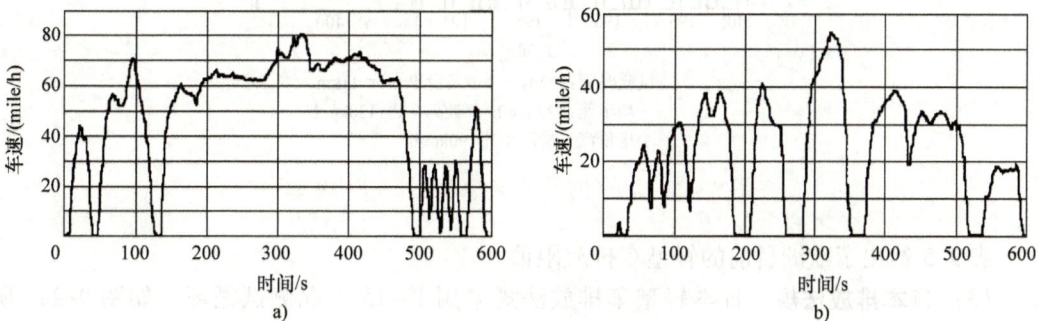

图 9-21　美国 SFTP 测试循环
a）US06 循环　b）SC03 循环

美国联邦排放法规定义了不同阶段的轻型车标准：第一阶段（Tier 1）标准从1994年到1997年逐步实施；第二阶段（Tier 2）标准从2004年到2009年逐步实施。Tier 2标准将排放限值分为11个等级（Bin 1 ~ Bin 11），Bin 1表示最清洁（零排放）汽车，Bin 11表示污染最严重的汽车。汽车制造商可以生产满足任何Bin等级的汽车，但是任何一家制造商生产的所有汽车NO_x平均排放必须满足平均的Bin等级（Bin 5）目标。Tier 2标准对轿车、小型箱式车、轻型货车以及SUV车都采用同一限值，也不区分是汽油车、柴油车还是代用燃料汽车。

加利福尼亚州是美国唯一被授权制定地方排放法规的州，加州排放法规由该州大气资源局（CARB）负责制定，通常加州的排放法规较美国联邦排放法规更为严格。其他州可以选择实施美国联邦排放法规，也可以选用加州排放法规。CARB制定的第二阶段低排放汽车排放标准（LEV Ⅱ）实施期限为2004到2010年，其中对车的质量低于8500 lb（3856 kg，1lb = 0.45359237kg）的轻型货车和中型汽车进行了重新分类。LEV Ⅱ标准对汽油车和柴油车采用同一限值，并且相比LEV Ⅰ标准对NO_x和PM限值进行了大幅度加严，只有采用先进的排放控制技术（如微粒滤清器和NO_x还原催化剂）的汽车才能满足这一标准。

（2）欧洲排放法规　欧洲现行的轻型车排放测试循环如图9-22所示，它由若干等加速、等减速、等速和怠速工况组成。该测试循环分为两个部分，第一部分也称为城市工况（City Cycle），由反复4次的15工况（ECE-15）构成，它是在1970年模拟市内道路行驶状况制定的。1992年起加上了反映城郊高速公路行驶状况的城郊工况（Extra Urban Driving Cycle，EUDC）的第二部分，最高车速提高到120km/h（对于功率小于30kW的小型汽车可降为90km/h）。

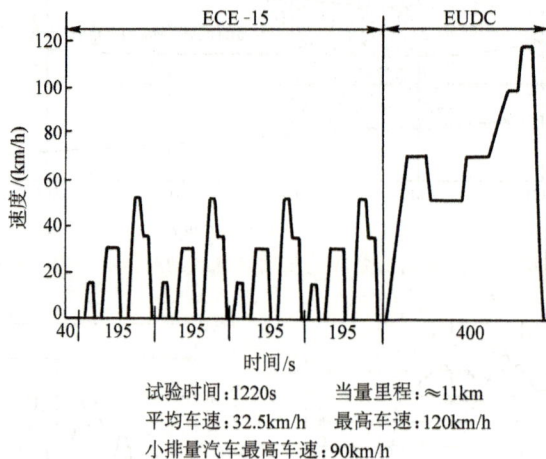

试验时间：1220s　　　当量里程：≈11km
平均车速：32.5km/h　　最高车速：120km/h
小排量汽车最高车速：90km/h

图9-22　欧洲测试循环（ECE – 15 + EUDC）

表9-5给出了欧洲目前的轻型车排放限值。

（3）日本排放法规　日本轻型车排放法规采用10-15工况测试循环，如图9-23a所示。2005年的排放法规引入新的JC08工况测试循环（见图9-23b），并从2011年开始完全采用。10-15工况循环类似NEDC循环，循环里程为4.16km，平均车速为22.7km/h，持续时间为660s。JC08测试循环代表了拥挤城市行驶工况，包括怠速和频繁的加、减速

工况。该循环持续时间为 1204s，循环里程为 8.171km，平均车速为 24.4km/h，最高车速为 81.6km/h，负荷率为 29.7%。测试循环进行两次，一次是冷起动，另一次是热起动。

表 9-5　欧洲（欧盟）乘用车排放标准（M[①]类）　　　　　单位：g/km

等级	实施日期	CO		THC		NMHC		NO$_x$		HC + NO$_x$		PM		PN[③]	
		CI	SI	CI	SI	CI	SI	CI	SI	CI	SI	CI	SI	CI	SI
欧 I [④]	1992.07	2.72	(3.16)	—	—	—	—	—	—	0.97	(1.13)	0.14	(0.18)	—	—
欧 II	1996.01	1.0	2.2	—	—	—	—	—	—	0.7	0.5	0.08		—	—
欧 III	2000.01	0.64	2.3	—	0.20	—	—	0.50	0.15	0.56	—	0.05		—	—
欧 IV	2005.01	0.50	1.0	—	0.10	—	—	0.25	0.08	0.30		0.025		—	—
欧 V	2009.09	0.500	1.000	—	0.100	—	0.068	0.180	0.060	0.230		0.005		0.005[②]	6×10^{11}	—
欧 VI	2014.09	0.500	1.000	—	0.100	—	0.068	0.080	0.060	0.170		0.005		0.005[②]	6×10^{11}	—

注：CI—柴油车；SI—汽油车。

① 在欧 V 之前，乘用车质量大于 2500kg 按轻型商用车 N$_1$ - I 进行形式论证。

② 仅用于缸内直喷汽油机。

③ 缸内直喷汽油机的 PM 数量限值于 2014 年 9 月前确定并在欧 VI 生效。

④ 括号限值用于产品一致性。

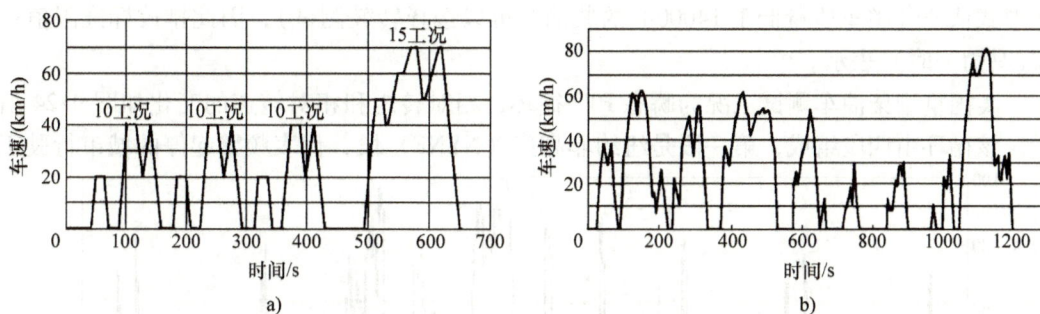

图 9-23　日本 10-15 和 JC08 测试循环工况

a) 10-15 工况　b) JC08 工况

（4）各种排放法规的对比　表 9-6 给出了美国、欧洲、日本轻型车排放测试循环的主要参数对比。从最高车速和平均车速来看，欧洲最高，日本最低；从总行驶距离和总循环时间来看，日本最短，这会使最难解决的冷起动排放所占的比重增大；从循环模式来看，欧洲和日本工况由一系列等加减速和等速工况组成，相对简单，而 FTP-75 工况最为复杂，速度变化大，操作较困难。

表 9-6　美国、欧洲、日本轻型车排放测试循环的主要参数对比

测试循环	FTP-75	ECE-15 + EUDC	10-15 工况
总行驶距离/km	17.9	11	4.16
平均车速/(km/h)	31.7	32.5	22.7
最高车速/(km/h)	91.2	120（90）	70
总循环时间/s	1877	1220	660

（5）**我国排放法规**　我国排放法规一直以欧洲排放法规为参照。目前，执行的排放标准是 GB 17691—2005《车用压燃式、气体燃料点燃式发动机与汽车排气污染物排放限值及测量方法（中国Ⅲ、Ⅳ、Ⅴ阶段）》和 GB 18352.3—2005《轻型汽车污染物排放限值及测量方法（中国Ⅲ、Ⅳ阶段）》。

其中，GB 18352.3—2005 的有效期截止到 2017 年年底。2018 年 1 月 1 日起，将实施 GB 18352.5—2013《轻型汽车污染物排放限值及测量方法（中国第五阶段）》，排放标准会日趋加严。

2. 重型车排放法规

重型车排放法规因制定及使用的地区不同而不同。

（1）**美国**　美国联邦法规定义的重型车的整车质量为 8500lb（1 lb＝450g）以上，而加州法规定义的整车质量为 14000lb 以上。2000 年 12 月 21 日，美国 EPA 颁布了 2007 年及以后的重型车用柴油机排放标准，排放限值进一步加严，PM 为 0.01g/（马力·时）（1 马力·时＝2.648MJ）（1 马力＝735.499W），NO_x 为 0.20g/（马力·时），非甲烷碳氢 NMHC 排放为 0.14g/（马力·时）。其中 PM 排放标准从 2007 年起完全实施；NO_x 和 NMHC 标准从 2007 年到 2010 年逐步实施。CARB 实际上从 2001 年 10 月就开始采用 2007 年的重型车排放标准。由于目前的美国联邦法规要求采用发动机台架测试进行重型柴油车的形式认证（整车质量低于 14000lb 的柴油车可以选择转鼓测试），因此排放标准限值用 g/（马力·时）表示。

美国重型柴油车测试工况为瞬态 FTP 循环，相对转矩和相对转速的变化如图 9-24 所示。该循环由四段组成，第一段是纽约非高速（NYNF）段，代表频繁起停的城市行驶工

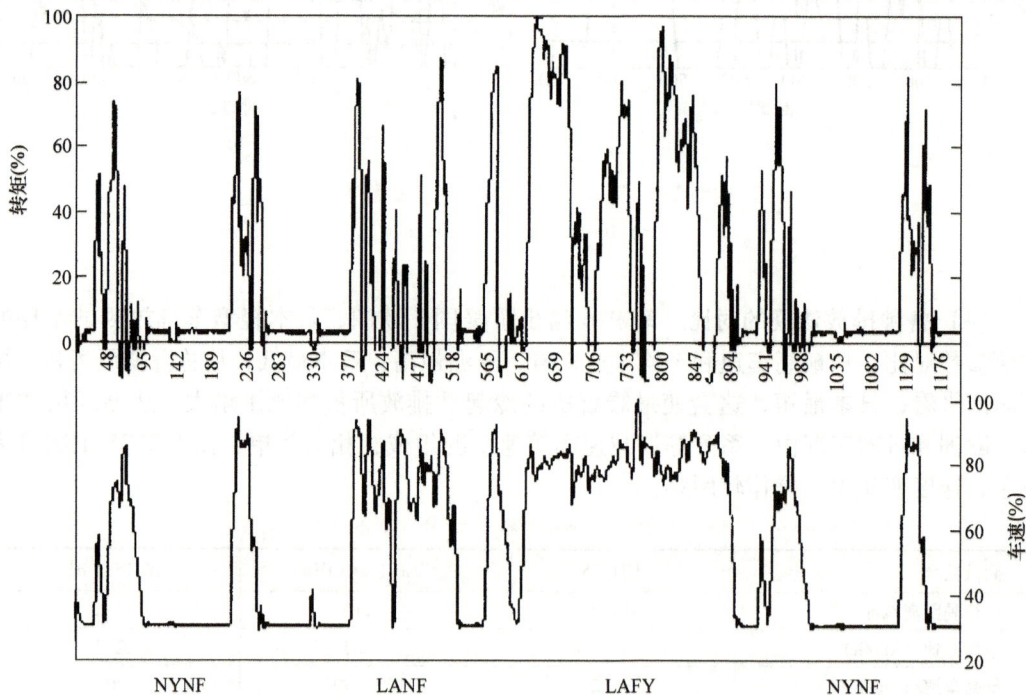

图 9-24　美国重型柴油车瞬态 FTP 循环

况；第二段是洛杉矶非高速（LANF）段，代表城市拥堵但很少起停的行驶工况；第三段是洛杉矶高速（LAFY）段，模拟高速公路拥堵行驶状况；第四段是重复第一段的纽约非高速（NYNF）段。循环平均负荷率为 20%～25%。进行两次循环测试，第二次循环测试是在第一次循环测试完成后 20min 再热起动完成。循环当量车速约为 30km/h，当量行驶里程为 10.3km（1200s 循环运行时间）。

美国加州法规和联邦法规要求所有发动机制造商分别从 2005 年和 2007 年开始进行补充排放测试（SET）和工况区不超标（NTE）测试。SET 主要控制长途运输车辆在高速公路稳态行驶的排放，而 NTE 主要控制在用柴油车在实际道路行驶条件下的排放。

（2）欧洲 欧洲（欧盟）重型车是指整车质量超过 3500kg 的柴油车或由火花点火式发动机（如汽油机、天然气和液化石油气等）驱动的车辆。从欧Ⅰ到欧Ⅱ标准，重型车用柴油机排放测试采用由 13 个工况组成的稳态测试循环（ECE R-49）。从欧Ⅲ排放标准开始，这种 13 工况的测试循环被欧洲稳态循环（ESC）取代，并增加了负荷响应（ELR）循环，而对带先进后处理装置的柴油机还要增加瞬态循环（ETC）。对欧Ⅳ及其以后排放标准，柴油机则全部采用 ESC、ELR 和 ETC 测试循环。对火花点火式气体发动机，从欧Ⅲ开始就采用 ETC 循环。

如图 9-25 所示，ESC 循环的测试转速有 3 个，以发动机外特性曲线上功率为 50% 额定功率时所对应的转速为 0，以高于额定转速且功率降到 70% 额定功率时所对应的转速为 100% 转速，则 3 个测试转速 A、B 和 C 分别为该转速区间内的 25%、50% 和 75% 转速（见图 9-25a）。在 A、B 和 C 转速下各取 4 个工况点，加上怠速工况，构成 13 个测试工况点。在稳态条件下（怠速工况 4 min，其他工况 2 min）测试各点的排放，分别乘以各自的加权系数（见图 9-25b 中各点的百分数），作和后获得 ESC 测试循环排放结果。

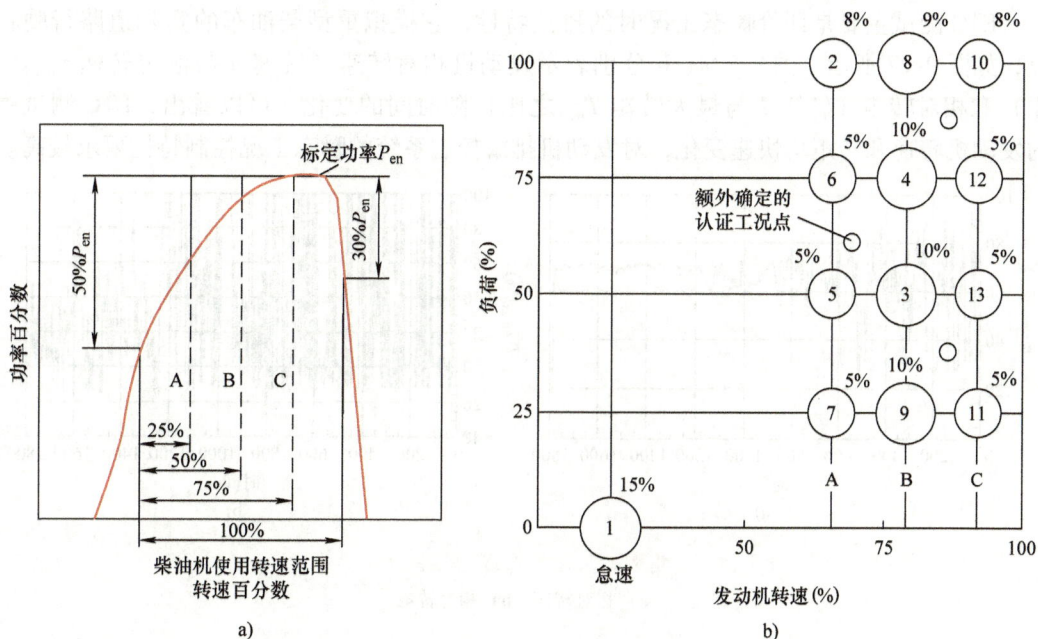

图 9-25　欧洲 ESC 循环
a）测试转速选取　b）测试工况点及其加权系数

ELR 测试主要是评价动态烟度特性。试验时，在上述 A、B、C 三个转速以及随机抽检转速 D 条件下，由 10% 负荷开始突然将加速踏板踩到最大，用不透光式烟度计测量这个过程的烟度最大值，如图 9-26 所示。

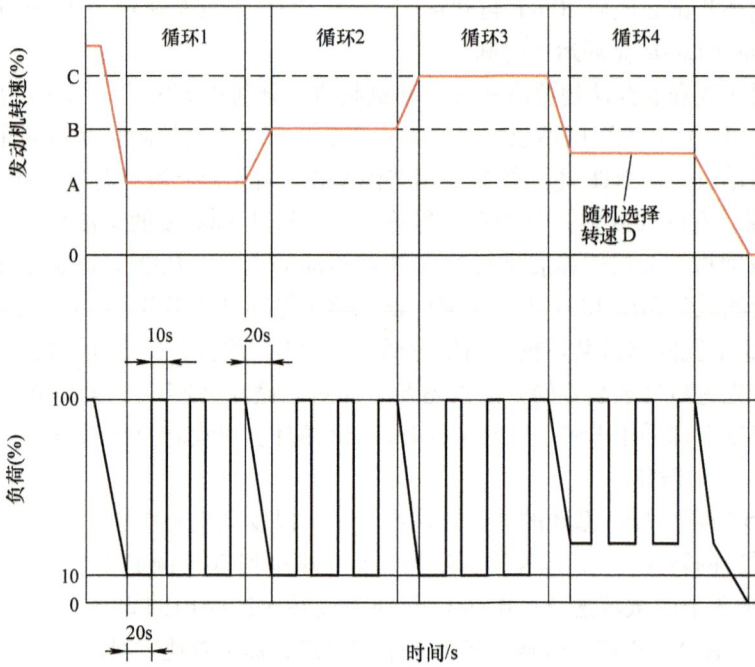

图 9-26　欧洲 ELR 循环

ETC 测试主要是评价瞬态工况时的排放特性，它模拟重型柴油车的实际道路行驶状况，如图 9-27 所示。图 9-27a、b 分别表示发动机相对转速（转速 n 与额定转速 n_{rated} 之比）和相对转矩（转矩 T 与最大转矩 T_{max} 之比）随时间的变化。可以看出，ETC 测试中的发动机转速和转矩均快速变化，对发动机排放控制系统的瞬态工况控制特性要求较高。

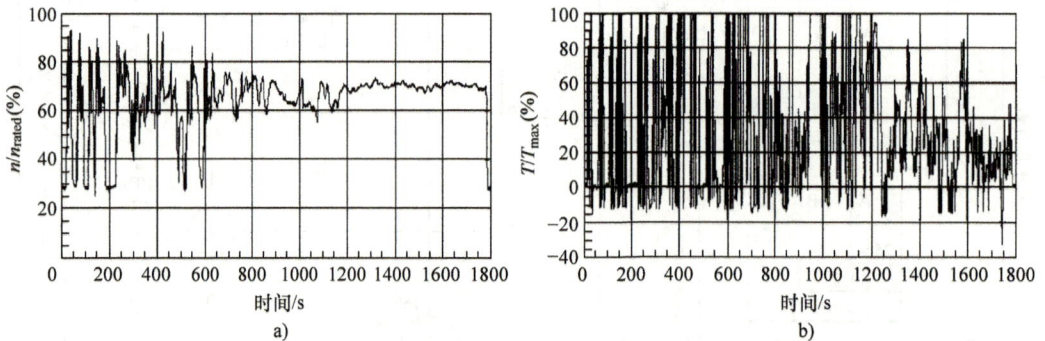

图 9-27　欧洲 ETC 测试循环
a）相对转速　b）相对转矩

随着环保呼声的日益高涨，排放标准也日益严格。由表 9-7 可以明显看出这一趋势。

表 9-7 欧洲重型车用柴油机排放限值

测试循环	排放物类别及单位		排放阶段及实施年份					
			欧 I	欧 II	欧 III	欧 IV	欧 V	欧 VI
			1992 年	1996 年	2000 年	2005 年	2009 年	2014 年
ESC	CO	$g/(kW \cdot h)$	4.50	4.40	2.10	1.50	1.50	1.50
	THC	$g/(kW \cdot h)$	1.10	1.10	0.66	0.46	0.46	0.13
	NO_x	$g/(kW \cdot h)$	8.00	7.00	5.00	3.50	2.00	0.40
	PM	$g/(kW \cdot h)$	3.60	0.15	0.10	0.02	0.02	0.01
	NH_3	10^{-6}	—	—	—	25	25	10
	PN	个/km	—	—	—	—	—	—
	CO_2、FC	$g/(kW \cdot h)$	—	—	—	—	—	—
	NO_2	$g/(kW \cdot h)$	—	—	—	—	—	—
ETC	CO	$g/(kW \cdot h)$			5.4	4.00	4.00	4.00
	THC	$g/(kW \cdot h)$			—	—	—	0.16
	NMHC	$g/(kW \cdot h)$			0.78	0.55	0.55	—
	CH_4	$g/(kW \cdot h)$	—	—	1.60	1.10	1.10	—
	NO_x	$g/(kW \cdot h)$			5.00	3.50	2.00	0.40
	PM	$g/(kW \cdot h)$			0.16	0.03	0.03	0.01
	NH_3	10^{-6}			—	25	25	10
	PN	个/km			—	—	—	—
	CO_2、FC	$g/(kW \cdot h)$						
	非常规污染物	$g/(kW \cdot h)$						

（3）日本 日本从 2005 年开始对重型柴油车排放测试采用 JE05 瞬态循环（热起动），如图 9-28 所示，而 2005 年之前则是采用稳态的 13 工况或 6 工况法进行测试。JE05 测试循环持续时间约为 1800s，平均车速为 26.94 km/h，最高车速为 88 km/h。如果用发动机台架进行测试，必须基于 JE05 循环工况转换成发动机转矩–转速–时间数据。

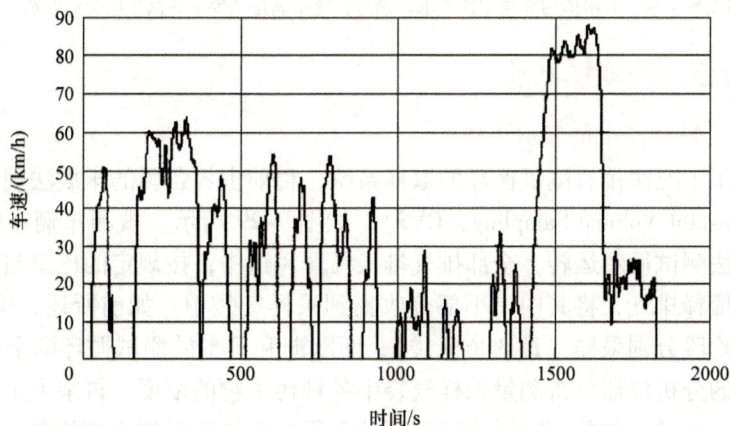

图 9-28 日本 JE05 测试循环

(4) 中国　我国于1983年颁布了柴油车自由加速烟度排放标准，1993年对该标准进行了一次修订，加严了标准限值。2001年颁布了柴油机工况法排放标准（GB 17691—2001），参照欧盟91/542/EEC指令制定了对压燃式发动机CO、HC、NO_x和颗粒物排放同时进行控制的污染物排放标准。2000年执行国一标准，2003年执行国二标准，测试工况为R49。从2005年颁布的国三、国四和国五标准（GB 17691—2005）开始，采用欧洲ESC、ETC和ELR测试循环。北京已分别于2005年和2008年提前实施国三和国四标准。表9-8和表9-9给出了中国重型车排放法规的限值和实施时间。

表9-8　ESC和ELR测试排放限值　　　　　单位：g/（kW·h）

标准等级	实施日期	测试循环	CO	HC	NO_x	PM	炭烟/m
国一	2000.09.01	R49	4.5	1.1	8.0	0.36	
国二	2003.09.01		4.0	1.1	7.0	0.15	
国三	2007.01.01	ESC、ELR	2.1	0.66	5.0	0.10, 0.13[①]	0.8
国四	2010.01.01（带OBD）		1.5	0.46	3.5	0.02	0.5
国五	2012.01.01（带OBD）		1.5	0.46	2.0	0.02	0.5
EEV[②]			1.5	0.25	2.0	0.02	0.15

① 对每缸排量小于0.75L和额定转速大于3000 r/min的发动机。

② EEV为环境友好车辆，其限值为非强制性要求，制造和使用满足该要求的汽车应受到鼓励。

表9-9　ETC测试排放限值　　　　　单位：g/（kW·h）

标准等级	实施日期	CO	NMHC[①]	CH4[②]	NO_x	PM[③]
国三	2007.01.01	5.45	0.78	1.6	5.0	0.16, 0.21[④]
国四	2010.01.01（带OBD）	4.0	0.55	1.1	3.5	0.03
国五	2012.01.01（带OBD）	4.0	0.55	1.1	2.0	0.03
EEV[⑤]		3.0	0.40	0.65	2.0	0.02

① NMHC为非甲烷碳氢化合物。

② 仅对NG发动机。

③ 不适用于第三、四和五阶段的燃气发动机。

④ 对每缸排量小于0.75L和额定转速大于3000r/min的发动机。

⑤ EEV为环境友好车辆，其限值为非强制性要求，制造和使用满足该要求的汽车应受到鼓励。

三、排放检测的取样系统

1. 轻型车工况法测试的取样系统

对于轻型车工况法排放测试循环的取样系统，目前世界各国的排放法规都规定用定容取样系统（Constant Volume Sampling，CVS）。如图9-29所示，被测车辆在转鼓试验台上按规定的工况法测试循环运转，全部排气排入稀释风道中，按规定的比率与空气混合，形成流量恒定的稀释排气，将其中一小部分收集到采样气袋中。如前所述，美国FTP-75测试循环要求各阶段分别采样（即3个气袋），而欧洲和日本的测试循环则全部采入1个气袋中。用规定的分析仪器分析测量采样气袋中各种污染物的浓度，再乘上定容采样系统中流过的稀释排气总量，并分别除以测试循环的总行驶距离后得到比排放量（g/km）。

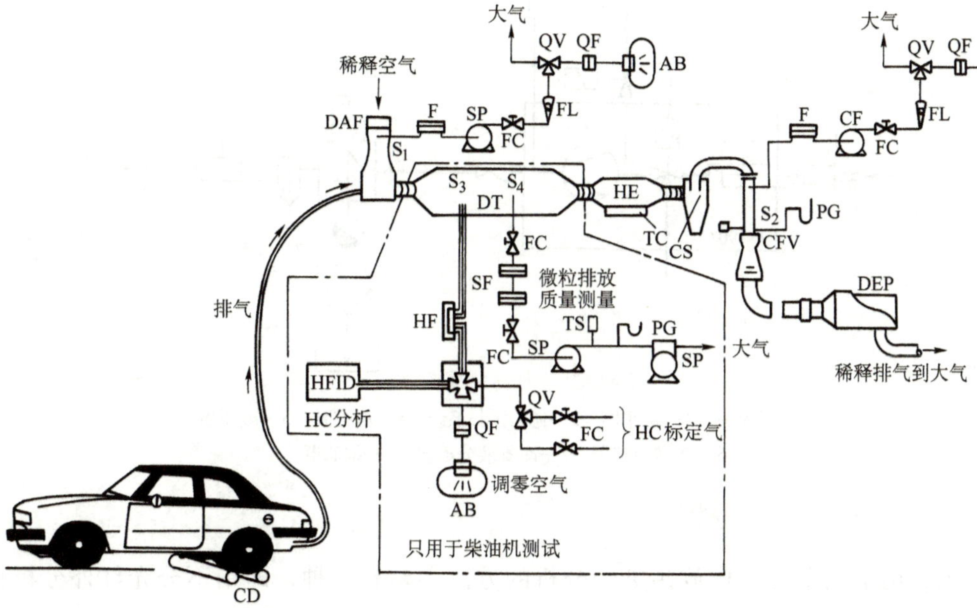

图 9-29　用于轻型车工况法测试的定容采样系统（CFV/CVS 系统）

CD—底盘测功机　AB—空气取样袋　CF—积累流量计　CFV—临界流文杜里管　CS—旋风分离器

DAF—稀释空气滤清器　DEP—稀释排气抽气泵　DT—稀释风道　F—滤清器　FC—流量控制器

FL—流量计　HE—换热器　HF—加热滤清器　PG—压力表　QF—快接管接头　QV—快速作用阀

$S_1 \sim S_4$—取样探头　SB—稀释排气取样袋　SF—测量微粒排放质量的取样滤清器

SP—取样泵　TC—温度控制器　TS—温度传感器

底盘测功机的种类按吸收功率的方式可分为水力测功机和电力测功机，按转鼓个数可分为单鼓（1 鼓）和双鼓（2 鼓），其性能特点见表 9-10。目前，日本和欧洲各国以单鼓电力测功机为主流，而美国正从双鼓水力测功机向单鼓电力测功机方式转变。

表 9-10　底盘测动机的种类和特点

测　功　机	转鼓数量	惯性控制方式	特　点
水力测功机	2 鼓（轴）	机械惯性	● 小型、低价格 ● 行驶阻力设定精度低
电力测功机	2 鼓（轴） 1 鼓（轴）	机械惯性 机械/电力并用型 电力惯性	● 大型、价格高 ● 行驶阻力设定精度高 ● 可进行反拖运转

2. 发动机台架测试时的采样系统

在发动机台架上进行排放测试时，一般采用直接采样分析方法，即被测样气不经稀释直接进行分析。为防止一些气体成分在常温下发生冷凝，必须对采样管等部分加热。在如图 9-30 所示的加热采样系统中，用氢火焰离子化检测仪 FID 检测 HC 时，包括取样探头 1、粗滤器 2、逆向清扫系统 3 和取样泵 4 在内的取样系统都被加热并保持在 150℃左右（汽油机）或 190℃以上（柴油机）。

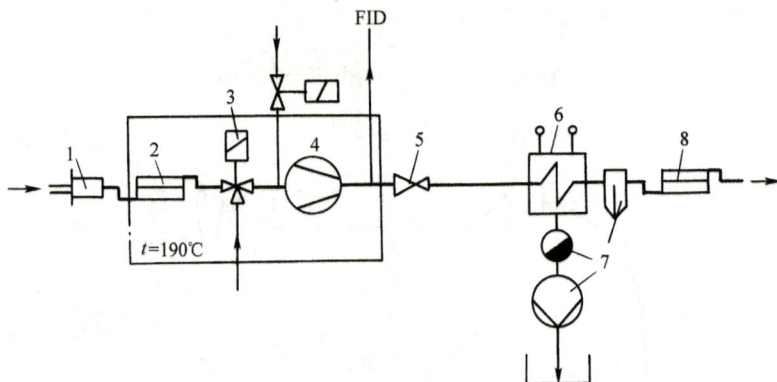

图 9-30　加热采样系统

1—取样探头　2—粗滤器　3—逆向清扫系统　4—取样泵　5—减压器
6—气样冷却器　7—冷凝液分离器　8—细滤器

四、有害气体成分分析

目前，用于汽车气体排放污染物分析的方法主要有三种，即用不分光红外分析仪（Non-Dispersive Infrared Analyzer，NDIR）测量 CO 和 CO_2；用氢火焰离子分析仪（Hydrogen Flame Ionization Detector，FID）测量 HC；用化学发光分析仪（Chemiluminescent Detector，CLD）测量 NO_x。世界各国在其工况法检测标准中都严格规定必须采用上述测试方法。但在怠速法检测标准中略有不同，可以用不分光红外法测量 CO、CO_2 和 HC。在试验研究中，对排气气体的成分和浓度分析可采用气相色谱仪（Gas Chromatography，GC）。上述分析方法及其原理在有关排放的专著中均有详细介绍。

五、微粒及烟度的测量

柴油机排放的微粒和黑烟虽然是两个不同的测量指标，但两者有着密切的关系。如前所述，微粒是由炭烟、可溶性有机物 SOF 和硫酸盐构成的。由于中高负荷时炭烟所占比率很大，所以表征炭烟多少的排气烟度测量长期以来得到广泛应用。尽管排放法规中主要着眼于微粒排放限制，但因其设备复杂昂贵、测量繁琐而难以普及，目前主要用于排放法规检测试验。

1. 柴油机排气微粒的采集

微粒的采集系统可分为两种，即全流式稀释风道采样系统和分流式稀释风道采样系统。前者将全部排气引入稀释通道里，测量精度高，但整个系统的体积庞大，价格昂贵；后者仅将部分排气引入稀释风道中，因而系统体积较小。美国轻型车和重型车用柴油机排放法规以及欧洲轻型车排放法规规定要用全流式稀释风道测量柴油机微粒排放。欧洲重型车用柴油机排放法规及我国 2000 年以后的排放法规中，全流式和分流式系统都允许使用。

前面图 9-29 所示的为全流式稀释风道微粒取样系统。图 9-31 是一个分流式微粒采集系统的示意图，带有排放法规所规定的定容采样装置 CVS。在 CVS 抽气泵的作用下，环境空气经空气滤清器以恒定容积流量进入稀释风道。发动机排出的废气进入稀释通道，与空气混合形成稀释样气，稀释比一般为 8～10，温度控制在 50℃ 左右。这种稀释方法模拟了由汽车排气管排出的废气在实际环境空气中的稀释情况，可以防止 HC 的凝结。在距排

气管入口处 10 倍稀释风道直径的地方，稀释样气在微粒取样泵的抽吸下以一定的流速流过微粒收集滤纸（一般为直径 $0.47\mu m$ 的聚四氟乙烯树脂滤纸），使微粒被过滤到滤纸上。为保证试验精度，微粒取样系统往往并联地设置两套。

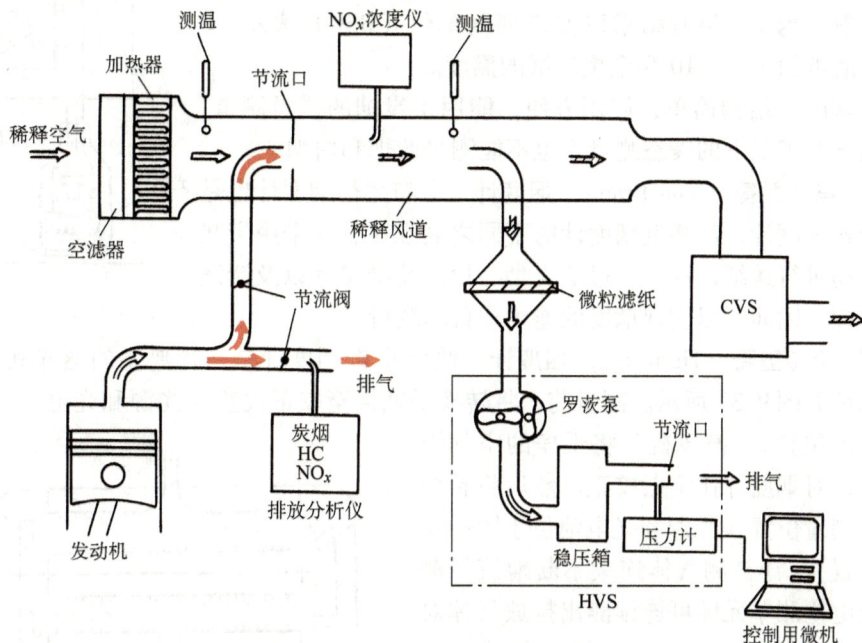

图 9-31 分流式微粒采集系统示意图

用微克级精密天平称得滤纸在收集前后的质量差，就可以得到微粒的质量，并根据需要计算出单位行驶里程的比排放量 g/km（对于整车试验）或单位功的比排放量 $g/(kW\cdot h)$（对于柴油机试验）。

2. 微粒成分的分析方法

研究工作中经常要对微粒的成分进行分析，以确定其产生的原因。常用的方法有：将 SOF 由微粒中分解出来的索格利特（SE）萃取法；将可挥发部分（VOC）由微粒中分解出来的热解质量分析法（TG）以及用二甲基丙酮溶液或水分解出硫酸盐的方法。可挥发部分（VOC）与可溶性有机成分（SOF）的区别在于，SOF 中只有高沸点的 HC，而 VOC 中实际上还包括硫酸盐。

通过液相色谱仪对分解出的 SOF 可以做进一步详细分析，以弄清各种 HC 的来源。一般认为，低于 C_{19} 的 HC 来自燃油，而高于 C_{28} 的 HC 则来自润滑油。如果将色谱仪与质谱仪连用（色质联机分析 GC-Ms），则可对复杂有机物进行更仔细的分析。

3. 烟度的测量方法

烟度的测量方法主要有两大类，一类是根据收集了黑烟的滤纸表面对光的反射率来测量烟度，这种方法称为滤纸法或反射法；另一类是根据光从排气中透射的程度来确定烟度，称为透光法或消光法。

（1）博世（Bosch）烟度计　最早问世和目前使用最广泛的是博世烟度计，它主要由定容采样泵和检测仪两部分组成。定容采样泵从排气中抽取一定容积的样气（一般为 330mL），当样气通过滤纸时，其中的炭烟被收集在滤纸上。然后利用如图 9-32 所示的检

测仪测量滤纸黑度。当光源的光线射向滤纸时，一部分光线被滤纸上的炭烟所吸收，另一部分光线被反射到环形的光电管上而产生光电流。光电流的大小反映了滤纸反射率的大小，滤纸黑度越高，则反射率越低。检测结果以波许烟度单位（BSU）表示，0为无污染滤纸的黑度，10为全黑滤纸的黑度。

博世烟度计结构简单，使用方便，能用于炭烟的质量测量。但不能用于变工况下的瞬态测量，也不能测量蓝烟和白烟。

（2）冯布兰德（Von Brand）烟度计 冯布兰德烟度计也是一种滤纸式烟度计。与博世烟度计的不同之处在于，它采用带状滤纸，自动进行送纸、抽气、过滤炭烟、检测滤纸黑度以及清洗等测试过程，因而可以实现烟度的连续和自动测量。

图9-32 博世烟度计的检测仪

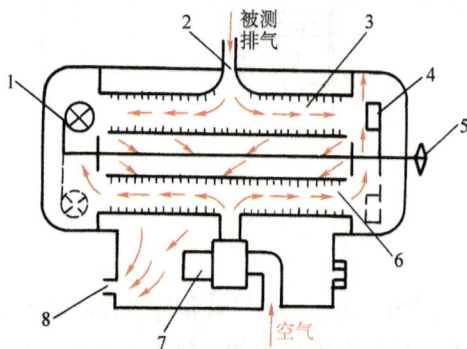

（3）哈特里奇（Hartridge）烟度计 哈特里奇烟度计是一种典型的透光式烟度计，其测量原理如图9-33所示。测量前，将转换手柄扳至校正位置（光源和光电池4位于图中虚线所示位置），鼓风机7将干净的空气引入校正管，对烟度计作零点校正。然后将转换手柄转至测量位置（光源和光电池位于图中实线所示位置），让被测气体连续不断地流经测量管，光电检测单元即可连续测出排放气体对光源发射光的透光度（或衰减率）。测出透光度也就知道了消光度和消光系数。一般用消光系数 K 作为透光式烟度计的检测量。

哈特里奇烟度计可以进行连续测量，以研究柴油机的瞬态炭烟排放特性以及按排放法规要求测量加速烟度。这种方法不仅能测量黑烟的烟度，而且也能测量排气中含水气和油雾等成分的烟气，如汽车冷起动时的白烟或窜机油时的蓝烟。黑烟、蓝烟和白烟都属于可见排放污染物。在我国2000年以后实施的新法规中，规定了对可见排放污染物的测量方法和限值。

图9-33 哈特里奇烟度计基本结构
1—光源 2—排气入口 3—排气测试管 4—光电池
5—转换手柄 6—空气校正器 7—鼓风机
8—排气出口

美国国家环保局（EPA）还推荐使用另外一种透光式烟度计——PHS烟度计。它与哈特里奇烟度计的测量原理基本相同。两者的主要区别是，PHS烟度计将全部排气导入测量系统，后者仅将部分排气导入测量系统。

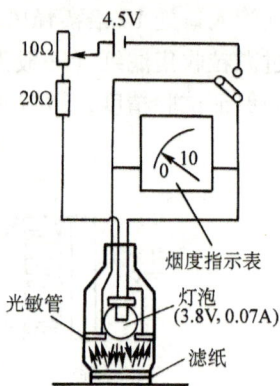

第四节 柴油机的噪声

柴油机内部具有多种激振源，这些激振源所激发的振动，将通过各种途径传到内燃机外表面的零部件上，并由此辐射出噪声。要降低内燃机的噪声，必须设法减小各激振力和传递途径的传递率，并在其外表面采取减振等措施。

一、噪声概述

噪声是由振动产生的，振动取决于激振力特性和激振系统的结构响应特性。内燃机噪声的产生机理如下：

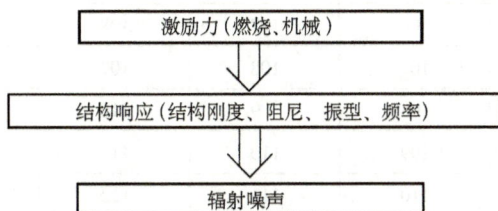

```
激励力（燃烧、机械）
        ↓
结构响应（结构刚度、阻尼、振型、频率）
        ↓
      辐射噪声
```

内燃机的噪声源按发生机理大致可分为内部激振力、振动传递系统和外部辐射源三部分。内部激振力有燃烧激振力和机械激振力两种，前者是由于气缸内周期性变化的气体压力引起的，它主要由燃烧过程的燃烧压力所决定；后者是由于运动件之间、运动件与固定件之间周期性变化的机械压力产生的，如活塞撞击气缸，进、排气门落座，齿轮因扭振而相互冲击等。燃烧和机械运动是相互关联、不可分割的。因此，燃烧噪声和机械噪声二者也是难以截然分开的。燃烧噪声的大小，也影响到机械噪声。由可燃混合气燃烧所产生的燃烧冲击以及燃气压力和惯性力一起使活塞与缸壁之间产生周期性的撞击，引起缸盖、缸套和缸体产生变形和振动。这种振动不仅使机体表面辐射出噪声，而且将通过各种途径传递到气缸盖罩、进排气歧管、齿轮盖和油底壳等。这些零件便以各自的固有频率振动，最终由发动机各表面振动辐射出噪声。因此，要降低发动机噪声，必须采取减小各激振力、降低各传递途径的传递率和其他减振措施。

1. 噪声允许标准

现行国家标准 GB 14097—1999《中小功率柴油机噪声限值》明确要求，多缸水冷柴油机噪声声功率极限值应符合表 9-11 的规定。单缸水冷柴油机噪声声功率极限值允许在表 9-11 数据的基础上增加 2 dB（A）；多缸风冷柴油机噪声声功率极限值允许在表 9-11 数据的基础上增加 3dB（A）；单缸风冷柴油机噪声声功率极限值允许在表 9-11 数据的基础上增加 6dB（A）。

表 9-11　中小功率柴油机噪声限值（GB 14097—1999）　　单位：dB（A）

标定功率/kW	标定转速/(r/min)					
	≤1500	>1500~2000	>2000~2500	>2500~3000	>3000~3500	>3500
≤2.5	96	97	98	99	100	101
>2.5~3.2	97	98	99	100	101	102
>3.2~4.0	98	99	100	101	102	103
>4.0~5.0	99	100	101	102	103	104
>5.0~6.3	100	101	102	103	104	105
>6.3~8.0	101	102	103	104	105	106
>8.0~10.0	102	103	104	105	106	107
>10.0~12.5	103	104	105	106	107	108

（续）

标定功率/kW	标定转速/(r/min)					
	≤1500	>1500~2000	>2000~2500	>2500~3000	>3000~3500	>3500
>12.5~16.0	104	105	106	107	108	109
>16.0~20.0	105	106	107	108	109	110
>20.0~25.0	106	107	108	109	110	111
>25.0~31.5	107	108	109	110	111	112
>31.5~40	108	109	110	111	112	113
>40~50	109	110	111	112	113	114
>50~63	110	111	112	113	114	115
>63~80	111	112	113	114	115	116
>80~100	112	113	114	115	116	117
>100~125	113	114	115	116	117	118
>125~160	114	115	116	117	118	119
>160~200	115	116	117	118	119	120
>200~250	116	117	118	119	120	121
>250~315	117	118	119	120	121	122
>315~400	118	119	120	121	122	123
>400~500	119	120	121	122	123	124
>500~630	120	121	122	123	124	125
>630~800	121	122	123	124	125	126
>800~1000	122	123	124	125	126	127
>1000~1250	123	124	125	126	127	128
>1250~1600	124	125	126	127	128	129
>1600~2000	125	126	127	128	129	130
>2000	126	127	128	129	130	131

注：直喷式柴油机噪声声功率极限值相应增加1dB（A）。

2. 发动机噪声源的分类

发动机噪声的来源主要有机械噪声、燃烧噪声、电磁异响和空气动力异响。

一般情况下，我们只对燃烧噪声和机械噪声进行分析研究。在消声室内试验时，拆除风扇，进气从室外经大型消声器引进，排气也引出室外，并经消声处理，从而排除了气体动力噪声对发动机噪声的干扰。根据特殊要求，再进行进排气噪声和风扇噪声等方面的试验研究工作。

二、影响噪声的主要因素

1. 影响燃烧噪声的主要因素

（1）燃烧室　发动机燃烧室的结构形式及整个燃烧系统的设计，对其压力增长率、最高燃烧压力和气缸压力频谱曲线有明显的影响，故对燃烧噪声的影响很大，尤其对柴油

机更是如此。

由于汽油机燃烧过程比较柔和，以下主要以柴油机为例进行讨论。一般来说，在其他条件相同的情况下，半分开的直接喷射式燃烧室，如球形燃烧室及斜置圆筒形燃烧室的燃烧噪声最低；分开式燃烧室，如涡流室和预燃室等的燃烧噪声也较低，在高转速（3000r/min 以上）时甚至低于半分开的直接喷射式燃烧室；开式的直接喷射式燃烧室，如浅盆形和 ω 形燃烧室的燃烧噪声最大。

（2）喷油提前角 当喷油提前角变化时，滞燃期、压力升高比和最大燃烧压力等都随之发生变化，因而对发动机的低、中、高频率燃烧噪声都有影响。最佳喷油提前角必须综合考虑内燃机的经济性、排污和噪声这三个方面的要求。大多数柴油机的燃烧噪声随喷油提前角的减小而有所降低，但是喷油提前角的减小，将影响燃油消耗率。

（3）转速 发动机转速主要影响机械噪声的大小。转速增加则噪声上升，而对燃烧噪声的影响是处于次要地位的。

（4）负荷 随着负荷的增加，每循环的放热量增加，最大燃烧压力及压力升高比（对柴油机）升高，这会使噪声增大。但由于随着负荷的增加，燃烧室壁温提高，气缸与活塞的间隙减小，这又可使噪声减轻。所以，负荷对发动机噪声的影响较小。

2. 影响机械噪声的主要因素

发动机的机械噪声随转速的提高而迅速增强。随着发动机的高速化和噪声控制法规的不断强化，要进一步降低发动机的噪声，主要的困难将是降低机械噪声。

发动机的机械噪声是由运动件互相撞击产生的。其中占主导地位的是由活塞、连杆、曲轴等大运动部件撞击气缸体产生的噪声，尤其以活塞对气缸壁的敲击影响最大。此外，仅次于主要运动件的噪声源还有配气机构、齿轮系统以及喷油泵等附件。

（1）活塞敲击噪声 活塞对气缸壁的敲击，往往是发动机最强的机械噪声源。影响活塞敲击噪声的因素较多，如活塞间隙、活塞销孔偏移、活塞高度、活塞环数、缸套厚度、润滑条件、发动机转速和气缸直径等，现仅就活塞间隙、销孔偏移和缸套厚度作如下讨论。

试验证明，活塞和缸壁之间的间隙减小后由于敲击强度降低，缸套及机体的振动也随之降低，因而活塞敲击噪声也得到降低，如图 9-34 所示。在实际应用中为了减小活塞间隙，要采取适当措施，以避免拉缸现象发生。

关于活塞销孔偏移的影响，前面已经讨论过。应当注意的是销孔的偏移方向必须朝向主推力面。实践证明，当向相反方向偏移时，噪声非但不能降低，反而略有升高。活塞销孔偏移的效果与发动机转速有关。转速升高，效果相对减小，当转速超过某一定值时，就几乎没有效果了。

活塞敲击噪声主要是经过缸套传递的。因此，缸套的自振频率对活塞敲击噪声有显著影响。由表 9-12 可见，缸套厚度增加时，自振频率提高，振动速度降低。图 9-35 示出两种柴油机的振动及噪声随缸套厚度的变化情况。由图可见，缸套厚度增加 1 倍，可使该机噪声降低 3dB。

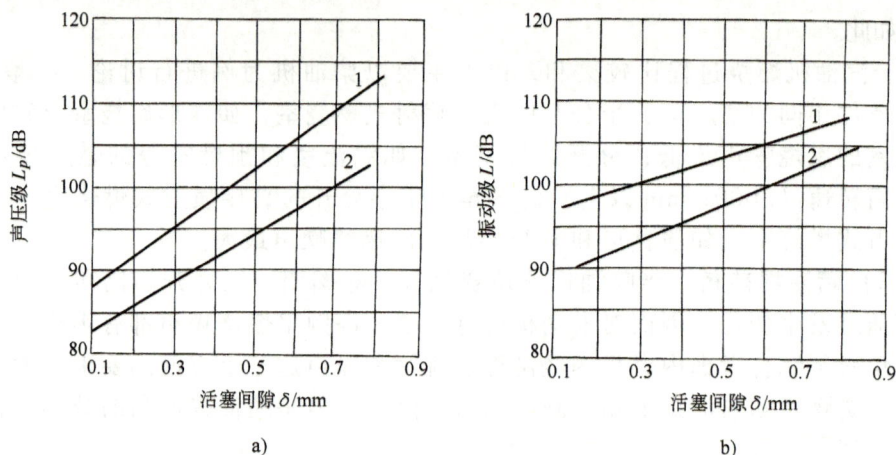

图 9-34　柴油机的噪声及振动随活塞冷态间隙的变化

a）噪声　b）振动

1—105mm 缸径单缸机　2—85mm 缸径单缸机

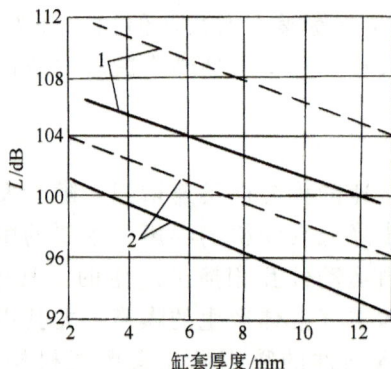

图 9-35　振动及噪声与缸套厚度的关系

1—120mm 缸径单缸机　2—85mm 缸径单缸机

——噪声级　- - - 振动级

表 9-12　缸套厚度对振动的影响

缸套厚度/mm	自振频率/Hz	振动速度/(cm/s)	缸套厚度/mm	自振频率/Hz	振动速度/(cm/s)
3	1100	0.15	10	1450	0.05
5	1300	0.10	5（带加强筋）	1500	0.05

（2）**配气机构噪声**　由于气门间隙的存在，当气门打开或关闭的瞬间，挺柱与推杆、推杆与摇臂以及摇臂与气门杆接触点上，不可避免地要产生撞击；同时，气门落座时，气门与气门座之间也要发生撞击。由于配气机构本身是一个弹性系统，在上述周期性撞击力的作用下产生振动，甚至在高速时造成气门跳动，这种跳动又进一步增加了上述撞击的次数和强度。这就是配气机构噪声发生的根源。

（3）**齿轮噪声**　齿轮传动的特点是轮齿的交替啮合，在啮合处具有滚动与滑动，不可避免地要产生齿与齿之间的撞击和摩擦，使齿轮本体及齿本身产生振动而发出噪声。

影响齿轮噪声的因素主要有齿轮圆周速度、齿轮的结构形式和尺寸、齿轮的材料和制造质量等。

（4）喷油泵的噪声　柴油机燃料供给系统的噪声主要是由喷油泵及高压油管的外表面发出的。喷油泵的噪声是柴油机主要的机械噪声之一。

喷油泵的噪声是由周期变化的柱塞上部的燃油压力、高压油管内的燃油压力和往复运动零件的惯性力引起的。喷油泵的泵体在这些力的作用下发生复杂的变形，使其外表面发生振动，辐射出噪声。

喷油泵噪声的强度及频谱特性与转速、泵内燃油的压力、供油量及喷油泵自身结构有关。为了降低喷油泵的噪声，应根据具体情况，采取不同的措施。如提高泵体的刚度，采用特种金属或塑性材料甚至覆盖隔声罩盖等方法来降低噪声。

三、降低噪声措施

降低噪声的措施很多，大致有以下几个方面，见表 9-13。

表 9-13　降低噪声的措施

类　别	内　容	具体措施举例
激振源	控制燃烧，减小燃烧爆发压力	提高缸内温度 延迟喷油 改变燃烧系统形式
	减小惯性力	控制活塞平均速度 减轻活塞等往复运动零件质量 完全平衡
	减小激振力	减少活塞撞击声（如减小气缸间隙、改进活塞等） 减少曲轴扭转振动 减少主轴承弯曲应力（提高主轴承刚度，采用低刚度主轴承座等） 减少齿轮冲击噪声（如减小间隙等）
变形、振动	使负荷均匀分散，加强机体等零件刚度	改进机件设计 缸盖机体铸成一体 气缸罩、油底壳、齿轮室盖加筋
隔声、防振	加隔声罩 涂层 防振支承 其他	机体侧壁加装罩盖，用双层油底壳 涂敷减振材料 进排气歧管采用防振支承 起动电动机与机体间充填吸声材料

第五节　工程应用实例（文摘）

柴油机排放控制及后处理技术综述

王涛，姚章涛，杨宁，李中泰
（中国重汽集团技术发展中心）

柴油机具有热效率高、燃油经济性好的特点，一直以来是全世界中、重型货车的主要动力。随着世界各国环保意识的不断加强，对汽车有害排放物的控制日益严格，柴油机排气净化问题越来越受到重视。在此背景下，清洁柴油机已成为世界各国汽车企业和科研单位的热门课题。与汽油机相比，柴油机最主要的污染物是 NO_x 和 PM。总体来讲，降低柴油机排放的主要措施不外乎是机前处理、机内净化和机后尾气处理。

一、机前处理

所谓机前处理，就是对进入发动机燃烧室的燃料和空气做有益于降低排放的预处理。对于柴油机而言，主要方式是改善柴油品质。对柴油机排放影响较大的是柴油中的硫含量、十六烷值和芳香烃。使用低硫柴油，一方面可以直接降低 PM 中硫酸盐的成分；另一方面，对于采用了 DOC、DPF、LNT（NAC）等后处理技术的发动机而言，柴油中的硫会引起催化剂中毒，将会极大降低催化剂的效率。适当增加柴油的十六烷值能有效降低 PM、CO、NO_x 等污染物的排放，降低芳香烃成分也可以降低 PM 排放。

二、机内净化

柴油机机内净化主要围绕以下几个方面展开。

1. 燃烧系统

柴油机燃烧室（见图9-36）的形式、形状和结构参数对柴油机的燃烧及污染物的生成有重要的影响，所以需要优化燃油喷射和燃烧室设计，以改善燃油喷雾和燃烧室的相互作用，使油气充分混合。

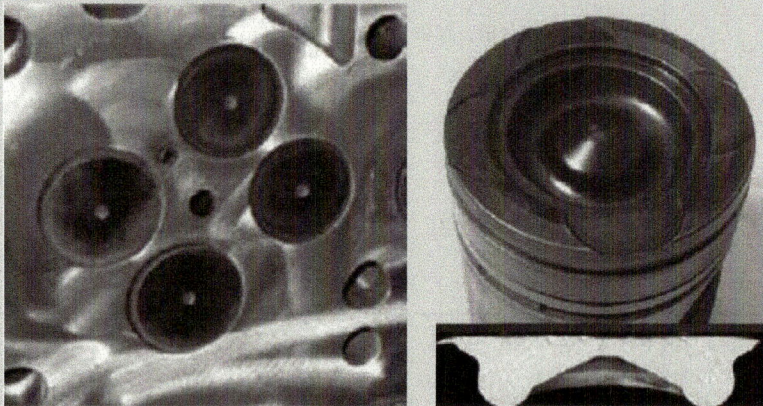

图9-36　柴油机燃烧室

2. 先进的进气增压系统

采用先进的可变几何涡轮增压器（VGT，见图9-37）可以加强对EGR的控制，同时改善瞬态响应特性和空燃比控制。采用可变气门升程（VVA）技术可以降低NO_x排放，目前Volvo和Caterpillar发动机上采用了此项技术，实际上是内部EGR。

3. 废气再循环（EGR）

EGR作为控制NO_x排放的一项有效措施已在柴油机上得到广泛应用。EGR技术的关键在于控制EGR率，使NO_x排放在最大程度降低的情况况下，又不影响柴油机经济性和HC与PM的排放。根据EGR回路在发动机上的布置

图9-37　可变几何涡轮增压器（VGT）

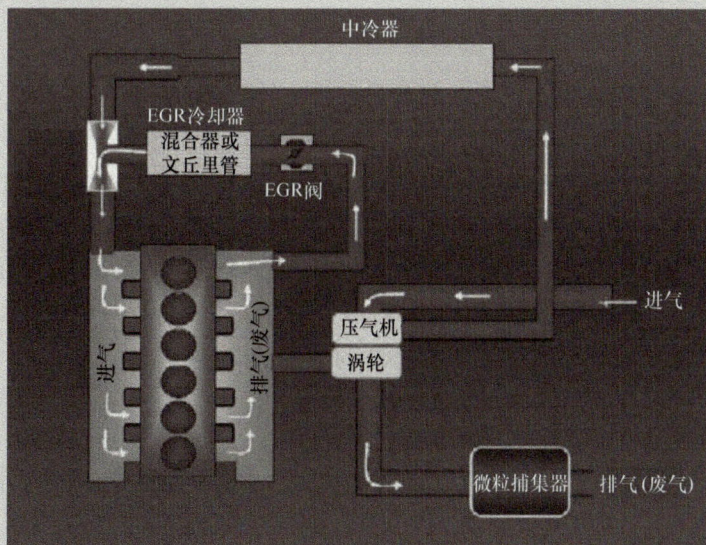

（见图9-38），可分为高压EGR和低压EGR。高压回路EGR在涡前取气，废气与中冷后的新鲜空气混合进入气缸，EGR驱动方式为利用排气压力脉冲和文丘里管，难以达到较高的EGR率，且EGR阀等零部件易受到废气中PM的腐蚀，但高压回路EGR瞬态响应快，在发动机上布置简单，目前应用广泛。低压回路EGR则是在涡后经DPF过滤后取气，随新鲜空气进入压气机内，优点是可与新鲜空气混合充分且每缸分布均匀、靠排气管背压阀驱动可以提供较高的EGR率，其缺点是瞬态响应较慢、难于布置，目前应用较少。

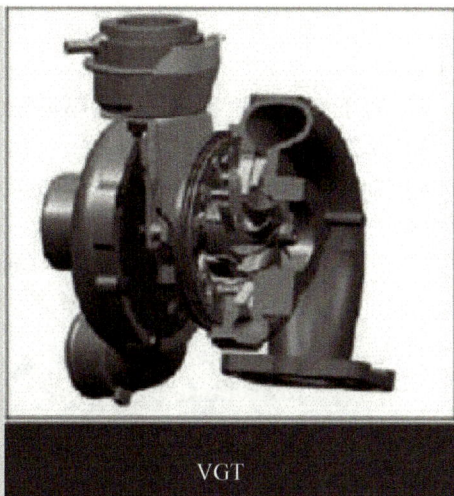

图9-38　EGR回路在发动机上的布置

4. 燃油喷射系统

日益严格的排放法规对燃油喷射系统（见图9-39）提出了更高的要求，满足欧洲Ⅳ、Ⅴ阶段的排放法规，需从以下几个方面改善燃油喷射系统：

1）对于单体泵、泵喷嘴系统，最高喷油压力要求达到 1800 ~ 2500bar（1bar = 10^5Pa）。

2）对于高压共轨系统，最高喷油压力要求达到 1400 ~ 1800bar。

3）实现更好的喷油规律形状。

4）利用多次喷射，即导喷 + 主喷 + 后喷。

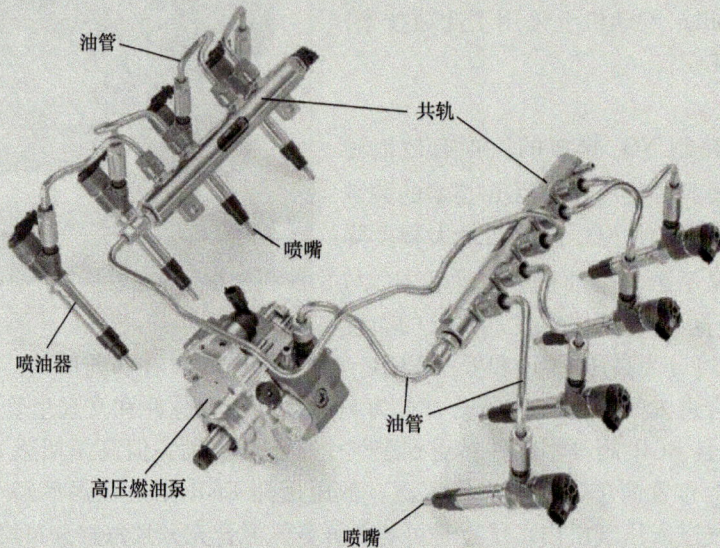

图 9-39　燃油喷射系统

5. 替代燃烧模式

目前，一些新型的燃烧概念已成为柴油机领域的研发热点，如 LTC、PCCI、HCCI，可以同时降低原机的 NO_x 和 PM 排放。

低温燃烧（LTC），需要较高的 EGR 率（50% ~ 70%），与 DPF 和 LNT 整合使用可以促进 DPF 和 LNT 再生，并有助于 LNT 脱硫。预混控制压燃（PCCI），其特点是增加导喷油量、推迟主喷时间，较低的 EGR 率或无 EGR 的模式在重型柴油机上已有应用。

均质压燃（HCCI），目前正处于研究阶段，燃烧效率高，可同时降低 NO_x 和 PM 排放，使柴油机在仅使用 DOC 的情况下即可达到非常低的排放指标。

三、机后处理

要满足更为严格苛刻的排放法规，单纯的机内净化是不够的，必须采用 NO_x 和 PM 后处理装置。柴油机机后处理措施主要包括氧化催化转换器（Diesel Oxidation Catalyst，DOC）、颗粒捕集器（Diesel Particulate Filter，DPF）、选择性催化还原转换器（Selective Catalytic Reduction catalyst，SCR）和稀 NO_x 捕集器（Lean NO_x Trap，LNT）。

1. 氧化催化转换器（DOC）

DOC 的用途有：①将 NO 转化为 NO_2；②置于 DPF 上游用于 DPF 被动连续再生（如 CRT）；③置于 SCR 上游用于调整 NO 和 NO_2 比例（NO = NO_2 时，SCR 反应较快），置于 SCR 下游用于控制氨气泄漏。④氧化 HC、CO，对下游 SCR、LNT 进行温度管理；⑤氧化

SOF, 降低 PM 排放。DOC 的缺点是对硫比较敏感。一方面, 将 SO_2 转化为 SO_3, 造成 PM 排放增加, DPF 堵塞; 另一方面, 硫易使 DOC 催化剂中毒, 如提高催化剂耐硫性, 则需提高贵金属 Pt 的含量, 成本较高。

2. 颗粒捕集器 (DPF)

DPF 的原理是借助惯性碰撞、截留、扩散和重力沉降等机理将 PM 从气流中分离出来 (见图9-40)。根据不同的过滤方式, DPF 可分为壁流式、流通式和部分流通式三种, 由于 (部分) 流通式 DPF 过滤效率较低, 所以目前一般应用壁流式 DPF。DPF 再生有两种方式, 一种是主动再生, 需利用外部热源或非加热机械式再生; 一种是被动再生, 如 CSF、CRT、CCRT。

为满足欧Ⅳ法规, DPF 设计主要应考虑以下方面。

对于被动再生系统: ①排气温度管理。排气温度非常关键, 应尽量靠近发动机布置。②气流分布。理想的气流分布不仅可以减小 DPF 体积, 还可以提高 DPF 的效率和耐久性。③催化剂配方。催化剂配方的选择非常重要, 应考虑耐硫性、NO 到 NO_2 的转化等。④燃油质量。燃油中硫含量过高, 可能会造成 DPF 堵塞。⑤润滑油品质。润滑油质量对灰分聚集起主导作用, 质量差的润滑油将缩短 DPF 保养周期。

对于主动再生系统: ①DPF 控制。主动再生系统的再生过程控制非常关键, 再生失控可能导致失火, 从而损坏 DPF。②燃油、润滑油品质。燃油和润滑油的品质将影响 DPF 性能和耐久性。

EGR + DPF 技术成熟, 在美国用来满足 2007 年重型柴油机排放法规要求, 在欧洲轻型车上也得到了广泛应用。

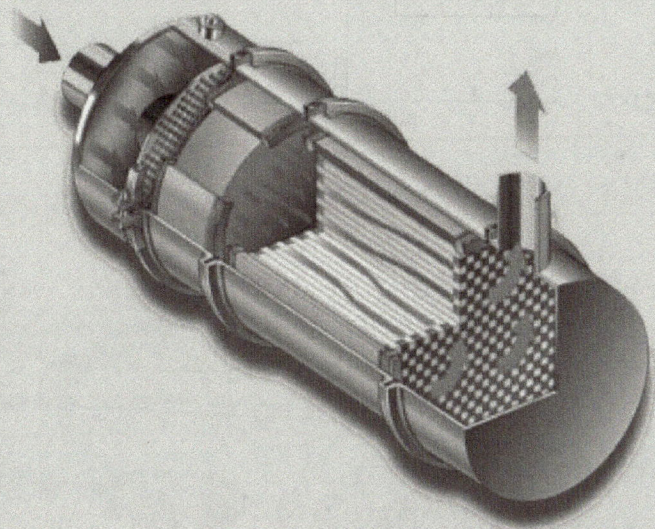

图 9-40 颗粒捕集器 DPF 工作示意图

3. 选择性催化还原转换器 (SCR)

SCR 技术成熟, 在欧洲广泛用来满足欧Ⅳ排放要求, 由于美国法规对 NO_x 排放的要求比欧洲严格很多, 所以 SCR 在美国也是研发的重点, 极有可能用来满足美国 2010 年重

型汽车排放法规要求。中国重汽等国内主机厂目前都是按照 SCR 的技术路线（见图 9-41 和图 9-42）做好技术储备工作，并已进入整车（整机）批产状态。

SCR 具有以下特点：①使用尿素作为还原剂，NO_x 转化效率在稳态情况下高达 90% 以上，瞬态也可达到 70% ~ 75%。②本身对硫不敏感，但是前置或后置 DOC 则有可能出现硫中毒。③以沸石（Zeolite）为载体的 SCR 系统具有优异的热稳定性及转化率；而采用钒基（Vanadium）催化剂的 SCR 系统在工作温度为 550℃ 以上时，尿素易挥发。④SCR 入口处的 NO 和 NO_2 比例非常重要，二者最理想的比例是 1:1，可通过对上游 DOC 或 DPF 进行温度管理，来调整 SCR 入口处 NO 和 NO_2 的比例。⑤尿素的混合和蒸发至关重要。浓度为 32.5%（质量分数）的尿素水基溶液（AdBlue）具有冰点低（11℃）、NH_3 转化效率高的优点，所以此浓度至关重要。⑥尿素分解生成 NH_3 的温度需要大于 143℃。⑦基于模型的动态控制非常关键，精确的尿素喷射控制可以达到较高的 NO_x 转化效率，并可达到较低的 NH_3 泄漏。⑧为了在实际应用中达到真正的排放指标，OBD 是必需的。⑨必须控制氨气的泄漏。

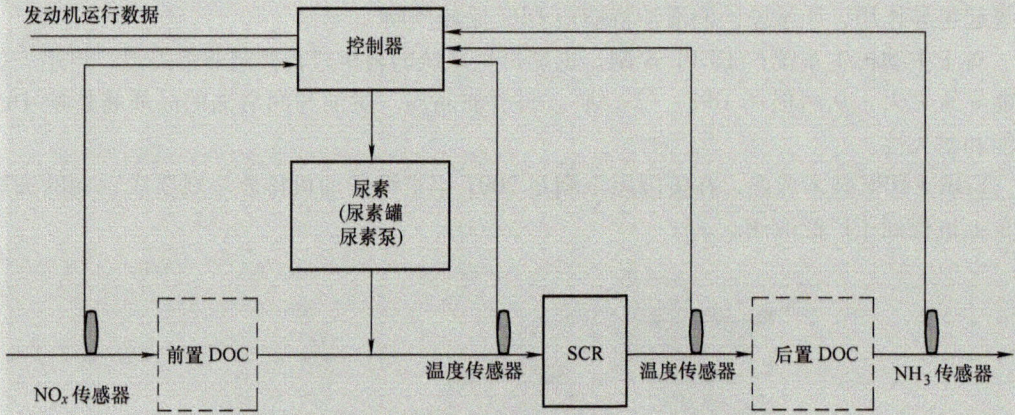

图 9-41 SCR 系统示意图

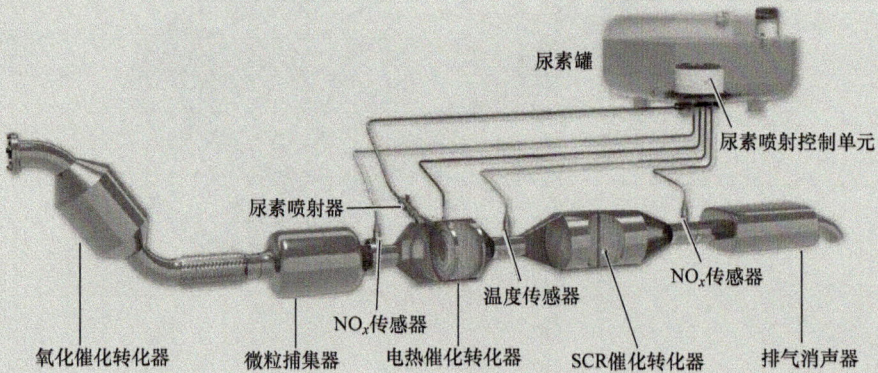

图 9-42 SCR 系统构成

4. 稀 NO_x 捕集器（LNT）

LNT 利用尾气中的 CO 和 HC（增加后喷）作为还原剂，是一个 NO_x 吸附再生的过程。在美国用于中小型柴油车。

LNT 具有以下特点：①转化效率高达 90% 以上。②操作温度范围为 $250\sim450℃$。③对硫非常敏感，柴油中的硫含量必须小于 15mg/kg，再生过程中需要脱硫。④控制较为复杂。⑤贵金属消耗较多。

四、总结

综上所述，机前处理、机内净化和机后处理作为满足未来法规的关键技术缺一不可，所以系统整合尤为关键。

（本文摘自《重型汽车》2012 年 04 期）

思　考　题

1. 简述排放物的分类及危害。
2. 简述发动机排放的处理措施。
3. 简述发动机噪声源的分类。
4. 简述降低噪声的措施。
5. 简述三种有害气体的形成机理。
6. 简述影响燃烧噪声的因素。
7. 简述混合气浓度对排放的影响。
8. 简述有害气体的检测方法。

第十章

汽车发动机新型燃烧方式

为了适应日益严峻的能源和环境问题，现代车用发动机在努力提高热效率和降低排放的同时，也一直在不断探索新的燃烧方式，实现高效清洁燃烧。

第一节　均质混合气压缩着火（HCCI）

一、HCCI燃烧模式的产生

针对传统的火花点火式和压缩着火式内燃机燃烧模式存在的问题，一种新型的发动机燃烧模式——均质混合气压缩着火（Homogeneous Charge Compression Ignition，HCCI）燃烧模式应运而生，简称均质压燃。HCCI的概念最早是在1979年由日本研究者Onishi和Noguchi提出并应用到二冲程发动机上，最初的名称为活化热氛围燃烧（Active Thermo - Atmosphere Combustion，ATAC）。1983年，美国Wisconsin大学的Najt与Foster首次在四冲程汽油机上研究证实采用外部EGR和进气加热可以实现汽油和异辛烷燃料的自燃着火。1989年，美国西南研究院的Thring等人首次提出了"均质压燃"，即HCCI的概念。

HCCI燃烧模式的基本思路是要融合传统的火花点火燃烧和压缩着火燃烧的优点，并避免其缺点。传统火花点火式发动机采用机外形成均匀混合气、控制节气门开度调节负荷、火花点燃混合气的工作方式。其优点是几乎无炭烟，缺点是节流损失较大且压缩比较低，因此热效率不高，经济性差。传统压缩着火发动机则采用缸内直喷压缩着火方式，较小的泵气损失和较高的压缩比使得热效率较高，缺点则是具有较高的炭烟和NO_x排放，且炭烟和NO_x生成存在着此消彼长的矛盾。在HCCI燃烧模式中，汽油或柴油燃料和空气通过预先混合形成均质稀薄混合气，当压缩行程缸内温度上升到燃料的自燃温度时，整个燃烧室内有多点自燃着火，如图10-1所示。HCCI燃烧方式可以实现与柴油机相当的高热效率和汽油机的无炭烟排放，同时由于稀薄混合气燃烧，NO_x排放也极低。

二、HCCI燃烧的优点

表10-1对HCCI发动机、传统火花点火（Spark Ignition，SI）和压缩着火（Compression Ignition，CI）式发动机进行了比较。HCCI燃烧模式主要有以下优点：没有节流损失、采用较高的压缩比、燃烧速率快、燃烧持续期短、接近理想的定容加热、热效率高；燃烧温度低、散热损失小；发动机的燃油经济性好；均质稀薄混合气没有火焰传播，不存在高温火焰前锋和局部高温过浓区域，基本没有炭烟生成，而且缸内整体温度分布均匀，低温燃烧，NO_x排放很低；燃料适应性好，可以采用各种代用燃料进行HCCI燃烧，有助于改善对石油资源的依赖。

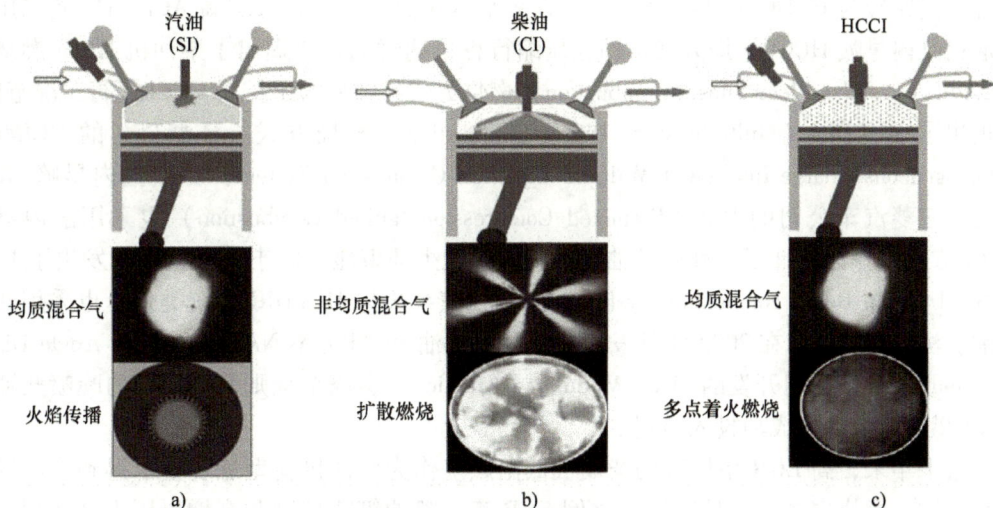

图 10-1　发动机的燃烧模式

a）火花点火式　b）压缩着火式　c）HCCI

表 10-1　三种燃烧模式的比较

	火花点火（SI）燃烧	压缩着火（CI）燃烧	HCCI 燃烧
燃料	汽油等高辛烷值燃料	柴油等高十六烷值燃料	范围更广泛
混合气形成方式	气道喷射、缸内直喷	缸内直喷	缸内喷射、进气道喷射
过量空气系数	1 左右	1.2～2.2	大于 1 的宽广范围
着火方式	火花点燃	压缩着火	压缩多点着火
燃烧方式	预混燃烧	扩散燃烧为主	预混合燃烧，化学动力学控制
燃烧温度	高温	局部高温	温度相对低
燃烧速率	火焰传播速度控制	混合速率控制	几乎同时着火
循环方式	定容加热	混合加热	定容加热

三、HCCI 燃烧的研究历程及现状

20 世纪 90 年代中后期，随着各国排放法规日趋严格和石油供求矛盾日趋尖锐，能同时实现高热效率和低排放的 HCCI 燃烧方式成为一个新的研究热点，全球一些主要的汽车公司、研究机构、大学等纷纷开展了深入而又全面的基础研究和应用基础研究，如美国 Lawrence Livermore 国家实验室、Sandia 国家实验室、Wisconsin 大学、瑞典的 Lund 大学、英国的 Brunel 大学和日本的 Keio 大学等著名研究中心对于 HCCI 燃烧基础理论认识和相关试验研究做出了积极贡献。

1992 年，美国西南研究院的研究人员首次在 1.6L VW 发动机上研究了 HCCI 燃烧，使发动机的工作负荷范围从 14% 拓宽到 34%。1999 年，日本交通安全研究院提出了 HC-DC 缸外混合的燃烧方案。2002 年，美国西南研究院提出了一种混合模式柴油 HCCI 燃烧

系统，其原理与 HCDC 缸外混合的燃烧方案基本相似。同期，日本新 ACE 研究院采用了柴油机缸内早喷 HCCI 燃烧方案，即在压缩行程早期喷油，并提出了柴油机 HCCI 燃烧的 PREDIC（Premixed lean Diesel Combustion）燃烧方式，随后为了扩展 HCCI 运行工况范围，又提出了 MULDIC（Multiple stage Diesel Combustion）燃烧方式。日野公司的 HCIMICS（Homogeneous Charge Intelligent Multiple Injection Combustion System）采用缸内早喷 HCCI 方案。三菱汽车公司的 PCI（Premixed Compression Ignited Combustion）也采用缸内早喷 HCCI 方案，专门设计了一种碰撞油束喷嘴，以减少油束碰壁。丰田公司则开发出了 UNIBUS（Uniform Bulky combustion System）系统，该系统与 MULDIC 系统类似，也采用两次喷油。法国 IFP 公司在 2002 年开发出缸内早喷柴油 HCCI 方案 NADI（Narrow Angle Direct Injection）。日产公司开发的 MK（Modulated Kinetics）燃烧系统则是采用缸内晚喷柴油的 HCCI 燃烧系统，并成功投入市场。

近十年来，高 EGR 率稀释的柴油机低温燃烧作为柴油机新型燃烧技术得到了广泛的研究，这一燃烧方式主要是通过大比例 EGR 率、喷油策略控制和高增压压力来实现。天津大学提出了"高密度—低温燃烧"燃烧技术，其核心思想是：通过高喷射压力的多次喷油控制将燃油"均匀"地"播撒"在燃烧室空间，使混合气尽量均匀。通过 EGR 来降低燃烧温度，抑制 NO_x 排放。为了弥补采用 EGR 后燃烧过程中氧浓度的不足，采用串联布置的两级涡轮增压实现发动机高增压比，增加进入的空气量。通过进气门晚关技术降低进气关闭时缸内的初始压力和温度，从而有效地降低了缸内最大爆发压力，也使柴油机实现了可变的热力循环过程。采用这一燃烧技术，柴油机最高指示热效率可以达到 53%，原始微粒和 NO_x 排放可以达到欧Ⅵ限值的要求。

美国通用汽车公司于 2007 年推出世界上第一台汽油 HCCI 概念车，整车油耗降低 15%，排放采用常规三元催化剂后处理。发动机技术参数为四缸 2.2L，最大输出功率为 134kW，最大转矩为 230N·m。采用缸内直喷、可变气门正时技术、双凸轮实现负气门重叠 NVO 系统以及缸压传感器反馈控制等技术。2009 年，通用推出新一轮汽油 HCCI 概念车，采用外部 EGR 和火花点火辅助，使发动机 HCCI 运行范围进一步拓宽，整车从怠速到 90km/h 范围内可采用 HCCI 燃烧模式，可在火花点火燃烧模式（SI）和 HCCI 燃烧模式之间平顺切换。

奔驰 2007 年的 HCCI 概念车（Mercedes – Benz F700），装备了 1.8L HCCI 发动机——DiesOtto 1.8T 直列 4 缸（GDI + 涡轮增压，融合了汽油机低排放和柴油机低油耗的双重优点），输出功率达到 238 马力（1 马力 = 735.499W），最大转矩达到 400N·m，整车油耗仅为 5.3L/100km，二氧化碳排放量仅为 127g/100km。

目前，随着 HCCI 燃烧机理的不断深入，人们越来越关注燃料特性对 HCCI 燃烧着火时刻、燃烧反应速度及高效清洁燃烧运行工况范围的影响。

第二节　汽油机的 HCCI 燃烧

一、汽油 HCCI 燃烧的基本原理与特征

和传统火花点火燃烧方式相比，汽油机 HCCI 燃烧方式具有以下特征：

1）HCCI 燃烧是多点大面积同时压缩着火，没有火焰前锋面的传播过程，故其燃烧速度快，燃烧放热率和等容度远比传统火花点火火焰传播的燃烧方式要高得多，因而其指示热效率和油耗会得到明显改善。

2）HCCI 采用稀薄均质混合气，并引入大量 EGR，因而其局部燃烧温度可控制在 1800K 以下，消除了热 NO 产生的基本条件，降低 NO_x 排放。

3）HCCI 燃烧取消了节气门，改善了传统汽油机负荷由于采用"量调节"所造成的进气节流损失过高的弊端。

4）采用均质混合气燃烧，理论上不会生产炭烟。

总结以上特征，可以看出均质、低温、快速燃烧是汽油机清洁高效燃烧的核心问题。均质可以避免扩散燃烧引起的炭烟产生，低温使 NO_x 无法产生，快速燃烧可以提高等容度从而实现汽油机的高热效率。但这种理想的燃烧方式在实际汽油机上应用时很难控制其稳定燃烧。压缩终点温度和压力过低时，汽油混合气难以自燃着火，出现失火和着火时刻不稳定等现象；若压缩终点温度和压力过高时，汽油混合气多点同时自燃着火，燃烧速度过快，压力升高率过大，出现了爆燃等现象。因此，在全工况范围内如何控制 HCCI 燃烧的稳定着火和燃烧速率是汽油 HCCI 燃烧的研究重点。

二、汽油机 HCCI 燃烧的主要控制方法

HCCI 燃烧过程主要是由混合气本身的化学反应动力学控制的，即受温度、压力、反应物浓度和成分影响。其中温度起到了主要作用，所以许多研究者认为 HCCI 着火主要是如何控制温度的问题，造成了开始时大量研究工作集中在如何提高进气温度上，如对进气加热、提高压缩比等。但是这些方法在实际发动机上很难快速响应，适应发动机变工况的需求。后来，用内部 EGR 和混合气浓度控制着火的思路逐渐被提出，这些方法容易人为地强制控制并有较强的灵活性。所以，汽油机 HCCI 燃烧控制的原则是温度、混合气浓度和组分协同控制。目前，汽油机 HCCI 燃烧的主要控制方法有以下几种。

1. 提高进气温度

进气温度是影响 HCCI 燃烧最显著的参数，也是被研究最多的参数。一般采用电加热的方法控制进气温度，在初期的许多基础研究中最常用的就是这种方法。当发动机负荷和转速发生变化时，为了保证合理的燃烧相位，进气温度也要相应快速变化以保证最佳的着火时刻，而进气加热方法难以适应这种频繁变工况的车用发动机。

美国福特公司提出了 OKP（Optimized Kinetic Process）燃烧系统，该系统在缸内直喷汽油机上采用冷却液和排气加热进气空气与气门定时改变（VVT）压缩比和残余废气相结合的方法，实现汽油机 HCCI 燃烧。通过该方法，HCCI 工况范围得到了拓宽，平均指示压力可达 0.55MPa，燃料利用率比原机提高了 10%～30%，NO_x 排放也比原机降低了 98%～99%。

2. 提高压缩比

提高压缩比可以提高压缩终点混合气温度，使汽油混合气自燃。汽油机若实现压缩自燃，压缩比一般需要提高到 15～18，甚至更高，但是能形成低负荷稳定燃烧的压缩比往往会造成高负荷时的爆燃。因此，一般将压缩比提高到 11～12，同时引入一定量的 EGR 对进气进行加热，使压缩终点的缸内温度达到汽油自燃的条件。最理想的方法是实现可变

压缩比，但是目前尚未有实用技术。

3. EGR

在汽油机 HCCI 燃烧过程中，EGR 的主要作用有两方面，一是与 EGR 的高温相联系，它提高了全部进气温度和压缩终点温度，以利于汽油的自燃着火；二是利用废气中包含的不活性成分控制燃烧速度不过高，以实现低温燃烧。同时，EGR 也可以使进气中的新鲜充量降低，稀释了混合气的浓度，有效减缓燃烧速度。但仅靠外部 EGR 提高进气温度的能力是有限的，而内部 EGR 可以大幅度提高缸内温度。

用负气门重叠（Negative Valve Overlap，NVO）的方法可以实现内部 EGR。对比图 10-2 中传统配气相位和负气门重叠相位可知，负气门重叠是通过排气门早关、进气门晚开的方法，形成不充分排气，使气缸内残留一定量的高温废气。NVO 为汽油机 HCCI 着火控制提供一个低成本、响应快的有效手段。NVO 可以通过连续可变的配气机构实现，也可以用两段凸轮切换的方式实现。

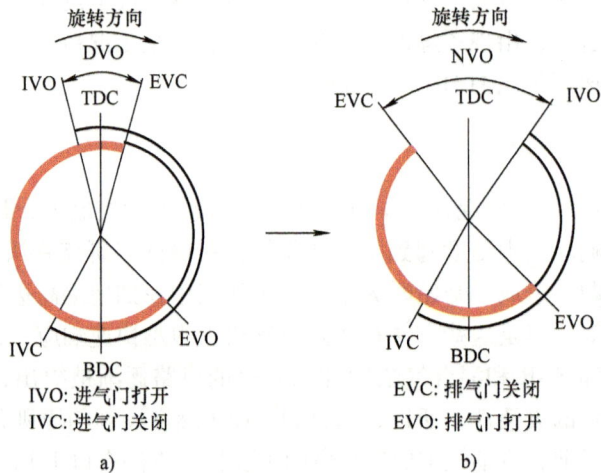

图 10-2　配气相位图

a）正重叠（PVO）　b）负重叠（NVO）

在进气过程中再次开启排气门，可同时吸入新鲜充量和排气道中的废气；在进气过程中进气门晚开，排气门再次开启，废气被吸入气缸；在排气过程开启进气门，部分废气流入进气道，随后随着进气一同进入气缸。这些都是可以实现内部 EGR 的方法，不过控制机构会变得复杂。

4. 活化氛围

在负气门重叠期间，由于活塞上行压缩废气，缸内温度再次升高，此时如果向缸内喷入少量燃油，在高温缺氧的情况下燃油会发生不完全氧化反应，生成大量的 CO、H_2、OH（羟基）、CH_2O（甲醛）以及过氧化物等活性成分或反应中间产物，这些成分会使随后的着火变得容易。这种控制 HCCI 着火的方式称为活化氛围法（又称燃油改质）。

燃油改质最早由戴姆勒公司于 1998 年提出，2003 年由日产和沃尔沃公司先后在发动机上实现。这种方法明显不同于内燃机燃烧控制的传统方法，对改善 HCCI 汽油机在中小负荷的着火性能十分有效，是汽油机 HCCI 研究中的一项重要技术进步，目前得到了广泛

应用。这种喷油方式通常和进气行程或压缩行程喷油配合应用，可提高着火稳定性，拓展负荷稀限。

5. 混合气分层

根据着火的基本理论可知，任何燃料都是在混合气浓度为化学当量比附近最容易着火。对于以稀燃为主的 HCCI 汽油机在中小负荷时，可以采用缸内直喷系统进行两段或多段喷油，以形成浓度分层的混合气。用分层混合气控制着火相位的思路是由美国桑迪亚国家实验室在 2004 年提出的，清华大学在同一时期也提出并在发动机上实现这种控制。清华大学的喷油控制策略是在进气行程进行第一次喷射，以形成均质稀混合气，在压缩行程后期进行第二次喷射，在燃烧室凹坑内形成接近均质的浓混合气。在压缩终了时，浓混合气区域首先着火，缸内温度和压力升高，由此引起周围稀混合气区域随之着火。通过控制第一阶段的喷油量可以实现 HCCI 燃烧的负荷控制，有利于 HCCI 工况范围向高负荷扩展。美国西南研究院在小负荷时通过两次喷射（压缩行程喷入总油量的 15%）形成分层混合气，加速燃烧，获得了降低循环波动、油耗、CO 和 HC 排放的效果。德国 Braunschweig 内燃机研究所研究了直喷汽油机在部分负荷利用 EGR 稀释充量降低节流损失，并采用两次喷射实现了混合气分层及稳定点火。宝马公司采用喷雾引导的方式实现在部分负荷分层稀薄燃烧，并用外部 EGR 降低 NO_x 排放，与传统汽油机相比，在欧洲循环工况（NEDC）下可节油约 20%。日本本田公司则采用 VVA、缸内直喷和发动机增压，通过在负气门重叠角期间喷油，使发动机 HCCI 工况基本满足了日本 10-15 运行工况范围。三菱的研究结果也表明采用高压喷射实现混合气分层稀燃和外部 EGR 共同作用，可使油耗和排放水平都得到改善。

这些研究结果表明，用分层混合气可以控制 HCCI 燃烧速率。但为防止过浓混合区产生炭烟，浓混合气区也应该尽量均匀。分层混合气为汽油机 HCCI 着火和燃烧提供了更多的选择，是 HCCI 研究进程中的一次重要思路拓展。

6. 火花点火辅助

HCCI 本来的概念是"自燃"，但在一些研究中发现火花点火辅助可以提高某些工况下 HCCI 的着火稳定性。同时，试验研究结果表明，当可燃混合气被压缩至接近临界着火状态时，用火花点火首先产生局部区域的着火和燃烧，由此放出的热量会引起其余混合气的后续自燃着火，因此，火花点火有可能是一种控制汽油 HCCI 着火的有效手段。

三、汽油机 HCCI 燃烧实例

1. 清华大学的 ASSCI 燃烧系统

清华大学在多年研究基础上，于 2005 年开发了分层混合气火花辅助燃烧系统 ASSCI（Assisted Spark Stratified Compression Ignition）。该燃烧系统是在 GDI 发动机基础上通过多次喷射与负气门重叠（NVO）以及火花点火相结合，可根据工况不同分别实现完全的 HCCI 燃烧、活化氛围燃烧（RCCI）、分层混合气控制燃烧（SCCI）及火花点火辅助压燃（SICI）等多种汽油机自燃着火燃烧方式，其中 NVO 是通过一个循环内完成切换的双凸轮系统实现的，这就使 HCCI 燃烧模式与传统 SI 燃烧模式能够快速切换。多缸 HCCI 样机测试结果表明，在 HCCI 运行工况样机相对于传统进气道喷射汽油机，中小负荷的油耗降低 10%~30%，NO_x 排放降低 99%，循环波动率明显优于传统汽油机，达到柴油机的燃烧

稳定性。

2. 天津大学的4VVAS双模式燃烧系统

天津大学的4VVAS（4 Variable Valve Actuation System）系统，采用进排气气门升程（0.3～9.5mm）及正时机构（60℃A范围内）连续独立可变技术，控制缸内残余废气率及废气分层，从而实现在HCCI模式运行的边界区域上HCCI/SI模式之间的过渡，使发动机继续输出稳定的功率。样机试验结果表明，HCCI的运行转速可以达到4500r/min，最大平均指示压力（IMEP）可以达到0.520MPa，可以覆盖轿车主要的常用工况。

天津大学在上述研究结果基础上，提出了基于废气驱动的高效低温燃烧汽油机（Ex-Drive）技术。其方案仍是采用进排气门全可变机构，并结合外部EGR和涡轮增压技术进一步扩展HCCI的运行工况范围。废气驱动的复合燃烧方案的基本思路是：利用外部冷却EGR来填充气缸容积，降低混合气温度，拓展HCCI燃烧运行范围，这样既可以提高发动机HCCI负荷运行范围，又可以利用废气的稀释作用（氧浓度降低）降低NO_x排放。在发动机全负荷工况采用基于废气控制的汽油机复合燃烧技术，即以内部废气再循环策略实现可控自燃燃烧为核心，辅以气门参数控制的火花点燃燃烧技术的复合燃烧技术，同时以外部废气再循环作为调整缸内废气状态的控制手段，实现了汽油机低温高效燃烧。在燃烧控制策略中，采用爆燃闭环燃烧控制技术。通过残余废气的分层，在小负荷和热机怠速工况实现汽油机可控自燃燃烧。在转速为2000r/min，平均有效压力为0.2MPa工况下，节油率达到13.71%，NO_x排放减少99%，NEDC驾驶循环的仿真节油效果为15.6%。排放指标除HC之外，NO_x和CO均小于欧Ⅳ限值。

3. AVL公司的CSI燃烧系统

AVL公司在2003年开发了压缩–火花点火CSI（Compression and Spark Ignition）燃烧系统，它是压燃和火花点火两种燃烧模式的组合，即部分负荷时采用HCCI燃烧，高负荷时采用均质混合气火花点火燃烧。其试验样机特征为四缸发动机，GDI喷油系统两次喷射，火花塞布置于篷形燃烧室的顶部中央，壁面引导式燃烧室凹坑，带分缸独立控制的发动机管理系统。其最大特点是采用电控液压执行器控制排气门实现二次开启，使排气道内废气在进气行程中被回吸入气缸，形成内部EGR效应。

CSI四缸试验发动机在平均指示压力$p_{mi} < 0.55MPa$、转速$n < 3500r/min$的工况范围内实现了HCCI燃烧，比传统汽油机的NO_x排放降低95%以上，油耗最大降低26%。

四、汽油HCCI发动机产业化的技术难题

1. 着火时刻难以控制

尽管已经开发了上述各种控制方法，但是汽油HCCI的稳定着火和着火时刻控制仍比传统汽油机困难，且控制精度也需要进一步提高。

2. 大负荷燃烧速率难以控制

目前HCCI发动机在中低负荷下的运行效果较好。较高的压缩比和多点自燃着火使得HCCI汽油机大负荷时容易出现粗暴燃烧和爆燃，同时过高的燃烧速率也会使得燃烧温度升高，引起NO_x排放的大幅度增加。

3. 低负荷时HC和CO排放过高

因为燃烧温度不高以至于缸壁附近的燃油不能很好地燃烧，另外在中低负荷下由于混

合气很稀，壁面附近温度较低，CO 不能完全氧化成 CO_2，导致 HC 和 CO 排放升高。

4. 运行工况范围窄

经过多年的研究，汽油 HCCI 燃烧仍然受限于负荷范围这一难题，目前汽油机 HCCI 燃烧模式可运行的工况范围大约为 $p_{me} \leqslant 0.5MPa$、$n \leqslant 3500r/min$（基本覆盖了轻型车和轿车最常用的工况）。

针对这一问题，各国研究人员一方面采用进气增压、内/外部 EGR 相结合、电火花辅助着火等手段来拓展 HCCI 运行范围，另一方面采用模式切换、分层燃烧等技术将 HCCI 燃烧与传统的火花点火方式相融合，从而实现汽油 HCCI 燃烧模式在车用四冲程发动机上的应用。所谓模式切换是在起动时使用 SI 燃烧模式，在中小负荷下使用 HCCI 燃烧模式，在高负荷时回到传统汽油机的 SI 模式，而 HCCI 与 SI 模式之间还可以有 SICI 燃烧模式。不过这又带来各燃烧模式之间平顺切换的技术问题。

第三节　柴油机的 HCCI 燃烧

一、柴油机 HCCI 燃烧的基本原理

图 10-3 是柴油机 HCCI 研究过程中常用的缸内燃空当量比与温度（$\phi - T$）的关系图，该图给出了混合气浓度 ϕ 及温度 T 对 Soot（炭烟）和 NO_x 排放物生成的影响。传统柴油机属于非均质的喷雾燃烧，在燃烧过程中，当量比和温度变化历程先后不可避免地穿越了 Soot 和 NO_x 的生成区域（图 10-3 中"传统柴油机"燃烧路径）。在传统的柴油机燃烧中，当采用 EGR 以降低 NO_x 的同时会因进气氧浓度的降低导致 Soot 排放的升高，当通过提高喷油压力改善燃油与空气的混合以降低 Soot 排放时又会使 NO_x 排放增加，因此，NO_x 与 Soot 之间呈现相

图 10-3　柴油机燃烧的 $\phi - T$ 关系图

悖关系，同时降低两者的难度很大。而 HCCI 燃烧发生在低温稀燃范围（图 10-3 中 $\phi < 1$，$T < 2200K$），同时避开了 Soot 和 NO_x 的生成区域，但是由于 $\phi - T$ 区域狭窄，燃烧控制困难。近年来，国内外研究人员吸收了"均质压燃"和"低温燃烧"的思想，提出了低温燃烧（Low Temperature Combustion，LTC）、预混合压燃（Premixed Charge Compression Ignition，PCCI）等概念，如图 10-3 所示，可以看作是 HCCI 燃烧概念的拓展。

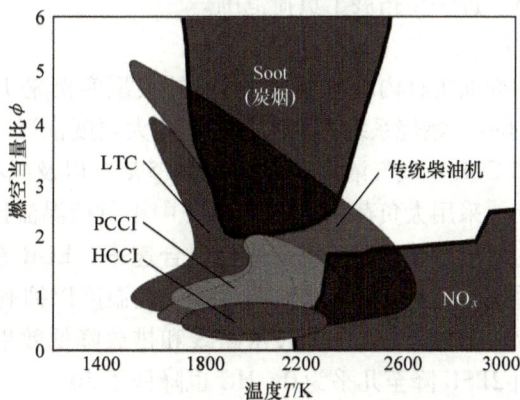

二、柴油机 HCCI 燃烧的主要控制方法

形成均质混合气是柴油机 HCCI 燃烧控制的第一步。在早期，国外研究人员首先进行的是缸外预混合柴油 HCCI 研究工作。如美国西南研究院提出的进气道喷射柴油 HCCI 燃烧，研究结果表明，HCCI 燃烧过程在降低柴油机 NO_x 和炭烟排放方面潜力巨大。但由于

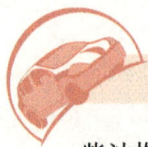

柴油燃料黏度高、挥发性差、汽化温度较高，气道喷射需对进气充量加热，易产生爆燃；另一方面，柴油机燃烧室需降低压缩比且运行工况范围狭窄，预混合气的混合过程和自燃着火过程无法直接控制，THC 和 CO 排放较高，燃烧效率和热效率低。因此，该方案只是早期用于 HCCI 原理性研究，实用性很差，很难作为有实用化前景的方案来发展。

柴油机上形成均质混合气的方法主要是缸内早喷，使燃油有充分的时间蒸发混合；缸内晚喷，采取预冷高 EGR 率等措施大幅度延长滞燃期，以形成均质混合气。和汽油 HCCI 燃烧方式控制一样，人们现在不再强调混合气的绝对均质，而是开始采用混合气分层技术来控制柴油机的 HCCI 燃烧过程。

1. 缸内早喷

HCCI 柴油机的喷油提前角要远大于传统柴油机，使得燃油撞壁现象严重，导致排放增加，油耗上升。大量湿壁燃油也会稀释附着在缸壁上的润滑油，使摩擦损失增大，发动机磨损加剧。

缸内早喷 HCCI 系统成功应用于产品的典型代表是丰田公司在 1995 年开发出的 UNI-BUS（Uniform Bulky combustion System）系统。该系统大幅度提前喷油时刻，采用喷雾锥角为 60° 的轴针型喷嘴，以形成贯穿距离小、喷雾范围大、油粒细而均匀的喷雾。在喷油时刻提前到上止点前 50°CA 时可以使炭烟和 NO_x 同时接近零，但 THC 排放明显恶化，功率下降，并且能在较小负荷下运行。在以后的研究中 UNIBUS 系统采用了两次喷射的控制策略，进一步拓展了负荷范围。

2. 缸内晚喷

柴油机缸内晚喷 HCCI 燃烧的典型实例是 1996 年日本 Nissan 公司的 MK（Modulated Kinetics）燃烧系统，其主要特点是大幅度推迟喷油时刻至上止点附近、利用高达 45% 的冷却 EGR（氧气浓度显著下降至 15%）以及减小压缩比从而降低缸内温度和延长着火滞燃期；采用大负荷涡流比为 10（中小负荷涡流比为 3～5）的强进气涡流、高压共轨燃油喷射系统等技术措施提高油气混合速率。EGR 在这里不仅是推迟和控制着火延迟期长度的手段，而且是控制燃烧速度和燃烧温度以抑制 NO_x 生成的对策技术。图 10-4 给出了实现 MK 燃烧过程的主要技术路线和排放降低效果，NO_x 降低到原机水平的 1/12 左右，炭烟由 2BSU 降至几乎为 0，HC 也降低了 50%。

图 10-5 给出了 MK 燃烧过程的示功图与燃烧放热率。原机的放热率呈现传统柴油机初期放热率高以及预混合扩散两阶段燃烧的特征（图 10-5b 中 c 点为分界点）。MK 燃烧由于推迟喷油和高 EGR 率的作用，在上止点后 10°CA 才开始燃烧，放热率上升缓慢，且峰值小于传统柴油机，因而其最高爆发压力低，压力升高率低，燃烧噪声降低。放热率形状接近三角形，与传统汽油机的放热率曲线形状相一致，尽管燃烧初期缓慢，但燃烧后期速度加快，整个燃烧持续期和传统柴油机接近，实现了预混均质压缩着火。

MK 燃烧方式已被日产公司应用在 1998 年推出的 YD25DDT 柴油发动机上，该发动机技术参数为直列四缸，排量 2.5L，增压中冷，功率为 110kW/4000r/min。

3. 混合气分层

早期的 HCCI 技术强调均质的概念，但随着研究的不断深入，人们发现在 HCCI 燃烧过程控制中，先进的混合气分层控制策略比简单的"均质混合气"更为重要。适当的混合气分层可以使 HCCI 在低负荷工况下的燃烧更稳定，有利于 HCCI 向小负荷工况扩展，

$n=1400\text{r/min}, Q=20\text{mm}^3/$行程

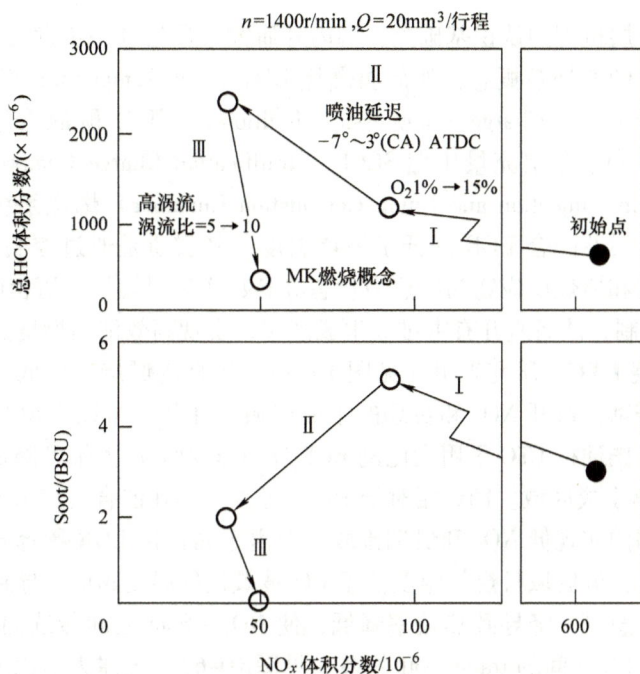

图 10-4　MK 燃烧的技术路线和排放降低效果

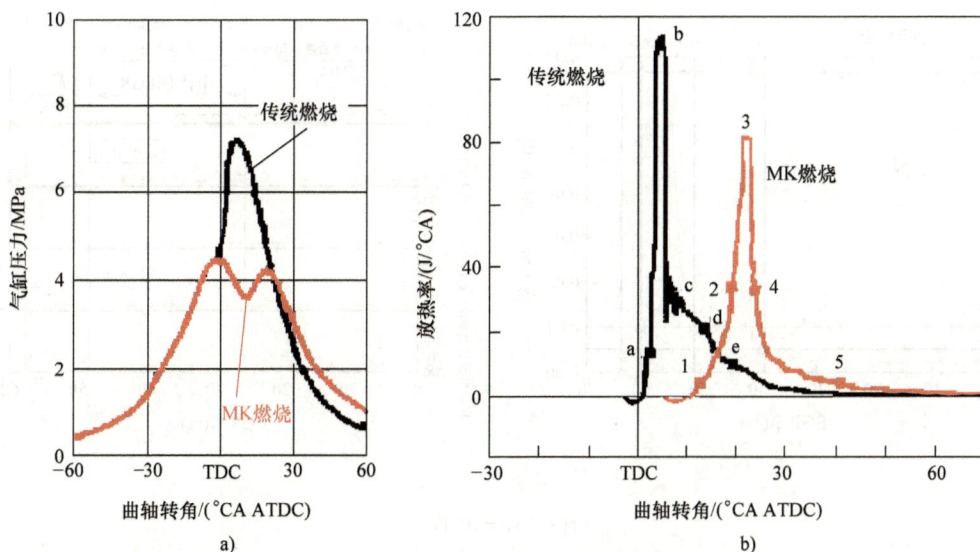

图 10-5　MK 燃烧与传统柴油机燃烧的对比

a）示功图　b）放热率

同时分层也可以降低高负荷工况下的最大压力升高率，有利于 HCCI 向大负荷工况扩展。混合气全历程的浓度、组分和热分层控制是 HCCI 在宽广的负荷工况范围内实现高效清洁

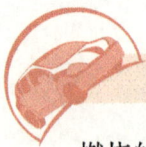

燃烧的关键。

在对混合气分层机理的认识基础上，国内外研究人员为进一步发展 HCCI 又提出了具有混合气分层特点的燃烧新概念，如低温燃烧 LTC（Low Temperature Combustion）、预混合压燃 PCCI（Premixed Charge Compression Ignition）、部分预混合燃烧 PPC（Partly Premixed Combustion）、分层充量压燃 SCCI（Stratification Charge Compression Ignition）及 MULINBUMP（Multi – injection and Bump Combustion Chamber）燃烧系统等。这些燃烧方式采用预混合、压燃并配合 EGR 降低了燃烧温度，其实质是通过控制混合气浓度分布、混合气组分、温度和燃烧反应物初始热力状态等参数实现对燃烧全历程的浓度（φ）及温度（T）路径的控制，从而避开有害排放生成区域，实现高效清洁燃烧。

(1) 低温燃烧 LTC　研究表明（见图 10-3），当缸内燃烧温度低于 1650K 时，无论当量比如何，燃烧都会避开 NO_x 和炭烟的生成区域，即几乎可以实现 NO_x 和炭烟的零排放。基于此思想，柴油机 LTC 采用大比例 EGR 率（>60%）大幅度降低燃烧温度，使炭烟和 NO_x 同时远离生成区域。LTC 相对于 HCCI 可以工作在混合气较浓的条件下，因此可以在更大工况范围内实现低 NO_x 和炭烟排放。但由于高比例 EGR 稀释导致局部当量比较高，同时存在大量低温区域且燃烧温度低于 CO 被氧化的温度阀值，导致 CO 和 THC 比排放恶化，燃烧效率急剧下降导致热效率降低，使 NO_x – Soot 之间传统固有的 trade – off 关系转化为 Soot – BSFC 之间的 trade – off 关系（见图 10-6）。天津大学深入研究了柴油机耦合高比例 EGR 的低温燃烧机理和排放特性，提出采用 Soot – Bump 区域之前的中等 EGR（<50%），并提高进气增压压力、降低压缩比、优化喷油控制策略以及燃用含氧燃料等技术措施是满足未来排放法规的合理选择。

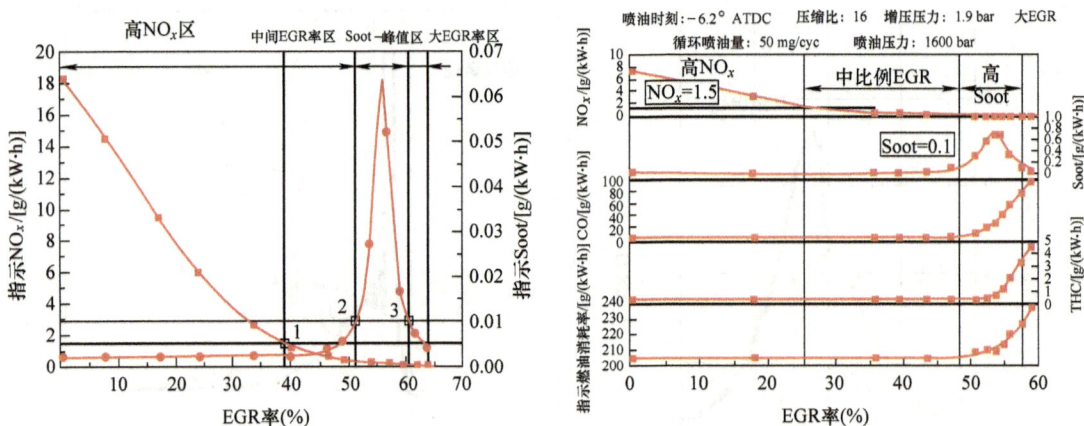

图 10-6　EGR 区间的划分及高比例 EGR 对柴油机的影响

（注：1bar = 10^5Pa）

(2) 部分预混合燃烧 PPC　瑞典 Lund 大学 Johansson 通过对 PPC 的大量研究指出，PPC 是一种 HCCI 与扩散燃烧相混合的燃烧模式，不仅可以如同 HCCI 一样使喷油结束时刻与燃烧开始时刻之间留有充足的时间以供燃油与空气的混合，而且如同传统柴油机燃烧一样主要由喷油时刻控制燃烧。因为 PPC 通过采用高 EGR 率以延长滞燃期可使喷油时刻

明显晚于 HCCI、PCCI，这样即可有效避免燃油的湿壁，如图 10-7a 所示。柴油 PPC 虽可同时取得极低的 NO_x 及 Soot 排放，但柴油较高的活性使着火较早，不利于高负荷的扩展，尤其是在大负荷下对 EGR 的依赖程度较高，燃烧效率的降低导致了较高的 HC 及 CO 排放，将会使热效率降低，如图 10-7b 所示。

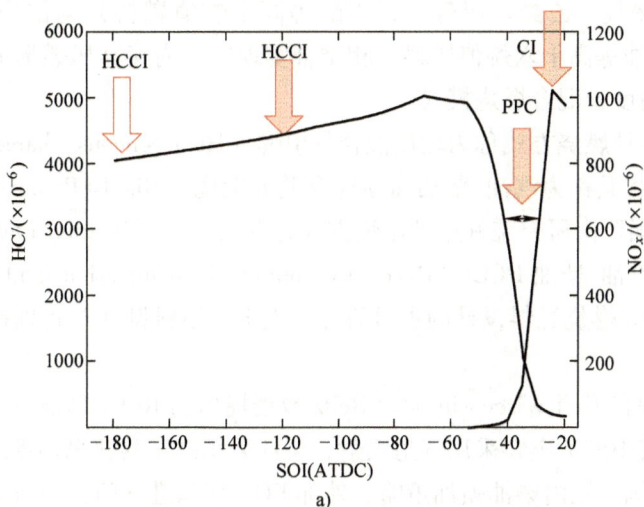

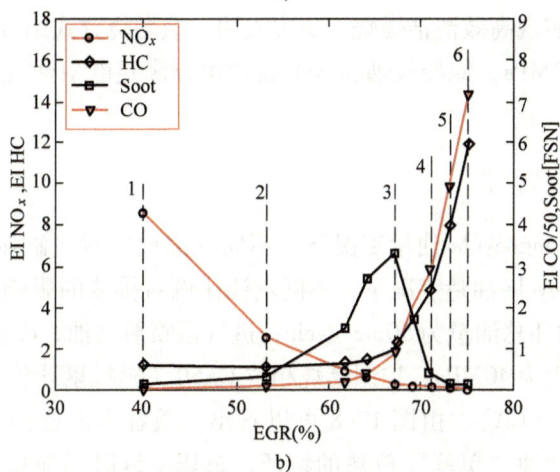

图 10-7 柴油 PPC 燃烧模式的排放特性

（发动机压缩比 12.4，IMEP0.8MPa，转速 1090r/min）

a）PPC 喷油时刻区间 b）PPC 排放

第四节 均质混合气引燃

一、基本思路

　　不论汽油机还是柴油机，单一燃料的 HCCI 燃烧都很难在更大范围拓宽其高效清洁燃烧运行工况范围。因此，动态控制 HCCI 发动机不同工况下所需的燃料特性，小负荷时燃

用高十六烷值燃料，大负荷时燃用高辛烷值燃料，可有效控制着火时刻和燃烧反应速度，拓宽运行工况范围并提高热效率。实现这一控制策略较实际的方式是采用双燃料喷射过程，且两种燃料的辛烷值差距较大，即高辛烷值与高十六烷值燃料相结合，通过调整不同燃料喷射比例从而调节不同工况所需的燃料特性。基本思路是将在进气道喷射的低活性燃料（如汽油、天然气、乙醇、甲醇、正丁醇等高辛烷值燃料）与缸内直喷高活性燃料（如柴油、生物柴油等高十六烷值燃料）相结合实现以缸内喷雾压燃形成的多点点燃均质混合气为特征的高度预混合燃烧模式。

清华大学将这种燃烧方式称为均质混合气引燃（Homogeneous Charge Induced Ignition，HCII），天津大学将其称为汽油/柴油高预混合低温燃烧（Highly Premixed Charge Combustion，HPCC），美国西南研究院称这种燃烧方式为点火流体（Ignition Fluid），美国 Wisconsin 大学将其称为汽油/柴油 RCCI（Reactivity Controlled Compression Ignition）。上海交通大学在进行有关 HCCI 燃烧燃料设计的项目研究，提出了燃料设计与管理控制分层复合燃烧的新方法。

典型应用实例有美国 Wisconsin 大学 Reitz 教授提出的 RCCI 燃烧方式，采用汽油、柴油双燃料方式，其中汽油燃料采用气道喷射，柴油采用高压共轨燃油系统缸内直喷，通过控制汽油/柴油比例、缸内柴油喷油策略、外部 EGR 率和进气门关闭时刻实现混合燃料的燃烧过程控制，从而实现高效清洁燃烧。研究表明，该燃烧方式结合进气增压后最大平均有效压力可以达到 1.3MPa，原始炭烟和 NO_x 排放可以满足欧VI法规的要求，热效率最高达到了 53%。

二、燃烧与排放特性

图 10-8 所示为 50mg/cycle 油量工况下，不同汽油比例对气缸压力和放热率的影响。图 10-9 所示为 50mg/cycle 油量工况下，不同汽油比例对排放的影响。试验条件：发动机转速为 1500r/min，循环总油量为 50mg/cycle；进气道喷射汽油，喷油压力为 0.3MPa；缸内直喷柴油，喷射压力为 40MPa；控制燃烧相位 CA50（燃料累计放热 50% 时对应的曲轴转角）在上止点后 8°（CA）。由图 10-8 可以看出，随着汽油比例的增加，燃烧时刻滞后，燃烧呈现明显的汽油"单峰"放热的特征，燃烧持续时间缩短，放热率和气缸压力均快速升高，因此可以通过改变汽油和柴油的比例来控制着火时刻和燃烧速度。从图10-9中可以看出，随着汽油比例的提高，由于预混合气比例升高，滞燃期延长使得混合更加均匀，因此 Soot 排放很低，同时带来燃烧速度加快使得燃烧温度升高，NO_x 排放有所增加；在较低的 EGR 率下，HC 和 CO 排放随汽油比例的变化不大。

汽油/柴油双燃料燃烧方式在提高发动机热效率和降低排放方面表现出巨大的潜力，但是目前对此燃烧方式的研究还很有限。目前主要集中于某一转速、负荷工况及一些性能参数的对比分析，缺少影响燃烧及排放的各运行参数间复杂的相互作用机理及试验数据的支持，在高负荷下的压力升高率依然偏高，汽油/柴油双燃料燃烧模式有待进一步的深入研究。

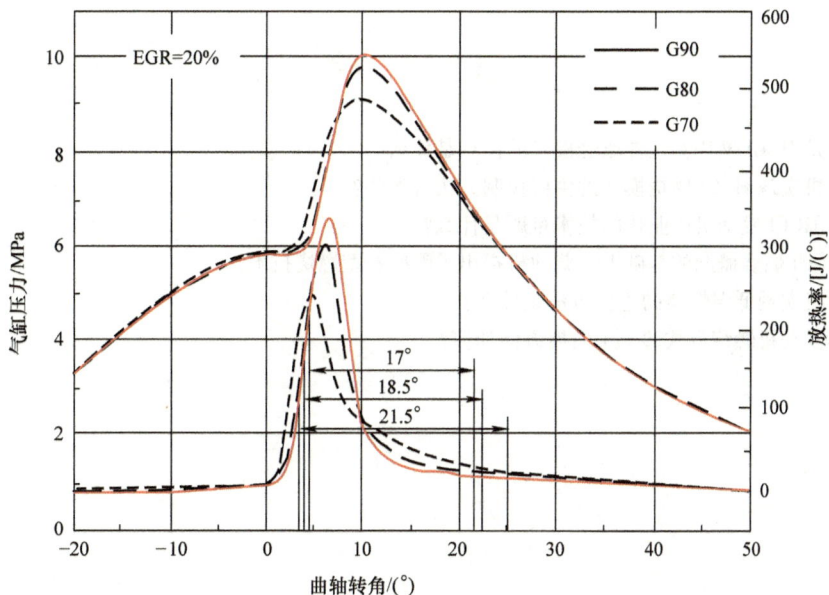

图 10-8　50mg/cycle 油量工况下，不同汽油比例对气缸压力和放热率的影响

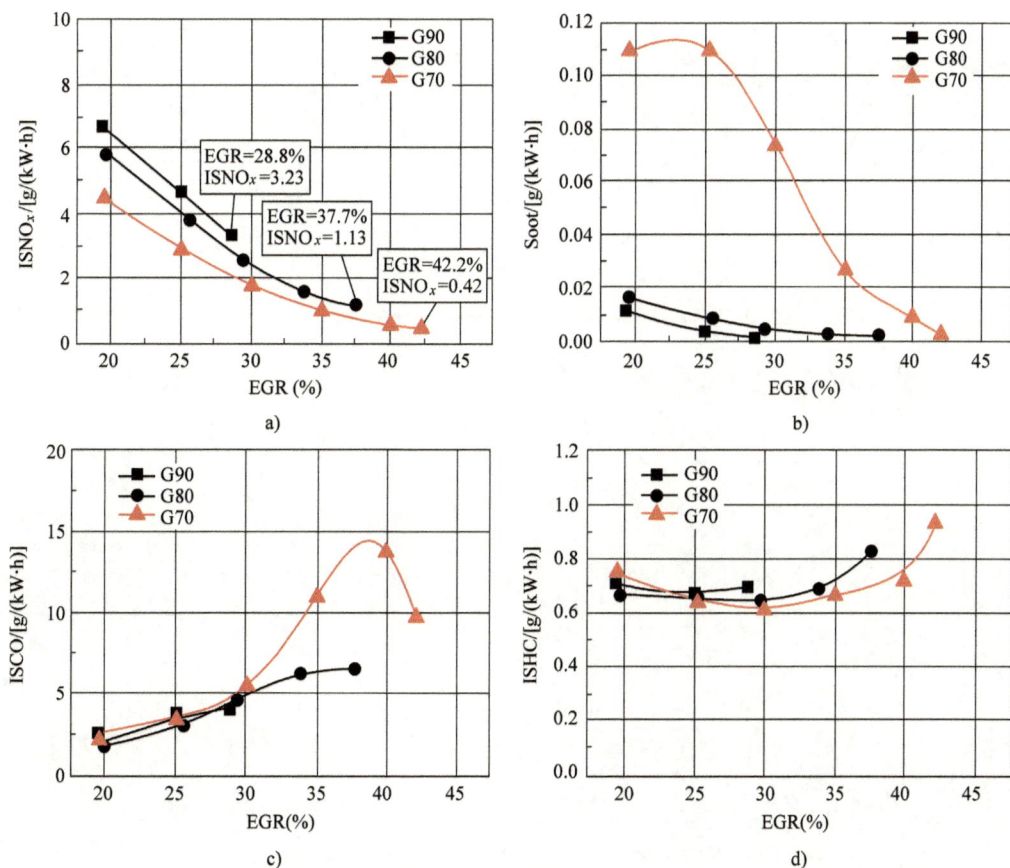

图 10-9　50mg/cycle 油量工况下，不同汽油比例对排放的影响
a）NO_x　b）Soot　c）CO　d）HC

思 考 题

1. 什么是 HCCI 燃烧？这种燃烧模式的优点是什么？
2. 汽油机实现 HCCI 燃烧模式的主要控制方法有哪些？
3. 汽油 HCCI 发动机产业化的技术难题是什么？
4. 在 HCCI 燃烧概念的基础上，柴油机提出了哪些新型燃烧技术？
5. 柴油机实现低温燃烧的主要方法是什么？
6. 汽车发动机燃烧方式的未来发展方向如何？

第十一章

发动机试验

　　发动机试验是考核发动机的动力性、经济性和工作可靠性以及检查整机和零部件的制造质量、可靠性和耐磨性等不可缺少的手段，也是研究、设计、制造新型发动机的一个必不可少的重要环节。为了能严格控制试验条件并按国家标准规定进行测试，尽量模拟发动机在实际使用条件下的各种工况，发动机试验通常都在试验台架上进行。

　　本章主要介绍发动机试验的种类和有关标准、功率与燃油消耗量的测量、发动机台架试验等内容。

第一节　发动机试验的种类及有关标准

一、发动机试验的种类

　　汽车发动机试验一般可分为常规试验和单项专题性研究试验两大类。在常规试验中又可分为性能试验和可靠性试验。对发动机的常规试验根据不同的对象又可分为定型、验证和抽查三种类型。

　　性能试验适用于凡新设计或重大改进的发动机定型试验、转厂生产的发动机验证试验以及现生产的发动机抽查试验。性能试验是对汽车发动机在试验台架上进行全面的性能测定，以考察其动力性、经济性及其他重要性能等性能指标是否达到要求。

　　可靠性试验适用于新设计或经重大改进的发动机定型试验、转厂生产的发动机验证试验。此类发动机的试验除进行一般的性能试验外，还要在试验台架上进行可靠性试验，其目的是在台架上使发动机受到较大的实际交变机械负荷及热负荷，并提高单位时间内的交变次数，以期在较短的时间内考验发动机的可靠性。

　　现生产的发动机抽查试验，是根据生产的批量，每隔一定时间抽取一定数量的发动机进行性能试验和可靠性试验，以考核发动机制造工艺的稳定情况。

　　单项专题性研究试验是为了研究改进发动机的性能所做的专题试验，如新理论的探讨、新结构形式的确定，新测试方法的论证及新材料新工艺的应用等，都必须通过单项专题性试验予以证实、认定以便推广应用。

　　以上两大类型的试验中，除了单项专题性研究试验可参照国家标准自行拟定试验规范和方法，不完全按国家统一标准进行外，其他各类试验都应按国家颁布的各种发动机和内燃机试验标准进行。

二、发动机试验的有关标准

　　世界上各国都制定了相应的内燃机或发动机试验标准，这些标准通常都是按内燃机种

类和用途分类制定的。我国制定的汽车发动机现行试验标准有：《汽车发动机性能试验方法》（GB/T 18297—2001），《汽车发动机可靠性试验方法》（GB/T 19055—2003），《汽车发动机定型试验规程》（QC/T 526—2013），上述标准对性能试验、可靠性试验和现生产的发动机抽查试验等有关事项，如功率标定、性能试验项目、可靠性耐久性试验规范、出厂试验内容、测试设备方法和精度等都做了较详细的规定。

第二节　功率与燃油消耗率的测量

一、试验台简介

发动机在试验台上进行的试验称为台架试验。试验台要保证试验条件达到标准要求，并能迅速、准确地测录发动机各项工作参数。

图 11-1 所示为发动机试验台架简图。试验台由基础、底板和支架组成。由于发动机试验时有较大的振动和旋转力矩，所以试验台用防振混凝土制作基础。基础上固定有安装发动机用的铸铁底板和前后支架。为保证发动机能迅速拆装和对中，前后支架在底板上的位置和高度做成可调的。

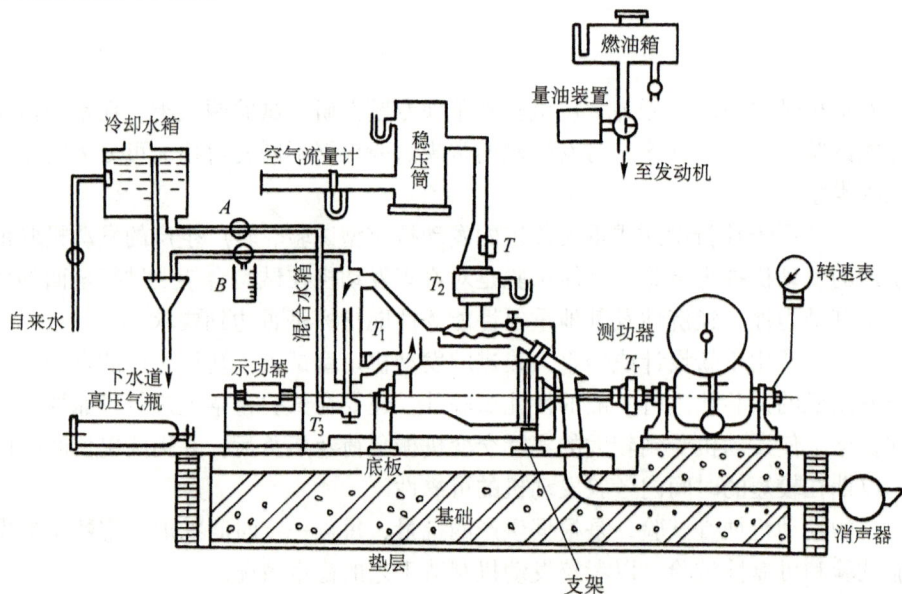

图 11-1　发动机试验台架简图

发动机曲轴与测功器转子轴用联轴器连接。通过测功器和转速表所测读数，可以计算出被测发动机的功率。为保证发动机工作时冷却液温度正常，设有专门可调水量的冷却系统。冷却液出水温度控制系统能自动保持出水温度正常，使出水温度达到规定（80 ± 5℃）的试验要求。燃油由专用油箱通过油量测量装置供给发动机的燃料供给系统。为了排出发动机的有害排放物，减少室内噪声，应有保证室内通风、消声的装置。

试验台安装的设备和仪器大致分为以下三类。

1. 基本设备

包括测功器、转速表、油耗测量装置。

2. 监测仪器

包括冷却液温度计、机油温度计、机油压力计、排气温度指示器、气压计、室内温度计、湿度计等。

3. 特殊设备

包括示功器、空气流量计、冷却液流量计、废气分析仪、烟度计、声级计、测振仪等。

目前，台架试验越来越多地采用自动控制系统。如 AVL 公司的 PUMA 系统、申克公司的 X-MOT 系统、西门子公司的 CATS 系统都是产品化的计算机控制测试系统，这些系统对试验台架进行控制和数据采集，同时也将相关数据传送给用户网络系统的上位计算机系统，自动完成主要参数监控、试验结果显示、曲线拟合、测量点配置等工作，提高了测量的精度和速度。

在稳定工况时，现代化的内燃机试验台架的计算机数字控制系统已实现了相当精确的运行特性的协调，但是在不稳定工况时，其潜能在过去还没有完全被利用，从而制约了对内燃机动态特性的研究。随着计算机技术的发展，从 20 世纪 80 年代后期起，国外一些内燃机测试设备制造公司通过研究开发，研制出带有高精度自动控制系统的内燃机动态试验台架，如德国申克公司的 "DYNAS-DC" 系统、奥地利 AVL 公司的 "PUMA-ISAC" 系列，德国西门子公司的 "CATS" 系列。这些计算机控制的动态试验台架各个系统组成部分都具有足够高的响应速度和很小的非线性失真，可模拟汽车行驶时内燃机所处的动态工况并对各种参数进行测量，可利用计算机程序控制对内燃机进行预置设计方案的运转控制，同时，把与汽车道路试验相同的负荷加载到内燃机上，可直接在试验台架上进行数据处理或通过网络向上位计算机传送试验数据。这样一来，就可以在没有整车的情况下，对汽车的传动系统进行优化匹配或当确定了汽车传动系统和汽车主要的、相关的技术参数后，对被选用的内燃机进行性能匹配和优化，或选用更为合适的内燃机。

二、功率的测量

1. 示功图、指示功率的测定

测录发动机示功图的实质是测录气缸中随曲轴转角（或气缸容积）而变化的瞬时压力。示功图的测定是发动机重要的测试项目之一。借助于所制取的发动机某种工况下的示功图，可确定该工况下发动机的指示功率。

测录示功图的仪器称为示功器，有机械式示功器、气电式示功器和电子式示功器等。目前最常用的是气电式示功器和电子式示功器。

(1) 气电式示功器 气电式示功器也称为平衡式示功器，它的基本原理是利用平衡式传感器通过一套相应的电气和记录系统，把循环中迅速变化的被测压力和给定压力相平衡时的点，累积记录下来并连成曲线。

图 11-2 所示为气电式示功器的工作原理简图。气电式示功器的转筒 1 通过联轴器和发动机曲轴相连，转筒上装有记录纸。高压气瓶 7 内装有高于发动机最高气缸压力的压缩空气或氮气，压缩空气或氮气通过连接孔 5 进入小阀 3 和装在发动机气缸盖上的测压头 4

中。在气体压力的作用下，和小阀连接的记录笔2可左右移动。试验时，可以通过控制阀6控制高压气瓶输送给小阀3和测压头4的气体压力。

气电式示功器的测压头的结构如图11-3所示。测压头内腔被滑阀2隔成两半，一半与气缸相通，另一半通过管接头7与高压气瓶连接。滑阀2可沿轴向移动，导向杆4与滑阀2构成串联在高压线圈的初级线路中的断电器。当滑阀2处于中间位置时，电路断开；当滑阀2处于两端位置时，导向杆4通过发动机体与地接通。滑阀2的位置取决于滑阀两面的气压。

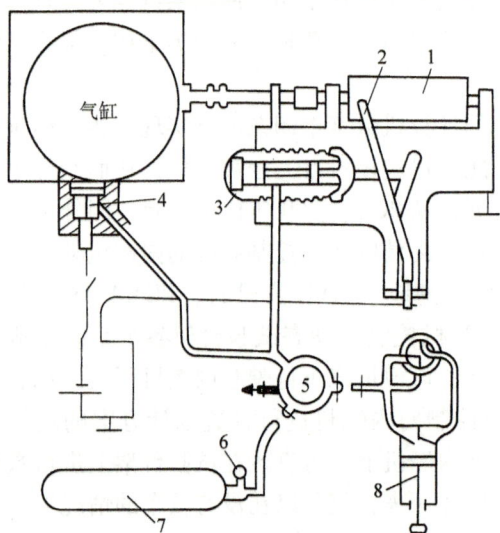

图11-2　气电式示功器的工作原理简图
1—转筒　2—记录笔　3—小阀　4—测压头　5—连接孔
6—控制阀　7—高压气瓶　8—手泵

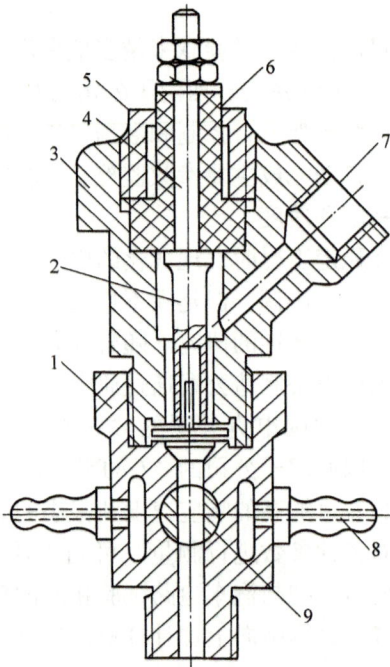

图11-3　气电式示功器的测压头的结构
1、3—阀座　2—滑阀　4—导向杆
5—外壳　6—绝缘体　7—管接头
8—进水口　9—开关

发动机运转时，当发动机气缸压力与高压气瓶输送给测压头的压力相等时，滑阀2处于中间位置，初级线圈断电，在高压线圈中产生高压电，高压电流经过图11-2中记录笔2，在笔针尖与圆筒间跳过一火花，并在记录纸上留下一小孔。孔的位置表示了一定曲轴转角上的气缸压力数值。当发动机气缸压力下降使滑阀2两面气压再次平衡时，记录纸上又留下一小孔，但两个小孔之间，圆筒已转过一定角度，即发动机完成了一个工作循环。因此，发动机每一个工作循环内，记录纸上仅留下了示功图的两个点。一个点是在气缸压力上升到约等于当时测压头内压缩气体的压力时记录的；另一个点是在气缸压力下降到约等于当时测压头内压缩气体的压力时记录的。

当测压头腔内压力从零逐渐增加时，滑阀2不断在新的气压下平衡，在示功图上打出新的孔，直到超过气缸内最高燃烧压力，并停止产生火花为止。在记录纸上可得到无数点 a、b、c、d、e、f、…。这些点的总和形成完整的压力波形图，即示功图，如图11-4所示。

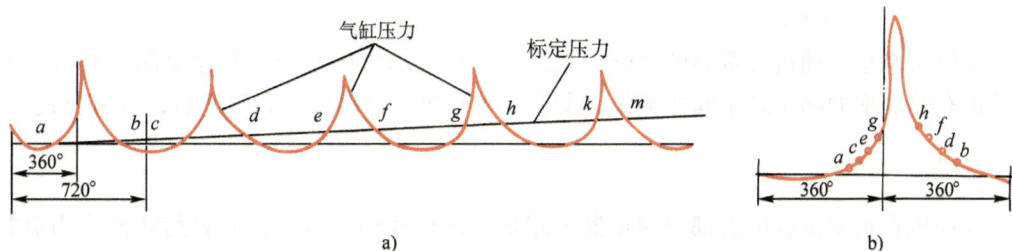

a)

b)

图 11-4 气电式示功器的点迹测录及 p—φ 图

（2）电子式示功器 电子式示功器是通过适当的传感器把发动机气缸内压力和曲轴转角等非电量，按比例转换成相应的电量，经电子放大器输入到示波器中，通过荧光屏观察或摄录下来，即得到示功图。示功器按对被测量所采用的电子测试方法的不同可分为三种类型，即电阻应变式、电容式和压电式。下面以压电晶体传感器为例说明电子式示功器的工作原理。

在高压测量中，常利用石英晶体的纵向压电效应，因为此时晶体的机械强度高。图 11-5 是一种常规的压电晶体传感器结构图，气体压力经膜片 8 传递给菌形杆 7 和晶体 1，晶体 1 受压力时产生的负电荷由电极 2 引出，经电荷放大器放大后输入阴极示波器。

阴极示波器包括阴极射线管、振荡器和检波放大器。图 11-6 所示为阴极示波器的工作简图。电子从炽热的阴极 1 产生，经膜片 2 的孔射出一束电子流，在圆筒形的阳极 3 中得到加速，并以很细的电子射线通过相互垂直布置的两对偏转极 4 和 5，在荧光屏上形成一个亮点。在两对偏转极的电场作用下，光点在荧光屏的垂直和水平方向上扫描。通常是将压力传感器测量放大电路的输出与垂直偏转极相接，行程传感器的输出或时间信号接到水平偏转极上，这样当气缸压力随活塞行程或曲轴转角变化时，在示波器的荧光屏上便呈现出发动机的 p—V 图或 p—φ 图。对上述图形进行摄录，即得到可供计算和分析的图形。

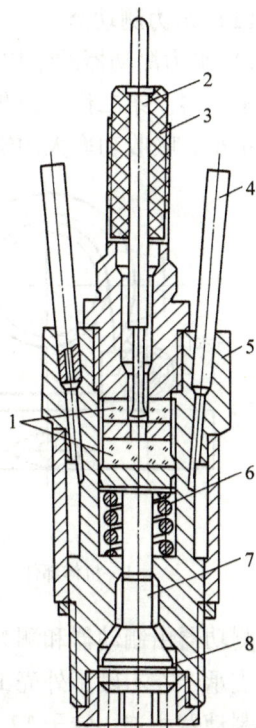

图 11-5 常规的压电晶体传感器结构图

1—晶体 2—电极 3—绝缘体
4—管子 5—外壳 6—弹簧
7—菌形杆 8—膜片

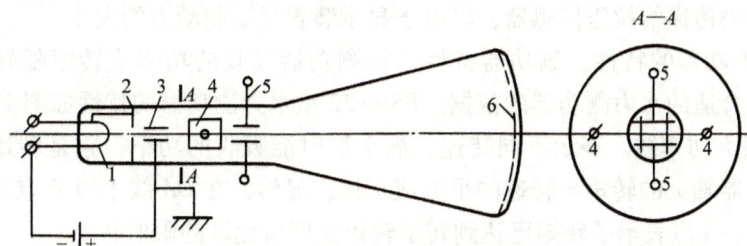

图 11-6 阴极示波器的工作简图

1—阴极 2—膜片 3—阳极 4、5—偏转极 6—荧光屏

2. 有效功率的测量

有效功率是发动机最重要的性能参数之一，在发动机试验中大都需要测量有效功率。发动机有效功率的测定属于间接测量，即测定发动机的输出转矩和转速后，再由公式 $P_e = \dfrac{T_{tq}n}{9550}$ 求得。

发动机在台架试验中大都用测功器来测量发动机输出的转矩，此时测功器作为负载，并通过测功器实现对测定工况的调节。常用测功器有水力测功器、直流电力测功器和电涡流测功器三种。

（1）水力测功器

1）水力测功器的结构与工作原理。我国第一代水力测功器主要是传统的销钉式和闸套式示功器。第二代水力测功器吸收了上述测功器的特点，采用国际上流行的体积小、转动惯量小、吸收功率大的蜗壳结构。图 11-7 所示为 PSI—22 型水力测功器的外形示意图。

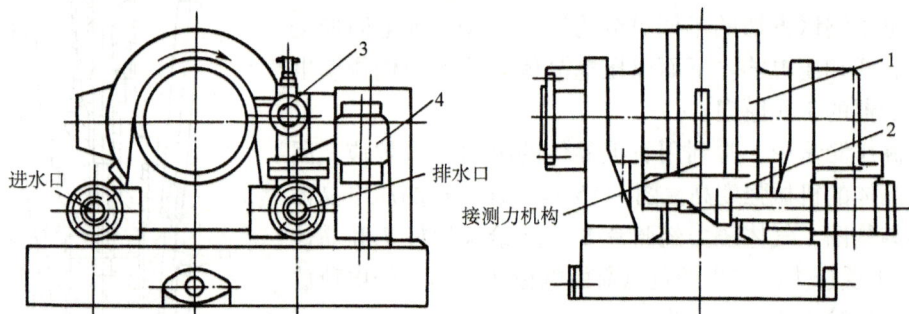

图 11-7　PSI—22 型水力测功器的外形示意图
1—机体部件　2—进排水部件　3—自动调节装置部件　4—拉压力传感器部件

测功器由制动器和测力机构两部分组成。制动器结构如图 11-8 所示，转子 12 由滚动轴承支承于左右轴承外壳 10 上。外壳 13 可来回摆动，并与测力机构（图中未画出）通过一制动臂相连。转子 12 和定子 11 组成偶件，工作时发动机通过万向节 4 使转子与定子产生相对运动。有一定压力的水通过进水管进入转子与定子形成的蜗壳室内，由于转子旋转所产生的离心力及转子蜗壳的作用，在侧壳与转子之间形成强烈的水涡流，通过水与外壳的摩擦，使外壳摆动。控制排水阀的开度可以调节水层厚度，水层越厚，水与转子和外壳的摩擦力矩越大，吸收功越多，此时外壳摆动的角度也越大，测力机构的读数随之增加。这样，发动机输出的机械能被水吸收变为热能并将转矩传递到外壳上，通过外壳上的制动臂将制动力传递给拉压传感器，经电子显示装置显示制动力的大小。

2）水力测功器的特性。测功器特性是指测功器吸收的功率或转矩随转速变化的关系。它是选购合适的水力测功器的依据。PSI—22 型水力测功器的特性如图 11-9 所示。

OA——最大功率线。表示不同转速、满水层时能吸收的功率，它是转速的三次方曲线。水力测功器轴上的转矩与转速的平方成正比。显然，在 *OA* 线上以 *A* 点工作时转子承受的转矩最大，*A* 点表示了转矩已达到转子转矩强度所允许的限值转速。

AB——最大转矩线。表示在极限转矩下，通过增加转速而增加吸收的功率。此时需要相应减少测功器的水层厚度。

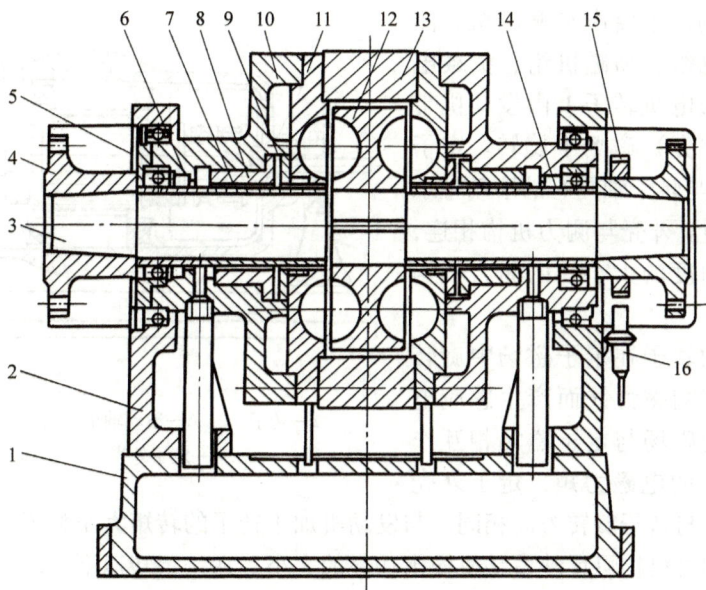

图 11-8 PSI—22 型水力测功器制动器结构图

1—底座 2—左右轴承座 3—转子轴 4—万向节 5—密封组件
6—骨架油封 7—轴套 8、9—双金属轴套 10—左右轴承外壳 11—定子
12—转子 13—外壳 14—封水圈 15—测速齿轮 16—测速传感器

BC——额定功率线。表示受测功器排水温度限制的限制功率。水力测功器吸收的功率越大，其排水温度越高，测功器的最高排水温度不得超过 70℃。否则，水层中会产生气泡，使测功器指针不稳定，*BC* 段内的水层厚度会进一步减少。

CD——最大允许转速线。如果转速再加大，旋转部件的离心惯性力过大，可能会引起损坏。

DO——空载特性线。表示测功器中没有水时，空转所吸收的功率。这部

图 11-9 PSI—22 型水力测功器的特性曲线图

分功率用于克服转动的空气阻力和转子轴承的摩擦阻力。

图形 *OABCDO* 所包围的面积是测功器的工作范围。若被测发动机的功率曲线在所选测功器的特性曲线范围内，则可进行试验。不同型号的水力测功器有不同的特性范围，应根据被测发动机与测功器的匹配情况，选用合适的水力测功器。

水力测功器的缺点是测量精度低，不能进行反拖试验，试验中能量不能回收。但它具有价格便宜、结构简单、操作简便、便于维修、体积小等优点，因而得到广泛应用。

（2）直流电力测功器

1）直流电力测功器的结构及工作原理。直流电力测功器大都制成如图 11-10 所示的

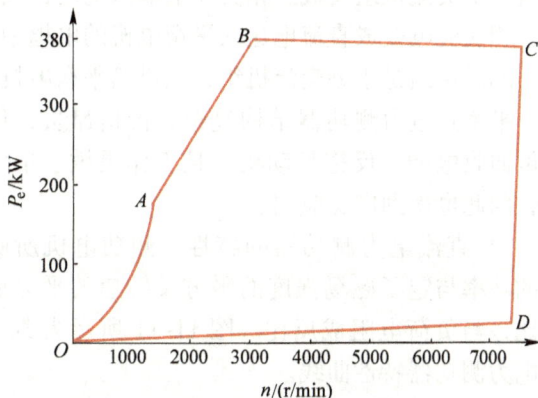

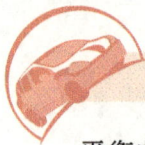

平衡电机式结构，主要由平衡电机、测力机构、交流机组、励磁机组、负载电阻等组成。直流电机转子1由发动机带动并在定子（外壳）磁场中旋转。定子（外壳）支承在与转子轴同心的滚动轴承上，可自由摆动。外壳与测力机构相连，根据外壳摆动角度的大小，由测力机构指示力矩数值。

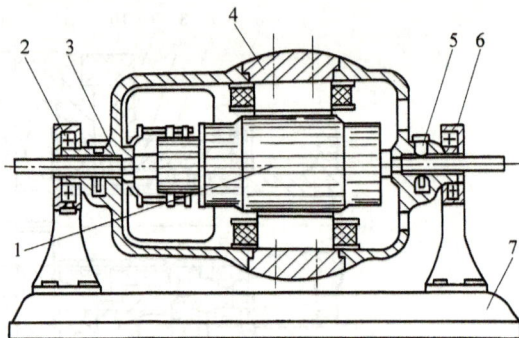

图11-10 平衡电机式结构

1—转子 2、6—滚动轴承 3、5—滑动轴承
4—定子外壳 7—基座

发动机带动转子在定子磁场中旋转时，转子线圈切割磁力线而产生感应电流。感应电流的磁场与定子磁场相互作用产生方向相反的电磁力矩，定子外壳受到的电磁力矩与转子旋转方向相同，与发动机加于转子的转矩大小相等。因此，通过外壳摆动角度经测力机构可反映发动机输出功率的大小。在一定转速下，改变定子磁场强度及负载电阻即可调节负荷大小。

平衡电机既可作为发电机运行，吸收发动机转矩，也可加一换向机构作为电动机运行而拖动发动机，从而测量发动机的摩擦功率和机械损失，还可起动、磨合。

交流机组由交流异步电机和直流电机组成。当平衡电机作为发电机运行时，其发出的直流电由交流机组变成三相交流电输入电网；当平衡电机作为电动机运行时，交流机组又把三相交流电变成直流电送入平衡电机的电枢中。

励磁机组是小型交流机组，它供给平衡电机及交流机组励磁电流以产生磁场。

平衡式电力测功器结构复杂，价格昂贵，但它可回收电能，反拖发动机，且工作灵敏、精度高，因此也得到广泛应用。

2）直流电力测功器的特性。测功电机所吸收的功率与定子磁场强度的平方及转速的平方成正比，与负荷电阻成反比。图11-11所示为典型的电力测功器特性曲线。

图11-11 电力测功器特性曲线

OA——最大励磁电流时所能吸收的功率。

AB——转子所能承受最大转矩时的功率。

BC——电枢所产生的电流不能超过允许限值及其对应的最大功率。

CD——转子绕组所能承受的离心力及其对应的最高转速。

DO——励磁电流为零时吸收的功率。

（3）电涡流测功器

1）电涡流测功器的结构与工作原理。电涡流测功器由电涡流制动器、测力机构及控制柜组成。电涡流制动器工作原理简图如图11-12所示，转子盘为圆周上加工有齿槽的钢齿轮，定子包括摆动壳体、涡流环（摆动体）、励磁线圈。当给励磁线圈中通以直流电

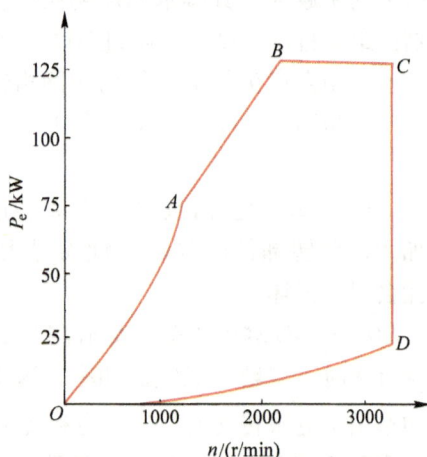

时，即产生通过外壳、涡流环、空气隙和转子盘的磁力线。发动机带动转子盘旋转，由于转子盘外周涡流槽的存在，会在空气隙处产生密度交变的磁力线，因而在涡流环内产生感应电动势而形成涡电流。此电流与产生的磁场相互作用即形成一定的电磁力矩，从而使涡流环（摆动体）偏转一定角度，由测力机构可以测出力矩数值。

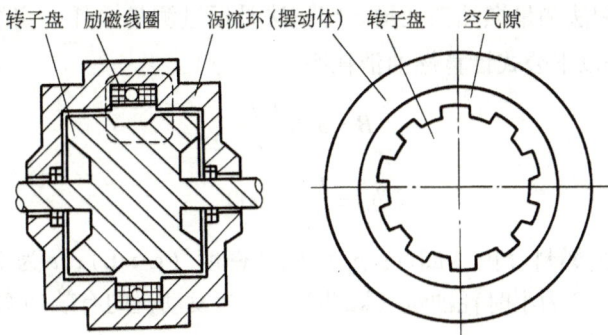

图 11-12　电涡流制动器工作原理简图

调节励磁电流的大小，即可调节电涡流强度，从而调节吸收负荷的能力。涡流制动器把吸收的功率转换成热能，靠冷却液的流动把这些热量带走，以保证正常运行。

电涡流测功器操作简便，结构紧凑，运转平稳，精度较高，有很宽的转速范围和功率范围，但不能反拖发动机，能量不能回收，价格较高。随着发动机测试技术的发展，目前，也已得到广泛应用。

2）电涡流测功器的特性。电涡流测功器的特性曲线如图 11-13 所示。

OA——达到额定吸收功率之前所能够吸收的最大功率线。

AB——允许吸收的最大功率线（额定功率）。

BC——允许的最高转速线。

CO——空转吸收功率线，即励磁电流为零时的吸收功率线。

OD——达到额定功率前的最大转矩曲线。

DE——允许的最大转矩曲线。

n_0——达到额定吸收功率时的转速。

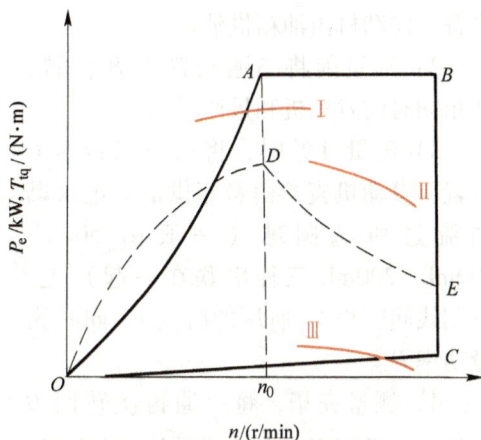

图 11-13　电涡流测功器的特性曲线

图中曲线 *OABCO* 所包括的范围就是测功器所能吸收的功率范围。因此，凡是发动机的特性曲线落在该范围内的都能被测试。选用测功器必须首先根据发动机的特性曲线按以上原则进行，其次还要考虑测量范围的合理选择以保证测量精度。图 11-13 中曲线 Ⅰ、Ⅱ、Ⅲ是三种不同发动机的特性曲线，曲线 Ⅱ 发动机的选用是正确的，曲线 Ⅰ、Ⅲ 发动机的选用是不合适的，该测功器无法测试。

三、燃油消耗率的测量

燃油消耗率是发动机的重要特性参数之一。在内燃机试验室中，通过测定发动机的燃

油消耗量，可以根据公式计算得到发动机的燃油消耗率。油耗仪是测量发动机燃油消耗量的仪器或装置，也称为燃油流量计。它有各种不同的类型和结构，适用于不同的目的和要求。燃油消耗量的测量方法按测量原理可分为容积法和质量法两种。

1. 容积法

汽油机常用容积法测量燃油消耗量。容积法是通过测量消耗一定容积 V_T 的燃料所需要的时间 t，然后按以下公式计算燃油消耗率：

$$B = 3.6 \frac{V_T \rho_f}{t} \tag{11-1}$$

$$b_e = \frac{B}{P_e} \times 1000 \tag{11-2}$$

式中，V_T 为所消耗的燃料容积（mL）；ρ_f 为燃油密度（g/mL）；t 为消耗容积为 V_T 的燃油所用的时间（s）；B 为小时耗油量（kg/h）；P_e 为发动机的有效功率（kW）；b_e 为燃油消耗率[g/(kW·h)]。

图 11-14 所示为容积法测量燃油消耗量的装置示意图。燃油从油箱 1 经开关 2、滤清器 3 到三通阀 4，向发动机供油并可向量瓶 5 充油。试验时操作如下：

1）打开油箱开关，将三通阀置于 A 位置，发动机由油箱供油。

2）测量前将三通阀置于 B 位置，油箱同时向发动机和量瓶供油。

3）测量开始时，将三通阀转至 C 位置，发动机直接由量瓶供油。记录燃油流过所选圆球（一般由 50mL、100mL、200mL 三种串联在一起）上、下刻线间容积 V_T 所用的时间 t，同时测量功率 P_e。

4）测量完毕，将三通再次转回 B 位置，向量瓶再次充油，准备下次测量。

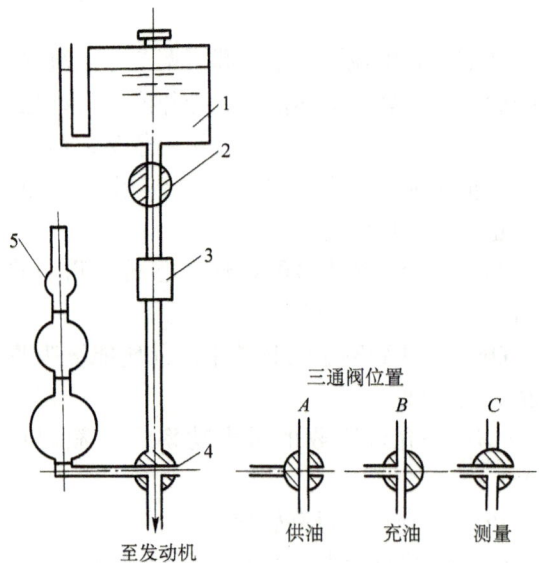

图 11-14　容积法测量燃油消耗量的装置示意图
1—油箱　2—开关　3—滤清器　4—三通阀　5—量瓶

2. 质量法

柴油机用质量法测量燃油消耗量。质量法是通过测量消耗一定质量 m 的燃油所需要的时间 t，然后按以下公式计算燃油消耗率：

$$B = 3.6 \frac{m}{t} \tag{11-3}$$

$$b_e = \frac{B}{P_e} \times 1000 \tag{11-4}$$

式中，m 为所消耗的燃料（g）；t 为消耗 m（g）的燃油所用的时间（s）；B 为小时耗油量（kg/h）；P_e 为发动机的有效功率（kW）；b_e 为燃油消耗率[g/(kW·h)]。

图 11-15 所示为质量法测量燃油消耗量的装置示意图。燃油从油箱 1 经开关 2、滤清器 3 向发动机供油并向量杯 5 充油，量杯放在天平 6 上。测量时操作步骤如下：

1）打开油箱开关，将三通阀 4 置于 A 位置，油箱向发动机供油。

2）三通阀转至 B 位置，油箱向发动机供油并向量杯充油。当量杯内燃油比天平另一端砝码稍重后将三通阀转置 A 位置。

3）测量时，将三通阀置于 C 位置，柴油机用量杯中的燃油，在天平指针指零的瞬间，起动秒表，然后取下一定质量的砝码。

4）当天平指针再次到零位的瞬间，停止秒表，记录用去的燃油量 m 和相应的时间 t。

5）将取下的砝码放回天平上，将三通阀置于 B 位置，在量杯再次充好油后，将三通阀转至 A 位置，准备下次测量。

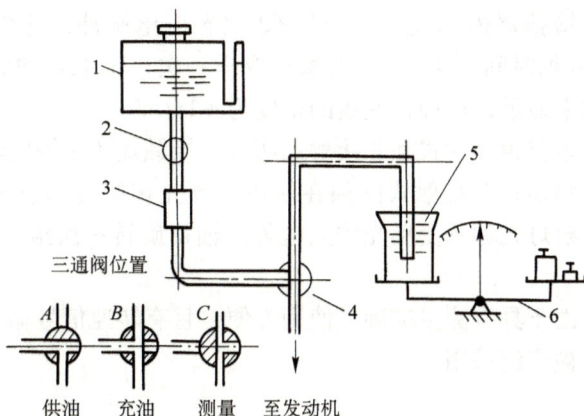

图 11-15　质量法测量燃油消耗量的装置示意图
1—油箱　2—开关　3—滤清器　4—三通阀　5—量油杯　6—天平

为了保证测量精度，减轻测试人员的劳动强度，实现远距离操作，发展了数字式自动油耗测量仪，这种油耗仪只要预先设定量瓶容积或砝码质量，就能自动进行准备、充油、测量等操作，并以数字显示出消耗时间及燃油容积或质量，经计算就可以得出燃油消耗率。图 11-16 所示为容积式数字油耗仪工作原理简图。在细颈刻线的一侧有电光源，另一侧有光电管，每对光源与光电管置于同一水平面上，若细颈管充满燃油，光源的光穿过细颈管时，由于燃油对光线的折射作用，光不能照到光电管上；

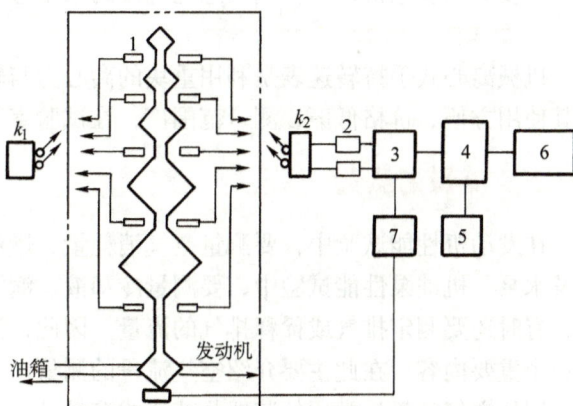

图 11-16　容积式数字油耗仪工作原理
1—光源　2—整形放大　3—触发器　4—门电路
5—脉冲发生器　6—计数器　7—量程选择开关
k_1—光电源　k_2—光电管

当细颈管无油时，光可穿过细颈照射到光电管上，使光电管通电，再通过电路控制电动三

通阀和计数器工作，实现时间和油耗量的自动显示。

四、转速的测量

发动机试验时用转速表测量转速。转速表按工作原理分为电子数字式、电气式和机械式三种形式。

1. 电子数字式转速表

电子数字式转速表有固定式及手持式两种。

固定式电子转速表由传感器及指示仪两部分组成。传感器是一个脉冲发生器（可以是磁电式或光电式）。如磁电式传感器由一个齿盘及一个电磁捡拾器组成。齿盘是固定在测功机主轴上带有 60 个齿的盘（或齿轮），电磁捡拾器靠近齿盘固定。发动机带动测功机主轴每旋转一周，捡拾器内的线圈就产生 60 次感应电脉冲，这个信号送到指示仪表（相当于一个频率计外加时间开关）。一般每秒取样一次，1s 取得的脉冲数等于发动机每分钟转速，用 4 位数字显示，这种转速表的精度为 $\pm 1r/min$。

手持式电子转速表分为接触式和非接触式两种。接触式的用橡胶轴头与发动机轴端接触，表内装有光电传感器；非接触式的须在使用前预先在旋转轴或盘上粘贴白色反光纸条，仪器前端装有照射灯光和感受反光的光电管。轴每旋转一次给光电管一个脉冲信号，累计运算得到转速。

电子式转速表，由于具有测量准确，使用方便，且有转速信号输出，易于实现自动控制等优点，近年来已被广泛采用。

2. 电气式转速表

电气式转速表主要有发电机式和脉冲式两种。发电机式做成直流或交流发电机结构，利用感应电压与转速成正比的原理进行测量。脉冲式是利用转速与频率成正比的原理，做成一种多级的发电机结构，利用感应电压的频率进行测量。

3. 机械式转速表

机械离心式手持转速表是利用重块的离心力与转速的平方成正比的原理而工作的。由于其使用方便，价格低廉，测量范围广，在试验室仍有一定的应用。

五、流量的测量

在发动机性能试验中，要测量空气消耗量、燃油消耗量和活塞漏气量；在发动机热平衡及水泵、机油泵性能试验中，要测量冷却液、润滑油的流量；在发动机排气污染物试验中，有时还要测定排气或稀释排气的流量。因此，流量测量是发动机试验中需要经常进行的一个重要内容。在此主要介绍空气流量的测量。

测量空气流量最常用的装置是节流式流量计。节流元件常用标准孔板或标准喷嘴，结构形式不同，但都是利用流体节流原理来测量流量的。图 11-17 所示为节流式流量计工作原理简图。气体流过装有孔板的管道时，由于孔板上圆孔的节流，使气体流经孔板时，流速增加，静压力降低，在孔板前后产生压差，测量此压差（由 U 形管压力计测出），就可计算出气体流量的大小。当气体流量增加时，流速随之增大，压差也就变得越大，所测气体流量增加。

节流式流量计结构简单，使用寿命长。但需装有稳压箱，以减少气流的脉动。

旋涡流量计是另一种测量空气流量的装置。它的工作原理是利用流体振荡原理，通过测量流体流经管道时的旋涡频率，计算出气体流量。旋涡流量计无需稳压箱，流量测量范围大，精度较高，几乎不受温度、压力、密度、成分变化的影响，目前应用较多。如YF100型旋涡流量计，它的工作原理是：在流体中插入一个柱状物（旋涡发生体），在柱状物两侧交替地产生有规则的旋涡（见图11-18），这种旋涡被称为卡门旋涡。卡门旋涡的释放频率与流体的流速及柱状物的宽度有关。其释放频率与流速成正比，因此通过测量卡门旋涡释放频率就可算出瞬时流量。该旋涡流量计的旋涡释放频率是由旋涡交替作用于旋涡发生体上的应力通过在它内部的压电元件测出的。

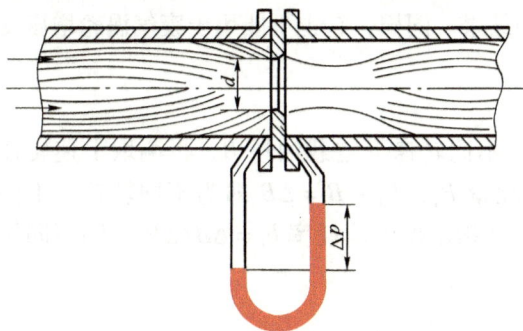

图 11-17　节流式流量计工作原理

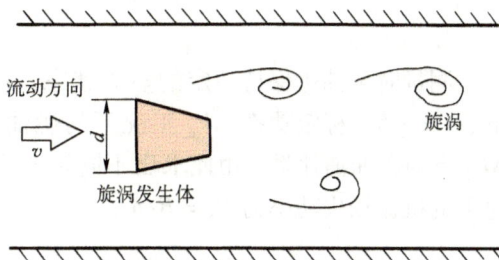

图 11-18　旋涡流量计工作原理

第三节　发动机其他参数的测量

一、机械损失功率的测定

试验目的是评定发动机的机械损失功率。目前常用的方法有倒拖法和灭缸法。柴油机也可用油耗线法。我国汽车发动机试验标准中规定，应优先采用倒拖法测量机械损失功率。

1. 倒拖法

试验时发动机在给定工况下稳定运行，冷却液及机油温度达到规定要求。然后切断油路，使管路中的剩余燃油迅速烧尽，汽油机还需切断点火电源。同时，用直流电力测功器反拖发动机，以原给定转速使发动机空转，并尽量使冷却液温度和机油温度保持给定工况的温度不变。电力测功器所测得的功率即为发动机该工况下的机械损失功率，可根据测得数据计算机械效率。

2. 灭缸法

灭缸法仅适用于多缸发动机。首先将发动机调整到给定工况稳定工作，测定其有效功率 P_e；然后停止向一个气缸供油，并调整测功器，使发动机恢复到原来的转速，再测定发动机的有效功率 $P_{e(1)}$。由于有一个气缸不工作，第二次测得的有效功率比第一次测得的小，两者之差即为停油气缸的指示功率。同法，依次使各缸灭火，即可测得对应的有效功率 $P_{e(2)}$、$P_{e(3)}$、…。于是得到各缸的指示功率为

$$P_{i1} = P_e - P_{e(1)}$$

$$P_{i2} = P_e - P_{e(2)}$$
$$\vdots$$

将以上各式相加得整机指示功率为

$$P_i = P_{i1} + P_{i2} + \cdots = iP_e - (P_{e(1)} + P_{e(2)} + \cdots) \tag{11-5}$$

式中，i 为气缸数。

因此，整机的机械损失功率为

$$P_m = (i-1) P_e - (P_{e(1)} + P_{e(2)} + \cdots) \tag{11-6}$$

此法的测量误差，对于柴油机，在较好情况下可以达到 5%；但对于汽油机，由于停缸会使进气情况发生改变，往往得不到正确的结果。同样，它也不能用于废气涡轮增压发动机。

3. 油耗线法

测量时柴油机保持一定的热力状态，测取不同转速下空载油耗 B，再测取上述转速下、4% ~ 5% 标定功率 ΔP_e 工况下的燃油消耗量 B_1，$B_1 - B = \Delta B$ 即为不同转速、不同 ΔP_e 下的燃油消耗量。由此求出不同转速下空载指示燃油消耗率 $b_i = \Delta B/\Delta P_e$。则不同转速下的机械损失功率为 $P_m = B/b_i$。

二、各缸工作均匀性试验

发动机在进行定型和验证试验时需进行各缸工作均匀性试验，以评价发动机的燃料经济性、爆燃及排放污染等性能。汽油机各缸均匀性试验要进行压缩压力及各缸废气的测定，柴油机要进行单缸熄火功率的测定。

1. 汽油机

(1) 压缩压力的测定　测定压缩压力的目的是评定汽油机各缸进气分配的均匀性。

试验时切断油路，将剩余燃油烧尽，再切断点火电源，用电力测功器拖动发动机。节气门全开，在额定转速下，仅拆下一个缸的火花塞，其他缸的火花塞均装好，测量该缸的最大压缩压力，然后同样测量其他各缸。降低转速，进行同样的测量，直到最低转速。注意适当分布 10 个以上的测量点。

试验中主要测量项目有：进气状态、转速及各缸实测气缸压缩压力。并绘制气缸压缩压力曲线（气缸压缩压力随发动机转速变化的关系）。

(2) 各缸废气的测定　测定各缸废气的目的是评定汽油机各缸混合气分配的均匀性。

试验时节气门全开，从最低转速开始，测量各缸排气中的 CO 浓度（或空燃比），逐渐增加转速进行同样测量，直至额定转速。注意适当分布 8 个以上测量点。

试验中主要测量项目有：进气状态、各缸 CO 浓度（或空燃比）、转矩、燃料消耗量及汽油馏程。并可绘制汽油机各缸混合气分配均匀性曲线（CO 浓度随发动机转速变化的关系）。

2. 柴油机单缸熄火功率的测定

试验的目的是评定非增压柴油机各缸工作均匀性。

试验时节气门全开，在额定转速下进行测量，第一缸熄火，调整测功器使转速恢复，进行测量。同样方法进行其他各缸熄火和测量。

试验中主要测量项目有：进气状态、转速、转矩及单缸熄火后的发动机转矩。计算各

缸的实测近似指示功率（即发动机实测功率与单缸熄火后的发动机实测功率之差）、柴油机工作不均匀系数（即单缸指示功率的最大差值与单缸平均指示功率的百分比）。

三、空燃比的测定

空燃比的测量方法大致有以下几种方式。

1）分别测量空气流量和燃油消耗量，据此来确定空燃比。这种方法对于进排气门重叠角小、短路逸出的空气量少的发动机能获得较为正确的结果。但这种方法，一般只用于稳态测定，而且不能求得多缸发动机每个气缸的实际空燃比。

2）导热系数法。发动机排出废气的成分随空燃比的变化而变化，其导热系数也随之变化，如图 11-19 所示，若测出废气与空气的导热系数之差，就可求出空燃比。

图 11-20 所示为一种能根据废气导热能力指示空燃比的测量仪器。该仪器是由两根阻值随温度变化的铂电阻丝和两根阻值不随温度变化的电阻构成的一个惠斯登电桥。A 室为对比室，G 室为测量室，P 为排气通道，与取样器相连。

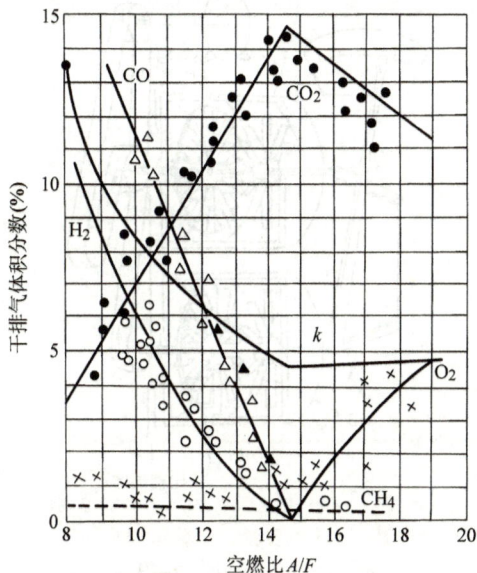

图 11-19　不同空燃比下废气的成分与导热系数

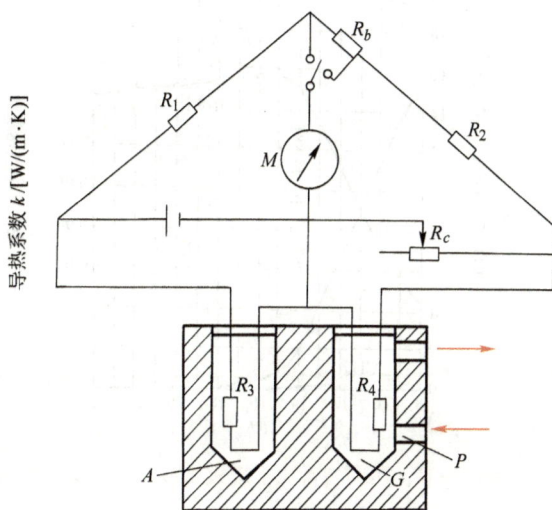

图 11-20　导热系数式空燃比测量仪

该测量仪的原理是利用铂电阻 R_3 与 R_4 的电阻变化来指示空燃比。电桥由一恒压源供电，电阻丝被此恒压源加热。其温度决定于导热能力，也决定于腔体中气体的导热系数。对比室内充以空气。一台鼓风机经测量室抽吸气体。测量开始时，将纯净空气送入测量室，使指示仪调到零位。然后使仪器与插在发动机排气管的取样器相连，废气流经测量室，由于导热系数的变化，导致测量电阻的温度发生变化，从而改变了电阻，使电桥的平衡被破坏，电桥测量仪器指针偏转，表 M 就有一个指示值，其刻度如果是按照对应的空燃比的数值标刻，就可直接读出空燃比数值。由于气体的导热系数与温度密切相关，故用一种恒温调节器使整个测量设备保持恒定的温度。此外，为了消除水蒸气对废气导热能力的影响，可加装一个冷却器以凝结水蒸气。

利用导热系数的测量仪器,其指示的响应滞后约几十秒钟,因此不适于测量瞬态空燃比。此外,从图11-19可以看出,这种仪器所能测量的空燃比在15以下。

3) 密度法。由于发动机排出的废气成分几乎只与空燃比有关,因此其废气的密度也随之发生变化。所以如果能测定发动机废气的密度,则可以求出空燃比。不同空燃比下废气密度与空燃比的关系如图11-21所示。

劳塔叶轮式比密度计就是用来测量废气对空气的相对比密度,其构造如图11-22所示。电动机以一定转速带动两个鼓风轮转动,其中一个吸入废气试样,另一个吸入大气,它们分别吹动旁边的叶轮。由于仪器的结构能保证空气与废气是在相同温度和压力下吸入仪器,这两个叶轮所产生转矩的大小只与空气或废气的密度有关。根据此转矩就可以测出废气试样与空气的相对密度。如将这两个叶轮的转矩作用在杠杆上,并用连杆把两个杠杆连接起来,指针就能在刻度盘上指出密度比。如果在刻度盘上直接标出空燃比的刻度,就可以直接读出空燃比的大小。

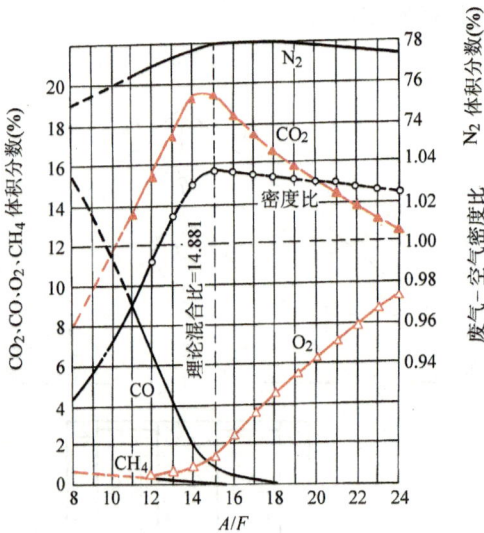

图11-21　不同空燃比下废气密度与空燃比的关系

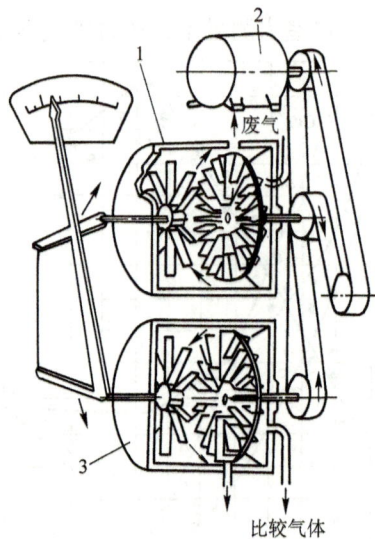

图11-22　密度式空燃比测定仪

1—废气室　2—电动机　3—比较气室

这种仪器可以比较简单地测定空燃比。但当发动机工况突然发生变化时,由于废气室内的换气和叶轮的惯性等原因,叶轮的转速需要一定的时间才能稳定到新的数值,所以也存在一定的时间滞后。此外,这种仪器还随着取样废气温度及比较空气温度的变化而产生指示误差。

4) 废气分析法。空燃比的测定也可以由废气成分的分析而确定。废气成分的测量方法可参考本书第九章第三节。当废气的成分测定后,可以根据图11-21由各种废气成分的浓度来确定空燃比。为了简化测量的内容和计算,常常作一些假设。假设在废气中只存在着主要的几种气体而忽略其他微量气体,在这样的前提下进行测量和计算,可以大大简化整个测定工作。

近些年,废气分析仪器有很大地发展,根据排出废气成分确定空燃比的方法得到了广泛应用。如比较常见的五气分析仪,可以测出废气中的CO、CO_2、HC、NO_x和O_2,然后

通过计算得到空燃比。这些仪器，在一定精度范围内，响应快，操作简单，效率高，是以上几种方法所不能比拟的。

第四节　发动机台架试验

任何试验工作，一般都要经历试验前的准备、试验过程和试验结果的整理三个阶段。各阶段的内容由试验目的、性质和规模而定。

一、试验前的准备

为提高试验质量，缩短试验时间，达到预期目的，必须做好试验前的准备工作。它包括以下几个内容。

（1）制定试验大纲　制定试验大纲时，首先应明确试验目的，在此基础上试验大纲应着重论述以下三个关键问题：

1）提出试验内容及其评定指标。

2）确定试验方法、设备、仪表和试验日期。

3）试验的组织和安排，包括试验条件如何组合、试验的次序和进行的次数等。

（2）发动机、仪器设备的准备工作　对于试验发动机要检查零部件是否合格，装配是否正确，检查各油路、水路等是否通畅，有无异响。对新发动机要进行磨合运转，磨合后应进行预调试验，使影响性能的各种因素调整到最佳状态。

按照汽车发动机性能试验方法（GB/T 18297—2001）中"对仪表精度及测量部位的要求"，根据试验目的确定出必需的仪器，并对仪器进行校准检查和具体安装布置，加工出必要附件。

（3）试验中注意的问题　各试验项目内容和方式虽然不同，除了要遵守国家标准GB/T 18297—2001 所规定的一般条件外，还要注意以下问题：

1）连续试验时，需定时按规定的工况检查发动机性能指标，以判断其技术状况是否良好。

2）比较性试验应在较短时期内完成，以免由于环境状态变化而引起误差。

3）必须在工况稳定时测取试验数据。所谓稳定工况是指发动机达到稳定的热状态，一般根据出水温度、机油温度、排气温度来判断。

4）每种试验工况的全部参数应同时测量，而每个参数应相继至少测取 2 次。

5）一般每一条试验曲线应至少取 8 个均匀分布的试验点，在难以判断曲线形状和趋向处，应增加中间点。

6）必要时，试验中应绘制监督曲线，即绘制主要原始数据与试验中选定的变化参数之间的关系曲线。

7）试验中发生各种异常现象时应及时记录。

二、发动机台架试验方法

发动机的性能试验项目在国家汽车行业标准《汽车发动机性能试验方法》（GB/T 18297—2001）中有详细的介绍。在发动机性能试验中发动机所带附件也要按国家

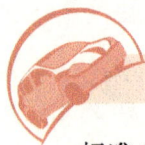

标准 GB/T 18297—2001 的规定执行。试验条件的控制要遵守表11-1 所规定的"试验一般条件"的要求，对于一些具体试验，还要遵守一些特殊要求。下面对一些主要试验进行说明。

表11-1　试验一般条件

燃油及汽油	采用制造厂所规定的牌号，柴油中不得有消烟添加剂
磨合	按制造厂规定的磨合规范进行磨合
冷却液的出口温度	按制造厂的规定或控制在 80±5℃，风冷发动机的散热片等温度按制造厂的规定
机油温度	按制造厂的规定或控制在 85±5℃
柴油温度	控制在 40±5℃
排气背压	按制造厂的规定或低于 3.5kPa
发动机的吹拂	若发动机不带风扇，所有试验均可设置外加风扇或相应装置向发动机吹拂
发动机的调整	在进行定型、验证及抽查三种类型试验时，除特殊情况外，不另行调整
测量数据的条件	待发动机转速、转矩及排气温度稳定 1min 后，方可进行各种参数的测量，且转速、转矩及燃料消耗量三者应同时测量，测量油耗时间应大于 20s

1. 负荷特性试验

该试验的目的是在规定转速下，评定发动机部分负荷的经济性。

试验时，发动机在 50%～80% 的额定转速下运行，保持转速不变，从小负荷开始逐渐增大负荷，相应增大节气门开度至节气门全开。适当分布 8 个以上测量点，绘制负荷特性曲线。

试验中测量的主要项目有：进气状态、转速、转矩、燃料消耗量、排气温度及汽油机进气管真空度等。

2. 万有特性试验

该试验的目的是评定发动机在各种工况下的经济性，为选用汽车发动机提供依据。测量方法有以下 2 种。

(1) 负荷特性法　在发动机工作转速范围内均匀地选择 8 种以上的转速，在选定的各种转速下进行负荷特性试验。

(2) 速度特性法　根据额定功率的百分数，适当地选择 8 种以上的节气门开度。每种节气门开度下，在发动机工作范围内，顺序地改变转速进行测量。适当分布 8 个以上测量点。

试验中测量的主要项目有：进气状态、转速、转矩、燃料消耗量、排气温度、节气门开度及汽油机进气管真空度等。

根据所得的负荷特性或速度特性绘制发动机万有特性曲线。下面以有效燃油消耗率 b_e 等值线为例，说明其作图法，如图 11-23 所示。

1）将各种转速的负荷特性线集中画在 b_e—p_{me} 坐标图上，见图 11-23 中上方图。

2）在此图下方以相同 p_{me} 比例尺布置 n—p_{me} 坐标面。

3）在 n—p_{me} 坐标面上作等 b_e 线。

以 b_e = 231g/(kW·h) 为例，先在上方图上作 b_e = 231g/(kW·h) 的水平线，与各负荷特性线交于 a、b、c、d、e、f 六点；再将此六点移到 n—p_{me} 坐标面上；连接各点所形成

的封闭曲线，就是所求的等油耗线。

4）依次类推作出各等油耗线族。

为了观察方便，把 n—p_{me} 图转为 p_{me}—n 图，就是常见的万有特性中的等油耗全特性图。

5）还可以按 $p_e \propto p_{me} n$ 的关系作出等功率线，它们是一组双曲线。

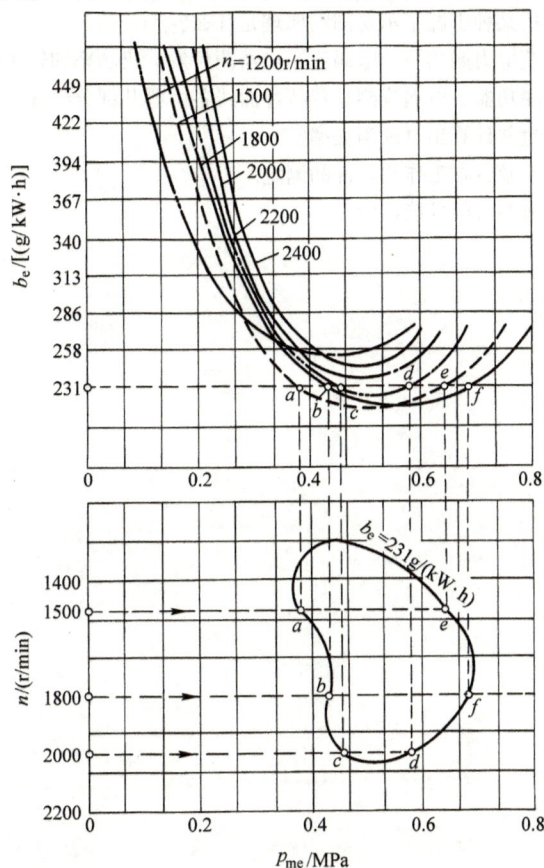

图 11-23　万有特性曲线的作法示意图

3. 柴油机的调速特性试验及调速率测定

该试验的目的是评定柴油机的稳定调速率。试验可与外特性试验结合在一起进行。

试验时卸除全部负荷，节气门全开，使发动机达到最高空转转速，然后逐渐增加负荷，使转速逐渐下降，直到最大转矩转速附近为止。选取 10 个以上测量点，使较多的点分布在转折区。

试验中需测量的项目有：进气状态、转速、转矩、调速器开始起作用的转速及最高稳定空转转速。根据所得数据计算稳定调速率，绘制调速特性曲线。

三、试验结果的整理

试验数据的整理工作是整个试验工作的最后一个重要环节，只有对测得的大量数据进行认真科学地整理，才能揭示出试验对象本身所固有的规律，以便用于指导工作。试验结

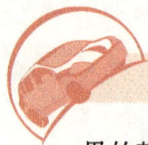

果的整理包括试验数据的误差分析，发动机各性能参数的计算，有效功率、转矩和有效燃油消耗率等参数的标准进气状态校正以及试验曲线的绘制及建立经验公式等内容。

思　考　题

1. 用示功器制取发动机某种工况下示功图的原理是什么？
2. 用水力测功器、直流电力测功器、电涡流测功器测量发动机功率和转矩的原理分别是什么？
3. 水力测功器、电力测功器、电涡流测功器特性曲线各由哪几部分组成？如何选择测功器？
4. 如何测量燃油消耗量并计算出燃油消耗率？
5. 简述发动机机械效率及各缸工作均匀性的测定。
6. 发动机主要需要做哪些台架性能试验？

第二篇

汽 车 理 论

　　汽车是一种应用范围极广的重要交通运输工具，为评价汽车的完善程度，需要结合具体使用条件，综合地采用一系列使用性能来评价。汽车的使用性能是指汽车能适应使用条件而发挥最大工作效率的能力。

　　汽车理论是研究汽车主要使用性能的科学，是在分析汽车运动基本规律的基础上研究汽车主要使用性能与其结构之间的内在联系，分析汽车主要使用性能的各种影响因素，从而指出正确设计汽车和合理使用汽车的基本途径。

　　对汽车提出的使用性能的要求是多方面的，汽车理论主要研究汽车的动力性、燃油经济性、制动性、操纵稳定性、平顺性和通过性等。

第十二章

汽车的动力性

汽车的动力性是指汽车在良好的路面上直线行驶时由汽车受到的纵向外力决定的、所能达到的平均行驶速度。汽车运输效率的高低主要取决于汽车的动力性。动力性好，汽车就会具有较高的行驶速度、较好的加速能力和上坡能力。提高汽车的平均行驶速度，就会提高汽车的运输效率。所以，动力性是汽车各种性能中最基本、最重要的性能。

第一节　汽车的动力性指标

从获得尽可能高的平均行驶速度的观点出发，汽车的动力性主要应由汽车的最高车速、汽车的加速时间和汽车的最大爬坡度这三方面的指标来评定。

一、汽车的最高车速

汽车的最高车速是指在水平良好的路面（混凝土或沥青）上汽车能达到的最高行驶速度，用 u_{amax} 表示，单位为 km/h。一般轿车的最高车速为 $130 \sim 200$km/h，客车的最高车速为 $90 \sim 130$km/h，货车的最高车速为 $80 \sim 110$km/h。

二、汽车的加速时间

汽车的加速时间表示汽车的加速能力，它对平均行驶车速有着很大影响，特别是轿车，对加速时间更加重视。汽车的加速时间用 t 表示，单位为 s。常用原地起步加速时间和超车加速时间来表示汽车的加速能力。

原地起步加速时间是指汽车由低档起步，并以最大的加速强度（包括选择恰当的换档时机）逐步换至最高档后达到某一预定距离或车速所需要的时间。一般用汽车原地起步行驶，$0 \to 402.5$m（$0 \to 1/4$mile）或 $0 \to 400$m 这段距离所需的时间来表明加速能力；也有用汽车原地起步行驶从 $0 \to 96.6$km/h（$0 \to 60$mile/h）或 $0 \to 100$km/h 所需的时间来表明加速能力。

超车加速时间是指汽车用最高档或次高档从某一中间车速全力加速到某一高速所需的时间。因为超车时汽车与被超车辆并行，容易发生交通事故，所以，超车加速能力强，并行行驶时间短，行驶就安全。超车加速能力较多的是采用最高档或次高档由 30km/h 或 40km/h 车速全力加速到某一高速所需的时间。常用 $40 \sim 60$km/h、$40 \sim 80$km/h 或 $40 \sim 100$km/h 加速所需的时间来表示。

三、汽车最大爬坡度

汽车的上坡能力是用满载（或某一载质量）时汽车在良好路面上行驶的最大爬坡度

i_{max} 表示的。显然，最大爬坡度是指汽车 1 档行驶时的最大爬坡度。各种车辆的爬坡能力不同。越野汽车需要在坏路或无路条件下行驶，因而爬坡能力是一个很重要的指标，它的最大爬坡度要求达到60%（即31°）或更高。货车在各种路面上行驶，要求具有足够的爬坡能力，一般 i_{max} 为30%即16.7°左右。轿车主要行驶在良好路面上，车速高，加速快，对它的爬坡能力要求不高。但实际上它的低档加速能力大，所以爬坡能力也强。要进一步说明的是：i_{max} 代表了汽车的极限爬坡能力，它应比实际行驶中遇到的道路最大坡度超出很多，这是因为考虑到在实际坡道行驶时，在坡道上停车后顺利起步加速、克服松软道路路面的大阻力、克服坡道上崎岖不平路面的局部大阻力等要求的缘故。

此外，为维持道路上各种车辆能畅通行驶，要求各种车辆在常见的坡道上，它们的动力性相差不能太悬殊。所以，还可以用在常遇到的坡道上，汽车必须保证的一定车速来表明它的爬坡能力。例如要求汽车在3%坡道上能以60km/h的车速行驶。控制这个指标可以使各种车辆在通常条件下的爬坡能力接近，有利于交通的畅通。

第二节 汽车的驱动力

为了确定汽车的动力性，确定汽车沿行驶方向的运动状况，需要掌握沿汽车行驶方向作用于汽车的各种外力。作用于汽车的外力有驱动力和行驶阻力。

现在分别研究汽车的驱动力和各种行驶阻力。

一、汽车的驱动力

发动机输出的转矩经传动系统传到驱动轮上，作用于驱动轮上的转矩 T_t，使车轮对路面产生一圆周力 F_0，路面对驱动轮的反作用力 F_t，即为驱动汽车的外力（见图 12-1）。此外力称为汽车的驱动力，单位为 N。驱动力的计算公式为

$$F_t = \frac{T_t}{r} \qquad (12-1)$$

式中，F_t 为驱动力（N）；T_t 为作用于驱动轮的转矩（N·m）；r 为车轮半径（m）。

作用于驱动轮上的转矩 T_t 是由发动机产生并经传动系统传至驱动轮上的，则

$$T_t = T_{tq} i_g i_0 \eta_T \qquad (12-2)$$

式中，T_t 为作用于驱动轮上的转矩（N·m）；T_{tq} 为发动机转矩（N·m）；i_g 为变速器的传动比；i_0 为主减速器的传动比；η_T 为传动系统的机械效率。

对装有分动器、轮边减速器、液力传动等其他传动装置的汽车，还应考虑相应的传动比和机械效率。

驱动力 F_t 为

$$F_t = \frac{T_{tq} i_g i_0 \eta_T}{r}$$

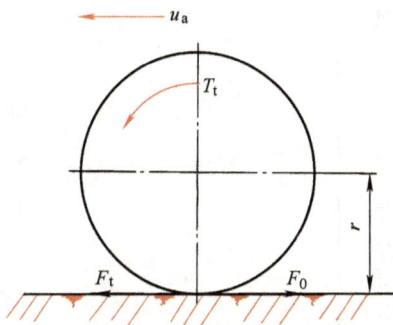

图 12-1 汽车的驱动力

二、汽车驱动力的影响因素

1. 发动机的转速特性

图 12-2 所示为一汽油发动机的外特性曲线。n_{min} 为发动机的最小稳定工作转速。发动机转速增加，发动机输出的功率和转矩随之增加。发动机转速为 n_{tq} 时，发动机转矩最大，为 T_{tqmax}。发动机转速再增加时，转矩 T_{tq} 有所下降，但功率继续增加。发动机转速为 n_P 时，功率最大，为 P_{emax}。继续增加转速时，功率下降。允许的发动机最高转速为 n_{max}。

发动机功率与转矩有如下关系

$$P_e = \frac{T_{tq}n}{9550}$$

式中，P_e 为功率（kW）；T_{tq} 为转矩（N·m）；n 为转速（r/min）。

图 12-3 是汽车发动机外特性及部分负荷特性的功率与转矩曲线。曲线上的数字为节气门开度的百分比。发动机制造厂提供的发动机特性曲线，通常是在试验台上未带水泵、发电机等条件

图 12-2　汽油发动机的外特性曲线

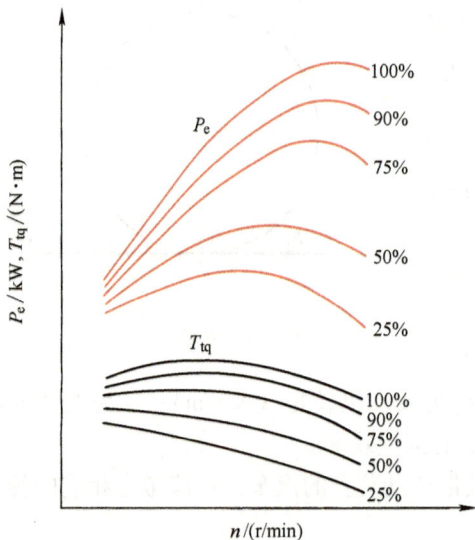

下测得的。带上全部附件设备测得的发动机外特性曲线称为使用外特性曲线。使用外特性曲线的功率一般小于外特性的功率。图 12-4 是汽车发动机的外特性曲线和使用外特性曲线。

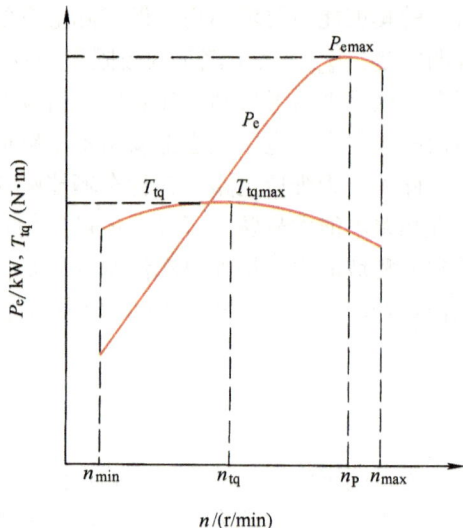

图 12-3　汽车发动机外特性及部分
负荷特性曲线

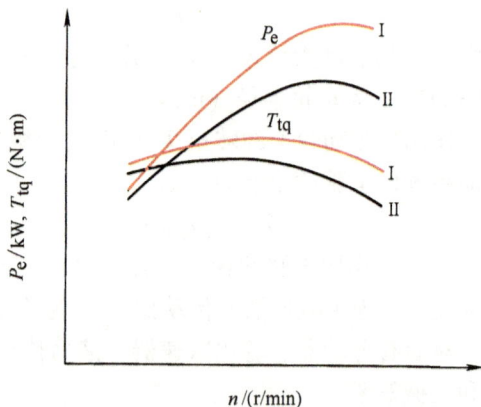

图 12-4　汽车发动机的外特性曲线
和使用外特性曲线

Ⅰ—外特性曲线　Ⅱ—使用外特性曲线

汽车常在不稳定的工况下工作，发动机所能提供的功率一般较稳定工况时下降 5% ~

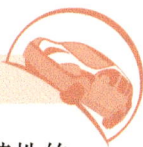

8%。在进行动力性估算时，一般常沿用稳定工况时发动机台架试验所得的使用外特性的功率和转矩曲线。

为便于计算，常采用多项式来描述试验台上测得的发动机外特性曲线，即

$$T_{tq} = a_0 + a_1 n + a_2 n^2 + \cdots + a_k n^k$$

式中，系数 a_0、a_1、a_2、$\cdots$、a_k 可由最小二乘法来确定；拟合阶数 k 随特性曲线而异，一般在 2、3、4、5 中选取。

2. 传动系统的机械效率

发动机所输出的功率在经传动系统传至驱动轮的过程中，有部分功率消耗于克服传动系统各机构中的阻力。传动系统的机械效率为

$$\eta_T = \frac{P_e - P_T}{P_e} = 1 - \frac{P_T}{P_e} \tag{12-3}$$

式中，P_e 为发动机所发出的功率；P_T 为传动系统中损失的功率。

传动系统的功率损失由传动系统中的变速器、传动轴万向节、主减速器等部件的功率损失组成。其中变速器和主减速器的功率损失较大，其他部件的功率损失较小。

传动系统的功率损失分为机械损失和液力损失两类。传动系统的机械损失是指齿轮传动副、轴承、油封等处的摩擦损失。机械损失与啮合齿轮的对数、传递的转矩等因素有关。液力损失是指消耗于润滑油的搅动、润滑油与旋转零件之间的表面摩擦等功率损失。液力损失与润滑油的品质、温度、箱体内的油面高度以及齿轮等旋转零件的转速有关。例如，变速器在直接档工作时，啮合的齿轮没有传递转矩，因此比超速档时的传动效率要高。同一档位转矩增加时，润滑油搅动损失所占比例减少，传动效率较高。转速低时搅油损失小，传动效率比转速高时要高。

传动系统的效率是在专门试验台上测得的。可以直接测出整个传动系统的效率，也可分别测出每一部件的效率后，再算出传动系统的总效率。表 12-1 为传动系统各部件的传动效率，可用来估算汽车的传动效率。

表 12-1　传动系统各部件的传动效率

部　件　名　称	η_T（%）	部　件　名　称	η_T（%）
4~6 档变速器	95	单级减速主减速器	96
分动器	95	双级减速主减速器	92
8 档以上变速器	90	传动轴的万向节	98

传动效率因受到多种因素的影响而有所变化，但对汽车进行初步的动力性分析时，可把传动效率看作一个常数。采用有级机械变速器传动系统的轿车，其传动效率可取为 0.9~0.92；货车、客车可取 0.82~0.85；越野汽车可取为 0.80~0.85。

3. 车轮的半径

现代汽车多采用弹性车轮。车轮处于无载荷状态时的半径称为自由半径 r_0。

汽车静止时，弹性车轮在静载荷的作用下，将产生变形。车轮承受法向载荷，轮胎产生径向变形，其半径——车轮中心至轮胎与道路接触面间的距离称为静力半径 r_s。由于轮胎发生显著变形，所以静力半径小于自由半径。车轮的静力半径与法向载荷及胎内气压等有关。

汽车运动时，滚动着的车轮除承受法向载荷外，尚有转矩，则弹性轮胎除有径向变形外，还有切向变形。此时的车轮半径称为滚动半径 r_r。滚动半径与作用在其上的转矩、法向载荷及胎内气压等有关。滚动半径以车轮转动圈数与车轮实际滚动距离之间的关系来换算，即

$$r_r = \frac{s}{2\pi n_w} \tag{12-4}$$

式中，n_w 为车轮转动的圈数；s 为在转动 n_w 圈时车轮滚动的距离。

滚动半径由试验测得，也可以用下式作近似的估算。滚动半径为

$$r_r = \frac{Fd}{2\pi} \tag{12-5}$$

式中，r_r 为滚动半径；d 为轮胎的自由直径；F 为计算常数，子午线轮胎 $F = 3.05$，斜交轮胎 $F = 2.99$。

静力半径 r_s 用于动力学分析，滚动半径 r_r 用于运动学分析，但在一般分析中常不计其差别，统称为车轮半径 r，即认为

$$r_s \approx r_r \approx r$$

4. 传动系统传动比

传动系统传动比由变速器传动比和主减速器传动比等组成。汽车行驶速度与变速器档位及发动机转速的关系为

$$u_a = 0.377 \frac{rn}{i_g i_0} \tag{12-6}$$

式中，u_a 为汽车行驶速度（km/h）；n 为发动机转速（r/min）；r 为车轮半径（m）；i_g 为变速器传动比；i_0 为主减速器传动比。

变速器各档传动比的分配，由汽车性能、燃油消耗和最高车速等综合因素考虑决定。近年来，为获得较大的驱动效率，普遍采用 5 档变速器。为获得较好的加速性能，2~4 档的传动比比较接近。为降低燃油消耗和减少噪声，也有采用超速 5 档的。国内主要汽车变速器各档传动比见表 12-2。

表 12-2　变速器各档传动比

类　　型	型　　号	变速器传动比						主减速器传动比 i_0
		1	2	3	4	5	6	
轿车	夏利 TJ7100	3.090	1.842	1.230	0.864			4.500
	桑塔纳 330k8BLOL	3.455	1.944	1.286	0.909			4.111
	富康 DC7140	3.417	1.810	1.276	0.975	0.763		4.063
	奥迪 100	3.545	2.105	1.300	0.943	0.789		4.11
	红旗 CA7560	2.46	1.46	1.00				4.22
轻型货车	依维柯 40~10	6.19	3.89	2.26	1.43	1.00		4.44
	跃进 NJ 1061S	6.40	3.09	1.69	1.00			6.67
	解放 CA1021	4.218	2.637	1.646	1.000	0.845		5.143
中型货车	东风 EQ1091E	7.31	4.31	2.45	1.54	1.00		6.33
	解放 CA1091	7.640	4.834	2.856	1.895	1.377	1.00	7.107
重型货车	东风 EQ1141G	6.54	3.78	2.16	1.44	1.00		6.167

三、汽车的驱动力图

一般用驱动力与车速之间的函数关系 F_t—u_a 曲线来全面表示汽车的驱动力，称为汽车的驱动力图。根据汽车发动机的外特性曲线、传动系统的传动比、传动效率、车轮半径等参数，求出各个档位的发动机相应转速的驱动力 F_t 值。

同时，根据发动机转速与汽车行驶速度之间的转换关系求出汽车行驶速度 u_a。

根据所求得各个档位的 F_t 和 u_a，即可得到 F_t—u_a 曲线。图 12-5 是具有五档变速器的货车的驱动力图。

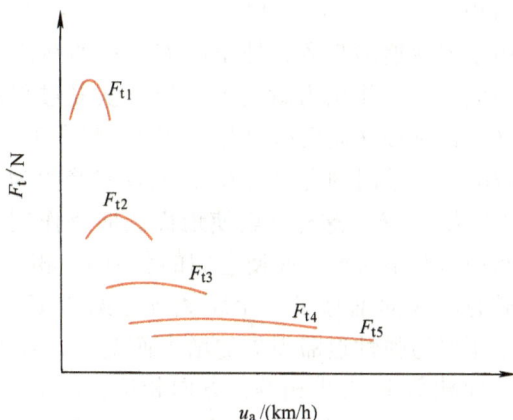

图 12-5　五档变速器货车的驱动力图

第三节　汽车的行驶阻力

汽车运动时需要克服运动中所遇到的各种阻力。汽车在水平道路上等速行驶时必须克服来自汽车赖以行驶的地面滚动阻力 F_f 和来自汽车周围的空气阻力 F_w。当汽车上坡行驶时，还必须克服汽车重力沿坡道的分力，称为坡度阻力 F_i。汽车加速行驶时需要克服的惯性力，称为加速阻力 F_j。汽车行驶的总阻力为

$$\sum F = F_f + F_w + F_i + F_j$$

在上述各种阻力中，滚动阻力和空气阻力在任何行驶条件下都是存在的。但坡度阻力和加速阻力并不是这样。坡度阻力在上坡行驶时存在，在水平道路上行驶时没有坡度阻力。加速阻力在汽车加速行驶时存在，等速行驶时没有加速阻力。

下面就各种阻力做进一步的分析。

一、滚动阻力

车轮滚动时，轮胎与路面的接触区域产生相互作用力，轮胎和支承路面发生相应的变形。由于轮胎和支承面的相对刚度不同，它们的变形特点也不同。

当弹性轮胎在混凝土路、沥青路等硬路面上滚动时，轮胎的变形是主要的。这时，轮胎由于有内部摩擦产生弹性迟滞损失，使轮胎变形时，损耗了一部分能量。

图 12-6 所示为轮胎在硬路面上受径向载荷时的变形曲线。图中 *OCA* 为加载变形曲线，面积 *OCABO* 为加载过程中对轮胎所做的功。*ADE* 为卸载变形曲线，面积 *ADEBA* 为卸载过程中轮胎恢复变形时放出的能量。这两条曲线不重合，两面积之差 *OCADEO* 就是加载与卸载过程中由于轮胎变形而引起的能量损失。这部分能量消耗于轮胎各组成部分相互间的摩擦以及橡胶、帘线等物质的分子间的摩擦，最后转化为热能而散失在大气中。这种损失称为弹性物质的迟滞损失。

轮胎的弹性迟滞损失表现为阻碍车轮滚动的一种阻力偶。当车轮静止时，地面对车轮的法向反作用力的分布是前后对称的，合力通过车轮中心；当车轮滚动时，在法线 $n - n'$

前后相对应点 d 和 d' 的变形相同（见图 12-7a），但由于弹性迟滞现象，处于压缩过程的前部 d 点的地面法向反作用力就会大于处于恢复过程的后部 d' 点的地面法向反作用力。取同一变形 δ（见图 12-7b），压缩时的受力为 CF，恢复时受力为 DF，而 CF 大于 DF。这样，就使地面法向反作用力的分布前后并不对称，而使它们的合力 F_Z 相对于 n $-n'$ 的法线向前移了一个距离 a（见图 12-8a），这个距离随弹性迟滞损失的增大而变大。合力 F_Z 与法向载荷 W 大小相等，方向相反，即 $F_Z = W$。由于 F_Z 的作用点前移了一个距离 a，而形成一个滚动阻力偶矩 $T_f = F_Z a$，阻碍车轮滚动。

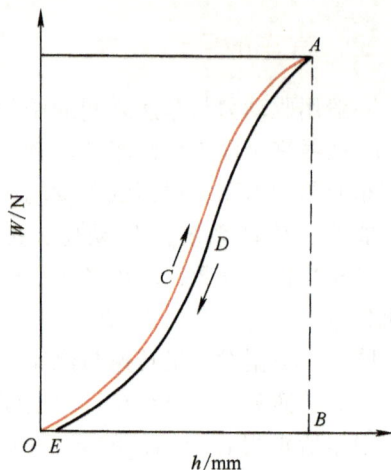

图 12-6　轮胎的径向变形曲线

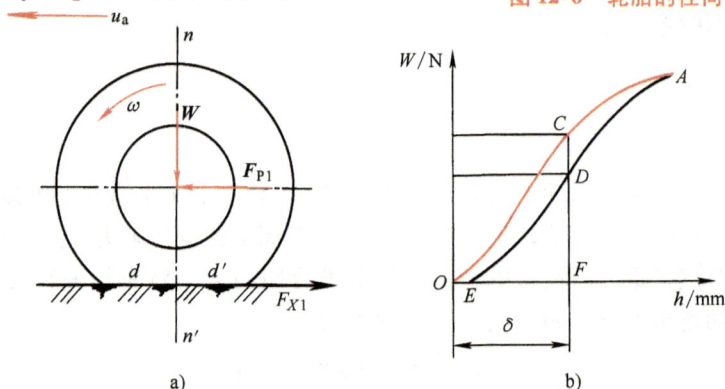

图 12-7　弹性车轮在硬路面上的滚动

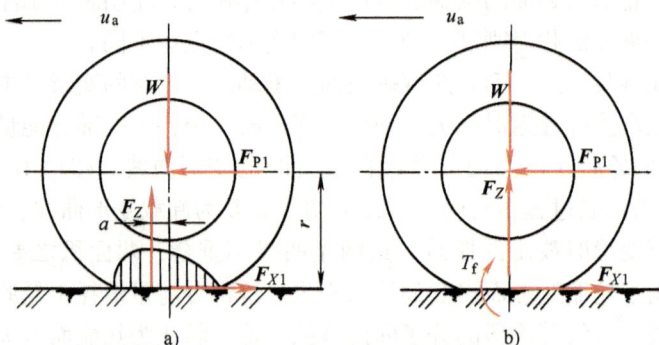

图 12-8 所示为从动轮在硬路面上滚动时的受力情况。如果将法向反作用力 F_Z 平移至通过车轮中心，则要使从动轮等速滚动，必须在车轮中心加一推力 F_{P1}，这个推力与地面切向反作用力 F_{X1} 构成一力偶矩来克服滚动阻力偶矩，即

$$F_{P1} r = T_f$$

图 12-8　从动轮在硬路面上滚动时的受力情况

则

$$F_{P1} = \frac{T_f}{r} = F_Z \frac{a}{r} = W \frac{a}{r}$$

现令 $f = a/r$，则 $F_{P1} = Wf$，f 称为滚动阻力系数，有

$$f = \frac{F_{P1}}{W}$$

由此可见，滚动阻力系数是车轮在一定条件下滚动时所需要的推力与车轮载荷之比，也就是单位汽车重力所需要的推力。

滚动阻力等于滚动阻力系数与车轮载荷的乘积，即

$$F_f = \frac{T_f}{r} = Wf$$

这样，在分析汽车行驶阻力时，不需要具体考虑车轮滚动时所受到的滚动阻力偶矩，只要知道滚动阻力系数和车轮载荷就可以求出滚动阻力。这有利于简化动力性分析。

图 12-9 是驱动轮在硬路面上等速滚动时的受力图。图中 F_{X2} 为驱动力矩 T_t 所引起的道路对车轮的切向反作用力。F_{P2} 为驱动轴作用于车轮的水平力。法向反作用力 F_Z 同样因为轮胎迟滞现象而使其作用点向前移了一个距离 a，也就是说，在驱动轮上也作用有滚动阻力偶矩 T_f。由平衡条件得

$$F_{X2} r = T_t - T_f$$

$$F_{X2} = \frac{T_t}{r} - \frac{T_f}{r} = F_t - F_f$$

由此可以得出，作用在驱动轮上的地面切向反作用力 F_{X2} 是驱动汽车行驶的作用力，其数值为驱动力 F_t 与作用在驱动轮上的滚动阻力 F_f 之差。

图 12-9　驱动轮在硬路面上滚动时的受力图

综上所述，轮胎弹性迟滞损失是以车轮滚动阻力偶矩形式出现的一种行驶阻力。

弹性轮胎在泥地、土路、雪道等软路面上滚动时，除了轮胎弹性迟滞损失外，软路面与轮胎接触的部分会产生压实变形。这种变形在车轮滚过后，不会复原而形成车辙。车辙的形成所消耗的能量，其数值远大于轮胎的弹性迟滞损失。

一般而论，车轮滚动的能量损失由三部分组成，即消耗于轮胎变形和路面变形的能量损失以及轮胎与支承面间的摩擦损失。

车轮在硬路面上的滚动损失绝大部分是轮胎变形的能量损失，即表现为弹性迟滞损失的轮胎橡胶、帘布等材料内的分子摩擦损失，以及内胎与外胎、轮胎与轮辋、橡胶与帘布层等轮胎各组成件间的机械摩擦损失。

车轮在软路面上的滚动损失大部分是消耗于土壤变形的损失，即土壤变形时其微粒间的机械摩擦损失。

车轮滚动时，由于轮胎与路面间的摩擦而损失的能量一般比较小。

在汽车工程中，通常不对上述这三种损失进行独立计算，而是以滚动阻力系数 f 来概括此三种损失的总效应。

滚动阻力系数是概括轮胎变形、道路变形以及接触面间的摩擦等损失的系数，滚动阻力系数与路面的种类、行驶车速以及轮胎的构造、材料、气压等有关。

轮胎的结构、材料和气压对滚动阻力系数有很大影响。在保证轮胎具有足够的强度和使用寿命的条件下，采用较少的帘布层、较薄的胎体以及较好的轮胎材料均可减少轮胎滚

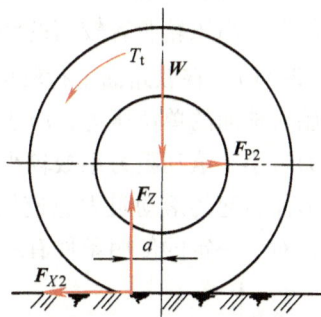

动时的迟滞损失，减小滚动阻力系数。子午线轮胎的滚动阻力系数较低（见图12-10）。在软路面上行驶的汽车，采用大直径宽轮缘的轮胎，其与路面的接触面积增加，减小路面变形，因而可获得较小的滚动阻力系数。

轮胎的充气压力对滚动阻力系数的数值影响很大。在硬路面上行驶的现代汽车，为了提高汽车的行驶平顺性及车轮与道路的附着性能而多采用低压轮胎，轮胎气压降低，轮胎在滚动过程中的变形加大，迟滞损失增加，因而低压轮胎较高压轮胎有较高的滚动阻力系数（见

图 12-10　不同轮胎的滚动阻力与车速的关系

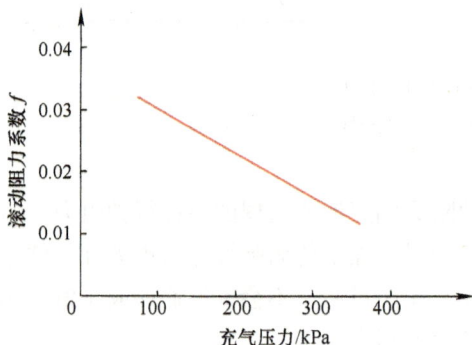

图12-11）。在软路面上行驶的汽车，降低轮胎气压可增大轮胎与地面的接触面积，降低轮胎对地面的单位压力，减小土壤变形，轮辙深度变浅。因而由于土壤变形而引起的滚动阻力减小，滚动阻力系数较小。但过多地降低轮胎气压，致使轮胎变形过大，则由于轮胎变形而引起的滚动阻力急速增长，也可导致滚动阻力系数增加。故在软路面上行驶的轮胎，对于一定的使用条件有一最佳轮胎气压值（见图12-12）。

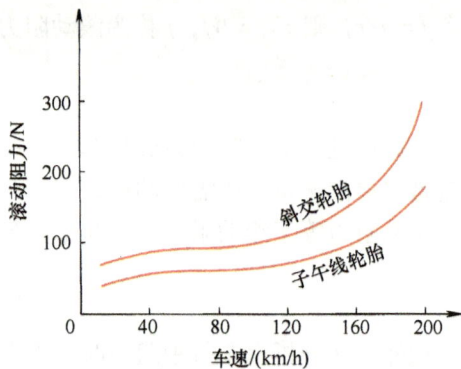

图 12-11　滚动阻力系数与充气压力的关系

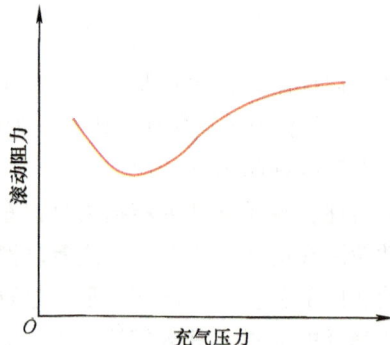

图 12-12　软路面上轮胎气压与滚动阻力的关系

行驶车速对滚动阻力系数有很大影响（见图12-10）。行驶速度较低时，滚动阻力系数无显著变化。但在高速行驶时，由于轮胎质量的惯性影响，迟滞损失随变形速度的提高而加大，滚动阻力系数迅速增长。当车速达到某一临界车速时，轮胎会发生驻波现象，即由于轮胎变形速度提高，轮胎来不及恢复原形而使轮胎周缘不再是圆形而呈明显的波浪形。出现驻波后，不但滚动阻力系数显著增加，轮胎的温度也很快增加到100℃以上，胎面与轮胎帘布层脱落，会出现爆胎现象，这是非常危险的。

滚动阻力系数与径向载荷有一定关系，载荷增加使轮胎变形增加，加大迟滞损失，因而滚动阻力系数也增加，但影响很小，所以可以认为滚动阻力系数不随径向载荷的大小而变化。

对滚动阻力系数影响最大的是路面的类型、表面状态和力学物理性质等。当路面无变形时，滚动损失仅由轮胎变形损失决定；在路面有变形时，滚动损失大部分由路面变形损失组成，且其数值较大。所以混凝土路面、沥青路面、碎石路面、土路、沙地、雪地、冰

道等路面类型和干燥、潮湿、有无尘土或雪等表层、高低凹凸不平程度等表面状态以及道路粒度、多孔度、抗压强度、剪切强度等力学物理性质都会影响路面有无变形以及变形的大小和性质。不仅如此，在不同路面上，不同的轮胎形式、结构、材料、尺寸、气压和不同的行驶车速、受力情况对滚动阻力系数的影响也不相同。所以，不同路面，尤其是在各种因素的综合影响下，所有的滚动阻力系数能在很大的范围内变动。即使是同一种轮胎，其沿各种类型路面滚动时的滚动阻力系数差别也很大。所以在汽车工程的实际应用中，滚动阻力系数可以近似地按路面类型取用，而忽略其他因素的影响。

滚动阻力系数由试验确定。表12-3所列出的滚动阻力系数数值是汽车用同一轮胎进行不同路面上的中低速行驶试验所得到的大致数值。

表 12-3　滚动阻力系数 f 的数值

路 面 类 型	滚动阻力系数	路 面 类 型	滚动阻力系数
良好的沥青或混凝土路面	0.010 ~ 0.018	雨后压紧土路	0.050 ~ 0.150
一般的沥青或混凝土路面	0.018 ~ 0.020	泥泞土路	0.100 ~ 0.250
碎石路面	0.020 ~ 0.025	干砂路面	0.100 ~ 0.300
良好的卵石路面	0.025 ~ 0.030	湿砂路面	0.060 ~ 0.150
坑洼的卵石路面	0.035 ~ 0.050	结冰路面	0.015 ~ 0.030
干燥压紧土路	0.025 ~ 0.035	压紧雪道	0.030 ~ 0.050

滚动阻力系数的数值也可以用经验公式大致估算。

轿车轮胎的滚动阻力系数可用下式来估算

$$f = f_0 \left(1 + u_a^2 / 19440 \right) \tag{12-7}$$

式中，f_0 为良好沥青或混凝土路面为 0.014；卵石路面为 0.025；砂石路面为 0.020；u_a 为车速（km/h）。

货车轮胎胎压高，滚动阻力系数可用下式来估算

$$f = 0.0076 + 0.000056 u_a \tag{12-8}$$

式中，u_a 为车速（km/h）。

二、空气阻力

汽车在空气介质中运动，空气介质本身也有运动，这都会对汽车的运动产生阻力。汽车直线行驶时受到的空气作用力在行驶方向上的分力称为空气阻力。空气阻力分为摩擦阻力和压力阻力两部分。摩擦阻力是由于空气的黏性在车身表面产生的切向力的合力在行驶方向上的分力。压力阻力是作用在汽车外形表面上的法向压力的合力在行驶方向上的分力。压力阻力分为形状阻力、干扰阻力、内循环阻力和诱导阻力四部分。形状阻力是由汽车形状引起的阻力，与车身主体形状有关；干扰阻力是车身表面上一些如把手、后视镜、引水槽、驱动轴等凸起物而引起的阻力；内循环阻力是发动机冷却系统以及车身通风等所需要的空气在车体内部流动时形成的阻力；诱导阻力是汽车行驶时的空气升力在行驶方向上的分力。

在一般轿车中，形状阻力占58%，干扰阻力占14%，内循环阻力占12%，诱导阻力占7%，摩擦阻力占9%。

在汽车行驶范围内，空气阻力 F_w 为

$$F_w = \frac{1}{2}C_D A\rho u_r^2 \tag{12-9}$$

式中，F_w 为空气阻力（N）；C_D 为空气阻力系数；ρ 为空气密度，一般 $\rho = 1.2258\mathrm{kg/m^3}$；$A$ 为汽车迎风面积，即汽车行驶方向的投影面积（$\mathrm{m^2}$）；u_r 为汽车与空气的相对速度（m/s）。

无风时，$u_r =$ 汽车行驶速度；顺风时，$u_r =$ 汽车行驶速度 – 风速；逆风时，$u_r =$ 汽车行驶速度 + 风速。

如果汽车与空气的相对速度单位以 km/h 计，则空气阻力为

$$F_w = \frac{C_D A u_r^2}{21.15} \tag{12-10}$$

式中，F_w 为空气阻力（N）；C_D 为空气阻力系数；A 为汽车迎风面积（$\mathrm{m^2}$）；u_r 为汽车与空气的相对速度（km/h）。

空气阻力与汽车相对速度的平方成正比，相对速度越高，空气阻力越大。空气阻力与 C_D 及 A 值成正比。汽车迎风面积 A 值受到汽车乘坐使用空间的限制不易进一步减少，所以降低空气阻力系数 C_D 值是降低空气阻力的主要手段。20 世纪 60 年代轿车 C_D 值在 0.4~0.6 之间，为进一步降低油耗，各国都致力于设法降低 C_D 值，C_D 值将进一步减小至 0.25~0.4。

空气阻力系数 C_D 值可由道路试验、风洞试验等方法求得。迎风面积 A 是汽车在其纵轴的垂直平面上投影的面积，这面积可直接在投影面上测得，也常用汽车的轮距与汽车的高度之乘积近似地表示。以近似法求得的面积，对轿车来说常较实际面积大 5%~10%，而对货车则常小 5%~10%，计算时应加以校正。

一般汽车的空气阻力系数 C_D 与迎风面积 A 的数值见表 12-4。

表 12-4　汽车的空气阻力系数与迎风面积

车　型	迎风面积 $A/\mathrm{m^2}$	空气阻力系数 C_D
轿车	1.4~1.9	0.32~0.5
货车	3~7	0.6~1.0
客车	4~7	0.5~0.8

三、坡度阻力

当汽车上坡行驶时（见图 12-13），汽车重力沿坡道的分力称为汽车坡度阻力 F_i，即

$$F_i = G\sin\alpha \tag{12-11}$$

式中，F_i 为坡度阻力（N）；G 为作用于汽车上的重力（N）；$G = mg$，m 为汽车质量（kg）；g 为重力加速度，$g = 9.8\mathrm{m/s^2}$；α 为坡道角。

道路坡度是以坡高与底长之比来表示的，即

$$i = \frac{h}{s} = \tan\alpha$$

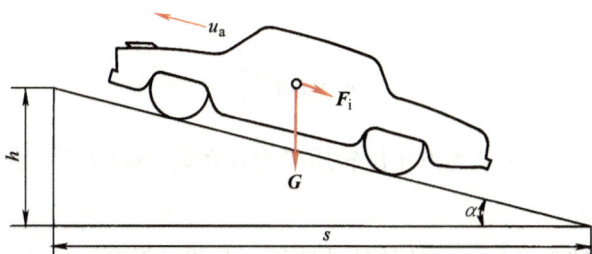

图 12-13　汽车的坡度阻力

图 12-14 表示了坡度与坡道角的关系。

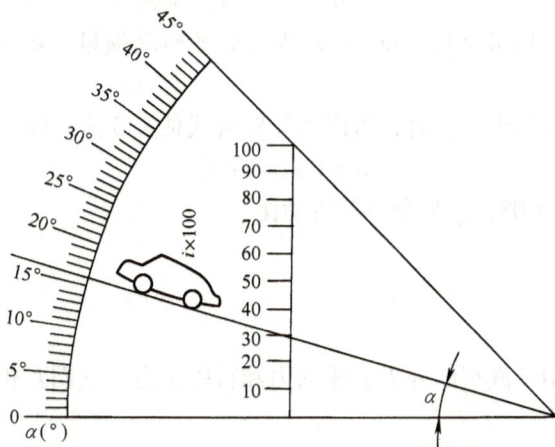

图 12-14　坡度 i 与道路坡道角 α 的换算图

根据我国的公路路线的设计规范，高速公路平原微丘区最大纵坡为 3%，山岭重丘区为 5%；一级汽车专用公路平原微丘区最大坡度为 4%，山岭重区为 6%；一般四级公路平原微丘区最大坡度为 5%，山岭重区为 9%。所以，一般道路的坡度均较小，此时

$$\sin\alpha \approx \tan\alpha = i$$

则

$$F_i = G\sin\alpha \approx G\tan\alpha = Gi$$

在坡度较大时，上述近似等式误差较大，坡度阻力应为 $F_i = G\sin\alpha$。

由于坡度阻力与滚动阻力都是与道路有关的阻力，而且都和汽车重力成正比，所以可把这两种阻力合在一起考虑，称为道路阻力，用 F_ψ 表示，即

$$F_\psi = F_f + F_i = fG\cos\alpha + G\sin\alpha$$

当 α 不大时，$\cos\alpha \approx 1$，$\sin\alpha \approx i$，则

$$F_\psi = Gf + Gi = G\ (f+i)$$

现设 $f+i=\psi$，ψ 称为道路阻力系数，则

$$F_\psi = G\psi$$

四、加速阻力

汽车加速行驶时，需要克服汽车质量加速运动时的惯性力，这就是加速阻力 F_j。汽车的质量包括平移质量和旋转质量两部分，加速时平移质量产生惯性力，旋转质量产生惯性力偶矩。为了计算方便，通常把旋转质量的惯性力偶矩转化为平移质量的惯性力，计算时，用系数 δ 作为计入旋转质量惯性力偶矩后的汽车旋转质量换算系数。因此，汽车加速

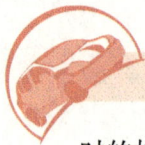

时的加速阻力为

$$F_j = \delta m \frac{\mathrm{d}u}{\mathrm{d}t} \tag{12-12}$$

式中，F_j 为加速阻力（N）；δ 为汽车旋转质量换算系数；m 为汽车质量（kg）；$\dfrac{\mathrm{d}u}{\mathrm{d}t}$ 为行驶加速度（$\mathrm{m/s}^2$）。

δ 主要和飞轮的转动惯量、车轮的转动惯量以及传动系统的传动比有关

$$\delta = 1 + \frac{1}{m} \frac{\sum I_w}{r^2} + \frac{1}{m} \frac{I_f i_g^2 i_0^2 \eta_T}{r^2} \tag{12-13}$$

式中，I_w 为车轮的转动惯量（$\mathrm{kg \cdot m^2}$）；I_f 为飞轮的转动惯量（$\mathrm{kg \cdot m^2}$）；i_0 为主减速器传动比。

在进行汽车动力性初步计算时，可以按经验公式估算 δ 值，即

$$\delta = 1 + \delta_1 + \delta_2 i_g^2 \tag{12-14}$$

式中，$\delta_1 \approx \delta_2 = 0.03 \sim 0.05$；$i_g$ 为变速器传动比。

第四节　汽车的动力方程

汽车行驶时，作用于汽车的外力有驱动力和行驶阻力，它们互相平衡，得到汽车的行驶方程式

$$F_t = \sum F \tag{12-15}$$

式中，F_t 为驱动力；$\sum F$ 为各种行驶阻力之和。

其中，驱动力

$$F_t = \frac{T_{tq} i_g i_0 \eta_T}{r}$$

各种阻力

$$\sum F = F_f + F_w + F_i + F_j = Gf + \frac{C_D A}{21.15} u_r^2 + Gi + \delta m \frac{\mathrm{d}u}{\mathrm{d}t}$$

所以

$$\frac{T_{tq} i_g i_0 \eta_T}{r} = Gf + \frac{C_D A}{21.15} u_r^2 + Gi + \delta m \frac{\mathrm{d}u}{\mathrm{d}t}$$

为了更具体确切地说明汽车的总体受力，现在将对汽车各部分进行受力分析。

一、受力分析

1. 从动轮在加速过程中的受力分析

图 12-15 为从动轮在加速过程中的受力图。图中，W_1 为从动轮上的载荷；F_{Z1} 为地面对从动轮的法向反作用力；m_1 为从动轮的质量；I_{W1} 为从动轮的转动惯量；F_{P1} 为从动轴作用于从动轮的平行于路面的力；F_{X1} 为作用在从动轮上的地面切向反作用力；T_{f1} 为从动轮滚动阻力偶矩。

汽车的加速度为 $\dfrac{\mathrm{d}u}{\mathrm{d}t}$，相应的车轮角加速度为 $\dfrac{\mathrm{d}\omega}{\mathrm{d}t}$，则

$$\frac{\mathrm{d}\omega}{\mathrm{d}t} = \frac{1}{r}\frac{\mathrm{d}u}{\mathrm{d}t}$$

从动轮上的惯性力系有作用于车轮中心的平移惯性力 $m_1\dfrac{\mathrm{d}u}{\mathrm{d}t}$ 和绕中心的惯性力偶矩 $I_{W1}\dfrac{\mathrm{d}\omega}{\mathrm{d}t}$。

根据平衡条件，有

$$F_{P1} = m_1\frac{\mathrm{d}u}{\mathrm{d}t} + F_{X1}$$

$$F_{X1}r = T_{f1} + I_{W1}\frac{\mathrm{d}\omega}{\mathrm{d}t}$$

所以

$$F_{X1} = F_{f1} + \frac{I_{W1}}{r^2}\frac{\mathrm{d}u}{\mathrm{d}t}$$

图 12-15　加速时从动轮的受力图

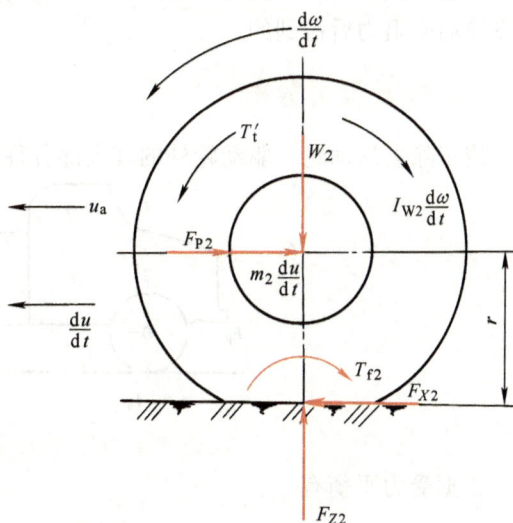

式中，F_{f1} 为从动轮滚动阻力，$F_{f1} = T_{f1}/r$。

从动轴作用于从动轮的平行于路面的分力为

$$F_{P1} = F_{f1} + \left(m_1 + \frac{I_{W1}}{r^2}\right)\frac{\mathrm{d}u}{\mathrm{d}t}$$

由此可见，推动从动轮前进的力 F_{P1} 要克服从动轮的滚动阻力和从动轮的加速阻力，即要克服滚动阻力 F_{f1}、平移质量的加速阻力 $m_1\dfrac{\mathrm{d}u}{\mathrm{d}t}$ 和旋转质量的加速阻力 $\dfrac{I_{W1}}{r^2}\dfrac{\mathrm{d}u}{\mathrm{d}t}$。

2. 驱动轮在加速过程中的受力分析

图 12-16 为驱动轮在加速过程中的受力图。图中，W_2 为驱动轮上的载荷；F_{Z2} 为地面对驱动轮的法向反作用力；m_2 为驱动轮的质量；I_{W2} 为驱动轮的转动惯量；F_{P2} 为驱动轴作用于驱动轮的平行于路面的力；F_{X2} 为作用在驱动轮上的地面切向反作用力；T_{f2} 为驱动轮滚动阻力偶矩；T'_t 为半轴作用于驱动轮的转矩。

驱动轮根据平衡条件

$$F_{X2} = F_{P2} + m_2\frac{\mathrm{d}u}{\mathrm{d}t}$$

$$F_{X2}r = T'_t - I_{W2}\frac{\mathrm{d}u}{\mathrm{d}t} - T_{f2}$$

得

$$F_{P2} + m_2\frac{\mathrm{d}u}{\mathrm{d}t} = \frac{T'_t}{r} - \frac{I_{W2}}{r}\frac{\mathrm{d}\omega}{\mathrm{d}t} - \frac{T_{f2}}{r}$$

设 $F'_t = \dfrac{T'_t}{r}$，F'_t 为驱动轮加速过程中的驱动力。

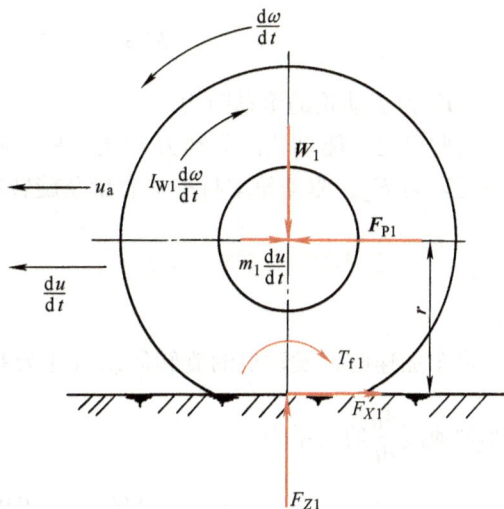

图 12-16　加速时驱动轮的受力图

得

$$F'_t = F_{P2} + F_{f2} + \left(m_2 + \frac{I_{W2}}{r_2} \right) \frac{du}{dt}$$

式中，F_{f2} 为驱动轮的滚动阻力。

由此可见，驱动轮的驱动力 F'_t 要克服三部分阻力，即由驱动轴传来的阻力 F_{P2}、驱动轮滚动阻力 F_{f2}、驱动轮本身平移质量及旋转质量的加速阻力。

二、驱动转矩、实际驱动力及飞轮加速阻力

汽车加速时，发动机的旋转质量（主要指飞轮）也相应有一个角加速度 $\frac{d\omega_e}{dt}$，$\frac{d\omega_e}{dt}$ 与汽车加速度 $\frac{du}{dt}$ 的关系为

$$\frac{d\omega_e}{dt} = i_g i_0 \frac{d\omega}{dt} = i_g i_0 \frac{1}{r} \frac{du}{dt}$$

实际驱动力矩 T'_t 为

$$T'_t = \left(T_{tq} - I_f \frac{d\omega_e}{dt} \right) i_g i_0 \eta_T \tag{12-16}$$

式中，I_f 为飞轮的转动惯量；T_{tq} 为发动机转矩。

实际驱动力 F'_t 为

$$F'_t = \frac{T'_t}{r} = \frac{T_{tq} i_g i_0 \eta_T}{r} - \frac{I_f i_g^2 i_0^2 \eta_T}{r^2} \frac{du}{dt} = F_t - F_{je} \tag{12-17}$$

式中，F_{je} 为飞轮加速时转换过来的加速阻力，$F_{je} = \frac{I_f i_g^2 i_0^2 \eta_T}{r^2} \frac{du}{dt}$。

所以，汽车实际驱动力是发动机转矩经传动系统到半轴上施加于驱动轮上的驱动力克服飞轮加速阻力后得到的。

三、车身受力分析

汽车除去从动轮、驱动轮外的其余部分称为车身，车身的受力情况如图 12-17 所示。

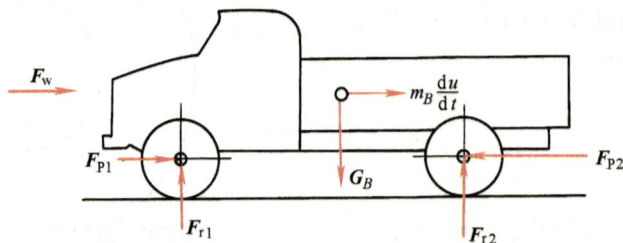

图 12-17　加速时的车身受力图

根据受力平衡有

$$F_{P2} = F_{P1} + F_w + m_B \frac{du}{dt} = F_{f1} + \left(m_1 + \frac{I_{W1}}{r^2} \right) \frac{du}{dt} + F_w + m_B \frac{du}{dt} \tag{12-18}$$

式中，F_w 为空气阻力；m_B 为除从动轮、驱动轮以外的汽车质量。

四、整部汽车的动力方程

从以上分析得到

$$F'_t = F_{P2} + F_{f2} + \left(m_2 + \frac{I_{W2}}{r^2}\right)\frac{du}{dt}$$

且

$$F'_t = \frac{T_{tq}i_g i_0 \eta_T}{r} - \frac{I_f i_g^2 i_0^2 \eta_T}{r^2}\frac{du}{dt}$$

所以

$$\frac{T_{tq}i_g i_0 \eta_T}{r} - \frac{I_f i_g^2 i_0^2 \eta_T}{r^2}\frac{du}{dt} = F_{P2} + F_{f2} + \left(m_2 + \frac{I_{W2}}{r^2}\right)\frac{du}{dt}$$

而

$$F_{P2} = F_{f1} + \left(m_1 + \frac{I_{W1}}{r^2}\right)\frac{du}{dt} + F_w + m_B \frac{du}{dt}$$

所以

$$\frac{T_{tq}i_g i_0 \eta_T}{r} = \frac{I_f i_g^2 i_0^2 \eta_T}{r^2}\frac{du}{dt} + F_{f1} + \left(m_1 + \frac{I_{W1}}{r^2}\right)\frac{du}{dt} + F_w + m_B \frac{du}{dt} + F_{f2} + \left(m_2 + \frac{I_{W2}}{r^2}\right)\frac{du}{dt}$$

经整理后得

$$\frac{T_{tq}i_g i_0 \eta_T}{r} = F_f + F_w + (m_1 + m_B + m_2)\frac{du}{dt} + \left(\frac{I_f i_g^2 i_0^2 \eta_T}{r^2} + \frac{\sum I_W}{r^2}\right)\frac{du}{dt}$$

式中，$F_f = F_{f1} + F_{f2}$；$\sum I_W = I_{W1} + I_{W2}$。

由于 $(m_1 + m_B + m_2)$ 等于全部汽车质量 m，

则

$$\frac{T_{tq}i_g i_0 \eta_T}{r} = F_f + F_w + m\left(1 + \frac{1}{m}\frac{\sum I_W}{r^2} + \frac{1}{m}\frac{I_f i_g^2 i_0^2 \eta_T}{r^2}\right)\frac{du}{dt}$$

现令

$$1 + \frac{1}{m}\frac{\sum I_W}{r^2} + \frac{1}{m}\frac{I_f i_g^2 i_0^2 \eta_T}{r^2} = \delta$$

并设汽车在坡道上行驶，则汽车的行驶动力方程为

$$F_t = F_f + F_w + F_i + \delta m \frac{du}{dt}$$

或

$$F_t = F_f + F_w + F_i + F_j$$

或

$$\frac{T_{tq}i_g i_0 \eta_T}{r} = Gf + \frac{C_D A}{21.15}u_a^2 + Gi + \delta m \frac{du}{dt}$$

第五节　汽车行驶的驱动—附着条件

一、汽车行驶的驱动—附着条件

汽车行驶动力方程为

$$F_t = F_f + F_w + F_i + \delta m \frac{du}{dt}$$

则

$$\delta m \frac{du}{dt} = F_t - (F_f + F_w + F_i)$$

由此可知，行驶中的汽车当驱动力等于滚动阻力、坡度阻力和空气阻力之和时，汽车等速行驶；当驱动力大于滚动阻力、坡度阻力与空气阻力之和后，汽车才能起步和加速行

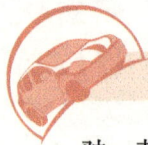

驶；若驱动力小于滚动阻力、坡度阻力与空气阻力之和，则汽车无法起步，行驶中的汽车将减速直至停车。所以，汽车行驶的第一个条件为

$$F_t \geqslant F_f + F_w + F_i$$

这就是汽车的驱动条件，是汽车行驶的必要条件。

为了满足汽车的驱动条件，可以采用增加发动机转矩、加大传动比等方法来增大汽车驱动力。但是增大驱动力有时会使驱动轮与路面发生滑转现象。驱动力增大后，驱动轮只能加速旋转，而不能增加地面切向反作用力，实际上无法增大用于驱动汽车的驱动力。这种现象表明，汽车行驶除满足驱动条件外，还要满足轮胎与地面的附着条件。

地面对轮胎切向反作用力的极限值称为附着力 F_φ。附着力与驱动轮法向反作用力 F_Z 成正比，即

$$F_{X\max} = F_\varphi = F_Z \varphi$$

式中的 φ 称为附着系数，附着系数由路面和轮胎的情况决定。地面切向反作用力不能大于附着力，否则会发生驱动轮滑转现象。所以

$$F_X = \frac{T_t - T_f}{r} \leqslant F_{Z\varphi} \varphi$$

$$F_t - F_f \leqslant F_{Z\varphi} \varphi$$

$$F_t \leqslant F_{Z\varphi} \varphi + F_f$$

$$F_t \leqslant F_{Z\varphi} \varphi + F_{Z\varphi} f$$

$$F_t \leqslant F_{Z\varphi} \left(\varphi + f \right)$$

因为和附着系数相比，滚动阻力系数 f 值较小，所以可近似写为

$$F_t \leqslant F_{Z\varphi} \varphi$$

式中，$F_{Z\varphi}$ 为作用于所有驱动轮上的地面法向反作用力。对于前轮驱动的汽车，$F_{Z\varphi} = F_{Z1}$；对于后轮驱动的汽车，$F_{Z\varphi} = F_{Z2}$；对于全轮驱动的汽车，$F_{Z\varphi} = F_{Z1} + F_{Z2}$。

这是汽车行驶的第二个条件——附着条件，是汽车行驶的充分条件。

汽车行驶的必要与充分条件为

$$F_f + F_w + F_i \leqslant F_t \leqslant F_{Z\varphi} \varphi$$

这称为汽车行驶的驱动—附着条件。

二、汽车的附着力

汽车的附着力决定于附着系数以及地面作用于驱动轮的法向反作用力。

1. 附着系数

附着系数主要取决于路面的种类和表面状况，还和轮胎结构、胎面花纹以及使用条件等有关，行驶车速对附着系数也有影响。

车轮在硬路面上滚动时，轮胎的变形远比路面的变形大，路面的微观结构粗糙且有一定的尖锐棱角，路面的坚硬微小凸起会嵌入轮胎的接触表面，使车轮与路面有较好的附着能力。当路面覆盖有尘土时，路面的微观凹凸处为尘土所填，附着系数则降低。在潮湿的路面上，轮胎与路面间的液体起着润滑剂的作用，所以附着性能显著下降。

车轮在软路面上滚动时，土壤变形比轮胎变形大，轮胎花纹的凸起部分嵌入土壤，这时附着系数的数值不仅取决于轮胎与土壤间的摩擦，同时取决于土壤的抗剪强度，因为只

有在嵌入轮胎花纹凹入部分的土壤被剪切后，车轮才能滑转。土壤的剪切强度与土壤的粒度、湿度、多孔度、土壤内摩擦系数等有关。

轮胎的结构及材料对附着系数的影响也很显著。具有细而浅花纹的轮胎在硬路面上有较好的附着能力；而在软土壤上，具有宽而深花纹的轮胎则可获得较大的附着系数。花纹纵向排列的轮胎所能传递的侧向力较高；而横向或人字形排列的花纹的轮胎则传递切向力的能力较大。轮胎材料不同，附着系数也不同，合成橡胶轮胎较天然橡胶轮胎有较高的附着系数。轮胎气压不同，附着系数也不同（见图 12-18）。低气压、宽断面和子午线轮胎，其轮胎与地面的接触面积较大，附着系数要比一般轮胎高。轮胎的磨损会影响附着能力，随着胎面花纹深度的减小，其附着系数将有显著下降。

汽车行驶速度对附着系数也有显著影响（见图 12-19）。在硬路面上增加行驶速度，由于胎面橡胶还来不及与路面微观凹凸构造完全啮合，所以轮胎的附着系数有所降低。在潮湿路面上提高行驶速度时，轮胎不易将液体挤出，所以附着系数有显著的降低。在软土壤上行驶，由于高速车轮的动力作用容易破坏土壤的结构，所以提高行驶速度对附着系数产生极不利的影响。

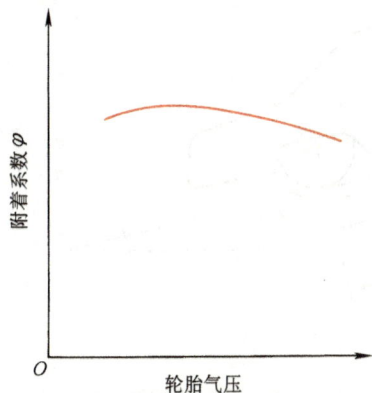

图 12-18　附着系数与轮胎气压的关系

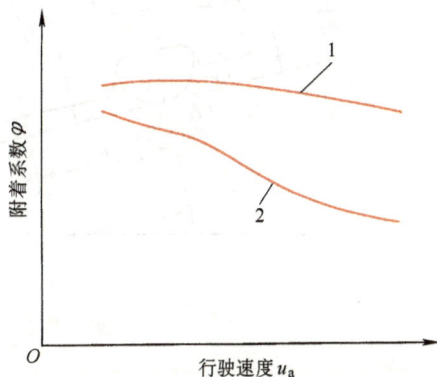

图 12-19　附着系数与行驶速度的关系
1—干燥路面　2—潮湿路面

综上所述，轮胎与路面的附着系数与一系列影响因素有关。表 12-5 中所列为不同轮胎在各种路面上测试的附着系数。

在实际计算中可采用附着系数的平均值。在良好的混凝土、沥青路面上，当路面干燥时，φ 值可取为 $0.7 \sim 0.8$；当路面潮湿时，φ 值可取为 $0.5 \sim 0.6$；干燥的碎石路，φ 值取为 $0.6 \sim 0.7$；干燥的土路，φ 值为 $0.5 \sim 0.6$；湿路面时，φ 值为 $0.2 \sim 0.4$。

表 12-5　不同轮胎在各种路面上的附着系数 φ

路　　面		轮　　胎		
类　　型	状　　态	高压轮胎	低压轮胎	越野轮胎
沥青、混凝土路面	干燥	$0.50 \sim 0.70$	$0.70 \sim 0.80$	$0.70 \sim 0.80$
	潮湿	$0.35 \sim 0.45$	$0.45 \sim 0.55$	$0.50 \sim 0.60$
	污染	$0.25 \sim 0.45$	$0.25 \sim 0.40$	$0.25 \sim 0.45$
碎石路面	干燥	$0.50 \sim 0.60$	$0.60 \sim 0.70$	$0.60 \sim 0.70$
	潮湿	$0.30 \sim 0.40$	$0.40 \sim 0.50$	$0.40 \sim 0.55$

（续）

路　面		轮　胎		
类　型	状　态	高压轮胎	低压轮胎	越野轮胎
土路	干燥	0.40 ~ 0.50	0.50 ~ 0.60	0.50 ~ 0.60
	湿润	0.20 ~ 0.40	0.30 ~ 0.40	0.35 ~ 0.50
	泥泞	0.15 ~ 0.25	0.15 ~ 0.25	0.20 ~ 0.30
积雪荒地	松软	0.20 ~ 0.30	0.20 ~ 0.40	0.20 ~ 0.40
	压实	0.15 ~ 0.20	0.20 ~ 0.25	0.30 ~ 0.50
结冰路面		0.08 ~ 0.15	0.10 ~ 0.20	0.05 ~ 0.10

2. 驱动轮的法向反作用力

驱动轮地面法向反作用力与汽车的总体布置、车身形状、行驶状况以及道路的坡度有关。

汽车加速上坡时的受力图如图12-20所示。

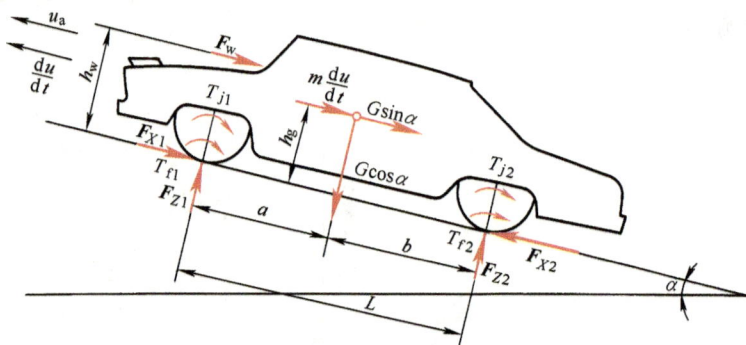

图 12-20　汽车加速上坡时的受力图

将作用在汽车上的各力对前、后轮与道路接触面中心取力矩，则得

$$F_{Z2}L = Ga\cos\alpha + Gfr\cos\alpha + Gh_g\sin\alpha + mh_g\frac{du}{dt} + T_{j1} + T_{j2} + F_w h_w \qquad (12\text{-}19)$$

$$Gb\cos\alpha = F_{Z1}L + Gfr\cos\alpha + Gh_g\sin\alpha + mh_g\frac{du}{dt} + T_{j1} + T_{j2} + F_w h_w \qquad (12\text{-}20)$$

图中，G 为汽车重力；α 为道路坡度角；h_g 为汽车质心高；h_w 为风压中心高；T_{f1}、T_{f2} 为作用在前、后轮上的滚动阻力偶矩；T_{j1}、T_{j2} 为作用在前、后轮上的惯性阻力偶矩；F_{Z1}、F_{Z2} 为作用在前、后轮上的地面法向反作用力；F_{X1}、F_{X2} 为作用在前、后轮上的地面切向反作用力；L 为汽车轴距；a、b 为汽车质心至前、后轴的距离。

进而得

$$F_{Z1} = \frac{G\cos\alpha(b - fr) - Gh_g\sin\alpha - mh_g\dfrac{du}{dt} - \sum T_j - F_w h_w}{L}$$

$$F_{Z2} = \frac{G\cos\alpha(a + fr) + Gh_g\sin\alpha + mh_g\dfrac{du}{dt} + \sum T_j + F_w h_w}{L}$$

式中，$\sum T_j = T_{j1} + T_{j2}$。

因为一般道路的坡度不大，所以 $\cos\alpha \approx 1$；良好路面的 f 值较小，可以认为 $b - fr \approx b$，$a + fr \approx a$；$\sum T_{j}$ 的数值也较小，可忽略不计；并取 $h_{w} \approx h_{g}$。这样，公式可简化为

$$F_{Z1} = \frac{Gb - Gh_{g}\sin\alpha - mh_{g}\dfrac{du}{dt} - F_{w}h_{g}}{L}$$

$$F_{Z2} = \frac{Ga + Gh_{g}\sin\alpha + mh_{g}\dfrac{du}{dt} + F_{w}h_{g}}{L}$$

得

$$F_{Z1} = G\frac{b}{L} - \frac{h_{g}}{L}\left(G\sin\alpha + m\frac{du}{dt} + F_{w}\right)$$

$$F_{Z2} = G\frac{a}{L} + \frac{h_{g}}{L}\left(G\sin\alpha + m\frac{du}{dt} + F_{w}\right)$$

公式中前一项为汽车水平静止不动时前、后轴上的静载荷；后一项为行驶中产生的动载荷。动载荷的绝对值随坡度与速度和加速度的增加而增大。当汽车利用其极限附着能力以高速、高加速度通过大坡度行驶时，动载荷的绝对值也达到其最大值。此时，汽车的附着力与各阻力的近似的关系式有

$$F_{\varphi} = G\sin\alpha + m\frac{du}{dt} + F_{w} + F_{f}$$

故得

$$F_{Z1} = G\frac{b}{L} - \frac{h_{g}}{L}\ (F_{\varphi} - F_{f})$$

$$F_{Z2} = G\frac{a}{L} + \frac{h_{g}}{L}\ (F_{\varphi} - F_{f})$$

对后轴驱动汽车来说，其附着力 $F_{\varphi2}$ 为

$$F_{\varphi2} = \varphi F_{Z2} = \varphi\left[G\frac{a}{L} + \frac{h_{g}}{L}\ (F_{\varphi2} - F_{f})\right]$$

整理后得

$$F_{\varphi2} = \frac{\dfrac{\varphi G}{L}\ (a - fh_{g})}{1 - \dfrac{\varphi h_{g}}{L}} = \frac{\varphi G\ (a - fh_{g})}{(L - \varphi h_{g})}$$

同理，对前轴驱动汽车来说，其附着力 $F_{\varphi1}$ 为

$$F_{\varphi1} = \frac{\varphi G\ (b + fh_{g})}{(L + \varphi h_{g})}$$

对四轮驱动汽车来说，其附着力 $F_{\varphi4}$ 为

$$F_{\varphi4} = \ (F_{Z1} + F_{Z2})\ \varphi = G\varphi\cos\alpha \approx G\varphi$$

由此可见，在同样附着系数的路面上，不同驱动方式的汽车具有不同的汽车附着力。只有全轮驱动汽车才可能充分利用整部汽车的重力来产生汽车附着力。汽车附着力与全轮驱动汽车附着力之比（$F_{\varphi}/F_{\varphi4}$）×100%，称为附着利用率。常用附着利用率来表明汽车

对附着潜力的利用程度。

后轮驱动汽车的附着利用率为

$$\frac{F_{\varphi2}}{F_{\varphi4}}=\frac{a-fh_{\mathrm g}}{L-\varphi h_{\mathrm g}}\times100\%$$

前轮驱动汽车的附着利用率为

$$\frac{F_{\varphi1}}{F_{\varphi4}}=\frac{b+fh_{\mathrm g}}{L+\varphi h_{\mathrm g}}\times100\%$$

假设汽车质心位置在轴距中间，$a=b=0.5L$，质心高度 $h_{\mathrm g}=0.35L$，$f=0.015$ 来计算不同驱动方式的附着利用率（见图 12-21）。由图可看出，前轮驱动汽车的附着利用率不如后轮驱动汽车。为了提高前轮驱动汽车的附着利用率，前轮驱动轿车的质心都布置得偏前，前轮驱动轿车的前轴静载荷平均达到 60% 左右。

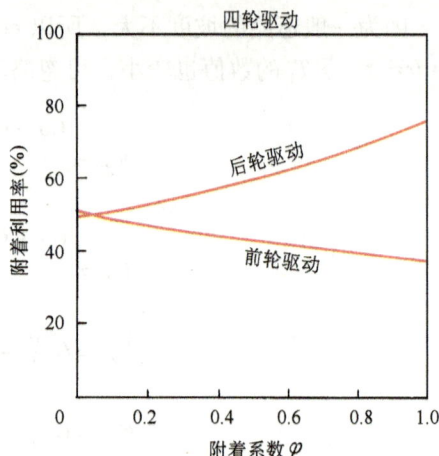

图 12-21　不同驱动方式汽车的附着利用率曲线

第六节　汽车的驱动力—行驶阻力平衡图与动力特性图

一、驱动力—行驶阻力平衡图

汽车的行驶动力方程为

$$F_{\mathrm t}=F_{\mathrm f}+F_{\mathrm i}+F_{\mathrm w}+F_{\mathrm j}$$

或

$$\frac{T_{\mathrm{tq}}i_{\mathrm g}i_0\eta_{\mathrm T}}{r}=Gf+Gi+\frac{C_{\mathrm D}A}{21.15}u_{\mathrm a}^2+\delta m\frac{\mathrm du}{\mathrm dt}$$

汽车动力方程表明了汽车行驶时驱动力和外界阻力之间的关系。当发动机的转速特性、变速器的传动比、主减速比、传动效率、车轮半径、空气阻力系数、汽车迎风面积以及汽车质量等确定后，可以利用动力方程分析汽车的行驶能力，即可以确定汽车在节气门全开时可能达到的最高车速、加速能力和爬坡能力。

汽车行驶动力方程通常用图解法来进行分析，比较清晰形象。图解法就是在汽车驱动力图上绘制汽车行驶中经常遇到的滚动阻力和空气阻力曲线，作出汽车驱动力—行驶阻力平衡图，并用来确定汽车的动力性。

图 12-22 为一具有四档变速器汽车的驱动力—行驶阻力平衡图。图上既有各档的驱动力，又有滚动阻力以及滚动阻力和空气阻力叠加后得到的行驶阻力曲线。

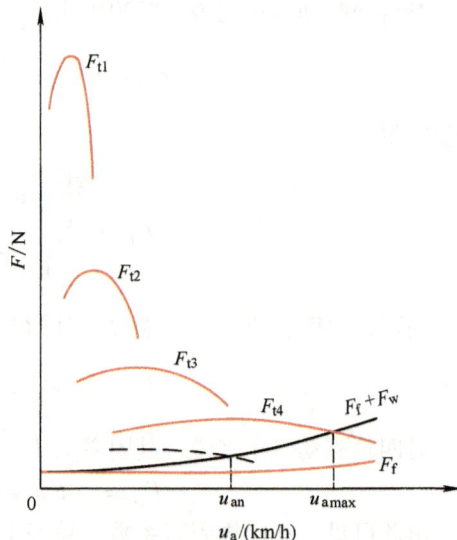

图 12-22　汽车驱动力—行驶阻力平衡图

从图上可以清楚地看出不同车速时驱动力和行驶阻力之间的关系。F_{t5} 曲线与（$F_f + F_w$）曲线的交点便可得到汽车以最高档行驶时的最高车速 u_{amax}。此时驱动力和行驶阻力相等，汽车处于相对稳定的平衡状态。

从图上还可以看出，当车速低于最高车速时，驱动力大于行驶阻力。这样，汽车就可以利用剩余的驱动力加速或爬坡。当需要在较低速度 u_{an} 等速行驶时，驾驶人可以关小节气门开度（图中虚线），此时发动机只用部分负荷特性工作，相应地得到虚线所示驱动力曲线以使汽车达到新的平衡。

图 12-23　汽车的行驶加速度曲线

汽车的加速能力一般用其在水平良好路面上行驶的加速时间来表明。例如用直接档行驶时，由最低稳定速度加速到一定距离或 $80\% u_{amax}$ 所需的时间。

现在根据汽车驱动力—行驶阻力平衡图来求出汽车的加速时间。

由汽车行驶动力方程得

$$\frac{du}{dt} = \frac{1}{\delta m}[F_t - (F_f + F_w)] \qquad （设 F_i = 0）$$

根据不同行驶速度的驱动力和行驶阻力可以计算得到各档节气门全开时的加速度曲线（见图 12-23）。根据加速度图可以进一步求得由某一车速 u_1 加速至另一较高车速 u_2 所需的时间。

由运动学可知

$$dt = \frac{1}{a_j}du$$

$$t = \int_0^t dt = \int_{u_1}^{u_2} \frac{1}{a_j}du = A$$

加速时间可以用积分计算或用图解积分法求出。用图解积分法时，将 $a_j - u_a$ 曲线转画成 $\frac{1}{a_j} - u_a$ 曲线，曲线下两个速度区间的面积就是通过此速度区间的加速时间。求解时，常将速度区间分为若干间隔，通过确定面积 Δ_1、Δ_2、…来计算总的加速时间（见图 12-24）。

根据汽车行驶动力方程和驱动力—行驶阻力平衡图，可以确定汽车的爬坡能力。

汽车的爬坡能力，是指汽车等速行驶在良好路面上克服滚动阻力和空气阻力后所剩的动力全部用来克服坡度阻力时所能爬上的坡度，故 $\frac{du}{dt} = 0$。所以

$$F_i = F_t - (F_f + F_w)$$

式中，$F_f = Gf\cos\alpha$，因为 F_f 的数值较小，且 $\cos\alpha \approx 1$，所以可以认为

$$F_f + F_w = Gf + \frac{C_D A u_r^2}{21.15}$$

得

$$G\sin\alpha = F_t - (F_f + F_w)$$

这样，坡道角为

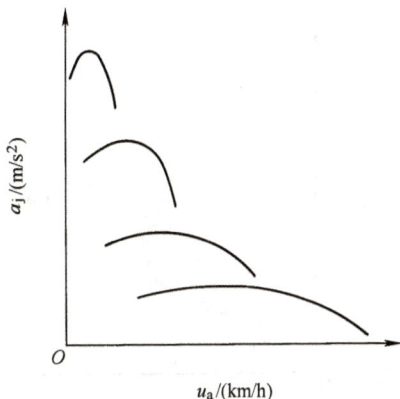

a)　　　　　　　　　　　　　　　b)

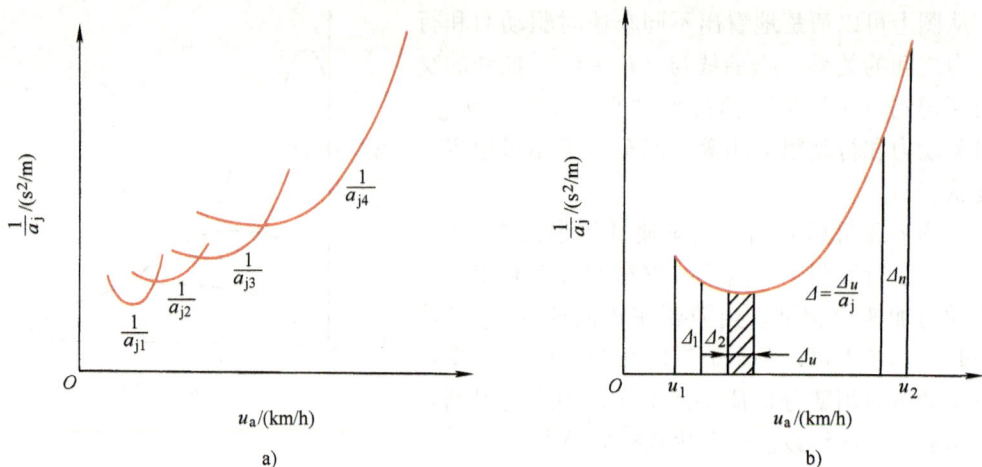

图 12-24　汽车的加速度倒数曲线

$$\alpha = \arcsin \frac{F_t - (F_f + F_w)}{G}$$

　　根据汽车驱动力—行驶阻力平衡图求出汽车能爬上的坡道角，相应地根据 $i = \tan\alpha$，就可以求出坡度值。汽车最大爬坡度 i_{max} 为 1 档时的最大爬坡度。但是直接档最大爬坡度 i_{0max} 也是一项重要指标，因为汽车经常以直接档行驶，i_{0max} 过小，汽车在遇到不大的坡度时就要经常换档，这样就会影响汽车的平均行驶速度。

　　直接档最大爬坡度 i_{0max} 为

$$i_{0max} = \tan\alpha \approx \sin\alpha = \frac{F_t - (F_f + F_w)}{G}$$

$$(12\text{-}21)$$

式中，F_t 为直接档时的最大驱动力。

图 12-25 所示为一汽车的爬坡度图。

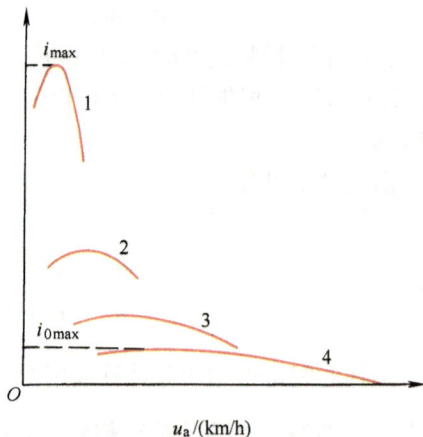

图 12-25　汽车的爬坡度图

二、动力特性图

　　动力特性图可以用来分析汽车的动力性。

　　汽车行驶动力方程为

$$F_t = F_f + F_i + F_w + F_j$$

$$F_t = Gf + Gi + F_w + \delta m \frac{du}{dt}$$

两边除以汽车重力得

$$\frac{F_t - F_w}{G} = f + i + \frac{\delta}{g} \frac{du}{dt}$$

$$\frac{F_t - F_w}{G} = \psi + \frac{\delta}{g} \frac{du}{dt}$$

现设 $D = \dfrac{F_t - F_w}{G}$，D 称为汽车的动力因数，则

$$D = \psi + \frac{\delta}{g}\frac{\mathrm{d}u}{\mathrm{d}t}$$

汽车各档动力因数与车速的关系曲线图称为动力特性图（见图 12-26）。

利用动力特性图可以求出汽车的最高车速。在动力特性图上，作出滚动阻力系数和车速 f—u_a 关系曲线，那么，f—u_a 曲线与直接档 D—u_a 曲线的交点相对应的车速就是汽车的最高车速。

另外，D 还可以确定汽车的爬坡能力。因为求爬坡度时，$\dfrac{\mathrm{d}u}{\mathrm{d}t} = 0$，故有

图 12-26　汽车动力特性图

$$D = \psi = f + i$$
$$i = D - f$$

所以 D—u_a 曲线与 f—u_a 曲线之间的距离表示了汽车的上坡能力。但是 1 档时，由于坡度较大，计算误差较大，不能用此方法。1 档时的最大爬坡度应用下式计算

$$D_{1\max} = f\cos\alpha_{\max} + \sin\alpha_{\max}$$

用 $\cos\alpha_{\max} = \sqrt{1 - \sin^2\alpha_{\max}}$ 代入整理得

$$\alpha_{\max} = \mathrm{arc}\ \sin\frac{D_{1\max} - f\sqrt{1 - D_{1\max}^2 + f^2}}{1 + f^2}$$

然后根据 $i_{\max} = \tan\alpha_{\max}$，求出最大爬坡度。

在求加速能力时，$i = 0$，所以

$$\frac{\mathrm{d}u}{\mathrm{d}t} = \frac{g}{\delta}(D - f)$$

以此来求得加速度，然后再计算加速时间。

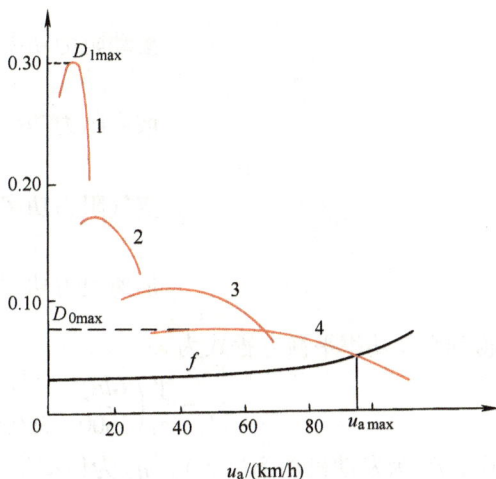

第七节　汽车的功率平衡

汽车行驶时，驱动力和行驶阻力互相平衡，汽车发动机功率和汽车行驶的阻力功率也总是平衡的。在汽车行驶的每一时刻，发动机发出的功率始终等于机械传动损失与全部运动阻力所消耗的功率。

发动机输出功率为 P_e，汽车运动阻力所消耗的功率有滚动阻力功率 P_f、空气阻力功率 P_w、坡度阻力功率 P_i 及加速阻力功率 P_j，则有

$$P_e = \frac{1}{\eta_T}(P_f + P_w + P_i + P_j)$$

这就是汽车功率平衡方程式。其中

$$滚动阻力功率\ P_f = \frac{Gfu_a}{3600};$$

$$坡度阻力功率\ P_i = \frac{Giu_a}{3600};$$

$$空气阻力功率\ P_w = \frac{C_D Au_a^3}{76140};$$

$$加速阻力功率\ P_j = \frac{\delta mu_a}{3600}\frac{du}{dt}。$$

则得到汽车功率平衡方程式为

$$P_e = \frac{1}{\eta_T}\left(\frac{Gfu_a}{3600} + \frac{Giu_a}{3600} + \frac{C_D Au_a^3}{76140} + \frac{\delta mu_a}{3600}\frac{du}{dt}\right) \tag{12-22}$$

式中，P_e 为发动机功率（kW）；η_T 为传动系统效率；G 为作用于汽车上的重力（N）；f 为滚动阻力系数；i 为道路坡度；C_D 为空气阻力系数；A 为迎风面积（m^2）；δ 为汽车旋转质量换算系数；m 为汽车质量（kg）；u_a 为行驶车速（km/h）；$\dfrac{du}{dt}$ 为汽车加速度（m/s^2）。

汽车功率平衡方程式可用图解法表示。以纵坐标表示功率，横坐标表示车速。将发动机功率 P_e 和汽车行驶阻力功率 $\dfrac{P_f + P_w}{\eta_T}$ 对车速 u_a 的关系曲线绘制在坐标图上，这样就可以得到汽车功率平衡图（见图 12-27）。

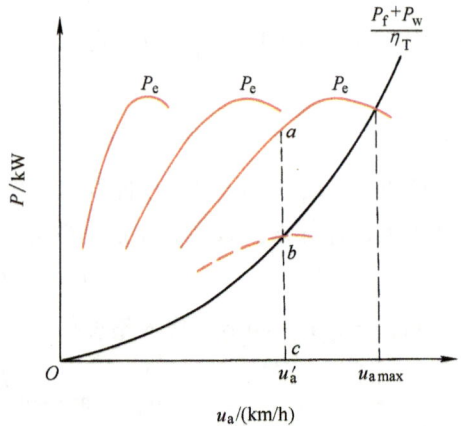

根据发动机功率曲线，并把发动机转速转换成车速（即 $u_a = 0.377\dfrac{rn}{i_g i_0}$），便可以得到不同档位时的发动机功率与车速 P_e—u_a 关系曲

图 12-27　汽车功率平衡图

线。由图可以看出，不同档位，发动机功率的大小不变，但各档发动机功率曲线所对应的车速位置不同。高档时车速高，速度变化区域宽；低档时车速低，速度变化区域窄。

$\dfrac{P_f + P_w}{\eta_T}$—$u_a$ 阻力功率曲线是一条斜率越来越大的曲线。这是因为汽车行驶速度增加后，汽车要克服的空气阻力越来越大。

高档时，发动机功率曲线与阻力功率曲线相交点的车速，就是在良好水平路面上汽车的最高车速 u_{amax}。当汽车在良好水平路面上以较低速度 u_a' 等速行驶时，汽车的阻力功率 $(P_f + P_w)/\eta_T$ 如 $\overline{bc}$ 段所示，此时驾驶人为维持汽车等速行驶，应减小节气门开度，发动机功率曲线如图中粗虚线所示。如发动机在汽车行驶速度 u_a' 时，节气门全开，则发动机发出的功率 P_e 如 $\overline{ac}$ 段所示，于是有

$$P_e - \frac{1}{\eta_T}(P_f + P_w) = \overline{ac} - \overline{bc} = \overline{ab}$$

上式中两部分功率的差值称为汽车的后备功率，可用来加速或爬坡。所以，在一般情况下维持汽车等速行驶所需的发动机功率并不大，发动机节气门开度可减小。当需要爬坡或加

速时，驾驶人加大节气门开度，使汽车的全部或部分后备功率发挥作用。因此，汽车的后备功率越大，汽车的动力性越好。

第八节　装有液力变矩器的动力特性

一、液力变矩器的特性

液力变矩器是汽车上使用得最多的一种无级变速器。液力变矩器的特性通常用无因次特性来表征（见图12-28）。无因次特性给出了变矩比 K、效率 η 及泵轮转矩系数 λ_P 随速比 i 变化的规律。

变矩比 K 为涡轮输出转矩 T_T 与泵轮输入转矩 T_P 之比，即

$$K = \frac{T_T}{T_P}$$

变矩器速比 i 为涡轮转速 n_T 与泵轮转速 n_P 之比，即

$$i = \frac{n_T}{n_P}$$

图12-28　液力变矩器的无因次特性

效率 η 为输出功率与输入功率之比，即

$$\eta = \frac{T_T n_T}{T_P n_P} = K_i$$

泵轮转矩系数 λ_P 是泵轮转矩 T_P 中的比例系数，它表示液力变矩器的负载特性。

$$T_P = \lambda_P \rho g D^5 n_P^2 \tag{12-23}$$

式中，ρ 为工作油密度；g 为重力加速度；D 为变矩器有效直径；n_P 为泵轮转速。

在液力变矩器的台架试验中测得 T_P、T_T、n_P 和 n_T 等数据，就可以得到变矩比 K、速比 i、效率 η 及泵轮转矩系数 λ_P 等无因次特性。

泵轮转矩系数 λ_P 与速比 i 的关系表明了变矩器的"透过性"。所谓"透过性"，是指变矩器涡轮载荷的变化对泵轮工况的影响程度。

在任何速比下，泵轮转矩系数维持不变的液力变矩器称为"非透过性"变矩器。这类变矩器在汽车行驶条件发生改变，即涡轮轴上转矩变化时，只影响涡轮轴转速的改变，而对泵轮转速无任何影响。非透过性液力变矩器的泵轮转矩与泵轮转速的关系 $T_P = f(n_P)$ 是一条抛物线（见图12-29）。这条曲线与发动机转矩曲线的交点就决定了发动机的转速。只要发动机节气门不变，当外界阻力发生变化时，汽车运动状况也随之发生相应的变化，而发动机的转速是不变的。

对"透过性"液力变矩器而言，汽车行驶阻力的变化、行驶速度的变化，在发动机节气门开度不变的条件下，均会影响到发动机的转速，也就是说泵轮转矩系数 λ_P 不是一个常数。透过性液力变矩器的泵轮转矩曲线是一组曲线（见图12-30）。一个速比对应有一个 λ_P 值，确定一条泵轮转矩曲线。不同的速比有不同的 λ_P 值，因而确定了一组泵轮转

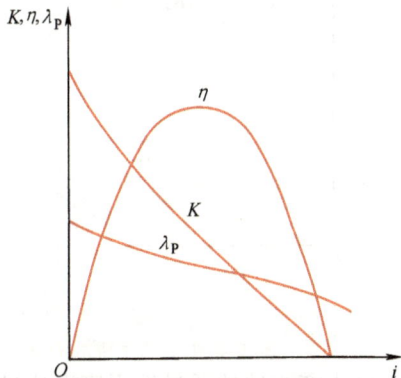

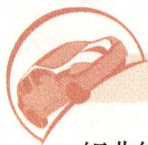

矩曲线。这些曲线与发动机转矩曲线的交点，就是不同速比时发动机的工作转速。如汽车起步时，涡轮转速 $n_T = 0$，即速比 $i = 0$，相应的泵轮转矩系数为 λ_P'，发动机以转速 n_P' 运转。随着汽车速度增加，涡轮转速 n_T 增加，速比 i 也加大，这时 λ_P' 减小到 λ_P''，则发动机转速为 n_P''；汽车速度再增加，n_T 和 i 继续增加，λ_P'' 再减小至 λ_P'''，则发动机转速为 n_P'''。所以，透过性液力变矩器扩展了发动机运转的转速和转矩范围。

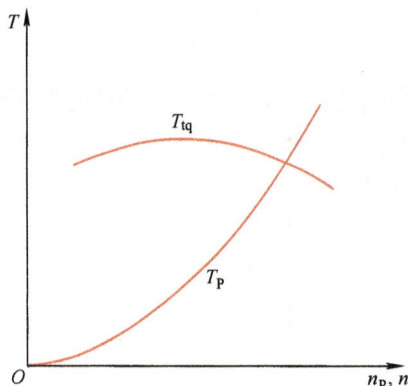

图 12-29　非透过性液力变矩器的泵轮转矩曲线与发动机外特性曲线　　　图 12-30　透过性液力变矩器的泵轮转矩曲线与发动机转矩曲线

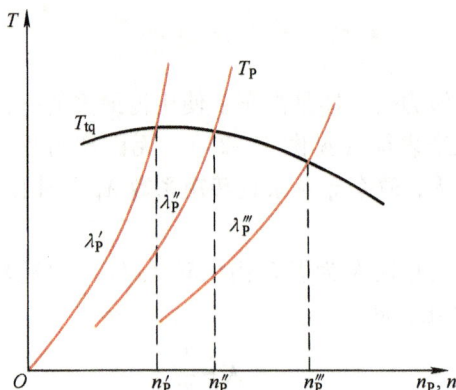

液力变矩器的透过性程度以透过度 p 表示

$$p = \frac{T_{P_0}}{T_{Pc}} = \frac{\lambda_{P_0}}{\lambda_{Pc}} \tag{12-24}$$

式中，T_{P_0} 为涡轮不转动时，泵轮的转矩；λ_{P_0} 为涡轮不转动时，泵轮的转矩系数；T_{Pc} 为变矩比 $K = 1$ 时，泵轮的转矩；λ_{Pc} 为变矩比 $K = 1$ 时，泵轮的转矩系数。

$p = 1.2$，为非透过性液力变矩器；$p > 1.2$，为透过性液力变矩器。一般轿车 $p \geqslant 2$，其他车辆 $p = 1.3 \sim 1.8$。

在发动机节气门全开时，液力变矩器的输出转矩 T_T 与输出转速的关系曲线称为液力变矩器的输出特性。发动机外特性 T_{tq}—n 曲线与不同速比时液力变矩器转矩曲线的交点，是节气门全开时发动机与液力变矩器的共同工作点。我们根据液力变矩器无因次特性可以求出变矩器的输出特性。图 12-31 是非透过性液力变矩器的输出特性。图 12-32 是透过性液力变矩器的输出特性。

二、装有液力变矩器汽车的动力性

装有液力变矩器的汽车，由于液力变矩器的变矩比 K 是随速比 i 的减小而增加，即随涡轮转速的降低而增加，所以汽车起步时转矩较大，并且保证传动系统传动比随汽车阻力的增加而自动增加。因此，液力变矩器是一种无级变速器，能扩大转矩的变化范围。但液力变矩器的转矩变化范围较小，一般都同 3 档、4 档自动机械变速器串联使用，以适应汽车行驶条件的需要。

使用非透过性液力变矩器，能使发动机在节气门全开时，处于转速 n_P 下发出最大功率，能在不同车速下，使驱动轮获得较大驱动力。但液力变矩器的传动效率随着速比 i 的不同而有很大变化。当起步加速和克服大的坡道阻力时，速比 i 很小，液力变矩器处于低

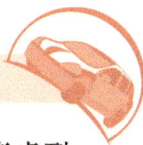

效率工况，尽管发动机发出最大功率 P_{emax}，而驱动轮上的驱动功率并不是很大。考虑到液力变矩器传动效率的变化，要尽可能提高各种车速下的驱动力，液力变矩器应该是透过性的，使发动机能在不同转速下工作。当液力变矩器具有一定透过性时，涡轮轴可以得到较大的转速 n_T，也就是汽车可以有较高的行驶速度，其转矩也有所增加，并有较宽的高效率工作范围。这样，当汽车起步时，可以从发动机获得较大转矩，而随着加速，发动机的转速增加，使汽车获得较高的速度，因而改善了汽车的动力性。

加速时，涡轮的转速逐渐提高，涡轮转矩逐渐减小。当 $n_T = n_T'$ 时，$K = 1$，涡轮转矩等于泵轮转矩（见图 12-31、图 12-32）。若进一步提高速比，$T_T < T_P$，则效率下降，液力变矩器处于不利的工况。所以现代汽车采用综合式液力变矩器，在 $K = 1$ 后，液力变矩器就转入液力偶合器工况。

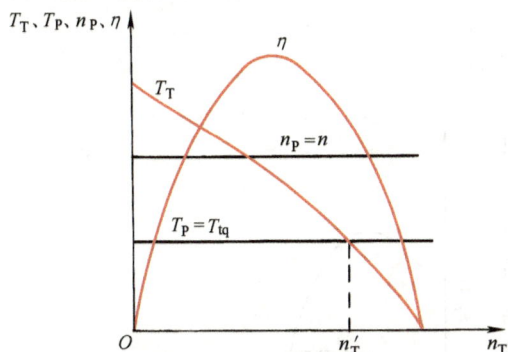

图 12-31　非透过性液力变矩器的输出特性

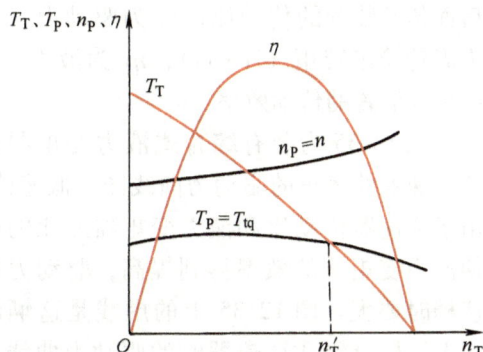

图 12-32　透过性液力变矩器的输出特性

液力偶合器的 $T_T = T_P$，$K = 1$，其传动效率为

$$\eta = \frac{n_T}{n_P} = i$$

所以，液力偶合器的传动效率随速比的变大而提高。

图 12-33 所示为液力偶合器的无因次特性。

图 12-34 为 $K = 1$ 后转入液力偶合器工况的综合式液力变矩器的无因次特性。汽车起步时，涡轮转速 $n_T = 0$，速比 $i = 0$，这时变矩比最大为 K_0。随着涡轮转速 n_T 的逐渐增加，速比 i 也增加，液力变矩器的效率 η 也增加，在达到最大值后就开始下降。当 $K > 1$ 时，液力变矩器的效率比液力偶合器高。当 $K = 1$ 时，液力变矩器的效率和液力偶合器相等。当速比 i 再增加时，液力偶合器的效率增加，而液力变矩器的效率则下降。

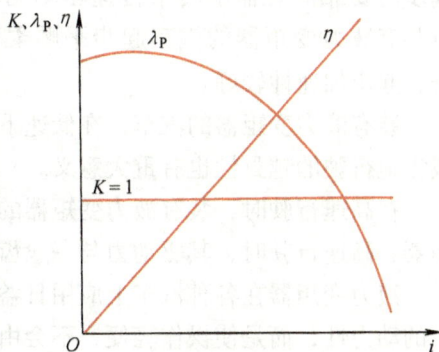

图 12-33　液力偶合器的无因次特性

为了提高燃油经济性，有的汽车装用的液力变矩器在 $K = 1$ 时，直接将泵轮和涡轮锁住。这时，功率直接进行传递，液力变矩器的效率接近 100%。汽车的动力性和燃油经济性都得到提高。

所以，综合式液力变矩器和带有锁止离合器的液力变矩器，可以防止高速区传动效率

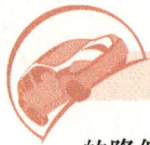

的降低从而提高汽车的动力性与燃油经济性。

利用液力变矩器的输出特性及下面两个公式，可以求出汽车的驱动力图

$$u_a = 0.377 \frac{rn_T}{i'} \qquad (12\text{-}25)$$

$$F_t = \frac{T_T i' \eta_T}{r} \qquad (12\text{-}26)$$

式中，u_a 为行驶车速（km/h）；n_T 为涡轮转速（r/min）；r 为车轮半径（m）；i' 为液力变矩器后面传动装置的传动比；F_t 为驱动力（N）；T_T 为涡轮输出转矩（N·m）；η_T 为液力变矩器后面传动装置的传动效率。

图12-34　综合式液力变矩器的无因次特性

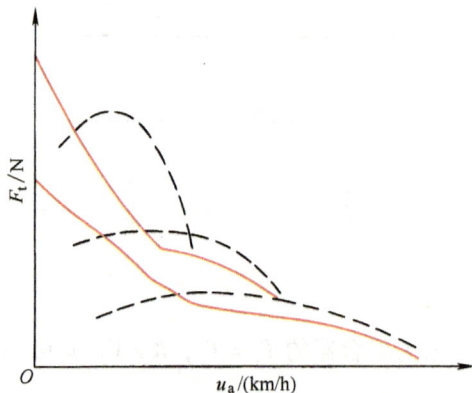

图12-35 为装有综合式液力变矩器和两档变速器的汽车的驱动力曲线图。低速档时，由于变速器传动比和液力变矩器速比的增加使液力变矩器的效率得到提高，驱动力比高速档时要大。图12-35 上的虚线是这辆汽车装上三档分级式变速器时的驱动力曲线。我们对比曲线可以看出，汽车装有液力变矩器传动装置后，其低速时的驱动力比一般有级式变速器要大，特别是汽车从起步速度为零开始就能够连续发出驱动力，而有级式变速器只有在达到一定速度后才能正常传递动力，起步时要靠离合器滑转来传递驱动功率。所以装有液力变矩器的汽车起步平顺柔和无冲击，起步加速性较好。

图12-35　装有综合式液力变矩器和两档
变速器的汽车的驱动力曲线图

装有液力变矩器的汽车，在低速下能发出很大的驱动力并稳定行驶，对于在松软地面或雪地行驶的越野性也有重大意义。

在高速行驶时，装有液力变矩器的汽车的动力性并无改善。装有锁止离合器的液力变矩器，高速行驶时，其驱动力与一般齿轮变速器的相等，所以动力性仍能有所改善。

液力变矩器在各种汽车上应用日益广泛的主要原因，并不着眼于改善汽车在良好路面上的动力性，而是使操作轻便，不会由于阻力过大而导致发动机熄火，因此能显著地减轻驾驶人的劳动强度，也适合于驾驶技术不高的人驾驶。

第九节　影响汽车动力性的主要因素

为了提高汽车的动力性，使汽车具有合理的动力性参数，必须对影响汽车动力性的各种因素进行分析。影响汽车动力性的主要因素有：发动机特性、传动系统参数、汽车质量

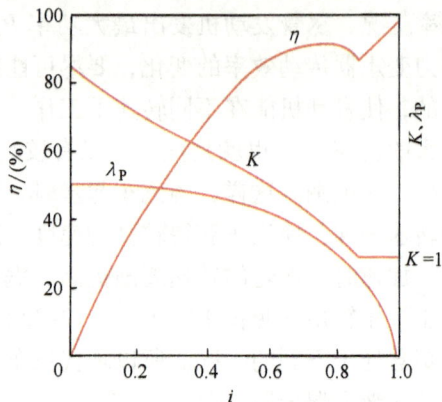

和使用因素等。

一、发动机特性

发动机特性受其结构形式的影响，不同种类的发动机具有不同的特性。

图 12-36 上画出了三种最大功率相等但不同类型发动机的特性曲线，图 12-36a 为一般活塞式发动机的外特性曲线；图 12-36b 为一种假想的能在不同转速下发出等功率的发动机特性曲线；图 12-36c 为活塞式蒸汽机的特性曲线。再根据这些特性曲线，作出装有不同发动机但均无变速器，而具有同一汽车质量与同一最高车速的汽车的功率平衡图与驱动力—行驶阻力平衡图（见图 12-37）。

如图 12-37 所示，活塞式发动机、蒸汽机与等功率发动机具有同一最大功率，但活塞式发动机的汽车在车速低时后备功率甚小，能提供的驱动力也很小，这是因为它的发动机在低转速时功率较小，若不配备变速器，只能通过很小的坡度。活塞式蒸汽机汽车可以克服 30% 以上的坡度。等功率发动机的汽车可以克服更大的坡度。由此可见，活塞式发动机的外特性远不如活塞式蒸汽机的好，更比不上等功率发动机。等功率发动机的特性曲线为理想的汽车发动机特性。

发动机所发出的转矩随转速的降低而增大的程度对发动机的工作性能甚为重要，通常以发动机的适应性系数来表征发动机的这种工作性能，发动机适应系数 K 是指最大转矩 T_{tqmax} 与最大功率时的转矩 T_{tqP} 之比，即

$$K = \frac{T_{tqmax}}{T_{tqP}}$$

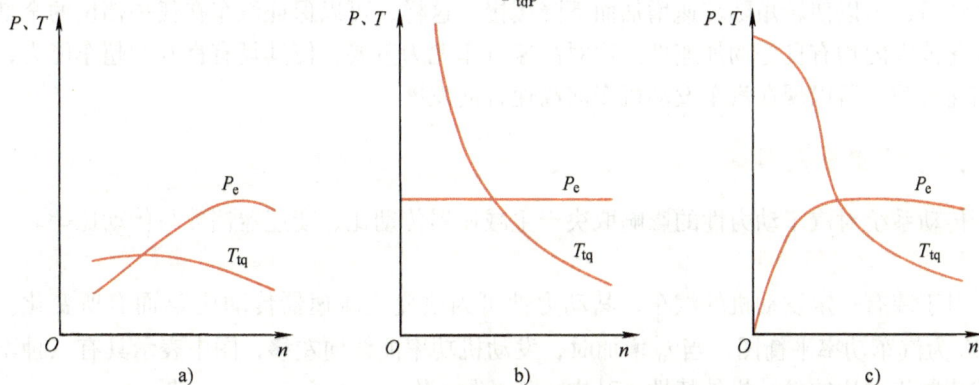

图 12-36　三种发动机的特性曲线

a）活塞式发动机　b）等功率发动机　c）活塞式蒸汽机

发动机适应性系数越大，则发动机适应负荷变化的性能越佳，且在负荷增大时发动机不易熄火。蒸汽机、燃气轮机的适应性系数较大，活塞式发动机的适应性系数很小，一般汽油发动机的适应性系数在 1.2～1.4 之间，柴油机在 1.05～1.25 之间。活塞式发动机的特性曲线不适合汽车的使用要求，所以必须在汽车传动系统中加设改变转矩的变速器、液力变矩器等装置，用以改善转矩的变化曲线，以适应汽车在各种不同的运行条件下对驱动力大幅度变化的要求。

汽车上配备的发动机的功率越大，则汽车的动力性越好，但功率过大，会使经济性降低。为了评价汽车的动力性能，可用汽车的比功率作为指标。比功率是发动机最大功率

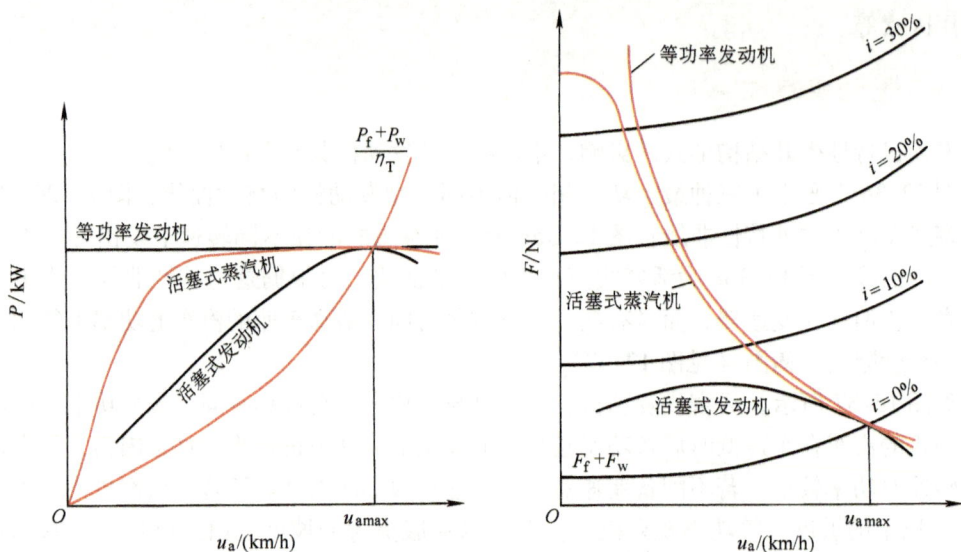

图 12-37　汽车的功率平衡与驱动力—行驶阻力平衡图

P_{emax} 与汽车总质量 m 之比，即 P_{emax}/m，也称为功率利用系数，其值大小因汽车形式的不同而异。

汽车发动机的转矩特性对汽车动力性有很大影响。低速发动机，其转矩变化较大，适应性系数稍高，在低速范围内具有较大的转矩，但转速低将导致功率下降，降低了高速行驶时的汽车动力性。高速发动机，其转矩变化较小，适应性系数稍减，但选择了适当的传动系统后，可以使转矩随转速增加而下降缓慢。这样，可以保证汽车在任一档位的全部速度变化范围内均有良好的加速性。这对高速汽车尤为重要，使其具有良好的超车能力，保证高速行驶。所以现在汽车发动机多向高速方向发展。

二、传动系统参数

传动系统对汽车动力性的影响取决于主减速器传动比、变速器档数与传动比等。

1. 主减速器传动比

对于装有一定发动机的汽车，其动力性可因改变主减速器传动比 i_0 而有所变化。图 12-38 为汽车功率平衡图，当 i_0 增加时，发动机功率曲线向左移，图中表示具有三种不同主减速器传动比的发动机外特性，其中，$i_0' < i_0'' < i_0'''$。

由图 12-38a 可知，随着 i_0 的增大，汽车的后备功率加大，但汽车的最大行驶速度 u_{amax} 也发生变化。当主传动比为 i_0'' 时，阻力功率曲线交发动机外特性曲线于最大功率处，此时 u_{amax} 的数值最高。若主传动比大于或小于 i_0''，u_{amax} 的数值均稍有降低。从提高汽车的加速性出发，i_0 应尽可能大，但若过分增大 i_0，将使汽车最高速度 u_{amax} 减小，并使发动机以较高转速工作，而影响其寿命。提高 i_0 还将使汽车燃油经济性降低。此外，由于 i_0 加大，与之相应的主传动器外形尺寸加大，使结构过于复杂，并减小了驱动桥的离地间隙，影响汽车的通过性。

对于一般用途汽车，为了保证其有足够的后备功率，在选择 i_0 时，应使阻力功率曲线与发动机功率曲线交点所决定的最大速度高于最大功率时的速度，其比值为 $\dfrac{u_{amax}}{u_{aP}} =$

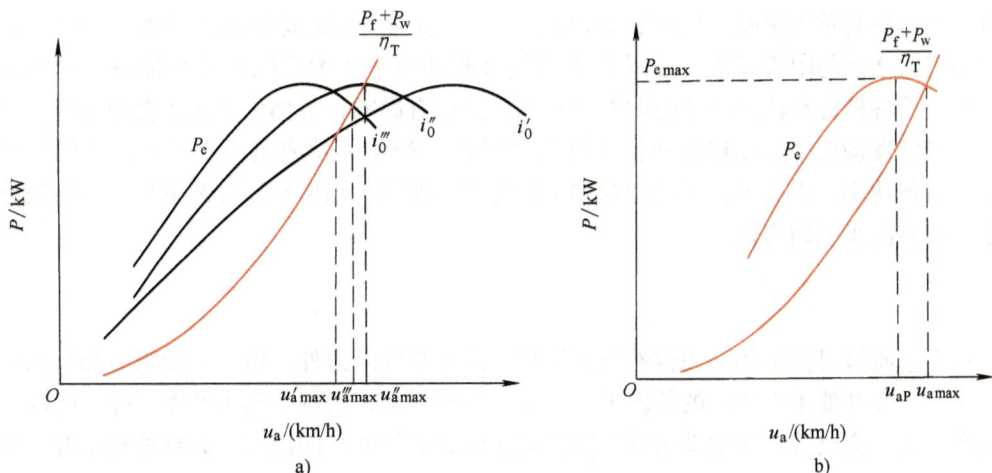

图 12-38 主传动比 i_0 对汽车动力性的影响

1.1～1.25，其中 u_{aP} 相当于最大功率时的行驶速度（见图 12-38b），但此时燃油经济性稍差。

2. 变速器参数

为了扩大发动机的转矩变化范围，克服活塞式发动机特性曲线上的缺陷，汽车必须在传动系统中采用变速器，使汽车的驱动功率与驱动力矩接近等功率发动机，从而改善了汽车的动力性。影响汽车动力性的变速器参数有变速器档数及各档传动比。

（1）变速器档数 变速器档数对汽车动力性有很大影响，图 12-39 为装有活塞式发动机和三档变速器的汽车与装有等功率发动机汽车的动力性对比，可以看出两者较为接近。显然，变速器档数越多，越接近等功率发动机，若变速器档数无限增多，即采用无级变速器，则活塞式发动机就有可能总是在最大功率 P_{emax} 下工作。

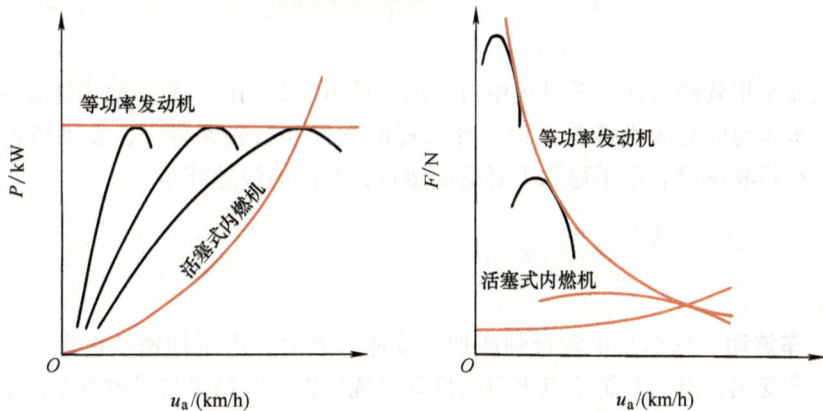

图 12-39 装有活塞式发动机和三档变速器的汽车与装有等功率发动机汽车的动力性对比

总之，增加变速器档数，后备功率可以增加，但档数增多，变速器结构变得复杂，而操纵也显得困难。因此，有级变速器的实际档数仍有所限制，一般采用三至五档变速器。

（2）变速器传动比 变速器传动比要分别考虑 1 档传动比和各档传动比。1 档传动比

对汽车动力性有重大影响，1档传动比越大，汽车所能克服的道路阻力越大，但应考虑驱动轮与道路之间的附着情况，驱动轮上的最大驱动力不能大于驱动轮与道路之间的附着力。变速器各档传动比之间的分配对汽车动力性也有影响，各档传动比要合理分配。分配得当，能使发动机经常在接近外特性最大功率 P_{emax} 处的大功率范围内运转，从而增加了汽车的后备功率，提高了汽车的加速和上坡能力。如果各档传动比分配不当，将导致换档困难，影响汽车的动力性。

三、汽车总质量

汽车总质量对汽车的动力性有很大影响。除了空气阻力外，所有运动阻力都与汽车总质量有关。在其他条件相同的情况下，汽车总质量增加，则汽车动力性能下降。所以，减轻汽车自重，会改善汽车的动力性。对具有相同载质量的不同汽车，其自重较小者，总质量较小，因而动力性较好。对于自重占汽车总质量比例较大的轿车，减轻自重所得的效果同样显著。

在货车中，为了提高运货量，采用挂车，汽车总质量增加，汽车动力性变差，即汽车带上挂车后的平均行驶速度将有所降低，但由于运货量增加，只要运输生产率增加，对汽车运输仍是有利的。

四、使用因素

汽车的动力性在不同程度上受到汽车运行条件的影响，如道路、气候、海拔高度、驾驶技术、技术保养与调整、交通规则与运输组织等。在汽车使用过程中，加强保养维护，采用正确的驾驶方法，合理的运输组织，充分发挥汽车的动力性能，以提高运输速度与运输生产率。

第十节　汽车的驾驶性能

驾驶性能是指驾驶人在行驶过程中对振动、噪声、起动性、怠速稳定性及舒适性的感觉程度。汽车理想的驾驶性能是无论在什么样的气候和行驶条件下，发动机都能顺利起动，驾驶人在行驶中没有不平稳和不舒适的感觉，并能愉快地开车。

一、驾驶性能的表示方法

1. 驾驶性方面

（1）**汽车波动**　汽车在正常行驶或加、减速行驶时，由于加速踏板操作不协调，发动机输出功率变化，点火系统不点火引起传动系统扭振，其结果将导致汽车沿前进方向波动行驶（见图12-40）。

（2）**加速不畅**　汽车起步加速时，无论怎样踩加速踏板车速仍不能提高的现象（见图12-41）。

（3）**车速回落**　汽车在加速过程中，发动机功率明显下降，加速性能不好，短时间内这种现象称为抖动；若持续时间较长，且表现不很明显则称为车速回落（见图12-42）。

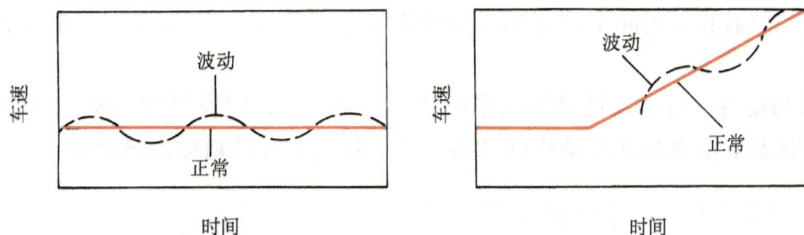

图 12-40　汽车波动行驶

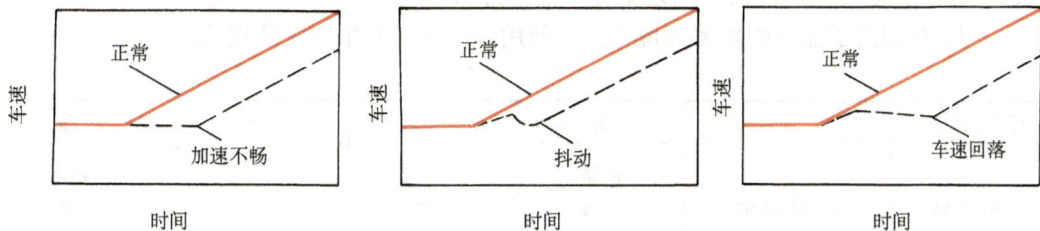

图 12-41　加速不畅　　　　　　　图 12-42　车速回落

（4）汽车加速迟缓　在加速过程中，汽车迟滞不前的现象（见图 12-43）。

（5）熄火　熄火是指在汽车行驶中或怠速时发动机停止工作。

上述（1）～（5）是汽车加速时汽车驾驶性能的主要表现，特别是汽车抖动、加速迟缓、加速不稳定及车速回落，使得驾驶人感觉不平稳，会给驾驶人带来不舒适感，严重时还会发生与从后面开来的汽车相碰的事故。

2. 噪声、振动方面

（1）怠速不稳定　怠速不稳定是指发动机在怠速时运转不正常而产生严重振动，由此给驾驶人带来不舒适感（见图 12-44）。

（2）回火　回火是指在进气系统内，可燃混合气爆燃的现象。

（3）放炮　放炮是指在排气系统内，未燃烧的混合气爆燃的现象。

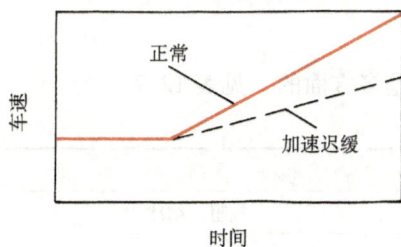

图 12-43　加速迟缓　　　　　　　图 12-44　怠速不稳定

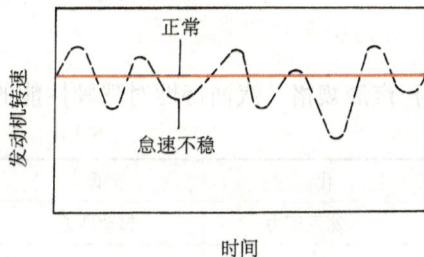

（4）自燃点火　汽车在大负荷行驶后，即使关闭点火开关，发动机仍旧继续运转。

（5）爆燃噪声　爆燃噪声是在汽车加速和坡道行驶时，由于气缸内爆燃产生的金属敲击声。

3. 起动性方面

（1）冷起动性　冷起动性表示发动机冷状态时，由起动机起动后到发动机开始转动

所需的时间，一般起动时间不超过5s。在外界气温较低时（0℃以下）的起动性称为低温起动性。

（2）**再起动性**　再起动性是指汽车行驶一段时间后，使发动机停机，经较短时间后，在发动机热状态下重新起动发动机的性能。若外界气温较高则称为热起动。

二、各种环境下汽车驾驶性能的变化

汽车在全世界普及后，它就会遇到诸如寒冷的、炎热的（-40~50℃）、多湿的气候，还有就是海拔4000m的高山地带等十分恶劣的环境。

表12-6列出了在一些恶劣环境条件下使用汽车容易发生的一些现象。

表12-6　汽车在各种环境下易发生的现象

环 境 变 化	低	高	环 境 变 化	低	高
外界气温	起动性恶化	渗漏 气阻 再起动性恶化	高度		渗漏 气阻 再起动性恶化
湿度		结冰			

（1）**气阻**　气阻是指由于燃油滤清器、燃油泵、油路发热使部分汽油中产生气泡，不能向发动机供给充足的燃油，因而形成过稀的混合气，严重时会出现发动机熄火、起动困难等现象。

（2）**渗漏**　渗漏是带化油器的汽车特有的现象。汽车在高负荷运行后在有交通堵塞的路上行驶时，因不断的停车，长时间怠速，化油器中的燃油变热，产生的蒸气有泵送作用，使燃油挥发并进入进气管，形成过浓的混合气，严重时将使发动机熄火。

（3）**结冰**　结冰也是带化油器的汽车特有的现象。当大气温度在0~5℃，湿度较高时易出现结冰。其原因是化油器的节气门和喉管处吸进的空气中的水分，因燃油气化消耗热量而结冰。空气中的水分耗尽，形成过浓的混合气，严重时将使发动机熄火。

三、汽油特性与驾驶性能

（1）**汽油规格**　汽油特性对驾驶性能的影响是多方面的，见表12-7。

表12-7　汽油特性与驾驶

变　化		低	高
汽油特性	蒸发压力	起动性差	气阻，结冰
	10%~50% 辛烷值	爆燃	起动性差，驾驶性能差

（2）**汽油与气阻**　汽油的挥发性受气压和气温的影响很大。气压下降时，即使低温状态也会使其汽化挥发。如果海拔高度增加，空气密度降低，气压变低，汽油也容易挥发。

第十一节　汽车动力性试验

汽车动力性试验包括动力性评价指标、驱动力、行驶阻力及附着力的测量。动力性试验可在道路上和实验室内进行。道路试验主要用于测定最高车速、加速能力、最大爬坡度等评价指标。在实验室内可测量汽车的驱动力和各种阻力。

一、道路试验

道路试验应在混凝土或沥青路面的直线路段上进行。路面要求平整、干燥、清洁，坡度不大于0.1%。试验时，大气温度应在 -10~30℃ 之间，风速不大于 3m/s。

道路试验测试项目有：

(1) 最高车速　汽车在试验道路上行驶，达到最高车速后，测定汽车通过 1km 路段所需要的时间，计算出 u_{amax} 值。通过的时间用光电测时仪或秒表来测定。

(2) 加速能力　原地起步加速性能测定，汽车用 1 档起步，节气门开度开至最大，按最佳换档时机，以最大的加速强度逐步换至高档，全力加速至 100km/h 的加速过程所需时间。也有用原地起步加速行驶 400m 所需的时间来表明汽车的加速性能。

超车加速性能测定，汽车在最高档工作，节气门开至最大，由 30km/h 加速至 $0.8u_{amax}$ 的加速过程所需时间。

加速过程可采用车速测量仪，并配合磁带记录仪及 $X-Y$ 记录仪，直接绘制出速度—时间和速度—行程曲线。不与地面接触的车速测量仪是利用光电原理和跟踪滤波技术，将车辆的行驶速度转换为电信号频率来测量汽车车速，安装方便，测量精度高，适于高车速测量，最高测量速度可达 250km/h，但在低车速时测量误差大。加速过程也可以采用数字式电子装置五轮仪来测定，但用五轮仪进行试验时，由于道路不平整使第五轮产生跳动和侧滑，影响测量精度。

(3) 最大爬坡度　测量汽车的最大爬坡度，应有一系列不同坡度的坡道，坡道长度应大于汽车长度的 2~3 倍。试验时，汽车挂上最低档，以最低速度驶至坡前，然后迅速将节气门开至最大，驶上坡道。汽车所能爬上的最陡坡道的坡度，就是汽车的最大爬坡度。如果没有合适的坡度，坡度过大或过小，可以采用增减负载或变换排档的方法，折算出最大爬坡度，即

$$\alpha_0 = \arcsin\left(\frac{G_a}{G}\frac{i_{g1}}{i_{ga}}\sin\alpha_a\right) \tag{12-27}$$

式中，α_0 为换算后的爬坡度；α_a 为试验时实际爬坡度；G 为汽车最大总质量的重力；G_a 为试验时的汽车重力；i_{g1} 为变速器 1 档传动比；i_{ga} 为试验时变速器所用档位的传动比。

(4) 汽车滚动阻力与空气阻力　汽车的滚动阻力与空气阻力可以用滑行试验来测定。滑行试验是指汽车先加速至某一预定速度，然后摘档脱开发动机，汽车滑行直至停车。试验时，记录滑行过程中的速度 u 与时间 t 的关系曲线，通过计算可以得到减速度 $\frac{du}{dt}$ 与车速 u 的关系曲线（见图 12-45）。

滑行时汽车的滚动阻力与空气阻力之和为

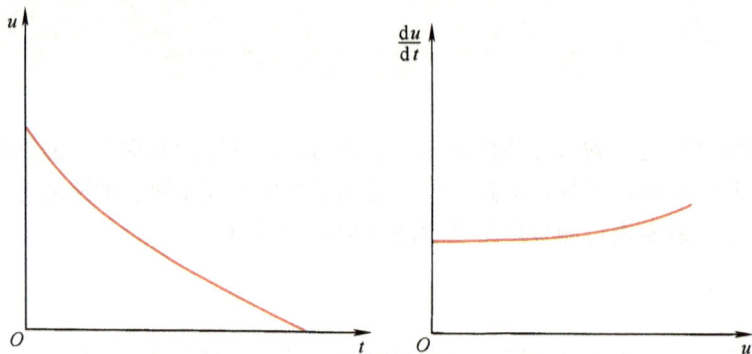

图 12-45 滑行过程中的 u—t 曲线与 $\dfrac{\mathrm{d}u}{\mathrm{d}t}$—$u$ 曲线

$$F_\mathrm{f} + F_\mathrm{w} = m\frac{\mathrm{d}u}{\mathrm{d}t} - \frac{T_\mathrm{r}}{r} \qquad (12\text{-}28)$$

式中，T_r 为滑行时传动系统加于驱动轮的摩擦阻力矩。

若已知 T_r，则根据一定车速下的减速度值，便能确定在该车速下的 F_f 与 F_w 之和。由于低速时空气阻力小，所以可利用低速时的减速度值，不计空气阻力，直接求出低速时的滚动阻力。

轮胎的滚动阻力也常用装有测力传感器的轮胎试验拖车来测量。地面与轮胎间的附着系数，须用装有制动器或能驱动轮胎的试验拖车进行实地测量。

二、实验室试验

实验室的动力性试验主要是驱动力的测量，传动系统机械效率、轮胎滚动阻力系数及汽车空气阻力系数的测定等。实验室常用的试验设备有：

1. 汽车测功器

汽车的驱动力由汽车测功器来测量。图 12-46 是一种单鼓式的汽车测功器（转鼓试验台）。试验汽车的驱动轮放在转鼓上，驱动轮的中心应与转鼓的中心在同一垂直平面内。转鼓轴端部装有液力测功器或电力测功器。测功器能产生一定的阻力矩并能调节转鼓的转速，也就相当于调节汽车的车速。由测力装置可以测出施加于转鼓的转矩 T 值

$$T = FL \qquad (12\text{-}29)$$

式中，F 为由拉力表测出的作用于测功器外壳长臂上的拉力；L 为测功器外壳长臂的长度。

试验时，应用钢丝绳拉住试验汽车，并在钢丝绳中装入拉力表，表上可读出汽车的挂钩拉力 F_d，而

$$F_\mathrm{d} = F_{X2}$$

根据汽车驱动轮和转鼓的力矩平衡，有

$$T_\mathrm{t} = F_{X2}r + T_\mathrm{f2}$$

$$T = F_{X2}R - T_\mathrm{f2}$$

由此可得驱动轮上的驱动转矩 T_t 为

$$T_\mathrm{t} = F_{X2}r + F_{X2}R - T = F_\mathrm{d}\,(r + R)\ - FL$$

故汽车的驱动力为

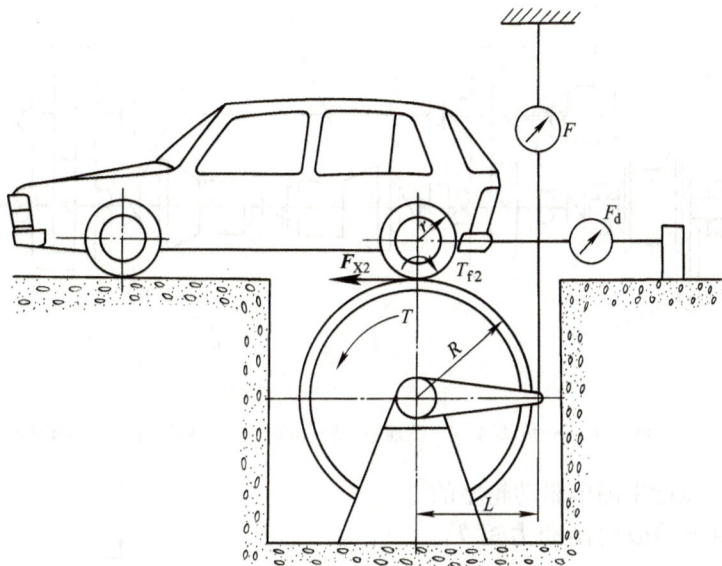

图 12-46　单鼓式汽车测功器——转鼓试验台

$$F_t = \frac{T_t}{r} = \frac{F_d\ (r+R)\ - FL}{r}$$

由上式可知，在各个档位、各种车速下测得节气门全开时的 F_d 与 F 值，即能得到表征汽车动力性的驱动力图。

为了在实验室能直接测量汽车的加速性能，汽车测功器装有由电子调节器控制电子测功器负荷的装置，可以模拟加速过程中的全部阻力——滚动阻力、空气阻力与加速阻力。也有用不同质量的飞轮组来代替试验汽车的质量，构成汽车在转鼓上加速时所遇到的各种惯性阻力。

汽车测功器除了能做汽车的动力性试验外，还可以进行燃油经济性与排气分析等多种试验，是一种用途比较广泛的汽车试验设备。

2. 变速器机械效率试验台

变速器的机械效率由机械效率试验台来测定。测定机械效率的试验台可分为开式试验台与闭式试验台，常采用闭式试验台。

图 12-47 是闭式试验台，两个被试验的变速器 4 和齿轮箱 6、传动轴 3 构成一个封闭的传动系统。该系统可以通过串联的液力缸 2 加载，转矩传感器 7 可以测出变速器第一轴上的载荷 T_X。电力测功器 1 驱动这个封闭系统所需的转矩为 T_1，然后将试验台中的变速器 4 拆下，换上一根传动轴，则电力测功器 1 驱动这个系统的转矩为 T_2。在假定两个变速器的效率相等的条件下，则变速器的效率 η_T 为

$$\eta_T = \sqrt{\frac{T_X - (T_1 - T_2)}{T_X}}$$

3. 轮胎试验台

在轮胎试验台上可以测量轮胎的滚动阻力系数。图 12-48 是一种轮胎转鼓试验台，由电力测功器驱动的试验轮胎放在转鼓上，轮胎上加载垂直载荷 W，转鼓轴连接着作为制动

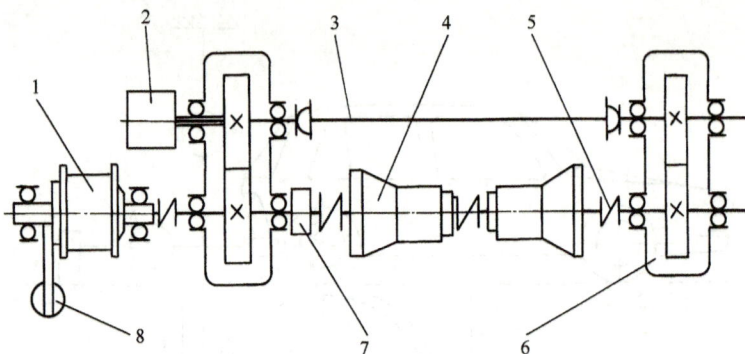

图 12-47　变速器机械效率闭式试验台

1—电力测功器　2—液力缸　3—传动轴　4—变速器　5—联轴节　6—齿轮箱　7—转矩传感器　8—磅秤

装置的测功器。试验中测出驱动轮胎的转矩 T_t 和作用于转鼓的制动力矩 T_d，则滚动阻力系数 f 为

$$f = \frac{T_t R - T_d r}{Wr\ (R + r)}$$

式中，T_t 为驱动轮胎的转矩；T_d 为转鼓的制动力矩；R 为转鼓的半径；r 为轮胎的动力半径；W 为作用于轮胎上的垂直载荷。

轮胎转鼓试验台还能全面测量轮胎的各项机械特性，如临界速度、侧偏特性等，是测试轮胎的重要试验设备。

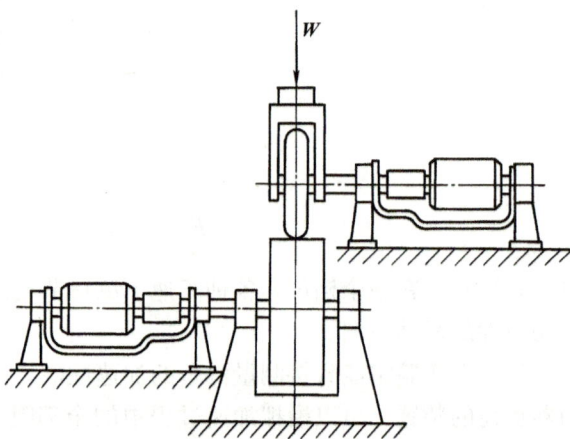

图 12-48　轮胎转鼓试验台

4. 风洞试验

风洞试验可准确测量汽车的空气阻力系数（见图 12-49）。将缩小的汽车模型置于风洞中，借助于强大鼓风机使空气以所需速度流过风洞，并测量汽车模型所承受的空气阻力及其他空气动力特性参数，即可求出空气阻力系数。

为了得到准确的试验结果，试验必须做到几何相似与空气动力学相似。几何相似就是要求缩小的模型与真实汽车完全相似；空气动力学相似是指模型在风洞中试验时，与汽车实际行驶情况下的雷诺数应相等，即

$$Re = \frac{u_a l_a \rho_a}{\mu_a} = \frac{u_m l_m \rho_m}{\mu_m} \tag{12-30}$$

式中，l_a 和 l_m 分别为汽车和模型的长度；u_a 和 u_m 分别为汽车行驶速度和风洞中空气的速度；ρ_a 和 ρ_m 分别为大气和风洞中空气的密度；μ_a 和 μ_m 分别为大气和风洞中空气的黏滞系数。

若模型的尺寸为实际汽车的 n 分之一，而两种情况下 ρ 和 μ 相同，要维持 Re 值不变，只能提高风洞中空气的流速，使 $u_m = n u_a$，这是不易做到的。因此模型试验中的雷诺数常低于按空气动力学相似计算所得的雷诺数。但在一定范围内，雷诺数的变化对测得空气阻力系数影响不大。因此，模型试验仍能在一定程度上反映汽车的空气动力学性能。但为了

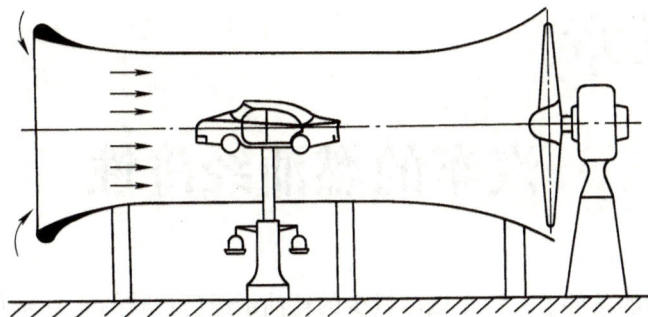

图 12-49 风洞试验

满足节约燃油对汽车外形提出的严格要求，提高试验精度，现在已有建立大型风洞，对汽车实物进行风洞试验，进行空气动力学的研究。

思 考 题

1. 汽车理论主要研究汽车的哪些使用性能？

2. 汽车动力性指标有哪些？

3. 什么是发动机的转速特性、转速特性曲线、外特性曲线和部分负荷特性曲线？

4. 已知一汽车发动机的转速为 3200r/min 时所发出的转矩为 75.5N·m，试求此时的功率。

5. 汽车行驶阻力有哪些？如何计算这些阻力的数值？

6. 试画出汽车加速上坡的受力图，并写出汽车行驶动力方程。

7. 试述汽车的行驶条件。

8. 什么是附着力？影响附着力的因素有哪些？

9. 已知一货车 T_{tq}—n 曲线的拟合公式为 $T_{tq} = -19.313 + 295.27\left(\dfrac{n}{1000}\right) - 165.44\left(\dfrac{n}{1000}\right)^2 + 40.874$ $\left(\dfrac{n}{1000}\right)^3 - 3.8445\left(\dfrac{n}{1000}\right)^4$，发动机最低转速 $n_{min} = 600$r/min；最高转速 $n_{max} = 4000$r/min。汽车总质量为 3880kg，车轮半径为 0.367m，传动系统机械效率 $\eta_T = 0.85$，滚动阻力系数 $f = 0.013$，空气阻力系数×迎风面积为 $C_D A = 2.77\text{m}^2$，主减速器传动比 $i_0 = 5.83$，变速器传动比：1 档为 6.09，2 档为 3.09，3 档为 1.71，4 档为 1.00。试绘制汽车驱动力——行驶阻力平衡图，并求出汽车最高车速和最大爬坡度。

10. 什么是汽车的动力因数？

11. 什么是汽车功率平衡方程式？

12. 什么是液力变矩器变矩比、速比、效率、泵轮转矩系数和无因次特性？

13. 装有液力变矩器的汽车有何特点？

14. 影响汽车动力性的主要因素有哪些？

15. 汽车动力性道路试验能测试哪些项目？

16. 汽车动力性试验实验室中有哪些试验设备？各能测试哪些内容？

17. 某型汽车为前轴驱动，其总质量为 2200kg，前轴负荷为 62%，后轴负荷为 38%，四档变速器的传动比分别为：6.09，3.09，1.71，1.00，旋转质量换算系数均计为 1.23，且主减速器传动比为 5.8，传动效率为 0.88，滚动阻力系数为 0.02，质心高度为 0.63m，$C_D A$ 为 1.9m²，轴距为 2.6m，车轮半径为 0.38m，发动机最大转矩为 140N·m。空气升力不计。试计算：

1）在良好的路面上，能否达到最大的加速度。

2）在良好的路面上，在直接档时此车的最大动力因素。

3）在良好的路面上，此车的最大爬坡度。

第十三章

汽车的燃油经济性

在保证动力性的条件下，汽车以尽量少的耗油量经济行驶的能力称为汽车的燃油经济性。在汽车运输成本中，燃油费用占一定的比重，减少燃油消耗可以降低运输成本。同时，节约能源，对整个国民经济的发展有着十分重大的意义。

第一节　汽车燃油经济性的评价指标

汽车的燃油经济性常用一定运行工况下汽车行驶百公里的燃油消耗量或一定燃油量能使汽车行驶的里程来衡量。

在我国及欧洲，燃油经济性指标的单位是 L/100km，即行驶 100km 所消耗的燃油升数。其数值越大，汽车的燃油经济性越差。美国的指标 MPG 或 mile/USgal，指的是每加仑燃油能行驶的英里数。这个数值越大，汽车燃油经济性越好。

百公里燃油消耗量分为等速行驶百公里燃油消耗量和循环工况行驶百公里燃油消耗量。

（1）等速行驶百公里燃油消耗量　这是常用的一种评价指标，它是汽车在额定载荷下，以最高档在水平良好路面上等速行驶 100km 的燃油消耗量。把各个速度下的等速百公里燃油消耗量标注在以行驶速度为横坐标，百公里燃油消耗量为纵坐标的图上，即可得到等速行驶百公里燃油消耗量曲线（见图 13-1），它可以用来评价汽车的燃油经济性。

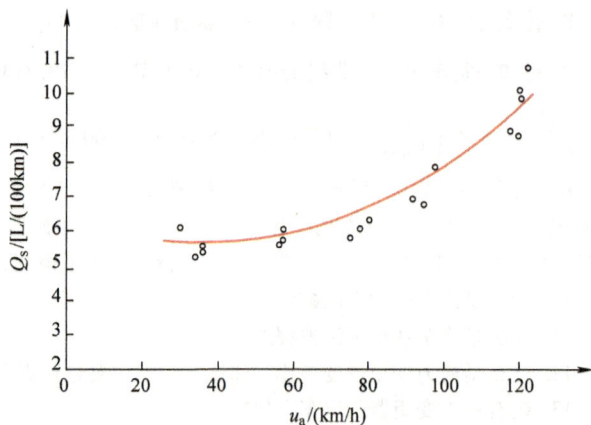

图 13-1　汽车等速行驶百公里燃油消耗量曲线

（2）循环工况行驶百公里燃油消耗量　由于等速行驶工况没有全面反映汽车的实际运行情况，特别是在市区行驶中频繁出现的加速、减速、怠速停车等行驶工况。因此，制定一些典型的循环行驶试验工况来模拟实际汽车运行状况，并以其百公里燃油消耗量来评定相应行驶工况的燃油经济性。我国制定了货车与客车的路上行驶循环工况，货车为 6 工况，1.075km 循环（见图 13-2a）；客车为城市 4 工况，0.70km 循环（见图 13-2b）。

我国规定以等速行驶百公里燃油消耗量和最高档全油门加速行驶 500m 的加速油耗作为单项评价指标，以循环工况燃油消耗量作为综合性评价指标。

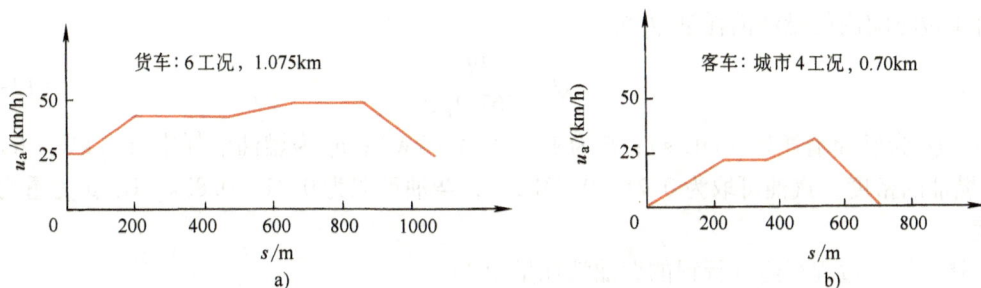

图 13-2　我国汽车燃油经济性的行驶工况

欧洲经济委员会（ECE）规定，要测量车速为 90km/h 和 120km/h 的等速百公里燃油消耗量和按 ECE – R. 15 循环工况的百公里燃油消耗量，并各取 1/3 相加作为混合燃油消耗量来评定汽车的燃油经济性。美国环境保护局（EPA）规定，要测量市内循环工况（UDDS）及公路循环工况（HWFET）的燃油经济性，并按下式计算燃油经济性（mile/USgal）。

$$综合燃油经济性 = \cfrac{1}{\cfrac{0.55}{城市循环燃油经济性} + \cfrac{0.45}{公路循环燃油经济性}}$$

第二节　汽车在各工况下的燃油消耗

汽车在等速行驶、加速、减速和怠速停车等各种行驶工况下的燃油消耗是不同的。现在根据发动机台架试验得到的万有特性图与汽车功率平衡图，对汽车燃油经济性进行估算。

一、等速行驶燃油消耗量的计算

图 13-3 绘出了一汽油发动机的万有特性曲线。在万有特性图上有等燃油消耗率曲线，根据这些曲线可以确定发动机在一定转速 n，发出一定功率 P_e 时的燃油消耗率 b_e。

计算时，将发动机转速 n 按汽车等速行驶时的最高档转换成行驶车速，并画在横坐标上。同时计算出等速行驶时汽车的阻力功率 $P = \dfrac{1}{\eta_T}(P_f + P_w)$，这就是发动机发出的功率。根据等速行驶车速 u_a 及阻力功率 P，可在发动机万有特性图上利用插值法确定相应的燃油消耗率 b_e，从而计算出以该车速等速行

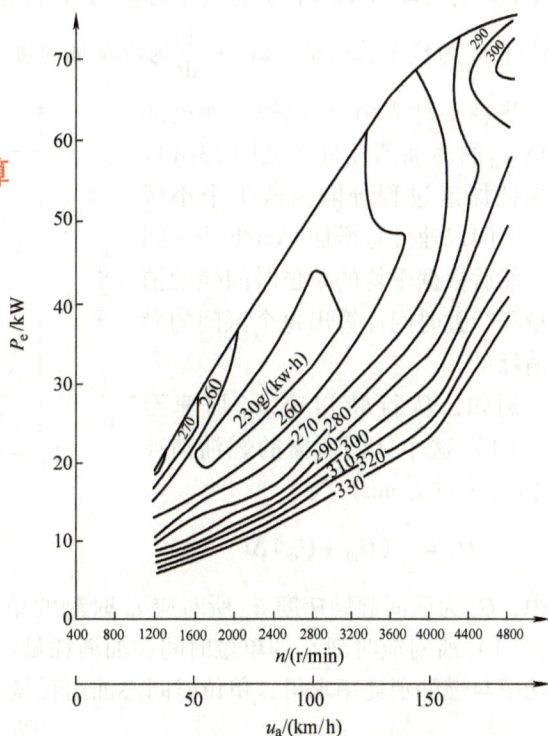

图 13-3　汽油发动机的万有特性图

驶时单位时间内的燃油消耗量 Q_t 为

$$Q_t = \frac{Pb_e}{367.1\rho g} \qquad (13\text{-}1)$$

式中，Q_t 为燃油消耗量（mL/s）；P 为阻力功率（kW）；b_e 为燃油消耗率[g/(kW·h)]；ρ 为燃油的密度，汽油可取为 0.71~0.73kg/L，柴油可取为 0.81~0.83kg/L；g 为重力加速度。

整个等速过程行经 S 行程的燃油消耗量 Q 为

$$Q = \frac{Pb_e S}{102u_a\rho g} \qquad (13\text{-}2)$$

式中，Q 为燃油消耗量（mL）；S 为行经行程（m）；u_a 为行驶车速（km/h）；ρ 为燃油的密度。

折算成等速百公里燃油消耗量 Q_s（单位为 L/100km）为

$$Q_s = \frac{Pb_e}{1.02u_a\rho g}$$

二、等加速行驶燃油消耗量的计算

汽车加速行驶时，发动机除克服滚动阻力和空气阻力外，还要提供为克服加速阻力所消耗的功率。若加速度为 du/dt，则发动机提供的功率 P 应为

$$P = \frac{1}{\eta_T}\left(\frac{Gfu_a}{3600} + \frac{C_D A u_a^3}{76140} + \frac{\delta m u_a}{3600}\frac{du}{dt}\right) \qquad (13\text{-}3)$$

式中，P 为功率（kW）；G 为汽车总重力（N）；u_a 为行驶车速（km/h）；A 为迎风面积（m²）；m 为汽车总质量（kg）；$\dfrac{du}{dt}$ 为汽车加速度（m/s²）。

现在要计算由 u_{a1} 以等加速度加速至 u_{a2} 的燃油消耗量（见图 13-4）。首先把加速过程分隔为若干个小区间，区间以速度每增加 1km/h 为一间隔。然后根据平均的单位时间燃油消耗量和行驶时间计算出每个区间的燃油消耗量。

例如，从行驶初速 u_{a1} 加速至 $(u_{a1}+1)$ 这个区间所需的燃油消耗量 Q_1（单位为 mL）为

$$Q_1 = \frac{1}{2}(Q_{t0} + Q_{t1})\Delta t$$

图 13-4　加速过程的燃油消耗量计算

式中，Q_{t0} 为区间起始速度 u_{a1} 所对应 t_0 时刻的单位时间燃油消耗量；Q_{t1} 为区间终了速度 $(u_{a1}+1)$ 所对应时刻 t_1 的单位时间燃油消耗量。单位时间燃油消耗量可根据相应的发动机功率与燃油消耗率求得，单位时间燃油消耗量 Q_t（单位为 mL/s）为

$$Q_t = \frac{Pb_e}{367.1\rho g}$$

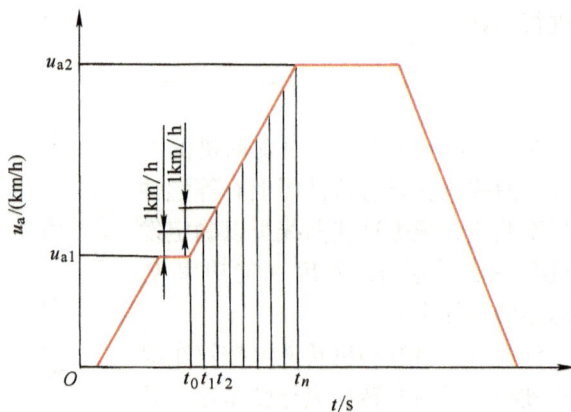

式中，Δt 为车速增加 $1km/h$ 所需要的时间。汽车行驶速度每增加 $1km/h$ 所需时间 Δt（单位为 s）为

$$\Delta t = \frac{1}{3.6\,\dfrac{\mathrm{d}u}{\mathrm{d}t}} \tag{13-4}$$

式中，$\dfrac{\mathrm{d}u}{\mathrm{d}t}$ 为汽车加速度（m/s^2）。

已知单位时间燃油消耗量和所需时间就可以计算出一个区间所需的燃油消耗量。

同理，我们可以计算出从车速（$u_{a1}+1$）加速至（$u_{a1}+2$）这个区间所需的燃油消耗量 Q_2 为

$$Q_2 = \frac{1}{2}\left(Q_{t1} + Q_{t2}\right)\Delta t$$

依次类推，各个区间的燃油消耗量为

$$Q_3 = \frac{1}{2}\left(Q_{t2} + Q_{t3}\right)\Delta t$$

$$\vdots$$

$$Q_n = \frac{1}{2}\left[Q_{t(n-1)} + Q_{tn}\right]\Delta t$$

式中，$Q_{t3},\cdots,Q_{tn}$ 分别为 $t_3,\cdots,t_n$ 各个时刻的单位时间燃油消耗量（mL/s）。

整个加速过程的燃油消耗量 Q_a（单位为 mL）为

$$Q_a = \sum_{i=1}^{n} Q_i = Q_1 + Q_2 + Q_3 + \cdots + Q_n = \frac{1}{2}(Q_{t0} + Q_{tn})\Delta t + \sum_{i=1}^{n-1} Q_{ti}\Delta t$$

整个加速区段内汽车行驶的距离 S_a 为

$$S_a = \frac{u_{a2}^2 - u_{a1}^2}{25.92\,\dfrac{\mathrm{d}u}{\mathrm{d}t}} \tag{13-5}$$

式中，S_a 为加速区段内汽车行驶的距离（m）；u_{a2} 为汽车加速终了时的行驶速度（km/h）；u_{a1} 为汽车加速起始时的行驶速度（km/h）；$\dfrac{\mathrm{d}u}{\mathrm{d}t}$ 为汽车加速度（m/s^2）。

三、等减速行驶燃油消耗量的计算

汽车减速行驶时，加速踏板松开，关至最小位置，发动机处于怠速工作状态，所以，其燃油消耗量即为正常怠速时的燃油消耗量。因此，等减速工况燃油消耗量为怠速燃油消耗率与减速行驶时间的乘积。

怠速燃油消耗率为 Q_i，单位为 mL/s。

减速时间 t 为

$$t = \frac{u_{a2} - u_{a3}}{3.6\,\dfrac{\mathrm{d}u}{\mathrm{d}t}} \tag{13-6}$$

式中，t 为减速时间（s）；u_{a2}、u_{a3} 为等减速行驶的起始车速和终了车速（km/h）；$\dfrac{\mathrm{d}u}{\mathrm{d}t}$ 为汽

车减速度（m/s²）。

所以，等减速过程燃油消耗量 Q_d（单位为 mL）为

$$Q_d = \frac{u_{a2} - u_{a3}}{3.6 \dfrac{du}{dt}} Q_i$$

减速区段内汽车行驶的距离 S_d（单位为 m）为

$$S_d = \frac{u_{a2}^2 - u_{a3}^2}{25.92 \dfrac{du}{dt}}$$

四、怠速停车时的燃油消耗量

怠速停车时的燃油消耗量 Q_{id}（单位为 mL）为

$$Q_{id} = Q_i t_s \tag{13-7}$$

式中，Q_i 为怠速燃油消耗率（mL/s）；t_s 为怠速停车时间（s）。

五、整个循环工况燃油消耗

对于由等速、等加速、等减速、怠速停车等行驶工况组成的循环工况的燃油消耗则为所有过程的燃油消耗的总和。其整个循环工况的百公里燃油消耗量 Q_s（单位为 L/100km）为

$$Q_s = \frac{\Sigma Q}{s} \times 100 \tag{13-8}$$

式中，ΣQ 为所有过程燃油消耗量之和（mL）；s 为整个循环的行驶距离（m）。

六、装有液力变矩器汽车的燃油经济性计算

对装有液力变矩器的汽车，其燃油经济性的计算与装有普通变速器的汽车有所不同，既要知道发动机的特性，又要知道液力变矩器的无因次特性和泵轮的转矩曲线。发动机的节流特性常用 $T_{tq} = f(n, \alpha)$ 及 $B = f(n, \alpha)$ 表示。B 指发动机发出一定功率时每小时的燃油消耗量，称为小时燃油消耗量（L/h），α 指节气门开度。

图 13-5 表示在不同节气门开度时发动机转矩与小时燃耗油量对其转速的变化关系曲线。

在计算百公里燃油消耗量时，可在发动机转矩特性图上画出泵轮的转矩曲线 $T_p = f(n_p)$，T_p 为泵轮转矩，n_p 为泵轮转速；然后根据变矩器的无因次特性 $K = f(i)$，确定不同速比下的变矩比 K，再按下述关系

$$T_T = KT_p, \quad n_T = in_p$$

绘制不同节气门开度 α 下的 $T_T = f(n_T)$ 及 $n_p = f(n_T)$ 曲线，如图 13-6 所示。

上式中，T_T 为涡轮转矩；n_T 为涡轮转速。

将涡轮转速坐标换算成车速坐标，则有

$$u_a = 0.377 \frac{rn_T}{i_0 i_g}$$

为了确定汽车在不同道路上以不同速度行驶时发动机的节气门开度 α 和转速 n（$n =$

n_p），应利用转矩平衡，即在 $T_T = f(u_a)$ 的关系图上，按下列公式绘制汽车在不同道路阻力系数 ψ 下等速行驶克服行驶阻力所需的涡轮转矩 T_c 与行驶速度 u_a 的关系，即

$$T_c = (F_\psi + F_w)\, r / \eta_T i_0 i_g = \left(G\psi + \frac{C_D A}{21.15} u_a^2 \right) r / \eta_T i_0 i_g$$

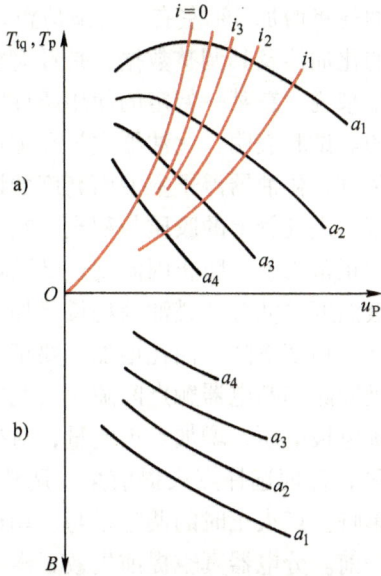

图 13-5　不同节气门开度时发动机
转矩与小时燃油消耗量曲线

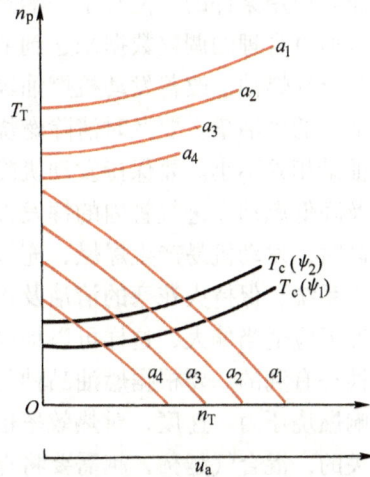

图 13-6　装有液力变矩器汽车的
转矩平衡与 $n_p = f(n_T)$ 曲线

选取 η_T 时，应考虑带液力传动辅助装置（如齿轮油泵、变矩器散热片）的能量消耗以及离合器片在油中的转动损失。对于一般轿车，此项损失在发动机最大功率时约占 6%。

所得 T_c 与 T_T 的交点决定了汽车在一定道路阻力系数（例如 ψ_1）下的行驶速度与发动机节气门位置，并由所得速度在 $n_p = f(n_T)$ 曲线上确定 n_p（即 n）。于是，相应的小时燃油消耗量 B 可从图 13-5b 中的 $B = f(n, \alpha)$ 曲线上求出。而百公里燃油消耗量可按下式求出

$$Q_s = \frac{B}{u_a \rho g} \times 100$$

按上述步骤取不同的车速，求得不同车速下的百公里消耗量，就能获得装有液力变矩器汽车的百公里等速油耗 Q_s—u_a 曲线。

第三节　影响汽车燃油经济性的因素

为了改善汽车燃油经济性，必须对影响燃油经济性的有关因素进行研究。影响燃油经济性的因素主要有两个方面：汽车使用方面和汽车结构方面。

一、汽车使用方面

在汽车使用方面影响燃油经济性的主要因素是保持汽车完好的技术状况与正确的驾驶操作。主要表现为：

1. 正确的技术保养与调整

汽车的保养与调整会影响到发动机的性能与汽车行驶阻力，对百公里油耗有一定影响，所以，正确的技术保养与调整，对改善汽车燃油经济性有很大影响。

首先发动机要保持良好的技术状况。对供油系统进行保养与检查，防止漏油，清除滤清器中的沉淀及杂质，空气滤清器不畅通时，油耗将增加3%左右。要适应汽车的具体使用条件，正确地调整化油器。汽车制造厂提供的化油器及其调整数据，是针对全国各种气候、气压等使用条件的，但对于一辆具体的汽车来说，在某一特定的使用条件下行驶，因此，可以通过合理的调整数据来达到节油的目的。试验表明，化油器主量孔配剂针圈数的调整，是节约燃油、改善发动机燃油经济性的关键。化油器浮子室油面高度的调节，也会影响化油器的供油量。要及时清除燃烧室、活塞、进气管上的胶质与积炭，在清除积炭前后，耗油量相差不小。要保持发动机冷却系统的正常温度，防止因温度过低而增加机油的黏度以及降低燃油在进气管内的挥发性。冷却液温度过低会使燃油消耗量增加。当冷却液温度过高时，发动机易产生爆燃，充气效率降低，功率下降，油耗增加。要正确地保养和检查点火系统，保持火花塞的清洁及正确的电极间隙和断电器触点间隙。火花塞电极间隙一般情况下应适当偏大，这样可以提高点火系统电极电压，增加点火能量，对提高发动机的经济性是有利的。要根据燃油品种与工作地区，合理选择点火提前角。调整点火正时，不仅影响燃烧压力、速度，对热效率也有明显影响。点火正时的调整是与发动机混合气的浓度有关的，混合气越稀，越需要将点火适当提前。分电器真空提前失效、离心提前失灵等故障都会使油耗大大增加。要检查和防止气缸漏气，保持正常的气缸压力，气缸压缩压力越大，表明气缸、活塞环、气门、气门座、气缸垫等状况良好，发动机做功行程瞬时产生有效压力越大，混合气点火燃烧速度就越快，热损失减小，可使发动机得到较高的动力性和经济性。上述内容都对节约燃油有较大的作用。

在汽车底盘方面，要加强对各总成的保养与调整，以保持适当的滑行能力，减少燃油消耗量。汽车的滑行能力常用滑行距离来评价，滑行距离的长短可以用来检查底盘的技术状况。汽车的前轮定位，制动器的间隙调整，轮胎气压，各部轴承的紧度，运动摩擦部分间隙以及润滑质量都会对汽车的运动阻力有很大影响，必须按照规定进行调整和保养。前轮前束失调时，轮胎在滚动时产生滑移，增加滚动阻力，引起前轮摆动，使油耗增大。当轮胎气压低于标准时，轮胎变形增大，滚动阻力增加，会增加燃油消耗。轮毂轴承过紧，制动器发咬，都会增加行驶阻力，使油耗增加。底盘传动系统各配合副配合不良，都将消耗发动机的有效功率，使传动效率降低。润滑油使用不当，油耗也会增加，冬季使用夏季油，油耗将增加4%。底盘的行驶阻力减小，滑行距离便增加，油耗下降；反之，滑行距离减少，燃油消耗则将增加。此外，离合器打滑，会引起发热，增加发动机转速，使油耗增加。变速器跳档，会增加换档次数与中间档的使用时间，也会增加燃油消耗。上述的各种故障都必须及时排除，并进行正确的调整。

2. 驾驶操作技术

驾驶操作技术是影响汽车燃油消耗的主要因素之一。正确的驾驶操作可以大大降低汽车的燃料消耗量。在其他条件相同时，如果能够经济合理地驾驶，可以减少油耗10%左右，其原因在于驾驶人是否能够根据汽车运行条件采用相适应的驾驶操作，使人机配合得当，达到汽车的最佳运行状态。因此提高驾驶人的操作技术水平，掌握合理运作工况是改

善汽车燃油经济性的有效途径。合理的驾驶操作对节约燃油有很大作用。

首先应正确选用行车速度，采用中速行驶是最经济的，汽车中速行驶时燃油消耗量最低，速度过高或过低都会使燃油消耗量增加。低速时，尽管阻力小，但发动机负荷率低，有效燃油消耗上升，百公里油耗也有所增加。高速时，由于行驶阻力增加很快而使百公里油耗增加，故应中速行驶。

其次，在一定道路上行驶，汽车用不同档位行驶，燃油消耗量是不一样的。在同一道路条件与车速下，发动机发生的功率相同，在低档位，后备功率较大，发动机的负荷率低，燃油消耗率高，高档时则相反，因此要尽可能用高档行驶。最经济的驾驶方法是高档的行驶可能性未用尽前，不应换低档。换档时要快，动作要迅速准确。

还有就是在保证行车安全的前提下，利用汽车的惯性滑行，使汽车的动能得以充分地利用，这是减少汽车油耗的一种驾驶方法。

驾驶汽车时要注意，踩加速踏板要轻，缓慢加油，因猛踩加速踏板，会使化油器加速泵和省油装置都起作用，增加了不必要的油耗，同时也难保持发动机的速度稳定，一般猛加速比缓慢加速要多耗油30%左右。

以上这些，都是正确驾驶汽车以节约燃油时所应加以注意的。

3. 合理组织运输

在使用汽车时，要充分发挥运输工作人员的主观积极性，采取一切先进措施以减少单位运输工作的燃油消耗量。运输企业中普遍拖带挂车，这是提高运输生产率和降低成本、降低燃油消耗量的一项有效措施。拖带挂车后，阻力增加，发动机负荷率增加，使燃油消耗率下降，虽然汽车总的燃油消耗量增加了，但由于运货量增加，汽车列车的装载质量与整车装备质量之比较大，所以分摊到每吨货物上的油耗下降了，运输成本降低，生产率提高。此外，合理组织运输，减少空车往返，也能提高燃油经济性。

二、汽车结构方面

汽车结构方面影响汽车燃油经济性的因素有下列几点：

1. 汽车尺寸和质量

汽车尺寸和质量增加，会加大滚动阻力、空气阻力、坡道阻力和加速阻力，为了保证高动力性需装用大排量发动机，行驶中负荷率较低。所以，又大又重的豪华型轿车比小而轻的轻型、微型轿车的油耗要大得多，因此广泛采用轻型、微型轿车是节约燃油的有效措施。

货车的质量利用系数影响燃油经济性。货车的质量利用系数即装载质量与整车装备质量之比。质量利用系数增大，有效运输质量比重增加，运输中的单位油耗与成本都将降低。随着生产技术水平的提高，质量利用系数正在逐步提高。

所以，减少汽车尺寸和质量都是提高燃油经济性的有效措施，汽车要合理地设计和精心地计算分析，要采用高强度材料和轻质材料。

2. 发动机

发动机是对燃油经济性最有影响的部件。影响的因素主要有压缩比、燃料供给、功率利用率等。

发动机压缩比越大，则其有效效率越高。因此在容许范围内提高压缩比，汽车的燃油

经济性可以得到改善。燃料的汽化、雾化及其与空气的混合，对促进燃烧、提高热效率关系很大。因此改进汽化器、喷射系统、燃烧室、进排气系统等的设计，保证燃料良好的汽化与雾化以及与空气的均匀混合是很重要的。发动机的功率及其利用率对燃油经济性有很大影响。一般发动机在 60%～80% 负荷范围内，经济性最高，发动机负荷减小时，其燃油消耗量将增加。发动机的形式对汽车燃油经济性的影响也很大。采用柴油发动机的货车其燃油消耗量可以比汽化器式发动机降低 30%～40%。所以，扩大柴油机的应用范围是改善汽车燃油经济性的主要途径之一。此外，采用电子计算机控制技术，将使燃油经济性得到进一步的提高。

3. 传动系统

汽车传动系统对燃油消耗的影响，取决于传动系统的效率、变速器档数与传动比。

传动系统效率越高，则损失于传动系统的能量越少，因而燃油经济性也越好。

变速器的档位与传动比对燃油经济性也有影响。虽然汽车行驶时所需的发动机功率与变速器档位无关，但发动机转速会随所接合档位的改变而变化。在汽车行驶速度不变的情况下，接合高档时，传动比小，发动机的转速低；而接合低档时，由于传动比加大，发动机转速将增高。在发动机负荷相同的情况下，转速越低，发动机的单位燃油消耗量越少。因此，在一定行驶条件下，传动系统的传动比越小，则汽车的燃油经济性越好。现代汽车常采用超速档，可以减小传动系统的总传动比，在良好的道路条件下采用超速档，可以更好地利用发动机功率，提高汽车燃油经济性。

变速器档数的增加，将使发动机经常保持在经济工况下工作，档数越多，越容易选择保证发动机以最经济工况工作的转速，汽车的经济性越好。当变速器的档数为无限时，即为无级变速。当采用无级变速器时，在任何条件下都提供了使发动机在最经济工况下工作的可能性。若无级变速器能维持较高的机械效率，则汽车的燃油经济性将显著提高。但现有的液力变矩器等无级变速器，由于效率较低，汽车的经济性不一定得到改善。

4. 汽车外形与轮胎

汽车外形对燃油经济性有影响，主要表现在高速行驶时的空气阻力。因此，改善车身流线形，降低空气阻力系数 C_D，可以提高燃油经济性，但在城市，由于行驶车速低，对油耗影响较小。

汽车轮胎对燃油经济性也有影响。现在公认子午线轮胎的耐磨性、动力性、经济性等综合性能最好，与一般斜交轮胎相比，燃油经济性较好。

三、改善燃油经济性的途径

改善燃油经济性的途径主要是改善发动机性能、合理选择变速器传动比、降低空气阻力和滚动阻力以及提高辅助装置的效率。近年来，由于发动机、变速器采用微电子技术，能实现更精确的控制，以满足排放要求，提高经济性和行驶性能。电子控制主要有空燃比控制、点火时刻控制、排气再循环 EGR 控制、涡轮增压控制、怠速控制、自动变速器的换档位置控制及锁止控制等。

1. 电子控制多点喷射发动机

发动机的电子控制多点喷射是一种根据各种传感器获得的发动机工况信息，用微型计算机控制各气缸中所必需的燃油量，然后从喷油器中喷射燃油的系统。汽油喷射取消了进

气道中的化油器节流喉管，减少了进气阻力，改善了发动机充气状况。同时，采用定时定量喷射燃油的方法供油，解决了燃油雾化及混合气在进气歧管中的分配等问题，并能按不同工况较为精确地供给发动机最佳比例的混合气，大大改善了发动机的动力性、经济性和排放性能。

如果发动机输出功率、转矩特性优越，就可以实现传动比的减小。

2. 多气门化（三气门、四气门）

对于两气门发动机来说，由于提高充气效率可以改善输出特性，所以可在更小排量情况下得到要求的输出功率。采用三气门（或更多气门）能提高充气效率，可使发动机进一步轻量化，并降低泵气损失，这是改善经济性的有效技术。

3. 档位指示系统（档位指示器）

适用于机械式换档的汽车。它是一种对于驾驶人来说在确保行驶性能的基础上，能从仪表上的指示灯知道最经济的行驶档位的系统。换档时机要根据车速、发动机转速、吸气负压、冷却液温度、齿轮位置等信息来最合理地决定。档位指示系统在美国应用较多，其效果在 LA4 工况下经济性可提高 5% ~ 15%。

4. 气缸数自动可调机构

卡迪拉克·赛维尔汽车（6035ml）在 1981 年装上了带有气缸数可变机构的发动机，即可调节排量发动机。用多个传感器检验车速及工作状态，用电磁线圈控制进、排气门，工作缸数可从 V8→V6→V4 变化。其结果是工况经济性提高了 5%。以车速为 20 ~ 60mile/h 中速行驶时（四缸工作）经济性提高了 15%。

部分国产汽车动力性与燃油经济性性能见表 13-1。

表 13-1　部分国产汽车动力性与燃油经济性性能

车　型	最高车速/（km/h）	加速时间/s	最大爬坡度（%）	等速油耗/（L/100km）
夏利 TJ7100	>135	四档 40 ~ 80km/h　≤22	30	60km/h　≤4.5
桑塔纳	>161	0 ~ 80km/h　≤8.9	30	90km/h　7.9
桑塔纳 2000GSi	175	13.5		90km/h　6.8
捷达	164	0 ~ 100km/h　14.1		60km/h　5.7
富康	170	0 ~ 100km/h　12		90km/h　4.9
奥迪 100	175	0 ~ 80km/h　8.1		90km/h　5.9

思　考　题

1. 如何评价汽车的燃油经济性？

2. 试根据图 13-3 万有特性曲线，求汽油发动机在功率 $P = 20kW$ 时，以 50km/h 等速行驶时的百公里燃油消耗量。

3. 如何计算汽车循环工况的燃油消耗？

4. 试从汽车使用角度出发，简述如何改善燃油经济性。

5. 从结构上提高发动机燃油经济性的主要途径有哪些？

6. 变速器的档位和传动比对燃油经济性有何影响？

7. 汽车尺寸和质量对燃油经济性有何影响？

8. 汽车外形和轮胎对燃油经济性有何影响？

第十四章

汽车动力装置参数的确定

在设计和改装汽车时，必须充分满足人们对汽车性能的各种要求。在确定发动机功率、传动系统传动比等动力装置参数时，必须充分考虑满足对汽车动力性和燃油经济性的基本要求，因为这些参数对这两个基本性能的影响很大。

第一节　发动机功率的选择

发动机的功率一般先以保证汽车预定的最高车速来初步选择。最高车速是动力性中的一个重要指标，它不仅是车速，也反映了汽车的加速能力与爬坡能力。因为最高车速定得越高，发动机功率就要求越大，汽车后备功率也就越大，加速能力与爬坡能力也必然要得到提高。

选择的发动机功率应等于以最高车速行驶时的行驶阻力功率之和，即

$$P_e = \frac{1}{\eta_T}\left(\frac{Gf}{3600}u_{amax} + \frac{G_D A}{76140}u_{amax}^3\right)$$

在给出 u_{amax} 等数值之后，便能得到发动机应有功率。

发动机应有功率也可以利用汽车比功率来确定。汽车比功率是单位汽车总质量具有的发动机功率，比功率的单位为 kW/t，汽车比功率为

$$汽车比功率 = \frac{1000P_e}{m} = \frac{fg}{3.6\eta_T}u_{amax} + \frac{C_D A}{76.14m\eta_T}u_{amax}^3$$

汽车比功率可以利用现有汽车统计数据来初步估计，从而确定发动机应有功率。

货车比功率一般在 7.35kW/t 以上，中型货车的比功率约为 10kW/t；轻型货车动力性能较好，比功率较大；重型货车最高车速低，比功率较小。所以，货车应该根据汽车总质量和同类型车辆的比功率统计数据来初步选择发动机功率。

轿车的车速较高，而且不同轿车，它们的动力性能相差也比较大。轿车最高车速一般为 140～200km/h，比功率相差也比较大，一般轿车比功率较高，在 15～90kW/t 之间。

第二节　传动比的选择

一、最小传动比的选择

汽车大部分时间以最高档行驶，也就是用最小传动比的档位行驶，因此最小传动比的选定是很重要的。

传动系统的总传动比是传动系统中各部件传动比的乘积，即

$$i_{t} = i_{g}i_{0}i_{c} \tag{14-1}$$

式中，i_{g} 为变速器传动比；i_{0} 为主减速器传动比；i_{c} 为分动器、副变速器传动比。

普通的汽车没有分动器或副变速器。变速器的最小传动比为直接档或超速档。当变速器为直接档时，传动系统的最小传动比就是主减速器传动比 i_{0}；当变速器为超速档时，则最小传动比应为变速器最高档传动比与主减速器传动比的乘积。

选择主减速器传动比 i_{0} 应考虑以下几点：

(1) 最高车速　主减速器传动比 i_{0} 不同，汽车功率平衡图上发动机功率曲线的位置就不同，与水平路面行驶阻力功率曲线的交点所确定的最高车速也不同。当阻力功率曲线正好与发动机功率曲线交在其最大功率点上时，所得的最高车速最大，即 $u_{amax} = u_{P}$，u_{P} 为发动机最大功率时的车速。所以，i_{0} 应选择到汽车的最高车速相当于发动机最大功率时的车速，这时，最高车速是最大的。

(2) 汽车的后备功率　主减速器传动比 i_{0} 不同，汽车的后备功率也不同。i_{0} 增大，发动机功率曲线左移，汽车的后备功率增大，动力性加强，但燃油经济性较差。i_{0} 减小，发动机功率曲线右移，汽车的后备功率较小，但发动机功率利用率高，燃油经济性较好。

(3) 驾驶性能　最小传动比还受到驾驶性能的限制。驾驶性能是指动力装置的转矩响应、噪声和振动。驾驶性能与喘振、加速不畅、迟缓、怠速不稳、爆燃、回火、放炮等现象有关。这些现象出现越少，驾驶性能越好。驾驶性能由驾驶人通过主观评价来确定。

影响驾驶性能的因素有发动机排量、气缸数目、传动系统刚度以及最小传动比等。最小传动比对转矩响应有较大的影响。最小传动比如果过小，则发动机要在重负荷下工作，加速性能不好，会出现噪声和振动。如果最小传动比过大，会使燃油经济性变差，发动机高速运转时噪声也比较大。

(4) 燃油经济性　选择最小传动比时，不但要考虑动力性，也要考虑燃油经济性。选择最小传动比时，通常使 $u_{amax} = u_{P}$；为了保证有足够的后备功率，增大最小传动比，u_{P} 可稍小于 u_{amax}；为了提高燃油经济性，减小最小传动比，使 u_{P} 稍大于 u_{amax}。据统计，约 60% 的轿车的 u_{amax}/u_{P} 值在 0.9 ~ 1.10 之间，在 0.7 ~ 0.9 之间的约占 30%，1.1 ~ 1.39 之间的占 10% 左右。

最小传动比也可由最高档动力因数 D_{0max} 来确定。

$$D_{0max} = \frac{\dfrac{T_{tqmax}i_{0}\eta_{T}}{r} - \dfrac{C_{D}A}{21.15}u_{at}^{2}}{G} \tag{14-2}$$

式中，G 为汽车总质量的重力（N）；u_{at} 为最高档时发动机发出最大转矩时的汽车车速（km/h）。

最高档动力因数 D_{0max}，据推荐，中型货车 $D_{0max} \approx 0.04 ~ 0.08$，中级轿车 $D_{0max} \approx 0.1 ~ 0.15$。

二、最大传动比的选择

传动系统的最大传动比 i_{tmax}，对普通汽车来说，为变速器 1 档传动比 i_{g1} 与主减速器传动比 i_{0} 之积。确定传动系统最大传动比就是确定变速器 1 档传动比 i_{g1} 和主减速器传动比 i_{0}。

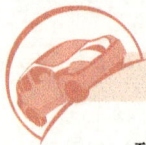

确定最大传动比时，要考虑三方面因素：最大爬坡度、附着条件和汽车最低稳定车速。

（1）最大爬坡度　汽车爬坡时车速低，可不计空气阻力，汽车的最大驱动力应能克服最大爬坡度，为

$$F_{tmax} = F_f + F_{imax}$$

即

$$\frac{T_{tqmax} i_{g1} i_0 \eta_T}{r} = Gf\cos\alpha_{max} + G\sin\alpha_{max}$$

1 档传动比 i_{g1} 应为

$$i_{g1} \geqslant \frac{G\left(f\cos\alpha_{max} + \sin\alpha_{max}\right) r}{T_{tqmax} i_0 \eta_T}$$

一般货车的最大爬坡度约为 30%，即 $\alpha \approx 16.7°$。轿车应具有爬上 30% 坡道的能力。

（2）附着条件　确定最大传动比后应验算附着条件，即

$$F_{tmax} = \frac{T_{tqmax} i_{g1} i_0 \eta_T}{r} \leqslant F\varphi$$

验算时，可取附着系数 $\varphi = 0.5 \sim 0.6$。

（3）最低稳定车速　对于越野汽车的传动系统，其最大传动比 i_{tmax} 应保证汽车能在极低车速下稳定行驶。这样可以避免在松软地面上行驶时土壤受冲击剪切破坏而损害地面附着力。最大传动比 i_{tmax} 应为

$$i_{tmax} = 0.377 \frac{n_{min}r}{u_{amin}} \tag{14-3}$$

式中，u_{amin} 为最低稳定车速。

此外，轿车的最大传动比是根据加速能力的要求来确定的，可参考同等级的轿车来选择。

三、档数和各档传动比

汽车的动力性和燃油经济性与汽车传动系统的档位数有着密切的关系。档位数多，则使发动机发挥最大功率的机会增多，提高了汽车的加速能力与爬坡能力。同时，档位数多，可使发动机在低燃油消耗率区工作的可能性增加，降低了油耗。所以，传动系统档位数的增加会改善汽车的动力性和燃油经济性。

档位数还取决于最大传动比与最小传动比之间的比值，因为档与档之间的传动比比值不能过大，比值过大会造成换档困难。一般比值不大于 1.7 ~ 1.8。所以，最大传动比与最小传动比的比值增大，档位数也应增多。

汽车类型不同，档位数也不同。轿车车速高、比功率大，高档的后备功率大，常采用三、四个档位。中小型货车比功率小，一般采用四、五个档位。重型货车的比功率更小，使用条件也很复杂，所以一般采用六到十几个档位，以适应复杂的使用条件，使汽车具有足够的动力性和良好的燃油经济性。越野汽车的使用条件最为复杂，其传动系统的档位数比同吨位的普通货车要多一倍。

档位数增多，会使变速器结构复杂。有的档位数多的汽车，常在变速器后面接上一个副变速器，使档位数倍增。越野汽车在变速器后面采用分动器，达到多轴驱动的要求，同时使档位数倍增。

在确定汽车的最小传动比、最大传动比和传动系统的档位数后，还要确定中间各档的传动比。

汽车变速器各档的传动比应该按等比级数分配。

$$\frac{i_{g1}}{i_{g2}} = \frac{i_{g2}}{i_{g3}} = \cdots = q \tag{14-4}$$

式中，q 为常数，各档之间的公比。

各档的传动比为

$$i_{g1} = q\, i_{g2}, \ i_{g2} = q\, i_{g3}, \ i_{g3} = q\, i_{g4}, \ \cdots$$

对于一个四档变速器，$i_{g4} = 1$，各档传动比和 q 有如下关系：

$$i_{g3} = q, \ i_{g2} = q^2, \ i_{g1} = q^3$$

则

$$q = \sqrt[3]{i_{g1}}$$

所以

$$i_{g3} = \sqrt[3]{i_{g1}}, \ i_{g2} = \sqrt[3]{i_{g1}{}^2}$$

由此可以推出，n 个档位的变速器，各档传动比应为

$$i_{g2} = \sqrt[n-1]{i_{g1}{}^{n-2}}, \ i_{g3} = \sqrt[n-1]{i_{g1}{}^{n-3}}, \ i_{g4} = \sqrt[n-1]{i_{g1}{}^{n-4}}, \ \cdots, \ i_{gm} = \sqrt[n-1]{i_{g1}{}^{n-m}}$$

在确定了各档传动比后，还要校验相邻档位传动比的比值 q，q 应小于 $1.7 \sim 1.8$，若 q 值过大，则应增加传动系统的档位数。按等比级数分配传动比的主要目的在于充分利用发动机提供的功率，使发动机能经常在接近外特性最大功率 P_{emax} 处的范围内运转，从而增加汽车的后备功率，使汽车的加速和上坡能力，使汽车的动力性得以提高。同时，因换档时能无冲击地平稳接合离合器，驾驶人在起步和加速时操作方便。

实际上，各档传动比之间的比值不会正好相等，并不会正好按等比级数来分配传动比。这主要是考虑到各档的利用率不同，汽车主要用高档位行驶，因此高档位相邻两档之间的传动比的间隔应小一些，特别是最高档与次高档之间更应小一些。所以，实际上各档传动比分布关系常为 $\frac{i_{g1}}{i_{g2}} \geqslant \frac{i_{g2}}{i_{g3}} \geqslant \cdots \geqslant \frac{i_{gn-1}}{i_{gn}}$。

第三节 利用燃油经济性—加速时间曲线确定动力装置参数

初步选择动力装置参数之后，还要进一步分析计算不同参数匹配下的汽车动力性和燃油经济性，然后综合考虑各方面因素，最终确定动力装置的参数。我们通常以循环工况的每升燃油行驶里程代表燃油经济性，以原地起步加速时间代表动力性，作出不同参数匹配下的燃油经济性—加速时间曲线，并利用此曲线来确定有关参数。

一、主减速器传动比的确定

在动力装置其他参数不变的条件下，先选定主减速器传动比范围，然后绘制不同 i_0 时的燃油经济性—加速时间曲线（见图 14-1）。图中的横坐标为循环工况每升燃油行驶里程，单位为 km/L。坐标往右，表示每升燃油行驶里程增多，燃油经济性提高。图中的纵坐标为 $0 \rightarrow 100$km/h 的原地起步加速时间，单位为 s。坐标往上，表示加速时间减少，动力性提高，反之则相反。用不同 i_0 值计算出不同的加速时间和每升燃油行驶里程数，作

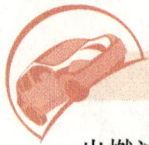

出燃油经济性—加速时间曲线。

从曲线可以看出，i_0 值大时，加速时间短、动力性好而燃油经济性差；i_0 值变小时，加速时间延长，动力性变差，但燃油经济性得到改善。因此，如果以动力性为主要指标，则应选较大的 i_0 值；如果以燃油经济性为主要指标，则应选较小的 i_0 值；如果选用适当的中间值，则能兼顾汽车的燃油经济性和动力性。

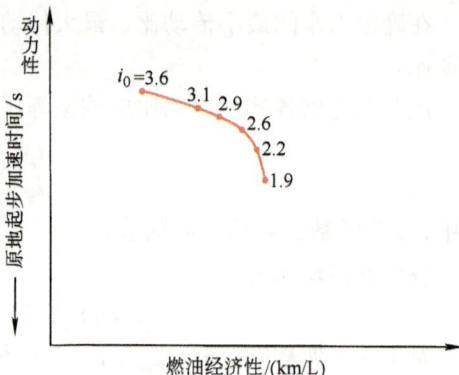

二、变速器与主减速器传动比的确定

在发动机一定的条件下，可以利用燃油经

图 14-1　燃油经济性—加速时间曲线

济性—加速时间曲线从多种变速器中确定一种合适的变速器和一个合适的主减速器传动比。图 14-2 为装有不同变速器时的燃油经济性—加速时间曲线。图 14-2a 是 3 档变速器与 4 档变速器的曲线，变速器都有直接档，由于 4 档变速器的变速范围广，汽车的动力性比较高。图 14-2b 是 4 档变速器与 5 档变速器的曲线，5 档变速器因档位多且有超速档，汽车的燃油经济性与动力性都比较高。因此，选用 5 档变速器比较合适。图 14-2c 是装用三种不同传动比的 5 档变速器 A、B、C 时汽车的曲线，可以根据主要指标来选用其中的一种变速器，并确定主传动比 i_0。

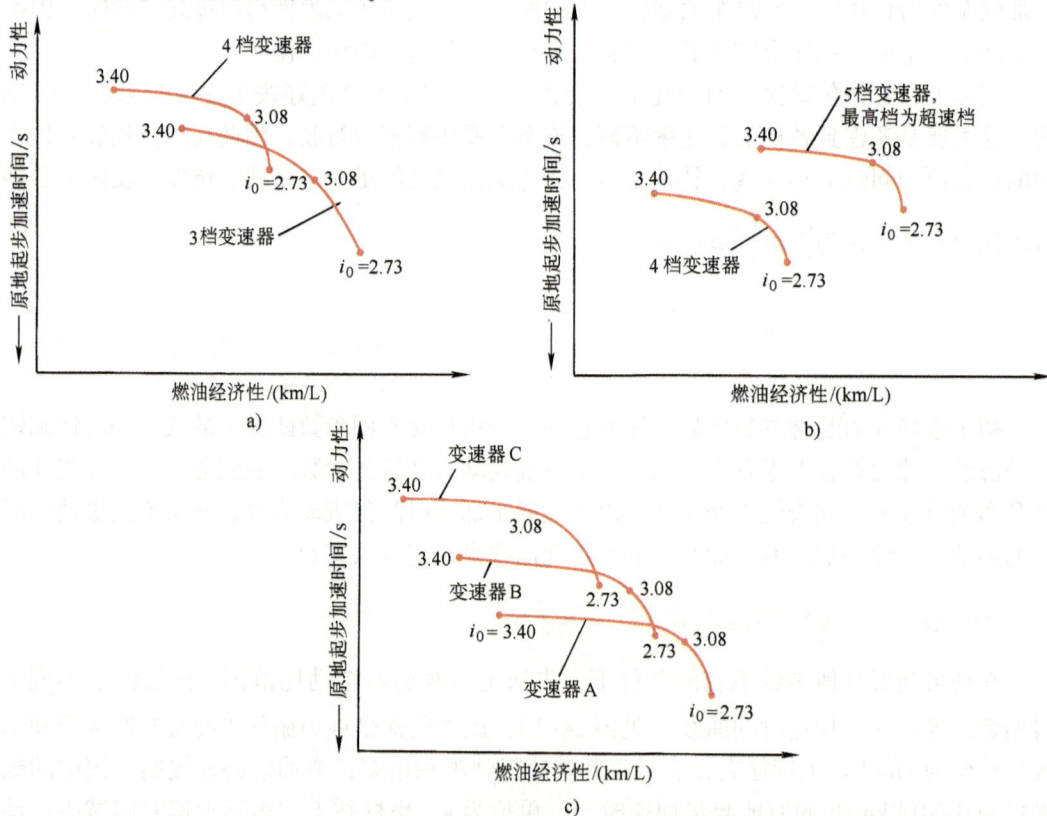

a)

b)

c)

图 14-2　装用不同变速器时的燃油经济性—加速时间曲线

三、发动机排量、变速器与主减速器传动比的确定

图 14-3a 是一汽车在同一变速器条件下，选用三种不同排量的发动机的燃油经济性—加速时间曲线。可以按照曲线根据动力性和燃油经济性的要求来确定发动机排量。如图中要求的加速时间为 14s，那么就不能采用小排量发动机。在大排量和中排量发动机中，由于中排量发动机的燃油经济性较为合适，所以选用中排量发动机较为合适，并采用中排量发动机的燃油经济性—加速时间曲线来确定最佳主减速器传动比。

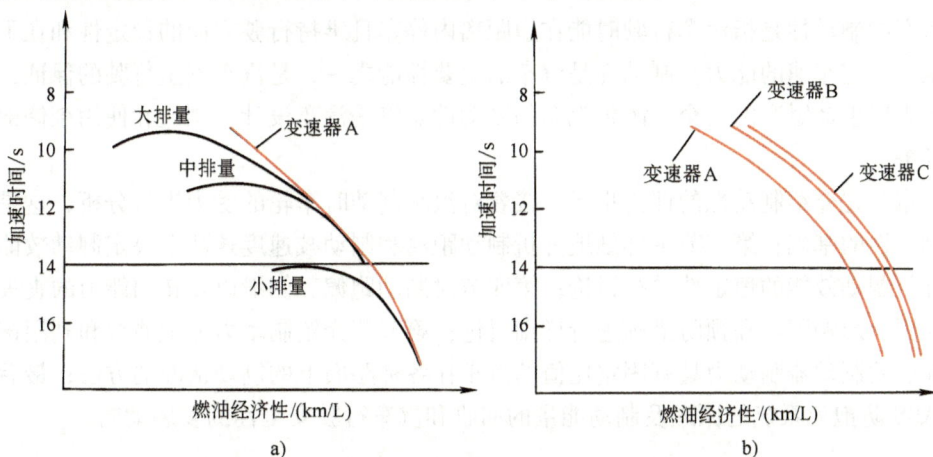

图 14-3 **不同排量发动机与不同变速器的最佳燃油经济性和动力性曲线**

图 14-3a 表示三种不同排量发动机的燃油经济性—加速时间曲线，可以画出这三条曲线的包络线，这条包络线称为最佳燃油经济性和动力性曲线。利用包络线可以进行经济性和动力性分析。图 14-3b 表示装用三种不同传动比的 4 档变速器时的最佳燃油经济性和动力性曲线。从图中可以看出，当要求加速时间为 14s 时，C 型变速器的燃油经济性最佳。

利用燃油经济性—加速时间曲线来确定动力装置参数是一种经常采用的方法。

思 考 题

1. 已知一汽车总质量为 1200kg，滚动阻力系数 $f = 0.013$，传动系统的机械效率 $\eta_T = 0.85$，空气阻力系数 × 迎风面积 $C_D A = 0.70\text{m}^2$，现要求最高车速 $u_{amax} = 140\text{km/h}$。试求应有功率数值。

2. 什么叫汽车比功率？如何利用比功率来确定发动机应有功率？

3. 选择主减速器传动比 i_0 时，应考虑哪些问题？

4. 如何考虑汽车变速器 1 档传动比？

5. 汽车变速器档位数取决于哪些因素？

6. 汽车变速器各档传动比是如何分配的？

7. 什么是燃油经济性—加速时间曲线？如何用来确定动力装置参数？

8. 按照动力性及燃油经济性要求该如何选择最小传动比？

9. 试述最小传动比如何影响汽车的驾驶性能。

第十五章

汽车的制动性

汽车的制动性是指汽车行驶时能在短距离内停车且维持行驶方向的稳定性和在下长坡时能维持一定车速的能力。制动性是汽车的主要性能之一，是汽车安全行驶的保证，直接关系到人民生命财产的安全。改善汽车的制动性始终是汽车设计、制造和使用维修部门的重要任务。

本章首先介绍制动性的评价指标；接着对汽车制动时车轮的受力进行分析，这是讨论汽车制动性的基础；第三节中详细地分析制动距离和制动减速度这两个决定制动效能的参数，并就制动效能的恒定性进行讨论；第四节对制动跑偏、侧滑以及转向能力的丧失等问题的成因、影响因素和预防措施进行详细讨论；第五节介绍制动力分配曲线和利用该曲线分析前、后制动器制动力具有固定比值的汽车在各种路面上的制动情况的方法；最后简要介绍 ABS 防抱死系统的原理及制动能量的回收和汽车行驶安全性的发展动向。

第一节　制动性的评价指标

汽车的制动性主要有以下三个评价指标。

一、制动效能

制动效能是指汽车迅速减速直至停车的能力，即在良好路面上，汽车以一定的初速度制动到停车的制动距离或制动时汽车的减速度。它是制动性能最基本的评价指标。

二、制动效能的恒定性

制动效能的恒定性主要是指抗热衰退性，即汽车在高速行驶或下长坡连续制动时制动效能的稳定程度。汽车的制动过程实际上是把汽车行驶的动能通过制动器吸收转换为热能的过程。制动器自身温度升高以后，制动力矩下降，制动减速度减小，制动距离增大，称为制动器的热衰退。

制动效能降低的程度用热衰退率 η_t 表示，即

$$\eta_t = \frac{j_c - j_h}{j_c} \times 100\% = \frac{s_h - s_c}{s_h} \times 100\%$$

式中，j_c 为冷状态（制动起始温度在 100℃ 以下）下的制动减速度（m/s²）；j_h 为制动器温度升高以后的制动减速度（m/s²）；s_c 为冷状态（制动起始温度在 100℃ 以下）下的制动距离（m）；s_h 为制动器温度升高以后的制动距离（m）。

此外，涉水行驶后，制动器还存在水衰退问题。

三、制动时汽车方向的稳定性

制动时汽车方向的稳定性，常用制动时汽车按给定路径行驶的能力来评价。若制动时发生跑偏（制动时汽车偏驶，但后轮沿前轮的轨迹运动）、侧滑（制动时汽车一轴或双轴发生横向滑动，前、后轮轨迹不重合）或失去转向能力（如前轮抱死拖滑，汽车将失去转向能力），则汽车将偏离原来的路径。它对交通安全影响极大。

第二节　制动时车轮的受力分析

汽车制动时，使汽车从一定的速度制动到较小的车速或直至停车的外力由地面和空气提供。由于空气阻力相对较小，所以实际上外力是由地面提供的，称为地面制动力。当汽车质量一定时，地面制动力越大，制动减速度越大，制动距离越小。因此地面制动力对汽车制动性有决定性影响。

一、地面制动力

汽车在良好路面上制动时，车轮受力如图 15-1 所示。图中忽略了滚动阻力偶矩和减速时的惯性力、惯性力偶矩；T_μ 是车轮制动器中的摩擦力矩，单位为 N·m；F_{Xb} 是地面制动力，单位为 N；W 是车轮法向载荷，单位为 N；F_P 是车轴对车轮的推力，单位为 N；F_Z 是地面对车轮的法向反作用力，单位为 N。

由力矩平衡分析显然可以得到

$$F_{Xb} = \frac{T_\mu}{r} \tag{15-1}$$

图 15-1　车轮在制动时的受力分析

式中，r 为车轮半径。

地面制动力是使汽车制动而减速或停车的外力，它的产生源于制动力矩 T_μ，是在 T_μ 的作用下，地面作用于车轮使汽车减速或停车的外力。地面制动力的大小取决于制动器内制动摩擦片与制动鼓（盘）间的摩擦力及轮胎与地面间的摩擦力（附着力）。

二、制动器制动力

制动器制动力是为克服制动器摩擦力矩而在轮胎周缘所需施加的切向力。以符号 F_μ 来表示。它等于把汽车架离地面，踩住制动踏板后，在轮胎周缘切线方向推动车轮直至它能转动时所需施加的力。显然

$$F_\mu = \frac{T_\mu}{r} \tag{15-2}$$

式中的 T_μ，r 意义同式（15-1）。

由式（15-2）可知，制动器制动力仅取决于制动器的摩擦力矩，即取决于制动器的形式、结构尺寸、制动器摩擦副的摩擦系数和车轮半径，并与制动踏板力（即制动系统的液压或空气压力）成正比。但制动器摩擦副的摩擦系数和摩擦作用的大小，在实际使

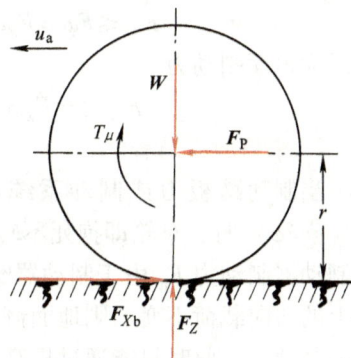

用中变化很大，因此必须正确地保养和调整，以保证制动器技术状况良好。

三、地面制动力、制动器制动力与地面附着力的关系

汽车制动时，根据制动强度的不同，车轮的运动可简单地考虑成减速滚动和抱死拖滑两种状态。此时地面制动力、制动器制动力及地面附着力之间的关系如图 15-2 所示。

1. 车轮减速滚动

当制动踏板力较小时，制动器摩擦力矩不大，地面制动力足以克服制动器摩擦力矩而使车轮维持滚动。显然，车轮滚动时的地面制动力就等于制动器制动力，且随着制动踏板力的增大而成正比增大。但地面制动力是滑动摩擦的约束力，其值不能超过地面附着力，即

$$F_{Xb} \leqslant F\varphi = F_Z\varphi \qquad (15\text{-}3)$$

或最大地面制动力

$$F_{Xb\max} = F_Z\varphi \qquad (15\text{-}4)$$

图 15-2　地面制动力、制动器制动力及地面附着力的关系

2. 车轮抱死拖滑

当制动踏板力或制动系统压力上升到某一极限值，地面制动力达到地面附着力（$F_{Xb} = F\varphi$）时，车轮即抱死不转而出现拖滑现象。制动踏板力或制动系统压力继续增大，则制动器制动力 F_μ 由于制动器摩擦力矩的增长而仍按线性关系继续增大。但若作用在车轮上的法向载荷不变，则地面制动力 F_{Xb} 达到地面附着力 $F\varphi$ 的值后不再增大。若要增大地面制动力，此时只能通过提高附着系数来实现。

由此可见，汽车的地面制动力首先取决于制动器制动力，同时又受地面附着条件的限制，所以只有当汽车具有足够的制动器制动力，同时又能提供高的地面附着力时，才能获得足够的地面制动力。

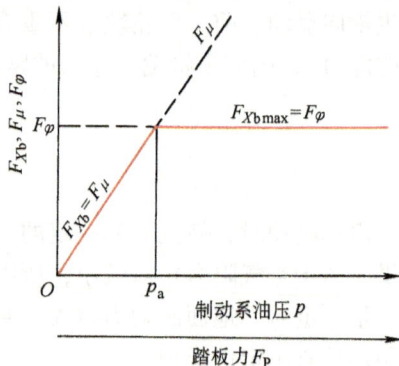

四、硬路面上的附着系数 φ 与滑动率 s

汽车的制动过程实际上并不只是包含滚动和抱死拖滑两种状态，而是一个从车轮滚动到抱死拖滑的渐变的连续过程。如图 15-3 所示的汽车制动过程中，逐渐增大制动踏板力时轮胎留在地面上的印痕就很好地说明了这一点。

由图可见轮胎印痕基本上可以分为三个阶段，相对应于车轮运动的三种不同状态。

第一阶段：车轮作纯滚动，此时印痕的形状与轮胎胎面花纹基本一致，可以认为

$$u_w = r_{r0}\omega_w$$

式中，u_w 为车轮中心的速度；ω_w 为车轮的角速度；r_{r0} 为没有地面制动力时的车轮滚动半径。

第二阶段：车轮作边滚边滑的混合运动。此时印痕内还可以辨认出轮胎花纹，但花纹渐趋模糊。因此

$$u_w > r_{r0}\omega_w$$

且随着制动强度的增大，滑动成分越来越大，即

$$u_w \gg r_{r0}\omega_w$$

第三阶段：车轮作纯滑动，此时车轮抱死拖滑、印痕粗黑，看不出轮胎花纹。因此

$$\omega_w = 0$$

以上三个阶段说明，随着制动强度的增大，车轮滚动成分逐渐减小，滑动成分逐渐增大。一般用滑动率

$$s = \frac{u_w - r_{r0}\omega_w}{u_w} \times 100\% \tag{15-5}$$

来表示制动过程中滑动成分的大小。车轮作纯滚动时，$s=0$；作纯滑动时，$s=100\%$；作边滚边滑运动时，$0 < s < 100\%$。

若令制动力与法向载荷之比为制动力系数（附着系数），则在不同的滑动率时，附着系数的值不同，如图15-4所示，图中绘出了纵向（沿车轮旋转平面方向）附着系数曲线和侧向（垂直于车轮旋转平面方向）附着系数曲线。

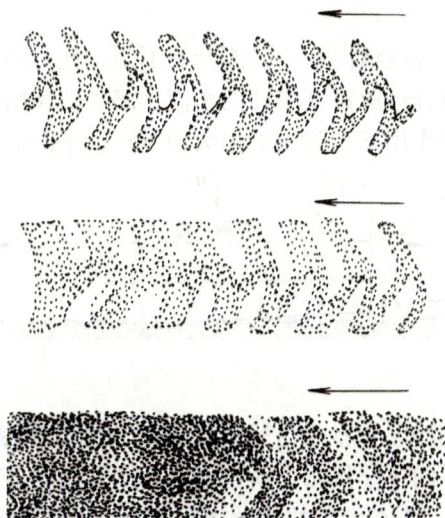

图 15-3　制动时轮胎留在地面上的印痕

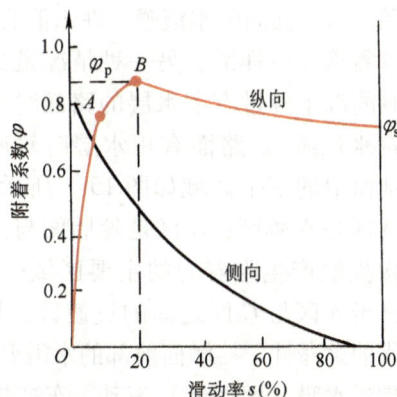

图 15-4　附着系数曲线

对于纵向附着系数曲线来说，曲线的 OA 段近似于直线。φ 随着 s 的增大而迅速增大，虽有一定的滑动率，但轮胎与地面没有发生真正的相对滑动。$s>0$ 是由于有地面制动力的作用时，轮胎前面即将与地面接触的胎面受到拉伸而有微量的伸长，车轮滚动半径 r_r 随地面制动力的增大而增大，故 $u_w = r_r \omega_w > r_{r0}\omega_w$，或 $s>0$。车轮滚动半径随地面制动力成正比增加，故 φ—s 曲线的 OA 段近似于直线。曲线至 A 点后，附着系数增长渐缓，这是由于在轮胎接触地面中出现局部相对滑动的缘故。在 B 点 φ 取最大值 φ_p，称为峰值附着系数。φ_p 一般出现在 $s = 15\% \sim 20\%$ 时。由于摩擦副间的滑动摩擦系数小于静摩擦系数，所以 B 点以后，φ 值逐渐下降，直至 $s = 100\%$，附着系数降为最小值 φ_s，φ_s 称为滑动附着系数。

侧向附着系数曲线是有侧向力作用而发生侧偏时，侧向力系数（侧向附着系数）与滑动率 s 的关系曲线。侧向力系数（侧向附着系数）为侧向力与法向载荷之比。曲线表明，滑动率越低，同一侧偏角条件下的侧向力附着系数越大，即轮胎保持转向、防止侧滑

的能力越强。各种路面上的平均峰值附着系数和滑动附着系数见表15-1。

表15-1 各种路面上的平均附着系数

路面	峰值附着系数 φ_p	滑动附着系数 φ_s
沥青或混凝土（干）	0.8~0.9	0.75
沥青（湿）	0.5~0.7	0.45~0.6
混凝土（湿）	0.8	0.7
砾石	0.6	0.55
土路（干）	0.68	0.65
土路（湿）	0.55	0.4~0.5
雪（压紧）	0.2	0.15
冰	0.1	0.07

附着系数的数值主要取决于道路材料、路面状况与轮胎结构、胎面花纹、材料以及汽车运动速度等因素。

汽车行驶时可能遇到两种附着能力很小的危险情况。一是刚开始下雨，此时路面上只有少量的雨水，雨水与路面上的尘土、油污混合形成黏度较高的水液，滚动的轮胎无法排挤出胎面与路面间的水液膜，在水液膜的润滑作用下，附着能力大为下降，平滑的路面变得像冰雪路面一样滑。另一种情况是高速行驶的汽车经过有积水层的路面时出现"滑水现象"。路面有积水层时轮胎接触地面中的三个区域如图15-5所示。其中 A 区是水膜区；C 区是轮胎面与路面直接接触产生附着力的主要区域；B

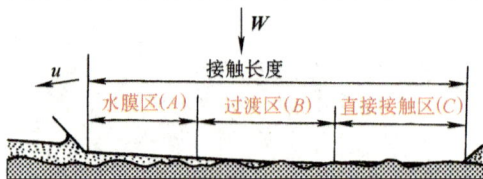

图15-5 路面有积水层时轮胎接触地面中的三个区域

区是介于 A 区与 C 区之间的过渡区，只有路面凸出部分与胎面接触。轮胎低速滚动时，由于水的黏滞性，接触面前部的水需要一定时间才能挤出，所以接触面中轮胎胎面前部将越过楔形水膜（即 A 区）滚动。车速提高后，高速滚动的轮胎迅速排挤水层，由于水的惯性影响，接触区的前部产生与车速的平方成正比的动压力。该动压力使胎面与地面分开，即随着车速的增加，A 区水膜向后扩展，B、C 区相对缩小。当车速达到某一值时，胎面下的动压升力增大到与法向载荷等值，轮胎与路面将完全被水膜隔开，B、C 区不复存在。

第三节　汽车的制动效能及其恒定性

汽车的制动效能是指汽车迅速减速直至停车的能力。交通部颁布的《中华人民共和国机动车制动检验规范》规定：制动效能的评价指标为制动距离 s（m）和制动减速度（m/s²）。

一、制动距离与制动减速度

《中华人民共和国机动车制动检验规范》规定制动距离是指汽车速度为 u_0（空档）时，从驾驶人踩着制动踏板开始到汽车停止为止所驶过的距离。制动距离是一项与汽车安全行驶有直接关系的指标。制动距离不仅与制动踏板力和路面附着条件有关，而且还与制动器

的热状况有关。所以在测试制动距离时，通常要对踏板力或制动系统压力及路面附着系数作出一定的规定，并且一般是在冷试验条件下进行。

制动减速度反映了地面制动力。它与制动器制动力（车轮滚动时）及附着力（车轮抱死拖滑时）有关。

如前所述，由于地面制动力为

$$F_{Xb} = \varphi G$$

故汽车所能达到的减速度最大值为

$$j_{max} = \varphi g$$

式中，g 为重力加速度。

若允许汽车的前、后轮同时抱死，则

$$j_{max} = \varphi_s g$$

但汽车制动时，一般不希望任何车轴上的制动器抱死，故

$$j_{max} < \varphi_s g$$

若采用自动防抱装置来控制汽车的制动，则减速度为

$$j_{max} = \varphi_p g$$

制动减速度一般控制在 $j < (0.4 \sim 0.5) g$，点制动时 $j = 0.2g$。当 $j = (0.7 \sim 0.9) g$ 时，将有害于人员和货物的安全。因此，在保证行车安全的前提下，应尽量避免紧急制动。

制动减速度与制动力有直接关系，即地面制动力是使汽车强制减速直至停车的最本质因素。因此用制动力检验汽车的制动性能是从本质上进行检验的方法，也能全面地评价汽车的制动性。

二、制动距离分析

为了分析制动距离，首先应对制动过程有一个全面的了解。从驾驶人接受到制动信号开始，直至制动停车的制动全过程中，制动减速度与制动时间的关系曲线如图 15-6 所示。

τ_1 为驾驶人反应时间。驾驶人接受到紧急制动信号时，并没有立即行动（图 15-6 中的 a 点），而是要经过 τ_1' 后才意识到应紧急制动，并开始移动右脚，再经过 τ_1'' 后才踩着制动踏板。从 a 点到 b 点所经过的时间 $\tau_1 = \tau_1' + \tau_1''$ 即为驾驶人的反应时间。这段时间一般为 $0.3 \sim 1.0s$，视驾驶人的素质而异。在 t_0 时间内可以认为汽车以初速度做匀速运动。

τ_2 为制动器的作用时间。制动器的

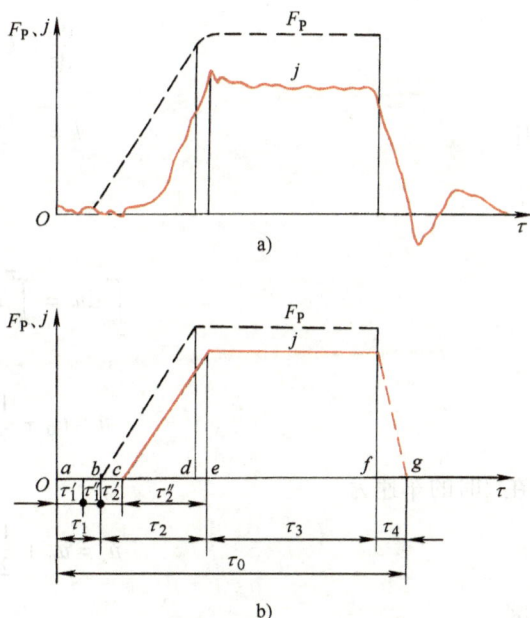

图 15-6　汽车的制动过程
a）实测曲线　b）简化曲线

作用时间由制动系统反应时间τ_2'和制动减速度上升时间τ_2''组成，即$\tau_2 = \tau_2' + \tau_2''$。$\tau_2'$为从驾驶人刚踩着制动踏板到汽车出现制动减速度为止所经历的时间。这段时间是由于制动系统机械传动部分的间隙，踏板的自由行程，气压或液压沿管路的传递，制动器的制动蹄与制动鼓（或制动盘）的间隙等所造成的。τ_2''是制动器制动力由零增加到最大，也即制动减速度由零增长到最大所需的时间。这段时间一般为 0.2～0.9s，它取决于驾驶人踩踏板的速度和制动系统的结构形式。

τ_3为持续制动时间，即以基本不变的减速度制动的时间（图 15-6 中从 e 点到 f 点）。τ_4为制动解除时间，即从驾驶人松开制动踏板到制动力消除所需的时间，τ_4一般为 0.2～1.0s。这段时间对制动过程没有影响，但若τ_4过大，则会延迟随后起步行驶的时间。

综观制动过程的四个阶段可以知道，影响制动过程的因素主要是τ_2和τ_3。所以《中华人民共和国机动车制动检验规范》中规定，制动距离是从驾驶人刚踩着制动踏板起到完全停车为止汽车所驶过的距离，即对应于制动器的作用时间和持续制动两个阶段汽车所驶过的距离 s_2 和 s_3。因此制动距离为

$$s = s_2 + s_3$$

1. 在制动起作用阶段汽车驶过的距离 s_2

在τ_2'时间内有

$$s_2' = u_0\, \tau_2' \tag{15-6}$$

式中，u_0 为起始制动车速。

在τ_2''时间内，制动减速度线性增长，即

$$\frac{\mathrm{d}u}{\mathrm{d}\tau} = k\,\tau$$

式中

$$k = -\frac{j_{max}}{\tau_2''}$$

故有

$$\int_{u_0}^{u} \mathrm{d}u = \int_0^{\tau} k\,\tau\,\mathrm{d}\tau$$

故

$$u = u_0 + \frac{1}{2}k\,\tau^2$$

即在τ_2''时的车速为

$$u_e = u_0 + \frac{1}{2}k\,\tau_2''^2 \tag{15-7}$$

又因

$$\frac{\mathrm{d}s}{\mathrm{d}\tau} = u_0 + \frac{1}{2}k\,\tau^2$$

故

$$\int_0^s \mathrm{d}s = \int_0^\tau \left(u_0 + \frac{1}{2}k\,\tau^2\right)\mathrm{d}\tau$$

$$s = u_0\,\tau + \frac{1}{6}k\,\tau^3$$

即 $\tau = \tau_2''$ 时的距离为

$$s_2'' = u_0\,\tau_2'' - \frac{1}{6}j_{\max}\tau_2''^2 \tag{15-8}$$

所以，在 τ_2 时间内的制动距离为

$$s_2 = s_2' + s_2'' = u_0\,\tau_2' + u_0\,\tau_2'' - \frac{1}{6}j_{\max}\tau_2''^2 \tag{15-9}$$

2. 在持续制动阶段汽车驶过的距离 s_3

此阶段内汽车以 $j_{\max}$ 做匀减速运动，其初速度为 u_e，末速度为 0，故

$$s_3 = u_e^2/2j_{\max} = \frac{u_0^2}{2j_{\max}} - \frac{u_0\,\tau_2''}{2} + \frac{j_{\max}\tau_2''^2}{8} \tag{15-10}$$

3. 总制动距离

$$s = s_2 + s_3 = \left(\tau_2' + \frac{\tau_2''}{2}\right)u_0 + \frac{u_0^2}{2j_{\max}} - \frac{j_{\max}\tau_2''^2}{24}$$

因 τ_2'' 很小，略去二阶微量 $\dfrac{j_{\max}\tau_2''^2}{24}$，则

$$s = \left(\tau_2' + \frac{\tau_2''}{2}\right)u_0 + \frac{u_0^2}{2j_{\max}} \tag{15-11}$$

若车速以 km/h 为单位，则制动距离为

$$s = \frac{1}{3.6}\left(\tau_2' + \frac{\tau_2''}{2}\right)u_0 + \frac{u_0^2}{25.92j_{\max}} \tag{15-12}$$

当制动到所有车轮都抱死时，$j_{\max} = \varphi g$，所以有

$$s = \frac{1}{3.6}\left(\tau_2' + \frac{\tau_2''}{2}\right)u_0 + \frac{u_0^2}{259\varphi} \tag{15-13}$$

由上述分析可知，决定汽车制动距离的主要因素是制动器起作用的时间、最大制动减速度（或最大制动器制动力）和制动的起始车速。制动距离是一个较为综合的制动性能指标，又是一个比较简单而又直观的指标，实用中最为方便。

《中华人民共和国机动车制动检验规范》对机动车车型划分的规定见表 15-2，对机动车制动性能的要求见表 15-3。

表 15-2　机动车车型划分

车辆类型	小 型 车	中 型 车	大 型 车
车辆总质量/t	<4.5	4.5 ~ 12	>12

由于验车的初速度对制动距离的影响很大，当不能按表 15-3 准确控制验车车速时，应根据实际验车车速用经验公式算出允许的制动距离。各种车型制动距离经验公式见表 15-4。

表 15-3　机动车制动性能要求

机动车类型	空载检验的制动距离要求/m 气压制动系统：气压表的指示气压不大于 6 × 9.8kPa 液压制动系统的踏板力：有加力装置时不大于 35 ×9.8N 无加力装置时不大于 60 ×9.8N		满载检验的制动距离要求/m 气压制动系统：气压表的指示气压不大于额定工作气压 液压制动系统的踏板力：有加力装置时不大于 40 ×9.8N 无加力装置时不大于 70 ×9.8N		在规定的初速下，紧急制动的稳定性要求	点制动时对汽车制动稳定性的要求（双手轻扶转向盘）	
	20km/h	30km/h	20km/h	30km/h		30 ~40km/h	40 ~60km/h
小型汽车		6.2		6.4	跑偏量不得大于 8cm		不跑偏
中型汽车	3.6		3.7		不跑偏	不跑偏	
大型汽车	4.0		4.2		不跑偏	不跑偏	
二、三轮摩托车	4.0				不跑偏		
转向盘式拖拉机带挂车	5.4		6.0		不跑偏		

表 15-4　各种车型制动距离经验公式

机动车类型	制动距离（/m）经验公式		相当减速度
	气压制动系统：气压为 6 ×98kPa 液压制动系统的踏板力：有增压、加力器时为 35 ×9.8N 无增压、加力器时为 60 ×9.8N 车辆载荷：空载	气压制动系统：气压为 7 ×98kPa 液压制动系统的踏板力：有增压、加力器时为 40 ×9.8N 无增压、加力器时为 70 ×9.8N 车辆载荷：满载	m/s²
小型汽车	$s = 0.05u_0 + \dfrac{u_0^2}{190}$	$s = 0.055u_0 + \dfrac{u_0^2}{190}$	7.4
中型汽车	$s = 0.055u_0 + \dfrac{u_0^2}{160}$	$s = 0.06u_0 + \dfrac{u_0^2}{160}$	6.2
大型汽车	$s = 0.06u_0 + \dfrac{u_0^2}{142}$	$s = 0.07u_0 + \dfrac{u_0^2}{142}$	5.5
转方向盘式拖拉机	$s = 0.08u_0 + \dfrac{u_0^2}{105}$	$s = 0.11u_0 + \dfrac{u_0^2}{105}$	4.0

三、制动效能的恒定性

制动效能因使用环境的不同而发生改变，制动效能的稳定性就是指抗制动效能下降的能力。

1. 热衰退

制动器的制动力矩是由其摩擦副产生的摩擦力形成的，摩擦衬片对摩擦性能起决定性

作用。一般石棉材料摩擦衬片由石棉、黏合剂、填料等在高温下压制而成。汽车在高速下制动或短时间内连续制动，尤其是下长坡连续和缓制动时，都可能由于制动器内温度过高、摩擦系数下降而导致制动效能降低，这种现象称为制动效能的热衰退。这是因为制动时，当摩擦衬片温度超过压制时的温度后，衬片中的有机物会分解出一些气体和液体，它们覆在摩擦表面起润滑作用，致使摩擦系数下降。大约在800℃时，石棉的分解会完全脱掉结晶水，助长了衰退现象，新使用的摩擦衬片在使用初期，产生的气体较多，摩擦系数降低也较多。用来评价制动器热衰退程度的指标是热衰退率。热衰退率的定义是在产生相同制动效能的条件下，制动器冷状态下所需的操纵力（制动系统压力）与热状态下所需操纵力之比。

图 15-7　制动效能因数曲线

1—双向自动增力蹄制动器　2—双增力蹄制动器
3—增、减力蹄制动器　4—双减力制动器
5—盘式制动器

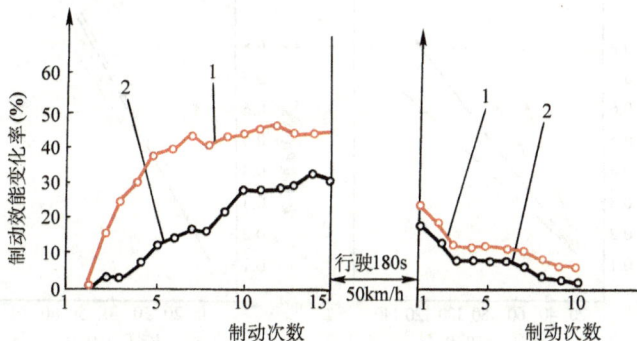

　　热衰退对制动效能的影响程度与制动器的结构类型有关，不同结构类型的制动器在不同摩擦系数下，其制动效能因数的变化如图15-7所示。由图可见，自行增力作用大的鼓式制动器，对热衰退的影响严重，而盘式制动器的变化相对较小，即热稳定性较好。

　　制动器发生热衰退后，汽车经过一段时间的行驶和一定次数的和缓制动使用，由于散热作用，制动器的温度下降，摩擦材料表面得到磨合，制动器的制动力可重新提高，称为热恢复。试验表明鼓式制动器的热衰退程度比盘式制动器严重，而在热恢复时，盘式制动器的散热效果好，热恢复也较快，如图15-8所示。

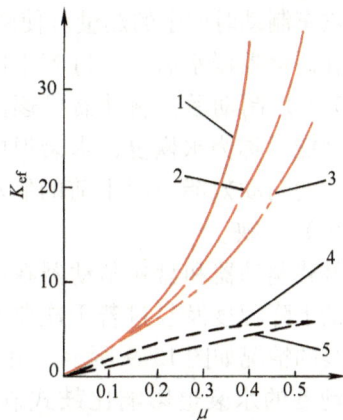

图 15-8　制动器的热衰退和热恢复
1—鼓式制动器　2—盘式制动器

　　摩擦副的材料是影响热衰退的另一个重要因素，为提高制动器的热稳定性，除对石棉摩擦材料的组成成分和压制工艺进行改进外，对高性能轿车或行驶条件恶劣的载重汽车，采用热稳定性好的金属摩擦材料更为适宜。此外，为避免石棉造成的公害影响，无石棉摩擦材料是制动摩擦材料的发展方向，并已得到应用。

2. 水衰退

制动器摩擦表面浸水后，将因水的润滑作用使摩擦系数下降，并使汽车制动效能降

低，称为制动效能水衰退。若水衰退发生在汽车一侧的车轮制动器上，则会造成左右车轮制动力不等，使汽车制动时的方向稳定性变差。

汽车制动时产生的热量可使摩擦片干燥，因而在制动器浸水后，经过若干次（一般为5~15次）制动后，制动器可逐渐恢复浸水前的性能，称为水恢复，水衰退的程度可用浸水后的制动效能与浸水前的制动效能的比值（%）反映。

鼓式制动器和盘式制动器在浸水后制动效能的下降程度及经过若干次制动后制动效能恢复的情况如图15-9所示。由图可见，盘式制动器的水衰退影响比鼓式制动器要小，效能的恢复也较快。原因在于盘式制动器的

图15-9　制动器的水衰退及水恢复
1—鼓式制动器　2—盘式制动器

效能因数受摩擦系数下降的影响较小；另一方面盘式制动器的制动盘在旋转时，易于将所附的水甩出，并且制动块的压力较高，也易于将摩擦衬片上的水分挤出。

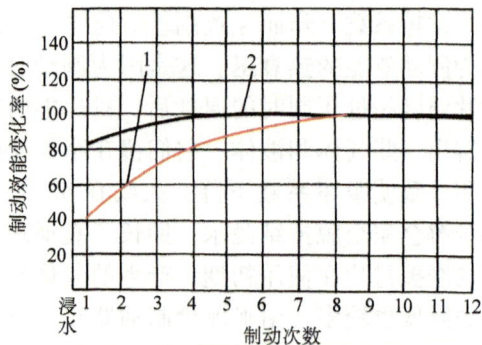

3. 制动初速度的影响

试验表明，汽车的制动效能受到制动初速度的影响。制动初速提高后，在相同的踏板力（制动系统压力）操纵时，制动减速度有所降低，这是由于在制动过程中，摩擦衬片的热衰退效应造成的影响。在不同车速和不同踏板力（液压力）制动时，分别采用鼓式制动器和盘式制动器，轿车减速的变化情况如图15-10所示。由图可见，采用鼓式制动器时，这种影响较为明显；采用盘式制动器时的减速度受初速度影响较小，效能稳定性好。

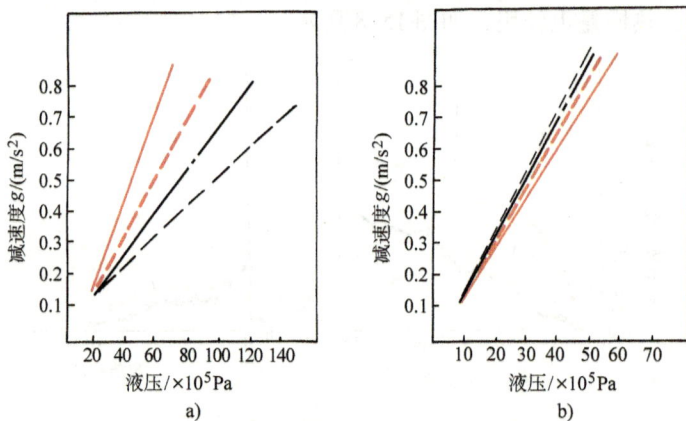

图15-10　制动初速度对减速度的影响
a）鼓式制动器　b）盘式制动器
──── 30km/h　── ── 50km/h　── · ── 80km/h　── ── ── 100km/h

除上述对制动效能稳定性的影响因素外，在液压制动系统中，制动液在高温下会汽化，在制动管路形成气泡，影响液压能的传递，使制动效能降低，甚至造成制动失效，这种现象称为气阻，在汽车下长坡路多次连续操纵制动器时易于发生。

第四节　制动时汽车的方向稳定性

制动时汽车的方向稳定性是指在制动过程中，汽车按驾驶人给定的轨迹行驶的能力，即维持直线行驶或按预定弯道行驶的能力。在制动过程中会出现因制动跑偏、侧滑或失去转向能力而使汽车失去控制，偏离原来的行驶方向，甚至发生撞入对面车辆行驶轨道、下沟、滑下山坡等危险情况。特别是高速制动或在滑溜路面上制动时，常引起汽车"甩尾"，造成严重交通事故。调查表明发生人身伤亡的交通事故中，与侧滑有关的比例在潮湿路面上约为30%，在冰雪路面上为70%~80%。而侧滑的产生有50%是由制动引起的。

一、制动跑偏

制动时原期望按直线方向减速停车的汽车自动向左或向右偏驶的现象称为制动跑偏，制动跑偏的情形如图15-11所示。

制动时引起汽车跑偏的原因如下：

1）汽车左、右车轮，特别是左、右转向轮制动器制动力不相等。

由于左、右转向轮制动力不相等引起汽车跑偏的受力分析如图15-12所示。为了简化起见，假定车速较低，跑偏不严重，且跑偏过程中转向盘是不动的，也没有发生侧滑，并忽略汽车做圆周运动时所产生的离心力及车身绕质心的惯性力偶矩。

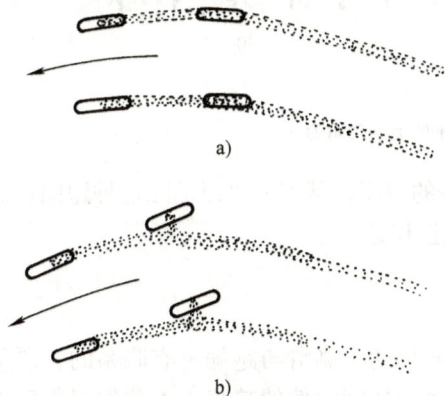

图15-11　制动跑偏的情形

a）制动跑偏轮胎在地面上留下的印迹

b）制动跑偏引起后轴微侧滑时轮胎留在地面上的印迹

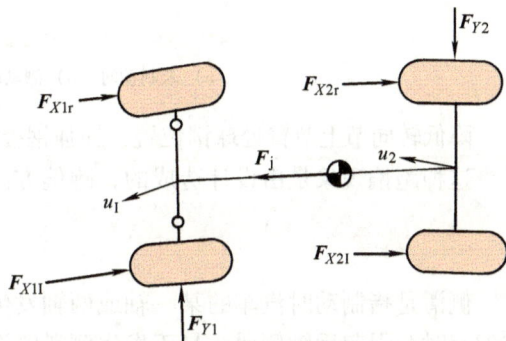

图15-12　制动跑偏时的受力图

设前左轮的制动器制动力大于前右轮的，故地面制动力 $F_{X1l} > F_{X1r}$。此时前、后轴分别受到地面侧向反力 F_{Y1} 和 F_{Y2} 的作用。由于 F_{X1l} 绕主销的力矩大于 F_{X1r} 绕主销的力矩，虽然转向盘固定不动，但因转向系统各处的间隙及零部件的弹性变形，转向轮仍将产生一向左偏转的角度，而使汽车有轻微的向左偏驶，即所谓的制动跑偏。同时由于主销有后倾，也使 F_{Y1} 对转向轮产生一同方向的偏转力矩，从而增大了向左转的角度。

试验证明，前轴左、右制动轮制动力之差超过5%，后轴左、右制动轮制动力之差超过10%，将引起制动跑偏现象。所以制动规范中对台架试验的左、右轮制动力之差作了相应的规定；在路试时要求紧急制动及点制动过程中均不得有跑偏。

试验结果用车身横向位移 Δs（单位为 cm）和汽车的航向角 α（制动时汽车纵轴线与原定行驶方向的夹角，单位为（°））来表示。制动跑偏随左、右车轮制动力之差的增大而增大，当后轮抱死时，跑偏的程度加大。

左、右车轮制动力不相等的原因是制造及装配误差的存在。

2）悬架导向杆系和转向系统拉杆的运动不协调。

例如过去试验的 EQ240 汽车，在制动时总是向右跑偏，在车速为 30km/h 制动时最严重的跑偏距离为 1.7m。分析其原因主要是转向节上节臂处的球销离前轴中心太高，而前悬架钢板弹簧的扭转刚度又太小。该车的前部简图如图 15-13 所示。在紧急制动时，前轴向前扭转了一角度 θ，转向上节臂球头销本应做相应的移动，但由于球头销同时又连接在转向系统的纵拉杆上，而不能随前轴相应地向前移动，仅能克服转向拉杆的间隙并使拉杆有少许弹性变形，致使转向节臂相对于前轴向右偏转，于是引起转向轮向右转动，造成向右跑偏。

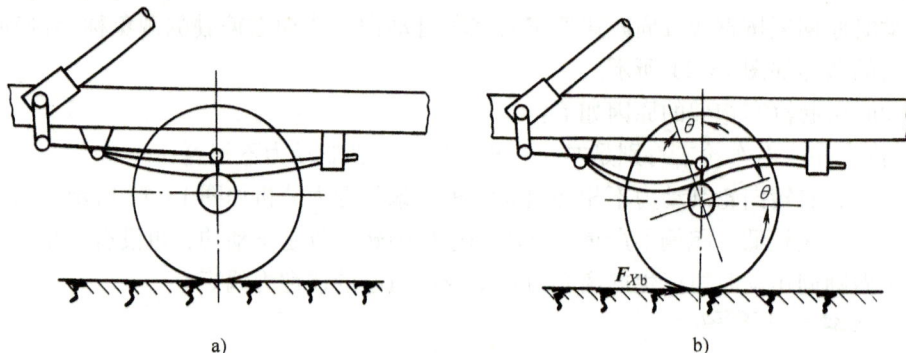

图 15-13　EQ240 汽车的前部简图

a）未制动时　b）制动时前轴转动（转角为 θ）

降低转向节上节臂处球销位置，加强钢板弹簧的刚度，基本上可以消除这种跑偏现象。这种跑偏现象是由设计造成的，跑偏方向固定不变。

二、侧滑

侧滑是指制动时汽车的某一轴或两轴发生横向移动。侧滑与跑偏是有联系的，严重的跑偏有时会引起后轴侧滑，易于发生侧滑的汽车也有加剧跑偏的趋势。由跑偏引起后轴侧滑时轮胎留在地面上的印痕如图 15-11b 所示。

制动时发生侧滑，特别是后轴侧滑，会引起汽车的剧烈回转运动，严重时可使汽车掉头。由试验和理论分析得知，制动时若后轴比前轴先抱死拖滑，就有可能发生后轴侧滑；若使前、后轴同时抱死或前轴先抱死，后轴始终不抱死则可防止后轴侧滑。

制动侧滑试验表明：

1）制动过程中，若只有前轮抱死拖滑，汽车基本上沿直线向前减速行驶，汽车处于稳定状态，但会丧失转向能力。

2）若后轮比前轮提前一定时间（如试验中的汽车为 0.5s 以上）先抱死拖滑，且车速超过某一数值（如试验中的汽车为 48km/h）时，只要有轻微的侧向力作用，汽车就会发生后轴侧滑而急剧转动，甚至掉头。侧滑的程度与地面的滑溜程度、制动距离及制动时间成正比。

1. 车轮侧滑的条件

制动过程中车轮侧滑受力情况如图 15-14 所示。根据车轮与路面的附着条件可知，在无切向力作用时，车轮所能承受的最大侧向力为

$$Y_{max} = \varphi F_Z$$

若车轮承受切向力 F_{Xb}（驱动力或制动力），则车轮不发生侧滑的条件为

$$R = \sqrt{F_{Xb}^2 + Y^2} \leqslant \varphi F_Z$$

车轮所能承受的最大侧向力降为

$$Y_{max} = \sqrt{\varphi^2 F_Z^2 - F_{Xb}^2}$$

上式表明，抗侧滑的稳定性与作用在车轮上的切向力和法向力有关。当切向力与车轮和地面的附着力相等（即 $F_{Xb} = \varphi F_Z$）时，即使是微小的侧向力 F_Y（侧向风、道路横坡引起的侧向力及转弯时的离心力等）都将引起车轮的侧向滑移。

2. 汽车侧滑时的运动分析

汽车侧滑时的运动情况如图 15-15 所示。图 15-15a 为汽车前轴侧滑时的运动简图。直线行驶过程中的汽车，制动时，若前轮抱死而后轮滚动，则前轴在侧向力的作用下发生侧滑。汽车前轴中点的速度向量 u_A 将偏离汽车纵轴线，其夹角为 α。而后

图 15-14　车轮侧滑受力图

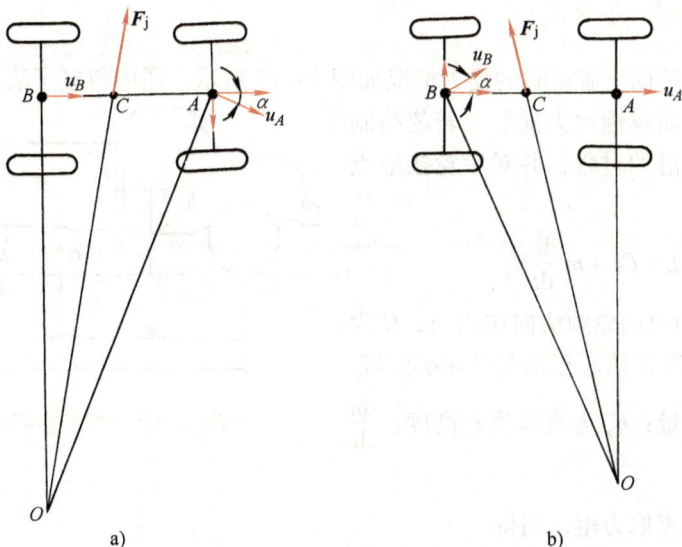

轴中点的速度向量 u_B 仍保持汽车纵轴线方向。汽车做类似转弯的运动，其瞬时回转中心为速度 u_A 和 u_B 两垂线的交点 O。汽车绕 O 做圆周运动所产生的作用于质心 C 上的惯性力 F_j，显然 F_j 的方向与汽车侧滑的方向相反，这就是说 F_j 能起到消减侧滑的作用。汽车在这种情况下处于稳定状态——行驶方向不变或变化不大。

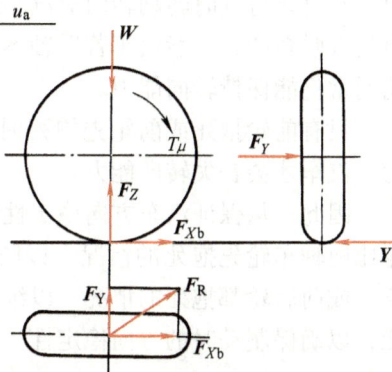

图 15-15　汽车侧滑时的运动情况

a）前轴侧滑　b）后轴侧滑

图 15-15b 为汽车后轴侧滑时的运动简图。此时后轮制动抱死而前轮滚动。若在侧向力作用下后轴发生侧滑，则侧滑方向与惯性力 F_j 的方向基本一致。于是惯性力加剧后轴侧滑；后轴进一步侧滑又加剧惯性力的增大。如此下去，汽车将急剧转动，甚至甩尾。因此后轴侧滑是一种不稳定的、危险的状况。为消除侧滑，驾驶人可朝后轴侧滑方向适度转动转向盘，使回转半径加大，从而减小惯性力。

三、转向能力的丧失

转向能力的丧失是指弯道制动时，汽车不再按原来的弯道行驶而是沿弯道切线方向驶出，及直线行驶时转动转向盘汽车仍按直线方向行驶的现象。转向能力的丧失和后轴侧滑也是有联系的，一般汽车若后轴不会侧滑，前轮就有可能丧失转向能力；而后轴侧滑，前轮通常仍能保持转向能力。

只有前轮抱死或前轮先抱死时，因侧向力系数为零，不能产生任何地面侧向反作用力，汽车才会丧失转向能力。

因此，从保证汽车方向稳定性的角度出发，首先不能出现只有后轴车轮抱死或后轴车轮比前轴车轮先抱死的情况，以防止危险的后轴侧滑。其次，尽量减少只有前轴车轮抱死，或前后轮都抱死的情况，以维持汽车的转向能力。最理想的情况就是避免任何车轮抱死，以确保制动时的方向稳定性。

第五节　前后制动器制动力的比例关系

在汽车的制动过程中，前、后轮抱死拖滑的次序对方向稳定性和制动系统的工作效率都有很大的影响。而前、后轮抱死拖滑的次序取决于前、后制动器制动力和附着力之间的关系，这就是研究前、后制动器制动力分配比例的重要性所在。

一、地面法向反作用力

汽车在水平路面上制动时的受力情况如图 15-16 所示。图中忽略了滚动阻力偶矩、空气阻力以及旋转质量惯性力偶矩。若忽略制动时车轮边滚边滑的过程，并对后轮接地点取力矩，则得

$$F_{Z1}L = Gb + m\frac{du}{dt}h_g$$

式中，F_{Z1} 为地面对前轮的法向作用力；G 为汽车重力；b 为汽车质心至后轴中心线的距离；m 为汽车质量；h_g 为汽车质心高度；$\dfrac{du}{dt}$ 为汽车减速度。

对前轮接地点取力矩，则得

$$F_{Z2}L = Ga - m\frac{du}{dt}h_g$$

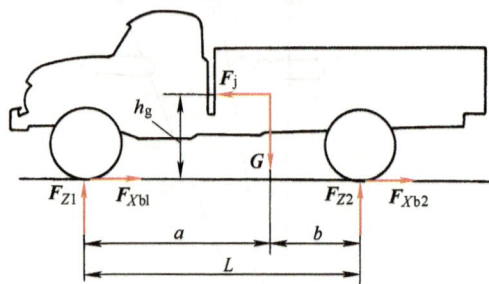

图 15-16　制动时汽车受力图

式中，F_{Z2} 为地面对后轮的法向反作用力；a 为汽车质心至前轴中心线的距离。

所以有

$$\begin{cases} F_{Z1} = \dfrac{G}{L}\left(b + \dfrac{h_g}{g}\dfrac{du}{dt}\right) \\[3mm] F_{Z2} = \dfrac{G}{L}\left(a - \dfrac{h_g}{g}\dfrac{du}{dt}\right) \end{cases} \tag{15-14}$$

若在不同附着系数的路上制动，且前、后轮都抱死（不论次序如何），则 $F_{Xb} = F_\varphi = G\varphi$，此时有

$$\begin{cases} F_{Z1} = \dfrac{G}{L}(b + \varphi h_g) \\[3mm] F_{Z2} = \dfrac{G}{L}(a - \varphi h_g) \end{cases} \tag{15-15}$$

式（15-14）和式（15-15）均为直线方程。随着附着系数的变化，前、后轮的法向反作用力变化很大。如某汽车，当 $\dfrac{du}{dt} = 0.7g$ 时，前轴地面法向反力增加了90%，而后轴减少了38%。

二、理想的制动力分配曲线

制动时，前、后轮同时抱死拖滑是理想的制动状态，制动效果最佳。在任意附着系数为 φ 的路面上，均能保证前、后轮同时抱死拖滑的前、后轮制动器制动力分配曲线，称为理想分配曲线。

在任何附着系数的路面上，前、后车轮同时抱死的条件为前、后轮制动器制动力之和等于附着力，并且前、后轮制动器制动力分别等于各自的附着力。即

$$\left.\begin{array}{l} F_{\mu1} + F_{\mu2} = \varphi G \\ F_{\mu1} = \varphi F_{Z1} \\ F_{\mu2} = \varphi F_{Z2} \end{array}\right\} \tag{15-16}$$

因为

$$\frac{F_{\mu1}}{F_{\mu2}} = \frac{F_{Z1}}{F_{Z2}}$$

并将式（15-15）代入式（15-16），得

$$\left.\begin{array}{l} F_{\mu1} + F_{\mu2} = \varphi G \\[2mm] \dfrac{F_{\mu1}}{F_{\mu2}} = \dfrac{b + \varphi h_g}{a - \varphi h_g} \end{array}\right\} \tag{15-17}$$

消去变量 φ，得

$$F_{\mu2} = I(F_{\mu1}) = \frac{1}{2}\left[\frac{G}{h_g}\sqrt{b^2 + \frac{4h_g L}{G}F_{\mu1}} - \left(\frac{Gb}{h_g} + 2F_{\mu1}\right)\right] \tag{15-18}$$

由式（15-18）画成的曲线，即为理想的前、后轮制动器制动力分配曲线，简称 I 曲线。

I 曲线的作法为：将不同的 φ 值（$\varphi = 0.1,\ 0.2,\ \cdots$）代入式（15-17）中第一式，则在图 15-17 上可得到一组与坐标轴成45°的平行线。再将不同的 φ（$\varphi = 0.1,\ 0.2,\ \cdots$）

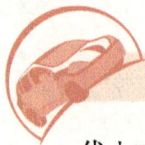

代入式（15-17）中的第二式，则得到一组通过坐标原点、斜率不同的射线。

在这两组直线中，对应某一 φ 值，均可找到两条直线，两直线的交点便是满足式（15-17）中两式的点，即为 I 曲线上的点。把对应不同 φ 值的两直线交点 A、B、C 等连接起来，便得到 I 曲线。

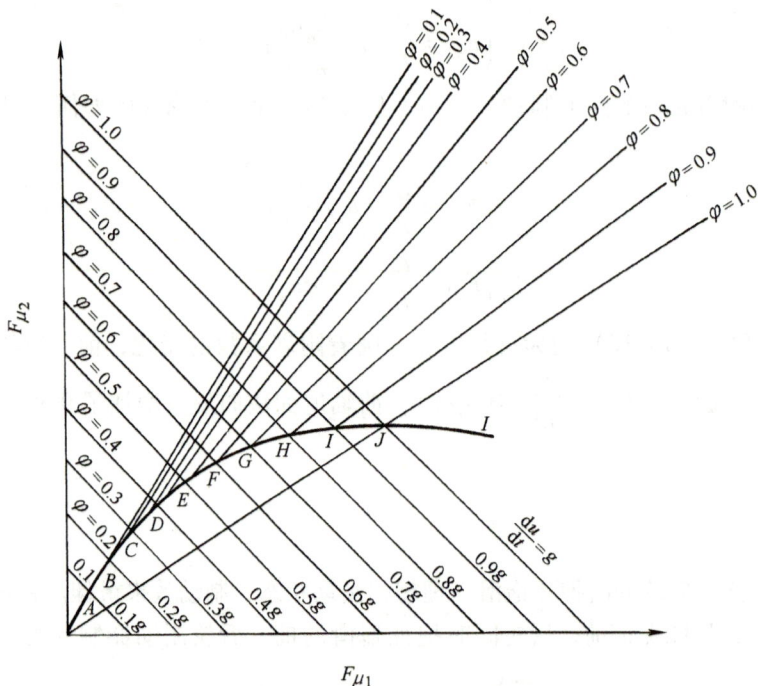

图 15-17　理想的前、后制动器制动力分配曲线

I 曲线是踏板力增长至前、后车轮同时抱死时前、后轮制动器制动力分配曲线。因为车轮抱死时，$F_\mu = F_\varphi = F_{Xb}$，所以 I 曲线也是车轮抱死时的 $F_{\varphi1}$ 和 $F_{\varphi2}$ 的关系曲线。

三、具有固定比值的前、后制动器制动力与同步附着系数

目前一般汽车的前、后制动器制动力之比为一常数。即只能在某一种路面上使前、后轮同时抱死拖滑，而在其他路面上则不是前轮先抱死就是后轮先抱死。此时前、后轮制动器制动力之比，通常用前制动器制动力与汽车全部制动器制动力之比来表示，称为制动器制动力分配系数，并以符号 β 表示，即

$$\beta = \frac{F_{\mu1}}{F_\mu}$$

式中，$F_\mu = F_{\mu1} + F_{\mu2}$，$F_\mu$ 为汽车全部制动器制动力。

所以

$$\frac{F_{\mu1}}{F_{\mu2}} = \frac{\beta}{1-\beta} \tag{15-19}$$

若用 $F_{\mu2} = B(F_{\mu1})$ 表示，则 $F_{\mu2} = B(F_{\mu1})$ 为一通过坐标原点、斜率为 $\tan\theta = (1-\beta)/\beta$ 的直线。这条直线称为实际前、后轮制动器制动力分配曲线，简称 β 线。

图 15-18 为某一货车的 β 线，同时还给出了该车的空载和满载 I 曲线。

可以看出，β 线与 I 曲线在 B 点相交，我们称对应于这一点的附着系数 φ_0 为同步附着系数。它是反映汽车制动性能的一个重要参数，它说明前、后制动器制动力为固定比值

的汽车，只有在附着系数为 φ_0 的路面上制动时，才能使前、后轮同时抱死。

同步附着系数由汽车的结构参数决定，主要是根据道路条件和常用车速来选择。

四、制动过程分析

利用 β 线和 I 曲线，就可以分析前、后制动器制动力具有固定比值的汽车在各种路面上的制动情况。为了便于分析，通常借助于 f 线组和 r 线组。f 线组是假定后轮没有抱死，在各种 φ 值路面上前轮抱死时的前、后地面制动力关系曲线；r 线组是假定前轮没有抱死而后轮抱死时的前、后地面制动力关系曲线。

图 15-18 某货车的 β 线与 I 曲线

1. f 线组

当前轮抱死时

$$F_{Xb1} = \varphi F_{Z1} = \varphi \left(\frac{Gb}{L} + \frac{F_{Xb} h_g}{L} \right)$$

因为

$$F_{Xb} = F_{Xb1} + F_{Xb2}$$

所以

$$F_{Xb1} = \varphi \left(\frac{Gb}{L} + \frac{F_{Xb1} + F_{Xb2}}{L} h_g \right)$$

$$F_{Xb2} = \frac{L - \varphi h_g}{\varphi h_g} F_{Xb1} - \frac{Gb}{h_g} \tag{15-20}$$

上式即为在不同 φ 值路面上只有前轮抱死时的前、后地面制动力的关系式。

当前、后轮都抱死后，上式也成立。此时后轮地面制动力也达到后轮附着力的数值。

以不同的 φ 值代入式（15-20），即得到 f 线组，如图 15-19 所示。

2. r 线组

当后轮抱死时

$$F_{Xb2} = \varphi F_{Z2} = \varphi \left(\frac{Ga}{L} - \frac{F_{Xb} h_g}{L} \right)$$

因为

$$F_{Xb} = F_{Xb1} + F_{Xb2}$$

所以

$$F_{Xb2} = \frac{-\varphi h_g}{L + \varphi h_g} F_{Xb1} + \frac{\varphi Ga}{L + \varphi h_g} \tag{15-21}$$

上式即为在不同 φ 值路面上只有后轮抱死时前、后地面制动力的关系式。

当前、后轮都抱死后，上式也成立。此时前轮地面制动力也达到前轮附着力的值。

以不同的 φ 值代入式（15-21），即得到 r 线组，如图 15-19 所示。

显然，对应于同一 φ 值下 f 线和 r 线的交点 A、B、C、…，既符合 $F_{Xb1} = \varphi F_{Z1}$，又符合 $F_{Xb2} = \varphi F_{Z2}$，这些点属于前后车轮都抱死的点。因此连接 A、B、C、…各点即得到 I 曲线。

可以证明 I 曲线以上的 f 线段和 I 曲线以下的 r 线段在制动分析过程中无意义。

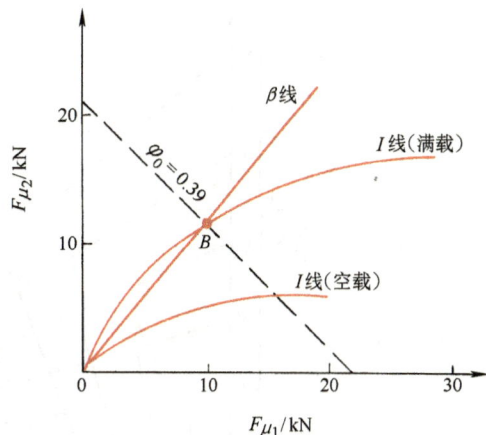

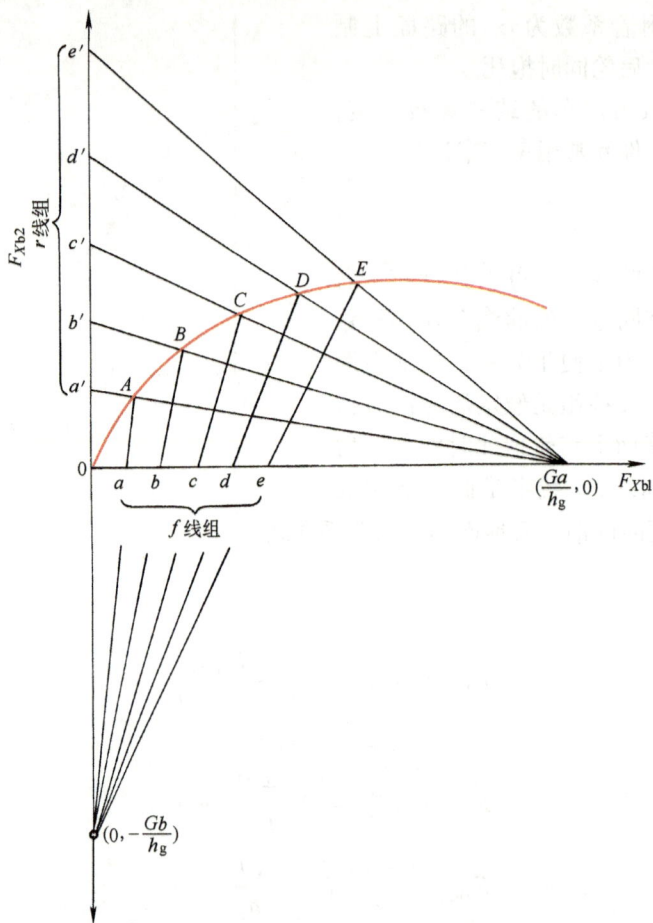

图 15-19 f 线组与 r 线组

下面以某货车为例说明利用 β 线、I 曲线、f 和 r 线组分析汽车在不同 φ 值路面上的制动过程。

货车 β 线、I 曲线、f 和 r 线组如图 15-20 所示，其同步附着系数 $\varphi_0 = 0.39$。图中还给出了 F_{Xb1} 与 F_{Xb2} 之和为 $0.1G$ 或 $0.2G$ 或 $0.3G\cdots$ 的 $45°$ 斜线组。每条斜线上的点均对应同样大小的总地面制动力 F_{Xb}，相应的制动减速度也是常数，即为 $0.1g$ 或 $0.2g$ 或 $0.3g\cdots$。故此斜线组称为"等地面制动力线组"或"等制动减速度线组"，这个线组就是式（15-17）中第一式按不同 φ 值作出的 $45°$ 斜线组。它可以用来确定制动过程中的总地面制动力与制动减速度的数值。

1）当 $\varphi < \varphi_0$ 时，设 $\varphi = 0.3$，制动开始时，前、后制动器制动力 $F_{\mu1}$、$F_{\mu2}$ 均按 β 线上升。由于前、后车轮均未抱死，故地面制动力 F_{Xb1} 和 F_{Xb2} 也按 β 线上升。到 A 点时，β 线与 $\varphi = 0.3$ 的 f 线相交，前轮开始抱死，此时制动减速度为 $0.27g$；地面制动力 F_{Xb1}、F_{Xb2} 已满足后轮没有抱死而前轮先抱死的条件。若继续增大踏板力，则 F_{Xb1}、F_{Xb2} 沿 f 线变化，前轮的地面制动力 F_{Xb1} 不再等于 $F_{\mu1}$；继续制动，前轮法向反作用力增加，故 F_{Xb1} 沿 f 线稍有增加。但因后轮未抱死，所以当踏板力增大，$F_{\mu1}$、$F_{\mu2}$ 沿 β 线上升时，F_{Xb2} 仍等于 $F_{\mu2}$ 而继续上升。当 $F_{\mu1}$、$F_{\mu2}$ 升至 A' 点时，f 线与 I 曲线相交，此时后轮达到抱死所需的地面制动力 F_{Xb2}。于是前、后车轮均抱死，汽车获得的减速度为 $0.3g$。

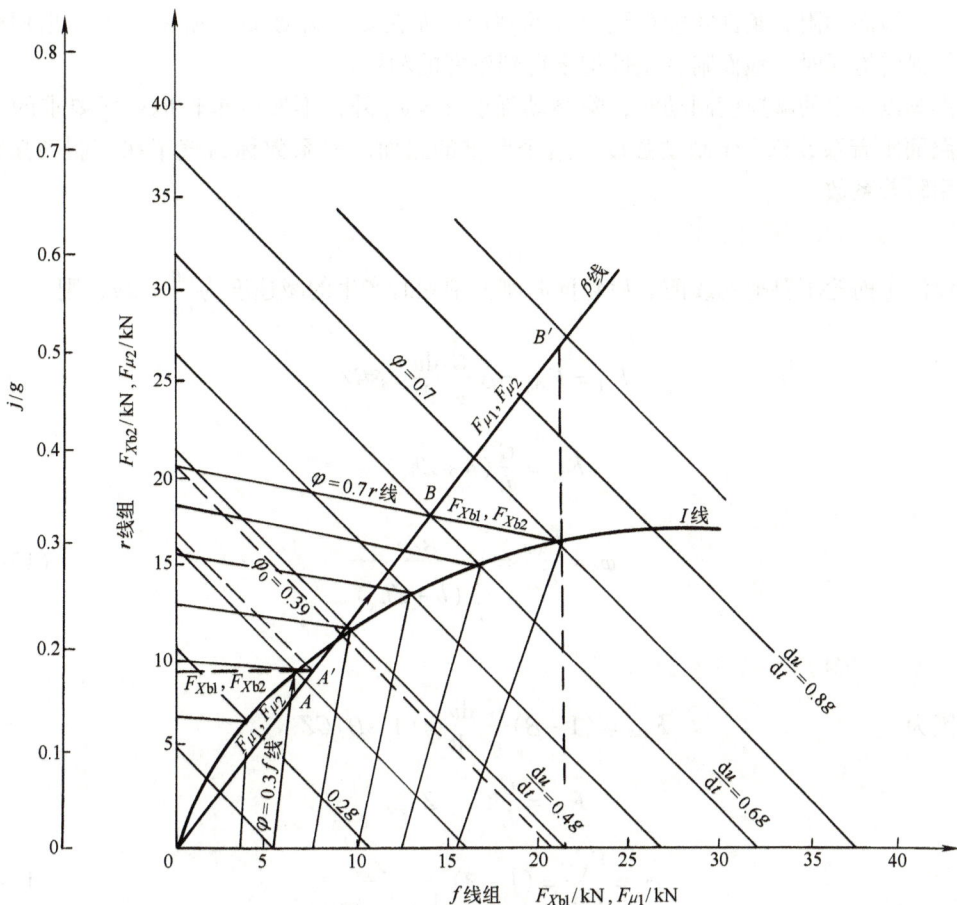

图 15-20 制动过程分析

β 线位于 I 曲线下方，制动时总是前轮先抱死。

2）当 $\varphi > \varphi_0$ 时，设 $\varphi = 0.7$，制动开始时，前、后车轮均未抱死，故前、后轮地面制动力和制动器制动力一样均按 β 线增长，到 B 点时，β 线与 $\varphi = 0.7$ 的 r 线相交，地面制动力 F_{Xb1}、F_{Xb2} 满足后轮先抱死的条件，后轮抱死，此时的制动减速度为 $0.6g$。B 点以后，随着踏板力的增大，F_{Xb1}、F_{Xb2} 将沿 $\varphi = 0.7$ 的 r 线变化。此时后轮法向反作用力有所减小，即后轮地面制动力 F_{Xb2} 沿 r 线略有下降；而 $F_{\mu1}$、$F_{\mu2}$ 沿 β 线增长，且始终有 $F_{Xb1} = F_{\mu1}$。当 $F_{\mu1}$、$F_{\mu2}$ 到达 B' 点时，r 线与 I 曲线相交，F_{Xb1} 达到前轮抱死的地面制动力，前轮也抱死。汽车获得的减速度为 $0.7g$。

β 线位于 I 曲线上方，制动时总是后轮先抱死。

五、利用附着系数与附着效率

由上述分析可知，汽车在具有同步附着系数的路面上制动时，前、后车轮将同时达到抱死工况，相应的制动减速度为 $\dfrac{\mathrm{d}u}{\mathrm{d}t} = Zg$，$Z$ 称为制动强度，显然 $Z = \varphi_0$。在其他附着系数的路面上制动时，达到前轮或后轮抱死前的制动强度比路面附着系数要小。即在不出现前轮或后轮抱死情况下的制动强度必小于地面附着系数，即 $Z < \varphi_0$。因此，只有在 $\varphi = \varphi_0$ 的

路面上，地面的附着条件才能得到较好的利用；而在 $\varphi > \varphi_0$ 或 $\varphi < \varphi_0$ 的路面上出现前轮或后轮提前抱死时，地面附着条件均未得到较好的利用。

汽车以一定的减速度制动时，除制动强度 $Z = \varphi_0$ 外，不发生车轮抱死所要求的（最小）路面附着系数总大于制动强度。这个要求的路面附着系数称为汽车在该制动强度时的利用附着系数。

1. 前轴的利用附着系数 φ_f

设汽车前轮刚要抱死或前、后轮同时刚要抱死时产生的减速度为 $\dfrac{du}{dt} = Zg$，则

$$F_{\mu 1} = F_{Xb1} = \beta \frac{G}{g} \frac{du}{dt} = \beta G Z$$

又

$$F_{Z1} = \frac{G}{L}(b + Zh_g)$$

故

$$\varphi_f = \frac{F_{Xb1}}{F_{Z1}} = \frac{\beta Z}{\frac{1}{L}(b + Zh_g)} \tag{15-22}$$

2. 后轴的利用附着系数 φ_r

因为

$$F_{Xb2} = (1-\beta)\frac{G}{g}\frac{du}{dt} = (1-\beta)GZ$$

又

$$F_{Z2} = \frac{G}{L}(a - Zh_g)$$

故

$$\varphi_r = \frac{F_{Xb2}}{F_{Z2}} = (1-\beta)\frac{Z}{\frac{1}{L}(a - Zh_g)} \tag{15-23}$$

显然，利用附着系数越接近制动强度，地面的附着条件发挥越充分，汽车制动力分配越合理。

地面附着条件的利用程度还可用附着效率来描述。所谓附着效率是指制动强度与车轮将要抱死时的利用附着系数之比。因此，由式（15-22）和式（15-23）即可得前轴的附着效率为

$$E_f = \frac{Z}{\varphi_f} = \frac{b/L}{\beta - \varphi_f h_g/L} \tag{15-24}$$

后轴的附着效率为

$$E_r = \frac{Z}{\varphi_r} = \frac{a/L}{(1-\beta) + \varphi_r h_g/L} \tag{15-25}$$

前、后轴附着效率曲线如图15-21所示，由图可见，当 $\varphi = 0.6$ 时，空载时后轴附着效率约等于0.67。这说明后轮不抱死时，汽车最多只利用可供制动的附着力的67%，即其制动减速度不是 $0.6g$，而是 $0.6 \times 0.7 = 0.42g$。

综上所述，我们可以对前、后制动器制动力分配提出以下要求：为了防止后轴抱死而发生危

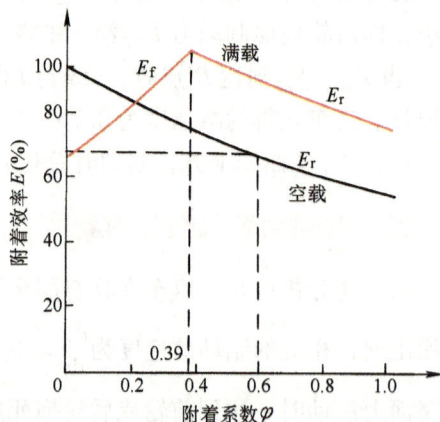

图15-21　前、后轴附着效率曲线

险的侧滑，汽车制动系统的实际前、后制动力分配线（β线）应始终在理想的制动力分配线（I曲线）下方；为了减少制动时因前轮抱死而丧失转向能力的机会，提高附着效率，β线越靠近I曲线越好。

第六节　自动防抱死系统

自动防抱死系统（Antilock Braking System，ABS）能充分发挥轮胎与地面间的潜在附着能力，全面满足制动过程中汽车对制动的要求。即在紧急制动时可防止车轮抱死而充分利用轮胎与地面间的峰值附着系数和高的侧向力系数，提高制动减速度值，缩短制动距离以保证汽车的方向稳定性。

自动防抱死系统由传感器、控制器（计算机）和压力调节器三部分组成。图15-22是博世防抱死制动系统示意图，其工作原理如下：

正常制动时，制动压力调节阀中减压活塞9的上方，作用着由液力蓄能器高压油道传过来的高压，因而处于下方位置，球阀10为常开状态，制动分泵与制动总泵直接相通。制动过程中，控制器不断分析传感器测出的车轮运动参数，当判断出车轮即将出现抱死时，立即给制动压力调节器发出降低分泵油压的信号，以减小制动器的制动力。其动作过程为控制器发生电脉冲信号使电磁线圈产生吸力，铁心同细杆一起向右移动顶死球阀8，从而关闭液力蓄能器的高压油道，减压活塞9上方与低压泄油道相通，活塞9上移，球阀10被回位弹簧顶到上端位置，切断了分泵油管与总泵油管的连通，分泵油压降低，制动器制动力下降。松开制动器后，车速增加，控制器又发出指令再次制动，铁心左移，球阀8切断活塞9上方与低压泄油道的联系，蓄能器中高压迫使减压活塞9下移，顶开球阀10，分泵压力重新上升，重新制动。这种压力升降循环的频率为每秒10~12次。因而能适应路面状况的不断变化。控制器一般根据车轮角减（加）速度与车轮半径的乘积、车轮角速度减小量、汽车减速度等参数判断车轮是即将抱死还是抱死现象已消除。

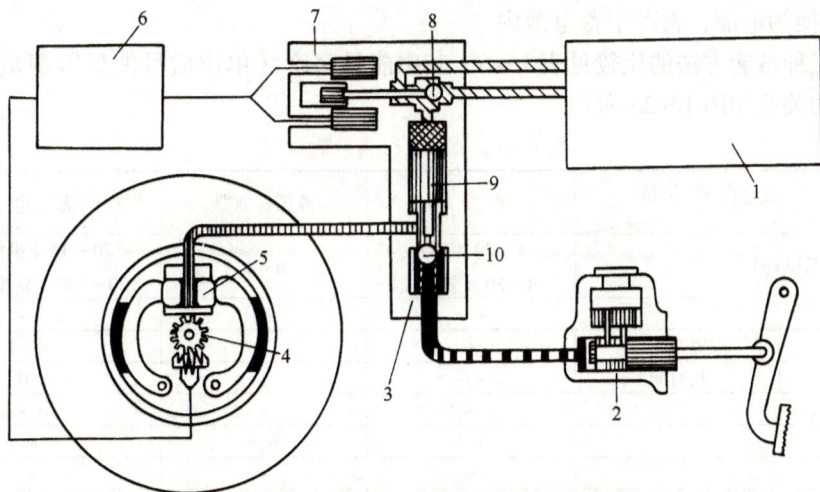

图15-22　博世防抱死制动系统示意图
1—液力蓄能器　2—总泵　3—制动压力调节器　4—传感器
5—分泵　6—控制器　7—电磁线圈　8—球阀　9—减压活塞　10—球阀

奔驰轿车的道路试验结果见表15-5，显然，装有自动防抱死系统后汽车的制动性能

大为改善。

表15-5 奔驰轿车道路试验结果

试 验 条 件		装有"ABS"			无"ABS"		
混凝土路面	起始车速 / (km/h)	制动距离/m	平均减速度 / (m/s²)	制动距离 减小量/m	制动距离/m	平均减速度 / (m/s²)	残余速度 u_R / (km/h)
干	100	41.8	9.25	8.2	50	7.73	40
湿	100	62.75	6.71	37.25	100	3.9	60
干	130	81.2	8.0	12.5	93.7	7.0	47.5
湿	130	97.1	6.71	41.1	138.2	4.72	70.9

第七节 制动能量的回收

制动能量的回收，是指回收制动时以热的形式逸散的能量，并进行再利用。一般将其用作车辆起动加速时的动力源。

常用的鼓式、盘式制动器都不具有能量回收功能。

1. 制动能量回收系统的形式

作为制动能量的回收系统，一般应具有制动（将动能转变为可以蓄存的能量形式）、能量的释放和驱动（将释放的能量再转变为动能）的功能。回收系统有可能回收的能量仅限于制动时由制动装置转变为热能的部分，它不能回收因克服行驶阻力等所消耗的能量。此外回收系统本身也存在着效率等问题，因而仅借助于回收系统使汽车重新获得制动开始时所具有的动能是不可能的。

制动能量的蓄存方法，常见的有三种：

1）使飞轮旋转，以动能的形式蓄存。

2）利用液压蓄能器，以液压能的形式蓄存。

3）变换为电能，蓄存于蓄电池内。

上述三种蓄能方法的比较见表15-6，其中能量密度（单位质量能量蓄积量）与输出功率密度的关系如图15-23所示。

表15-6 能量蓄存方法的比较

项目 蓄存方法		飞　　轮	液压蓄能器	蓄　电　池
能量密度（Wh/kg）		4～20（钢） 4～50（复合式）	6～4	20～40（铅蓄电池） 20～100（新型蓄电池）
功率密度		＋＋	＋＋	－
蓄积效率	短时间	＋	＋	＋＋
	长时间	－－	＋	0
能量转换效率		＋	－	－
寿命		＋＋	＋＋	－－
过负荷容量		＋	＋	－－
可靠性		＋	＋	－
维护性		＋	＋	－
噪声		＋	＋	＋＋
成本		＋	－	－－

注：表中符号＋＋表示优秀；＋表示好；－表示差；－－表示很差。

制动能量回收系统的构成因采用蓄能方法不同而有很大差异，常见的有电能式、动能式和液压式三种。

（1）电能式　电能式回收系统由发电机、电动机、蓄电池构成。世界各国曾对此种形式的能量回收与再生系统进行过大量研究，其主要缺点是必须携带大量用于蓄存回收能量的重型蓄电池。因此，研制重量轻、结构紧凑、寿命长、价格低的新型蓄电池是一项重要课题。

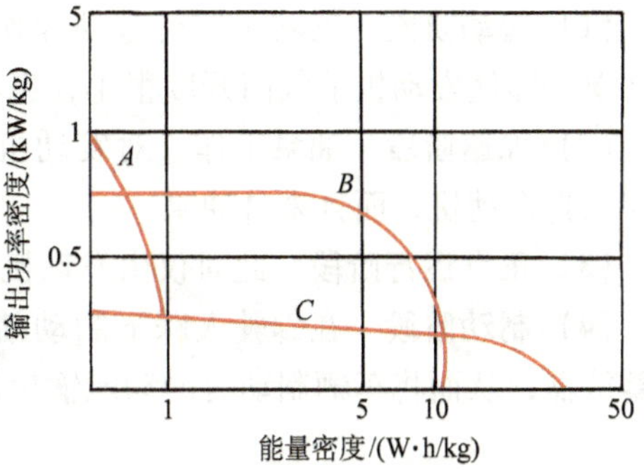

（2）动能式（飞轮式）　动能式回收系统由飞轮、无级变速器（CVT）构成。由于机械式 CVT 没有达到普及的程度，故一般以电气或液压流体作为换能介质。飞轮蓄存的能量与它的惯性质量成正比，与角速度的平方成正比，因此，以高蓄能为目标，关键在于进一步提高飞轮速度。为此，除必须完善飞轮结构设计外，还存着有关机壳真空技术、高速轴承、安全性和陀螺现象等方面的课题。

（3）液压式　液压式回收系统由液压泵/液压马达和内封氮气（N_2）的蓄能器构成。该系统的主要液压件性能良好，在工程机械、工厂设备上已有许多成功应用的先例。与飞轮式相比，尽管它能量密度较小，但其控制简单、制造容易；而与电能式相比，则其功率密度较大，对于大型车辆目前已接近实用化水平。

近年来许多国家相继研制了采用液压式回收系统的城市大客车和清扫车。常见的形式有两种：一种为全液压式，即将回收系统并列地附加到 AT（自动变速器）的驱动系统上；另一种为液压—机械式，即将回收系统和液压—机械传动装置组合在一起。要使液压式回收系统实用化，液压元件的轻量化和系统的可靠性、安全性、耐久性等是需要进一步研究的课题。

图 15-23　能量密度和输出功率密度的关系
A—液压蓄能器　B—飞轮（钢制）　C—铅蓄电池

2. 城市客车制动能量回收系统

城市客车的突出特点是频繁制动和起动，若在制动时将车辆的动能回收，则会减小起动加速噪声，降低燃料消耗量，并减小排出废气对环境的污染。图 15-24 为一种客车液压式制动能量回收系统。

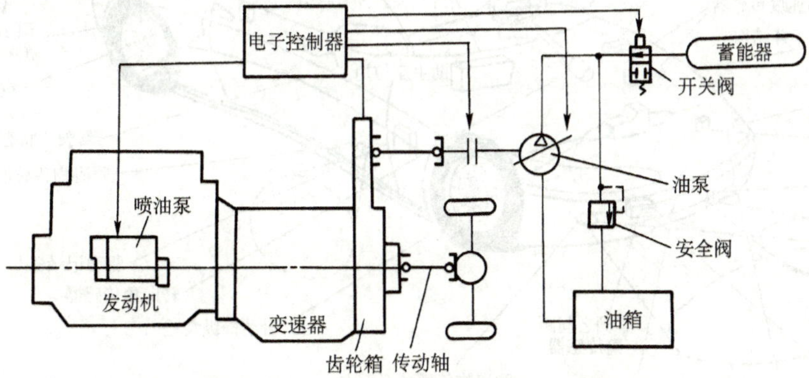

图 15-24　客车制动能量回收系统示意图

能量回收系统的工作过程如下：

（1）起动阶段　驾驶人进行起动操作时，开关阀打开，液压油从蓄能器中输出，驱动油泵。即使发动机节气门开度很小，也可以使车辆平稳起动。

（2）加速阶段　油泵工作，对发动机的输出转矩起助力作用。即车辆加速时的能源不仅来自发动机，而且来自油泵。

（3）正常运行阶段　此时仅由发动机提供车辆驱动力源。

（4）制动阶段　在驾驶人踩下制动踏板的同时，油泵开始工作，将输出的液压油送入蓄能器，从而将车辆制动时的动能输出转化为油液压力能的形式蓄存起来。

第八节　汽车行驶安全性发展动向

汽车的制动性能是保证汽车安全行驶的一项重要性能，汽车基础技术的发展也包含着制动装置的不断完善和现代化。在现代汽车行驶的"人—车—环境"系统中，汽车行驶的安全性已不是单项技术措施的改善和提高所能解决的，而是以车辆基础技术、道路基础设施和电子信息技术相结合形成一体的综合技术。

在汽车工业发达的国家，正有序地研制新型的汽车安全装置，开发适应汽车安全运行的交通系统。由于现代电子技术和计算机技术在汽车上得到广泛应用，涉及行驶安全性的防抱死制动系统（ABS）、安全气囊（SRS）和预防追尾碰撞的报警系统已在大批量生产的轿车上得到采用。各种安全系统技术进行综合控制的安全系统，包括能确实回避危险性的自动制动系统和自动转向系统等实用技术将是未来安全系统的发展方向。

先进安全汽车（ASV）是一种为21世纪研究开发的试制车辆。ASV的概念图如图15-25所示，该汽车上安装了各种用于监视驾驶人、车辆和道路环境情况的传感器、计算机和相应的控制装置，能实现辅助驾驶车辆。其目的在于通过应用电子技术实现汽车的高智能化，提高驾驶汽车的安全性、预防事故和减轻受害程度。

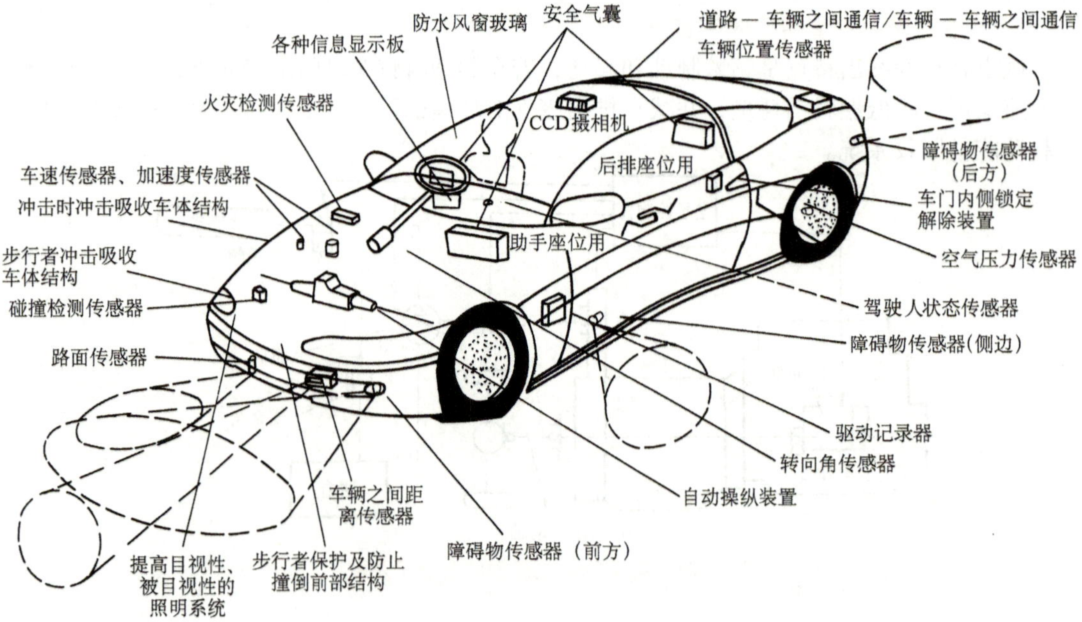

图 15-25　ASV 的概念

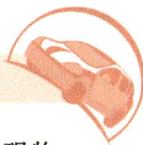

传感器用于检测判断行驶环境中是否存在危险因素，如前后及侧方的车辆和障碍物、道路状况和交通信号等，确定它们之间的距离和相对速度等。在汽车上用于识别环境的传感器有 CCD 摄像机、激光雷达、超声波传感器和电波雷达等，以适用于不同特征环境。CCD 摄像机的测距方式不受被测对象反射特征的影响，并能通过图像处理认识物体，但检测的角度不能太大。激光雷达是发射多股激光束，依靠被测物体的反射接收时间来确定距离，采用扫描激光雷达可识别多辆前方车辆和四周的障碍物。超声波传感器依靠超声波的反射测定障碍物距离，但它受被测物的反射条件限制和空气流动的影响，只能用于近距离检测，如用于倒车的停车装置。电波雷达兼有超声波的波动特性和激光雷达的快速传输特性，可通过电波反射时间确定距离，也能利用发射波和接收波的频率差确定相对速度，缺点是不能测定一些难以反射电波（如树脂构成物）的障碍物。

传感器接收的信息通过计算机进行状态分析，得出车辆在该行驶环境下的操纵条件，并通过警告或显示系统及时提醒驾驶人可能发生的危险，以便提前采取措施避免发生事故。在驾驶人不能及时做出反应时，控制系统能触发执行机构，自动实现车辆的制动、转向或调节气门等操作。

自 20 世纪 90 年代以来，人们在汽车安全性方面已进行了多方面的研究，主要安全技术包括：预防安全技术（信息显示和报警）、事故回避技术、全自动驾驶技术、碰撞安全技术（乘员保护和减轻对行人的伤害）、防止灾害扩大技术和车辆基础技术。开发的系统有：碰撞检测与防护系统、车距保持系统、行驶路线改变时的事故避免系统、车道保持系统、弯道减速系统、自动停止警报和调节系统、超声波停车装置、驾驶盲区警报系统、夜视系统等，这些系统有的已取得实用成果并在某些车辆上安装应用。

思 考 题

1. 一辆汽车驶经有积水层的良好路面，当车速为 100km/h 时要制动。问此时有无可能出现滑水现象而丧失制动能力。（轿车轮胎的胎压为 179.27kPa。）

2. 简述汽车制动性的评价指标。

3. 分析汽车制动跑偏的影响因素及制动跑偏的受力分析。

4. 利用理想的前、后制动器制动力分配曲线分析当路面附着系数分别大于和小于同步附着系数两种情况下的制动过程。

5. 下表为 CA700 轿车的制动系统由真空助力改为压缩空气助力后的制动试验结果。试由表中所列数据估算 $\tau'_2 + \frac{1}{2}\tau''_2$ 的数值，以说明制动器作用时间长短的重要性。

性能指标 制动系统形式	制动时间/s	制动距离/m	最大制动减速度 /(m² · s)
真空助力制动系统	2.12	12.25	7.25
压缩空气—液压制动系统	1.45	8.25	7.65

6. 一辆中型货车装有前后制动器分开的双管路制动系统，其有关参数如下：

载荷	质量/kg	质心高/m	轴距/m	质心至前轴距离/m	制动力分配系数
空载	4080	0.845	3.950	2.100	0.38
满载	9290	1.170		2.950	

1）计算并绘制利用附着系数曲线与附着效率曲线。

2）求行驶车速 $u_a = 30\text{km/h}$ 时，在 $\varphi = 0.80$ 的路面上车轮不抱死的制动距离。计算时取制动系统反映时间 $\tau'_2 = 0.02\text{s}$，制动减速度上升时间 $\tau''_2 = 0.20\text{s}$。

3）求制动系统前部管路损坏时汽车的制动距离和制动系统后部管路损坏时的制动距离。

第十六章

汽车的操纵稳定性

汽车的操纵稳定性包含互相联系的两个部分，即操纵性和稳定性。操纵性是指汽车能够确切地响应驾驶人转向指令的能力；稳定性是指汽车受到外界干扰时保持稳定行驶的能力。两者很难断然分开，故统称为操纵稳定性。汽车的操纵稳定性不仅影响到汽车驾驶的操纵方便程度，而且也是决定高速汽车安全行驶的一个主要性能。

本章第一节概述汽车操纵稳定性的内容和人—汽车闭路系统的时间响应及其评价方法与评价指标；第二节在介绍坐标系和侧偏现象与侧偏曲线的基础上，详细讨论影响侧偏特性的因素，以及轮胎回正力矩与侧偏特性的关系、有外倾角时轮胎的侧偏特性；第三节简述线性二自由度汽车模型及其稳态响应和瞬态响应，并对三种不同的稳态转向特性进行分析；第四节介绍侧倾转向、变形转向和变形外倾等概念，讨论转向系统与汽车横摆角速度稳态响应的关系；第五节简述汽车操纵稳定性的道路试验方法，第六节介绍操纵稳定性的主动控制。

第一节　概　　述

一、汽车操纵稳定性的内容

汽车操纵稳定性涉及到的问题较为广泛，需采用较多的物理参数从几个方面来评价。汽车操纵稳定性的基本内容及评价所用的物理参量见表16-1。

表16-1　汽车操纵稳定性的基本内容及评价所用的物理参量

基本内容	主要评价参量
1. 转向盘角阶跃输入下进入的稳态响应——转向特性转向盘角阶跃输入下的瞬态响应	稳态横摆角速度增益——转向灵敏度反应时间、横摆角速度波动的无阻尼圆频率
2. 横摆角速度频率响应特性	共振峰频率、共振时振幅比、相位滞后角、稳态增益
3. 回正性	回正后剩余横摆角速度与剩余横摆角、达到剩余横摆角速度的时间
4. 转向半径	最小转向半径
5. 转向轻便性原地转向轻便性低速行驶转向轻便性高速行驶转向轻便性	转向力、转向功
6. 直线行驶性侧向风稳定性路面不平度稳定性微曲率弯道行驶性	侧向偏移侧向偏移转向操舵力矩梯度

（续）

基本内容	主要评价参量
7. 典型行驶工况性能 　　蛇行性能 　　移线性能 　　双移线性能——回避障碍性能 　　…	转向盘转角、转向力、侧向加速度、横摆角速度、侧偏角、车速等
8. 极限行驶能力 　　圆周行驶极限侧向加速度 　　抗侧翻能力 　　发生侧滑时的控制性能 　　…	极限侧向加速度 极限车速 回至原来路径所需时间

　　汽车是一个由若干部件组成的物理系统。它具有惯性、弹性、阻尼等许多动力学的特点，所以它是一个动力学系统。本章就是把汽车作为一个动力学系统进行讨论的。由于构成汽车动力学系统的许多元件，如轮胎、悬架、转向系统等具有非线性特性，所以汽车又是一非线性系统，即描述汽车运动的微分方程应为非线性微分方程。为了讨论方便，并考虑到汽车侧向加速度一般不超过 0.4g，故忽略掉一些次要因素，把汽车简化为一线性动力学系统。

二、人—汽车闭路系统

　　在研究汽车动力学系统中，假定驾驶人的任务只是机械地急速转动转向盘至某一转角并维持此角度不变，而不根据汽车的转向运动做出任何操纵修正动作，即无任何反馈作用，则此时的动力学系统为一开路系统。其控制特性完全取决于汽车的结构与参数，是汽车的固有特性。如果考虑驾驶人的作用，即把驾驶人与汽车作为统一的整体，则构成一个人—汽车闭路系统，如图 16-1 所示。在汽车行驶中，驾驶人根据需要，操纵转向盘使汽车做一定的转向运动；路面的凹凸不平、侧向风等外界因素则不断地影响正常行驶的汽车，因而汽车在运动中出现横摆、侧倾等现象，而不能完全按预期的规律运动；此时驾驶人根据出现的道路、交通等情况和通过眼睛、手及身体感知到的汽车运动状况，经大脑的分析、判断，修正对转向盘的操纵，如此反复循环。

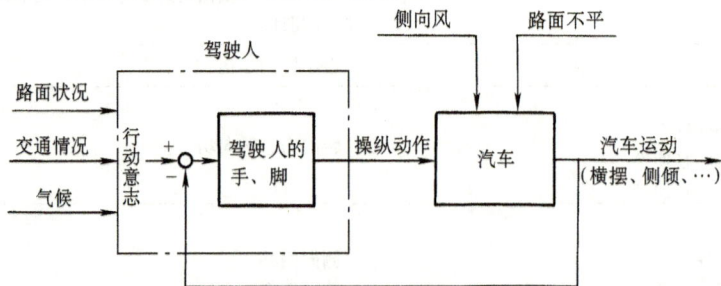

图 16-1　人—汽车闭路系统

三、时域响应

汽车操纵稳定性的重要表征就是汽车的时域响应。汽车的时域响应分为不随时间变化的稳态响应和随时间变化的瞬态响应两部分，如图 16-2 所示。等速运动的汽车，在 $t = 0$ 时，驾驶人急速转动转向盘至角度 δ_{sw0} 并维持此角度不变，即为转向盘角阶跃输入。当车速不变时，汽车横摆角速度（绕垂直轴摆动的角速度）本应立即达到相应的数值 ω_{r0}，但实际上要经过一过渡过程后才能达到 ω_{r0}——即稳态横摆角速度，之后保持不变，也即进入圆周运动。这种在转向盘角阶跃输入下，进入以等横摆角速度做圆周运动的稳定过程称为稳态响应。而进入稳态响应前的过渡过程称为瞬态响应。

评价汽车瞬态响应的指标有：

（1）反应时间　在转向盘角阶跃输入下，汽车的横摆角速度不能立即达到 ω_{r0}，而要经过时间 τ（单位为 s）后才能第一次达到 ω_{r0}。滞后时间 τ 称为反应时间。

（2）执行上的误差　设最大横摆角速度为 ω_{r1}，则该误差定义为 $(\omega_{r1}/\omega_{r0}) \times 100\%$，也称为超调量。

（3）横摆角速度的波动　这种波动主要是指在瞬态响应中，横摆角速度 ω_r 在 ω_{r0} 值上下波动的频率 ω_0。

（4）进入稳态所经历的时间　横摆角速度达到稳态值 95% ~ 105% 时即进入稳态响应，这段时间 σ 称为稳定时间，即进入稳态所经历的时间。

个别汽车也有可能出现横摆角速度 ω_r 不能收敛的情况，即 ω_r 越来越大，转向半径 R 越来越小，由于急剧增加的离心力，汽车将发生侧滑甚至翻倒。

因此，瞬态响应包括两个方面的问题：一是稳定性问题，即给汽车以转向盘角阶跃输入后，汽车能否达到新的稳定状态；二是响应品质问题，即达到新的稳定之前其瞬态响应特性如何。

图 16-2　汽车的时域响应

四、汽车操纵稳定性的评价

汽车的性能评价有主观评价和客观评价两种方法。主观评价就是感觉评价，其方法是让试验评价人员根据自己的感觉进行评价，并按规定的项目和评分办法进行评分。客观评价法是通过测试仪器测出表征性能的物理量来评价操纵稳定性的方法。研究汽车本身特性的开路系统试验只采用客观评价法，研究人—汽车闭路系统的试验则同时采用主观评价和

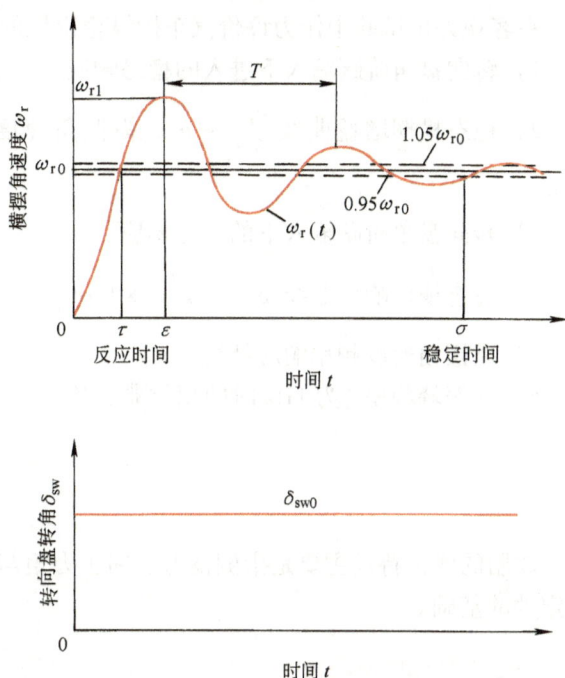

客观评价两种方法。

开路系统客观评价试验中的评价指标，可以通过理论分析确定它们与汽车结构的函数关系，因此它是指出改变汽车结构及结构参数以提高性能的具体途径。

在客观评价试验中作为评价汽车操纵稳定性的特性曲线与评价指标主要有：

1）转向盘角阶跃输入下进入的稳态响应。

2）稳态横摆增益曲线 $\left.\dfrac{\omega_r}{\delta}\right|_s - u_a$、横摆角速度增益（又称转向灵敏度）、稳定性因数 K。

3）转向盘角阶跃输入下的瞬态响应。

4）瞬态横摆响应曲线 $\omega_r - t$ 或 $\dfrac{\omega_r}{\omega_{r0}} \times 100\% - t$、反应时间 τ、衰减振动圆频率。

5）横摆角速度频率响应特性。

6）共振峰频率 f 为 1Hz 时的相位滞后角。

第二节　轮胎侧偏特性

轮胎的侧偏特性主要是指侧偏力、回正力矩与侧偏角之间的关系，它是研究汽车操纵稳定性的基础。

一、轮胎的坐标系

为了讨论方便，建立如图 16-3 所示坐标系。取垂直于车轮轴线的轮胎中分平面为车轮平面；坐标原点为车轮平面和地面的交线与车轮旋转轴线在地平面上投影线的交点；X 轴为车轮平面与地平面的交线，规定向前为正；Z 轴与地平面垂直，规定向上为正；Y 轴在地平面上，规定面向车轮前进方向时指向左方为正。侧偏角 α 是轮胎接地印迹中心（即坐标原点）位移方向与 X 轴的夹角，图示方向为正；外倾角 γ 是垂直平面（XOZ）与车轮平面的夹角，图示方向为正。

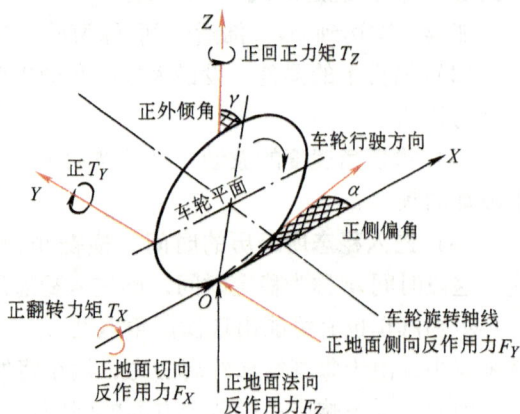

图 16-3　轮胎坐标系

二、轮胎的侧偏现象与特性

汽车在行驶过程中，若受到侧向力 F_Y 的作用，则相应地在地面上产生地面侧向反作用力，即侧偏力 F_Y。

当车轮为刚性时，若侧偏力 F_Y 未超过车轮与地面间的附着极限，则车轮与地面间没有滑动，车轮仍沿其本身平面 $\overline{cc}$ 的方向行驶，如图 16-4 所示；若侧偏力 F_Y 达到车轮与地面间的附着极限，则车轮发生侧向滑动，车轮按合成速度 u' 方向行驶。

当车轮有侧向弹性时，即使 F_Y 没有达到附着极限，车轮行驶方向也将偏离 $\overline{cc}$ 方向，这就是轮胎的侧偏现象。显然，当车轮静止不动时，由于 F_Y 使轮胎产生侧向变形，轮胎

与地面接触印迹的长轴线与车轮的中平面不重合，错开 Δh，如图 16-5 所示。为了分析弹性车轮有侧向变形时的滚动轨迹，在轮胎中心线上标出 a、b、c、d、…各点，如图 16-6 所示。若车轮未受侧向力作用而滚动时，a、b、c、…各点将依次落在地面上 a_1、b_1、c_1、…各点。车轮沿 $\overline{cc}$ 方向运动。若车轮在侧向力作用下滚动。则 a、b、c、…各点将依次落在 a、b_1'、c_1'、…上，车轮在路面上的运动轨迹 af_1' 相对 $\overline{cc}$ 方向偏离了角度 α，即产生侧向偏离。α 角称为弹性车轮的侧偏角。

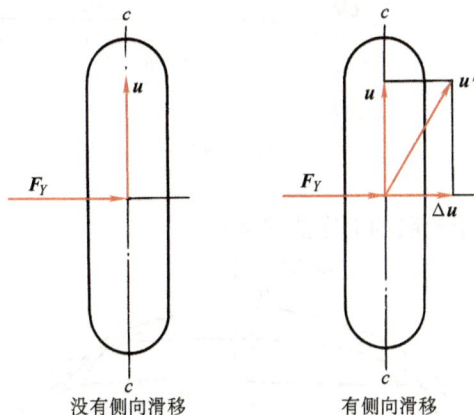

图 16-4　刚性车轮的滚动　　　　图 16-5　弹性车轮的侧向变形

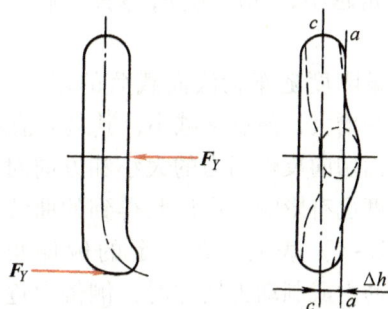

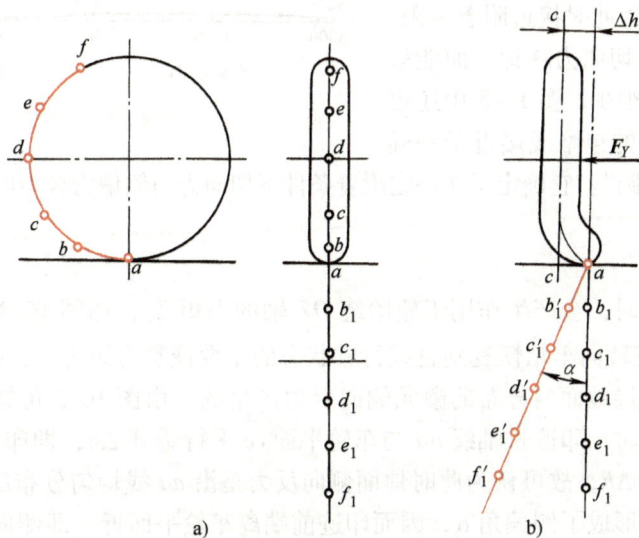

图 16-6　轮胎的侧偏现象

　　显然，侧偏角 α 的大小与侧向力 F_Y（侧偏力 F_Y）的大小有关。图 16-7 为侧偏力—侧偏角曲线。曲线表明，侧偏角不超过 $3°\sim4°$ 时，可以认为 F_Y 与 α 成线性关系，随着侧偏力的增大，侧偏角也增大。侧偏角增至某一数值后（$\alpha=10°$），由于轮胎与路面开始局部滑移，侧偏角增长加快，当侧偏力等于附着力时，车轮发生侧滑。汽车正常行驶时，侧偏角一般不超过 $4°\sim5°$，故认为侧偏力与侧偏角成线性关系，即

$$F_Y = k\alpha \tag{16-1}$$

式中，k 为 F_Y—α 曲线在 $\alpha=10°$ 时的斜率，称为侧偏刚度。

可见弹性车轮的侧偏角不仅与侧偏力有关，还与侧偏刚度有关。

侧偏刚度和侧偏特性与一系列结构上和使用上的因素有关。轮辋较宽的轮胎侧偏刚度较大；尺寸相同的子午线轮胎比斜交胎的侧偏刚度大；同一型号、同一尺寸的轮胎，帘布层数越多，帘线与车轮平面的夹角越小，气压越高，侧偏刚度越大。

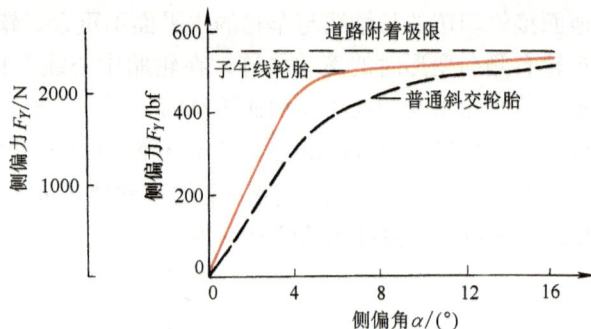

图 16-7　侧偏特性曲线

注：1lbf = 4.45N

侧偏刚度随车轮法向载荷的增加，先是增大，然后又减小，其最大值对应于轮胎的额定法向载荷。

地面切向反作用力的大小和方向对侧偏刚度也有影响。由试验得到的曲线（见图 16-8）表明，在一定的侧偏角下，驱动力或制动力增加时，侧偏力逐渐有所减小，这是因为轮胎侧向弹性有所改变的原因。当纵向力相当大时，侧偏力显著下降。因为此时接近附着极限，大部分附着力已被切向力耗掉，而能被侧向利用的部分却很少。图 16-8 中还可以看出，这组曲线的包络线接近于一椭

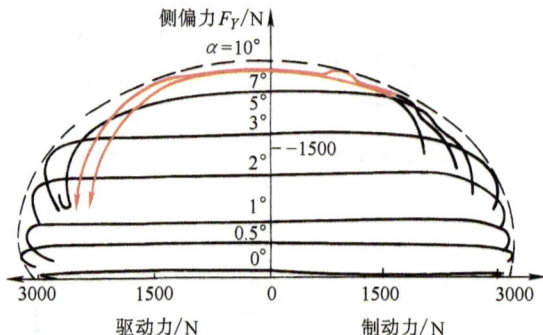

图 16-8　地面切向反作用力对侧偏特性的影响

圆，称为"附着椭圆"。它确定了在一定附着条件下切向力与侧偏力合力的极限值。

三、回正力矩

轮胎发生侧偏时，会产生作用于轮胎绕 OZ 轴的力矩 T_Z，如图 16-3 所示。汽车做圆周运动时，T_Z 是使转向车轮恢复到直线行驶状态的主要恢复力矩之一，故称为回正力矩。

回正力矩是由接地面内分布的微元侧向反力产生的。由图 16-5 可知，受到侧向力作用的车轮，在静止时，印迹长轴线 $\overline{aa}$ 与车轮平面 $\overline{cc}$ 平行错开 Δh，即印迹长轴线 $\overline{aa}$ 上各点的横向变形均为 Δh，故可认为此时地面侧向反力是沿 $\overline{aa}$ 线均匀分布的，如图 16-9a 所示；车轮滚动时，形成了侧偏角 α，因而印迹前端离车轮平面近，即侧向变形小，印迹后端离车轮平面远，即侧向变形大，可以认为地面微元侧向反力的分布与变形成正比，故地面微元侧向反力的分布情况如图 16-9b 所示。其合力 F_Y 的大小与侧偏力 F_y 相等，但其作用点则向接地印迹几何中心后偏移距离 e，称为轮胎拖距，$F_Y e$ 就是回正力矩 T_Z。

随着 F_Y 的增加，接地印迹内地面微元侧向反力分布将相继出现如图 16-9c、d 所示的情况，若进一步加大 F_Y，则有更多部分达到附着极限，直至整个接地印迹发生侧滑。

试验得到的回正力矩——侧偏角曲线如图 16-10 所示。可以看出，回正力矩在 4°~6° 时达到最大值，而在 10°~16° 时为零。侧偏角大到一定程度后，回正力矩成为负值。

试验表明，回正力矩随法向载荷的增大而增大；当侧偏角相同时，轮胎回正力矩与其

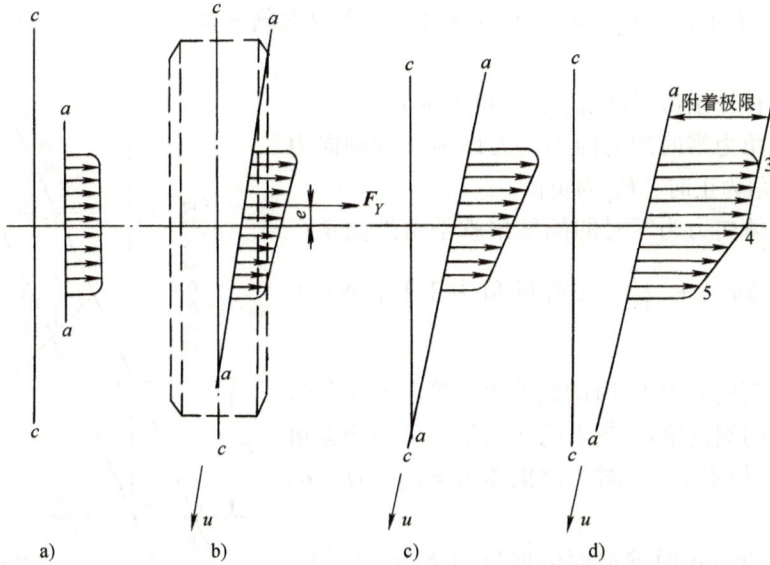

图 16-9 回正力矩的产生

尺寸成正比；子午线轮胎回正力矩比斜交轮胎的大；轮胎的气压低，接地印迹长，轮胎拖距大，回正力矩也大；随着驱动力的增加，回正力矩增大到最大值后又下降；在制动力作用下，回正力矩不断减小，直至变为负值。

四、有外倾角时轮胎的滚动

如图 16-11 所示，具有外倾角 γ 的汽车，其两前轮有绕各自旋转轴线与地面的交点 O' 滚动的趋势。若不受约束，将犹如发生侧偏一样偏离正前方而各自向左、右侧滚动。实际上，由于前轴的约束，两个车轮只能一起向前行驶。因此车轮中心必有一侧向力 F_y 作用，使其保持向前滚动，由此产生的轮胎接地面侧向反作用力称为外倾侧向力 $F_{Y\gamma}$。

试验证明，外倾侧向力与外倾角成线性关系，即

$$F_{Y\gamma} = k_\gamma \gamma \tag{16-2}$$

式中，k_γ 为外倾刚度，按轮胎坐标系规定为负值。

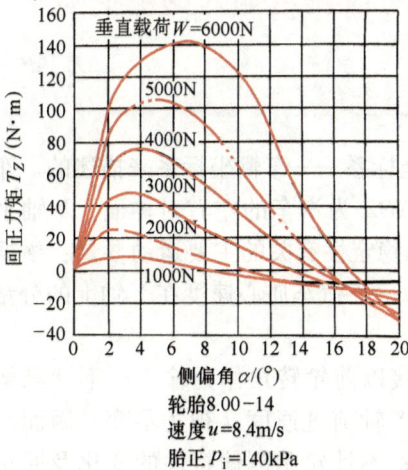

图 16-10 轮胎的回正力矩——侧偏角曲线

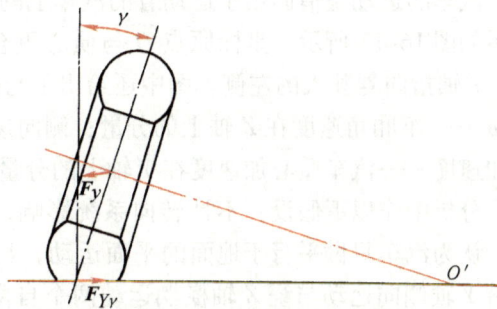

图 16-11 车轮外倾角与外倾侧向力

369

外倾角 γ 为正、零和负时，在小侧偏角范围内的侧偏特性曲线如图16-12所示。它表明：

1）在各种外倾角下轮胎侧偏刚度均为 k。

2）侧偏角为零时的地面侧向力即为外倾侧向力 $F_{Y\gamma}$。当外倾角为正时，$F_{Y\gamma}$ 为负值。

3）地面侧向力为零时的侧偏角就是由外倾角产生的侧偏角 $\Delta\alpha = -\dfrac{k_\gamma \gamma}{k}$。当外倾角为正时，$\Delta\alpha$ 为负值。

4）地面侧向力为 F_Y 时的侧偏角，等于外倾角为零时 F_Y 产生的侧偏角 α_0 与由此外倾角产生的侧偏角 $\Delta\alpha$ 之和。如外倾角为正时，侧偏角 $\alpha = \alpha_0 - cf = \alpha_0 + \Delta\alpha_0$。

5）侧偏角为 α 时的地面侧向反力 $F_Y = cd + de$，即 F_Y 为外倾角等于零时的侧偏力与外倾侧向力之和。因此，有外倾角时的地面侧向反力与外倾角、侧偏角的关系为

$$F_Y = F_{Y\alpha} + F_{Y\gamma} = k\alpha + k_\gamma \gamma \qquad (16\text{-}3)$$

式中，$F_{Y\alpha}$ 为只有侧偏角而外倾角为零时的侧偏力；$F_{Y\gamma}$ 为只有外倾角而侧偏角为零时的外倾侧向力。

此外，随着外倾角的增大，胎面与路面的接触情况越来越差，因而影响最大地面侧向反力（侧向附着力），损害汽车的极限性能（降低极限侧向加速度—向心加速度），所以高速轿车、特别是采用超宽断面轮胎的竞赛车，转弯行驶时承受大部分前侧向力的前外轮应垂直于地面，即外倾角等于零。摩托车转弯时，车轮外倾角很大，因此为了保证最大地面侧向反力，其轮胎具有圆形断面。

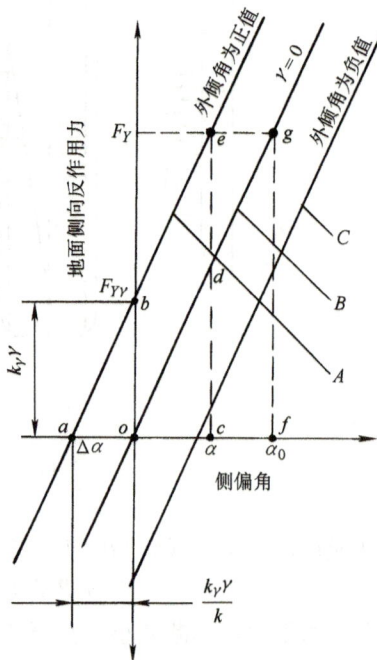

图16-12　有外倾角时轮胎的侧偏特性
（小侧偏角范围内）

第三节　线性二自由度汽车模型对前轮角输入的响应特性

一、线性二自由度汽车模型及其运动微分方程

汽车的运动是借固结于运动着的汽车上的动坐标系——车辆坐标系来描述的。车辆坐标系如图16-13所示。坐标原点 O 与质心重合，XOZ 为汽车的左右对称面，X 轴平行地面，Y 轴指向驾驶人的左侧。图中还给出了与操纵稳定性有关的主要运动参量：横摆角速度 ω_r——车厢角速度在 Z 轴上的分量；侧向速度 v——汽车质心速度在 Y 轴上的分量；侧向加速度——汽车质心加速度在 Y 轴上的分量。

分析中作以下假设：不计转向系统影响，直接以前轮转角作为输入；不计悬架的作用，认为汽车只做平行于地面的平面运动，且沿 X 轴前进速度 u 视为不变，因而汽车只有沿 Y 轴侧向运动与绕 Z 轴横摆运动两个自由度；不计轮胎侧偏特性的变化及回正力矩和空气动力的作用。这样，实际汽车便简化成了一个由前、后两个有侧向弹性的轮胎支承

于地面、具有侧向及横摆运动的二自由度汽车模型，如图 16-13 所示。

设质心速度 V 在 t 时刻在 OX 轴上的分量为 u，在 OY 轴上的分量为 v。由于汽车做平面运动，所以在 $t + \Delta t$ 时刻，车辆坐标轴的方向、车辆坐标系中质心速度的大小和方向都将发生变化，如图 16-14 所示。所以沿 OX 轴速度分量的变化为

$$(u + \Delta u)\cos\Delta\theta - u - (v + \Delta v)\sin\Delta\theta$$

因 $\Delta\theta$ 很小，忽略二阶微量，则有

$$\Delta u - v\Delta\theta$$

所以汽车质心绝对加速度在 OX 轴上的分量为

$$a_X = \frac{\mathrm{d}u}{\mathrm{d}t} - v\frac{\mathrm{d}\theta}{\mathrm{d}t} = \dot{u} - v\omega_\mathrm{r} \quad (16\text{-}4)$$

同理，汽车质心绝对加速度在 OY 轴上的分量为

$$a_Y = \dot{v} + u\omega_\mathrm{r} \quad (16\text{-}5)$$

因此，做平面运动的汽车对车辆坐标系的运动微分方程为

图 16-13　二自由度汽车模型

$$\left.\begin{array}{r} F_{Y2} + F_{Y1}\cos\delta = m\,(\dot{v} + u\omega_\mathrm{r}) \\ aF_{Y1}\cos\delta - bF_{Y2} = I_Z\dot{\omega}_\mathrm{r} \end{array}\right\} \quad (16\text{-}6)$$

式中，m 为汽车质量；δ 为前轮转角；I_Z 为汽车绕 Z 轴的转动惯量。

因 δ 较小，故上式可为

$$\left.\begin{array}{r} F_{Y1} + F_{Y2} = m(\dot{v} + u\omega_\mathrm{r}) \\ aF_{Y1} - bF_{Y2} = I_Z\dot{\omega}_\mathrm{r} \end{array}\right\} \quad (16\text{-}7)$$

因为 $F_Y = k\alpha$，所以有

$$\left.\begin{array}{r} k_1\alpha_1 + k_2\alpha_2 = m(\dot{v} + u\omega_\mathrm{r}) \\ ak_1\alpha_1 - bk_2\alpha_2 = I_Z\dot{\omega}_\mathrm{r} \end{array}\right\} \quad (16\text{-}8)$$

又因质心侧偏角 $\qquad \beta = \dfrac{v}{u}$，$\xi = \dfrac{v + a\omega_\mathrm{r}}{u} = \beta + \dfrac{a\omega_\mathrm{r}}{u}$

所以，前后轮侧偏角为

$$\left\{\begin{array}{l} \alpha_1 = \beta + \dfrac{a\omega_\mathrm{r}}{u} - \delta \\[2mm] \alpha_2 = \beta - \dfrac{b\omega_\mathrm{r}}{u} \end{array}\right. \quad (16\text{-}9)$$

将上式代入式（16-8）并整理，得二自由度汽车模型运动微分方程为

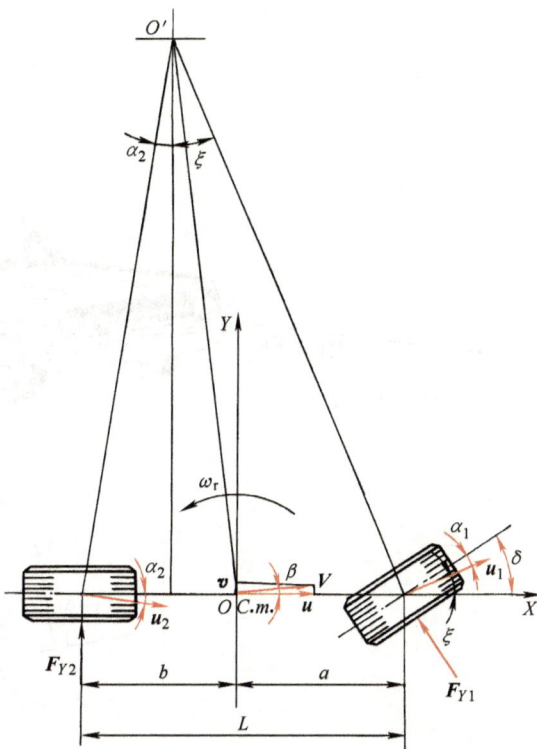

a)

b)

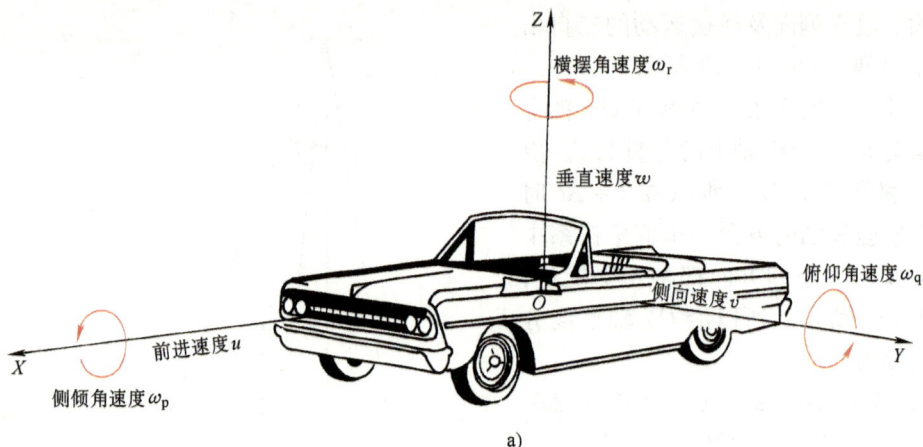

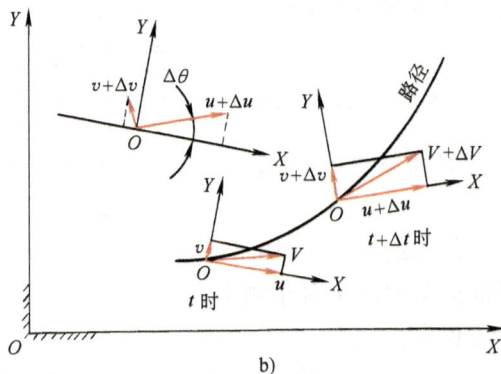

图 16-14　汽车运动分析

$$\left.\begin{array}{l} (k_1 + k_2)\,\beta + \dfrac{1}{u}\,(ak_1 - bk_2)\,\omega_r - k_1\delta = m(\dot{v} + u\omega_r) \\[3mm] (ak_1 - bk_2)\,\beta + \dfrac{1}{u}\,(a^2 k_1 + b^2 k_2)\,\omega_r - ak_1\delta = I_z\dot{\omega}_r \end{array}\right\} \tag{16-10}$$

二、前轮角阶跃输入下的汽车稳态响应

前轮角阶跃输入下的稳态响应就是等速圆周行驶。常用稳态横摆角速度增益（也称转向灵敏度）$\left.\dfrac{\omega_r}{\delta}\right|_s$ 来评价稳态响应。

稳态时横摆角速 ω_r 为定值，此时 $\dot{v} = 0$，$\dot{\omega}_r = 0$，所以由式（16-10）得

$$\left.\frac{\omega_r}{\delta}\right|_s = \frac{u/L}{1 + Ku^2} \tag{16-11}$$

式中，$K = \dfrac{m}{L^2}\left(\dfrac{a}{k_2} - \dfrac{b}{k_1}\right)$，单位为 $\mathrm{s^2/m^2}$。K 称为稳定性因素。

根据 K 的不同，汽车的稳态响应可分为三类（见图 16-15）。

1. 中性转向（$K=0$）

$K=0$ 时，$\left.\dfrac{\omega_r}{\delta}\right|_s = \dfrac{u}{L}$，即横摆角速度增益与车速成线性关系。这种稳态响应称为中性转向，如图 16-16 所示。中性转向对应的曲线也就是汽车以极低车速行驶而又无侧偏角时的转向关系曲线。

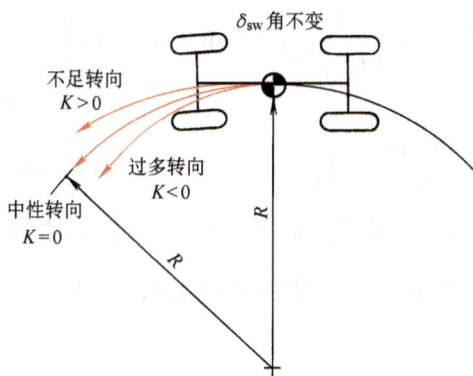

图 16-15　汽车的三类稳态响应

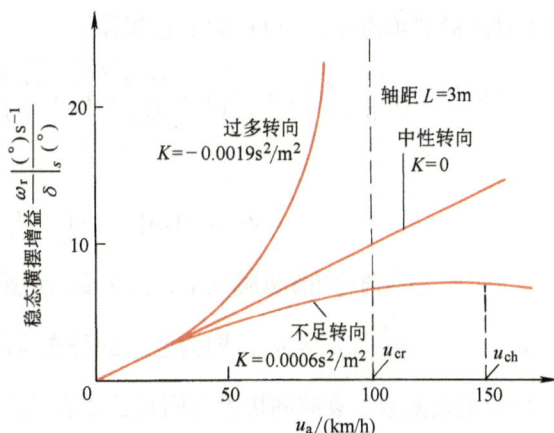

图 16-16　汽车的稳态横摆角速度增益曲线

中性转向的汽车，当转向盘保持一个固定的转角加减速行驶时，汽车的转向半径不变，即转向半径与车速无关。此时，转向半径 $R = L/\delta$。

2. 不足转向（$K>0$）

$K>0$ 时，$\left.\dfrac{\omega_r}{\delta}\right|_s - u_a$ 为一条低于中性转向汽车稳态横摆增益线且下弯的曲线。K 越大，横摆角速度增益曲线越低，不足转向量越大。可以证明，当车速为 $u_{ch} = \sqrt{1/K}$ 时，汽车稳态横摆增益达到最大值，且其横摆角速度增益为与轴距 L 相等的中性转向汽车横摆角速度增益的一半。u_{ch} 称为特性车速。

当转向盘保持一个固定的转角，汽车以不同的固定车速行驶时，随着车速的增加，不足转向汽车的转向半径 R 增大。

3. 过多转向（$K<0$）

$K<0$ 时，$\left.\dfrac{\omega_r}{\delta}\right|_s - u_a$ 曲线随着车速的增加而向上弯曲。当车速为 $u_{cr} = \sqrt{-1/K}$ 时，稳态横摆角速度增益趋于 ∞，u_{cr} 称为临界车速。

当转向盘转角固定不变，汽车以不同的固定车速行驶时，其转向半径 R 随着车速的增加而减小。

过多转向汽车达到临界车速时将失去稳定性。因为 ω_r/δ 为 ∞ 时，只要有极小的前轮转角便会产生极大的横摆角速度。这就意味着汽车转向半径极小，汽车发生急转而侧滑或翻倒。

三、前轮角阶跃输入下的瞬态响应

由式（16-10）可以得到，$t>0$ 时的二阶常系数非齐次微分方程为

$$\ddot{\omega}_r + 2\omega_0\xi\dot{\omega}_r + \omega_0^2\omega_r = B_0\delta \tag{16-12}$$

式中，ω_0 为固有圆频率，$\omega_0^2 = \left[mu(ak_1 - bk_2) + \dfrac{L^2k_1k_2}{u} \right]/muI_z$；$\xi$ 为阻尼比，$\xi = -\left[m(a^2k_1 + b^2k_2) + I_z(k_1 + k_2) \right]/2\omega_0muI_z$；$B_0 = Lk_1k_2/muI_z$。

由于正常汽车都具有小阻尼（$\zeta < 1$）的瞬态响应，所以下面只给出在角阶跃输入后，$\zeta < 1$ 时的横摆角速度 $\omega_r(t)$ 的变化规律

$$\omega_r(t) = \left.\frac{\omega_r}{\delta}\right|_s \delta_0\left[1 + \sqrt{\left[\left(-\frac{mua}{Lk_2} \right)^2\omega_0^2 + \frac{2mua\xi\omega_0}{Lk_2} + 1 \right]\frac{1}{(1-\zeta^2)}}\ e^{-\xi\omega_0 t}\sin(\omega t + \phi) \right] \tag{16-13}$$

$$\phi = \arctan\left[-\sqrt{1-\xi^2}\Big/\left(-\frac{mua\omega_0}{Lk_2} - \xi \right) \right] \tag{16-14}$$

上式就是在前轮角阶跃输入下，汽车横摆角速度的时间响应。显然，当 $t \to \infty$ 时，$e^{-\xi\omega_0 t} = 0$，$\omega_r(\infty) = \left.\dfrac{\omega_r}{\delta}\right|_s \delta_0 = \omega_{r0}$，即为前述的稳态响应；当 $0 < t < \infty$ 时为瞬态响应，$\omega_r(t)$ 是衰减的正弦函数，衰减的快慢与阻尼比 ξ 有关。

四、横摆角速度频率响应特性

对于线性定常系统，若其输入为一正弦函数，则其稳态输出必为一具有相同频率的正弦函数，但两者的幅值不同，相位也要发生变化。输出与输入的幅值比是频率 f 的函数，记为 $A(f)$，称为幅频特性；相位差也是频率 f 的函数，记为 $\Phi(f)$，称为相频特性。幅频特性和相频特性统称为频率特性。

横摆角速度频率响应特性是指汽车以前轮转角 τ 或以转向盘转角 δ_{sw} 为输入，横摆角速度 ω_r 为输出的频率响应特性。

实际汽车的横摆角速度频率特性是通过转向盘角脉冲输入瞬态响应试验求得的，如图 16-17 所示。

幅频特性反映了驾驶人以不同频率输入指令时，汽车执行指令失真的程度。由图 16-17 可见，幅频特性在低频区近似于一水平线，随着频率的增高，幅值比增加。至某一频率 f_r 时幅值比最大，此时系统处于共振状态。相频特性反映了汽车横摆角

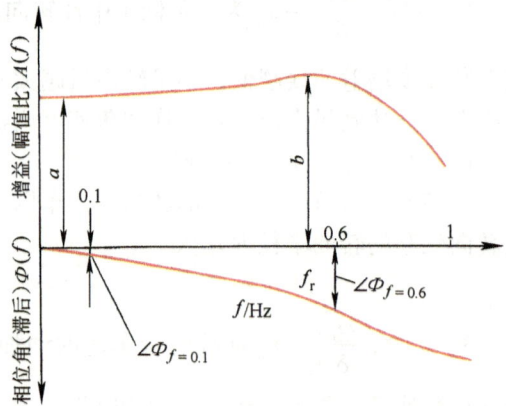

图 16-17　横摆角速度频率特性

速度 ω_r 滞后于转向盘转角的失真程度。从操纵稳定性出发，幅频特性曲线平坦、共振频率高、通频带宽的汽车在不同工况下失真度小，操纵性能强。同时具有小相位差的汽车反应快速、灵活。

用于评价汽车操纵稳定性的频率特性参数有：

1) 频率趋近于零时的幅值比，即稳态增益 a。

2) 共振频率 f_r，f_r 越高，操纵性能越好。

3）共振时的幅值比 b/a，b/a 越小越好。

4）$f=0.1\text{Hz}$ 时的相位滞后角 $\angle\varPhi_{f=0.1}$，它表示缓慢转动转向盘时响应的快慢，其值应接近于零。

5）$f=0.6\text{Hz}$ 时的相位滞后角 $\angle\varPhi_{f=0.6}$，它表示快速转动转向盘时响应的快慢，其值应接近于零。

第四节　汽车操纵稳定性与悬架、转向系统的关系

由第二节知，稳定性因素 K 是决定汽车响应的一个重要参数，而且有

$$K=\frac{m}{L^2}\left(\frac{a}{k_2}-\frac{b}{k_1}\right)$$

上式可写成

$$K=\frac{1}{a_y L}\left(\frac{F_{Y2}}{k_2}-\frac{F_{Y1}}{k_1}\right)$$

由于侧向加速度 a_y 与前、后轮的侧偏角 $\dfrac{F_{Y1}}{k_1}$、$\dfrac{F_{Y2}}{k_2}$ 符号相反，当前、后轮侧偏角 α_1、α_2 取绝对值，a_y 也取绝对值时，上式为

$$K=\frac{1}{a_y L}(\alpha_1-\alpha_2) \tag{16-15}$$

由式（16-15）可知，当 $(\alpha_1-\alpha_2)>0$ 时，$K>0$，为不足转向；当 $(\alpha_1-\alpha_2)=0$ 时，$K=0$，为中性转向；当 $(\alpha_1-\alpha_2)<0$ 时，$K<0$，为过多转向。因此，稳态时的前、后轮侧偏角绝对值 α_1、α_2 是与汽车响应密切相关的运动参数。

前面讨论轮胎弹性侧偏角时，忽略了悬架与转向系统的作用，即认为其绝对值大小只取决于整车质心位置及轮胎无外倾角且载荷无变化条件下的侧偏刚度。但实际上汽车在沿曲线行驶时，前、后轴的左、右两侧车轮的垂直载荷都要发生变化，车轮常有外倾角，且外倾角的大小随着悬架导向杆系的运动及变形的变化而变化。以上因素的变化引起了轮胎侧偏刚度和外倾侧向力的变化，从而改变了轮胎弹性侧偏角。同时，车厢因曲线行驶而发生侧倾，在这种情况下，即使转向盘转角固定不变，前车轮轮辋平面也可能发生绕主销的小角度转动。这种车轮轮辋平面的转动称为侧倾转向与变形转向。它们与轮胎弹性侧偏角叠加在一起，决定了汽车的转向运动。

因此汽车前、后轮（总）侧偏角应包括弹性侧偏角、侧倾转向角和变形转向角三个部分。这三个角度数值的大小，不仅取决于汽车质心位置和轮胎特性，还与悬架和转向系统的结构形式及结构参数有关。

一、侧倾转向

在侧向力的作用下车厢发生侧倾，如图 16-18 所示。由车厢侧倾所引起的前转向轮绕主销的转动、后轮绕垂直于地面轴线的转动—车轮转向角的变动，称为侧倾转向，也称为轴转向，这是因为发生侧倾转向时，车轴也发生绕垂直轴线的转动。从运动学的观点来

看，车轴及车轮绕垂直轴转动的效果与轮胎发生弹性侧偏角后的效果是一样的，所以侧倾转向又称为运动学侧偏。

常见的纵置半椭圆板簧悬架简图如图16-19所示。板簧在垂直方向上的变形，将引起主轴的转动（轴转向），设 M 点为固定吊耳销子轴线，N 点为活动吊耳销子轴线，a_0 为车轴中心。主片中心线至吊耳中心距离为 e，固定吊耳至骑马螺栓的距离为 l，则位于 $\overline{MN}$ 线上 $\dfrac{e}{2}$ 且距 M 点 $l/4$ 处的 Q 点，即为悬架发生变形时 a_0 点的摆动中心（而不是 M 点）。

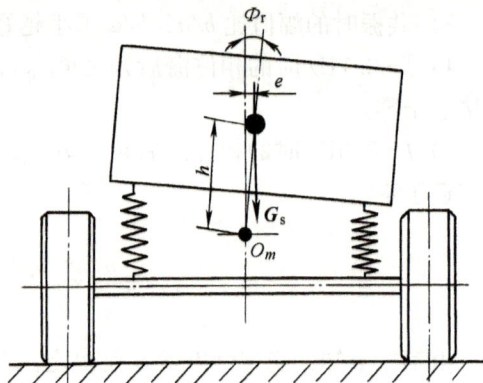

图 16-18　车厢侧倾

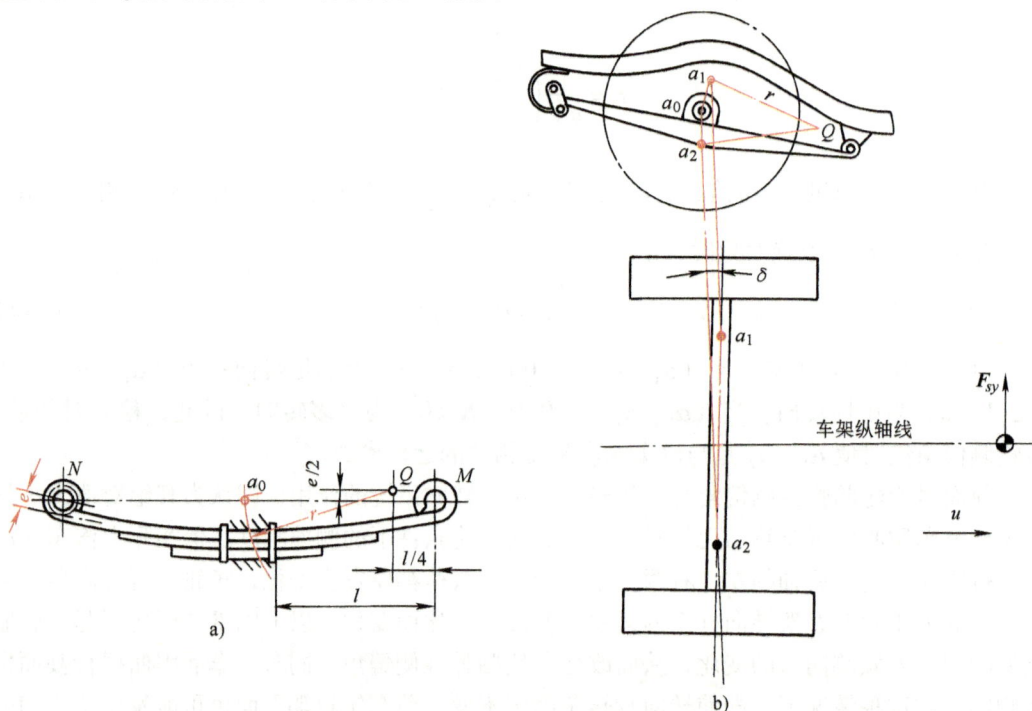

图 16-19　纵置半椭圆板簧悬架的轴转向

在侧向力 F_{sy} 的作用下，外侧悬架受到压缩，车轴中心 a_0 绕 Q 点以 r 为半径转至 a_1 点；内侧悬架处于伸张状态，车轴中心 a_0 转至 a_2 点。此时车轴位置由 $\overline{a_1 a_2}$ 决定，相对汽车车厢转过 δ 角度，汽车的后轴若为这种情况，侧倾转向的效应使汽车趋向不足转向；若前轴为这种情况，则将趋向过多转向。

车轴转角 δ 与车厢侧倾角 Φ_r 的关系为

$$\delta = \Phi_r \frac{\mathrm{d}\delta}{\mathrm{d}\Phi_r}$$

式中，$\dfrac{\mathrm{d}\delta}{\mathrm{d}\Phi_r}$ 为车厢侧倾引起的侧倾转向角变化率，称为侧倾转向系数。

由图 16-20 可知

$$\mathrm{d}\Phi_r = \frac{\mathrm{d}z}{B_p/2}, \quad \mathrm{d}\delta = \frac{\mathrm{d}x}{B_p/2}$$

故

$$\frac{\mathrm{d}\delta}{\mathrm{d}\Phi_r} = \frac{\mathrm{d}x}{\mathrm{d}z} = \tan\theta$$

即

$$\delta = \Phi_r \tan\theta$$

上式表明，在车厢侧倾角不大时，侧倾转向角 δ 是车厢侧倾角 Φ_r 和 $\overline{Qa_0}$ 连线与地平线夹角 θ 正切的乘积。（$\overline{Q_1a_1}$、$\overline{Q_2a_2}$ 分别代表压缩侧和伸张侧的板簧。）

二、变形转向

所谓变形转向是指悬架导向杆系元件由于外力及外力矩作用发生变形，而引起的车绕主销或垂直于地面的轴线的转动。相应的转角称为变形转向角。由于独立悬架导向杆系铰接点处有橡胶衬套，所以装有独立悬架的汽车，其变形转向角较为明显。后轴的这种变形转向，增加了汽车过多转向的趋势，故也称为过多变形转向。

侧向力变形转向角可用下式估算

$$\delta_c = \frac{F_Y}{1000} \times \frac{\partial \delta}{\partial F_Y}$$

式中，$\dfrac{\partial \delta}{\partial F_Y}$ 为侧向力变形转向角系数，单位为 $(°)/kN$。

为了减小过多变形转向，可适当增加衬套刚度，但这会影响汽车的平顺性并增加噪声。为了解决这一矛盾，可将斜置单臂安装在悬架副车架上，并且只在副车架与车身连接点处安装橡胶隔振衬套。

由轮胎机械特性知，各轮胎上均作用有回正力矩，在此回正力矩的作用下，悬架和车轮均会发生扭转变形。因而前、后轴车轮将发生回正力矩变形转向角 δ_a，如图 16-21 所示。回正力矩所引起的变形转向角为

$$\delta_a = \frac{1}{100}\alpha N_\alpha \frac{\partial \delta}{\partial T}$$

式中，N_α 为回正力矩系数，是指轮胎每一度侧偏角引起的回正力矩的大小；$\dfrac{\partial \delta}{\partial T}$ 为回正力矩变形转向系数，是指每 $100N \cdot m$ 回正力矩所引起的变形转向角。

回正力矩作用的结果，使前轴趋于增加不足转向，后轴趋于减小不足转向。由于前轴

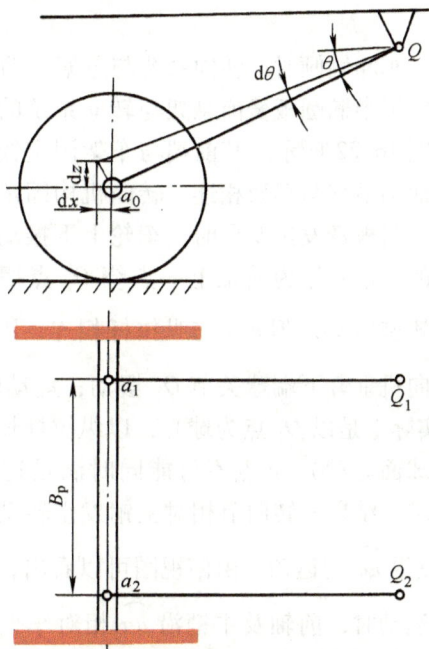

图 16-20　纵置半椭圆板簧悬架产生的侧倾转向

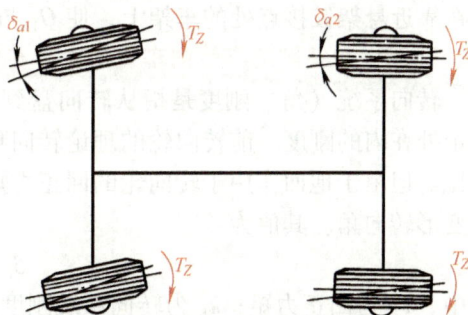

图 16-21　回正力矩引起的变形转向角

杆件比较多，连接铰链也多，所以汽车回正力矩作用的总效果往往是趋向不足转向。

受到侧向力的独立悬架杆系的变形会引起车轮外倾角的变化，从而影响到汽车的稳态与瞬态响应。这种情况称为变形外倾。侧向力引起的变形外倾角变化率称为侧向力变形外倾系数即$\frac{\partial \gamma}{\partial F_Y}$。

三、转向系统与汽车横摆角速度稳态响应的关系

转向系统通过改变侧倾转向和变形转向来影响汽车横摆角速度稳态响应。

1. 侧倾时转向系统与悬架的运动干涉

车厢侧倾时，转向系统与悬架运动学关系的不协调将引起转向车轮侧倾干涉转向。一种纵置半椭圆板簧前悬架与转向系统的运动干涉如图16-22所示。其前端与车架固定铰接，后端以活动吊耳与车架相连。转向机构固定在前轴之后，当板簧发生变形时，车轮上下振动，转向节上的球销c作为前轴上一点绕O_2点摆动，其运动轨迹为$\overset{\frown}{bb}$。但c又与纵拉杆相连，因此c将绕转向机垂臂下端球关节O_1摆动，运动轨迹为$\overset{\frown}{aa}$（实际上是以O_1点为球心，以纵拉杆长度为半径做球面运动），c点不可能同时满足这两个运动要求，结果是转向节相对主销发生转动，以满足c点沿$\overset{\frown}{aa}$的运动。由俯视图可以看出，当前轮向上运动时，前轴及主销沿$\overset{\frown}{aa}$相对车架前移，而转向节上的c点则沿$\overset{\frown}{bb}$相对于车架后移，从而引起转向节臂绕主销轴线的转动，车轮向右偏转；反之，当车轮向下运动时，车轮向左偏转。

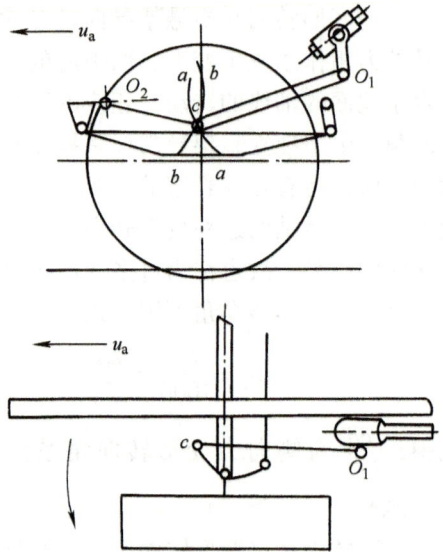

图16-22　纵置半椭圆板簧前悬架与转向系统的运动干涉

为了减轻或消除转向系统与悬架运动的不协调，在设计时，应尽可能地将转向机构固定在靠近悬架铰接点处的车架上，使O_1与O_2之间的距离缩短。

2. 转向系统刚度与转向车轮的变形转向

转向系统（角）刚度是指从转向盘到转向轮之间，包括转向机、转向杆系与转向机固定处在内的刚度。前转向轮的理论转向角应等于输入的转向盘转角与转向系统总传动比之比。但由于地面作用于转向轮的回正力矩使转向系统发生了弹性变形，所以转向轮产生了变形转向角。其值为

$$\delta_b = T_Z / k_b$$

式中，T_Z为回正力矩；k_b为转向系统刚度。

若忽略转向系统与前悬架有关部位存在的摩擦力，则前转向轮的实际转向角等于理论转向角与变形转向角之差。显然，在一定的转向盘转角输入下，转向系统刚度小，则前转向轮的变形转向角大，增加了汽车的不足转向趋势；反之，若刚度大，则减小了不足转向趋势。

转向系统的刚度不能仅从稳态响应的角度来考虑，为了全面满足操纵稳定性的要求，特别是为了获得轿车在高速行驶时的"良好路感"，转向系统的刚度应高些为好，尤其是转向盘在中间位置小转角范围内应有尽可能高的刚度。

第五节 汽车操纵稳定性的道路试验

一、试验条件

1）试验应在具有平坦、干燥、清洁的水泥或沥青路面的场地上进行，场地在任意方向的坡度不大于0.1%。

2）试验风速不大于5m/s。大气温度一般在5～32℃之间。

3）所有对试验结果有影响的零部件均应经过检查、紧固和调整，特别是转向系统和悬架机构的各零部件。

4）所用轮胎和车辋形式及大小必须满足有关要求。使用新轮胎需有200km的正常行驶磨合；若使用旧轮胎，则在试验终了时，从花纹沟底测量残留花纹的高度不小于0.15cm。轮胎气压按有关规定，气压小于250kPa时，允许的偏差为±5kPa；若气压大于250kPa，则允许的偏差为±2kPa。

5）试验应在汽车轻载及额定满载两种状态下进行。

二、试验项目和试验方法

1. 转向轻便性试验

（1）**试验目的** 测定汽车在低速大转弯时的转向轻便性。

试验前以明显的颜色在试验场地上画出双纽线路径，并放置24个标桩，如图16-23所示。双纽线的画法及有关数据见表16-2。

（2）**试验方法** 汽车以低速直线滑行，驾驶人松开转向盘，停车后，记录仪器记下转向盘中间位置及力矩为0的讯号。

汽车以（15±1）km/h的车速通过双纽线路径，待车速稳定后，开始记录转向盘转角θ及力矩M，并记录车速u作为监督参数。汽车绕双纽线路径行驶满三周后，停止记录。

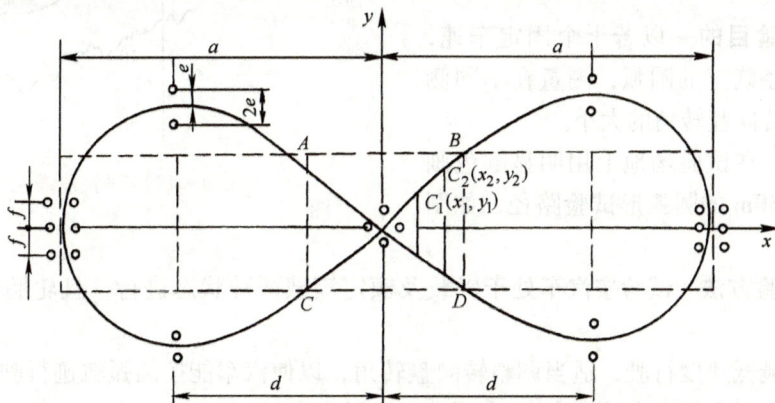

图16-23 双纽线路径

表 16-2　双纽线路径的画法及数据

		$R_{min}=7m$ 双纽线路径	$R_{min}=10m$ 双纽线路径
画线参考方框	AB、CD	10m	10m
	BD、AC	10m	10m
	BC、AD	14.142m	14.142m
双纽线中心至顶点距离	a	21m	30m
标桩至路线中心线距离	e	车宽一半加30cm	车宽一半加30cm
标桩位置	d	12m	18m
	f	1m	1m
双纽线轨迹点坐标	C_1	x_1, y_1	2, 1.964m	2, 1.982m
	C_2	x_2, y_2	4, 3.736	4, 3.864
	C_3	x_3, y_3	6, 5.195	6, 5.569
	C_4	x_4, y_4	8, 6.295	8, 7.047
	C_5	x_5, y_5	10, 7.025	10, 8.272
	C_6	x_6, y_6	12, 7.385	12, 9.244
	C_7	x_7, y_7	14, 7.356	14, 9.956
	C_8	x_8, y_8	16, 6.874	16, 10.410
	C_9	x_9, y_9	18, 5.810	18, 10.598
	C_{10}	x_{10}, y_{10}	20, 3.598	20, 10.504
	C_{11}	x_{11}, y_{11}	20.5, 2.604	22, 10.104
	C_{12}	x_{12}, y_{12}	21, 0	24, 9.333
	C_{13}	x_{13}, y_{13}		26, 8.073
	C_{14}	x_{14}, y_{14}		28, 6.018
	C_{15}	x_{15}, y_{15}		29, 4.359
	C_{16}	x_{16}, y_{16}		30, 0

按双纽线路径每一周整理出如图 16-24 所示的 $M-\theta$ 曲线。以转向盘最大转矩、转向盘最大作用力及转向盘作用功来评价转向轻便性。

2. 汽车稳态回转试验——定转弯半径法

(1) 试验目的　以若干个固定车速，通过某一半径确定的圆弧，测量在不同侧向加速度下转向盘转角的大小。

试验前，在试验场地上用明显颜色画出中心线为 30m 的圆弧形试验路径，如图 16-25 所示。

(2) 试验方法　试验按汽车处于轻载及额定满载两种状态进行，且轮胎应有一定的温升。

汽车以最低速度行驶，适当调整转向盘转角，以使汽车能按圆弧轨迹行驶。进入弯道后，保持节气门和转向盘位置在 3s 内不动，记录各变量。

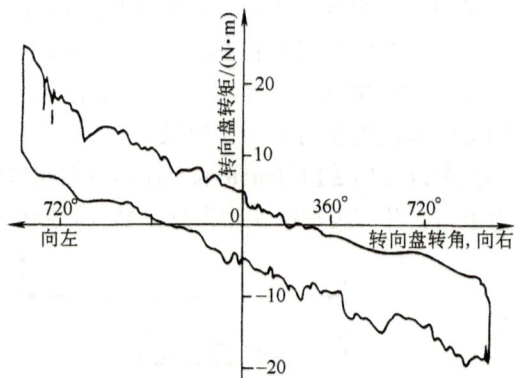

图 16-24　$M-\theta$ 曲线

增加车速，但速度增加量每次不得大于 0.5m/s，重复上述试验，直至侧向加速度达到 6.5m/s² 为止。

试验应按向左转及向右转两个方向进行。可以先进行向左转或向右转的试验，从低速直至高速，然后反向试验；也可以在某一车速下进行向左、右两个方向的试验后再增加车速。

根据记录的转向盘转角 θ，前进车速 u 及横摆角速度 ω_r，求出侧向加速度 $a_y = u\omega_r$，然后作出 $\theta - a_y$ 曲线。并根据记录的转向盘力矩 M，作出 $M - a_y$ 曲线。

3. 汽车稳态回转试验——定转向盘转角、连续加速法

（1）试验目的　将转向盘转过某一角度后，固定不变，汽车连续加速直至达到所需的侧向加速度，测定汽车车速及横摆角速度等参量，求出转弯半径随侧向加速度变化的特性。

试验前，在试验场地上画出半径为 15m 的圆圈作为试验起始圆周。

图 16-25　圆弧形试验路径

（2）试验方法　先使轮胎升温，再使汽车以最低速度沿所画圆周行驶，待拖挂于汽车后部中点的第五车轮在半圈内都能对准地面上所画的圆周时，固定转向盘不动，汽车停车，启动记录仪器，记录下各变量的零线。汽车起步，缓缓连续加速，但纵向加速度不能超过 0.25m/s²，直至汽车重心的侧向加速度达到 6.5m/s²，或受到发动机功率限制而达到的最高车速，或汽车出现不稳定状态为止。

汽车先向左转，再向右转，每个方向重复试验三次。

根据试验记录，作出汽车转弯半径 R/R_0（这里 R 为转向半径，R_0 为起始转向半径即 15m）与侧向加速度 a_y 的关系曲线，汽车前、后轮侧偏角差值 $(\alpha_1 - \alpha_2)$ 与侧向加速度 a_y 的关系曲线以及转向盘力矩 M 与侧向加速度 a_y 的关系曲线等。

4. 汽车回正能力试验

（1）试验目的　回正试验是表征和测定汽车从曲线行驶自行回复到直线行驶的过渡过程，是测定自由操纵力输入的基本性能试验。

（2）试验方法　中速回正试验：汽车沿半径为（15±1）m 的圆周行驶，调整车速，当侧向加速度达到（4±0.2）m/s² 时，稳定3s，然后突然松开转向盘，记录松开后3s内各变量的变化。

高速回正试验：对于最高车速超过 100km/h 且一般行驶车速较高的汽车应进行此项

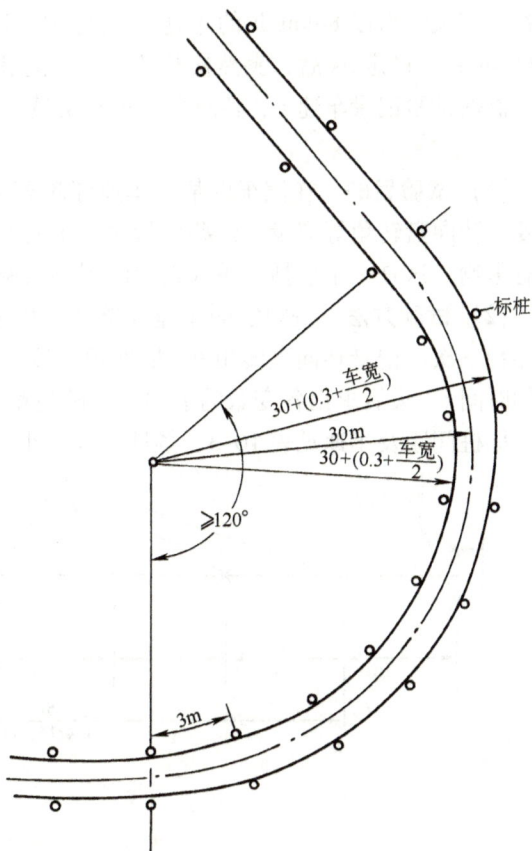

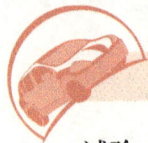

试验。其试验为以 80km/h 的车速直线行驶，适当转动转向盘使侧向加速度达到 （4 ± 0.2） m/s^2，稳定 3s 后，突然松开转向盘，记录各变量的变化。

根据试验记录车速 u、转向盘转角 θ 及横摆角速度 ω_r，并整理出 $\omega_r - t$ 曲线。

5. 汽车蛇行试验

（1）试验目的　在汽车以某一车速穿越若干直线布置的标桩时，测定汽车的横摆角速度、转向盘转角等变量。这些变量对汽车的方向稳定性、驾驶操作方便性、乘坐舒适性都有影响，这是一个包括驾驶人在内的闭环试验。

（2）试验方法　按规定的车速和路线，以不撞倒标桩为前提，由三位驾驶人每人往返穿行三次。记录转向盘转角 θ、横摆角速度 ω_r、转向盘力矩 M 等变量及通过有效标桩区的时间 t，最后求出各变量的平均值。试验路线如图 16-26 所示。

标桩间距及车速见表 16-3，场地长度不小于 1000m，宽度不小于 5 倍车宽。

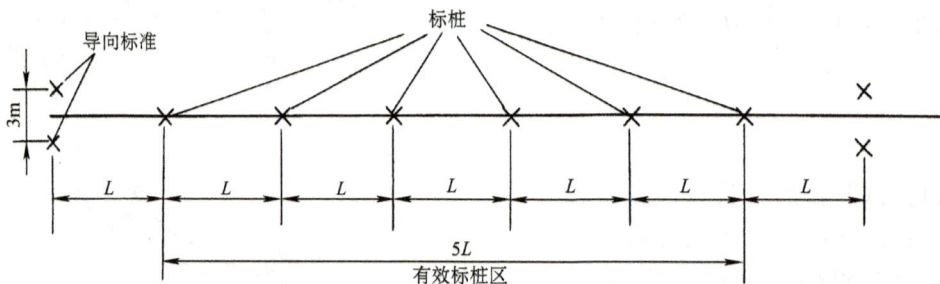

图 16-26　蛇行路线

表 16-3　标桩间距及车速

车　　型	标桩间距离 L/m	规定蛇行车速/（km/h）
轿　车	30	60
小型越野汽车和客车，轻型货车	20	40
中、大型货车和客车，越野汽车	30	40

第六节　操纵稳定性的主动控制

随着电子、液压与传感技术的发展，人们已有可能控制汽车驱动、制动或转弯时的轮胎力和空气力，或改变转向系统与悬架系统等汽车系统内部的固有特性，从而直接或间接地改善汽车在驾驶人转向操纵或其他干扰作用下的操纵稳定性。具有代表性的主动控制技术有：

ABS（Antilock Braking System）——控制轮胎的制动力，可以防止制动车轮抱死及制动稳定性的丧失。

ASR（Anti-Slip Regulation）——控制轮胎的驱动力，可以避免驱动车轮滑转，提高驱动效能和安全性。

4WS（Four Wheel Steering）——控制轮胎的侧向力，可以改善汽车转向操纵性能并提高抗侧向干扰能力。

ARC（Active Roll Control）——主动改变悬架的抗侧倾特性，可以保证车身的正常姿势，并间接地改善汽车的转弯性能。

VDC（Vehicle Dynamics Control）——控制四个车轮上的纵向力的有无及大小、方向和分配，可以保证车辆在各种运动工况下的稳定性并提高操纵性能。

以下就后三项作一简介。

1. 四轮转向系统（4WS）

四轮转向汽车的理论研究通常采用线性二自由度汽车模型，如图 16-27 所示，其运动方程为

$$\begin{bmatrix} mV + 2\left(l_f k_f - l_r k_r\right)/V & mV + 2\left(k_f + k_r\right) \\ I_z s + 2\left(l_f^2 k_f + l_r^2 k_r\right)/V & 2\left(l_f k_f - l_r k_r\right) \end{bmatrix} \begin{bmatrix} r \\ \beta \end{bmatrix} = 2\begin{bmatrix} 1 & 1 \\ l_f & -l_r \end{bmatrix} \begin{bmatrix} k_f \delta_f \\ k_r \delta_r \end{bmatrix} \tag{16-16}$$

式中，δ_f、δ_r 分别为前、后轮转向角；k_f、k_r 分别为前、后轮（单轮）侧偏刚度；V 为车速；m 为整车质量；I_z 为整车绕过质心铅垂轴的转动惯量；s 为拉普拉斯微分算子；β 为质心处侧偏角；l_f、l_r 为质心至前、后轴的距离。

最简单的 4WS 是后轮转角与前轮转角成比例的方式，即

$$\delta_r = k\delta_f \tag{16-17}$$

当认为转向盘转角 δ_H 与前轮转角 δ_f 也成比例关系时有

$$\delta_f = \frac{\delta_H}{i_s} \tag{16-18}$$

式中，i_s 为转向系统传动比。

又考虑到侧向速度 a_y 与横摆角速度 r 及质心处侧偏角 β 的关系为

$$a_y = V\left(r + s\beta\right)$$

则有

$$\frac{a_y}{\delta_H} = \frac{1-k}{i_s} G_{ay}(0) \frac{1 + \left(1 + \lambda_{ay1}\right) T_{ay1} s + \left(1 + \lambda_{ay2}\right) T_{ay2} s^2}{1 + \frac{2\xi}{w_n}s + \frac{1}{w_n^2}s^2} \tag{16-19}$$

其中

$$G_r(0) = \frac{1}{1 + KV^2} \times \frac{V}{l}$$

$$\lambda_r = \frac{k}{1-k} \times \frac{T_r - T'_r}{T_r}$$

$$K = \frac{m\left(l_r k_r - l_f k_f\right)}{2l^2 k_f k_r}$$

$$T_r = \frac{ml_r}{2k_r l}V$$

$$\xi = \frac{1}{2} \times \frac{\left(k_f + k_r\right) l_z + \left(k_f l_f^2 + k_r l_r^2\right) m}{\sqrt{mI_z k_f k_r l^2 \left(1 + KV^2\right)}}$$

$$w_n = \frac{2l}{V}\sqrt{\frac{k_f k_r \left(1 + KV^2\right)}{I_z m}}$$

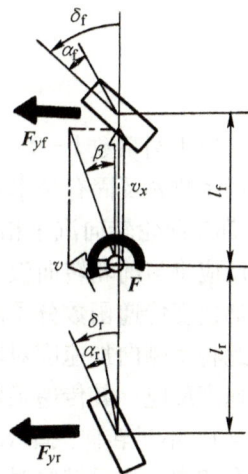

图 16-27　4WS 车二自由度模型

$$G_{ay}(0) = \frac{1}{1 + KV^2} \frac{V^2}{l}$$

$$\lambda_{ay1} = \frac{k}{1-k} \frac{T_{ay1} + T'_{ay1}}{T_{ay1}}$$

$$\lambda_{ay2} = \frac{k}{1-k} \frac{T_{ay2} + T'_{ay2}}{T_{ay2}}$$

$$T_{ay1} = \frac{l_r}{V}$$

$$T'_{ay1} = \frac{l_f}{V}$$

$$T_{ay2} = \frac{I_z}{2k_r l}$$

$$T'_{ay2} = \frac{I_z}{2k_f l}$$

当比例系数 $k=0$ 时，上述各式即为前轮转向汽车的相应公式。由上述稳定性因数 K，阻尼系数 ξ 及固有频率 ω_n 的表达式可见，4WS 的稳定性因数 K、阻尼系数 ξ 及固有频率 ω_n 都与前轮转向汽车相同。当转向盘转角为零并保持不动时，汽车对外部干扰（如侧风）的反应将与前轮转向汽车相同。当 $0 < k < 1$ 即后轮与前轮具有同方向且较小的转角时，侧向加速度传递函数分子的一次项系数和二次项系数分别比前轮转向汽车大 λ_{ay1} 和 λ_{ay2} 倍，因此将使侧向加速度对转向盘转角输入的滞后减小，改善汽车的瞬态响应特性。对于横摆角速度反应，其传递函数分子的一次项系数与稳定性因数 K 有关，中性转向汽车 $K = 0$ 时 $\lambda_r = 0$，不足转向汽车 $K > 0$ 时 $\lambda_r < 0$，因此中性转向时汽车的横摆角速度反应与前轮转向汽车相同，不足转向时横摆角速度对转向盘输入的滞后增大。

由于 $0 < k < 1$ 时，侧向加速度及横摆角速度的稳态增益均比前轮转向汽车有所下降，因此，为保证稳态增益不下降，有必要减小转向系统的传动比 i_s。

对于前轮转向汽车来说，由于车速越高，系数 T_{ay1} 越小，即侧向加速度对转向盘转角输入的滞后越大，因此高速时后轮与前轮具有同向转角的 4WS 汽车更有意义，这也是 4WS 汽车设计的首要目的。

2. 主动侧倾控制（ARC）

通常将传统的由弹簧、减振器、稳定杆及控制臂等组成的悬架称为被动悬架，而将包含力发生器（或作动器）的悬架称为主动悬架，因为它不是被动地吸收和储存能量，而是可以根据需要按照人为的控制规则消耗或释放能量，从而提高乘坐舒适性和操纵稳定性。

主动悬架可以对车身的上下振动、前后俯仰及左右侧倾三个运动自由度加以控制，这里把主动悬架的功能之一即对侧倾的控制称为主动侧倾控制（通常只要求低频响应）。

汽车在转弯、路面不平或侧风干扰时会发生侧倾，侧倾将改变车身的姿态，影响驾驶人的视觉和乘员的舒适性，并导致车轮定位参数发生变化，从而引起车轮侧倾转向及侧倾外倾（或内倾），相伴的轮荷转移会干扰轮胎的侧偏特性。

对于主动悬架，车身侧倾运动方程为

$$I_x P + I_{xz} r + (D_f + D_r) p + (C_{\varphi1} + C_{\varphi2}) \varphi$$
$$= M_s h V (r + \beta) + M_s g h \varphi - M_\varphi \tag{16-20}$$

式中，M_φ 为由力发生器作用在车身上的绕侧倾轴的力矩。

不同的力控制信号将产生不同的控制力矩 M_φ。例如，当 M_φ 与侧向惯性力成比例时有

$$M_\varphi = aM_sV\ (r + \beta) \tag{16-21}$$

式中，a 为常数，其大小及在前后轴的分配比例都将对汽车的稳态和瞬态转向特性产生影响。

3. 汽车动力学控制（VDC）

汽车动力学控制（VDC）系统是一种新型主动安全控制系统，它安装在车辆的制动系统和动力传动系统内，利用车辆力学状态变量反馈来调节各轮上纵向力的大小匹配，从而可以使车辆获得优良的操纵稳定性。

ABS 和 ASR 的控制对象是车轮，而 VDC 的控制对象不仅仅是车轮，而是扩展到整个车辆—车轮系统；VDC 所处理的工况也不局限于 ABS 和 ASR 工作的场合，还延伸到车轮自由滚动和部分制动时车辆状态进入临界范围的工况。因此，VDC 是一种更为先进的主动安全控制系统。

VDC 系统利用车辆的横摆角速度和重心处侧偏角来表征车辆的运动状态，通过单轨线性模型计算出在给定驾驶人操纵指令（转向盘转角、发动机力矩和制动压力）下的横摆角速度和侧偏角，并以此作为车辆状态的规范值，通过控制各轮上纵向力的大小及分配，使车辆的实际状态与规范状态的差别限定在给定范围之内。

思　考　题

1. 简述汽车操纵稳定性的基本内容及评价所用的物理量。

2. 一辆轿车（每个）前轮的侧偏刚度为 −50176N/rad，外倾刚度为 −7665N/rad，若轿车向左转弯，将使两前轮均产生正的外倾角，其大小为 4°。设侧偏刚度与外侧刚度均不受左右轮载荷的影响，试求由外倾角引起的前轮侧偏角。

3. 二自由度轿车模型的有关参数如下：

总质量	$m = 1818.2\text{kg}$
绕 OY 轴转动惯量	$I_Z = 3885\text{kg} \cdot \text{m}^2$
轴距	$L = 3.048\text{m}$
质心至前轴距离	$a = 1.463\text{m}$
质心至后轴距离	$b = 1.585\text{m}$
前轮总侧偏刚度	$k_1 = -62618\text{N/rad}$
后轮总侧偏刚度	$k_2 = -110185\text{N/rad}$
转向系统总传动比	$i = 20$

试求：1）稳定性因素 K，特征车速 u_{ch}；

2）稳态横摆角速度增益曲线 $\left.\dfrac{\overline{\omega}_r}{\sigma}\right|_s - u_a$，车速 $u = 22.35\text{m/s}$ 时的转向灵敏度 $\dfrac{\overline{\omega}_r}{\sigma_{s\omega}}$；

3）侧向加速度为 0.4g 时的前后轮侧偏角绝对值之差 $(a_1 - a_2)$，转向半径之比 R/R_0。

4. 稳态响应中横摆角速度增益达到最大值时的车速称为特征车速 u_{ch}。证明：特征车速 $u_{ch} = \sqrt{1/K}$，则在特征车速时的稳态横摆角速度增益是具有相等轴距 L 中性转向汽车横摆角速度增益的一半。

5. 用横摆角速度频率特性来评价汽车操纵稳定性的评价指标，并分析其对操纵稳定性的影响。

第十七章

汽车的平顺性及通过性

本章简述汽车的平顺性及其评价方法与指标、汽车的通过性及其影响因素。

第一节　汽车的平顺性

汽车的平顺性是指保持汽车在行驶过程中，乘员所处的振动环境具有一定的舒适度的性能，对于货车还包括保持货物完好的性能。汽车是一个振动系统，路面不平等因素会引起行驶中的汽车振动，所以只有保持振动环境的舒适性，才能保证驾驶人在复杂的行驶和操纵条件下具有良好的心理状态和准确灵敏的反应，才能保证乘员在乘坐中和到达目的地后具有良好的身体和心理状态。由于平顺性主要是根据乘员的舒适程度来评价的，所以又称为乘坐舒适性。它是现代高速、高效率汽车的一个重要性能。

汽车的平顺性可用如图 17-1 所示的汽车振动系统框图来分析。

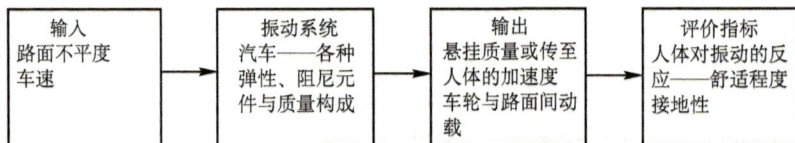

输入 路面不平度 车速	→	振动系统 汽车——各种 弹性、阻尼元 件与质量构成	→	输出 悬挂质量或传至 人体的加速度 车轮与路面间动 载	→	评价指标 人体对振动的反 应——舒适程度 接地性

图 17-1　汽车振动系统框图

一、平顺性的评价指标

目前许多国家都是根据 ISO 2631《机械振动和冲击　人体处于全身振动的评价》来对汽车振动环境，也就是汽车平顺性进行评价的。国际标准 ISO 2631 的核心内容是用加速度的均方根值（rms）给出了在 $1 \sim 80Hz$ 振动频率范围内人体对各不同方向振动的三个不同的界限。

1. "疲劳—工效降低界限"

它是一组不同承受时间下的频率与加速度均方根值的界限曲线，如图 17-2 所示。当驾驶人承受的振动强度在此界限之内时，能准确灵活地反应，正常地进行驾驶。当超过这个界限值，就意味着疲劳和工作效率降低。

由此界限曲线可见，人对振动最敏感的频率，在垂直方向是 $4 \sim 8Hz$，在水平方向（纵向、横向）是 $2Hz$ 以下。即在上述频率范围内，人体能承受的加速度均方根值最低。

2. 暴露极限（健康及安全极限）

该界限大约是人的痛感阈限的一半。越过此界限就意味着不安全和有害于健康。该界限曲线同"疲劳—工效降低界限"曲线完全相同，只是把相应的振动强度增大一倍（增

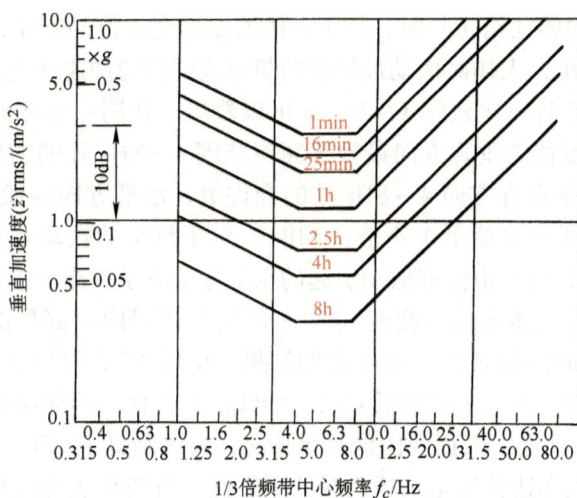

a)

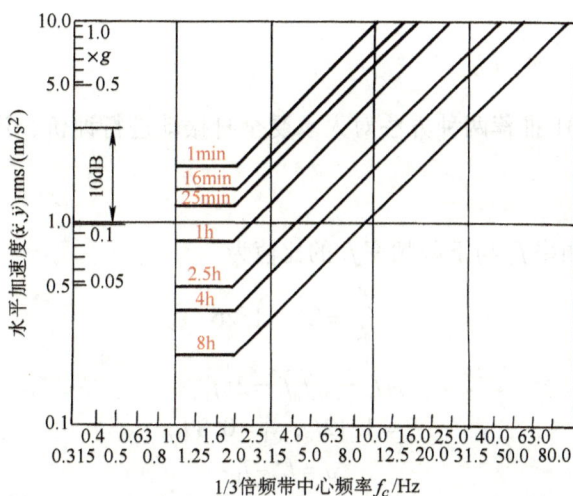

b)

图 17-2　ISO 2631 "疲劳—工效降低界限"

a）垂直方向（z）　b）水平方向（x—纵向，y—横向）

加 6dB）。

3. 舒适降低界限

在这个界限内，人体在承受的振动环境中感觉良好，能顺利完成吃、读、写等动作。该界限也具有相同的曲线形式，只是把加速度均方根值降到"疲劳—工效降低界限"的 3.15 倍（降低 10dB）。

由图 17-2 可以看出，"疲劳—工效降低界限"振动加速度允许值的大小与振动频率、振动作用方向和暴露时间三个因素有关。

（1）振动频率　人体包括心脏、胃部在内的"胸—腹"系统在垂直振动 4～8Hz、水平振动 1～2Hz 范围内会出现明显的共振。在图 17-2 上对于每一给定的暴露时间都相应有一条"疲劳—工效降低界限"曲线，它表示不同频率下，同一暴露时间达到"疲劳"

（即人体对振动强度的感觉相同）时，传至人体的振动允许值的变化，因此也称为等感觉曲线。由曲线可以看出，人体对振动最敏感的频率范围内的加速度允许值最小。

（2）振动作用方向 比较图17-2a、b可以看出，在同一暴露时间下，水平方向在2.8Hz处的允许加速度值与垂直方向最敏感频率范围4~8Hz处的相同，2.8Hz以下水平方向允许加速度值低于垂直方向4~8Hz处的允许值，水平方向最敏感频率范围1~2Hz比垂直方向4~8Hz处的允许值低1.4倍（3dB）。对于汽车的振动环境，2.8Hz以下的振动所占的比重相当大，故对由俯仰振动引起的水平振动应予以充分重视。

（3）暴露时间 人体达到"疲劳"、"不舒适"等界限，都是由人体所感觉到的振动强度的大小和暴露时间的长短二者综合的结果。由图17-2可以看出，在一定频率下，随暴露时间的增加，"疲劳—工效降低界限"曲线向下平移，即加速度允许值减小。

参照ISO 2631的规定，根据我国的具体情况，我国制订了GB/T 4970—2009《汽车平顺性试验方法》，并以车速特性来描述汽车的平顺性。所谓车速特性是指评价指标随车速变化的关系曲线。轿车、客车用"舒适降低界限"车速特性，货车用"疲劳—降低工效界限"车速特性。

二、平顺性的评价方法

国际标准ISO 2631推荐两种方法对人承受全身振动进行评价，汽车的平顺性评价也按这两种方法进行。

1. 1/3倍频带分别评价方法

1/3倍频带上限频率f_u与下限频率f_l的比值为

$$\frac{f_u}{f_l} = 2^{\frac{1}{3}} = 1.26$$

中心频率
$$f_c = \sqrt{f_u f_l} = 2^{\frac{1}{6}} f_l$$

而
$$f_u = 1.12 f_c; \quad f_l = 0.89 f_c$$

带宽
$$\Delta f = f_u - f_l$$

用这种方法评价，首先要将传至人体的加速度进行频谱分析，得到1/3倍频带的加速度均方根值谱。

各1/3倍频带加速度均方根分量为

$$\sigma_{\ddot{p}i} = \left[\int_{0.89f_{ci}}^{1.12f_{ci}} G_{\ddot{p}}(f) \, df \right]^{\frac{1}{2}} \tag{17-1}$$

式中，$G_{\ddot{p}}(f)$为传至人体加速度$\ddot{p}(t)$的功率谱密度。

1/3倍频带分别评价方法认为，同时有若干个1/3倍频带都有振动能量作用于人体时，各频带振动的作用无明显的联系，对人体产生影响的主要是由人体感觉的振动强度最大的那个1/3倍频带所造成的。

由于人体对各频带振动的敏感程度不同，因而1/3倍频带加速度均方根值分量$\sigma_{\ddot{p}i}$的大小并不能全面地反映人体所感觉的振动强度的大小。为此采用人体对不同频率振动敏感程度的频率加权函数，将人体最敏感的频率范围以外各1/3倍频带加速度均方根值分量$\sigma_{\ddot{p}i}$进行频率加权，即按人体感觉的振动强度相等的原则折算为最敏感频率范围（垂直振动4~8Hz，水平振动1~2Hz）内的值$\sigma_{\ddot{p}wi}$，此值称为加权加速度均方根值分量。

$$\sigma_{\ddot{p}wi} = W(f_{ci})\sigma_{\ddot{p}i} \tag{17-2}$$

式中，f_{ci}为第i个$1/3$倍频带的中心频率；$W(f_{ci})$为频率加权函数，并有

$$垂直方向\ W_N(f_{ci}) = \begin{cases} 0.5\sqrt{f_{ci}} & (1<f_{ci}\leqslant 4) \\ 1 & (4<f_{ci}\leqslant 8) \\ 8/f_{ci} & (8<f_{ci}) \end{cases}$$

$$水平方向\ W_H(f_{ci}) = \begin{cases} 1 & (1<f_{ci}\leqslant 2) \\ 2/f_{ci} & (2<f_{ci}) \end{cases}$$

$1/3$倍频带分别评价方法的评价指标就是$\sigma_{\ddot{p}wi}$中的最大值$(\sigma_{\ddot{p}wi})_{max}$。

例如，要求允许的"疲劳—工效降低界限"的暴露时间$T_{FD}=4h$，由图17-2a可以查得对应于$4\sim 8Hz$的加速度均方根值为$0.53m/s^2$。若经计算或实测分析得到的$(\sigma_{\ddot{p}wi})_{max}<0.53m/s^2$，则满足$T_{FD}=4h$的要求。也可由$(\sigma_{\ddot{p}wi})_{max}$查出相应的$T_{FD}$，若查出的$T_{FD}>4h$，也表明能保持在$T_{FD}=4h$的界限之内。

2. 总加权值法

总加权值法是ISO 2631—1中推荐的优先选用评价方法。它是用20个$1\sim 80Hz$的$1/3$倍频带加权加速度均方根值分量$\sigma_{\ddot{p}wi}$的方和根值——总加权加速度均方根值$\sigma_{\ddot{p}w}$来评价的。

$$\sigma_{\ddot{p}w} = \left[\sum_{i=1}^{20}(\sigma_{\ddot{p}wi})^2\right]^{\frac{1}{2}} \tag{17-3}$$

或

$$\sigma_{\ddot{p}w} = \left[\int_{0.9}^{90}W^2(f)G_{\ddot{p}}(f)\,df\right]^{\frac{1}{2}}$$

式中，$W(f)$为频率加权函数。

对于上述评价指标$(\sigma_{\ddot{p}wi})_{max}$和$\sigma_{\ddot{p}w}$，当各$1/3$倍频带加权均方根值分量$\sigma_{\ddot{p}wi}$彼此相等时，二者的关系为

$$\sigma_{\ddot{p}w} = \sqrt{n}(\sigma_{\ddot{p}wi})_{max}$$

式中，n为总的频带数

当$n=1$时，$\sigma_{\ddot{p}w} = (\sigma_{\ddot{p}wi})_{max}$，两个评价指标相等。

汽车传给人体的主要是$10Hz$以下的宽带随机振动，总频带数n大约为10，此时若$\sigma_{\ddot{p}wi}$仍都相等，则$\sigma_{\ddot{p}w}=3.16(\sigma_{\ddot{p}wi})_{max}$。实际上$\sigma_{\ddot{p}wi}$值并不相等，实测表明$\sigma_{\ddot{p}w}$大约是$(\sigma_{\ddot{p}wi})_{max}$的2倍。

垂直方向总加权值$\sigma_{\ddot{p}wz}$与允许的"疲劳——工效降低界限"暴露时间T_{FD}之间的相互对应关系可依ISO 2631—1给出的近似方法计算。即

$$\sigma_{\ddot{p}wz} = a_1 \times 2\sqrt{T_0/T_{FD}} \tag{17-4}$$

式中，a_1为ISO 2631给出的1min"疲劳—工效降低界限"垂直方向$4\sim 8Hz$加速度允许值，$a_1=2.8m/s^2$；$T_0=10min$。

若要求"舒适降低界限"暴露时间T_{CD}，则a_1值要除3.15，因此在一定$\sigma_{\ddot{p}wz}$下，$T_{CD}=T_{FD}/10$。垂直方向$\sigma_{\ddot{p}wz}$值以及总加权振级$L_{\ddot{p}wz}$与T_{CD}的近似关系曲线如图17-3所示。其中$L_{\ddot{p}wz}$定义为

$$L_{\ddot{p}wz} = 20\lg\sigma_{\ddot{p}wz}/a_0$$

式中，a_0为ISO/DIS 8041规定的参考加速度均方根值，$a_0=10^{-6}m/s^2$。

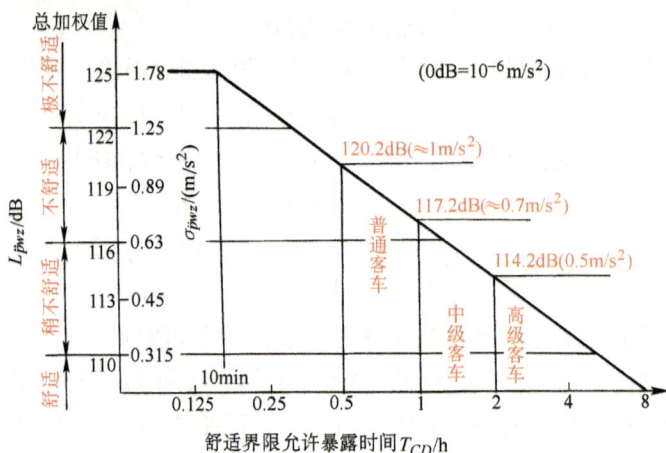

图 17-3 垂直方向 σ_{pwz} 与 T_{CD} 的近似关系曲线

第二节 汽车的通过性

汽车的通过性（越野性）是指汽车在一定装载质量下能以足够高的平均车速通过各种坏路和无路地带（如松软地面、坎坷不平地段）和各种障碍（陡坡、侧坡、壕沟、台阶、灌木丛、水障等）的能力。表征汽车通过性能的主要参数是汽车的几何参数及支承—牵引参数。

汽车的通过性与其他性能有着密切的关系。如良好的动力性可以提供足够大的驱动力，以克服越野行驶时较大的道路阻力；较好的平顺性能使汽车在坎坷不平的路面上维持较高的车速。

一、通过性的几何参数

由于汽车与越野地面间的间隙不足而被地面托住，无法通过的情况称为间隙失效。当车辆中间底部的零部件碰到地面而被顶住时称为顶起失效；当车辆前端或尾部触及地面而不能通过时则分别称为触头失效或托尾失效。

与间隙失效有关的几何参数——汽车的通过性几何参数主要有最小离地间隙 h、纵向通过半径 ρ_1、横向通过半径 ρ_2、接近角 γ_1 和离去角 γ_2，如图 17-4 所示。

（1）**最小离地间隙 h** 最小离地间隙表征了汽车越过石块、树桩之类障碍物的能力。它是指汽车除车轮外的最低点与路面之间的距离。汽车的前桥、飞轮壳、变速器壳、消声器、后桥的主减速器外壳等通常具有较小的离地间隙。

（2）**纵向通过半径 ρ_1** 纵向通过半径是在汽车侧视图上作出的与前、后车轮及两轮中间轮廓相切圆的半径。它表示汽车能够无碰撞地通过小丘、拱形障碍物的轮廓尺寸。ρ_1 越小，汽车的通过性越好。

（3）**横向通过半径 ρ_2** 横向通过半径是在汽车的正视图上作出的与右、左轮及与两轮中间轮廓相切圆的半径。它表示汽车通过小丘及凸起路面的能力。

（4）**接近角 γ_1** 接近角为自汽车前端突出点向前轮引的切线与路面之间的夹角。它

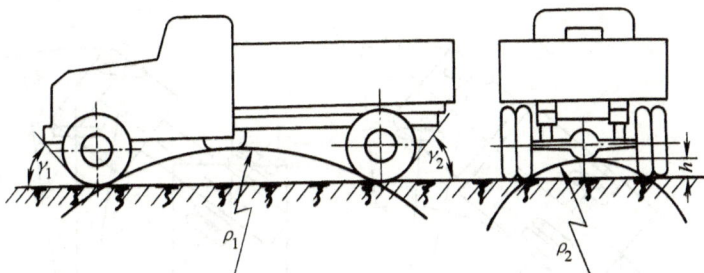

图 17-4　汽车的通过性几何参数

γ_1—接近角　γ_2—离去角　ρ_1—纵向通过半径　ρ_2—横向通过半径　h—最小离地间隙

表示汽车接近小丘、沟洼等障碍物时不发生碰撞的可能性。γ_1 角应尽量大，以减少触头失效。

（5）离去角 γ_2　离去角为自汽车后端突出点向后轮引的切线与路面之间的夹角。为了防止托尾失效，γ_2 角也应尽量大。

汽车通过性的几何参数常用值见表 17-1。

表 17-1　汽车通过性的几何参数

汽车类型	最小离地间隙 h/mm	接近角 γ_1/(°)	离去角 γ_2/(°)	纵向通过半径 ρ_1/m
4×2 轿车	150～220	20～30	15～22	3～8.3
4×4 轿车、越野车	210～370	45～50	35～40	1.7～3.6
4×2 货车	250～300	40～60	25～45	2.3～6
4×4 6×6 货车 6×4	260～350	45～60	35～45	1.9～3.6
4×2 客车	220～370	10～40	6～20	4～9

此外，最小转弯半径 R_H 和车轮半径 r 也是影响汽车通过性的因素。

最小转弯半径是指汽车转弯时，转向盘转到极限位置后，外侧前轮所滚过的轮迹中心至转向中心的距离，如图 17-5 所示。汽车的最小转弯半径是汽车机动性的重要指标，它表征了汽车在最小面积内的回转能力。同时它也表征了汽车通过狭窄弯曲地带或绕过障碍物的能力，所以它还影响汽车的通过性。汽车的最小转弯半径为

$$R_H = A - a + R_B - b$$

式中，a、b 为突伸量；R_B 为后内轮转弯半径。

图 17-5　汽车转弯半径

当汽车拖带挂车时，其机动性能变差，这是因为汽车列车转弯时，挂车离回转中心较近，使汽车列车的转弯宽度大于单车的转弯宽度，如图 17-6 所示。汽车列车拖带挂车的数量越多，挂车的轴距越大、辕杆越长，则汽车拖挂行驶时的转弯宽度及最小转弯半径

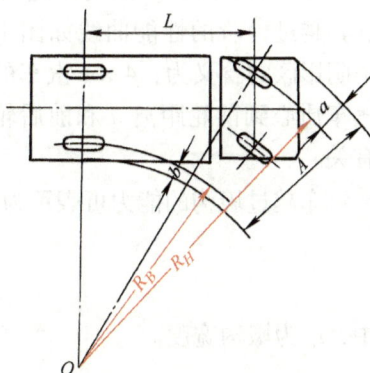

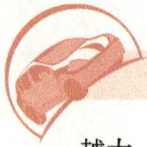

越大。

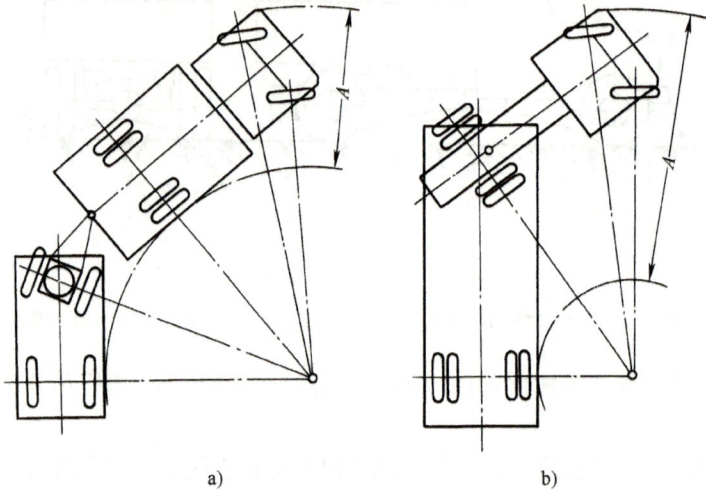

图 17-6　汽车列车转弯半径

汽车在不平路面上行驶时，克服垂直障碍物（台阶、壕沟）的能力与车轮半径有关。

由静力学分析得到：对于后轮驱动的四轮汽车，后轮是限制汽车越过台阶的因素，且有

$$\left(\frac{h_w}{D}\right)_2 = \frac{1}{2}\left(1 - \frac{1}{\sqrt{1+\varphi^2}}\right)$$

式中，$\left(\frac{h_w}{D}\right)_2$ 为后轮单位车轮直径可克服的台阶高度，它表征了汽车后轮越过台阶的能力；φ 为附着系数。

按上式计算所得曲线如图 17-7 所示。

对于 4×4 汽车，前轮的越台阶能力则要差些。其越过台阶的性能曲线如图 17-7 上部所示。图中阴影区的含义为：4×4 汽车的越过台阶能力与汽车质心到前轮距离 a 和前后轮中心距 L 的比值有关。

汽车越过壕沟的能力可表示为

$$\frac{l_d}{D} = 2\sqrt{\frac{h_w}{D} - \left(\frac{h_w}{D}\right)^2}$$

式中，l_d 为壕沟宽度。

图 17-7　汽车越障能力

二、通过性的支承与牵引参数

由第十二章知，汽车行驶的驱动—附着条件为

$$F_f + F_w + F_i \leqslant F_{tmax} \leqslant F_\varphi$$

汽车在坏路上行驶时，u_a 较小，则可略去 F_w；并考虑汽车在水平面上驻车，则 F_i 也可略

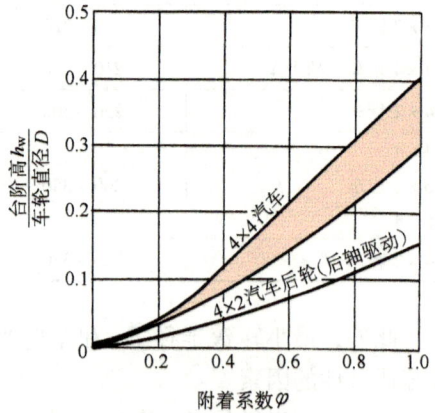

去，故有

$$f \leqslant \left(\frac{T_{tq} i_g i_0 \eta_T}{\gamma G} \right)_{max} \leqslant \frac{G_\varphi}{G} \varphi$$

式中，$\dfrac{G_\varphi}{G}$ 为相对附着重力。

则

$$f \leqslant D_{max} \leqslant \frac{G_\varphi}{G} \varphi$$

f、φ、$\dfrac{G_\varphi}{G}$、D_{max} 是汽车的主要支承与牵引参数，而 f、φ 与车轮对地面的单位压力 p 有关，所以 p 也为支承与牵引参数。

1. 单位压力

车轮对地面的单位压力为

$$p = \frac{W}{1000A}$$

式中，W 为作用于车轮上的径向载荷（N）；A 为车轮与路面的接触面积（m^2）。

由于轮胎胎体具有一定的刚度，所以单位压力 p 一般与轮胎内部空气压力 p_w 不相等。承受额定载荷的车轮在坚硬路面上对地面的单位压力为

$$p = (1.05 - 1.20) p_w$$

对于胎体较厚、帘布层数较多的轮胎，取较大值。

在坚硬的路面上，各式汽车车轮对地面的单位压力的数值为：

4×2 型轿车	170～340kPa
4×2 型货车	180～540kPa
4×4 6×4 6×6 型货车	170～390kPa

汽车在松软路面上行驶时，车辙深度与单位压力的关系为

$$p = \left(\frac{k_c}{b} + k_\varphi \right) z^n$$

式中，z 为车辙深度；k_c 为土壤的黏聚变形模数；k_φ 为土壤的摩擦变形系数；b 为轮胎接地印迹椭圆的短轴；n 为沉陷系数，一般为 0.5。

可见降低车轮对地面的单位压力，可使车辙深度减小，从而降低汽车的行驶阻力。

2. 最大动力因数

如前所述，汽车以 1 档速度行驶时的最大动力因数，是汽车最大爬坡能力和克服道路阻力能力的标志。当汽车在坏路或无路地带行驶时，行驶阻力很大，为了保证汽车具有较好的通过性，除了采取减小行驶阻力（主要是土壤阻力，因为此时表征汽车越野行驶能力的挂钩牵引力等于土壤推力与阻力之差）的措施外，还必须提高汽车的动力因数。在越野汽车的传动系统中，通常通过增设副变速器或具有低档的分动器，来增大传动系统的总传动比，从而使驱动轮获得足够大的驱动力。适当地减少汽车的载荷，既能降低车轮对地面的单位压力，又可提高汽车的动力因数，从而提高汽车通过松软地面的能力。

3. 相对附着重力

汽车的最大驱动力不仅取决于发动机和传动系统的参数，而且受附着力的限制。为了获得较大的驱动力，必须增大汽车的相对附着重力和附着系数。

各类汽车的相对附着重力为：

4×2 型轿车	0.45～0.50
4×2，6×4 型货车	0.65～0.75
4×4，6×6 型货车（越野车）	1.0

可见全轮驱动汽车的相对附着重力达到最大值。这类汽车广泛应用于军事、农业和林区等。

三、影响汽车通过性的主要因素

影响汽车通过性的因素很多，但主要的是与驱动力和几何参数有关的结构因素。

1. 发动机的动力性

如前所述为保证汽车的通过性，必须提高汽车的动力性，提高汽车的最大动力因数。因此，越野汽车首先要有足够大的单位汽车重力发动机转矩 T_{tq}/G，或较大的比功率 P_e/G。

2. 传动系统的传动比

汽车低速行驶时，土壤的物理特性有所改善，土壤的剪切破坏、车轮滑转的可能性随之减小，因此低速行驶可以克服困难路段，改善汽车的通过性。越野汽车的最低稳定车速见表17-2。

表 17-2　越野汽车的最低稳定车速

汽车总重力/kN	<19.6	<63.7	<78.4	>78.4
最低稳定车速/(km/h)	<5	<2～3	<1.5～2.5	<0.5～1

为了达到低速行驶的目的，往往选用比附着条件所限制的值还大的传动系统传动比，以提高 D_{max}。

3. 液力传动

装有液力变矩器或液力偶合器的汽车可以提高在松软路面上的通过能力。这种汽车在起步时驱动轮的转矩增加缓慢，因而可以避免汽车起步时由于驱动轮转矩急剧增长而对路面产生的冲击，避免因土壤层破坏、轮辙深度增加所导致的车轮滑转。

液力传动的汽车能维持长时间稳定的低速（0.5～1km/h）行驶。可以避免机械式有级变速汽车在坏路面上行驶时所产生的问题，即在换档时动力中断，而惯性力不足以克服较大的行驶阻力，从而导致停车；重新起步，又可能引起土壤破坏而使起步困难。

4. 差速器

在汽车传动系统中安装差速器，可以使左右驱动车轮以不同的角速度转动。普通齿轮式差速器，由于具有在驱动轮间平均分配转矩的特性，因此会大大降低汽车的通过性。这是因为驱动轮上驱动力的大小取决于附着力较小的一侧车轮，所以驱动力可能不足以克服行驶阻力，而使汽车失去通过能力。

差速器中机件间的摩擦作用对提高汽车的通过性是有益的。正是由于这种摩擦作用，

差速器才可能将较大的转矩传给不滑转的车轮。越野汽车上通常采用凸块或蜗杆等高摩擦差速器，总驱动力可增加 10% ~ 15%。如采用强制锁止差速器，总驱动力可增加 20% ~ 25%。

5. 前后轮距

当汽车在松软地面上行驶时，需要克服形成各个车轮轮辙的滚动阻力。若汽车的前后轮距相等，并具有相同的轮胎宽度，即前后轮辙重合，则后轮就沿着已被前轮压实的轮辙行驶，如图 17-8a 所示，因而使汽车的总滚动阻力减小。相反若前后轮距不等，如图 17-8b 所示，则总滚动阻力将增大。

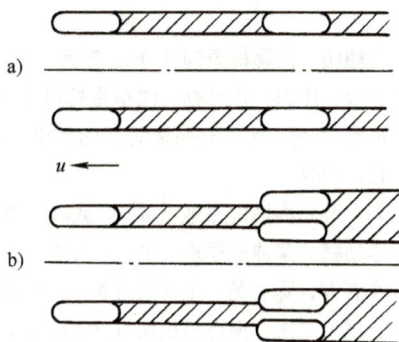

6. 驱动轮数目

如前所述，增加驱动轮数目，可以增加汽车的相对附着质量，增加驱动轮胎与地面的接触面积，能充分利用其驱动力。因此越野汽车均采用全轮驱动。

图 17-8　汽车前后轮轮辙图

7. 车轮尺寸

增加车轮的直径和宽度，均可降低轮胎对地面的单位压力，从而提高通过性。但增加轮胎直径的效果较差，因为过大的车轮直径会带来诸如车轮惯性增大，汽车重心升高，需要传动比很大的传动系统等不良后果。而加大轮胎宽度既能直接降低轮胎对地面的单位压力，又允许胎体有较大的变形，这样不仅不会降低轮胎的使用寿命，而且可以选用较低的轮胎气压。因此在越野汽车上，超低压的拱形轮胎应用得越来越广泛。

思　考　题

1. 某汽车在常用工况下要求"距离—工效降低界限"时间 $T_{FD} = 4\text{h}$，试求相应垂直方向总加权加速度均方根值 $\sigma_{\bar{p}w}$ 和总加权振级 $L_{\bar{p}w}$。

2. 设传至人体的加速度谱密度为一白噪声 $G_{\bar{p}}(f) = 0.1(\text{m/s}^2)^2$，求中心频率在 1 ~ 80Hz 范围共 10 个 1/3 倍频带，每个倍频带的加速度均方根值分量 $\sigma_{\bar{p}i}$ 和加权加速度均方根值分量 $\sigma_{\bar{p}wi}$ 以及加权加速度均方根值分量中的最大值 $(\sigma_{\bar{p}wi})_{\max}$ 和总加权加速度均方根值 $\sigma_{\bar{p}w}$，分别求出相应的 T_{CD} 值和 T_{FD} 值以及两个平顺性指标的比值。

3. 影响汽车通过性的几何参数及其对通过性的影响。

4. 分析汽车的支承和牵引参数。

参 考 文 献

[1] 蒋德明. 内燃机原理 [M]. 2版. 北京：机械工业出版社，1988.

[2] 董敬，庄志，常思勤. 汽车拖拉机发动机 [M]. 3版. 北京：机械工业出版社，2011.

[3] R. S. 本森，N. D 怀特豪思. 内燃机 [M]. 天津大学内燃机教研室，译. 北京：中国农业机械出版社，1982.

[4] 刘永胜. 内燃机原理 [M]. 武汉：华中理工大学出版社，1992.

[5] 李幼鹏. 柴油机原理 [M]. 大连：大连理工大学出版社，1994.

[6] 秦有方，陈士尧，王文波 [M]. 车辆内燃机原理 [M]. 北京：北京理工大学出版社，1997.

[7] 长尾不二夫. 内燃机机関（上卷）[M]. 东京：养贤堂，1977.

[8] Esch HJ Brustle C dorsch H. 高比功率发动机的进展 [J]. 国外内燃机，1996，28（3）：3-8.

[9] 黄宣谅，等. 195柴油机进气系统的改进 [J]. 内燃机工程，1986，8（1）：7-14.

[10] 沈权. 内燃机增压技术 [M]. 北京：中国铁道出版社，1990.

[11] 上海内燃机研究所. 内燃机标准汇编 [M]. 上海：上海科学技术出版社，1989.

[12] 龙建国等. 柳发6105QD型柴油机技术开发 [J]. 柴油机，1996，18（1）：1-5.

[13] 林周先. 493ZQ型增压柴油机增压系统的设计及试验 [J]. 柴油机，1995，17（4）：19-24.

[14] 汽车工程学会全书编辑委员会. 汽车燃料与润滑剂 [M]. 王毓民，吴龙泗，译. 北京：机械工业出版社，1989.

[15] 崔心存. 内燃机的代用燃料 [M]. 北京：机械工业出版社，1990.

[16] 杨玉如. 发动机与汽车理论 [M]. 北京：人民交通出版社，1988.

[17] Horie K，Nishizawa K，Ogawa T. 低燃油消耗高性能4气门稀燃汽油机的研制 [J]. 国外内燃机，1995，27（1）：5-8.

[18] 钱耀义. 汽车发动机电控汽油喷射系统 [M]. 2版. 北京：人民交通出版社，1996.

[19] 董辉. 汽车电子技术与传感器 [M]. 北京：北京理工大学出版社，1995.

[20] 周大森，等. 汽车电控原理与维修 [M]. 北京：国防工业出版社，1995.

[21] 邹长庚，等. 现代汽车电子控制系统构造原理与故障诊断 [M]. 北京：北京理工大学出版社，1995.

[22] 王遂双. 汽车电子控制系统的原理与检修 [M]. 北京：北京理工大学出版社，1995.

[23] 赵士林. 九十年代内燃机 [M]. 上海：上海交通大学出版社，1992.

[24] 余志生. 汽车理论 [M]. 北京：机械工业出版社，1994.

[25] 陈家瑞. 汽车构造 [M]. 北京：人民交通出版社，1993.

[26] 黎志勤. 汽车发动机理论与实践 [M]. 北京：中国农业机械出版社，1987.

[27] 邵恩坡，等. 我国车用发动机的发展趋势 [J]. 小型内燃机与摩托车，1996，25（4）：1-3.

[28] 王平，等. 2100型柴油机燃烧系统的改进和性能试验 [J]. 内燃机工程，1997，（3）：46-50.

[29] 倪计民. 汽车内燃机试验技术 [M]. 上海：同济大学出版社出版，1998.

[30] 吴克刚，曹建明. 发动机测试技术 [M]. 北京：人民交通出版社，2002.

[31] 陈培陵. 汽车发动机原理 [M]. 北京：人民交通出版社，1999.

[32] 严兆大. 内燃机测试技术 [M]. 杭州：浙江大学出版社，1993.

[33] 魏荣年，杨光昇. 内燃机测试 [M]. 北京：国防工业出版社，1994.

[34] 刘峥，王建昕. 汽车发动机原理教程 [M]. 北京：清华大学出版社，2001.

[35] 魏象仪. 内燃机燃烧学 [M]. 大连：大连理工大学出版社，1992.

[36] 陆际清，刘峥，庄人隽 [M]. 汽车发动机燃料供给与调节. 北京：清华大学出版社，2002.

[37] 周龙保等. 内燃机学 [M]. 北京：机械工业出版社，1999.

[38] 《汽车工程手册》编辑文员会. 汽车工程手册基础篇 [M]. 北京：人民交通出版社，2001.

[39] 王建昕，王志. 高效清洁车用汽油机燃烧的研究进展 [J]. 汽车安全与节能学报，2010，1（3）：167－178.

[40] 尧命发，刘海峰. 均质压燃与低温燃烧的燃烧技术研究进展与展望 [J]. 汽车工程学报，2012，2（2）：079－090.

[41] 吕兴才，韩东，黄震. Fuel design and management for the control of advanced compression ignition combustion modes [J]. Progress in Engery and Combustion Science，2011，37（6）：741－783.

[42] 马青峻，等. 基于缸内分段直喷和负气门重叠角汽油机的 HCCI 燃烧 [J]. 燃烧科学与技术，2006，12（2）：110－114.

[43] 相吉泽英二. 采用 MK 燃烧概念开发的小型直喷式柴油机 [J]. 小型内燃机与摩托车，1999，28（1）：25－30.

[44] 王建昕，等. 汽车发动机原理 [M]. 北京：清华大学出版社，2011.

[45] 杨彬彬. 燃料特性和燃烧模式对柴油机低温燃烧影响的研究 [D]. 天津：天津大学，2014.

[46] 马帅营，等. 汽油/柴油双燃料高比例预混压燃燃烧与排放的试验 [J]. 内燃机学报，2012，30（1）：1－8.

[47] 姚春德. 内燃机先进技术与原理 [M]. 天津：天津大学出版社，2010.

[48] 黎苏，李明海. 内燃机原理 [M]. 北京：中国水利电力出版社，2010.

[49] 周龙保，等. 内燃机学 [M]. 3 版. 北京：机械工业出版社，2010.

[50] 郑尊清，等. 两级涡轮增压对轻型柴油机性能影响的试验研究 [J]. 小型内燃机与摩托车，2011，40（3）：17－22.

[51] 毕玉华，等. 柴油机螺旋气道结构参数对其流动特性的影响 [J]. 内燃机工程，2012，33（5）：17－22.

[52] 王涛，等. 柴油机排放控制及后处理技术综述 [J]. 重型汽车，2012 年，（4）：10－12.

[53] 龚金科. 汽车排放及控制技术 [M]. 2 版. 北京：人民交通出版社，2012.

[54] 魏崇亮，等. 汽油机缸内直喷技术应用现状及发展趋势 [J]. 小型内燃机与摩托车，2014，43（5）：78－81.